Inga Borges und
Simone Conrad

Süße Amigurumi

Das Grundlagenwerk

Alle Techniken und viele Geheimtipps

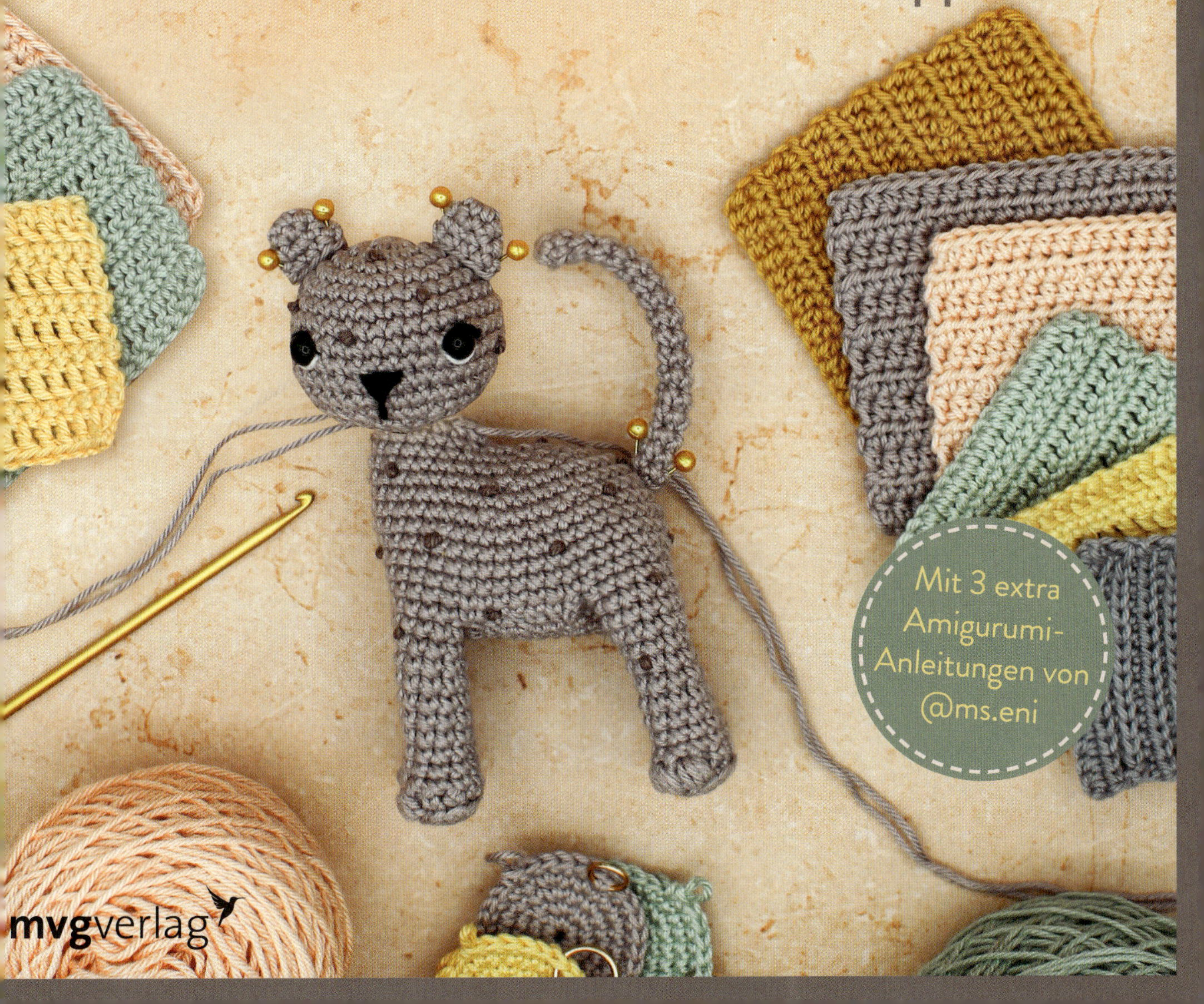

mvgverlag

Inga Borges und
Simone Conrad

Süße Amigurumi
Das Grundlagenwerk

Alle Techniken und viele Geheimtipps

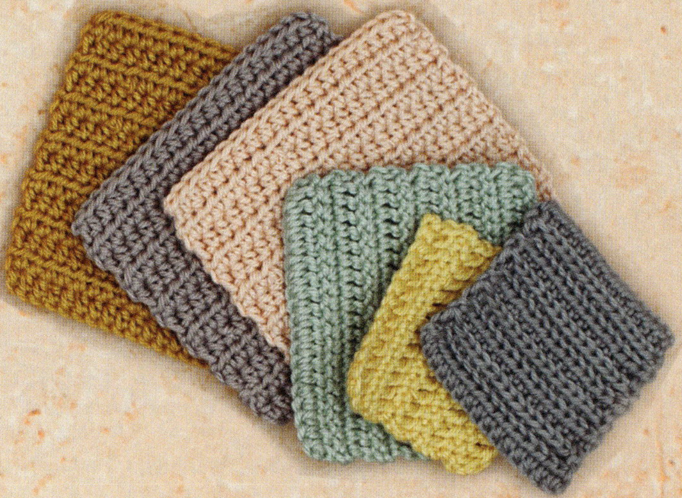

INHALT

VORWORT

Willkommen zum schönsten Hobby der Welt!

Amigurumi kommen ursprünglich aus Japan. Daher haben sie auch ihren Namen. Dieser setzt sich zusammen aus den japanischen Wörtern *ami* (dt. stricken, häkeln) und *kurumi* (dt. umwickeln). Obwohl hier auch gestrickt werden darf, sind die meisten Amigurumi gehäkelt. Die kreativen Möglichkeiten sind endlos und Inspiration lauert einfach überall! Mit Amigurumi kannst du ganze Welten voller spannender Charaktere und Geschichten erschaffen.

Egal ob Tiere, Pflanzen oder Menschen: Alles lässt sich in süße dreidimensionale gehäkelte Figuren verwandeln. Dieses Buch ist eine Schatzkiste voller Tricks, Tipps und Techniken, die dir helfen, perfekte Amigurumi zu erschaffen. Es soll dich inspirieren, deine eigenen Amigurumi zu entwerfen und dir helfen, die Designs deiner Lieblingshäkelanleitungen noch besser umzusetzen.

Viel Spaß!

Trixie und ihre beiden Freunde, die Wildkatze und das Chamäleon, begleiten dich durch dieses Buch. Viele Methoden, Tricks und Varianten zeige ich dir anhand dieser drei Amigurumi. Am Ende des Buches findest du die Häkelanleitungen für alle drei Figuren zum Nachhäkeln.

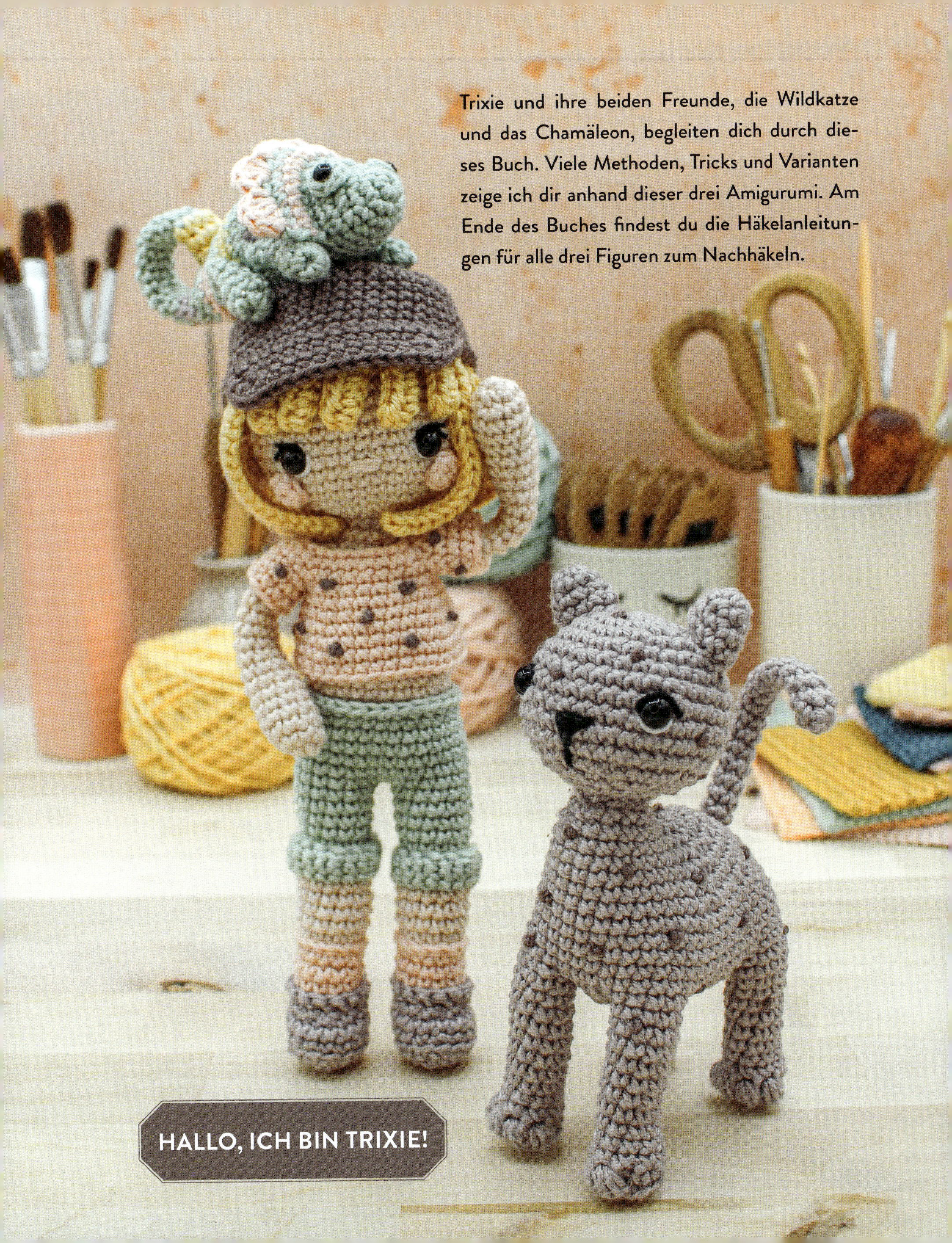

HALLO, ICH BIN TRIXIE!

WERKZEUGE

Damit dein Amigurumi gelingt, braucht es neben einer Menge Übung vor allem das richtige Werkzeug. Gerade am Anfang kann das große Angebot überfordern. Welche Häkelnadel ist die richtige? Was für eine Schere brauche ich eigentlich? Auf den folgenden Seiten zeige ich dir, wie du auf diese und viele weitere Fragen für dich die richtigen Antworten finden kannst. Generell rate ich dir immer zu hochwertigem Werkzeug. Häkeln ist ein Handwerk und je besser deine Utensilien, desto besser das Ergebnis.

HÄKELNADEL

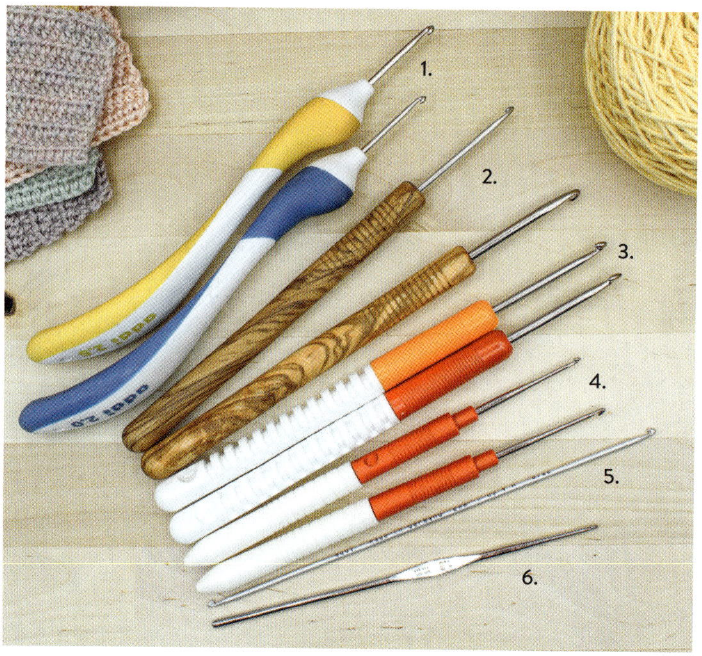

1. Ergonomische Häkelnadeln (addiSwing)

2. Häkelnadel mit Olivenholzgriff (addiNature)

3. Wollhäkelnadeln (addiColour)

4. Garnhäkelnadeln (addiFine)

5. Tunesische Häkelnadel (addiTun)

6. Garnhäkelnadeln aus Metall (addiPur)

Bevor wir uns dem wahrscheinlich wichtigsten Utensil zum Häkeln zuwenden, vorweg ein kleiner Rat: Es gibt nicht die eine perfekte Häkelnadel. Aber es gibt die perfekte Häkelnadel für dich! Meiner Erfahrung nach hat jede*r Häkler*in ganz individuelle Bedürfnisse an die Nadel. Bis du die gefunden hast, die perfekt in deiner Hand liegt, solltest du ein paar Häkelnadeln ausprobieren. Aber keine Sorge! Es lohnt sich. Denn mit der richtigen Nadel geht das Häkeln von Amigurumi gleich viel leichter.

Der Aufbau der Häkelnadel ist fast immer der gleiche. Die Nadel besteht aus einem **Kopf** mit einer **Spitze.** Damit sticht man durch die Maschen hindurch. Dann folgt die **Kehle.** Hier verjüngt sich die Nadel, sodass ein Haken entsteht. Damit wird der Faden aufgenommen, bevor er durch die Maschen gezogen wird. Auf dem **Schaft** liegen die Umschläge und Maschen, bevor der Faden hindurchgezogen wird. Am Ende hat die Häkelnadel ihren **Griff.** Dieser Teil der Nadel liegt in der Hand. Damit der Daumen auf der Nadel rutschsicher abgelegt werden kann, gibt es am Griff eine Mulde oder eine texturierte, rutschfeste Oberfläche.

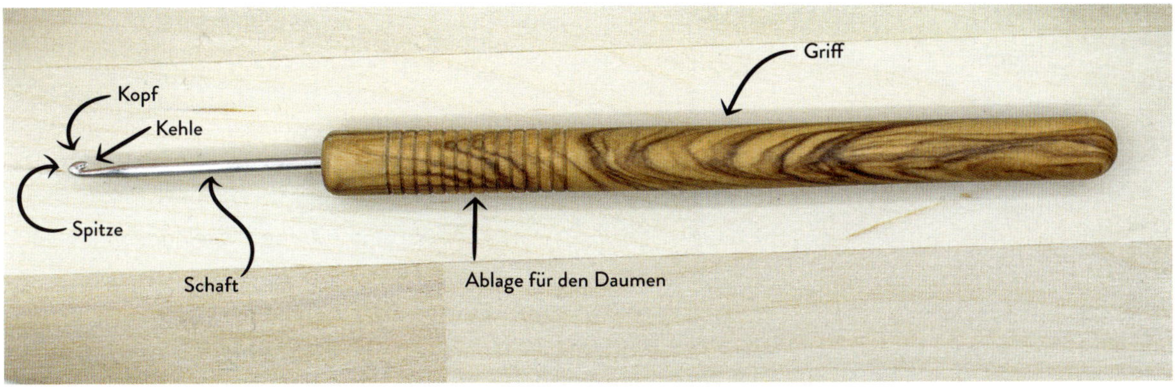

Wie geschmeidig die Nadel durch die Maschen gleitet, liegt vor allem am verwendeten Material. Nicht jedes Material ist gleich gut für jede Garnsorte geeignet. Nadeln aus **Holz,** wie z. B. Bambus, haben eine leicht raue Oberfläche und eignen sich für grobe und flauschige Garne. Sie kommen eher beim Häkeln von Kleidung zum Einsatz. Häkelnadeln aus **Plastik** sind meiner Erfahrung nach eher ungeeignet, um Amigurumi zu häkeln. Vor allem bei kleinen Nadelstärken können diese Nadeln unter Druck schnell durchbrechen. Beim Amigurumi-Häkeln werden glatte Garne verwendet. Hierfür eignen sich Nadeln aus **Metall** besser. Metallnadeln sind meist aus Aluminium oder rostfreiem Stahl. Die glatte Oberfläche sorgt dafür, dass die Spitze der Nadel leicht durch die Maschen gleitet. Außerdem halten Metallnadeln auch den stärkeren Druck sehr gut aus, der beim Amigurumi-Häkeln manchmal nötig ist.

Was die Nadel letztendlich zu deinem persönlichen Handschmeichler macht, ist das Material, aus dem der Griff hergestellt ist. Hier sind die Vorlieben ganz individuell. Es gibt Häkelnadeln mit Griffen aus Holz oder Plastik und solche, die komplett aus Metall bestehen. Hier empfehle ich dir, verschiedene Varianten auszuprobieren, bis du deinen Favoriten gefunden hast. Ich persönlich häkle am liebsten mit einer ergonomischen Nadel, die etwas mehr die Handgelenke schont. Aber auch Nadeln mit Holzgriffen habe ich gerne in der Hand. Häkelst du mit einer sehr kleinen Nadelstärke, ist eine Garnhäkelnadel aus Metall die beste Wahl.

NADELSTÄRKE

Der Durchmesser der Spitze der Häkelnadel bestimmt die Nadelstärke und damit auch die Größe der Maschen, die beim Häkeln entstehen. Je kleiner die Spitze, desto kleiner die Nadelstärke, desto kleiner die gehäkelten Maschen. Beim Häkeln von Amigurumi werden meist Nadeln zwischen 1,5 mm und 3,0 mm verwendet. Damit entsteht das feste und gleichmäßige Maschenbild, das für die gehäkelten Figuren typisch ist. Der Hinweis auf die Nadelstärke ist meist auf dem Griff eingeprägt. Fehlt dieser Hinweis oder ist durch Abnutzung unlesbar, hilft ein Nadelmaß, um die Größe zu bestimmen.

In jeder Häkelanleitung findest du Angaben über die zu verwendende Nadelstärke. Welche Nadel du aber am Ende tatsächlich nutzt, hängt auch von deinem persönlichen Häkelstil ab. Häkelst du z. B. eher locker, nimm lieber eine halbe oder sogar eine ganze Nadelstärke kleiner. So werden die Maschen fester.

Auf der Banderole der Wollknäuel findet sich ebenfalls ein Hinweis, mit welcher Nadelstärke das jeweilige Garn verhäkelt werden soll. Hier solltest du besser eine kleinere Nadel verwenden als angegeben. So entsteht oft besser das Amigurumi-typische Maschenbild. Je mehr Erfahrung du im Häkeln von Amigurumi hast, desto besser wirst du mit der Zeit einschätzen können, welche Nadelstärke am besten für dein Projekt geeignet ist.

Nadelstärken werden nicht in allen Sprachen gleich angegeben. Es gibt unterschiedliche Systeme, aus Zahlen, Buchstaben und Maßangaben. Am häufigsten werden die Angaben aus den Vereinten Staaten von Amerika (USA), Großbritannien (UK) und das metrische System genutzt.

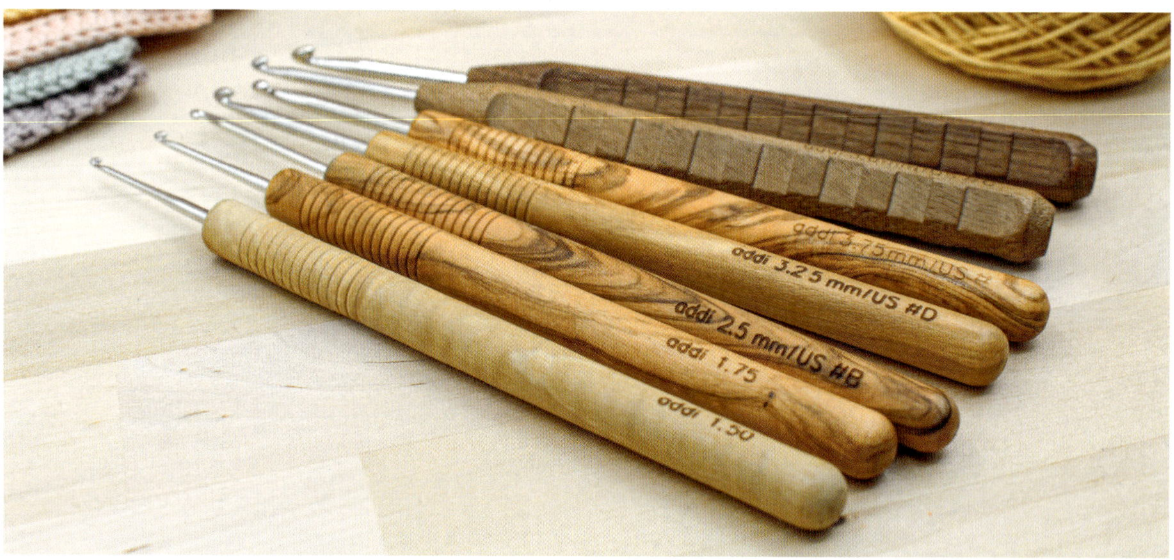

Umrechnungstabelle Nadelstärken

METRISCH	GB	USA
2,0	14	–
2,25	13	B-1
2,5	–	–
2,75	12	C-2
3,0	11	–
3,25	10	D-3
3,5	–	E-4
3,75	9	F-5
4,0	8	G-6
4,5	7	7
5,0	6	H-8
5,5	5	I-9
6,0	4	J-10
6,5	3	K-10,5
7	2	–
8	0	L-11
9	0	M-13
10	0	N-15

NOCH MEHR NADELN

In dein Häkelsortiment gehören noch ein paar mehr Nadeln außer deinen Häkelnadeln. Du benötigst sie zum Vernähen loser Fäden, zum Annähen, zum Sticken und zum Fixieren einzelner Teile. Auch hier kannst du aus vielen verschiedenen Möglichkeiten wählen. Es gilt: Einfach verschiedene Varianten ausprobieren und die besten Nadeln für dich finden.

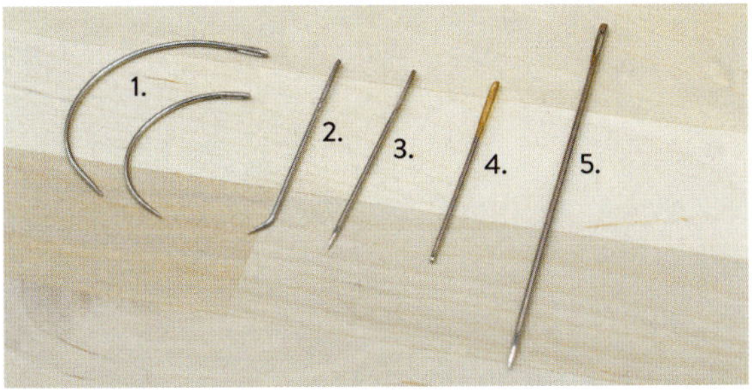

1. Sattler- oder Polsternadel

2. Sticknadel mit gebogener Spitze

3. Sticknadel

4. Wollnadel

5. Matratzennadel

Woll- oder Stopfnadeln werden häufig zum Annähen der Einzelteile deines Amigurumi und zum Aufnähen von Applikationen verwendet. Sie haben eine stumpfe Spitze und ein großes Öhr, in das du leicht die Wolle einfädeln kannst. Ich persönlich verwende hierzu auch gerne größere **Sticknadeln mit Spitze.** Hier ist das Öhr etwas kleiner, was das Einfädeln etwas fummelig macht, aber durch die Spitze lässt sich diese Nadel leichter durch sehr enge und kleine Maschen stechen. Zum Annähen und Vernähen größerer Teile nutze ich gerne eine **Matratzennadel.** Das ist eine lange Nadel mit Spitze. Durch die Länge kann man sehr gut durch große und lange Teile hindurchstechen.

Vor allem beim Annähen von Köpfen kann eine **Sattlernadel** (auch: Polsternadel) Wunder wirken. Durch die gebogene Form kommt man besser durch enge Stellen am Amigurumi.

Geheimtipp: Eine Nadel für schwer zugängliche Stellen kannst du auch ganz einfach selber herstellen. Dazu biegst du einfach mit einer Zange vorsichtig die Spitze einer Sticknadel etwa 45° um. Jetzt hast du eine Nadel mit einem kleinen Haken, der auch um die Ecke nähen kann.

Um dein Amigurumi zu besticken, kannst du herkömmliche **Sticknadeln** verwenden. Da Amigurumi meist mit Baumwoll- oder Perlgarn bestickt werden, achte darauf, dass das Öhr ausreichend groß ist. Am besten sind Sticknadeln mit der Größe 18–22. Unverzichtbar sind **Stecknadeln** bei der Arbeit mit Amigurumi. Die benötigst du, um einzelne Teile vor dem Annähen zu fixieren. Du solltest Stecknadeln in verschiedenen Längen zur Hand haben. Je nach Größe des zu fixierenden Parts kann eine kürzere oder längere Stecknadel hilfreich sein. Um Köpfe zu fixieren, nutze ich **Quiltnadeln.** Diese sind in der Regel mindestens 5 cm lang und können sehr tief eingestochen werden.

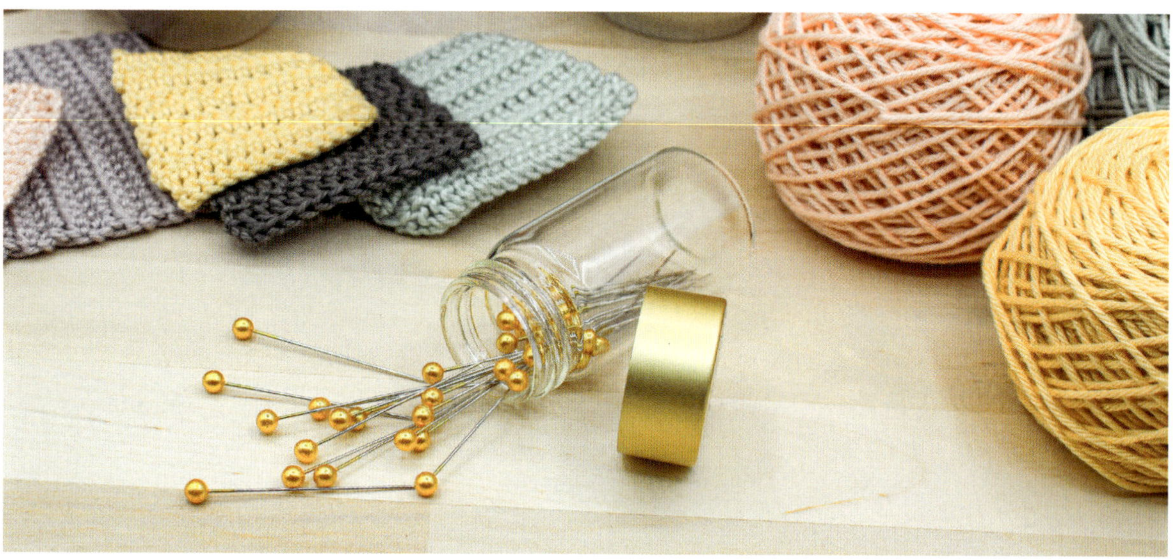

SCHEREN

Scheren dürfen natürlich auch nicht in deinem Häkelsortiment fehlen. Am besten eignen sich kleine, spitze Scheren aus Metall, z. B. **Stickscheren.** Lege dir möglichst zwei oder drei Scheren zu. Damit sie lange scharf bleiben und gut schneiden, solltest du vermeiden, mit einer Schere mehrere Materialien zu schneiden. Nutze für Wolle, Stickgarn, Stoff und Papier jeweils separate Scheren. Ich nutze sogar verschiedene Scheren für verschiedene Garnsorten.

MASCHENMARKIERER

Maschenmarkierer helfen dir, bei deinen Maschen, Reihen und Runden den Überblick zu behalten. Mit ihnen werden bestimmte Maschen markiert, die beispielsweise den Anfang einer Runde darstellen oder die später noch eine wichtige Rolle spielen. Es gibt sie in unzähligen Ausführungen und Materialien. Wenn du keinen richtigen Maschenmarkierer zur Hand hast, kannst du auch eine Büroklammer, eine Haarnadel oder einen Ohrring nehmen.

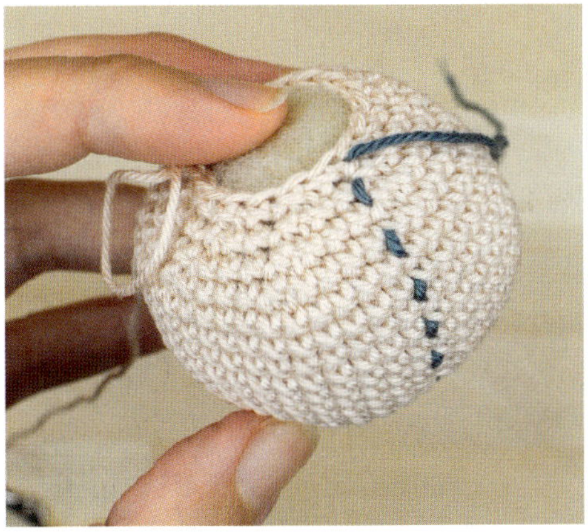

Dient die Markierung dazu, den Anfang oder das Ende einer Runde anzuzeigen, tut es auch ein Kontrastfaden. (siehe Abb.) Also ein Faden einer anderen Farbe, der einfach an der betreffenden Stelle mitgeführt wird.

ZANGEN

Eine kleine **Schmuckzange** ist ein universelles Helferlein, das man öfters in der Hand hat, als Häkeln vermuten lässt. Mit der Spitze der Zange lassen sich beispielsweise kurze Nadeln beim Vernähen rausziehen. Auch wenn sich die Vernähnadel in den festen Maschen verklemmt, hilft eine Zange. Ein kleiner **Seitenschneider** hilft dir beim Häkeln mit Draht. Sind die Stifte der Sicherheitsaugen zu lang, kannst du sie damit außerdem schnell kürzen (Sicherheitsaugen, siehe Seite 23).

PINZETTE

Eine Pinzette ist ein kleiner Universalhelfer. Sie hilft dir z. B. dabei, kleine Einzelteile auszustopfen. Mit ihr kannst du zudem kleine Teile, die angeklebt werden, an der richtigen Stelle platzieren.

HOLZSTÄBCHEN

Ebenfalls zum Ausstopfen bieten sich Holzstäbchen, wie z. B. Schaschlikspieße oder Holzstricknadel, an. Mit den Spitzen kommt man in alle Winkel und Ecken des Amigurumi und kann das Füllmaterial gut verteilen. Ich nutze gerne Spieße mit einem flachen Griff an einem Ende. Damit kann man zum Schluss sehr schön die Füllwatte festdrücken.

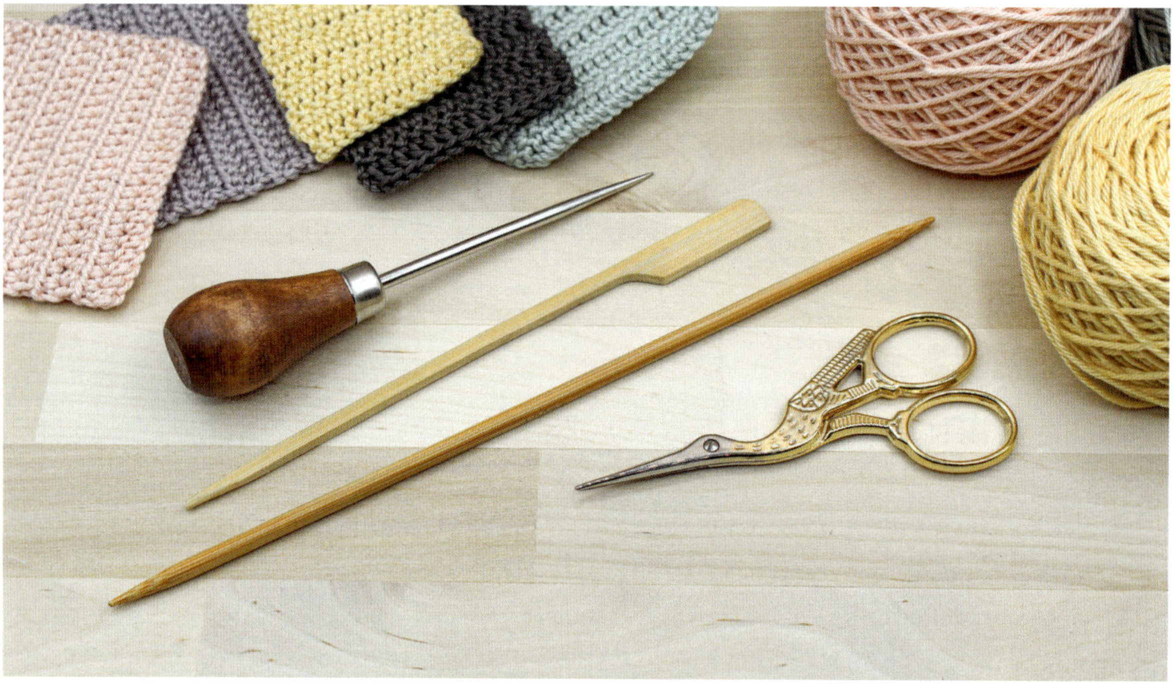

AHLE

Eine Ahle ist ein Vorstecher, mit dem Löcher in verschiedene Materialien eingebracht werden können. Mit ihr kannst du sehr leicht Löcher für Sicherheitsaugen und -nasen vorstechen. Dadurch wird das Einsetzen viel einfacher. Das funktioniert auch prima mit einer **Prickelnadel.**

NAGELBÜRSTE

Wenn du einem Teil deines Amigurumi etwas mehr Textur geben möchtest, kannst du die Maschen mit einer Nagelbürste ausbürsten. Ich nutze das gerne, um Tierfellen den letzten Schliff zu geben (siehe Seite 150).

TEXTILKLEBER

Nicht alles muss angenäht werden. Manche Teile, wie z. B. Haarhauben oder gehäkelte Wangen, kannst du auch einfach mit Textilkleber an deiner Figur befestigen. Dazu eignet sich jeder Textil- oder **Schmucksteinkleber.** Aber Achtung: Wenn dein Amigurumi als Kinderspielzeug gedacht ist, müssen alle Teile fest vernäht werden. Angeklebtes kann sich lösen und verschluckt werden (Kindersicherheit, siehe Seite 32).

ROUGE

Um die Wangen deines Amigurumi einzufärben, bietet sich normales Rouge an. Auch **Pastellkreide** kannst du dafür nutzen. Zum Auftragen eignet sich ein normaler **Schminkpinsel.** Auch mit **Textilstiften** kannst du schöne Effekte erzielen. Mehr Tipps dazu findest du im Kapitel zur Gestaltung der Gesichter (S. 151).

NICE TO HAVE

Es gibt noch unzähliges Zusatzmaterial und Werkzeug, das dir das Häkeln erleichtern kann. Hier kommen ein paar große und kleine Helferlein, auf die ich nicht mehr verzichten möchte:
Beim Häkeln lege ich mein Garn gerne in eine **Wollschale.** Sie schützt das Knäuel davor herunterzufallen und es wickelt sich leichter ab. Um mir das fummelige Einfädeln zu erleichtern, nutze ich gerne eine **Einfädelhilfe** für Wolle. Diese funktioniert genauso wie die kleinen Fädelhilfen, die du bestimmt aus Nähsets kennst, hat aber eine deutlich größeres Öhr. So kannst du ganz einfach auch dickere Wolle durch das Nadelöhr ziehen. Wenn ich unterwegs bin, habe ich natürlich immer was zum Häkeln dabei. Ein kleiner **Fadenschneider** in der Tasche ist unterwegs praktischer als eine Schere. Mit den kleinen Klingen am Rand, kannst du jeden Wollfaden einfach abschneiden.

MATERIAL

Jedes Garn lässt sich gut verhäkeln. Aber nicht jede Wolle ist für jedes Projekt gleich gut geeignet. Dicke und weiche Wolle, wie Mohair oder Angora, die meistens beim Häkeln von Kleidung verwendet wird, ist die falsche Wahl für Amigurumi. Das perfekte Garn hierfür sollte fest, glatt und formstabil sein. Trotz dieser Einschränkung kannst du aus vielen verschiedenen Garnsorten wählen. Hier zeige ich dir die gängigsten Wollsorten und erkläre dir, wofür du sie am besten verwenden kannst. Außerdem werfen wir einen Blick auf weiteres Material und Zubehör, das beim Amigurumi-Häkeln zum Einsatz kommt.

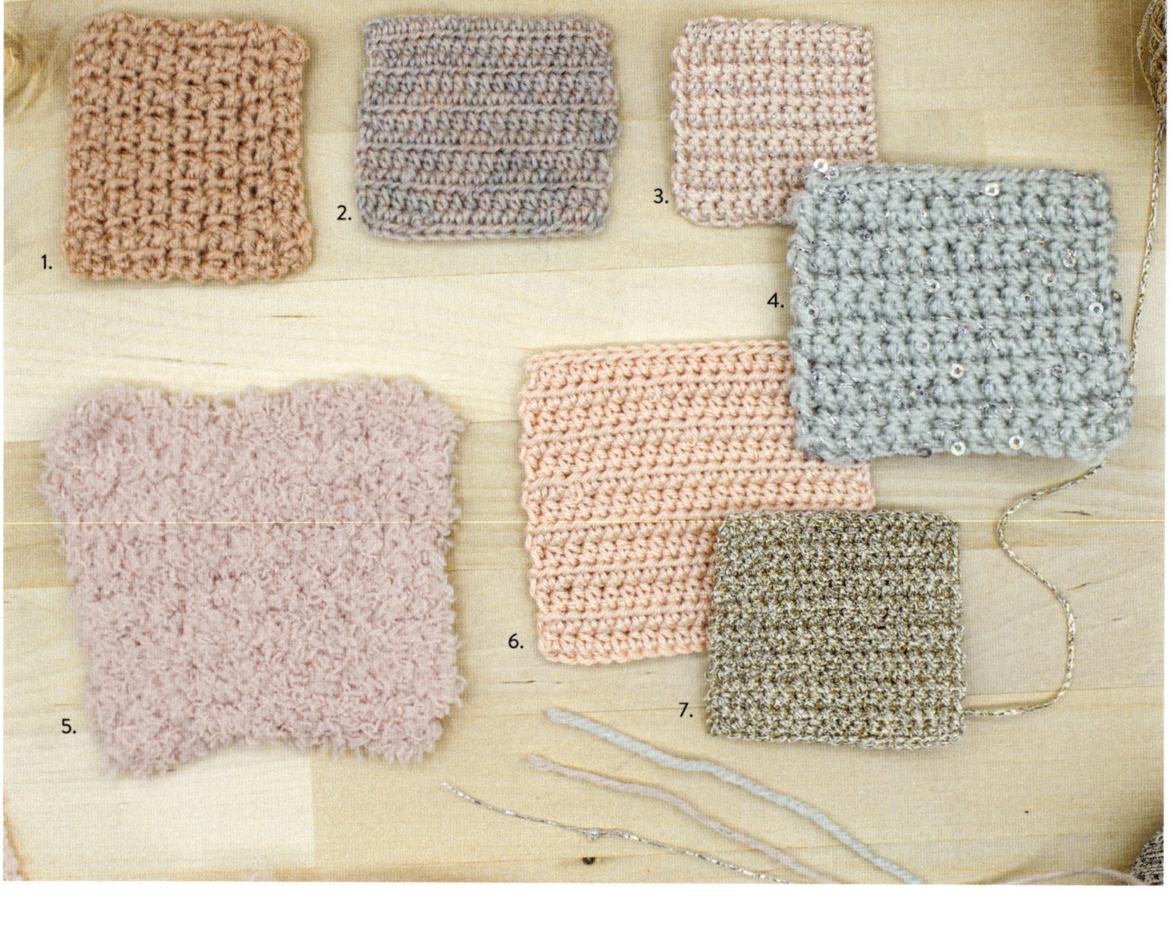

1. *Synthetisches Garn, 100 % Polyacryl, Schachenmayr Bravo in Pfirsich (8346)*
2. *Sockenwolle, 75 % Schurwolle, 25 % Polyamid, Regia, 4-fädig in Rosa Shiné (6840)*
3. *Baumwollgarn und Beilaufgarn Silber, 100 % Baumwolle, Schachenmayr Catania in Rosé Gold, Wooly Hugs Glitzer Beilaufgarn in Silber (301)*
4. *Polyacrylgarn mit Accessoiregarn mit Pailletten, Schachenmayr Bravo in Mint (8359) und One Line Starlight in Silber*
5. *Flauschgarn, 100 % Polyester, Schachenmayr Baby Smiles Lenja Soft in Altrosa (1038)*
6. *Baumwollgarn, 100 % Baumwolle, Schachenmayr Catania in Rosé Gold (433)*
7. *Effektgarn, 80 % Viskose, 20 % Polyester, Anchor Metallic in Silbergold (0302)*

GARN & WOLLE

BAUMWOLLGARN

Garn aus 100 % Baumwolle für eine Nadelstärke 2,5–3,5 mm ist das klassische Material für Amigurumi. Baumwolle besteht aus Pflanzenfasern, ist weich und hat je nach Verarbeitungsform unterschiedliche Texturen. Sie kann matt und natürlich wirken oder durch Kämmen und Merzerisierung glatt und glänzend sein. Baumwollgarne sind sehr widerstandsfähig, formstabil und kaum dehnbar. Genau diese Eigenschaften machen sie zum beliebtesten Garn für Amigurumi. Die meisten Baumwollgarne werden außerdem nach OEKO-TEX® STANDARD 100 verarbeitet und sind so besonders gut geeignet für Kinderspielzeug.

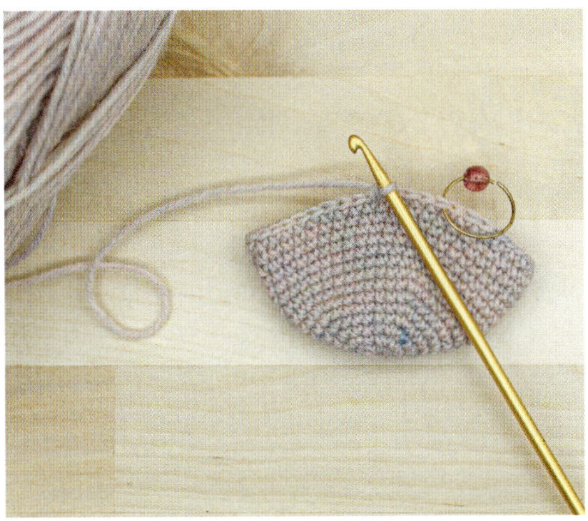

SOCKENWOLLE

Auch mit Sockenwolle lassen sich tolle Amigurumi häkeln. Diese Garne bestehen meist aus einer Mischung aus Wollfasern, wie z. B. Schurwolle, und synthetischen Garnen, wie z. B. Polyamid. Dadurch erhält die Wolle eine weiche, aber sehr natürliche Textur und ist waschmaschinenfest. Vor allem bei Tieramigurumi lassen sich mit Sockenwolle schöne weiche Felle zaubern. Sowohl 4-fädige als auch 6-fädige Sockenwolle ist prima geeignet.

SYNTHETISCHE GARNE

Mit synthetischen Fasern, wie beispielsweise aus Acryl, lassen sich alle natürlichen Garne aus Pflanzen- oder Tierfasern imitieren. Auch hiermit lassen sich Amigurumi häkeln. Sie haben den entscheidenden Vorteil, dass sie günstiger als natürliche Wollsorten sind und meist mit einer sehr großen Anzahl an Farbvarianten daherkommen. Die meisten Synthetikgarne sind allerdings nicht so formstabil wie ihre natürlichen Vorbilder. Sie sind deutlich weicher als z. B. Baumwollgarn. Außerdem neigen sie zum Pilling, das heißt, es bilden sich mit der Zeit kleine Wollknötchen auf der Oberfläche.

FLAUSCHGARN

Flauschgarne bestehen auch aus synthetischen Fasern und sind sehr weich. Sie eignen sich weniger zum Häkeln ganzer Amigurumi, aber können für bestimmte Effekte verwendet werden. Sie sind beispielsweise tolles Material für Fell und Haare. Anfänger*innen sollten erst etwas Erfahrung sammeln, bevor sie sich an dieses Garn wagen. Das Maschenbild bei sehr flauschigen Garnen ist kaum zu erkennen und, um die Maschen zu treffen, braucht es etwas Erfahrung.

EFFEKTGARNE

Wenn du deinem Amigurumi einen ganz besonderen Look geben willst, kannst du zu Effektgarnen greifen. In diese Garne werden glitzernde Partikel oder Pailletten eingewebt. Alternativ kannst du auch **Beilaufgarne** verwenden, die einfach beim Häkeln mit der normalen Wolle mitgeführt werden. Damit kann man schöne Akzente in der Kleidung setzen oder einen kleinen Hingucker bei Fantasiefiguren schaffen. Bei Amigurumi, die als Kinderspielzeug gedacht sind, haben Effektgarne aber nichts verloren.

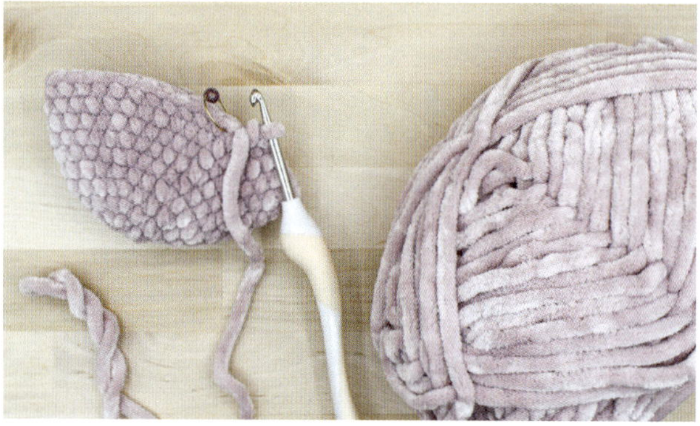

CHENILLEGARN

Chenillegarn ist neben Baumwollgarn das beliebteste Amigurumigarn. Es besteht hauptsächlich aus Polyester und ist ein sehr dickes, weiches Garn. Es wird mit großen Nadelstärken ab 4,0 mm verhäkelt und produziert sehr große Figuren. Amigurumi aus Chenille haben einen kuschligen, glänzenden Look. Chenille hat aber auch ein paar Nachteile. Das Garn fusselt sehr stark und ist nicht so formstabil wie Baumwollgarn. Wie beim Flauschgarn gilt auch hier: Nichts für Anfänger*innen, denn auch hier ist das Maschenbild nicht so leicht zu erkennen.

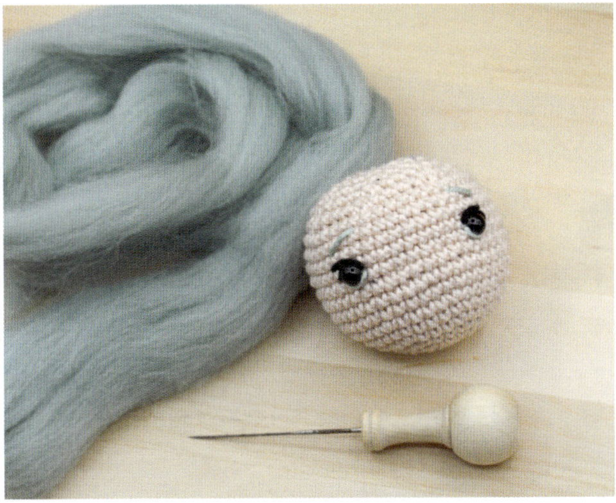

FILZWOLLE

Filzwolle ist ein sehr dickes, weiches Garn, das nicht fürs Häkeln geeignet ist, sondern fürs Filzen gemacht worden ist. Beim Häkeln von Amigurumi kann sie aber trotzdem zum Einsatz kommen, denn aus diesem Garn lassen sich tolle Haare anfertigen (siehe Seite 225). Filzwolle ist oft aus Merinogarn oder Schurwolle hergestellt und ist in vielen bunten Farben erhältlich. Um es zu verarbeiten, benötigst du eine **Filznadel.**

STICK-/PERLGARN

Um dein Amigurumi zu besticken, kannst du einfaches Stick- oder Perlgarn zur Hand nehmen. Stärkere Garne, wie Chenille, werden mit einem Baumwollfaden bestickt.

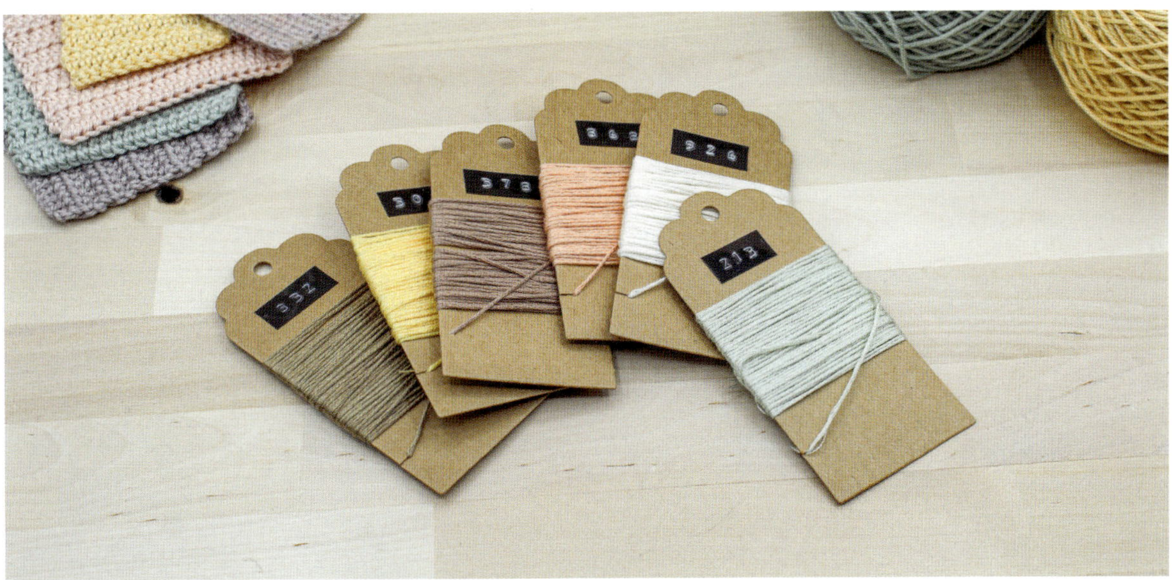

FADEN SPALTEN

Zum Besticken kannst du auch normales Baumwollgarn verwenden. Manchmal ist die Garnstärke der üblichen Baumwollsorten allerdings etwas zu groß, sodass die Fäden zu dick zum Sticken sind. Da hilft dir dieser einfache Trick: Spalte das Garn und nutze nur die Hälfte des Fadens. Glatte Baumwollgarne bestehen in der Regel aus 4 Fäden, die ineinandergedreht sind.

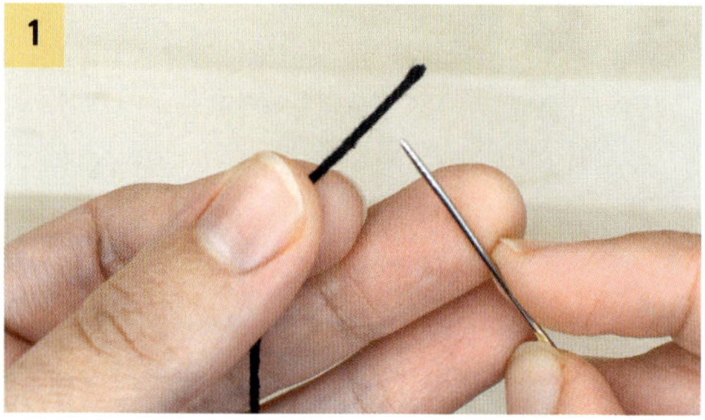

Um es aufzuspalten, nutze eine Wollnadel ohne Spitze.

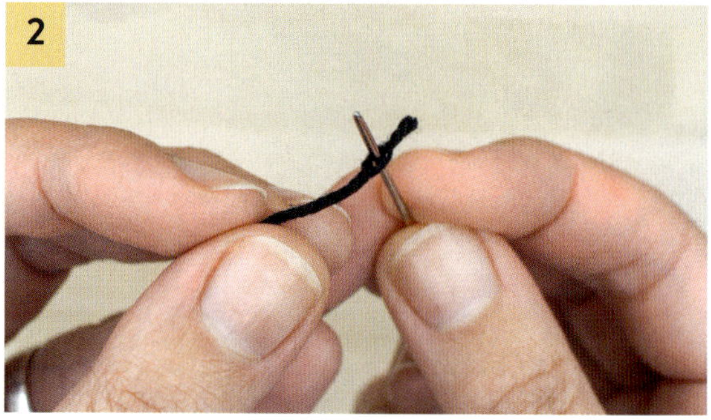

Schneide einen Faden in der gewünschten Länge ab. Stich mit der Nadel mitten durch den Faden.

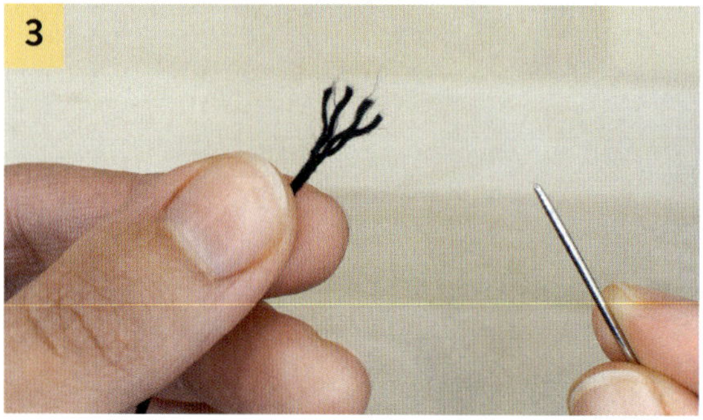

Ziehe die Nadel zum Fadenende durch das Garn. Die einzelnen Fäden gehen auseinander.

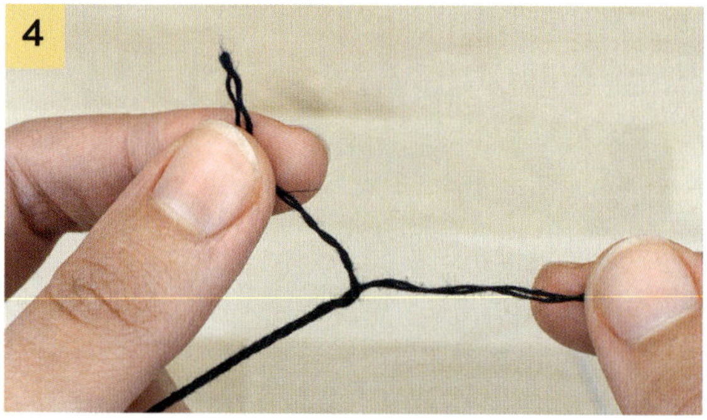

Ziehe nun vorsichtig an je zwei der Einzelfäden.

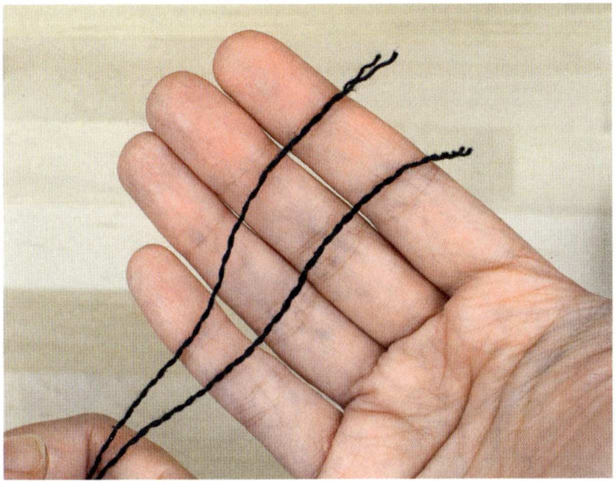

Ziehst du zu schnell, kann es sein, dass sich die Einzelfäden verknoten. Du wirst aber schnell ein Gefühl dafür bekommen, wie du die Fäden am besten trennst. Ziehe die Fäden bis zum Ende auseinander. Nun hast du zwei feinere Einzelfäden. Dadurch, dass die Fäden spiralförmig ineinander verdreht waren, rollen sie sich etwas ein. Ziehe sie einfach ein paar Mal durch die Finger. So glätten sie sich schnell. Nun kannst du sie zum Sticken verwenden.

PUPPENWOLLE

Puppenwolle ist ein Garn, das meist aus einem Mix von Wolle, Mohair und Polyamid hergestellt wird. Es ist weich, aber nicht flauschig. Meist wird es für Puppenhaar oder beim Häkeln von Fell eingesetzt. Es wird selten verhäkelt, sondern eher angeknüpft oder angenäht.

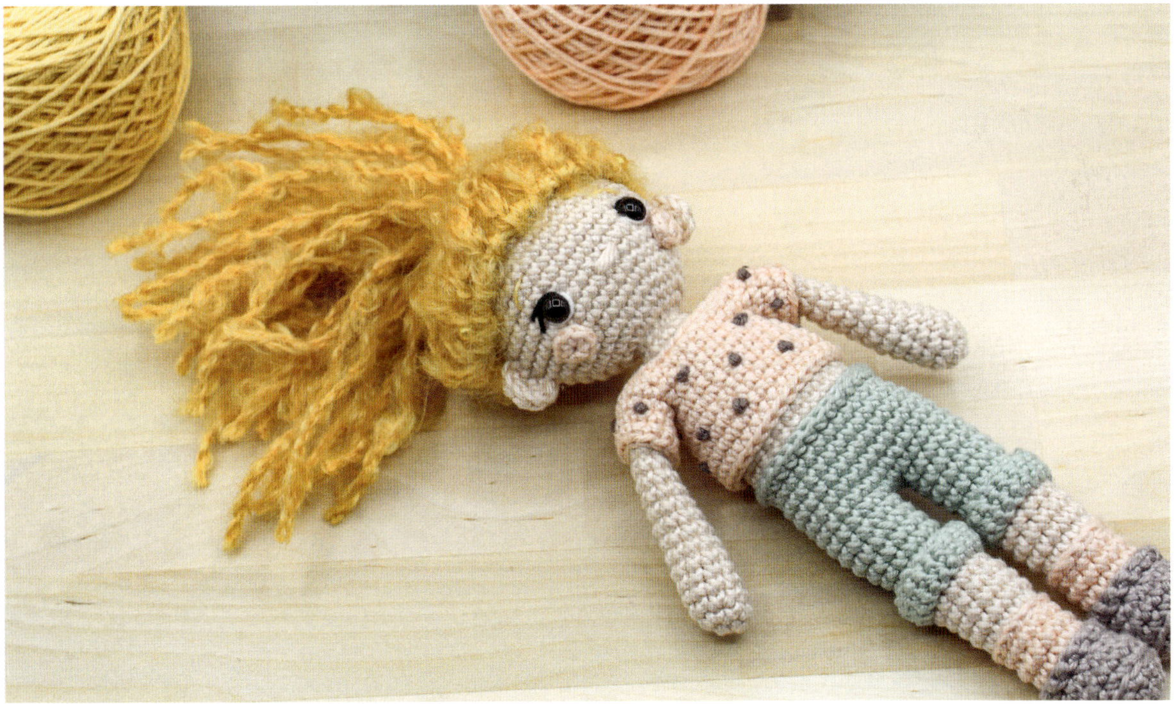

FÜLLMATERIAL

Es gibt diverse Füllmaterialien, die für das Ausstopfen von Amigurumi und Kuscheltieren angeboten werden. Meistens wird **Füllwatte** aus synthetischen Fasern verwendet. Sie besteht meist aus 100 % Polyester, ist waschbar und sogar für den Trockner geeignet. Sie ist formstabil und lässt sich sehr gut im Amigurumi verteilen. Außerdem ist sie die günstigste Variante. Auch gut zum Füllen geeignet ist Baumwolle. Sie ist ebenfalls problemlos waschbar und zusätzlich atmungsaktiver als synthetische Produkte.

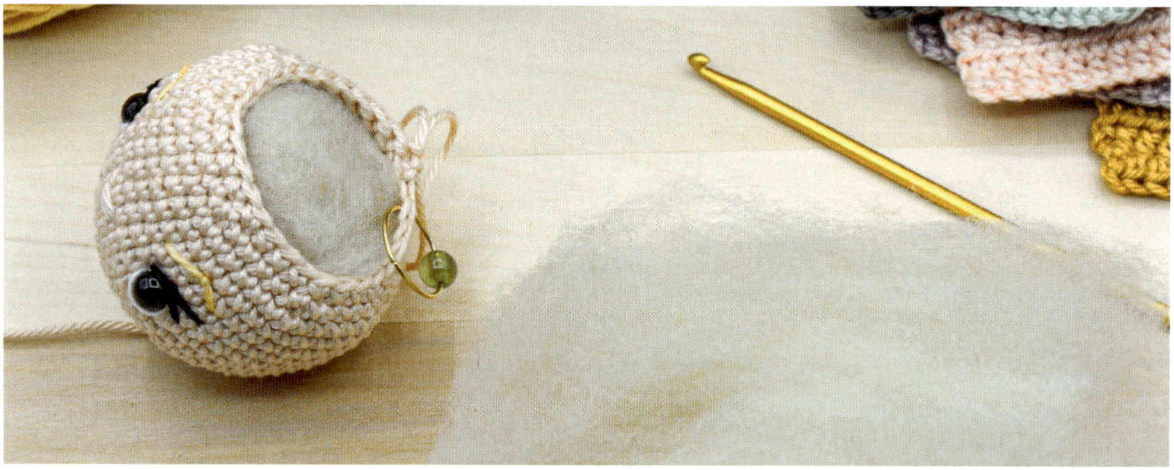

Für die Füllung von Kuscheltieren werden oft **Styroporkügelchen** oder **Kunststoffgranulat** empfohlen. Für Amigurumi sind diese aber weniger geeignet, da hier oft sehr kleine Teile gestopft werden müssen. Dafür sind die Kügelchen meist zu groß. Außerdem verteilen sie sich gerne im ganzen Zimmer und sind nur schwer aufzubewahren. Auch von der Füllung mit **Samen und Körnern,** wie z. B. Kirsch- oder Traubenkernen, ist abzuraten. Sie sind ebenfalls zu groß für die kleinen Einzelteile der Amigurumi. Bei größeren Amigurumi kannst du das Füllmaterial mit Stoff- oder Wollresten anreichern. So sparst du Wolle und kannst gleichzeitig überschüssiges Material recyceln.

DRAHT

Draht kannst du beim Häkeln von Amigurumi vielfältig einsetzen. Beispielsweise kannst du damit die Arme und Beine deiner Figur beweglich machen oder einzelne Teile dauerhaft in Form bringen. Am besten geeignet ist verzinkter Bastel- oder Blumendraht mit einer Stärke von ca. 0,5 cm oder Draht aus Aluminium. Alternativ kannst du auch Pfeifenreiniger zur Hand nehmen. Diese haben den Vorteil, dass sie etwas mehr Volumen haben und Füllmaterial sparen.

ZUBEHÖR

SICHERHEITSAUGEN

Es gibt verschiedene Möglichkeiten, die Augen eines Amigurumi zu gestalten. Meist nimmt man dazu Sicherheitsaugen. Diese werden innen fixiert und lassen sich anschließend nicht mehr aus dem Kopf der Figur entfernen. Es gibt sie in verschiedenen Größen, Farben und Formen. So findet sich für jedes Amigurumi-Projekt das passende Auge.

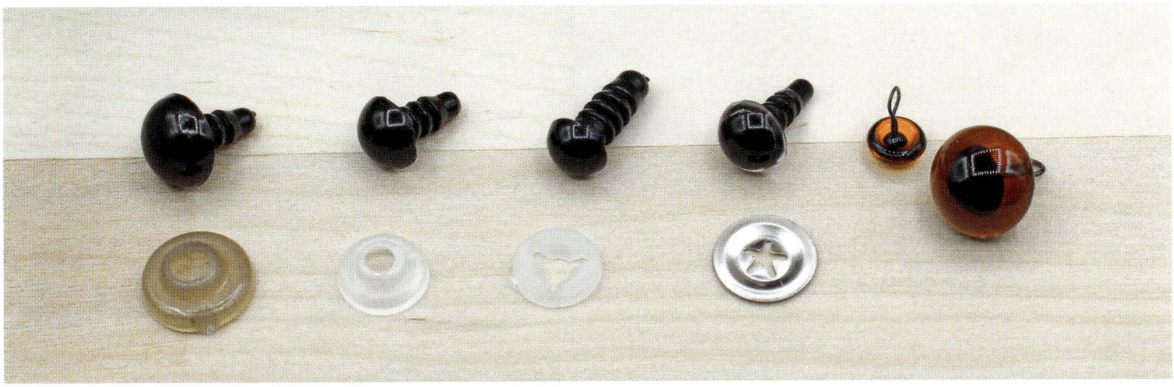

Sicherheitsaugen bestehen aus einer Halbperle mit Stiel und einem Verschluss. Der Stiel besitzt Einkerbungen, die ähnlich wie ein Schraubengewinde aussehen. Dieser wird durch die Maschen gesteckt, bis das Auge außen aufliegt. Fixiert wird es mit der Verschlusskappe, einer gerade oder gebogenen Scheibe aus Metall oder Plastik, die über den Stiel gedrückt wird. Das Auge kann anschließend nicht mehr entfernt werden. Prüfe vor dem Fixieren genau, ob es auch an der richtigen Stelle im Kopf deiner Figur sitzt. Gerade Scheiben aus Metall halten die Augen am besten fest im Kopf. Verschlusskappen aus Plastik lösen sich schneller oder können sich beim Einsetzen verformen.

Die genaue Position der Augen ist meist in der Häkelanleitung angeben. Trixies Augen werden nach der 16. Rd des Kopfs gesetzt:

[...]
16. Rd: *4 fM, 1 M zun*, von * bis * noch 6 x wdh. [35 M]
Die Augen zwischen der 9. und 10. Rd mit 8 M Abstand befestigen.
[...]

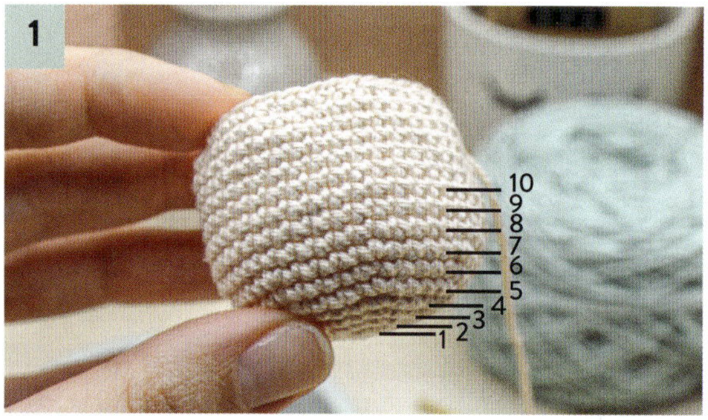

1

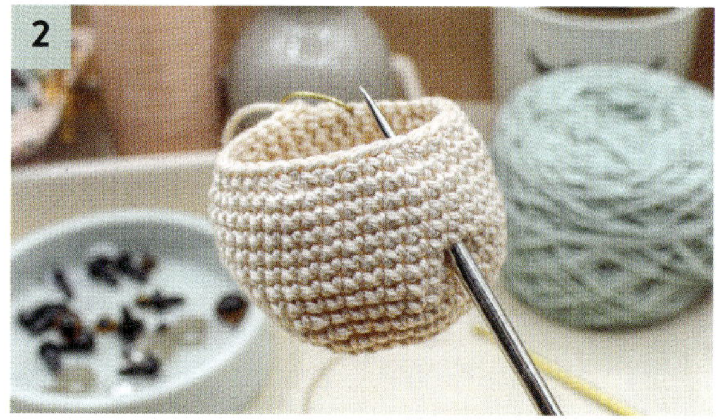
2

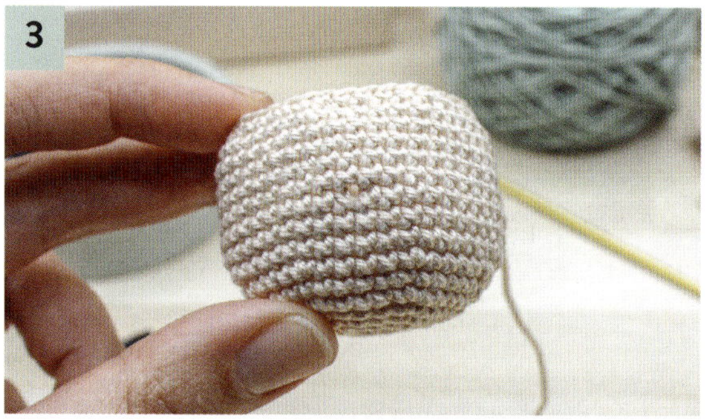
3

Beginne mit dem ersten Sicherheitsauge. Zähle zunächst die Runde von unten nach oben. Stich an der richtigen Stelle zwischen der 9. und 10. Rd ein Loch zwischen die Maschen. Das erleichtert das Einsetzen der Augen. Das Loch sollte nicht größer sein als der Durchmesser des Stiels des verwendeten Sicherheitsauges. Ich nehme zum Vorstechen eine Ahle, da ich hiermit die Größe des Lochs sehr leicht anpassen kann. Aber auch die Spitze der Häkelnadel oder eine passende Stricknadel eignen sich dazu.

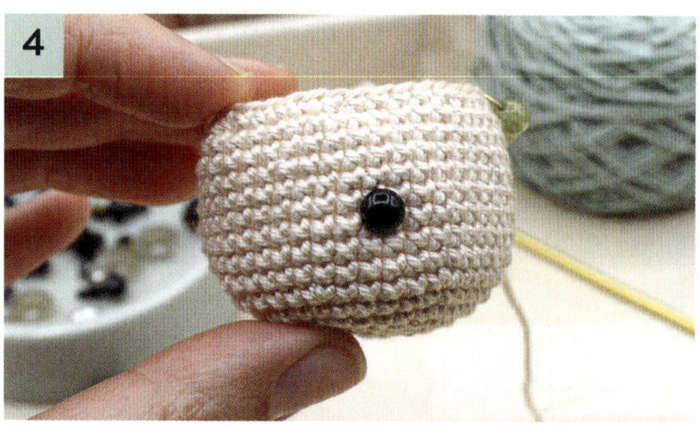
4

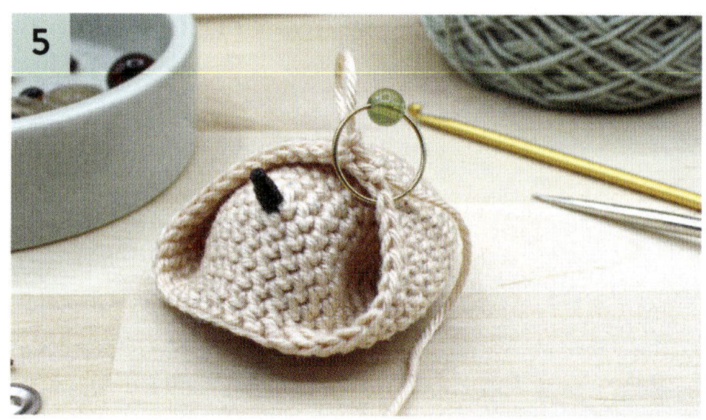
5

Stecke nun den Stiel des Auges so durch das Loch, dass die Halbperle genau auf der Oberfläche aufliegt.

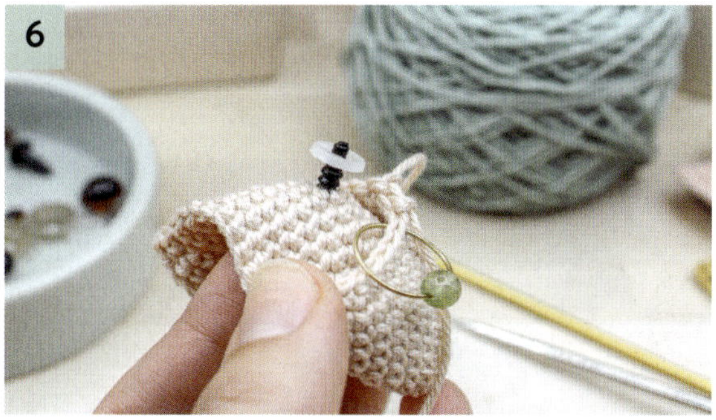

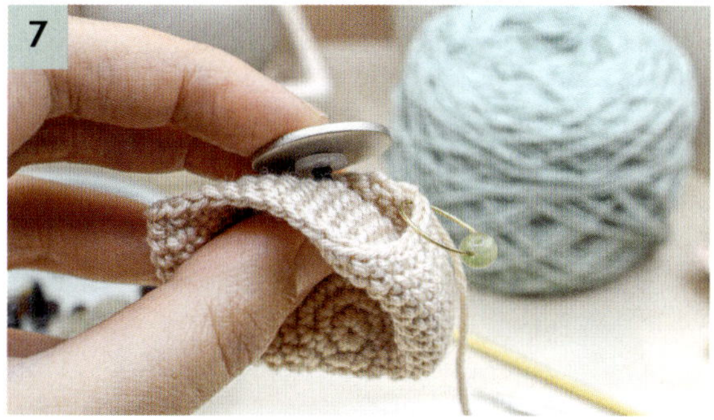

Nun auf der Innenseite die Scheibe zum Fixieren anlegen und über den Stiel drücken, bis das Auge ganz festsitzt. Dieser Teil ist manchmal etwas fummelig. Du kannst mit einer Zange nachhelfen oder – das ist ein echter Geheimtipp – mit einem Einkaufswagenchip mit Loch in der Mitte die Scheibe nach unten drücken. Dazu einfach den Chip so von innen über das Auge und die Scheibe legen, das der Stiel durch das Loch in der Mitte schaut. Nun den Chip mit den Daumen nach unten drücken. Schon sitzt das erste Auge.

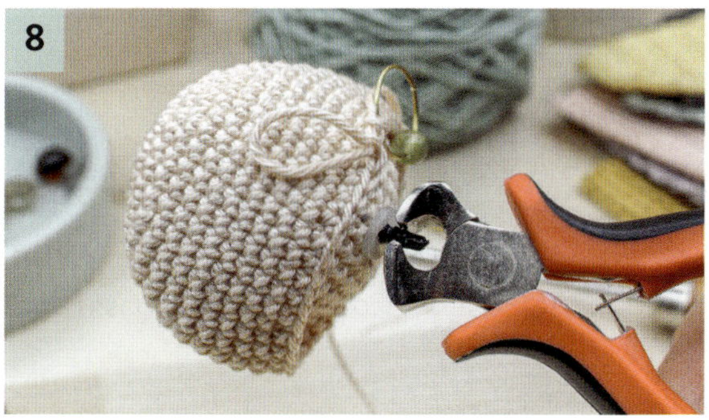

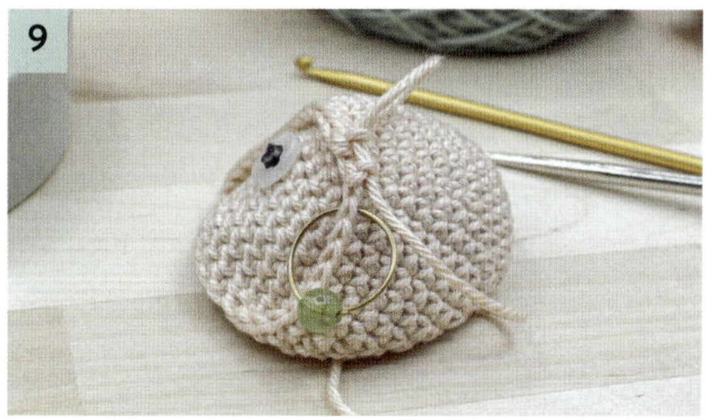

Damit der Stiel der Augen später beim Ausstopfen nicht nach vorne oder zur Seite drückt, knipse ihn mit einem Seitenschneider einfach kurz vor der Scheibe ab.

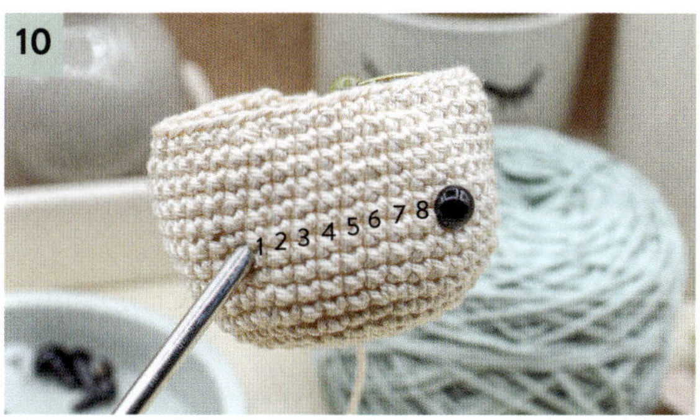

Um das zweite Auge zu setzen, zählst du nun 8 M nach links oder rechts ab. Achte darauf, dass du dabei zwischen der 9. und 10. Rd bleibst. An der passenden Stelle wieder ein Loch vorstechen und das zweite Sicherheitsauge wie das erste Auge fixieren.

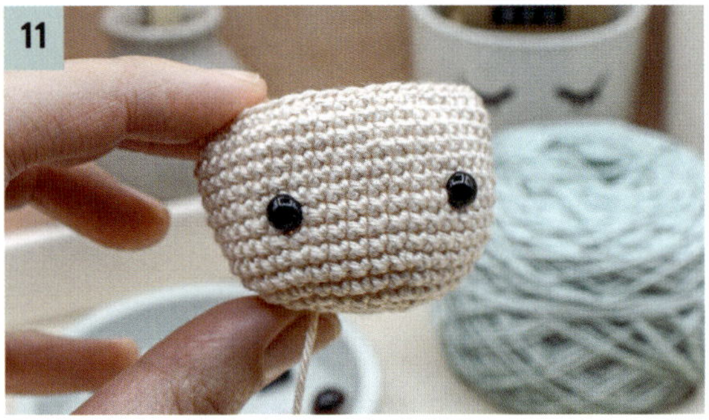

11

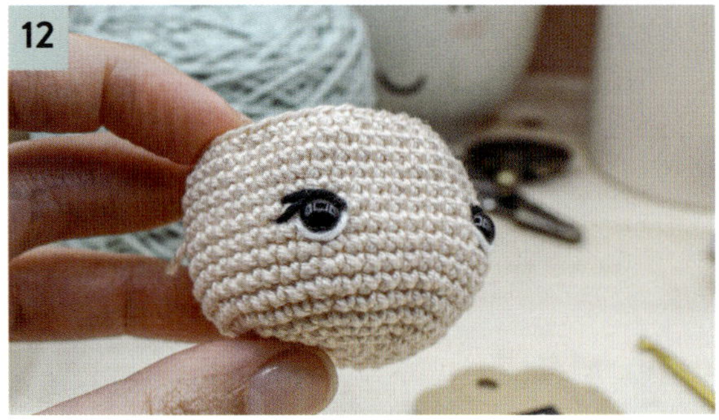

12

Wenn die Augen festsitzen, geht es weiter, wie in der Häkelanleitung angegeben. Je nach Vorliebe kannst du nun auch schon beginnen, die Stickereien des Gesichts aufzubringen. Ich mag es zu sticken, wenn noch keine Füllwatte im Kopf ist. Manchen fällt das Sticken leichter, wenn der Kopf bereits fertiggestellt ist. Probiere einfach aus, was dir leichter von der Hand geht.

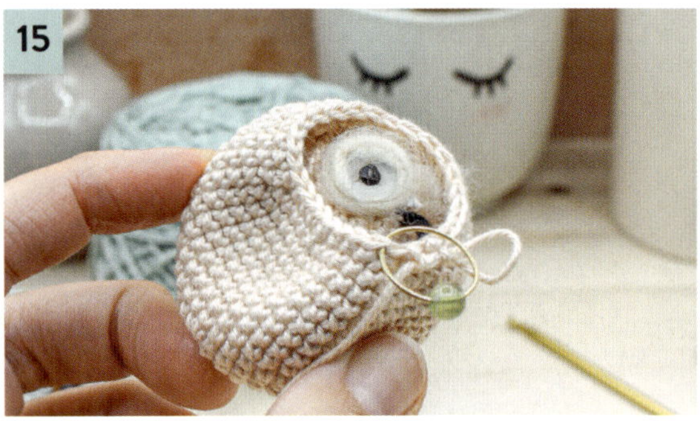

15

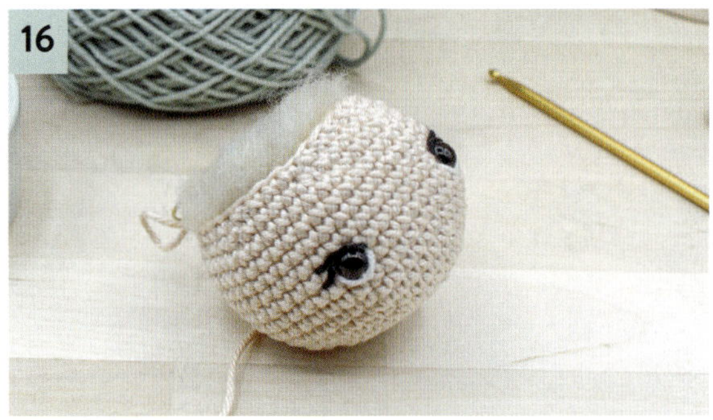

16

Wenn du an den Punkt kommst, an dem es ums Ausstopfen geht, achte drauf, rund um die Sicherheitsaugen gleichmäßig Füllwatte zu verteilen. Die Füllwatte kann die Augen ansonsten nach vorne drücken, was zu unschönen Beulen an der Außenseite führen kann. Um das zu verhindern, kannst du einfach einen Strang Füllwatte von innen um jedes Auge wickeln. Danach den Kopf ganz normal stopfen (Ausstopfen, siehe Seite 121).

Neben Sicherheitsaugen gibt es auch **Sicherheitsnasen,** die auf die gleiche Weise befestigt werden. Sicherheitsaugen sind nur eine von vielen Möglichkeiten, um das Gesicht deines Amigurumi zu gestalten. Im Kapitel Gesichter gestalten (siehe Seite 151) findest du noch mehr Ideen dazu.

BRILLEN

Brillen sind ein besonders süßes Accessoires für Amigurumi. Im Handel findest du Puppenbrillen in diversen Größen, Formen und Farben. Ist nicht die passende dabei, kannst du auch einfach aus Schmuck- oder Aluminiumdraht selbst eine Brille biegen. Um es farblich passend zu machen, kannst du das Gestell anschließend mit festen Maschen behäkeln.

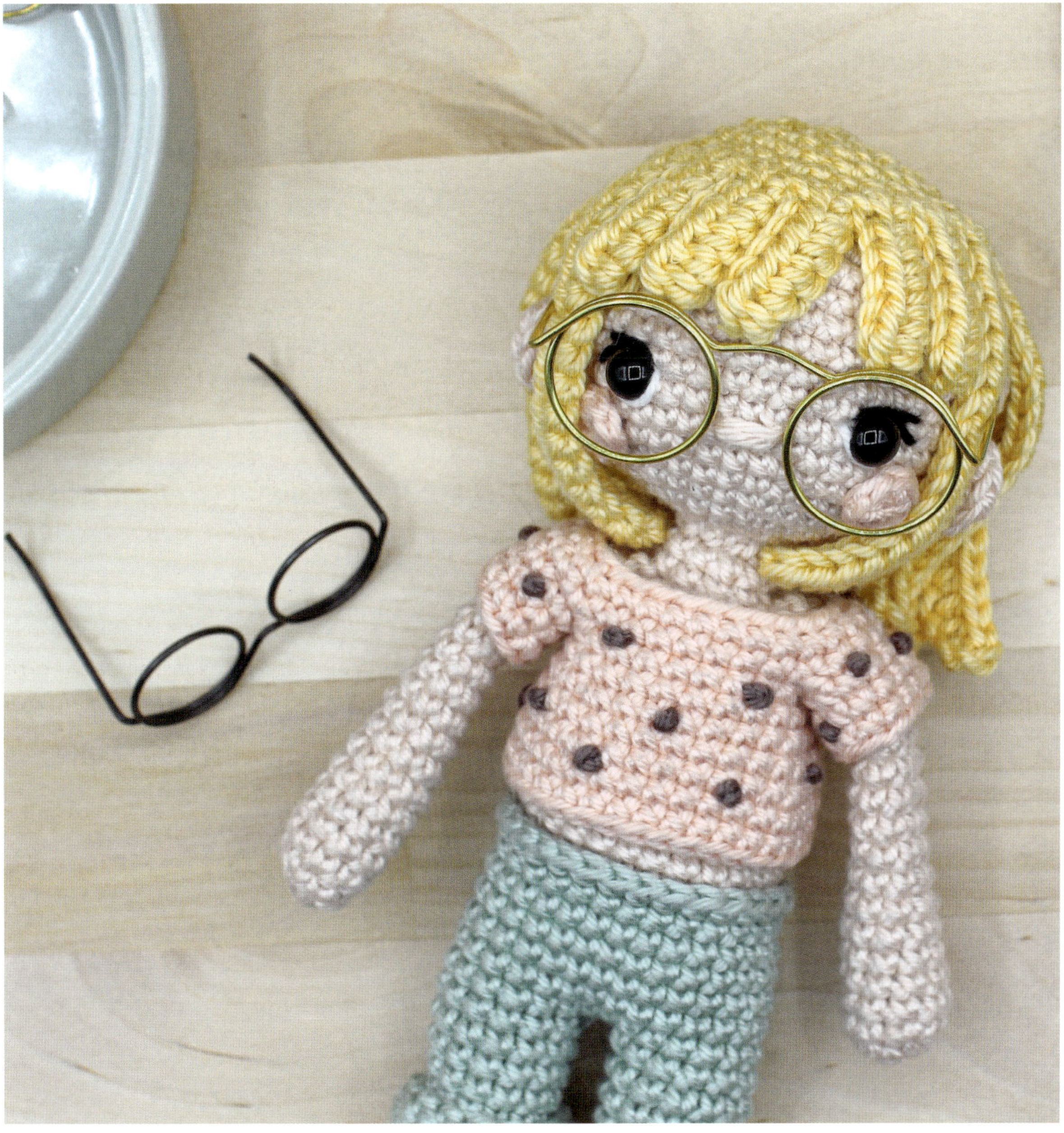

EINE BRILLE FÜR TRIXIE

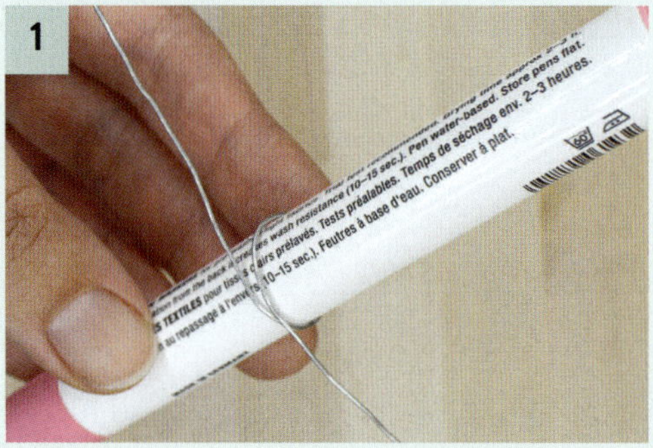

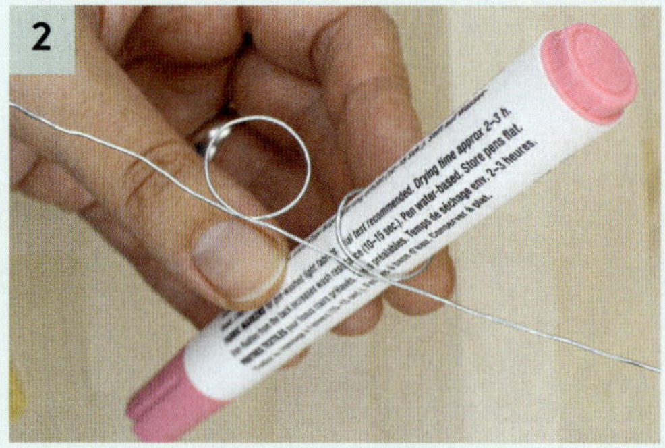

Nimm ca. 28 cm Draht zur Hand. Um die Brillengläser zu biegen, eignet sich z. B. ein dicker Filzstift mit Ø 1,5 cm. Biege zunächst das erste Brillenglas, lass ca. 0,8 cm Abstand und biege das 2. Brillenglas.

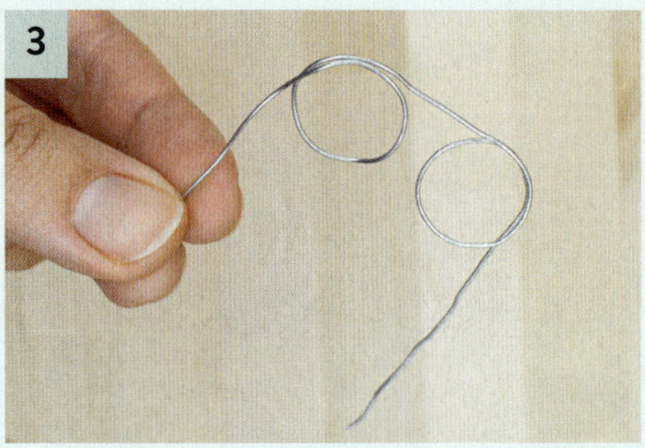

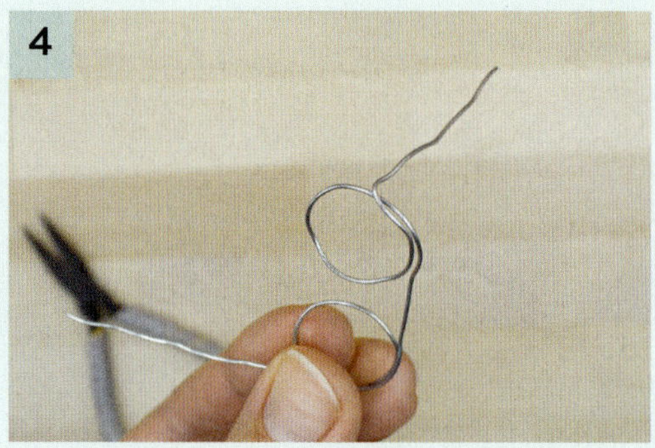

Nun die Brillenbügel mithilfe einer Zange zu den Seiten umbiegen. Zum Schluss drücke die beiden Brillengläser mit beiden Händen gleichmäßig nach unten, sodass ein gerader Steg zwischen ihnen entsteht.

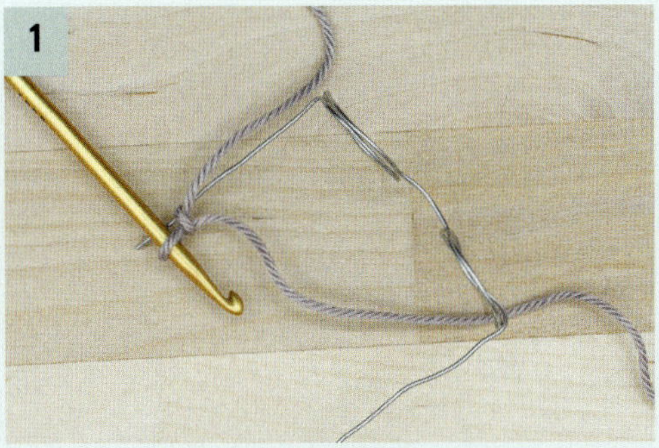

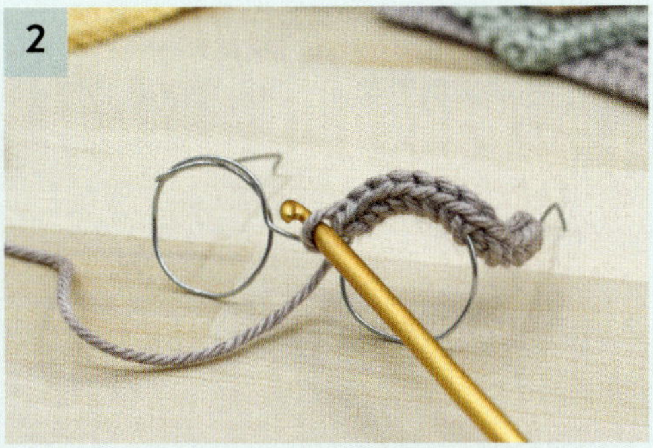

Zum Umhäkeln eignet sich eine Nadel mit 2,0 mm Stärke am besten. Biege die Enden der Bügel leicht um, damit die Maschen nicht herunterrutschen können. Beginne am linken Brillenbügel und schlinge um den Draht mit einer Kettmasche an. Häkle 14 feste Maschen bis zum Steg um den Draht.

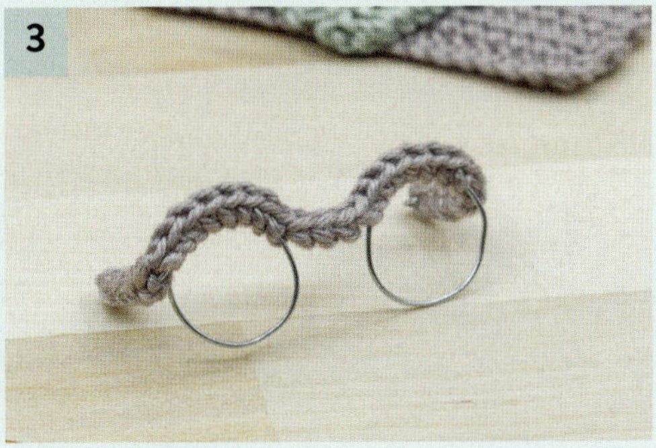

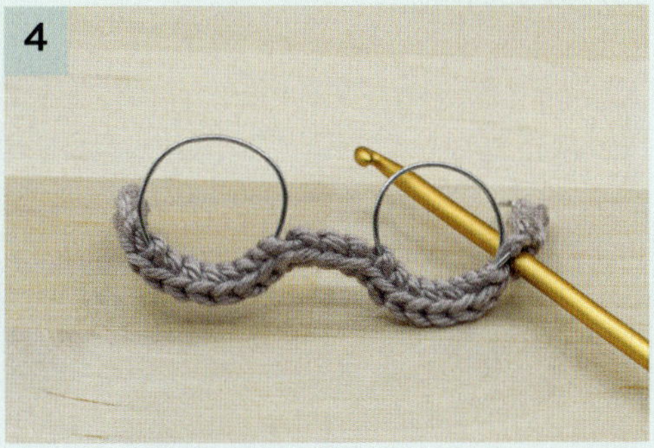

Dann drei feste Masche um den Steg und erneut 14 feste Maschen bis zum Ende des 2. Brillenbügels häkeln. Schneide den Faden ab und vernähe ihn. Um die Maschen zu sichern, die umgebogenen Enden des Drahts festdrücken. Sollten die Bügel zu lang sein, kürze sie vorher mit einem Seitenschneider auf die passende Länge. Schlinge nun mit 1 Km zwischen dem Brillenbügel und dem rechten Brillenglas an und häkle 10 feste Maschen entlang der Unterseite.

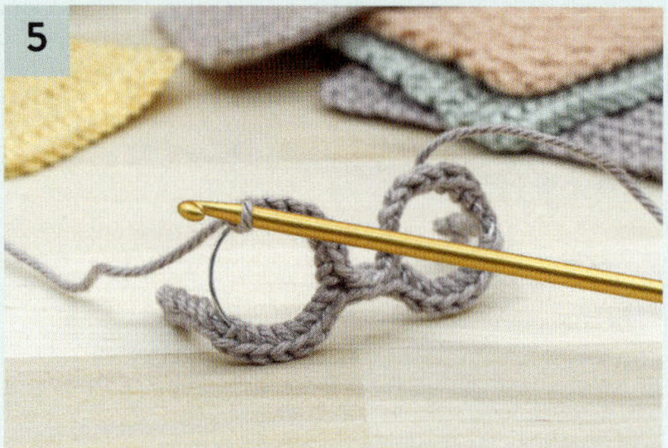
5

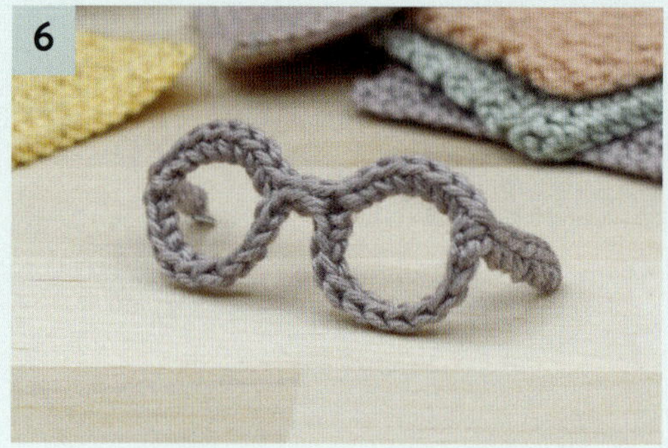
6

Häkle 3 Km in die M des Stegs und erneut 10 feste Maschen um die Unterseite des 2. Brillenglases häkeln. Den Faden abschneiden und vernähen. Jetzt kannst du die Brille auf das Gesicht setzen und mit ein paar Stichen hinter den Ohren fixieren.

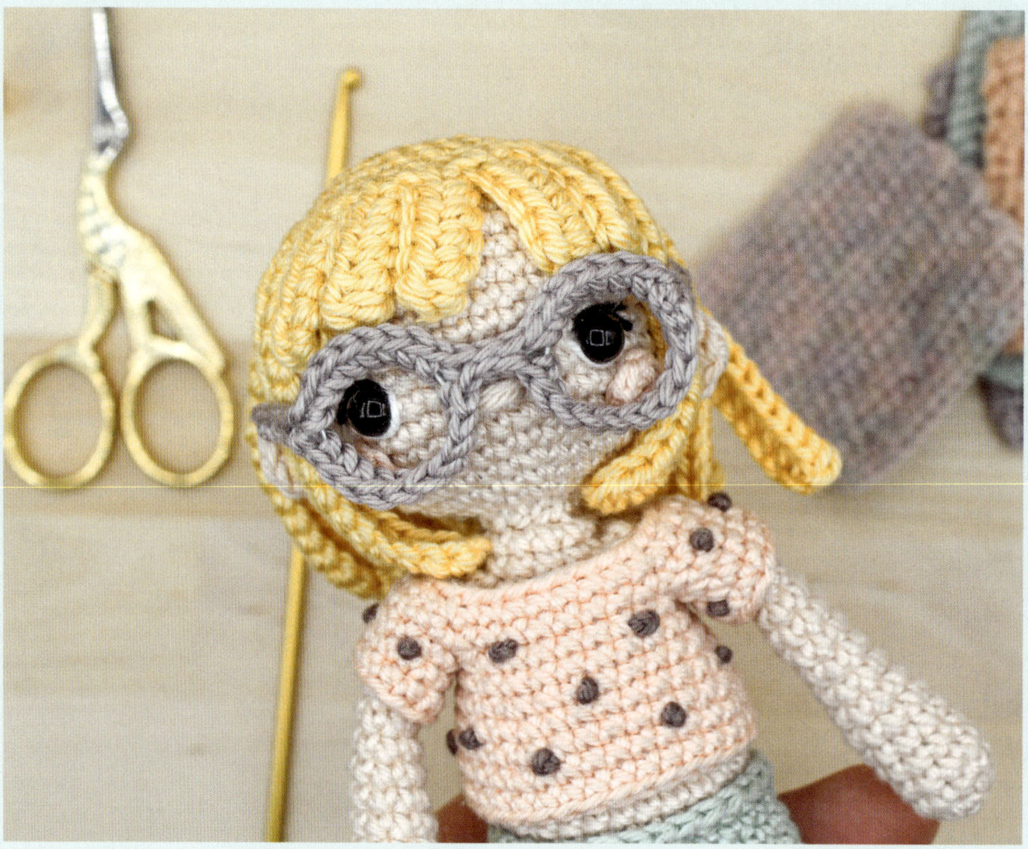

KNÖPFE UND ANDERE VERSCHLÜSSE

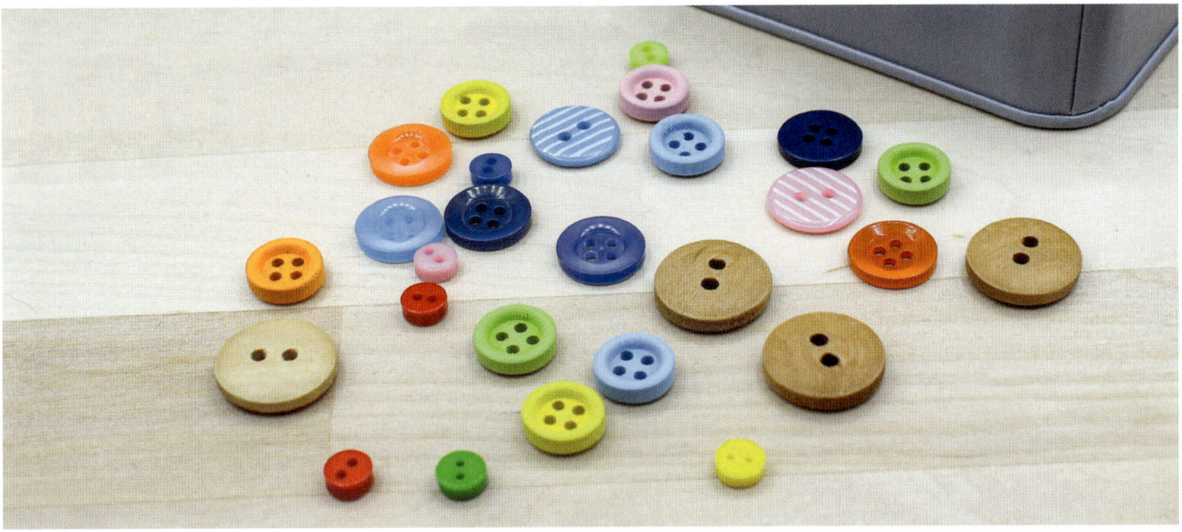

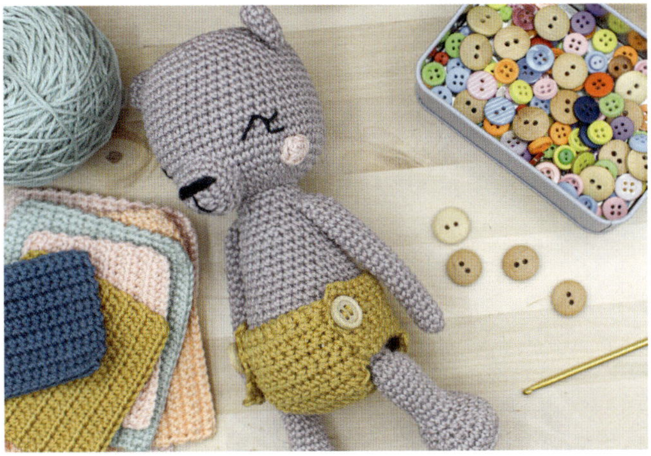

Wenn du Kleidung für dein Amigurumi häkelst, kommen nicht selten Knöpfe oder Verschlüsse zum Einsatz. Geeignet sind **Knöpfe** aus Holz oder Plastik. Ich bevorzuge solche aus Holz, diese sind in der Regel robuster. Da die Figuren in der Regel eher kleiner sind, benötigst du Knöpfe mit einem Durchmesser von höchstens 1 cm oder kleiner. Hemdknöpfe haben beispielsweise eine sehr gute Größe.

Möchtest du die Kleidung deiner Figur unsichtbar verschließen können, bieten sich **Ösenverschlüsse** an. Diese bestehen aus einer kleinen Öse an der einen und einem kleinen Haken an der anderen Seite. Sie sind meist aus silberfarbenem oder schwarzem Metall und werden in der Innenseite der Kleidung mit Näh-, Stickgarn oder Zwirn angenäht.

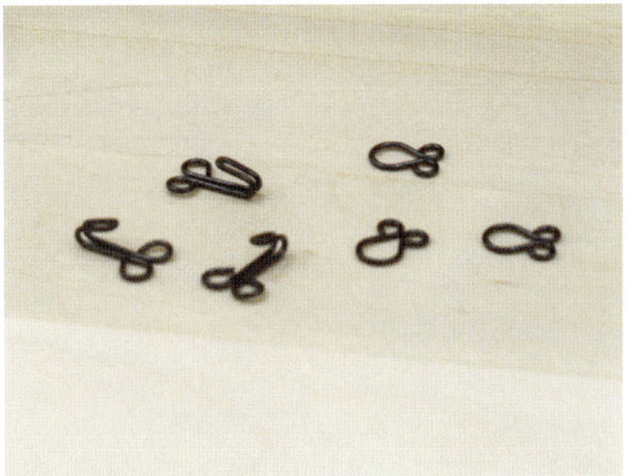

NOCH MEHR ZUBEHÖR

Du findest im Handel zahlreiches weiteres Zubehör, das dir helfen kann, süße Amigurumi herzustellen. Um Gesichter zu gestalten, gibt es z. B. Schnurrhaare oder Wimpern, die mit Sicherheitsaugen und -nasen kombiniert werden können. Wenn du dein Amigurumi gerne als Spielzeug gestalten möchtest, kannst du Einsätze verwenden, die quietschen oder rasseln. Auch Spieluhren sind beliebtes Zubehör, das man toll mit Amigurumi kombinieren kann. Genau wie Holzringe, die deine Figur zu einem niedlichen Greifring für Babys machen. Bei größeren Amigurumi kannst du Arme und Beine mit Gelenken beweglich machen.

Was und welches Zubehör das richtige ist, hängt von deiner persönlichen Vorliebe und vom jeweiligen Häkelprojekt ab. Magst du schlichte Designs, wirst du eher auf Zubehör verzichten wollen. Falls deine Amigurumi von Babys oder Kleinkindern bespielt werden, beachte Hinweise zur Kindersicherheit.

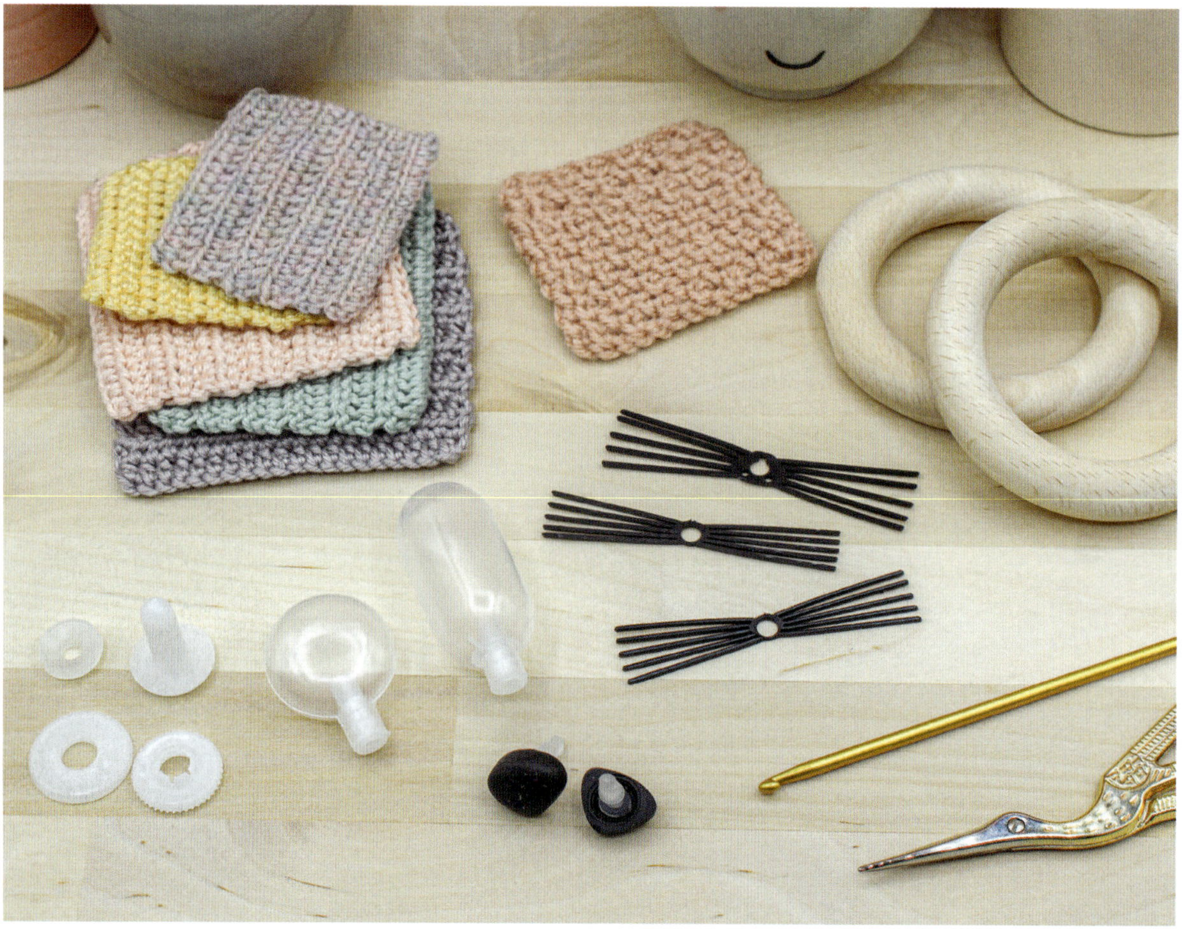

HÄKELN

NADELHALTUNG

Es gibt zwei klassische Methoden, um die Nadel beim Häkeln zu halten: Messerhaltung und (Blei-) Stifthaltung. Wähle die Variante, die sich für dich am angenehmsten anfühlt. Die Häkelnadel hältst du dabei immer mit deiner dominanten Hand *(Nadelhand)*.

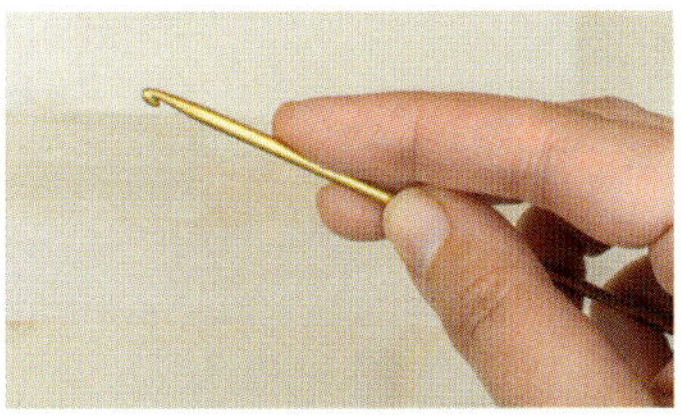

MESSERHALTUNG (HAND ÜBER DER NADEL)

Hier hältst du die Häkelnadel wie ein Messer. Die Nadel wird zwischen Daumen und Zeigefinger gehalten. Das Ende der Nadel liegt in der Handfläche.

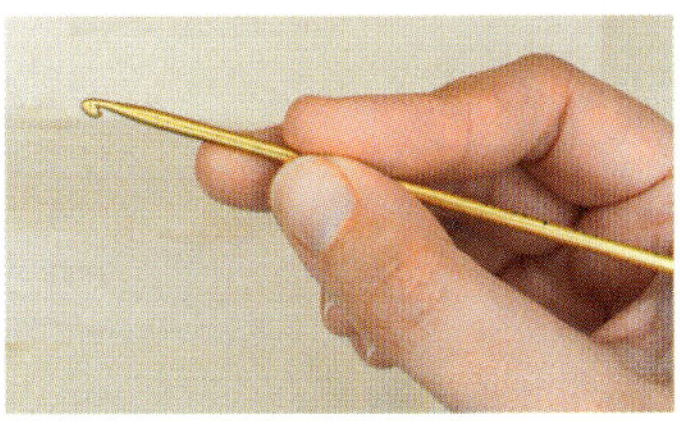

STIFTHALTUNG (HAND UNTER DER NADEL)

Bei dieser Methode wird die Häkelnadel wie ein Stift gehalten. Die Nadel liegt zwischen Daumen und Zeigefinger. Das Ende der Nadel liegt über der Hand in der Mulde zwischen Daumen und Zeigefinger.

GUT ZU WISSEN

In welchem Winkel du die Nadel zu deiner Häkelarbeit hältst, hat Einfluss auf die Höhe der Maschen, die du häkelst. Das liegt daran, dass die durchgezogenen Schlaufen je nach Neigung der Nadel größer oder kleiner sind. Je größer der Winkel, desto größer die entstehenden Maschen. Werden deine gehäkelten Teile immer etwas kürzer oder länger als geplant, versuche die Nadel dementsprechend mehr oder weniger zu neigen.

Es gibt aber nicht die eine perfekte Haltung für alle. Vielmehr wirst du im Laufe des Häkelns merken, welche Nadelposition für dich gut funktioniert. Manche halten die Nadel schräger, andere lieber flacher. Finde die für dich richtige Haltung. Solange deine Hand sich gut anfühlt und die Maschen gleichmäßig von der Nadel gehen, ist alles erlaubt.

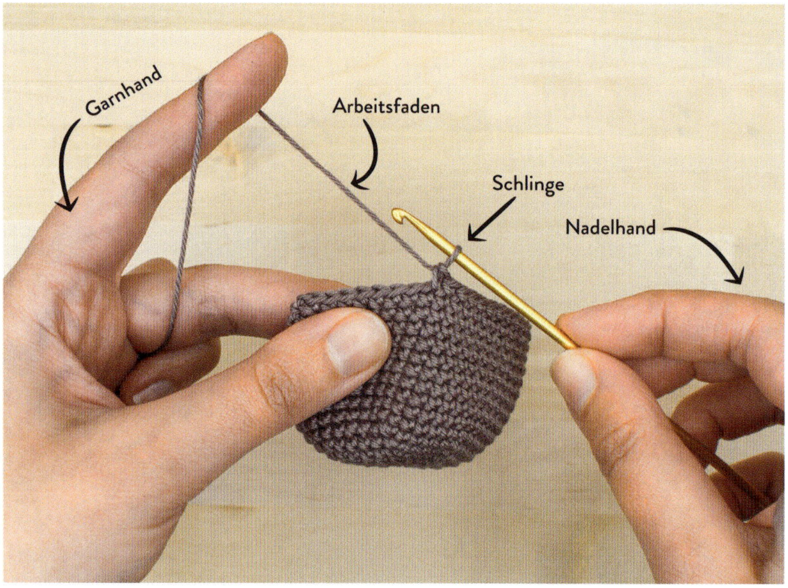

GARNHALTUNG

Während die Nadel mit deiner dominanten Hand geführt wird, kümmert sich die andere Hand um das Garn (*Garnhand*). Über sie wird der *Arbeitsfaden* geführt – das Garn mit dem du häkelst. Bei der klassischen Garnhaltung (siehe Abb.) wird der Faden zunächst über die Handfläche von vorne um den Zeigefinger geführt. Während Daumen und Zeigefinger das Häkelstück fixieren, halten Ringfinger und kleiner Finger den Faden am Ende der Hand in Position. Durch leichtes Krümmen und Strecken des Zeigefingers wird die Fadenspannung reguliert. Im folgenden Abschnitt zeige ich dir noch mehr Möglichkeiten, den Faden über die Garnhand zu führen und so mehr Kontrolle über den Faden zu erhalten.

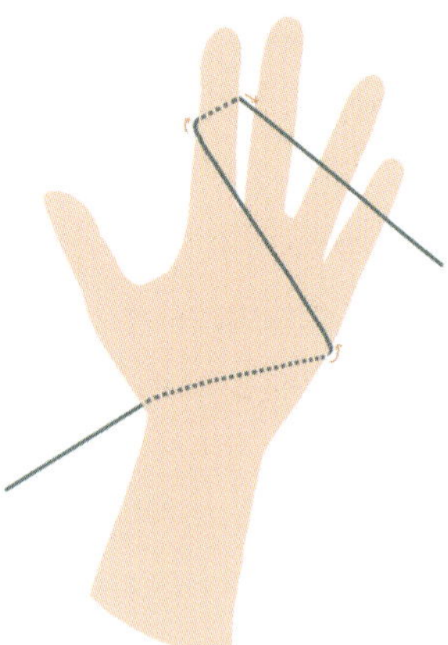

FADENSPANNUNG

Wenn es um Amigurumi geht, hört man oft, dass sie nur gelingen, wenn man sehr **fest** mit einer hohen Fadenspannung häkelt. Aber was heißt das? Gemeint ist die Spannung, die du auf den Arbeitsfaden ausübst, während du häkelst. Je höher die Spannung des Fadens, desto enger und kompakter werden die Maschen. Locker gehäkelte Maschen sind größer als fest gehäkelte. Aber fest zu häkeln allein macht noch kein perfektes Amigurumi. Die Spannung muss auch **gleichbleibend** sein. Ändert sich die Fadenspannung während des Häkelns, werden die Maschen unterschiedlich groß. So wird das Maschenbild ungleichmäßig. Das führt schlimmsten Falls dazu, dass die Figuren nicht die angestrebte Form erhalten. Auch können Löcher entstehen, durch die Füllmaterial außen sichtbar wird. Aber auch zu festes Häkeln hat Einfluss auf dein Amigurumi. Dann können die Maschen zu klein werden, und es wird schwerer, sie mit der Nadel zu durchstechen. Das Häkeln wird so anstrengender, was wiederum zu einem ungleichmäßigen Maschenbild führen kann.

Feste Maschen neigen sich aufgrund ihrer Beschaffenheit etwas zur Seite. Je geringer die Fadenspannung ist, desto stärker neigen sich die Maschen. Das kann bei größeren Amigurumi dazu führen, dass sich der Versatz sichtbar spiralförmig um die gesamte Figur dreht. Enge und gleichmäßig gehäkelte Maschen tendieren weniger stark zur Seite.

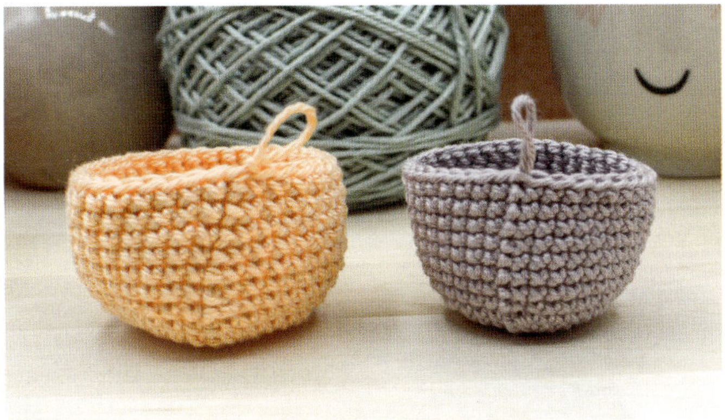

Beide Teile wurden mit der gleichen Nadelstärke und Wolle gehäkelt. Links mit wenig Spannung ist die Neigung deutlich zu erkennen. Rechts mit mehr Spannung ist die Neigung weniger stark ausgeprägt. Man kann hier auch gut sehen, welchen Einfluss die Fadenspannung auf die Größe der Maschen hat. Das linke Teil, mit weniger Spannung gehäkelt, ist sichtbar größer.

Du siehst, so einfach ist es mit der Fadenspannung nicht. Hinzu kommt, dass wir alle sehr individuell häkeln. Manche häkeln eher fest, andere eher locker. Tricks und Methoden, die die Fadenspannung verbessern, sind nicht universell für alle gleich hilfreich. Glücklicherweise gibt es einen einfachen Weg, um zu ermitteln, ob du eher fest oder eher locker häkelst: **die Maschenprobe.** Eine Maschenprobe ist ein gestricktes oder gehäkeltes Probestück, das du anfertigst, bevor du mit einer neuen Anleitung beginnst. Auf der Banderole deines Wollknäuels findest du dazu in der Regel eine Angabe. Diese bezieht sich auf ein 4-eckiges Probestück mit der Größe 10 x 10 cm, das glatt rechts gestrickt wird. Sie gibt dabei an, wie viele Reihen und Maschen notwendig sind, um diese Größe zu erhalten. Gestrickt bzw. gehäkelt wird dabei mit der Nadelstärke, die für diese Wolle empfohlen ist. Auch diese Information findest du auf der Banderole. Für das Häkeln von Amigurumi braucht man normalerweise keine Maschenprobe, aber hier kann sie dir helfen. Häkle in Reihen ein Viereck mit der angegebenen Anzahl fester Maschen. Die Anzahl der Reihen ist nicht so wichtig. Gehäkelte Maschen sind höher als gestrickte feste Maschen, so dass du in der Regel weniger Reihen benötigst, damit dein Viereck 10 cm hoch ist.

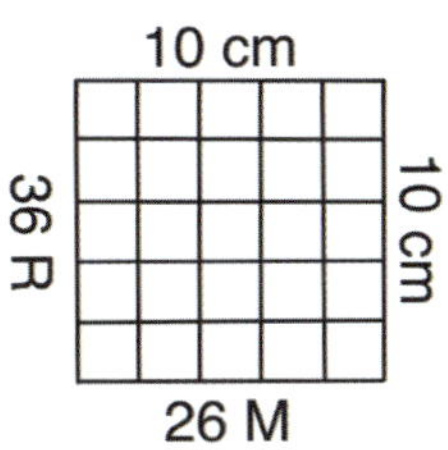

Für die *Schachenmayrs Catania* wird für eine Maschenprobe von 10 x 10 cm ein Viereck mit 36 Reihen à 26 fM angegeben. Empfohlen wird eine Nadelstärke zwischen 2,5 und 3,5 mm. Nimm am besten die mittlere Nadel 3,0 mm für die Probe.

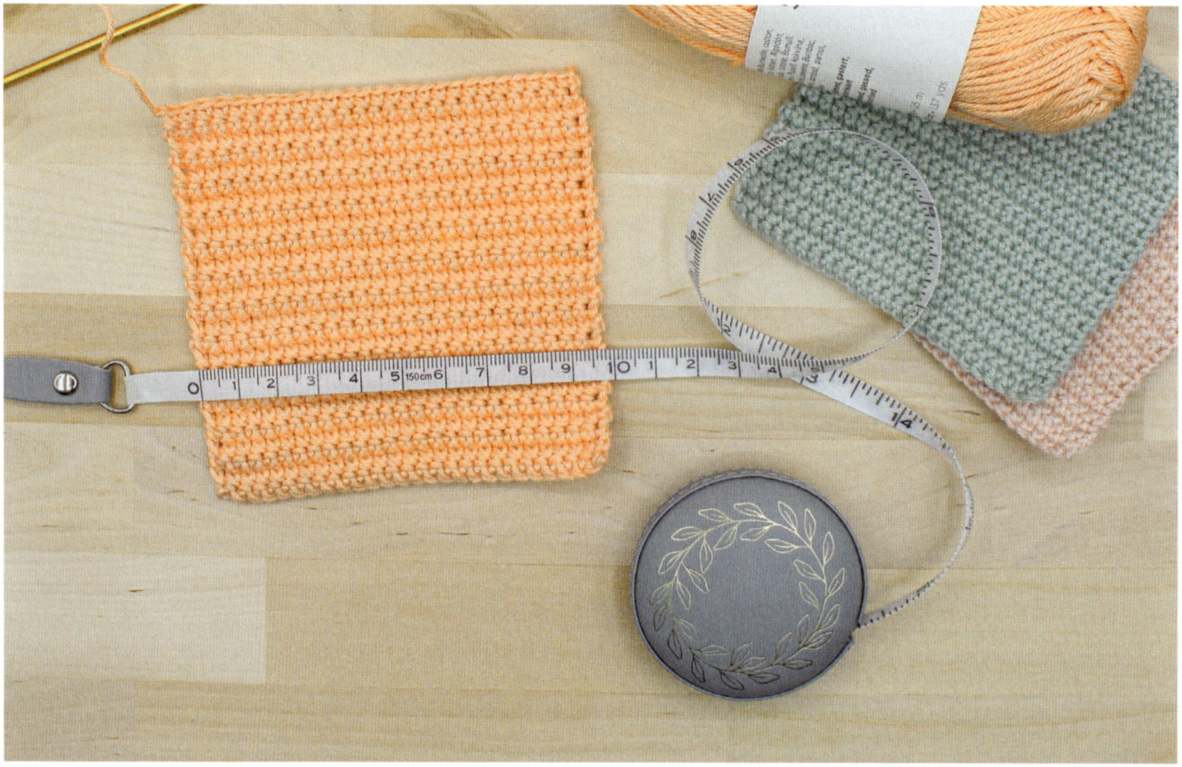

Wenn dein Viereck fertig ist, miss nun die Breite. Liegt diese über 10 cm, häkelst du eher locker, liegt sie darunter, häkelst du eher fest. Ist das Viereck unförmig, zeigt das, dass deine Fadenspannung ungleichmäßig ist. Passt es genau, dann ist alles prima.

Mit diesem Wissen kannst du nun die für dich passenden Tipps heraussuchen, die dir helfen, deine Fadenspannung besser zu regulieren. Dafür ist es wichtig zu wissen, was alles Einfluss auf die Spannung haben kann. Zunächst ist es natürlich die **Erfahrung.** Je mehr du häkelst, desto besser wird dein Gefühl für die richtige Spannung. Also: Üben, üben, üben! Starte dazu erstmal mit einfacheren Amigurumi-Projekten mit wenigen Einzelteilen, ohne Farbwechsel oder komplizierte Formen. Wenn es am Anfang nicht so klappt, lass dich nicht frustrieren. Ich verspreche dir, es wird immer besser, je länger du häkelst.

Die **Fadenhaltung** hat den größten Einfluss auf die Spannung. Hier ist wichtig zu wissen, es gibt nicht die eine perfekte Haltung. Jede*r muss für sich die richtige Fadenhaltung finden, die je nach individueller Fadenspannung bequem ist und die meiste Kontrolle über den Faden ermöglicht. Häkelst du sowieso schon sehr fest, ist die klassische Fadenhaltung (siehe Seite 34) für dich ausreichend. Möchtest du mehr Spannung erzeugen, können dir die folgenden Varianten helfen:

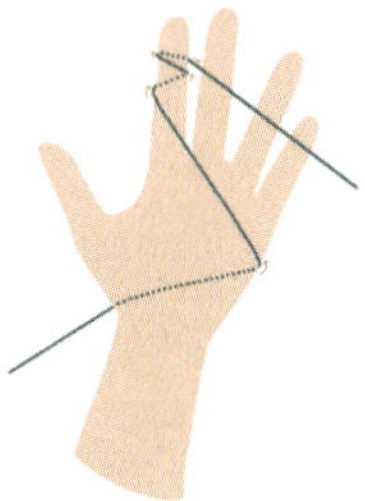

Variante 1: Doppelter Faden um den Zeigefinger
Bei dieser Variante führst du den Faden wie gewohnt um die Hand und legst ihn einmal mehr um deinen Zeigefinger. So wird etwas mehr Spannung auf den Arbeitsfaden erzeugt.

Variante 2: Kleiner Finger
Noch mehr Spannung erhältst du, wenn du den Faden zusätzlich um den kleinen Finger legst. Dabei kannst du den Faden einfach oder zweifach herumlegen.

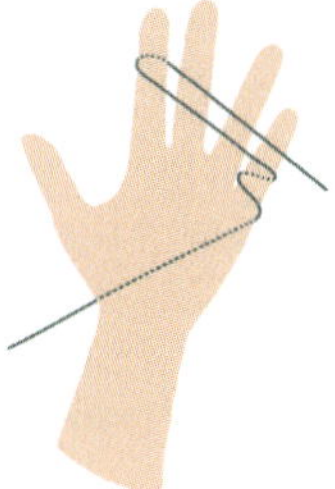

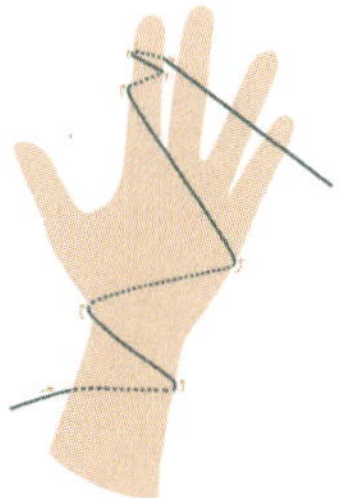

Variante 3: Handgelenk
Wenn du den Faden zu Beginn um dein Handgelenk wickelst, erzeugst du ebenfalls eine höhere Spannung auf das Garn. Für noch mehr Zug kannst du den Faden zusätzlich doppelt um den Zeigefinger oder den kleinen Finger legen.

Mit der gewählten **Nadelstärke** kannst du die Fadenspannung zusätzlich regulieren. Kommen deine Maschen etwas zu locker von der Nadel, wähle für dein Amigurumi-Projekt lieber eine Nadelstärke kleiner als in der Anleitung angegeben. Umgekehrt, kannst du bei zu festen Maschen zu einer größeren Nadelstärke greifen. Orientiere dich dabei an den Angaben auf deiner Wolle und in der Anleitung. Taste dich langsam an deine perfekte Nadelstärke heran, indem du immer in halben Schritten die Nadelstärke wechselst. Also von 3,0 mm zunächst auf 2,5 mm und – wenn das nicht reicht – auf 2,0 mm. Das Gleiche gilt in die umgekehrte Richtung – von einer kleinen Nadelstärke zu einer größeren Nadelstärke.

Die Art, wie du die festen Maschen häkelst, kann dir helfen, Defizite bei der Spannung auszugleichen. Wenn du generell eher locker häkelst, solltest du **X-Maschen** häkeln. Diese sind insgesamt etwas fester als **V-Maschen** (siehe Seite 42). Alternativ kannst du deine festen Maschen wie V-Maschen anmaschen und wie X-Maschen abmaschen. So bleibt das Maschenbild der V-Masche bestehen, aber insgesamt wird es fester. V-Maschen kannst du wählen, wenn du gewöhnlich zu fest häkelst. Gefällt dir das V-Maschenbild nicht, kannst du deine festen Maschen wie X-Maschen aufnehmen und wie V-Maschen abmaschen. Dann werden die Maschen etwas weicher.

Um die Neigung auszugleichen, die beim Häkeln mit geringer Fadenspannung entsteht, kannst du auch in die vorderen bzw. hinteren Maschenglieder häkeln (siehe Seite 60). Dadurch verändert sich zwar das **Maschenbild,** aber die Runden schließen deutlich gerader nacheinander ab.

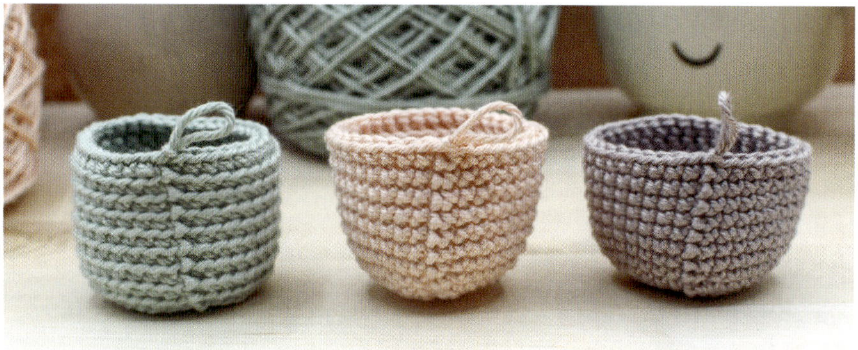

Die Neigung der festen Maschen (rechts) lässt sich durchs Häkeln in die vorderen (Mitte) bzw. hinteren Maschenglieder (links) etwas ausgleichen.

Auch das Garnknäuel beeinflusst die Spannung des Arbeitsfaden. Kommt der Faden aus der Mitte des Knäuels ist er meistens fester gespannt, als wenn er von oben abgewickelt wird. Häkelst du eher locker, solltest du deine Wolle aus dem Inneren heraus verhäkeln. Ist dein Stil eher fest, nimm das Garn vom oben ab oder wickele sogar ein paar Meter ab vor dem Häkeln. Auch eine Garnschale kann hilfreich sein, den Faden in gleichmäßiger Spannung von Knäuel abzunehmen.

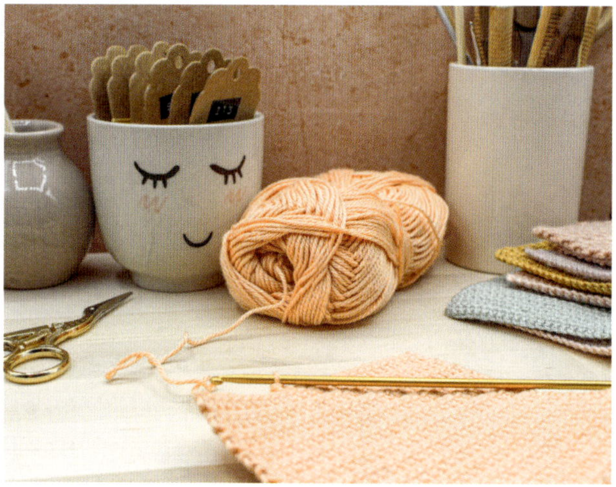

Auch deine **Körperhaltung** beeinflusst die Fadenspannung. Hier gilt: Mach es dir gemütlich! Verkrampft sich dein Körper, bekommst du Schmerzen oder fühlst dich steif, erschwert dies das gleichmäßige Häkeln. Die Arme sollten locker und nicht zu hoch liegen. Die Handgelenke sind am besten nicht zu stark anwinkelt. Mache regelmäßige Pause, stehe auf und strecke dich. Vor allem das permanente nach unten auf die Häkelarbeit schauen verspannt den Nacken. Dehne auch die Handgelenke und Finger zwischendurch. Lege dir gegebenenfalls ein Kissen unter die Hände oder in den Rücken, um dich abzustützen.

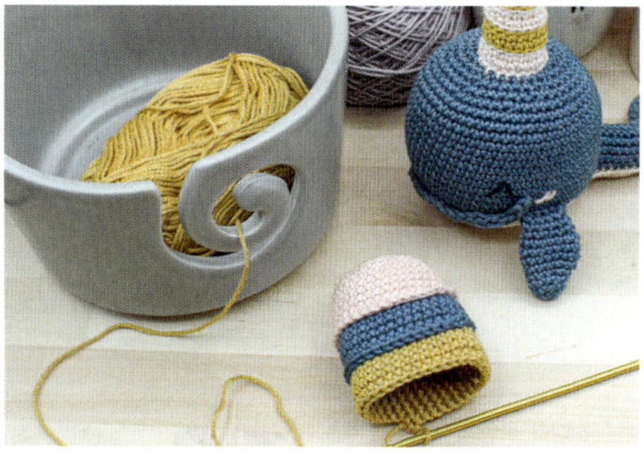

MASCHEN MASCHEN MASCHEN

DIE WICHTIGSTEN HÄKELMASCHEN

LUFTMASCHEN (LM) ○

Luftmaschen bilden (meistens) den Anfang deiner Häkelarbeit und kommen z. B. als *Wendeluftmasche* beim Häkeln von Reihen, als *Steigeluftmasche* beim Rundenhäkeln oder in Mustern zum Einsatz.

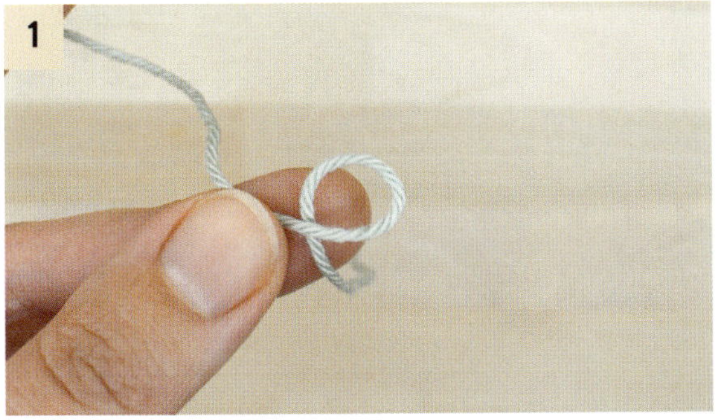

Beginne mit einer **Anfangsschlinge.** Lege den Faden zu einer Schlaufe. Das Fadenende liegt unterhalb und zeigt nach unten.

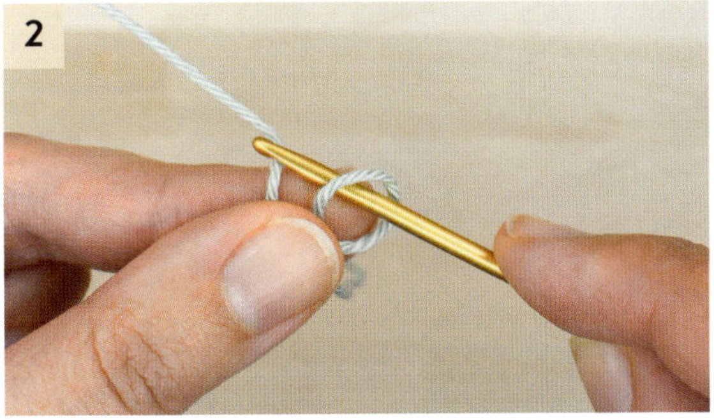

Stich mit der Nadel von vorne durch die Schlinge …

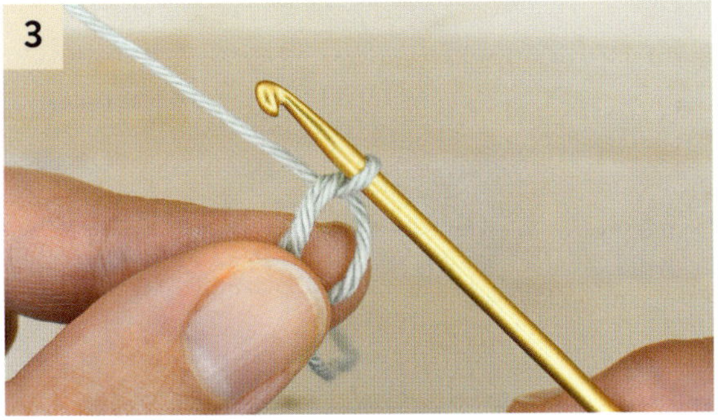

… und hole den Faden durch.

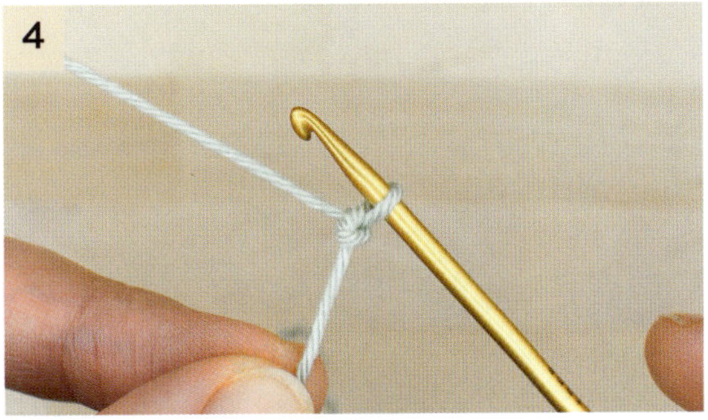

Ziehe nun am Fadenende, sodass sich die Schlinge um die Nadel festzieht.

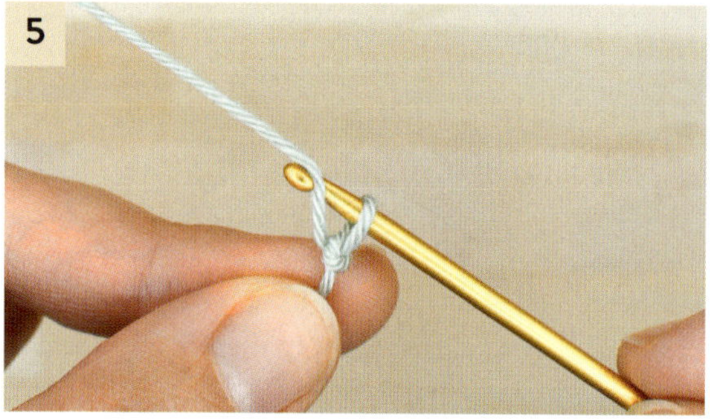

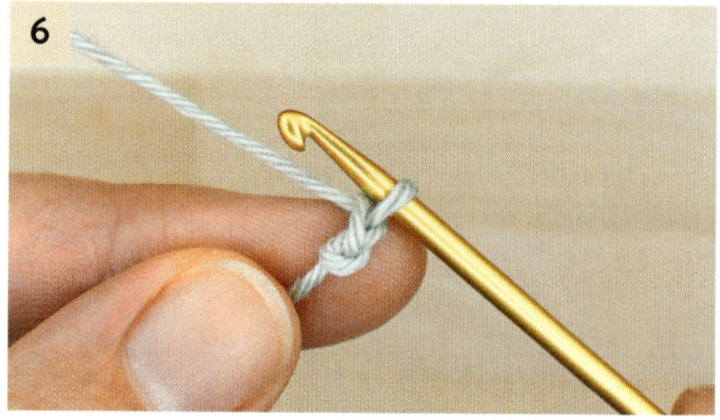

Nun den Faden erneut durch die Schlinge ziehen, um die erste Luftmasche zu häkeln.

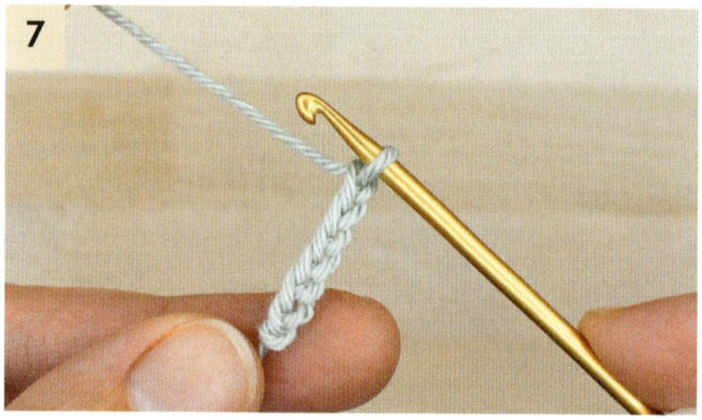

So lange wiederholen, bis die gewünschte Anzahl an Luftmaschen erreicht ist. Diese Kette nennt man *(Anfangs-)Luftmaschenkette (Anfangs-Lm-Kette)*. Es gibt verschiedene Möglichkeiten, die Anfangsschlinge zu legen. Ich nutze meist, wie hier beschrieben, die Häkelnadel als Hilfe. Du kannst die Anfangsschlinge aber auch mit der Hand legen und die Nadel anschließend durchstechen.

KETTMASCHEN (KM) ×

Kettmaschen werden vielfältig beim Häkeln eingesetzt. Mit ihnen kannst du in einer beliebigen Masche deiner Arbeit einen neuen Faden anmaschen. Außerdem kommen sie beim Beenden der Häkelarbeit zum Einsatz. Sie können in Reihen oder Runden gehäkelt oder auf ein gehäkeltes Teil aufgesetzt werden.

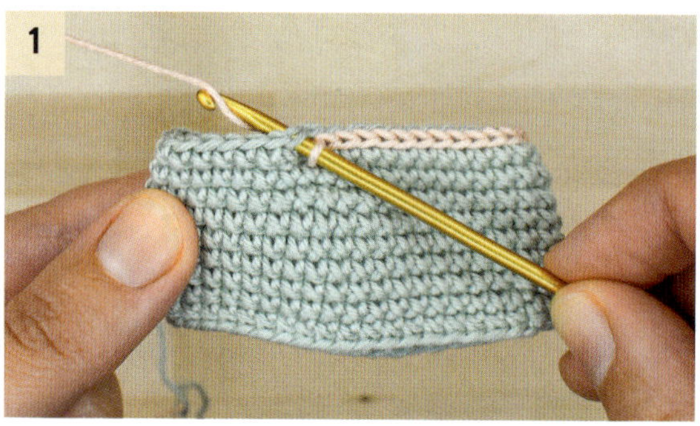

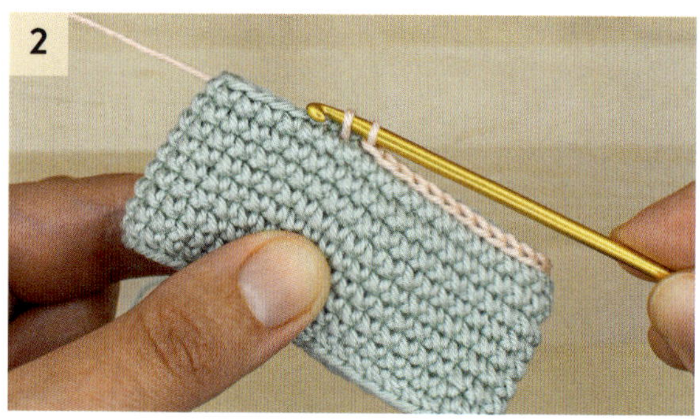

Um eine einfache Kettmasche zu häkeln, stich durch die Masche und hole den Faden durch.

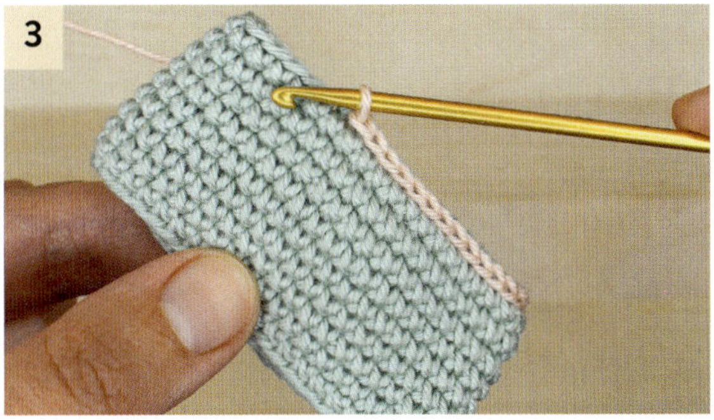

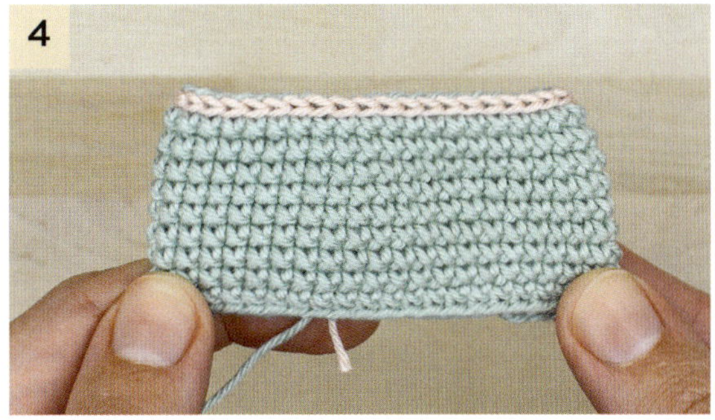

Ziehe nun die auf der Nadel befindliche Schlinge durch die erste. Fertig ist deine Kettmasche.

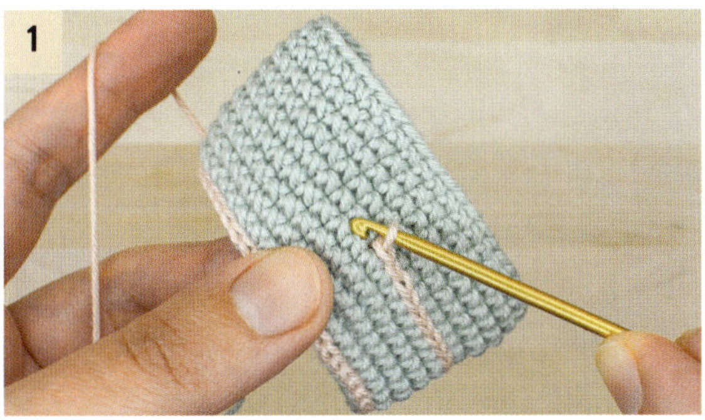

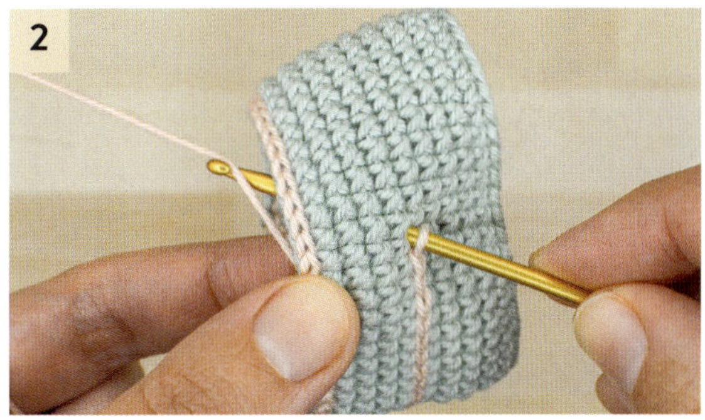

Um Kettmaschen aufzuhäkeln (auch: Kettmaschen *aufsetzen*), stich mit der Nadel von oben nach unten in der angegebenen Reihe/Runde zwischen die Maschen.

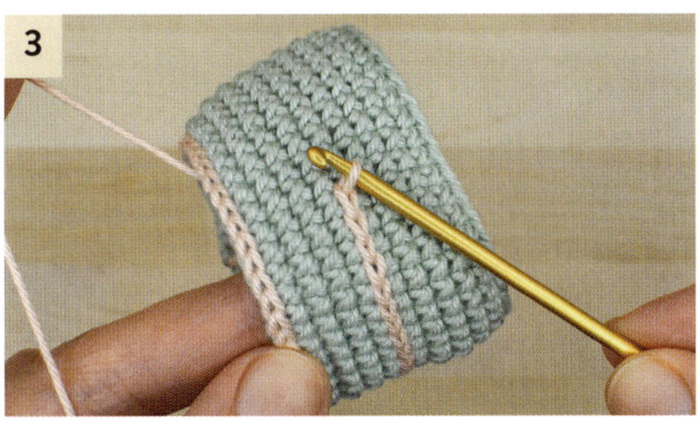

Hole eine Schlinge durch und masche sie wie bei der normalen Kettmasche durch die auf der Nadel liegende Schlinge ab.

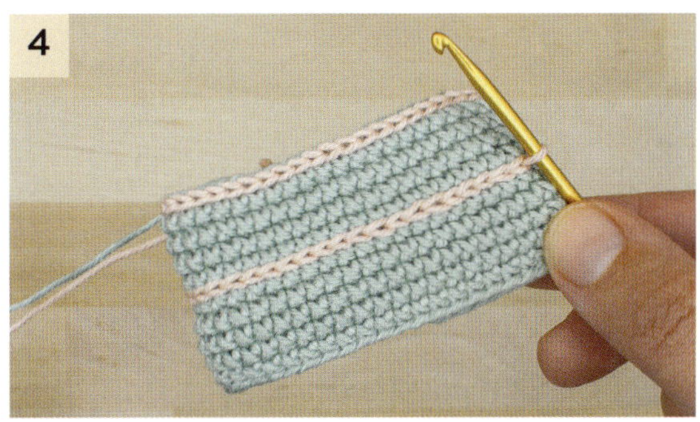

So lange wiederholen, bis die gewünschte Anzahl Kettmaschen erreicht ist. Orientiere dich für eine gerade Reihe an den Maschen/Reihen/Runden der Oberfläche.

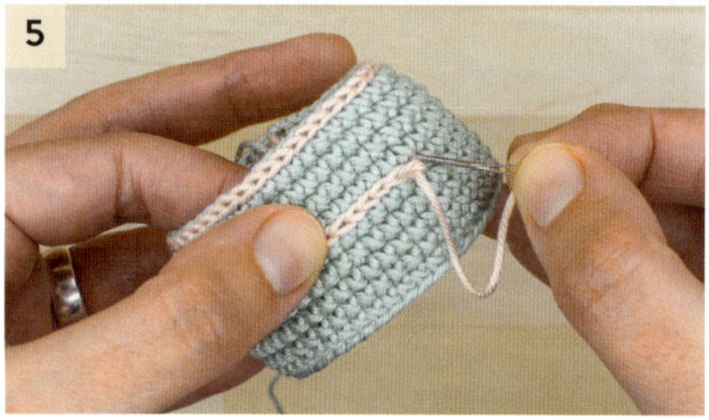

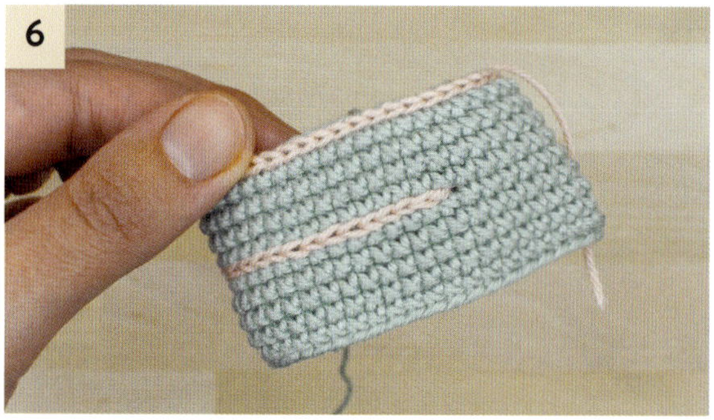

Zum Beenden den Faden abschneiden und durch die letzte Kettmasche ziehen. In die gleiche Masche zurück einstechen und nach hinten/innen vernähen.

FESTE MASCHEN (FM) |

Die feste Masche wird beim Häkeln von Amigurumi mit Abstand am meisten eingesetzt. Sie ergibt das kompakte und dichte Maschenbild, das es braucht, um formstabile dreidimensionale Figuren zu häkeln. Wenn sie mit gleichmäßiger Fadenspannung gehäkelt werden, bleiben keine Lücken zwischen den Maschen, sodass das Füllmaterial nicht austreten kann. Das sind die perfekten Voraussetzungen für eine gelungene Häkelfigur.

Feste Maschen können als sogenannte *V-Masche* oder *X-Masche* gehäkelt werden. Jede dieser beiden Varianten ergibt ein anderes Maschenbild mit unterschiedlichen Eigenschaften. Die gängige Variante ist die **V-Masche.** Diese Art feste Maschen zu häkeln, lernen die meisten Anfänger*innen als Erstes. Sie hat ihren Namen, weil die entstehende feste Masche v-förmig ist.

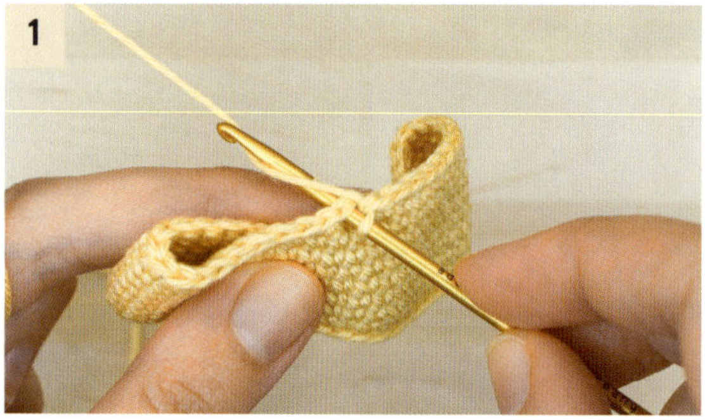

Um eine V-Masche zu häkeln, stichst du mit der Nadel ein und legst von oben nach unten einen Umschlag um die Nadel.

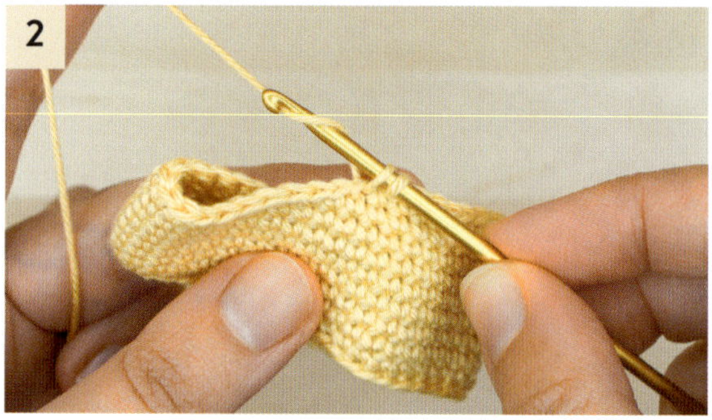

Ziehe den Faden durch. Auf der Nadel liegen nun zwei Schlingen. Lege den Arbeitsfaden erneut von oben nach unten um die Nadel und ziehe ihn durch beide Schlingen.

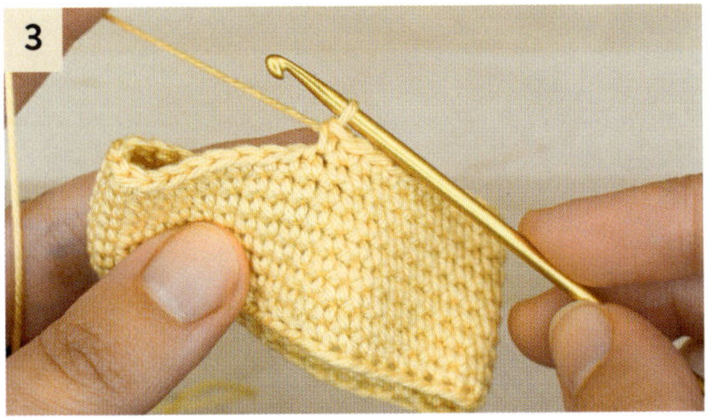

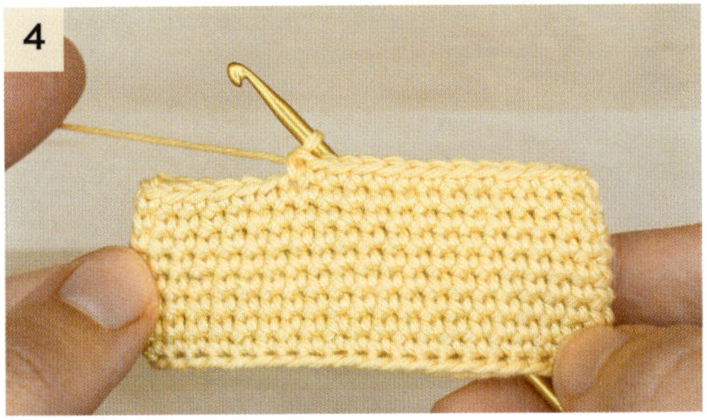

So wird die feste Masche gebildet. Weil der Faden beim Durchziehen und abmaschen über der Nadel liegt, wird die V-Masche im Englischen auch als *yarn over (yo)* bezeichnet. V-Maschen ergeben ein elastisches und lockeres Maschenbild. Dadurch erhalten die Figuren eine weiche, nicht zu steife Textur.

Die **X-Masche** ist meine bevorzugte feste Masche, wenn es um das Häkeln von Amigurumi geht. Sie ist etwas kleiner als die V-Masche und ergibt ein festeres, formstabileres Maschenbild. Weil beim Häkeln ein kleines X bzw. Kreuz entsteht, nennt man sie *X-Masche* oder *gekreuzte Masche*.

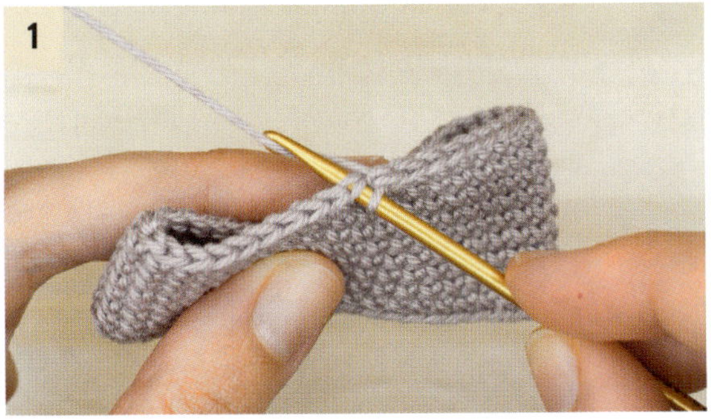

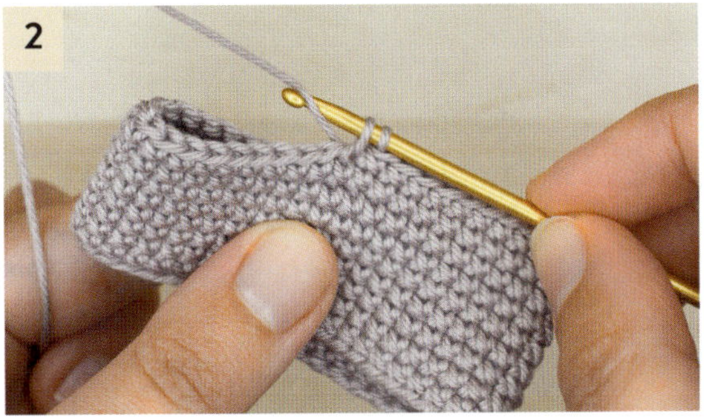

Um eine X-Masche zu häkeln, legst du den Faden nach dem Einstechen nicht um die Nadel. Der Arbeitsfaden liegt unter der Nadel und wird einfach durchgeholt. Auch beim Abmaschen der festen Maschen wird auf den Umschlag verzichtet. Der Faden liegt wieder unter der Nadel und wird durchgezogen. Im Englischen spricht man deshalb auch von *yarn under (yu)*.

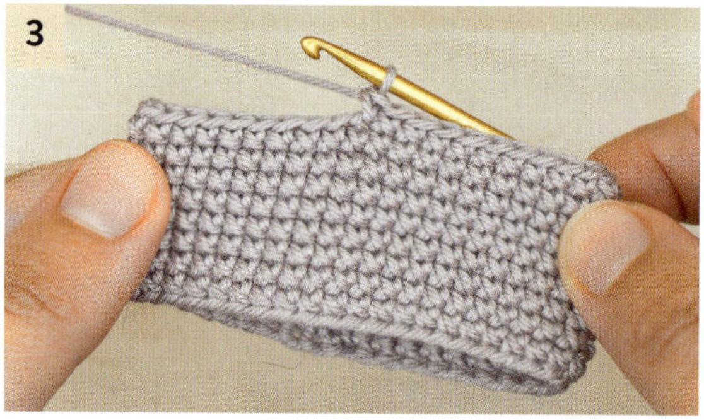

Durch das sehr kompakte Maschenbild, lassen sich die Figuren besser mit Füllwatte ausstopfen. Außerdem entstehen bei geringerer Fadenspannung weniger Löcher beim Häkeln. Gleichzeitig sind die Figuren deutlich steifer, als wenn in V-Maschen gehäkelt wird.

X- und V-Maschen lassen sich auch kombinieren. So erhältst du das Maschenbild der einen Masche mit den Eigenschaften der anderen Masche.

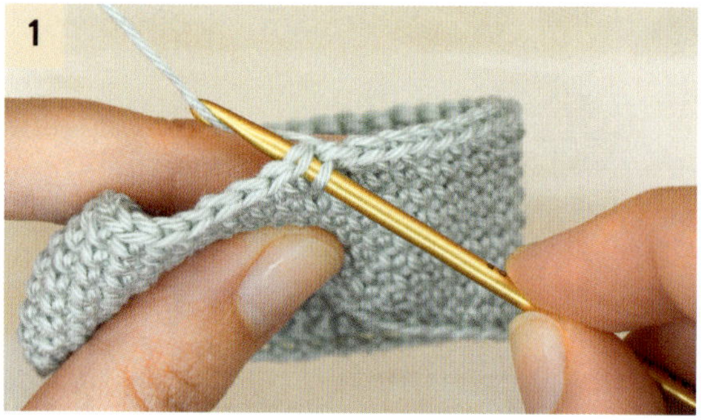

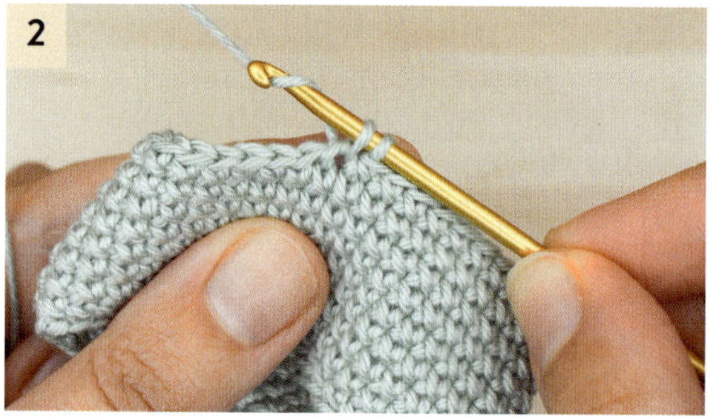

Wenn du die Masche, wie bei einer X-Masche beginnst, aber dann am Ende wie ein V-Masche abmascht, erhält du das Maschenbild einer gekreuzten Masche.

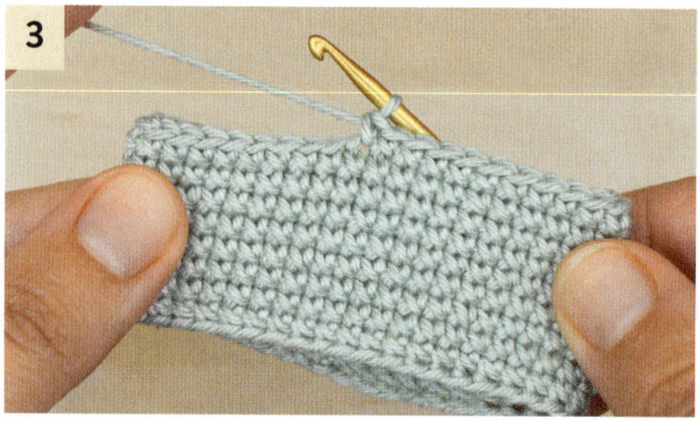

Insgesamt wird deine Häkelarbeit aber elastischer und weicher als bei den V-Maschen.

Möchtest du gerne das Aussehen einer klassischen V-Masche erhalten, aber ein festes und kompaktes Endergebnis, dann arbeite umgekehrt.

Masche die feste Masche wie eine V-Masche an, aber beende sie, indem du den Faden beim Abmaschen unter die Nadel nimmst.

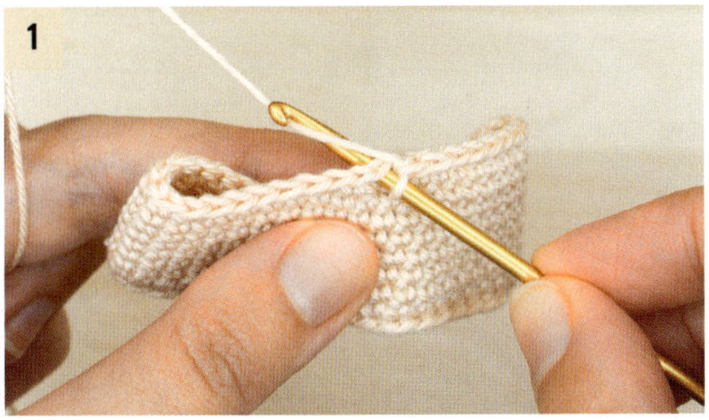

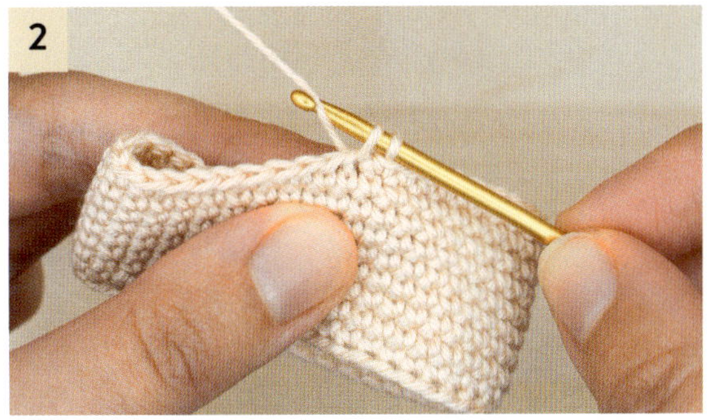

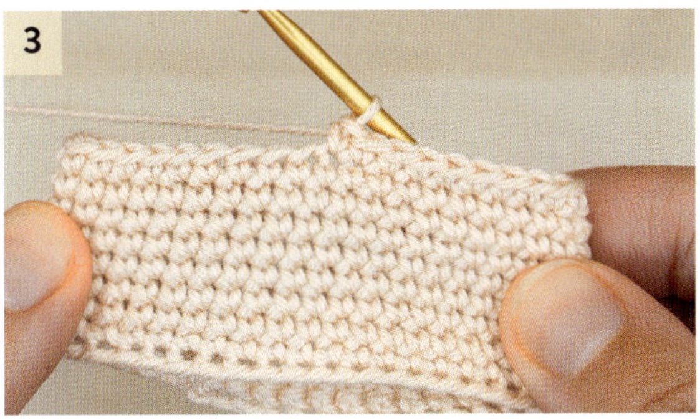

Welche Variante du bei deinem Amigurumi verwendest, liegt ganz bei dir. Beachte, dass mit X-Maschen gehäkelte Figuren etwas kleiner werden. Nutze daher beim Häkeln nach einer Anleitung nur eine der Techniken, denn sonst kann es passieren, dass die Teile nicht wie vorgesehen zusammenpassen.

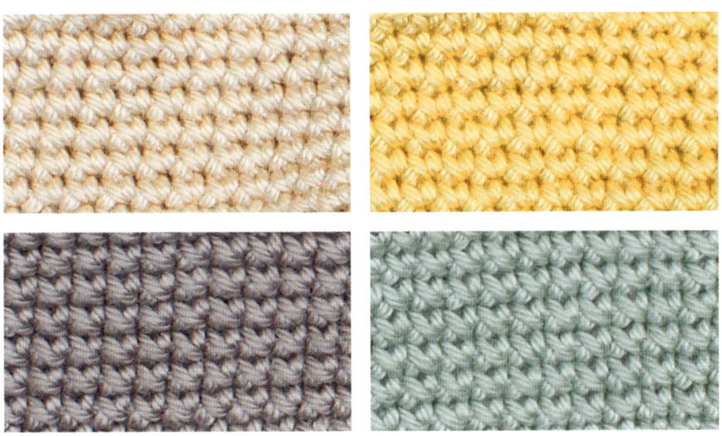

V-Machen wie X abgemascht (oben links), V-Maschen (oben rechts), X-Maschen (unten links), X-Maschen wie V Maschen abgemascht (unten rechts)

BASISMASCHEN / ANSCHLAG OHNE LUFTMASCHEN

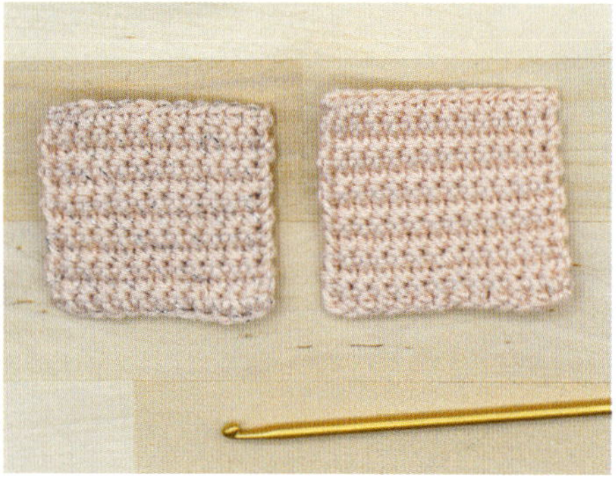

R auf Lm (links), R auf Basis-M rechts)

Eine Alternative zur Luftmaschenkette als Anfang deiner Häkelarbeit sind Basismaschen. Bei dieser Technik werden die Luftmaschen und die festen Maschen der ersten Reihen gleichzeitig gehäkelt. Während Anfangsluftmaschenketten gerne etwas zu fest oder locker ausfallen, bilden Basismaschen einen gleichmäßigen Anfang. Vor allem wenn du eine größere Maschenanzahl in Reihen häkeln möchtest, sind Basismaschen, die bessere Wahl.

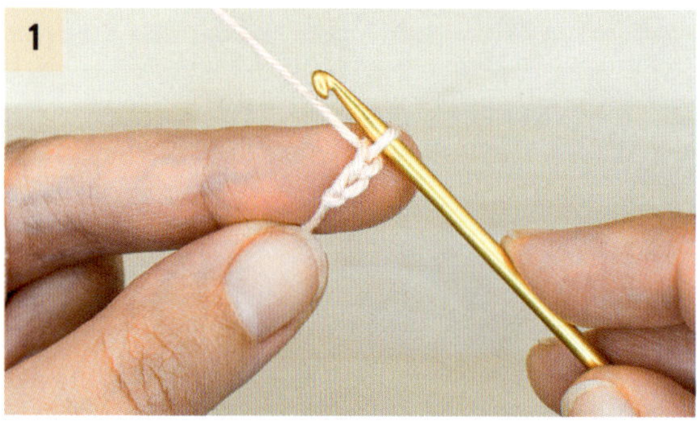

Schlage zu Beginn zwei Luftmaschen an.

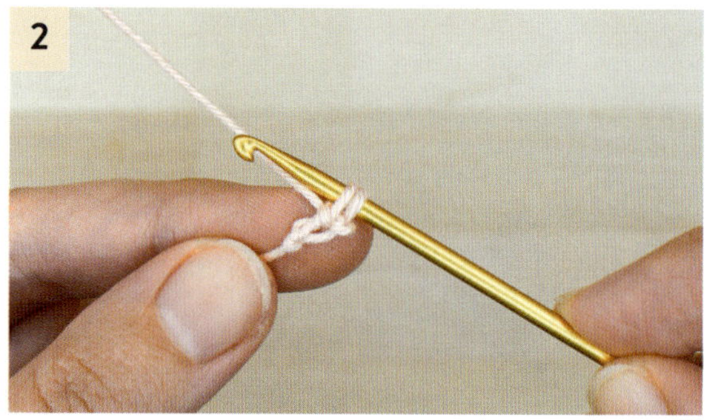

Stich in die zweite Luftmasche von der Nadel aus ein und hole den Faden durch.

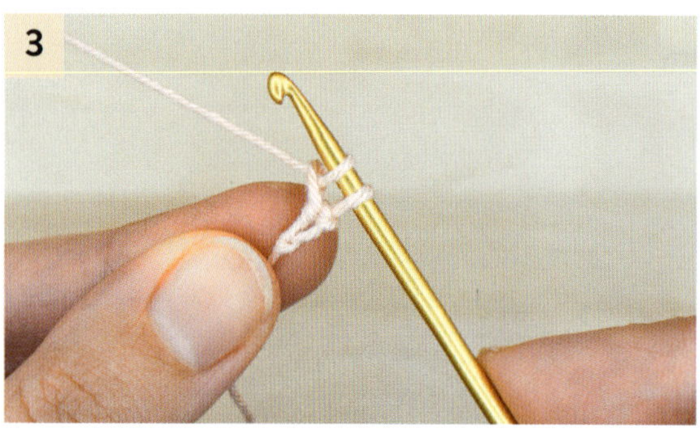

Hole den Faden erneut durch und masche damit die erste auf der Nadel befindliche Schlinge zu einer Luftmasche ab.

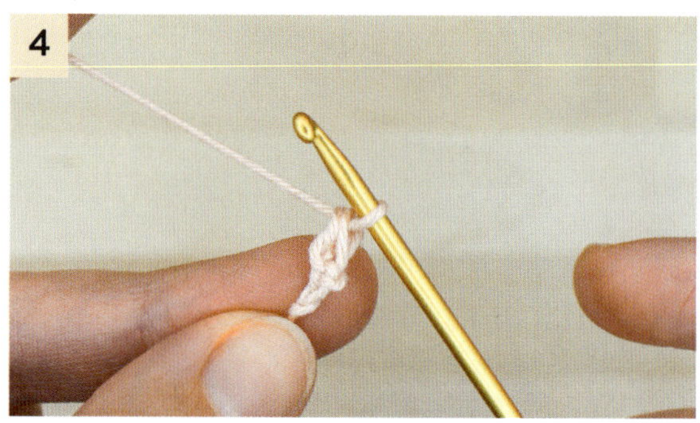

*Faden erneut holen, durch beide Schlingen auf der Nadel ziehen und so eine feste Masche bilden. Fertig ist deine erste Basismasche.

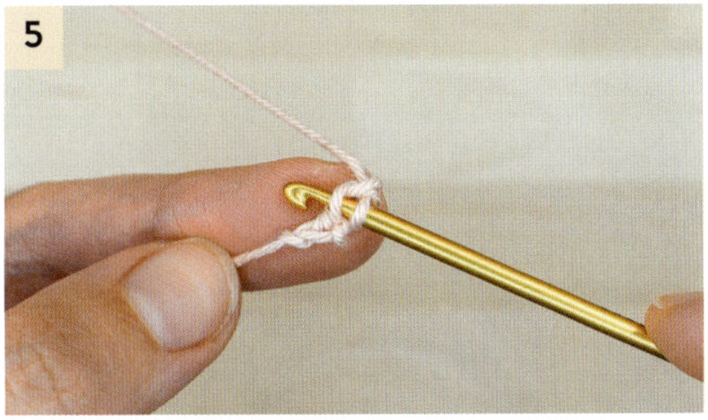

Stich nun mit der Nadel zurück in die Luftmasche der erste Basismasche, ziehe den Faden durch und bilde so die nächste Luftmasche*.

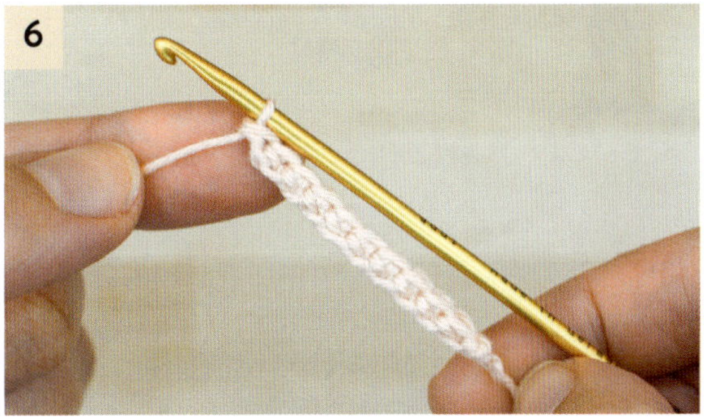

Von * bis * so lange wiederholen, bis die gewünschte Anzahl an Maschen erreicht ist.

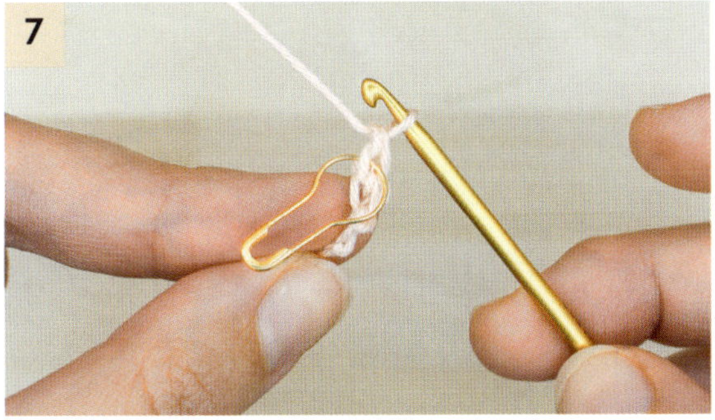

Am Anfang kann es etwas schwierig sein, die Luftmasche der vorherigen Basismasche zu finden. Du kannst die neue Luftmasche immer mit einem Maschenmarkierer kennzeichnen, so wird es etwas leichter.

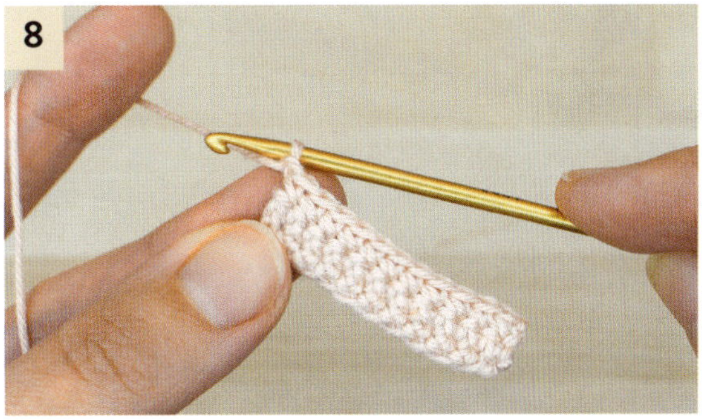

Häkle so viele Basismaschen, wie in der ersten Reihe der Anleitung angegeben sind. Von hier normal weiter in Reihen häkeln.

STEHENDE FESTE MASCHE

Eine stehende feste Masche wird gehäkelt, um eine neue Runde/Reihe mit festen Maschen an einer beliebigen Stelle zu beginnen. Sie ist eine gute Alternative zur Kettmasche, die gerne genutzt wird, um neu anzufangen. Die stehende feste Masche verhindert, dass der Beginn der neuen Runde abflacht, so wie bei der Kettmasche üblich.

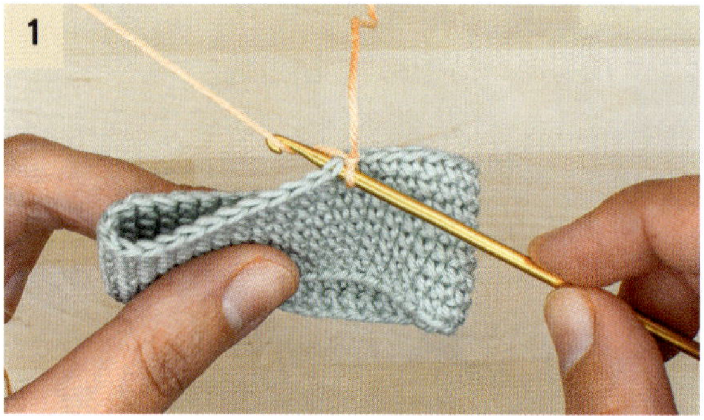

Lege eine Anfangsschlinge auf die Nadel. Stich nun mit der Schlinge auf der Nadel in die gewünschte Masche ein.

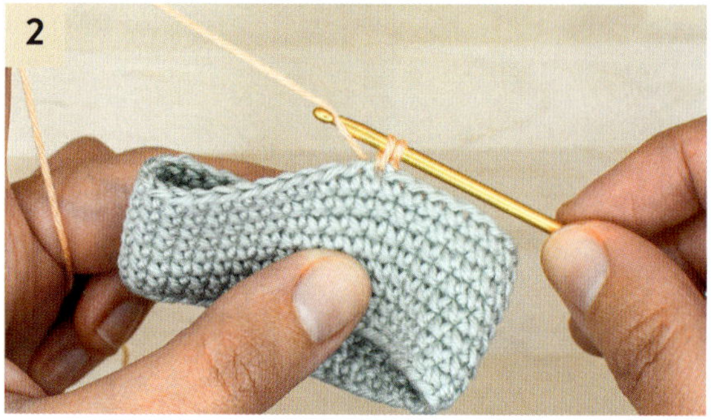

Hole den Faden durch ...

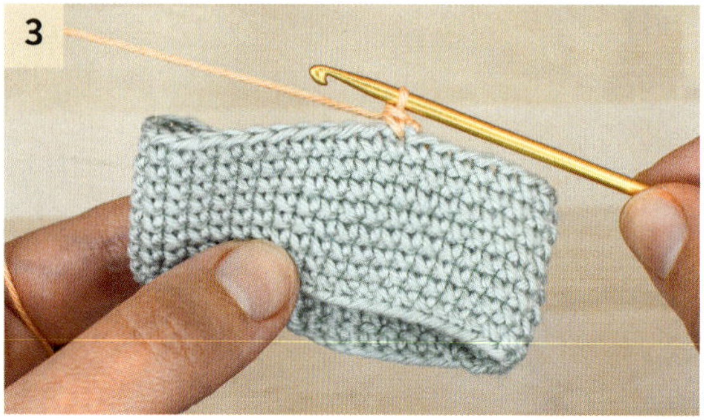

... und Masche die Anfangsschlinge und die neue Schlinge zusammen zu einer festen Masche ab.

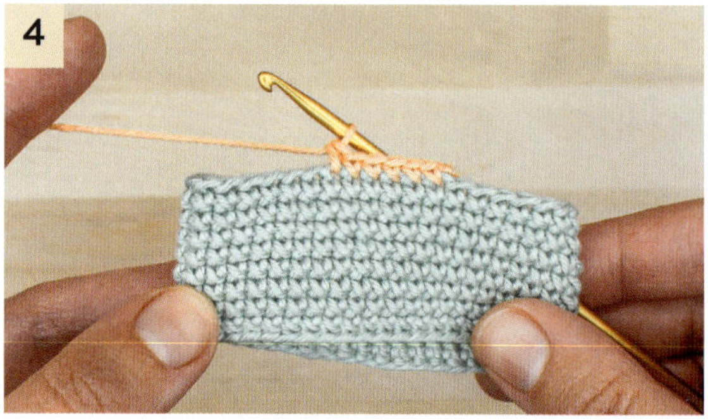

Ab hier kannst du wie gewohnt weiterhäkeln.

HALBE STÄBCHEN (HSTB) T

Halbe Stäbchen finden sich oft in Mustern. Sie sind etwas höher als feste Maschen. Das weiche, aber dichte Maschenbild macht sie zu einer perfekten Masche für die Kleidung von Amigurumi. Auch beim Häkeln von Frisuren und Details werden sie gerne eingesetzt. Beginne wie immer mit einer Luftmaschenkette in der gewünschten Länge. Halbe Stäbchen werden meist ab der dritten Luftmasche von der Nadel aus gehäkelt (Reihen häkeln, siehe Seite 78).

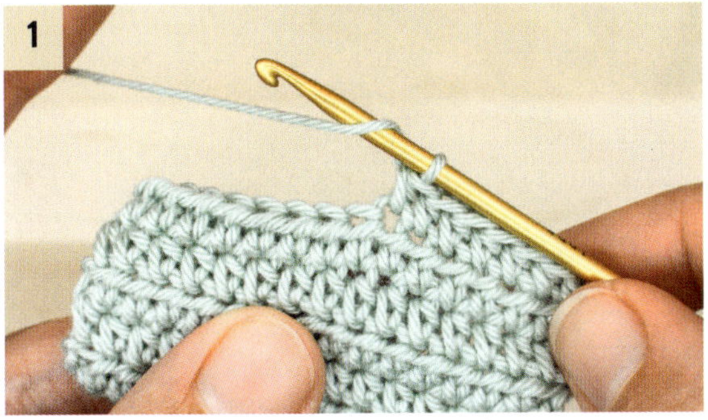

Lege den Faden von hinten nach vorne über die Nadel *(Umschlag)*.

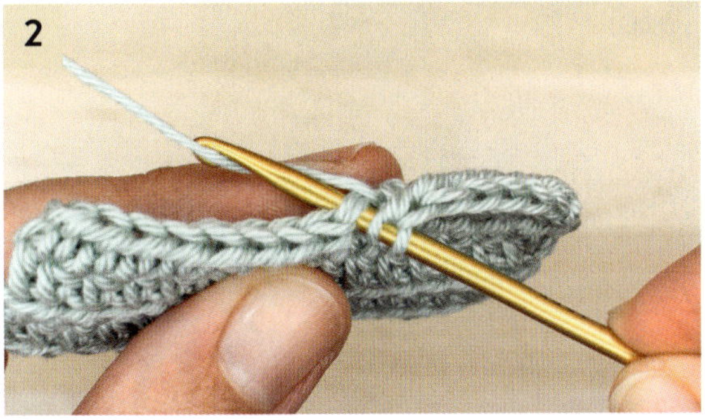

Stich in die Masche ein und hole den Faden durch.

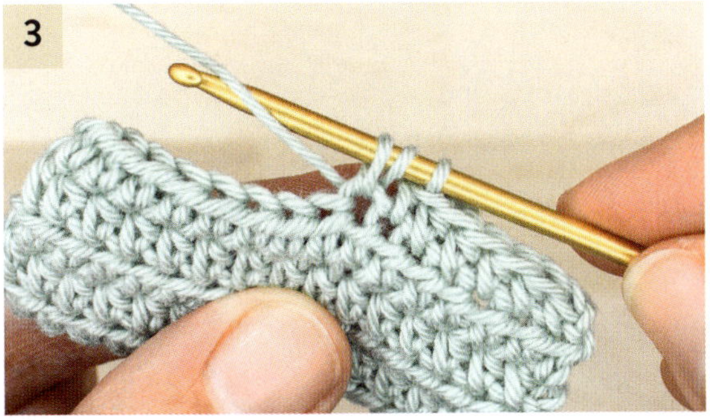

Auf der Nadel liegen nur drei Schlingen.

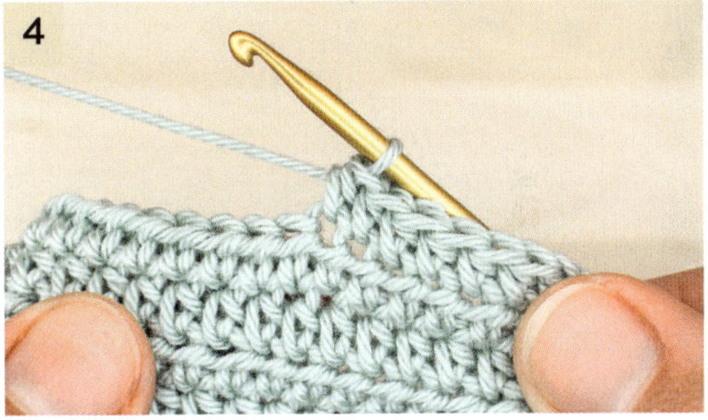

Masche alle Schlingen zusammen ab. Fertig ist das erste halbe Stäbchen.

Ein halbes Stäbchen hat drei Maschenglieder. In der Regel werden die Maschen in den folgenden Runden/Reihen zwischen das erste und zweite Maschenglied gehäkelt. Aber auch die anderen Maschenglieder können behäkelt werden und ein schönes Maschenbild erzeugen. (Maschenbilder, siehe Seite 61)

STÄBCHEN (STB)

Mit Stäbchen werden vor allem Accessoires gehäkelt. Außerdem sind sie die Basis vieler Ziermaschen, wie z. B. Büschel- oder Muschelmuster. Ihre Höhe entspricht etwa drei festen Maschen. Häkle zunächst eine Anfangsluftmaschenkette in der erforderlichen Länge. Stäbchen werden in der Regel ab der vierten Luftmasche von der Nadel aus gehäkelt (Reihen häkeln, siehe Seite 78).

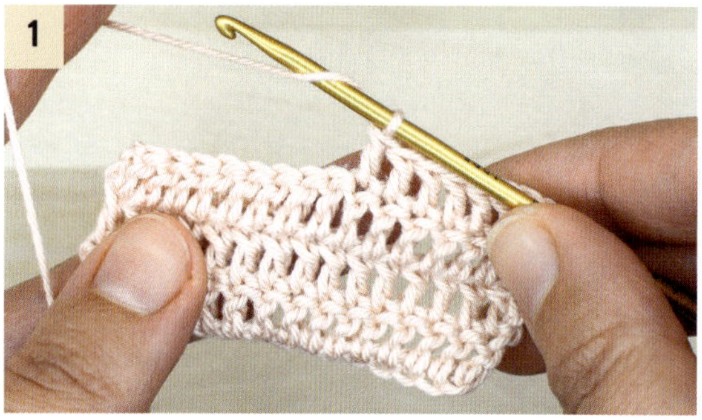

Lege den Faden von hinten nach vorne über die Nadel *(Umschlag)*.

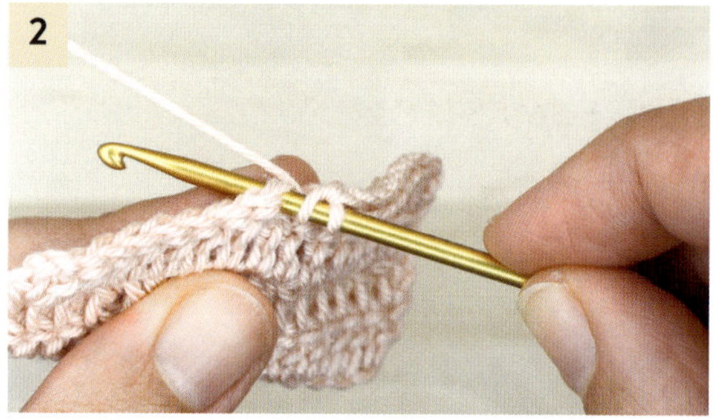

Stich in die folgende Masche ein und hole den Faden durch.

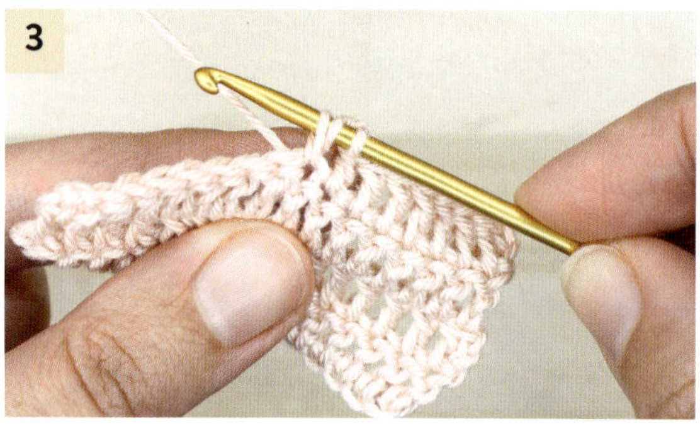

Es liegen jetzt drei Schlingen auf der Nadel.

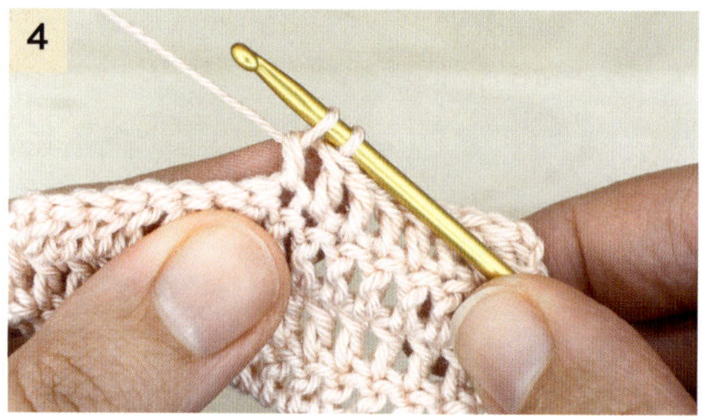

Masche nun die ersten beiden Schlingen ab.

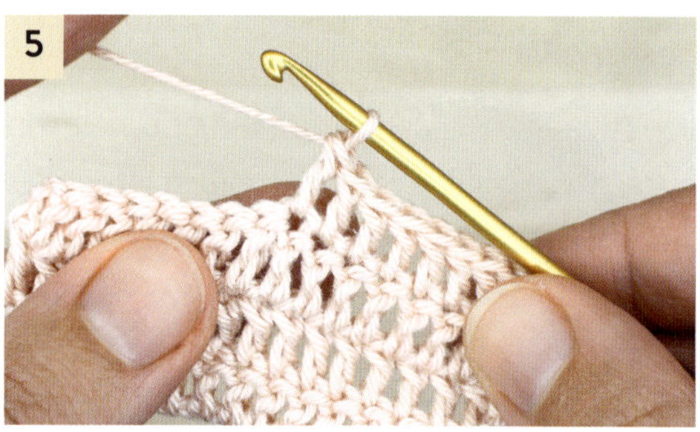

Auf der Nadel liegen jetzt zwei Schlingen. Masche beide ebenfalls zusammen ab. Fertig ist das Stäbchen. Ein Stäbchen hat zwei Maschenglieder. Je nachdem in welche du die folgende Runde/Reihe häkelst, erhältst du ein anderes Muster.

DOPPEL-/X-FACH-STÄBCHEN (DSTB/X-FACH STB)

Stäbchen können je nach Anzahl der gebildeten Umschläge höher werden. Für ein Doppelstäbchen werden dazu zwei Umschläge auf die Nadel genommen und wie beim normalen Stäbchen nacheinander abgemascht. Nimmst du drei Umschläge auf, entsteht ein dreifaches Stäbchen *(3-fach Stb)*, bei vier Umschlägen ein vierfaches Stäbchen *(4-fach Stb)* usw.

NOPPENMASCHEN

Mit Noppenmaschen kannst du deinem Amigurumi z. B. eine Nase oder einen Daumen häkeln (siehe Seite 178). Noppen werden für kleine Details oder in Mustern eingesetzt.

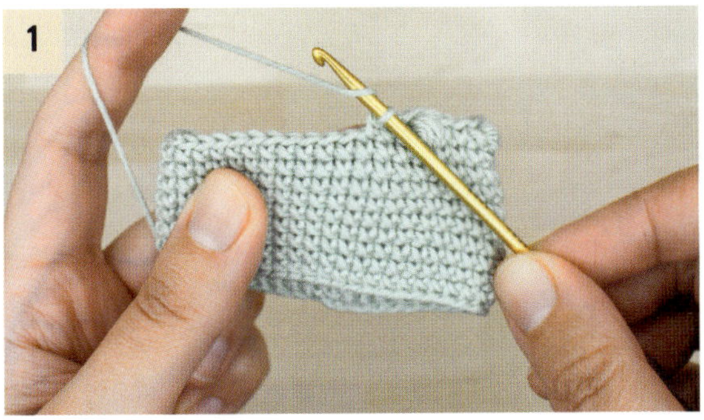

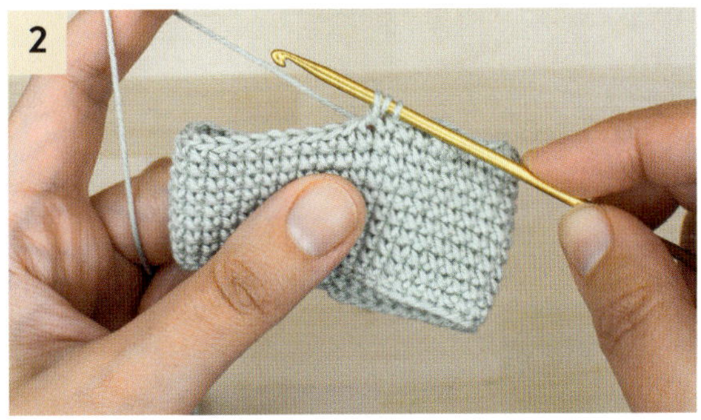

Beginne für eine Vierfach-Noppe wie bei einem halben Stäbchen.

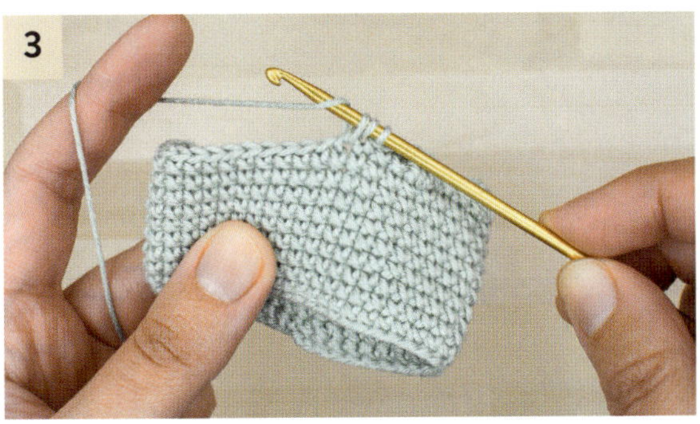

Masche die Umschläge auf der Nadel nicht ab, sondern bilde einen neuen Umschlag, stich zurück in dieselbe Masche …

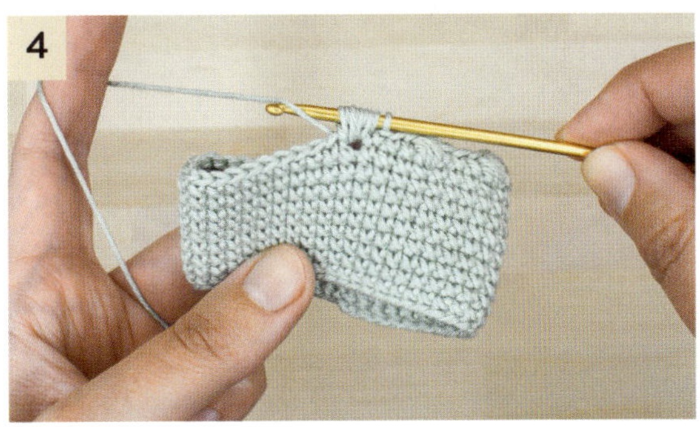

… und hole den Faden erneut durch. Wiederhole dies, bis du vier nicht abgemachte halbe Stäbchen auf der Nadel hast (= 8 Schlingen).

5

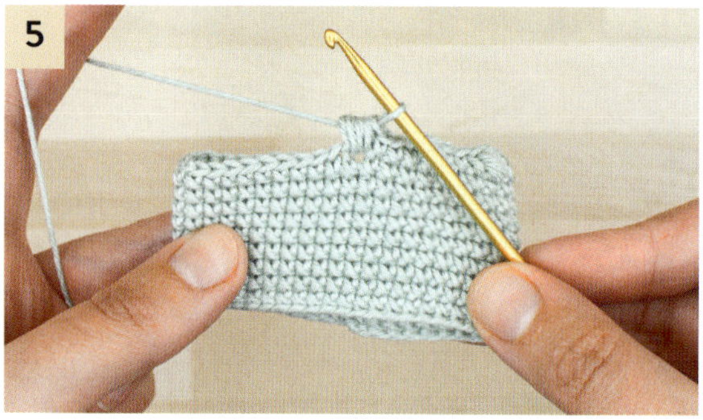

6

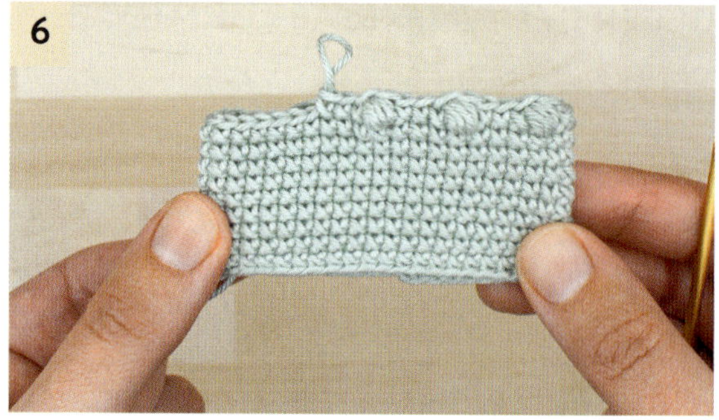

Hole den Faden und ziehe ihn durch alle Schlingen. Je nachdem wie groß die Noppe werden soll, kannst du mehr oder weniger Schlingen bilden.

RELIEFMASCHEN (RSTBV/RSTBH/RFMV/RFMH)

Reliefstäbchen geben dem Maschenbild Tiefe. Sie können von hinten *(RStbh)* oder von vorne *(RStbv)* gehäkelt werden.

1

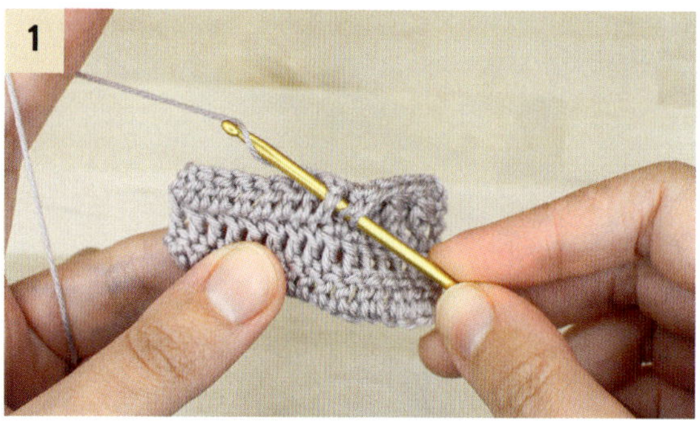

2

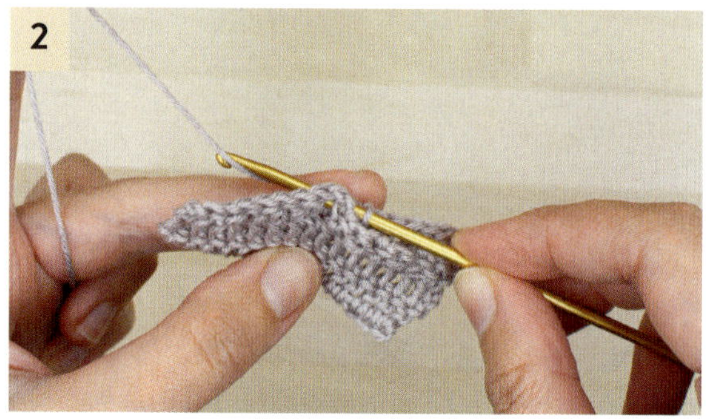

Beginne wie üblich mit einem Umschlag. Statt mit der Nadel in die Maschen einzustechen, führst du die Nadel für dein *RStbv* von vorne nach hinten um das Stäbchen der Vorrunde/-reihe.

3

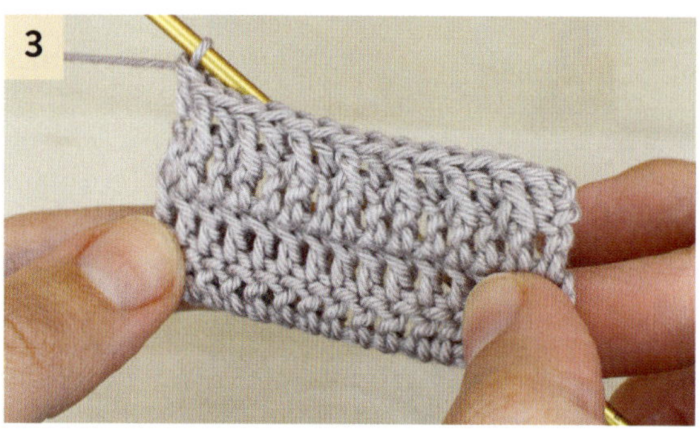

Hole den Faden und masche wie für ein normales Stäbchen alle Schlingen nacheinander ab. Für ein *RStbh* führst du die Nadel von hinten nach vorne um das Vorrunden/-reihen-Stäbchen.

Auch feste Maschen können auf diese Weise gehäkelt werden *(RfMv/RfMh)*. Dazu einfach ohne Umschlag von vorne bzw. von hinten um die Masche der Vorrunde/-reihe einstechen und eine feste Masche häkeln. Reliefmaschen können sehr schön als Saum vor Kleidungsstücke genutzt werden oder um Muster zu bilden.

TIEFER GESTOCHENE MASCHEN

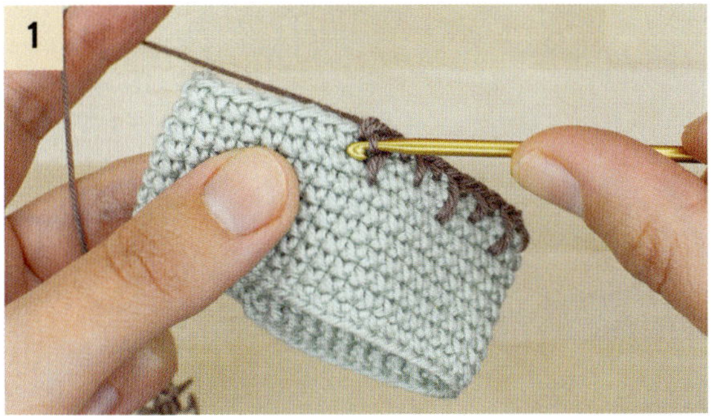

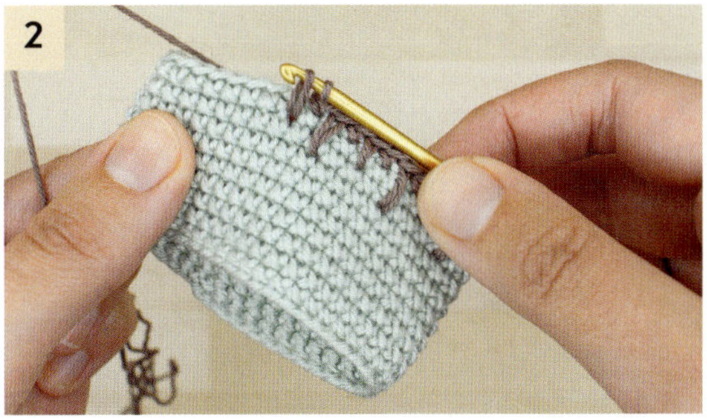

Um eine Masche in einer Runde/Reihe tiefer zu setzen, stich mit der Nadel in die unter der Masche liegende Runde/Reihe ein und hole den Faden durch.

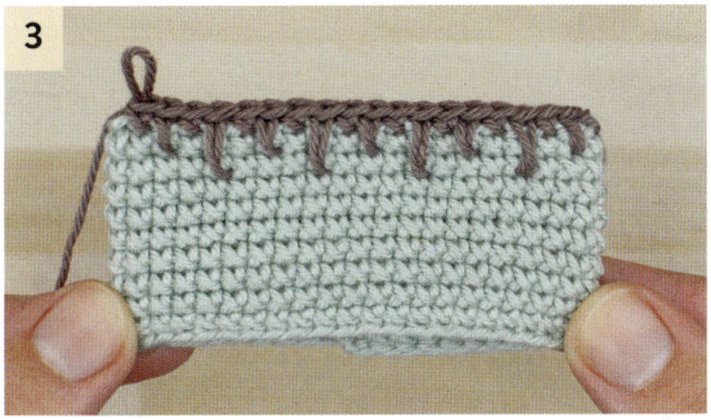

Masche dann wie gewohnt ab, um die gewünschte Masche zu erzeugen.

Mit dieser Technik lassen sich dichte Muster häkeln, Farbwechsel absetzen oder Zierkanten häkeln. Du kannst feste Maschen, halbe Stäbchen und Stäbchen auf diese Weise tiefer setzen. Feste Maschen und halbe Stäbchen können sehr gut eine oder zwei Reihen/Runden unterhalb gesetzt werden. Stäbchen – egal ob normale, doppelte oder Mehrfachstäbchen – können noch tiefer gehäkelt werden.

KREBSMASCHEN

Krebsmaschen sind rückwärts gehäkelte feste Maschen. Sie können nicht mehr behäkelt werden. Daher werden sie als Abschlusskante eingesetzt, beispielsweise um den Saum von Kleidung abzuschließen. Beim Häkeln liegt die Außenseite/Vorderseite der Arbeit zu dir gewandt.

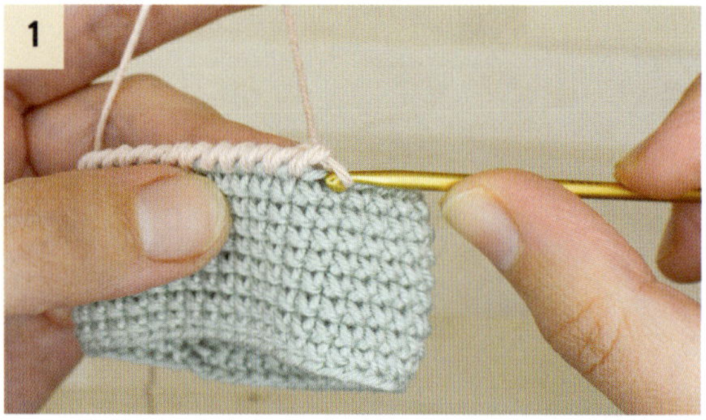

Stich mit der Nadel in die Maschen rechts der letzten Maschen ein.

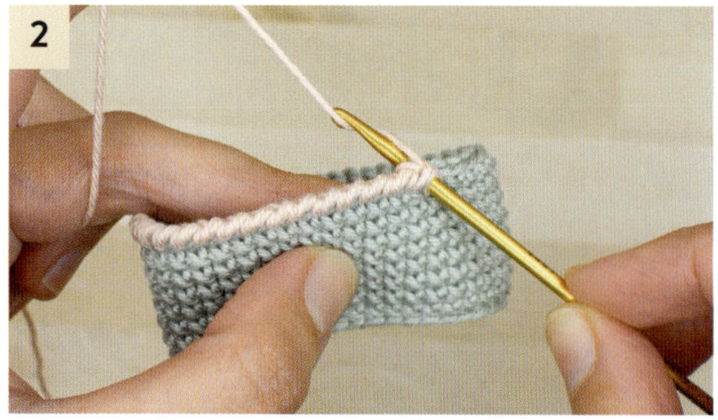

Nimm den Faden auf und ziehe ihn durch.

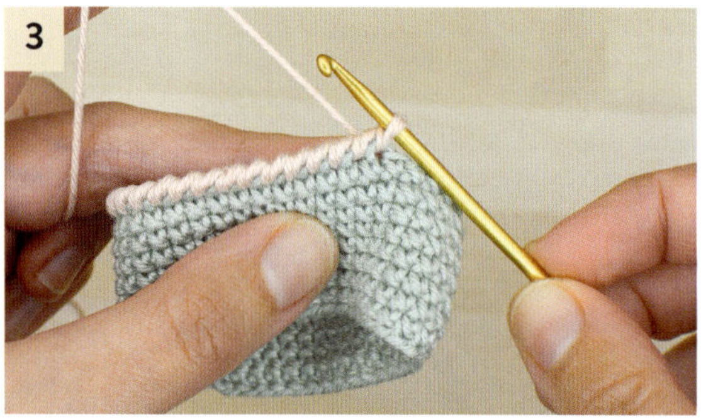

Auf der Nadel liegen nun zwei Schlingen.

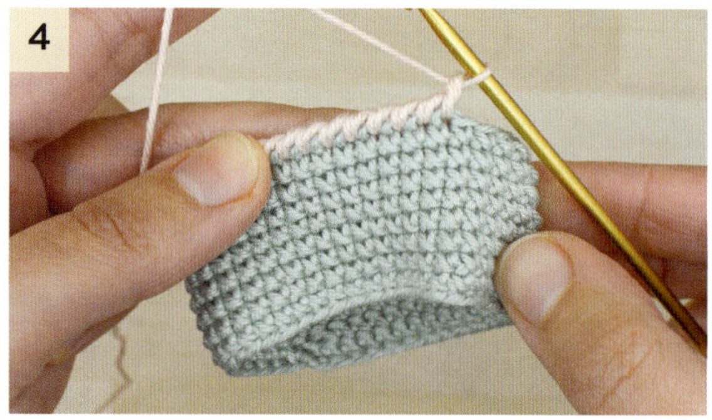

Masche beide Schlingen ab.

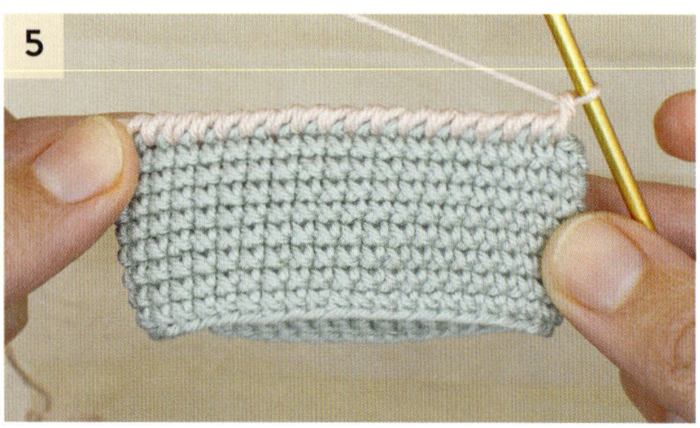

Wiederhole alle Schritte, bis du die Reihe/Runde entlang zurückgehäkelt hast.

PICOT

Ein Picot ist eine kleine Noppe, die als kleines Detail oder Zierde eingesetzt werden kann. Sie können zwischen feste Maschen, Kettmaschen und Löcher in Mustern gesetzt werden.

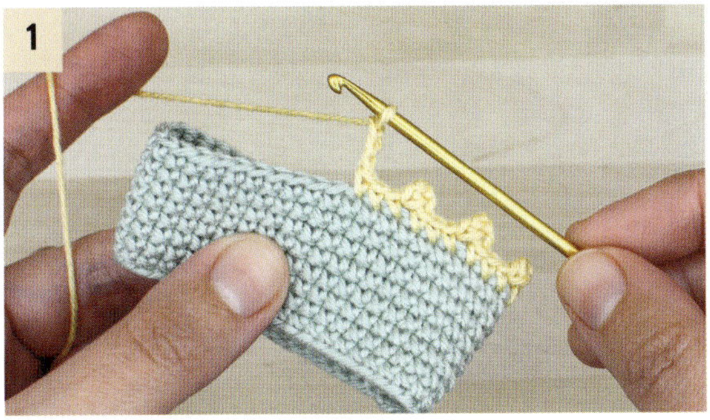

Schlage dazu an der gewünschten Stelle drei Luftmaschen an ...

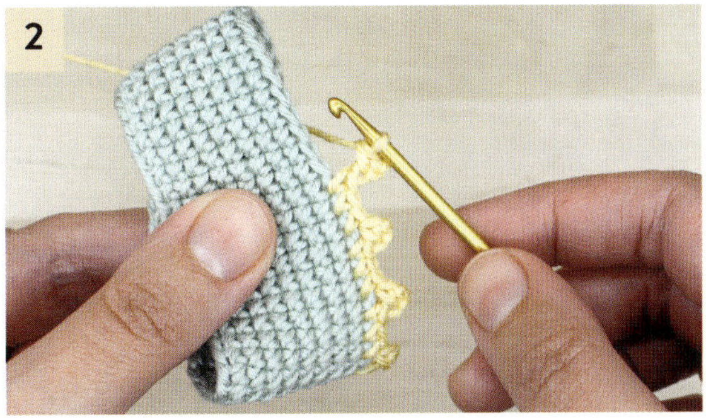

... und häkle eine feste Masche in die 3. Luftmasche von der Nadel aus.

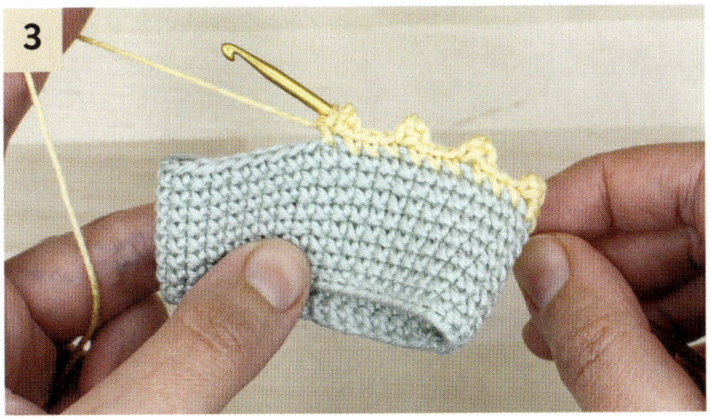

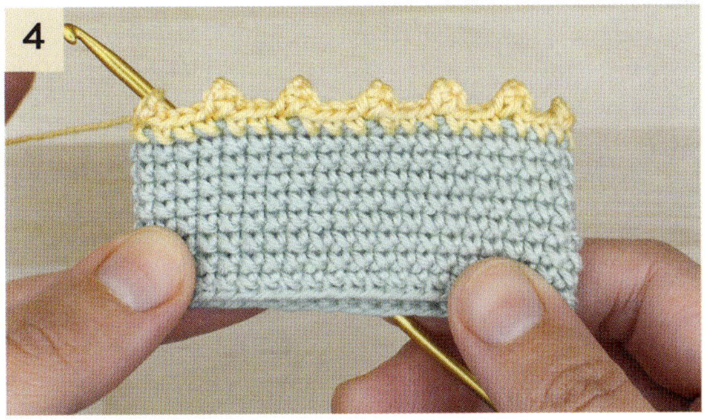

Stich dann in die folgende Masche der Runde ein und häkle, wie angegeben, weiter.

Für ein kleines Picot häkle zu Beginn nur zwei Luftmaschen und arbeite eine feste Masche in die zweite Luftmasche von der Nadel aus.

SCHLINGENMASCHEN

Schlingenmaschen sind feste Maschen, bei denen beim Häkeln eine Schlinge gebildet wird. Damit lassen sich schöne Effekte, wie z. B. Locken oder Tierfell, auf dein Amigurumi zaubern. Bei der klassischen Schlingenmasche liegt die Schlinge dabei hinter der Häkelarbeit. Aber auch feste Maschen mit einer vorne liegenden Schlinge können gehäkelt werden.

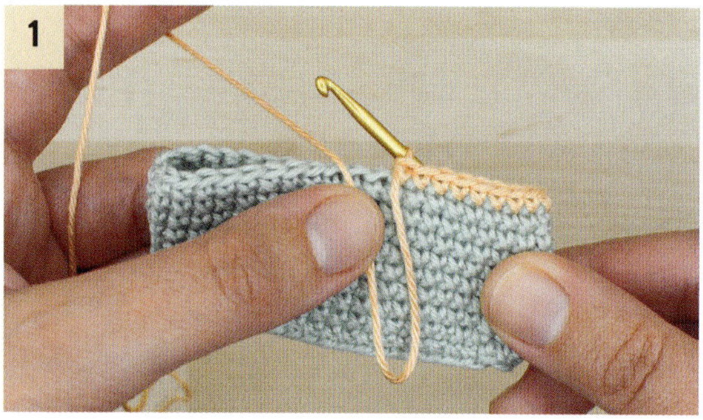

Lege zunächst den Arbeitsfaden zu einer Schlinge und fixiere sie vorne mit dem Daumen

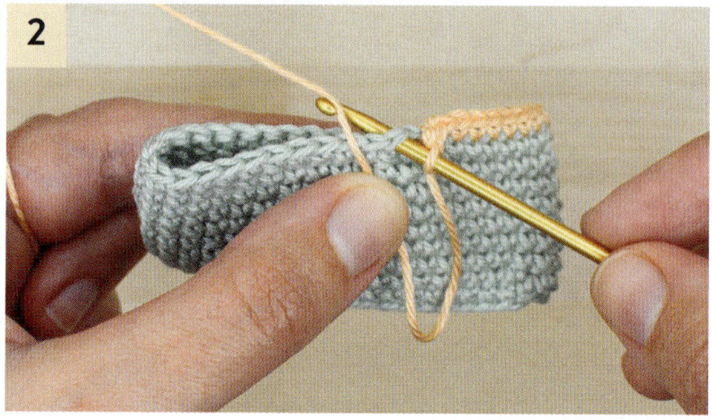

Stich dann in die folgende Masche ein und hole den Faden wie gewohnt.

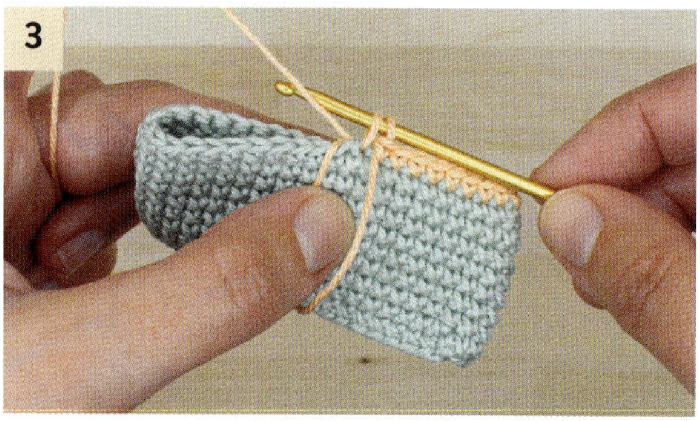

Masche eine feste Masche ab.

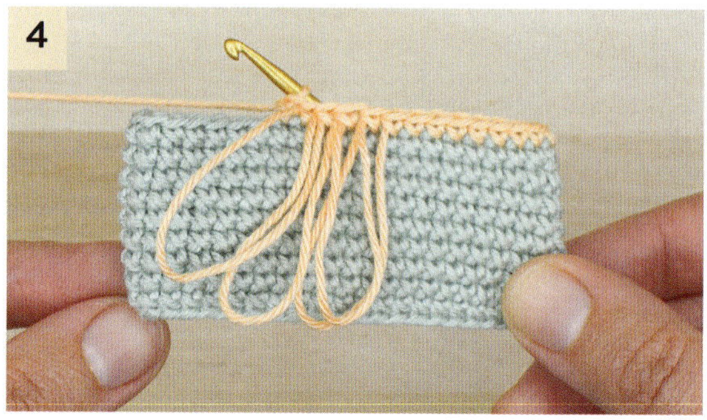

Jetzt ist die Schlinge gesichert.

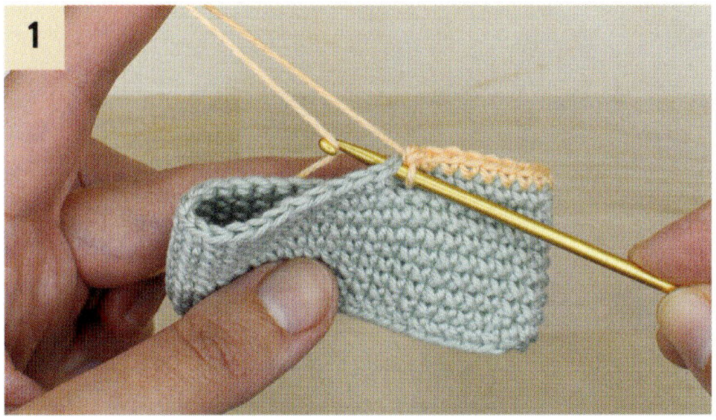

Soll die Schlinge hinter der Arbeit liegen, lege den Faden als Schlinge um deinen Zeigefinger und hole ihn mit der Nadel durch die folgende Masche.

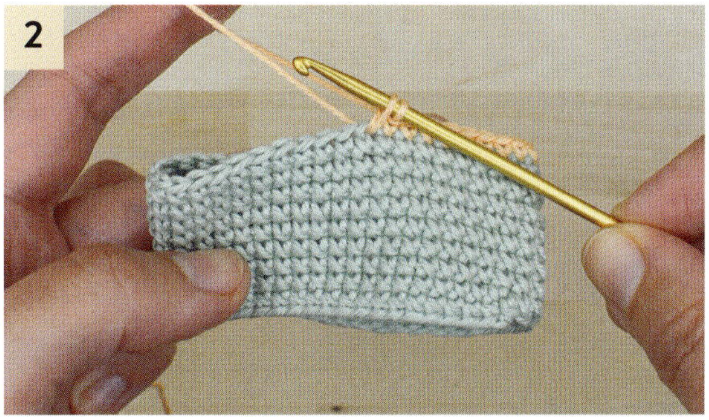

Ziehe nur so viel des Arbeitsfadens durch die Masche, wie du für eine feste Masche benötigst.

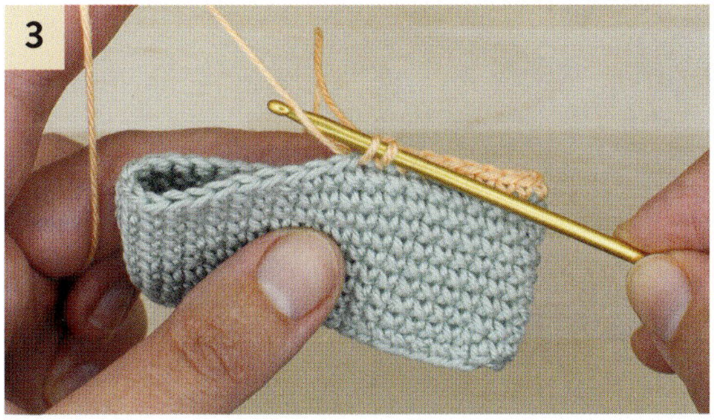

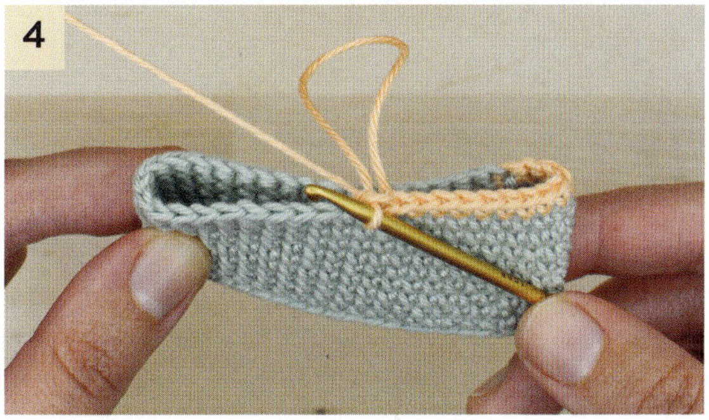

Du kannst die Länge der Schlingen selbst bestimmen. Achte für ein gleichmäßiges Ergebnis darauf, dass alle etwa gleich lang sind. Die Schlingen können auch aufgeschnitten werden, sodass viele Einzelfäden entstehen. So kannst du z. B. ein zotteliges Tierfell gestalten.

I-CORD

Mit der I-Cord-Technik werden Strickschnüre hergestellt. Die Schnüre aus Wolle können mit der Nadel gehäkelt werden, aber auch mit Stricknadeln oder Stricklieseln angefertigt werden. Im Beispiel habe ich eine I-Cord-Schnur auf Basis von zwei Luftmaschen gehäkelt. Du kannst aber auch mit mehr Luftmaschen arbeiten, dann wird deine Garnschnur breiter. Gehäkelt wird in Reihen.

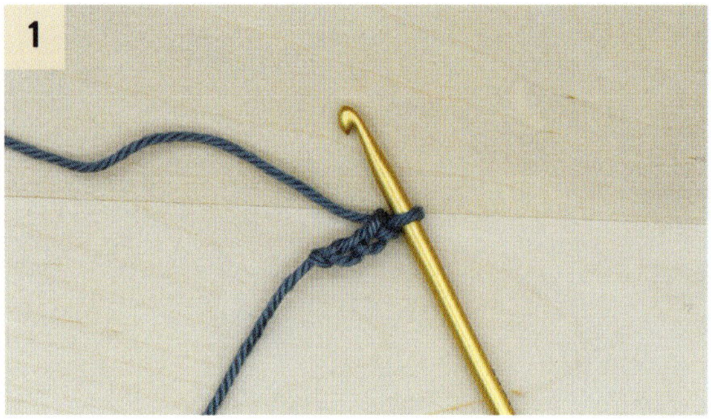

Schlage drei Luftmaschen an und häkle ab der zweiten Luftmasche von der Nadel aus.

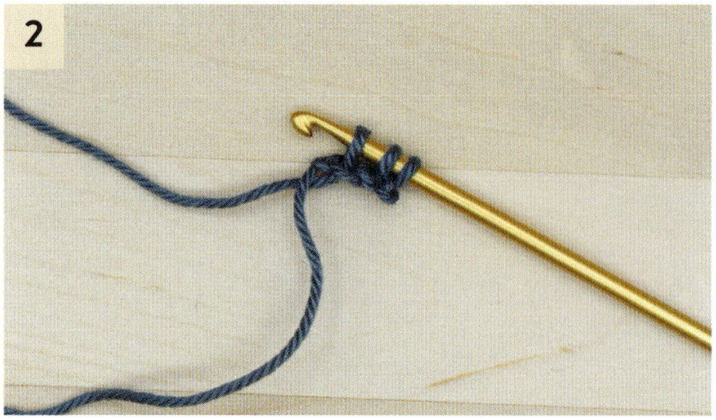

Ziehe den Faden durch die erste Luftmasche und bilde so eine Schlinge. Nicht abmaschen, sondern in die nächste Luftmasche einstechen und eine weitere Schlinge auf die Nadel nehmen, sodass du drei Schlingen auf der Nadel hast.

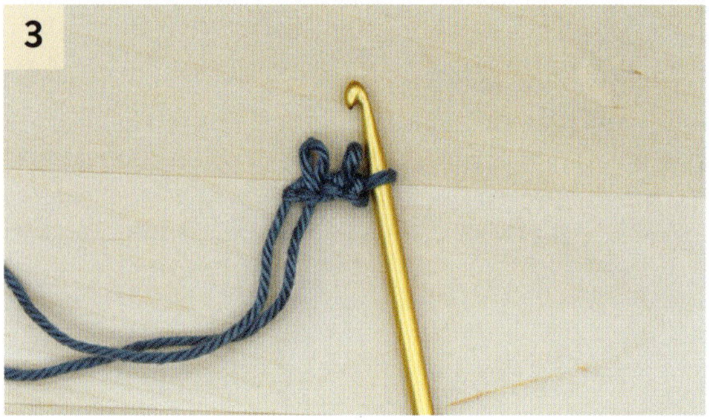

Nun ziehe die Nadel vorsichtig aus den ersten beiden Umschlägen. Das ist in der ersten Reihe etwas fummelig, wird aber schon ab der nächsten viel einfacher. Es hilft, mit weniger Fadenspannung zu arbeiten.

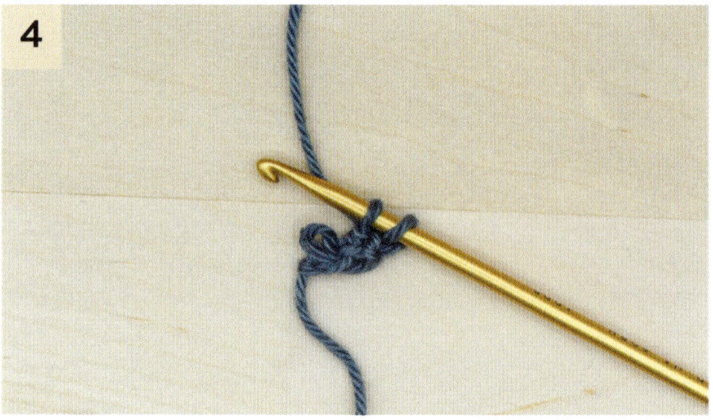

Jetzt den Arbeitsfaden durch den verbliebenen Umschlag auf der Nadel ziehen.

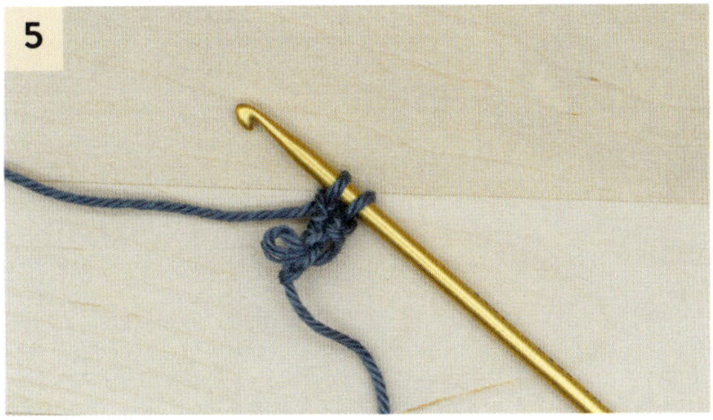

Anschließend die nächste Schlinge wieder auf die Nadel nehmen und auch hier den Faden erneut durchziehen. Du hast nun zwei Schlingen auf der Nadel.

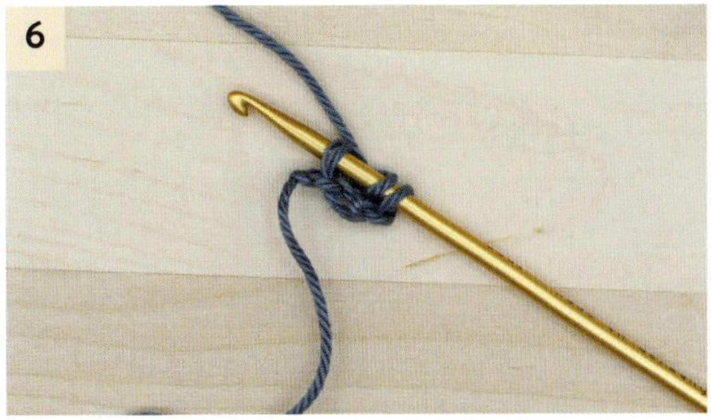

Nun die letzte Schlinge wieder auf die Nadel nehmen und ebenso abmaschen.

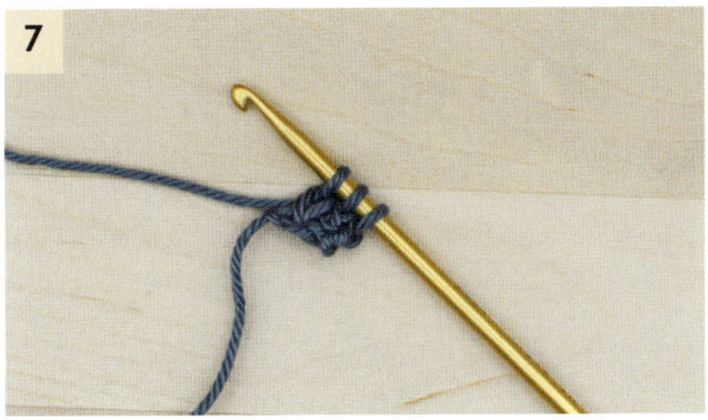

Jetzt hast du wieder drei Schlingen auf der Nadel.

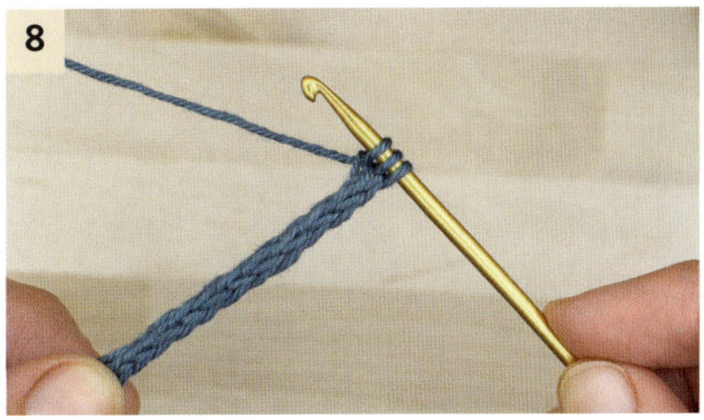

Wiederhole nun alle Schritte so lange, bis die I-Cord-Schnur die gewünschte Länge erreicht hat.

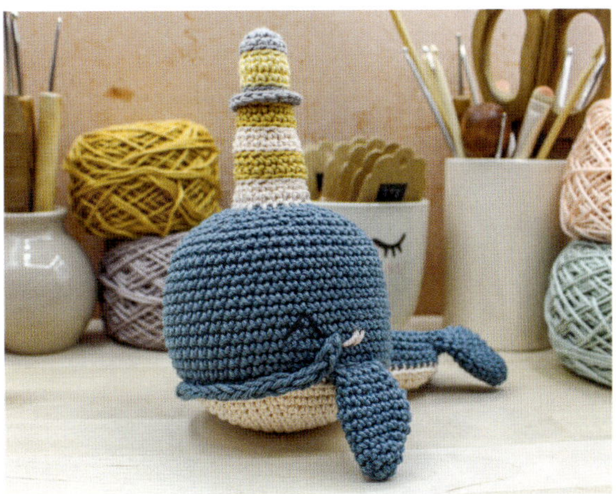

I-Cord-Schnüre können vielfältig beim Häkeln von Amigurumi eingesetzt werden. In der Anleitung des niedlichen Wals (siehe Seite 268) wird sie beispielsweise zum Mund.

MASCHENGLIEDER VON FESTEN MASCHEN

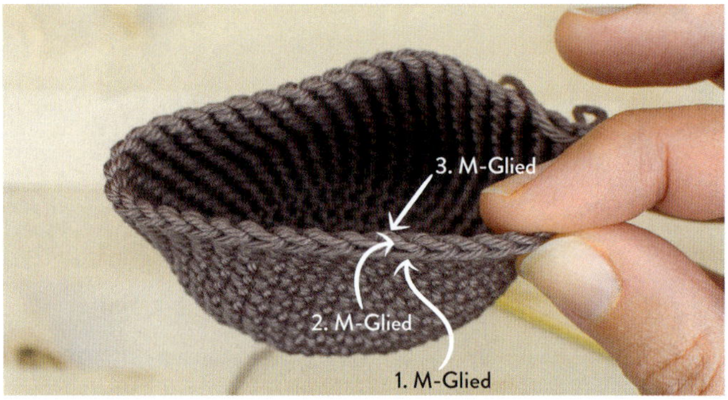

Eine feste Masche besteht aus drei Maschengliedern. Das erste (auch: *vorderes Maschenglied*) und zweite Maschenglied (auch: *hinteres Maschenglied*) bilden dabei die v-förmige Oberseite der Masche. Das dritte (auch: *rückseitiges Maschenglied*) liegt auf der Rückseite am Fuß der Masche.

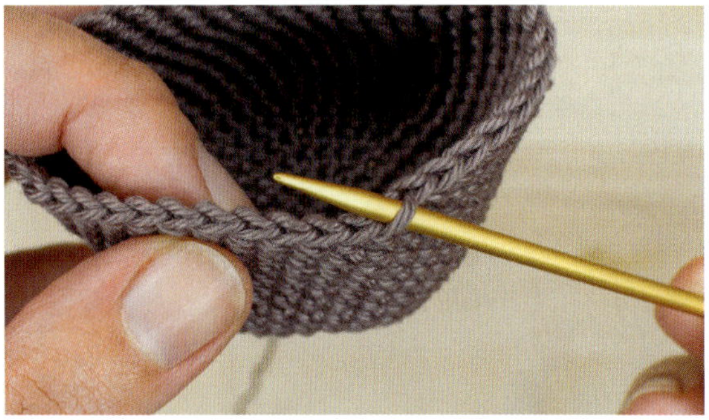

Das erste (vordere) Maschenglied

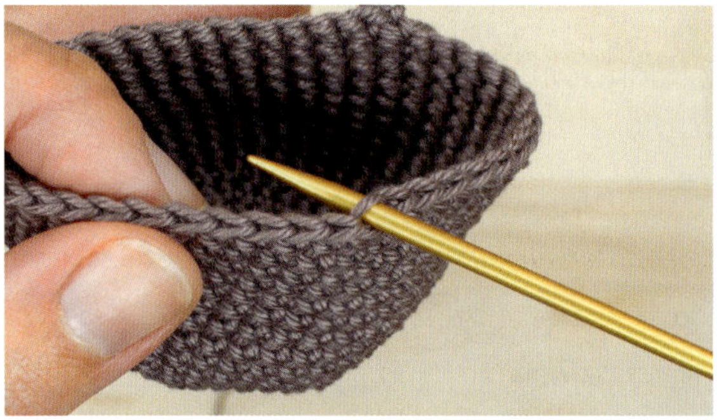

Das zweite (hintere) Maschenglied

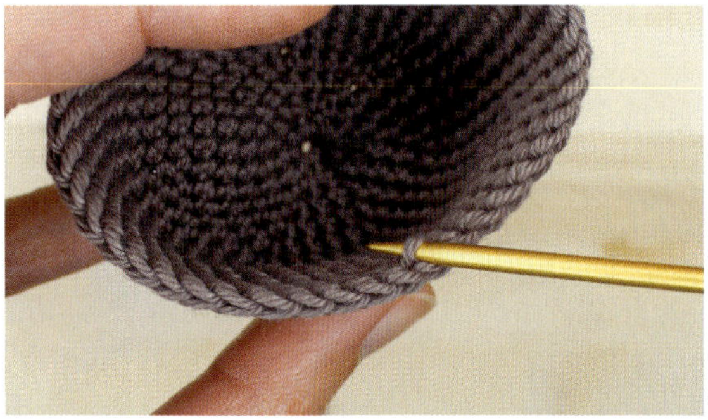

Das dritte (rückseitige) Maschenglied

Je nachdem in welches Maschenglied gehäkelt wird, entsteht ein anderes Maschenbild. Dies wird beim Häkeln von Amigurumi genutzt, um unterschiedliche Texturen zu erzeugen. Außerdem können die freigelassenen Maschenglieder zusätzlich behäkelt werden, um beispielsweise Farbakzente zu setzen oder Kanten zu schaffen.

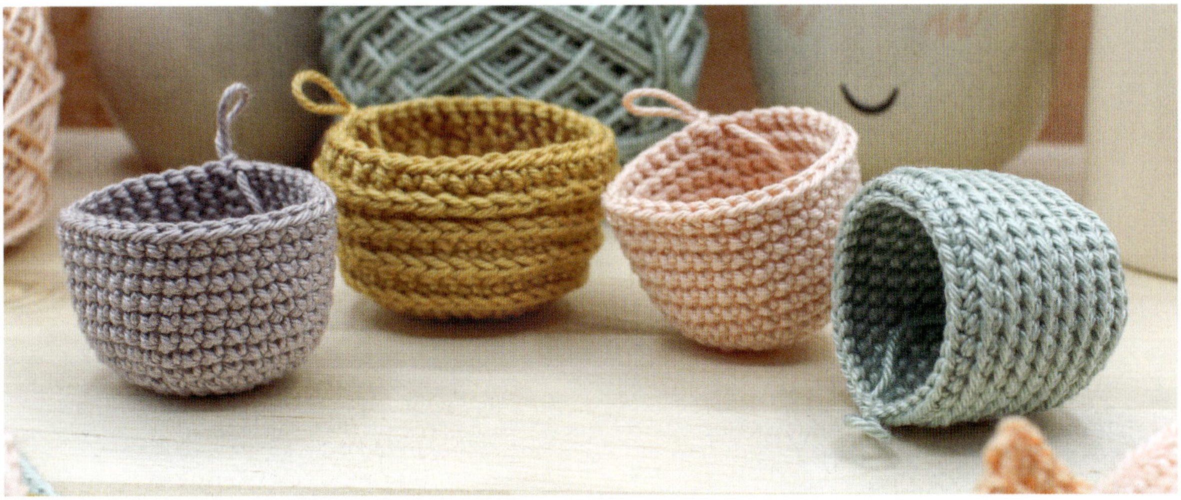

Die unterschiedlichen Maschenbilder beim Behäkeln der unterschiedlichen Maschenglieder. Von links nach rechts: in beide M-Glieder, in jeder 2. Rd in das rückwertige Maschenglied, nur in das vordere Maschenglied, nur in das hintere Maschenglied.

MASCHENGLIEDER VON HALBEN STÄBCHEN

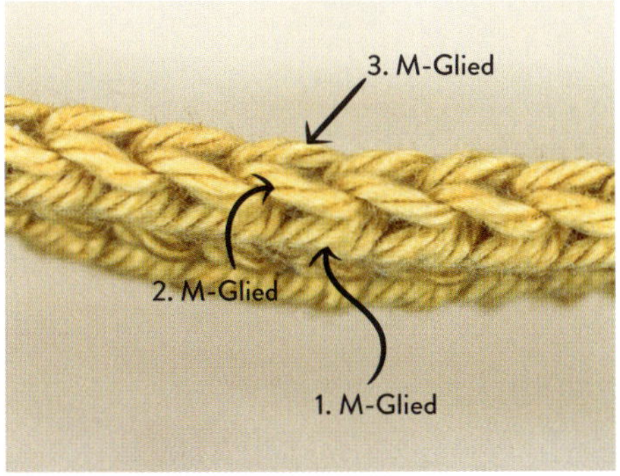

Halbe Stäbchen bestehen ebenfalls aus drei Maschengliedern. Das erste (auch: *vorderes Maschenglied*), das zweite (auch: *mittleres Maschenglied*) und das dritte Maschenglied (auch: *hinteres Maschenglied*) sind gleich groß und bilden gemeinsam die Oberseite der Masche. Das Maschenbild ändert sich, je nachdem in welche Maschenglieder gehäkelt wird. Für das klassische Maschenbild häkle in das erste und zweite Maschenglied der halben Stäbchen.

MASCHEN RICHTIG ZÄHLEN

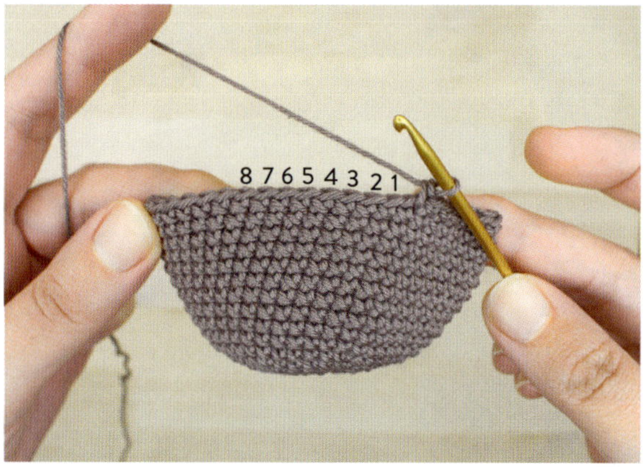

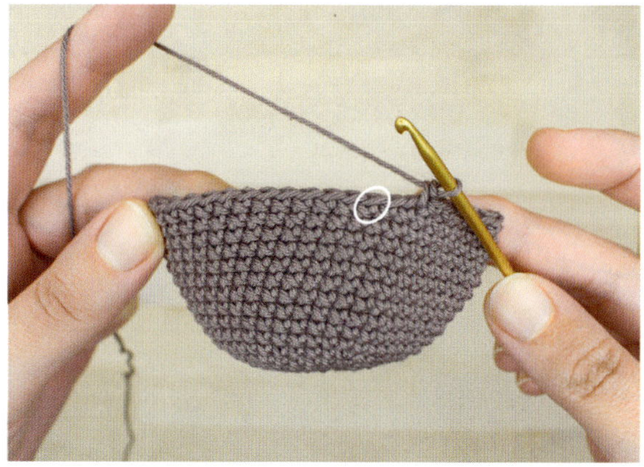

Das richtige Zählen ist ein notweniges Übel beim Häkeln von Amigurumi. Oft reichen Maschenmarkierer allein nicht aus, um den Überblick zu behalten. Gezählt werden nur die fertig gehäkelten Maschen der jeweiligen Reihe/Runde. Dazu zählen nicht Anfangsschlingen oder Anfangs-, Steige- und Wendeluftmaschen. Werden zwischendurch Luftmaschen angeschlagen, beispielsweise um ein Picot zu arbeiten oder einen Bogen zu häkeln, werden diese Maschen ebenfalls nicht gezählt.

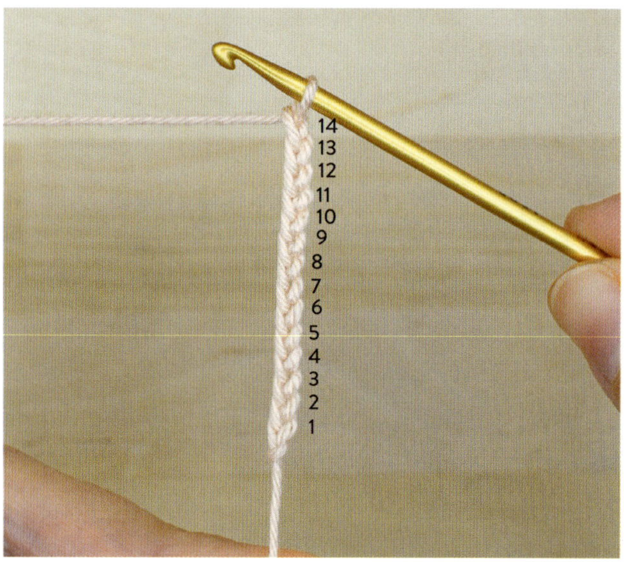

Am besten zählst du die Maschen mit dem Blick von oben – also die v-förmige Schlingen an der Oberkante deiner Häkelarbeit. Diese Vs haben alle Maschenarten gemeinsam. Auch die Luftmaschen der Anfangs-Lm-Kette kannst du am V erkennen.

Zähle regelmäßig während des Häkelns, ob die Maschenzahl richtig ist. Wie viele Maschen in der Runde/Reihe sein müssen, kannst du in der Anleitung sehen. Dort wird die Maschenzahl am Ende jeder Zeile in Klammern angegeben.

Je mehr Erfahrung du hast, desto sauberer und übersichtlicher wird dein gehäkeltes Maschenbild. Und umso einfacher lassen sich Maschen erkennen und zählen.

DIE RICHTIGE SEITE

Während beim Häkeln von Reihen auf beiden Seiten der Arbeit das gleiche Maschenbild entsteht, sehen Außenseite *(rechte Seite)* und Innenseite *(linke Seite)* beim Runden häkeln deutlich anders aus. In der Regel werden Amigurumi mit der rechten Seite nach vorne gehäkelt. Das heißt, beim Häkeln liegt die Nadel außen. Es ist wichtig, dies immer zu beachten. Häkelst du umgekehrt mit der linken Seite nach außen, ist es möglich, dass die in der Anleitung angegebenen Arbeitsschritte nicht funktionieren und deine Figur nicht so wird, wie gewünscht.

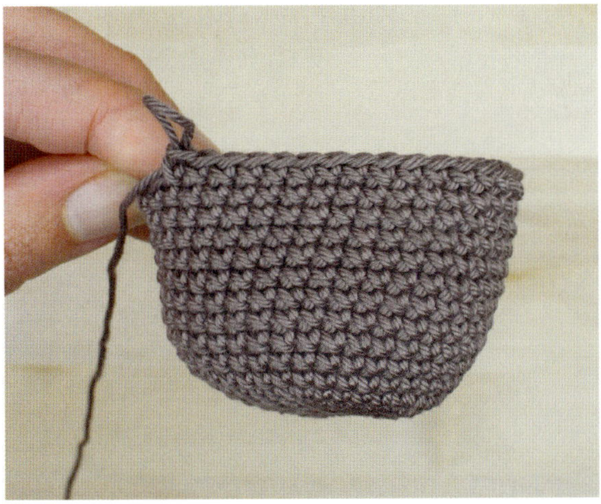

Maschenbild von festen Maschen an der Außenseite

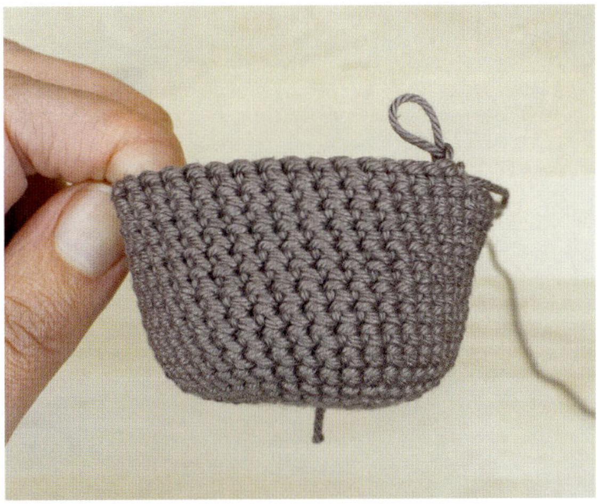

Maschenbild von festen Maschen an der Innenseite

RUNDEN

Amigurumi werden in Runden aus festen Maschen gehäkelt. So entstehen die dreidimensionalen Figuren. Es gibt verschiedene Möglichkeiten, in Runden zu häkeln, sie zu beginnen und abzuschließen. Welche Variante die passende ist, hängt von verschiedenen Faktoren wie der Größe des Amigurumi, der Form oder auch deiner persönlichen Vorliebe ab.

RUNDEN BEGINNEN

FADENRING

Der Fadenring ist die gängigste Methode, Runden zu beginnen, und findet meistens Verwendung beim Häkeln von Amigurumi. Dabei werden die Maschen der ersten Runde deines Amigurumi in eine Schlaufe gehäkelt. Diese Technik funktioniert am besten bei glatten Baumwollgarnen. Für das Häkeln mit Chenille- oder Flauschgarnen ist der Fadenring allerdings eher ungeeignet, denn diese Garne können sich beim Zuziehen des Rings verheddern oder abreißen.

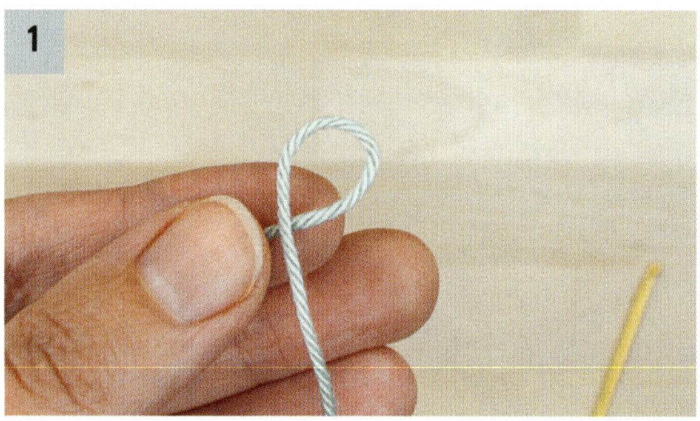

Um einen Fadenring zu bilden, lege den Faden zu einer Schlaufe. Das Fadenende liegt oberhalb und zeigt nach unten.

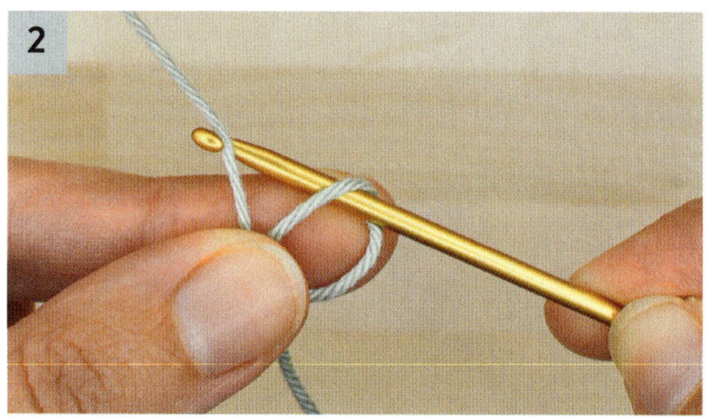

Fixiere die Schlaufe mit Daumen und Zeigefinger und stich mit der Nadel von vorne hindurch.

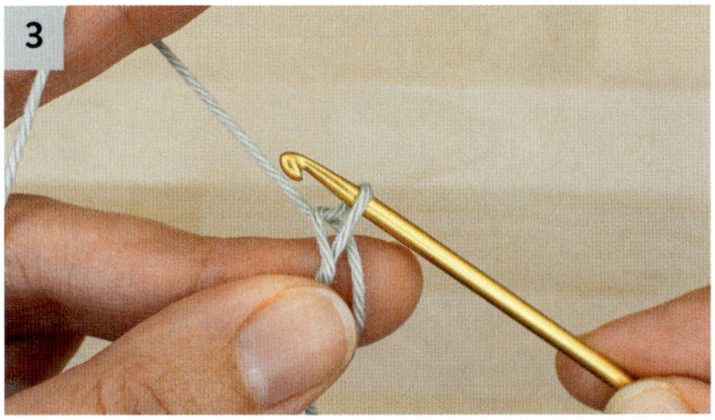

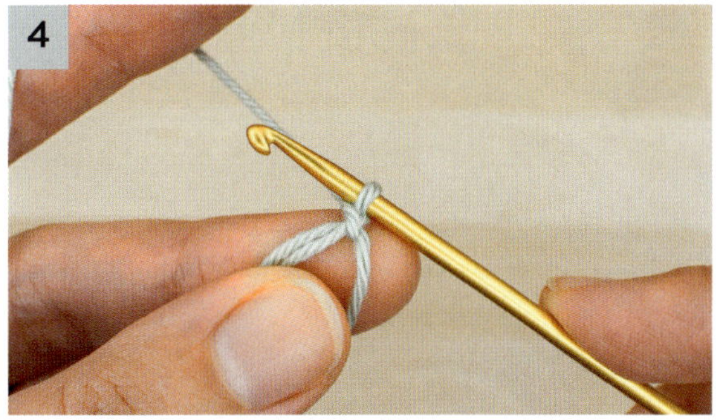

Hole den Faden durch die Schlaufe hindurch und sichere ihn mit einer Luftmasche.

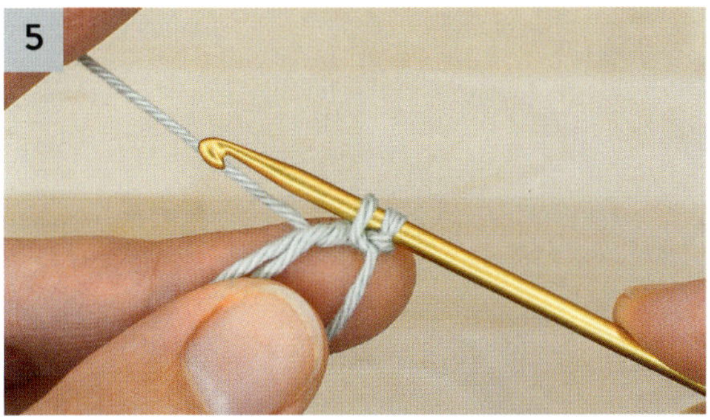

Stich erneut durch den Ring und hole den Faden durch. Masche beide auf der Nadel befindlichen Umschläge ab. So entsteht die erste feste Masche.

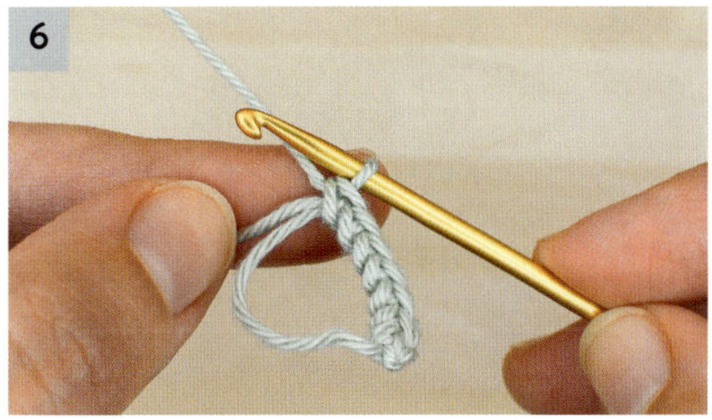

Häkle nun so viel feste Masche wie in der Anleitung angegeben sind.

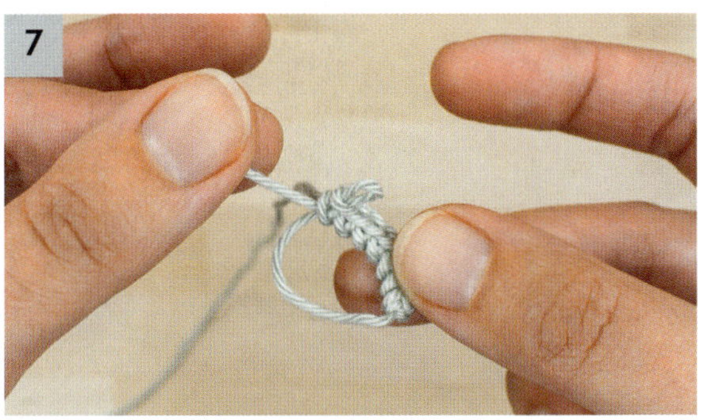

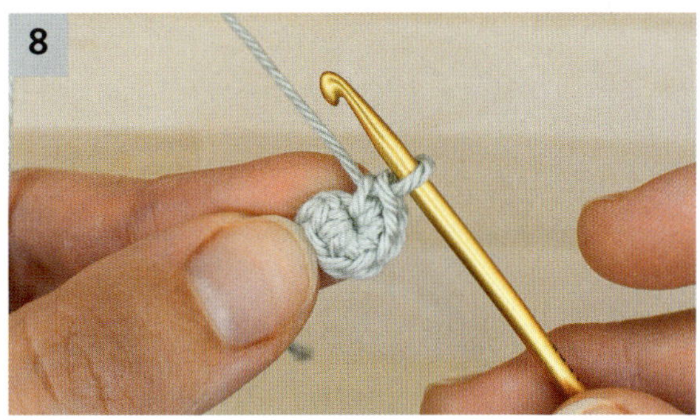

Um den Ring zu schließen, ziehe vorsichtig am Fadenende, bis sich die Maschen zusammengezogen haben.

Wird ab hier in Spiralrunden gehäkelt (siehe Seite 71), stich in die erste Masche der Runde ein und setze die nächste feste Masche der folgenden Runde. Häkelst du geschlossene Runden, setze eine Km.

DOPPELTER FADENRING

Einen doppelten Fadenring kannst du alternativ für den einfachen Fadenring einsetzen. Durch die doppelte Schlaufe wird die Öffnung nach dem Zusammenziehen noch kleiner als bei der klassischen Variante.

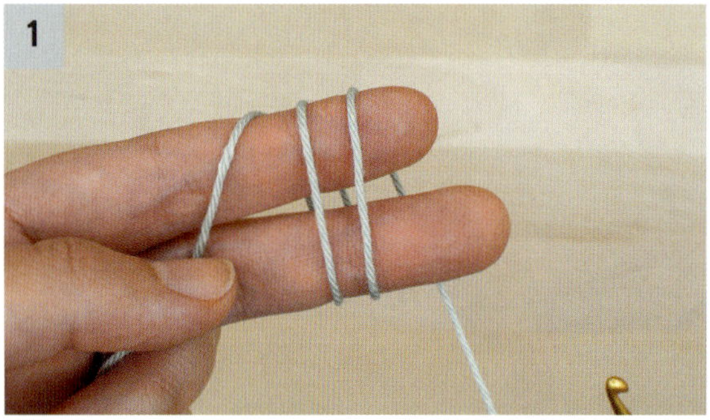

Um einen doppelten Fadenring zu bilden, wickle den Faden zweimal um Zeige- und Mittelfinger. Das Fadenende liegt dabei hinter den Fingern und zeigt nach unten.

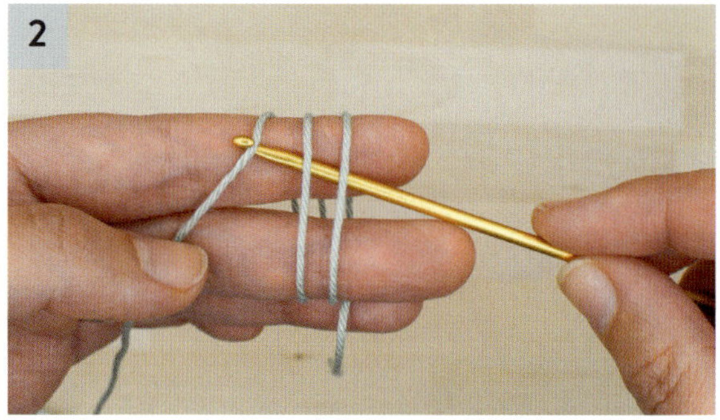

Mit der Nadel unter den beiden Fäden einstechen ...

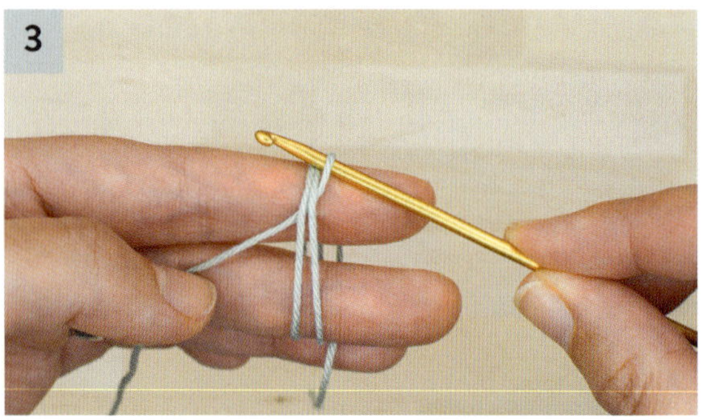

... und den Faden durchholen.

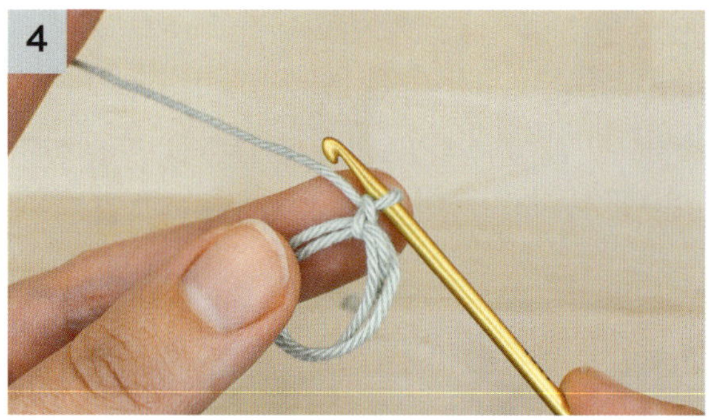

Sichere den Faden mit einer Luftmasche.

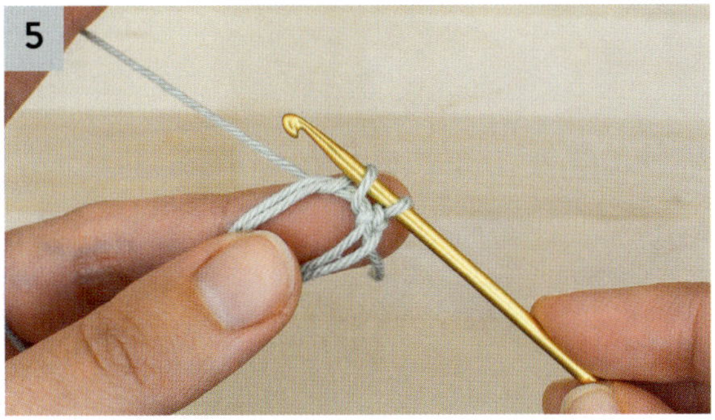

Nun genau wie beim einfachen Fadenring den Faden durch die doppelte Schlaufe hindurch holen und die erste feste Masche abmaschen.

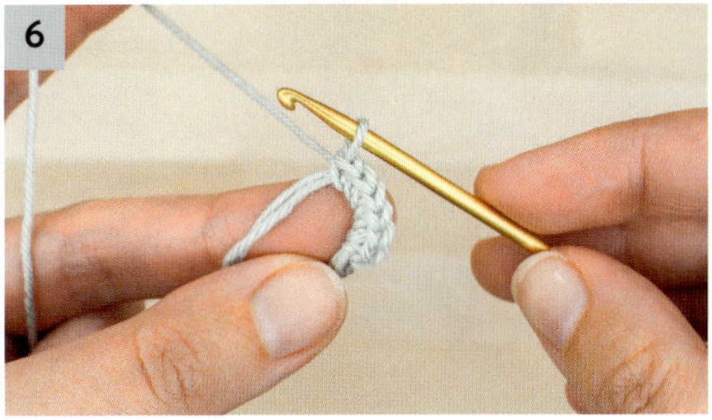

Häkle so viele feste Maschen, wie in der Anleitung angegeben.

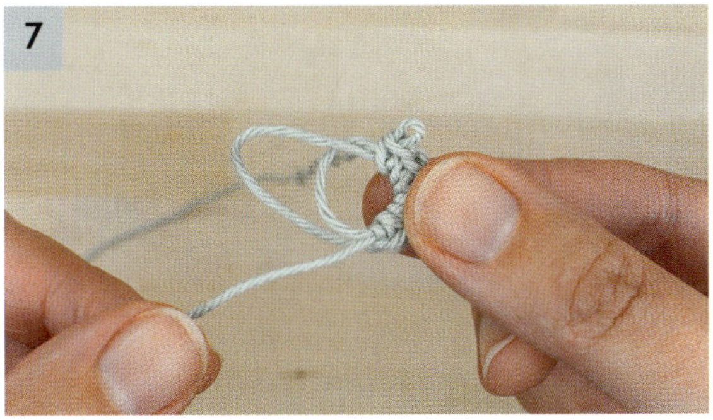

Nun vorsichtig am Fadenende ziehen, damit eine Schlaufe sich verkleinert.

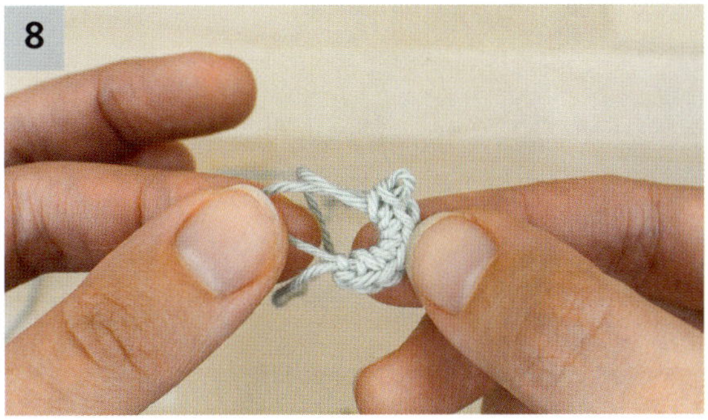

Anschließend am Rundenanfang der kleinen Schlaufe ziehen. Dadurch wird die zweite Schlaufe ebenfalls zusammengezogen.

So lange ziehen, bis diese Schlaufe vollständig verschwunden ist. Zum Schluss erneut am Fadenende ziehen, bis auch die kleinere Schlaufe komplett zusammengezogen ist. Ab hier wie gewohnt in Spiralrunden oder geschlossenen Runden weiterhäkeln.

ZWEI-LUFTMASCHEN-KETTE (2-LM-KETTE)

Statt mit einem Fadenring, kannst du eine Runde auch mit einer Zwei-Luftmaschen-Kette beginnen. Hierbei bleibt am Ende eine etwas größere Öffnung.

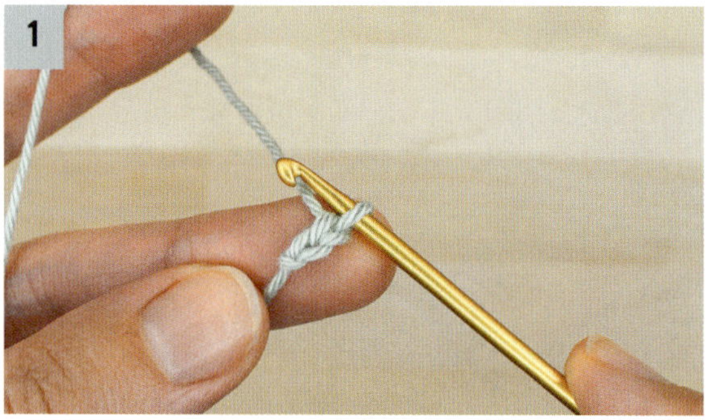

Schlage zu Beginn zwei Luftmaschen an.

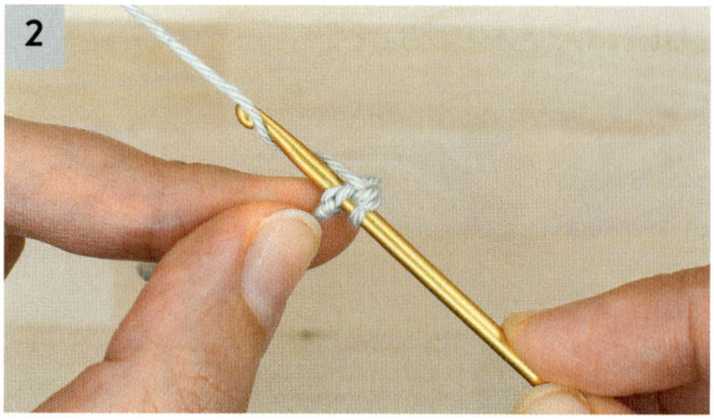

Stich in die zweite Luftmasche von der Nadel aus, ziehe den Faden durch ...

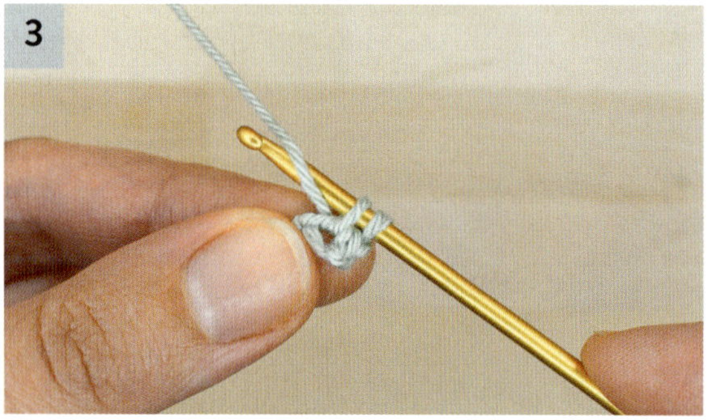

... und Masche beide auf der Nadel befindlichen Umschläge ab.

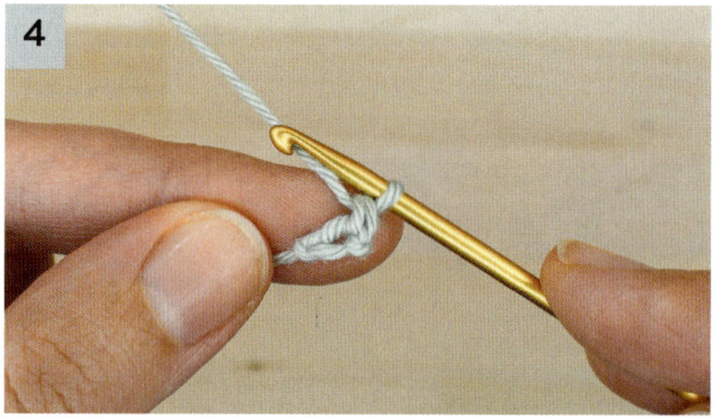

Das ist die erste feste Masche der Runde.

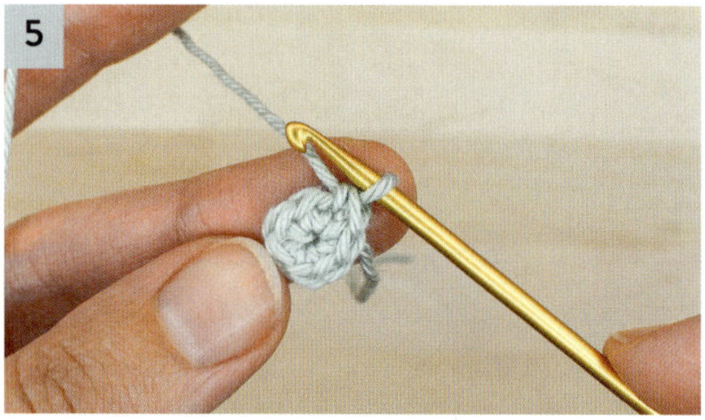

Häkle auf diese Weise alle Maschen der ersten Runde in die zweite Luftmasche.

Ab hier wie gewohnt in Spiralrunden oder geschlossenen Runden weiterhäkeln. Wenn du mit Chenille- oder Flauschgarn arbeitest, ist diese Methode die perfekte Alternative für den Beginn mit Fadenring.

LUFTMASCHENRING (LM-RING)

Einzelteile deines Amigurumi, wie beispielsweise Kleidungsstücke, beginnen oft mit einem Luftmaschenring. Je nachdem aus wie vielen Luftmaschen der Ring besteht, ist die verbleibende Öffnung größer oder kleiner.

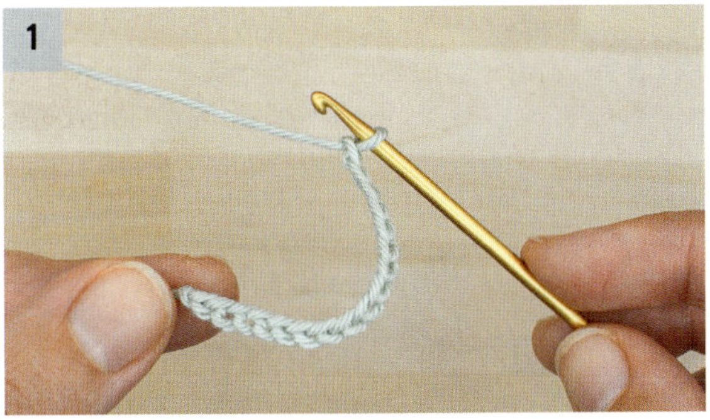

Schlage zu Beginn eine Kette mit der angegebenen Anzahl Luftmaschen an.

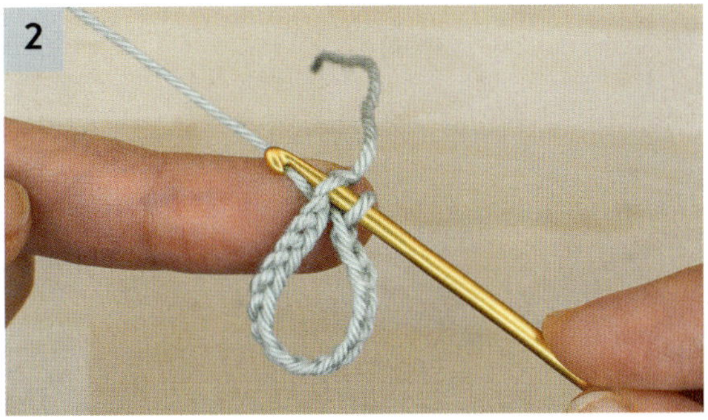

Um diese zum Ring zu schließen, stich mit der Nadel in die Anfangsluftmasche ein und häkle die Enden der Kette mit einer Kettmasche zusammen.

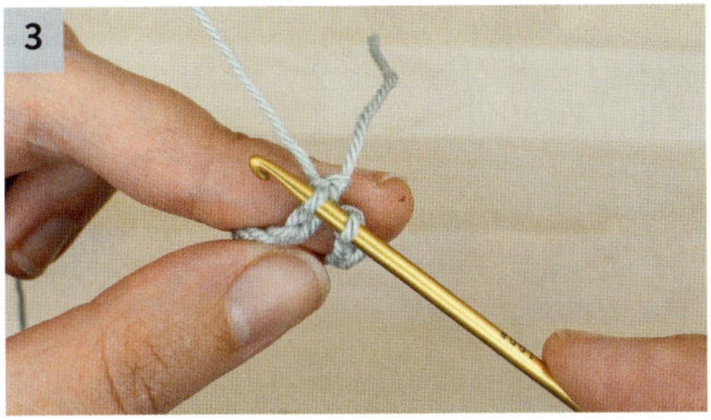

Der Knoten der Anfangsschlinge liegt dabei außen.

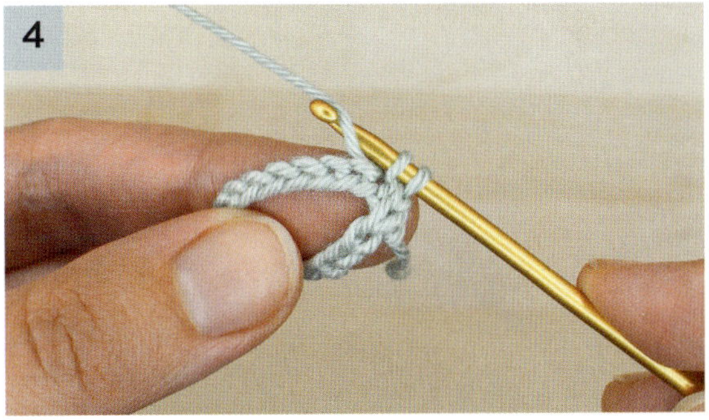

Achte dabei darauf, dass die Luftmaschenkette sich nicht verdreht. Die Maschen müssen gerade nebeneinander liegen, damit du sie gleichmäßig behäkeln kannst.

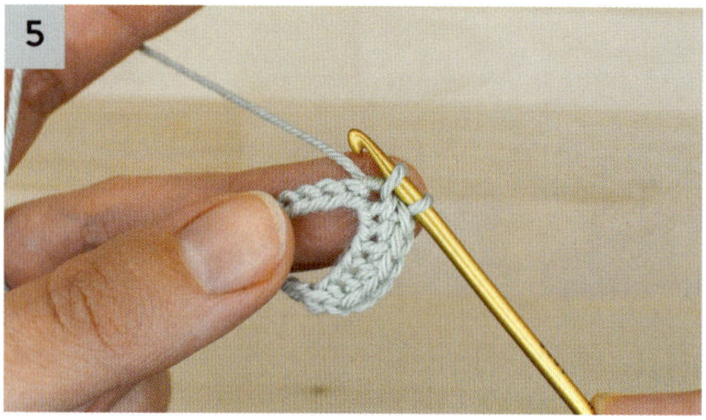

Häkle nun eine feste Masche je Luftmasche.

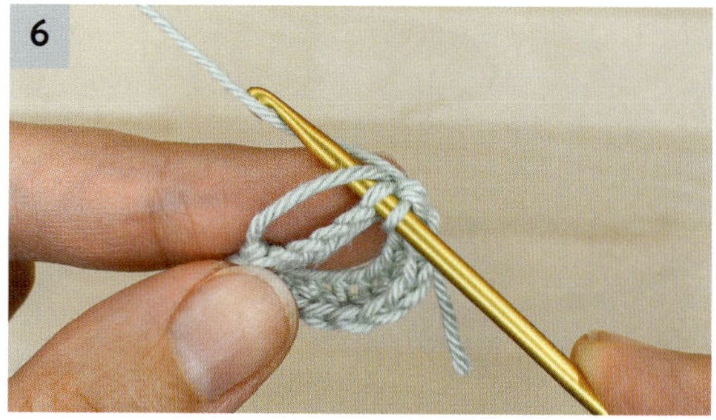

Wenn du etwa die Hälfte der Maschen gehäkelt hast, lege das Fadenende über die restlichen Luftmaschen. Fasse es beim Weiterhäkeln mit ein.

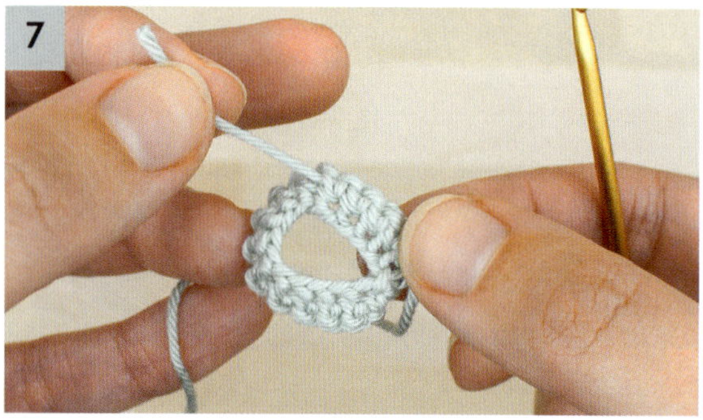

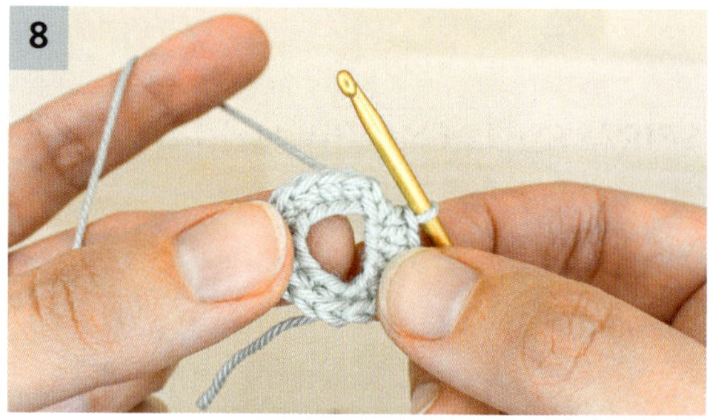

Ist die Runde fertig, drehe das Teil um und ziehe vorsichtig am Fadenende. Dabei ziehen sich Rundenanfang und -ende weiter zueinander. So wird der Ring gleichmäßig.

Ab hier wie gewohnt in Spiralrunden oder geschlossenen Runden weiterhäkeln. Wenn du deinen Fadenring mit maximal 6 Luftmaschen anschlägst, kannst du ihn wie einen Fadenring zusammenziehen. Dazu das Fadenende von Beginn an mit einhäkeln.

IN RUNDEN HÄKELN

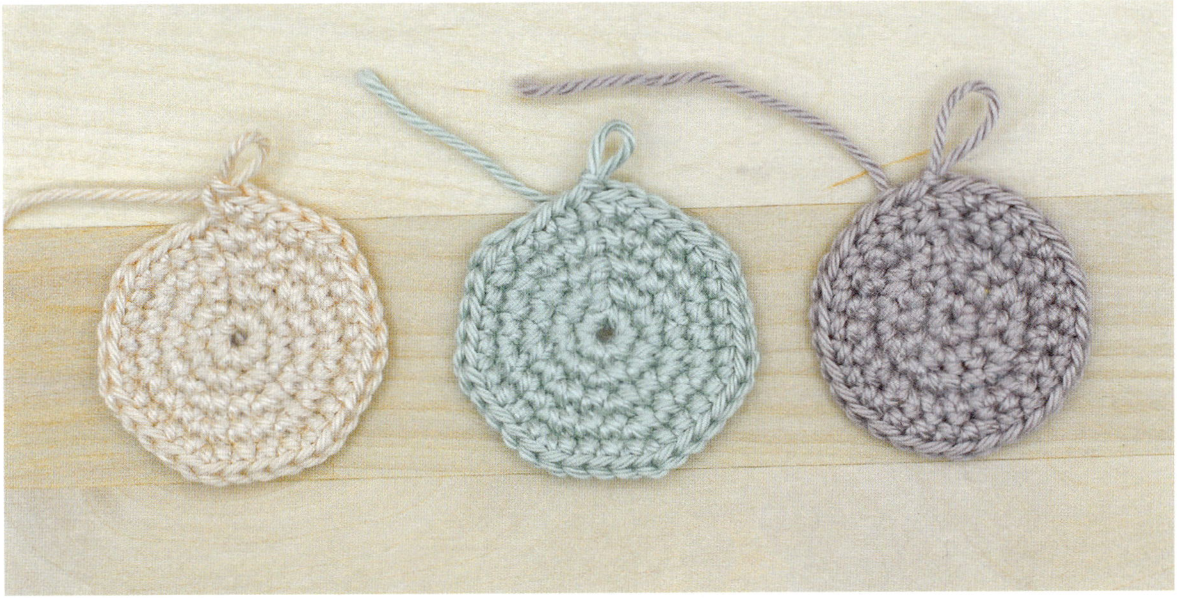

SPIRALRUNDEN (SPIRAL-RD)

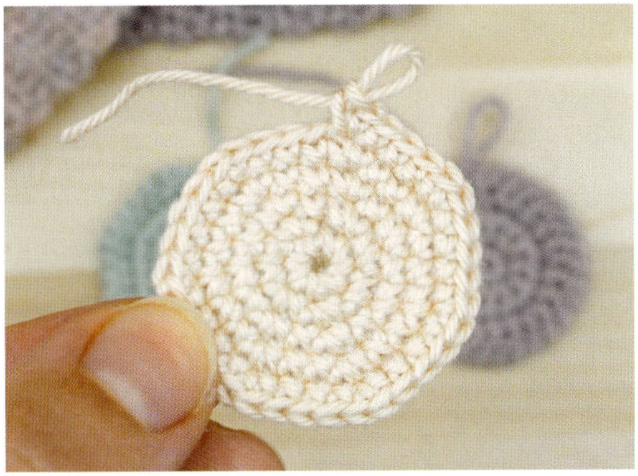

Die meisten Amigurumi werden in Spiralrunden gehäkelt. Diese Technik wird daher auch die *Amigurumi-Methode* genannt. Bei Spiralrunden werden die Maschen wie in einer Spirale immer weiter aufeinandergehäkelt, ohne sie mit einer Kettmasche abzuschließen. Deshalb spricht man auch von *offenen Runden.* Das hat den Vorteil, dass die Maschen gleichmäßig sind und nicht unterbrochen werden. Der Rundenübergang ist unsichtbar. Nachteil ist, dass der Anfang der Runde so leicht übersehen werden kann. Da hilft nur sorgfältiges Maschenzählen oder zum Maschenmarkierer bzw. Kontrastfaden zu greifen. Außerdem entsteht beim Rundenanfang eine kleine Stufe – der Versatz. Vor allem beim Farbwechsel ist das gut zu erkennen und nicht immer schön. Wie du dennoch einen sanften Farbübergang in Spiralen schaffen kannst, zeige ich dir im Kapitel *Farbwechsel* (siehe Seite 98).

GESCHLOSSENE RUNDEN

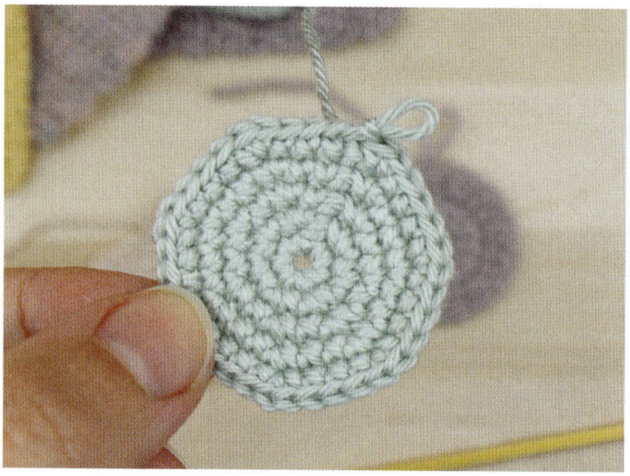

Anders als bei den Spiralrunden wird bei geschlossenen am Ende jeder Runde eine Kettmasche in die erste Masche der vorherigen Runde gehäkelt. Um die neue Runde zu beginnen, folgt dann eine Luftmasche – auch *Steigeluftmasche* genannt. Maschen zählen ist somit überflüssig, denn du kannst immer genau erkennen, wo die eine Runde aufhört und die nächste anfängt. Die Runden schließen gerade ab, sodass auch Farbwechsel gleichmäßiger aussehen als beim Häkeln von Spiralrunden. Der entscheidende Nachteil ist der deutlich sichtbare Übergang der Runden. Daher werden geschlossene Runden beim Häkeln von Amigurumi nur verwendet, wenn der Übergang verdeckt werden kann.

RUNDEN MIT WENDELUFTMASCHE

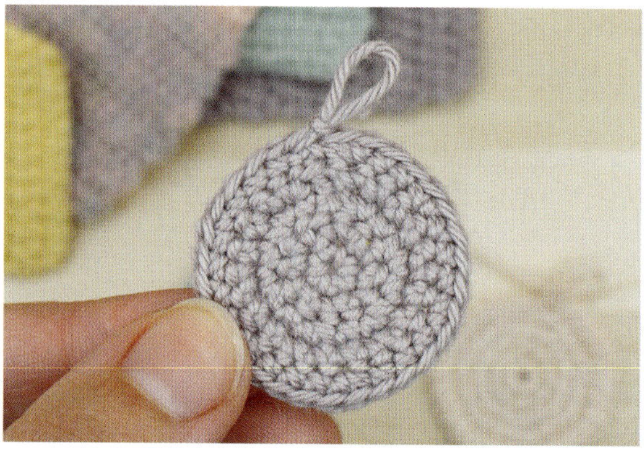

Eine weitere Möglichkeit ist, Runden mit einer Wendeluftmasche zu häkeln. Das sind geschlossene Runden, bei denen am Ende jeder Runde gewendet wird. So entsteht das gleiche Muster wie beim Häkeln von Reihen. Das gibt einen schönen Effekt, z. B. zur Hervorhebung von Kleidungsstücken, Frisuren oder Farbwechseln.

RUNDE UM LUFTMASCHENKETTEN

Ein weiterer Rundenanfang, der beim Häkeln von Amigurumi häufig zum Einsatz kommt, ist das Häkeln rund um eine Luftmaschenkette. So können ovale und sogar viereckige Formen entstehen.

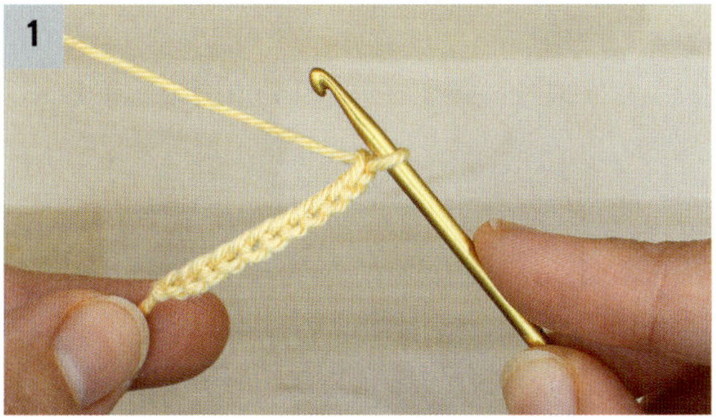

Dazu wird zu Beginn eine Luftmaschenkette angeschlagen.

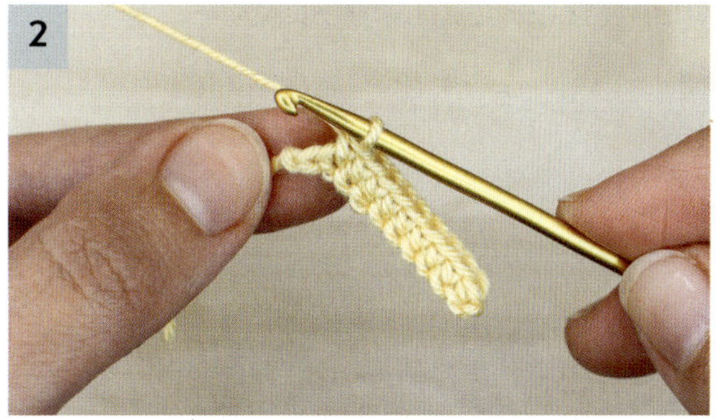

Häkle ab der zweiten Luftmasche von der Nadel aus bis zur letzten Luftmasche.

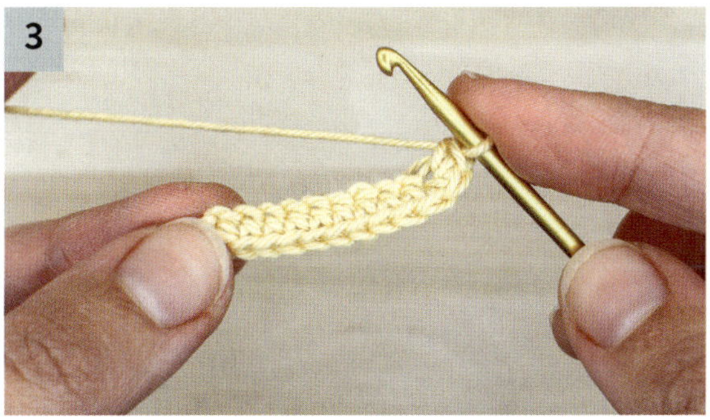

In dieser Luftmasche werden nun Maschen zugenommen. Wie viele Maschen zugenommen werden, ergibt sich aus der Form, die gehäkelt werden soll. Für dieses Oval habe ich drei feste Maschen in die letzte Masche gehäkelt. Jetzt kannst du das Teil wenden.

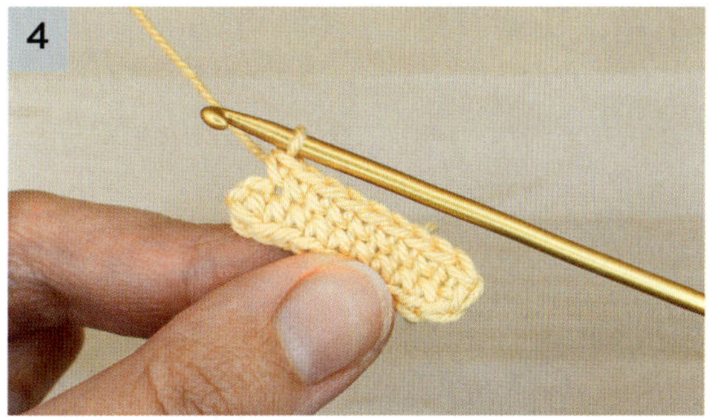

Häkle nun feste Maschen in die Unterseite der Luftmaschenkette. Häkle feste Maschen bis zur ersten Luftmasche der Anfangskette.

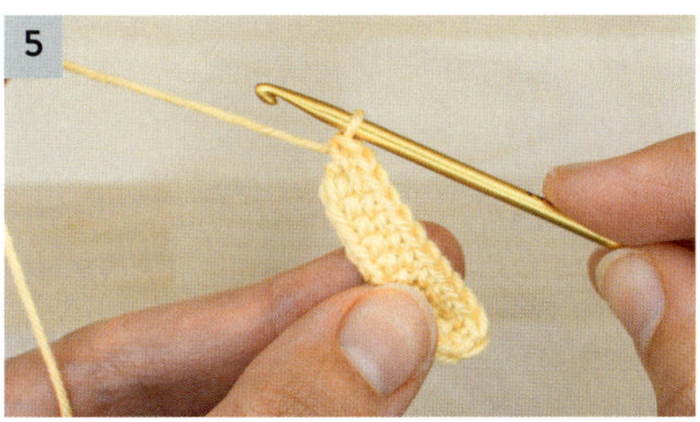

In diese Luftmaschen werden wieder, je nach Anleitung, Maschen zugenommen.

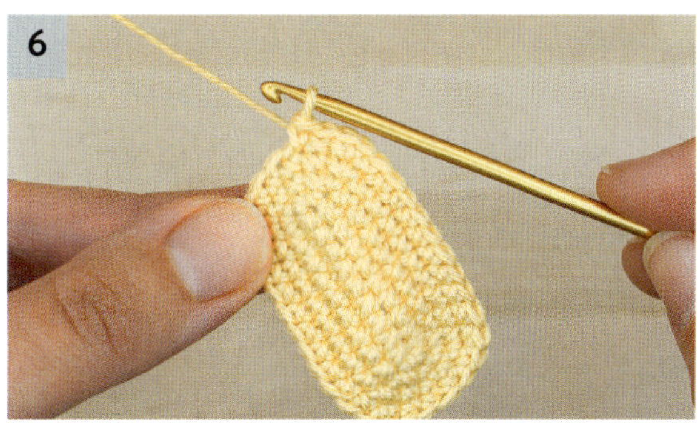

Ab hier wie gewohnt in Spiral- oder geschlossenen Runden weiterhäkeln.

RUNDEN BEENDEN

ABKETTEN

Bei der einfachsten Methode, um eine Runde zu beenden, wird der Faden einfach durch die letzte Masche gezogen und abgeschnitten.

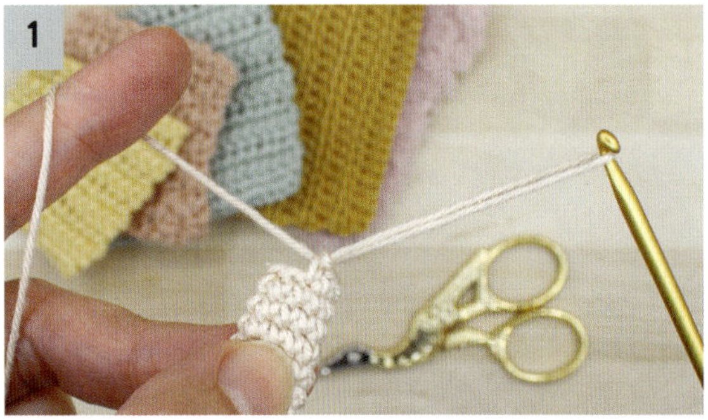

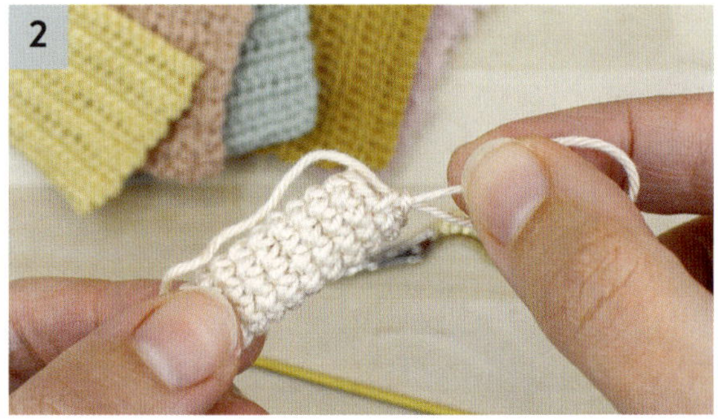

Dazu einfach mit der Nadel oder per Hand die letzte Schlaufe lang herausziehen, den Faden abschneiden ...

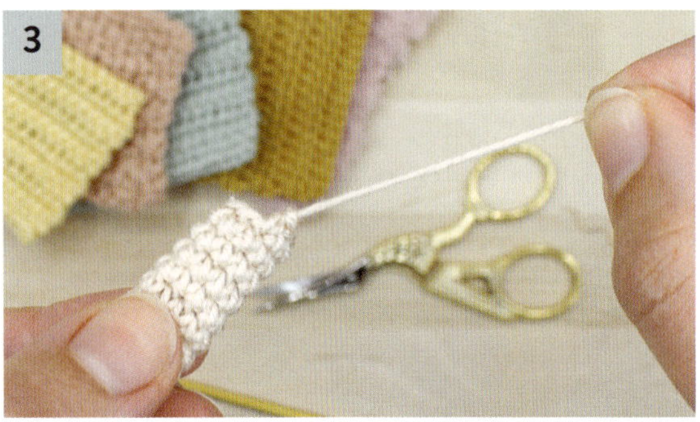

... und die letzte Masche fest zusammenziehen.

Dieser Faden kann später als Nähfäden beim Zusammensetzen der Einzelteile dienen. Lass ihn dann, je nach Größe des Amigurumi, mindestens 30 cm lang. Wird das Fadenende nicht mehr benötigt, wird es ganz normal vernäht.

BEENDEN MIT KETTMASCHE

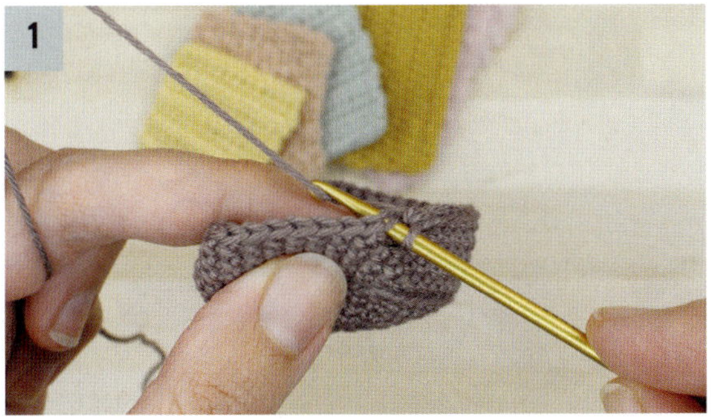

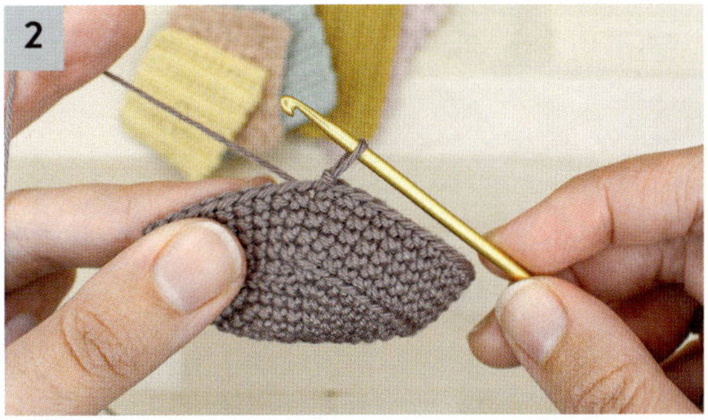

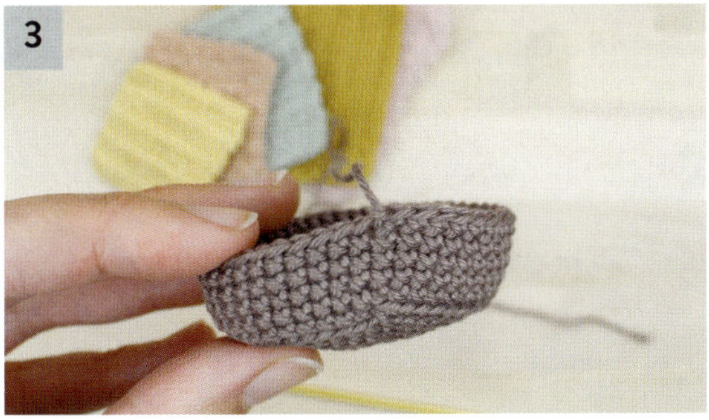

Geschlossene Runden und Spiralrunden können ganz einfach mit einer Kettmasche beendet werden. Dazu häkelst du einfach eine Kettmasche in die erste Masche der letzten Runde.

RUNDEN UNSICHTBAR BEENDEN

Für Einzelteile, wie beispielsweise bei Kleidungsstücken oder Haarkappen, ist ein unsichtbarer Rundenabschluss die bessere Wahl. Dabei fügt sich der Abschluss gleichmäßig ins Maschenbild ein. Hier wird mit zwei Stickstichen ein Maschenglied imitiert, das die zweite und die letzte Masche der Runde verbindet. Kette dazu die Arbeit mit einem langen Faden ab.

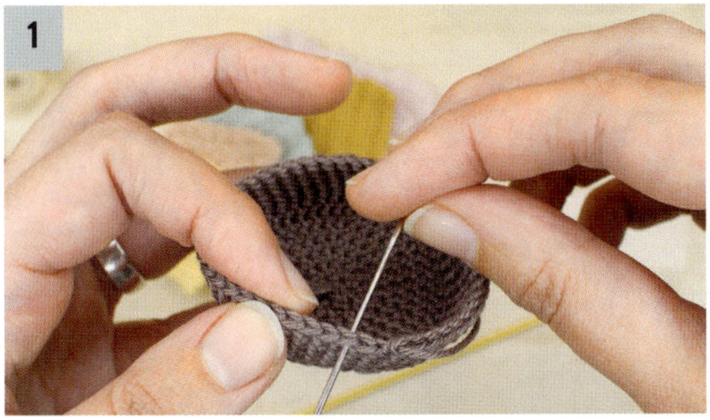

Nimm eine Stick- oder Wollnadel zu Hand, fädle das Fadenende ein und stich von hinten nach vorne durch die zweite Masche der letzten Runde.

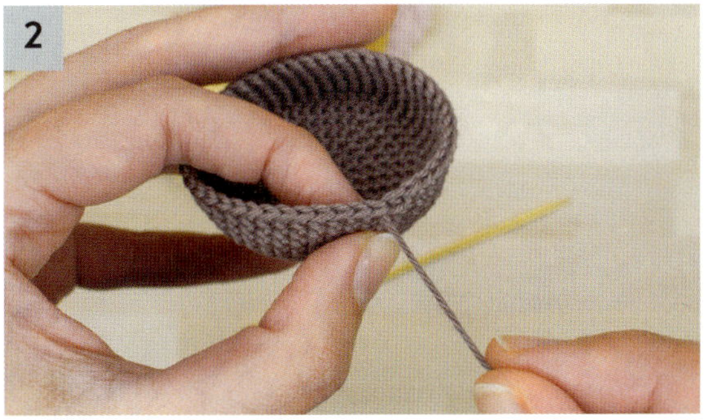

Ziehe vorsichtig am Faden, bis er die gleiche Länge wie die anderen Maschenglieder hat. So bildest du das hintere Maschenglied nach.

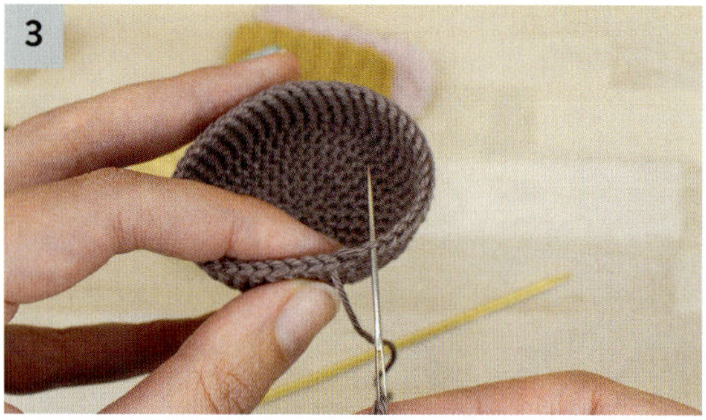

Stich nun mit der Nadel von vorne nach hinten zwischen die Maschenglieder der letzten Masche der Runde.

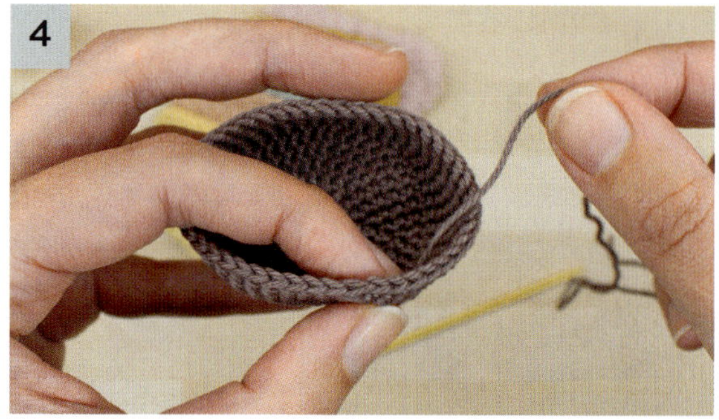

Ziehe den Faden erneut vorsichtig durch die Masche, bis ein vorderes Maschenglied entsteht. Achte beim Vernähen darauf, den Faden nicht zu fest zu ziehen, damit sich die gestickten Maschenglieder nicht weiter zusammenziehen.

RUNDE ÖFFNUNGEN SCHLIESSEN

Viele Amigurumi-Einzelteile sind rund. Hier bleibt meist nach der letzten Runde eine Öffnung, die verschlossen werden muss. Statt sie einfach zusammenzunähen, kannst du mit einem einfachen Trick einen unsichtbaren Verschluss zaubern. Dabei wird das Fadenende durch alle vorderen Maschenglieder der letzten Runde gewoben. Beende dazu die Runde mit einem einfachen Abschluss und einem langen Faden.

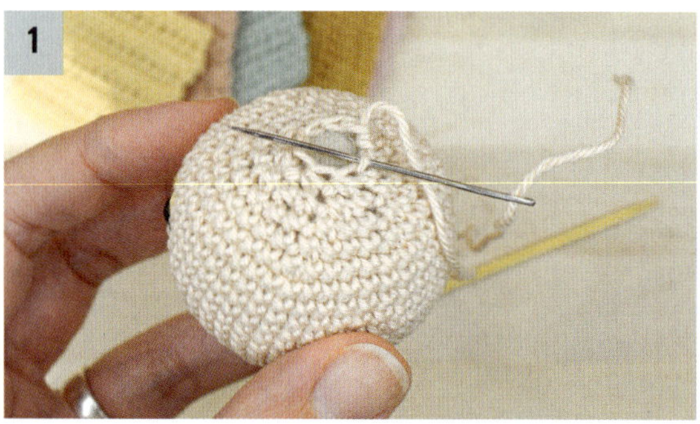

Fädle das Fadenende auf eine Stick- oder Wollnadel und stich von vorne nach hinten in das erste vordere Maschenglied ein.

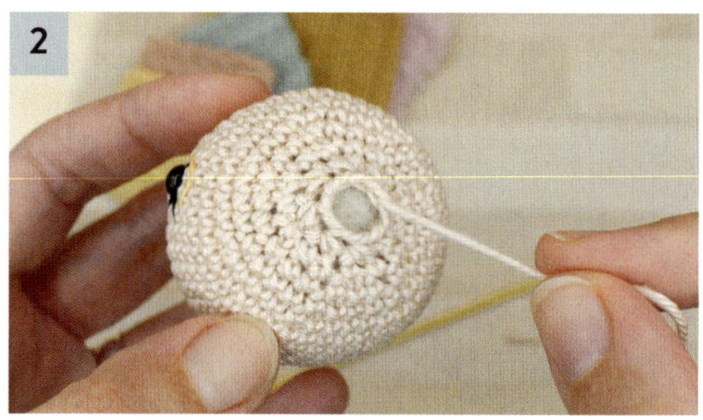

Wiederhole dies bei allen Maschen der Runde.

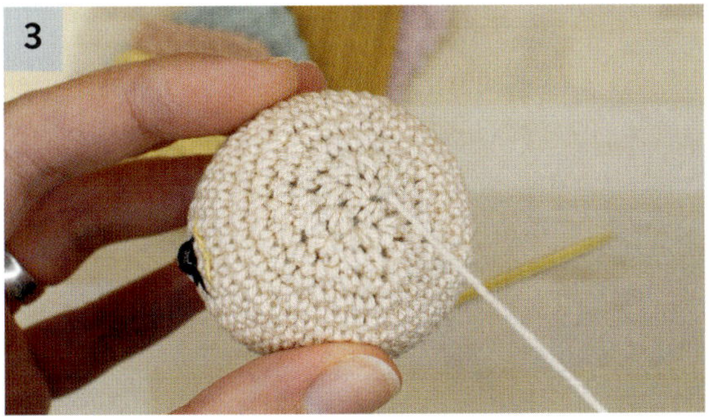

Nun ziehe vorsichtig am Fadenende. Die Maschen ziehen sich so zusammen, als wären sie in einer Runde gehäkelt worden. Vernähe den Faden anschließend im Inneren.

LANGE ÖFFNUNGEN SCHLIESSEN

Lange Öffnungen entstehen beispielsweise, wenn ein Ring aus mehreren Luftmaschen behäkelt wird. Der Bauch der Wildkatze (siehe Seite 250) wird z. B. auf diese Weise gehäkelt und verschlossen.

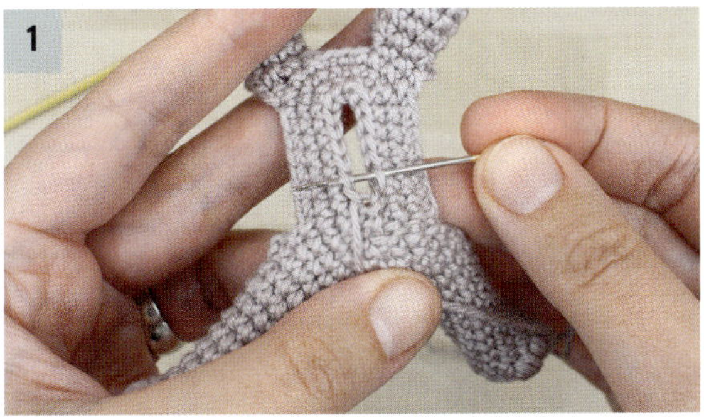

Um die Öffnung möglichst unsichtbar zu verschließen, stich mit der Nadel beim Nähen immer in die vorderen Maschenglieder der sich gegenüberliegenden Maschen ein.

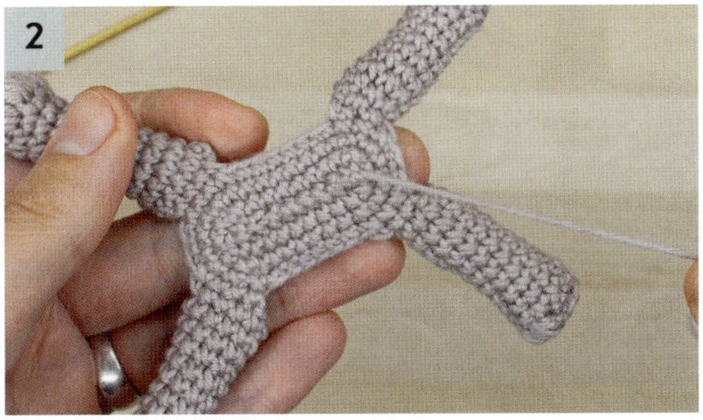

Ziehe den Faden vollständig durch und verbinde dann auf diese Weise die nächsten Maschen. Nähe dabei immer von links nach rechts, sodass der Nähfäden über den Maschen liegt.

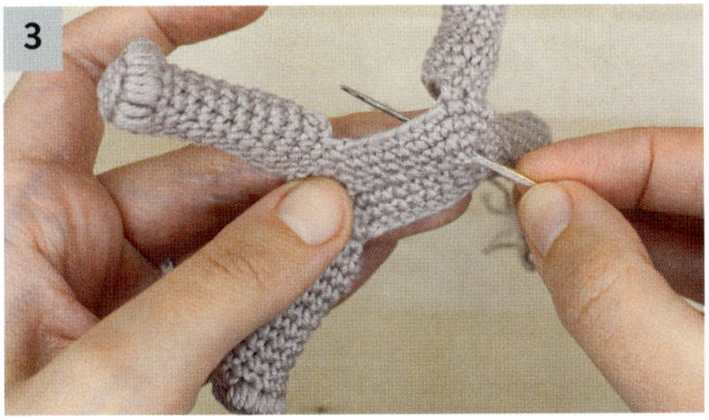

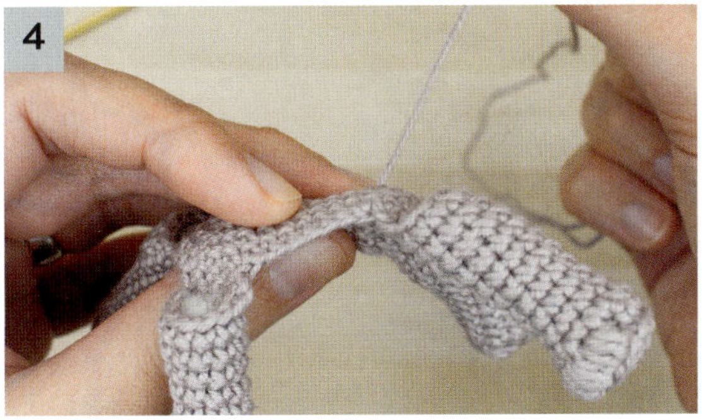

Zum Schluss den Faden auf die Innenseite ziehen und vernähen.

REIHEN

REIHEN MIT WENDELUFTMASCHE

Reihen werden beim Häkeln von Kleidungsstücken, Haaren oder Details deines Amigurumi verwendet. Anders als beim Rundenhäkeln, gibt es hier nur wenige Varianten.

Alle Reihen beginnen mit einer Lm-Kette oder Basismasche. Nach jeder Reihe wird die Arbeit mit Luftmaschen – den sogenannten *Wendeluftmaschen* (Wende-Lm) – gewendet.

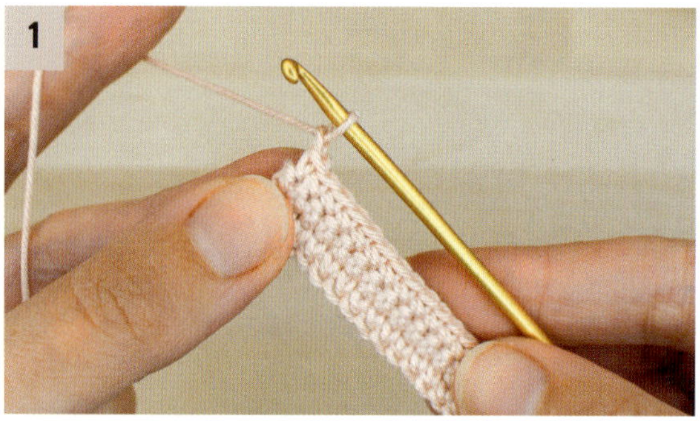

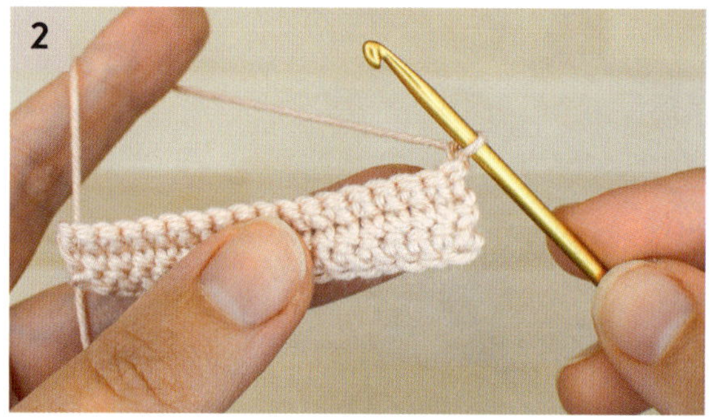

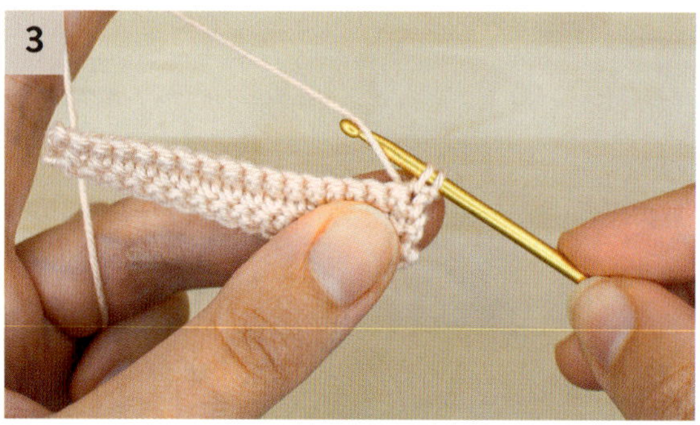

Je nach Art der verwendeten Maschen benötigst du nach dem Wenden eine oder mehrere Wendeluftmaschen. Klassisch wird nach dieser Tabelle gehäkelt:

Maschenart	Anzahl der Wendeluftmaschen
fM	1 Wende-Lm
hStb	2 Wende-Lm
Stb	3 Wende-Lm
DStb	4 Wende-Lm
3-fach Stb	5 Wende-Lm

TIPP

Je nach individueller Fadenspannung kann es aber sinnvoll sein, mehr oder weniger Wendeluftmaschen am Beginn der Reihen zu häkeln. Ich häkle beispielsweise bei halben Stäbchen nur eine Wendeluftmasche und bei Stäbchen nur zwei Wendeluftmaschen. Damit erreiche ich ein gleichmäßigeres Maschenbild. Probiere einfach aus, was bei dir gut funktioniert.

REIHEN OHNE WENDELUFTMASCHE

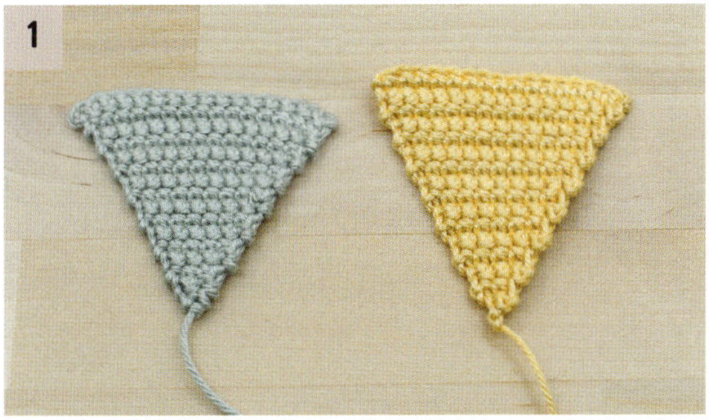

Reihen, die ohne Wendeluftmasche gehäkelt werden, bilden eine schärfere Kante (links) als Reihen mit Wendeluftmasche (rechts).

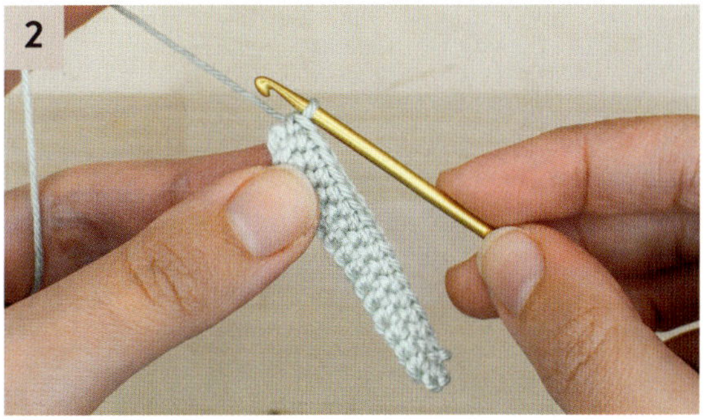

Vor allem, wenn flache grafische Formen mit Zu- und Abnahmen gehäkelt werden, ergibt das einen schönen Effekt. Dafür wird die Arbeit ohne Luftmasche gewendet.

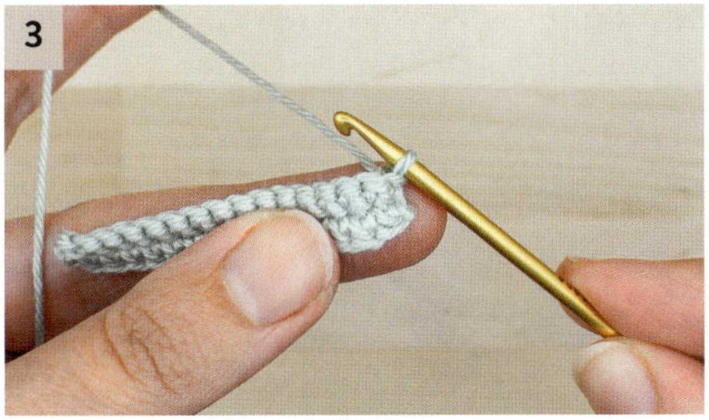

Der Umschlag der letzten festen Masche dreht sich dabei um die Nadel.

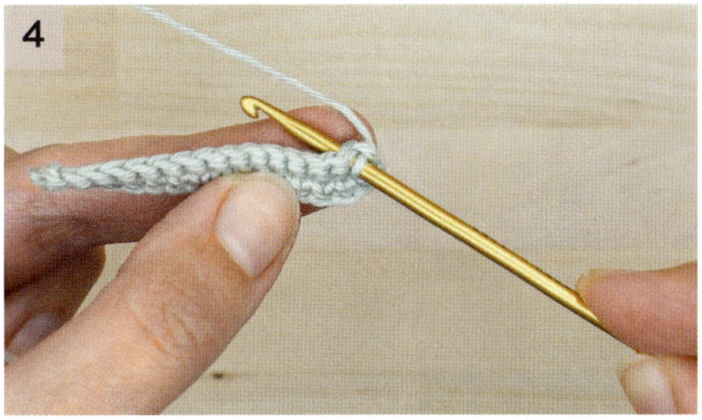

Stich dann in die folgende Masche ein und häkle wie gewohnt die nächste Reihe.

REIHEN ABSCHLIESSEN

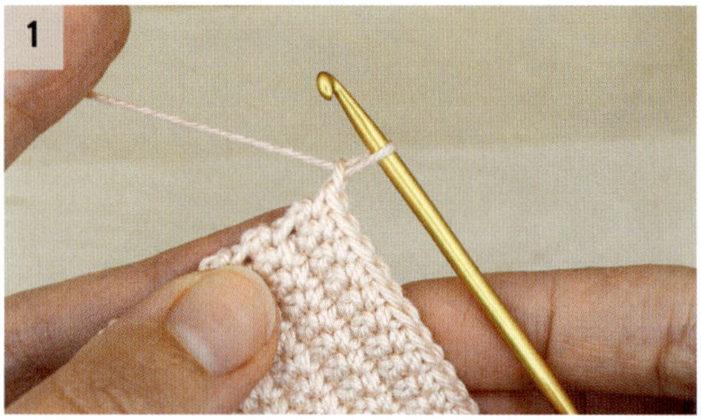

Um deine Häkelarbeit abzuschließen, häkelst du am Ende der letzten Reihe eine Luftmasche.

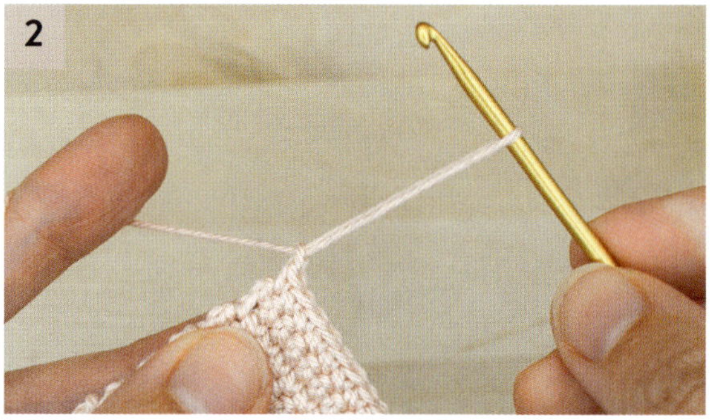

Anschließend ziehst du wie beim Abketten von Runden die Schlaufe mit der Nadel heraus.

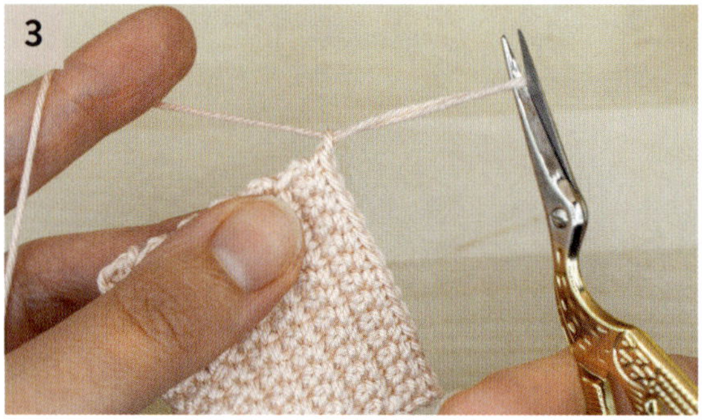

Schneide die Schlaufe mit einer Nadel auf ...

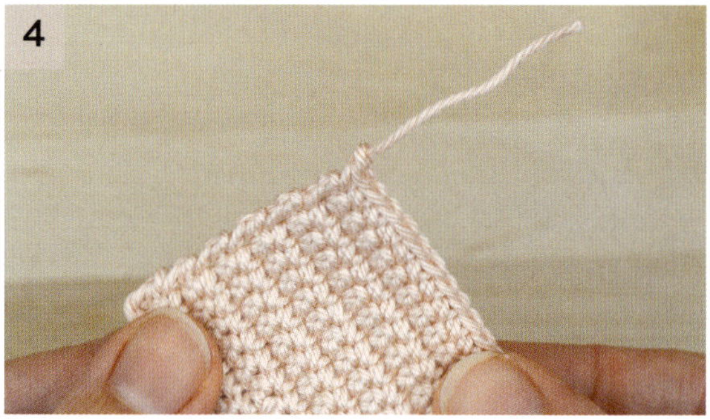

... und ziehe die Luftmasche fest zusammen.

ZU- UND ABNAHMEN

Indem Maschen zu- bzw. abgenommen werden, entstehen die Formen deiner Häkelarbeit. Bei Zunehmen werden einer Runde oder Reihe Maschen hinzugefügt. Beim Abnehmen werden Maschen weggelassen. Es gibt verschiedene Möglichkeiten Zu- und Abnahmen zu häkeln.

ZUNAHMEN

Alle Maschenarten werden auf die gleiche Weise zugenommen: Man häkelt einfach 2 Maschen in eine Einstichstelle. Hierbei spielt es keine Rolle, ob in Reihen oder Runden gehäkelt wird. Man spricht auch davon, Maschen zu verdoppeln.

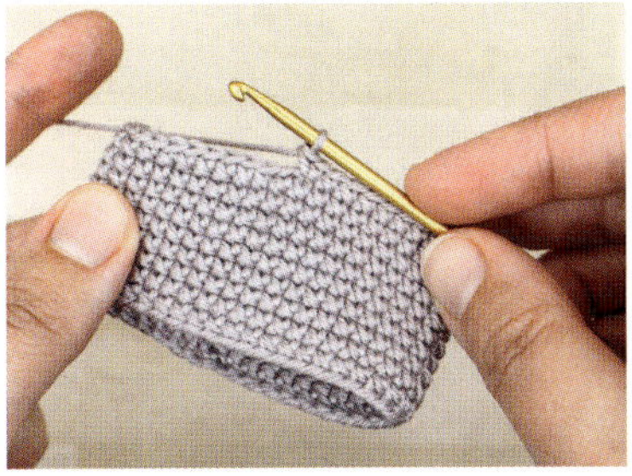

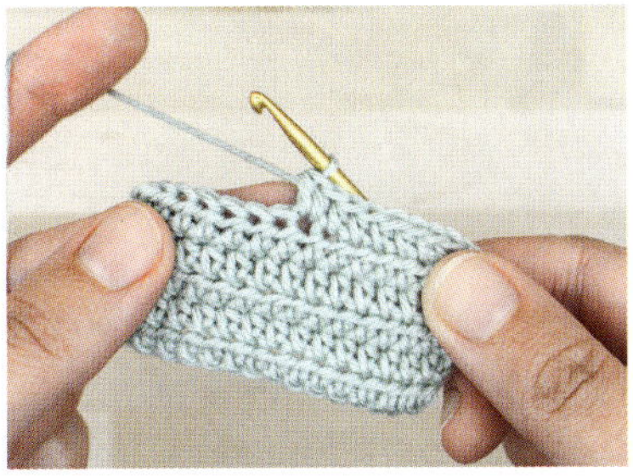

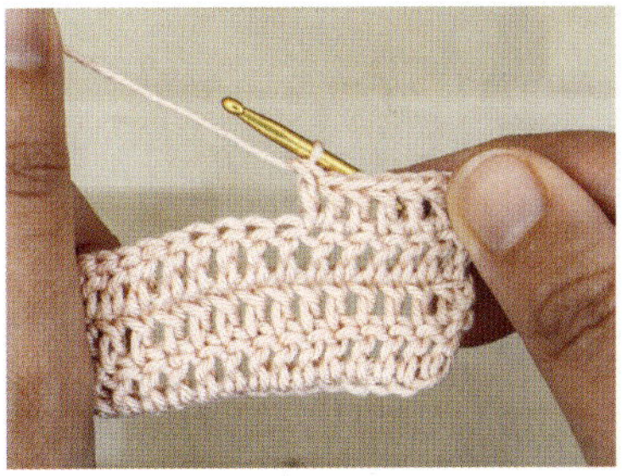

RUNDER KREIS VERSUS ECKIGER KREIS

In den meisten Häkelanleitungen für Amigurumi werden die festen Maschen innerhalb der Runden gleichmäßig zugenommen. Das heißt, es wird eine bestimmte Anzahl an Maschen gehäkelt, und dann erfolgt die Zunahme. Diese Abfolge wird so oft wiederholt, bis die Runde zu Ende gehäkelt ist. Die Zunahmen liegen so direkt übereinander. Das führt dazu, dass das entstehende Häkelteil eher eckig als rund wird. Bei dreidimensionalen Formen verschwinden die Ecken, sobald Runden ohne Zunahmen folgen. Häkelst du eine Applikation, können diese Ecken jedoch störend sein. Um einen perfekten Kreis zu häkeln, empfiehlt es sich, die Zunahmen von Runde zu Runde versetzt zu häkeln. Dabei ist es egal, an welcher Stelle die Maschen verdoppelt werden. Wichtig ist nur, dass genauso viele Zunahmen erreicht werden, wie in der Anleitung angegeben. Außerdem sollten die Zunahmen immer im angegebenen Abstand erfolgen. Besonders leicht ist es, die Zunahme innerhalb der Runden abwechselnd an den Anfang und das Ende der Runde zu stellen.

Statt:

4. Rd: **2 fM, 1 M zun*, von * bis * noch 6 x wdh. [28]*

5. Rd: **3 fM, 1 M zun*, von * bis * noch 6 x wdh. [35]*

Häkelst du:

4. Rd: **2 fM, 1 M zun*, von * bis * noch 6 x wdh. [28]*

5. Rd: **1 M zun, 3 fM*, von * bis * noch 6 x wdh. [35]*

Auf diese Weise verhinderst du die eckige Form und erhältst einen schönen runden Kreis.

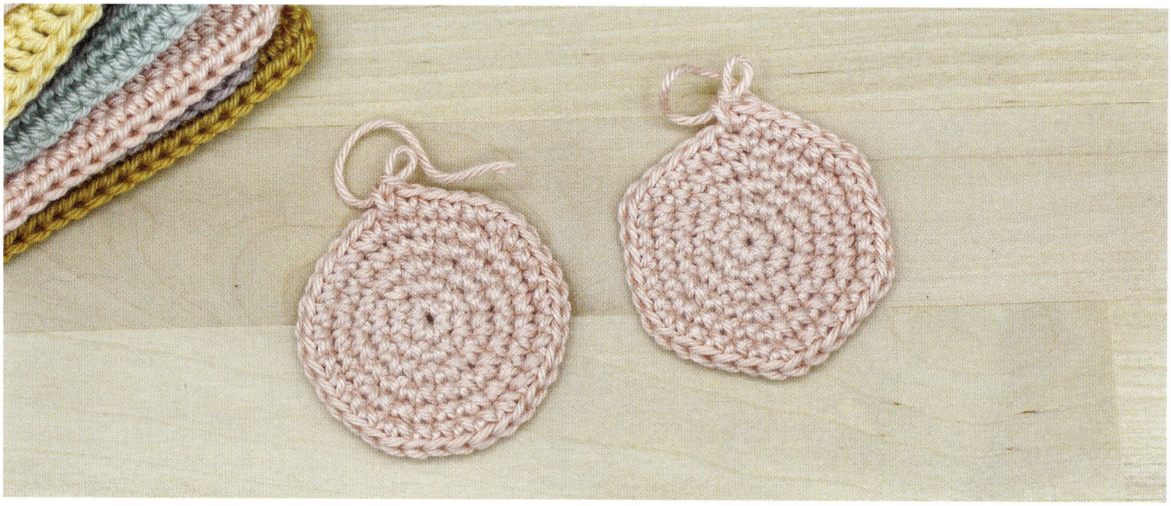

Runder Kreis durch versetzte Zunahmen (links), eckiger Kreis durch gleichmäßige Zunahmen (rechts)

ABNAHMEN

ABNEHMEN DURCH AUSLASSEN

Die einfachste Art, um Maschen abzunehmen, ist es, sie einfach auszulassen bzw. zu überspringen. Dabei wird die folgende Masche einfach in die übernächste Masche der Runde/Reihe gehäkelt. Diese Art der Abnahme ist vor allem bei festen Maschen geeignet, kann aber auch bei allen anderen Maschenarten eingesetzt werden. Nachteil an dieser Methode ist, dass ein kleines Loch innerhalb des Maschenbilds entstehen kann. Je höher die Masche ist, die ausgelassen wird, desto größer das Loch. Deshalb sollte diese Art der Abnahme mit möglichst fester Fadenspannung gehäkelt werden. Empfehlenswert ist diese Methode dann, wenn die Abnahme am Anfang einer Reihe liegt. Eine klassische Zunahme sorgt hier für mehr Volumen, wodurch die Kante des gehäkelten Teils ungleichmäßig werden kann.

Wird die erste Masche einfach ausgelassen, passiert das nicht und die Kante wird schön gerade. Das funktioniert auch in Kombination mit einer Runde ohne Wendeluftmasche (siehe Seite 79).

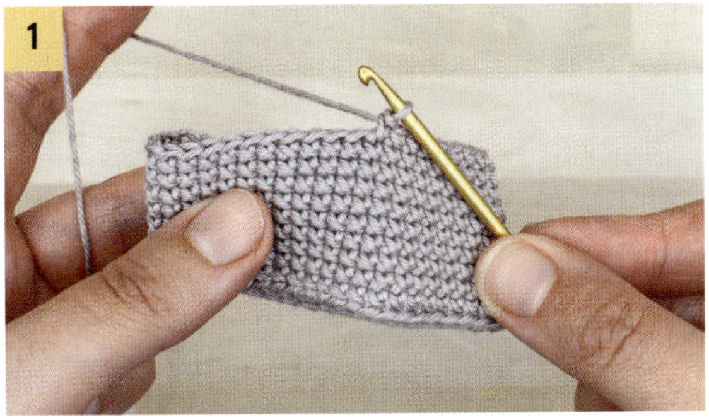

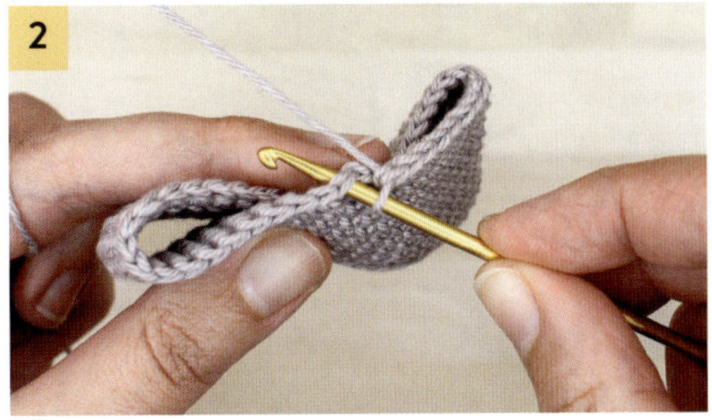

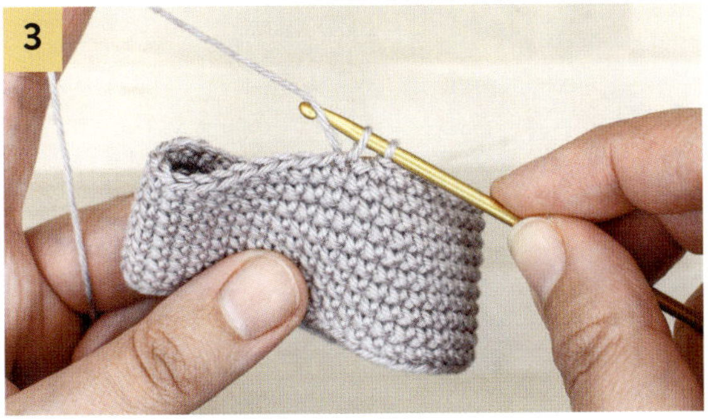

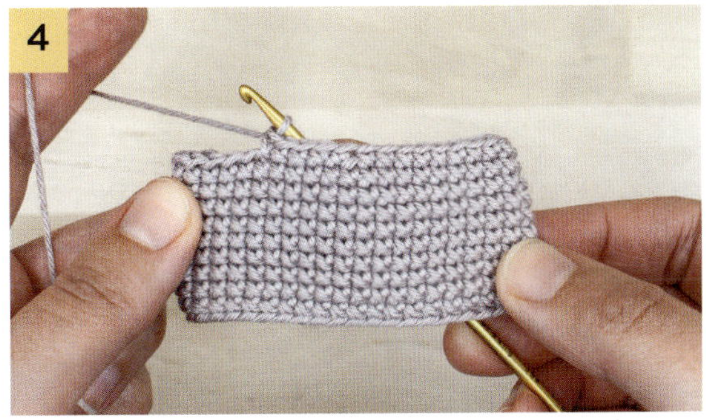

FESTE MASCHE ABNEHMEN

Bei der klassischen Abnahme von festen Maschen in Runden oder Reihen werden zwei feste Maschen zusammen abgemascht, sodass eine neue Masche entsteht. Man spricht aber auch von *zusammen abmaschen.*

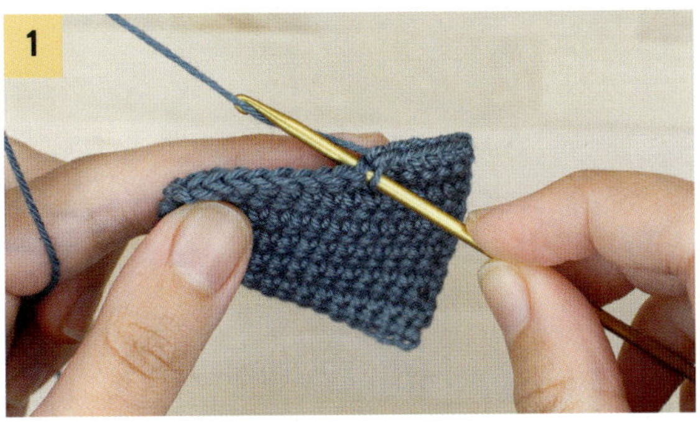

Stich dazu zunächst in die erste abzunehmende Masche ein und hole den Faden durch.

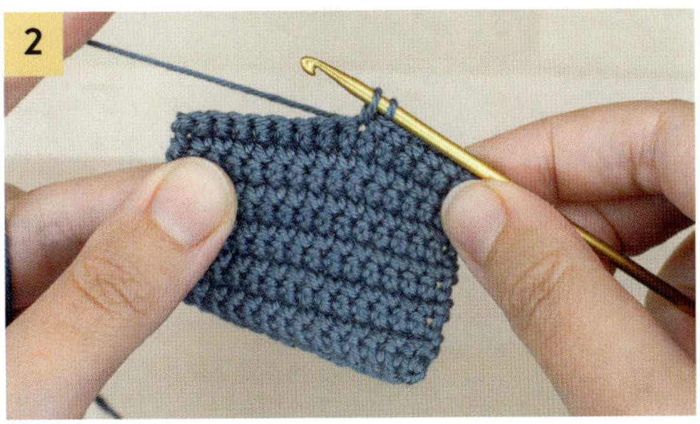

Es befinden sich nun zwei Schlaufen auf der Nadel.

3

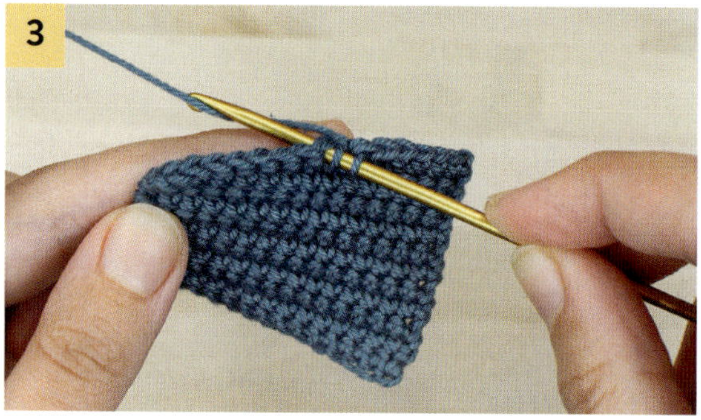

Diese werden aber nicht abgemascht, sondern die Nadel durch die nächste Masche gestochen.

4

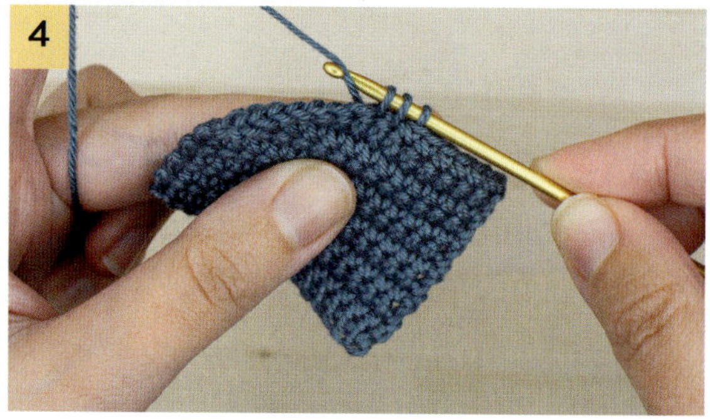

Wieder den Faden holen. Es befinden sich nun drei Schlingen auf der Nadel.

5

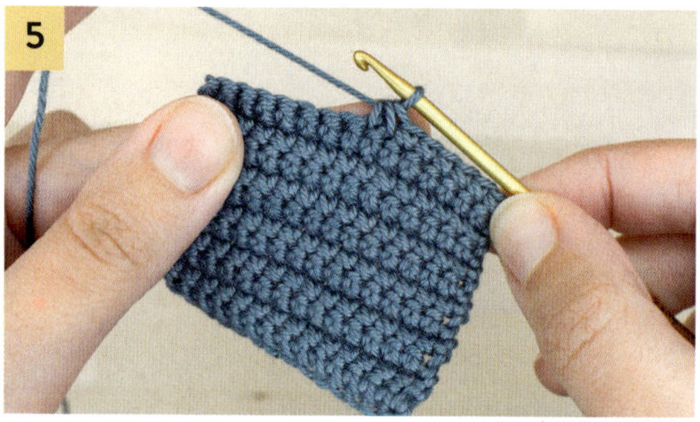

Diese werden nun zusammen abgemascht.

6

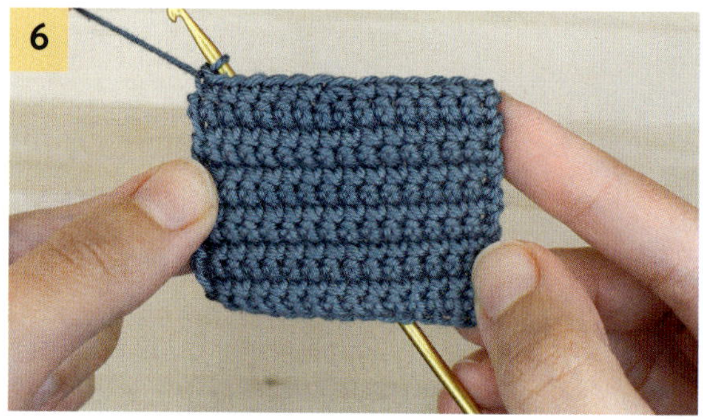

HALBE STÄBCHEN ABNEHMEN

1

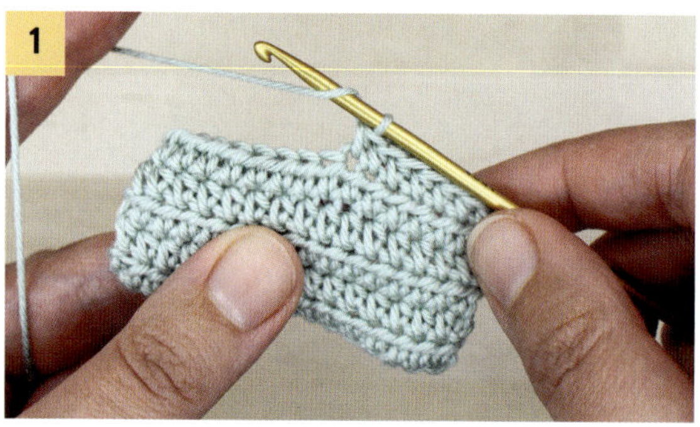

Um ein halbes Stäbchen in einer Runde oder Reihe abzunehmen, lege zunächst wie gewohnt einen Umschlag auf die Nadel.

2

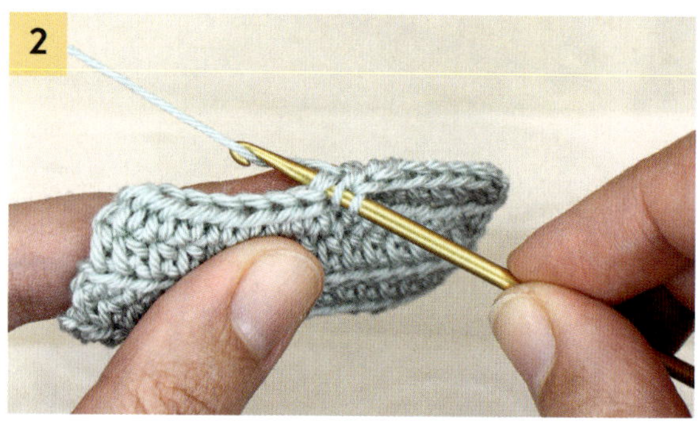

Stich mit der Nadel in die erste abzunehmende Masche und hole den Faden durch.

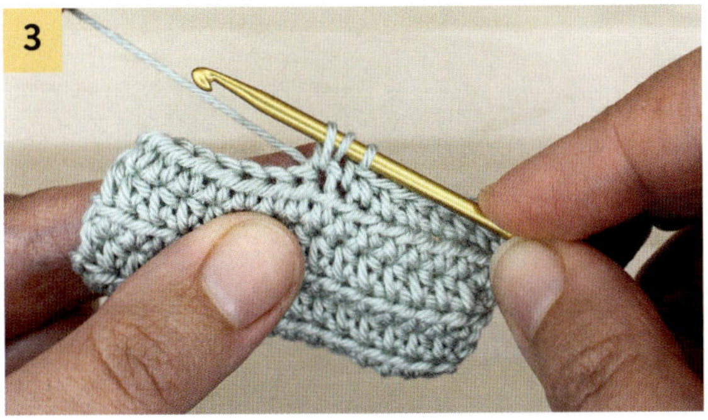

Auf der Nadel befinden sich nun drei Schlingen.

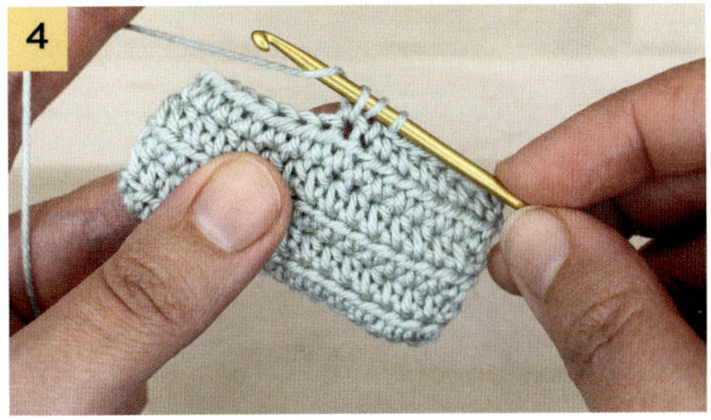

Bilde nun einen weiteren Umschlag ...

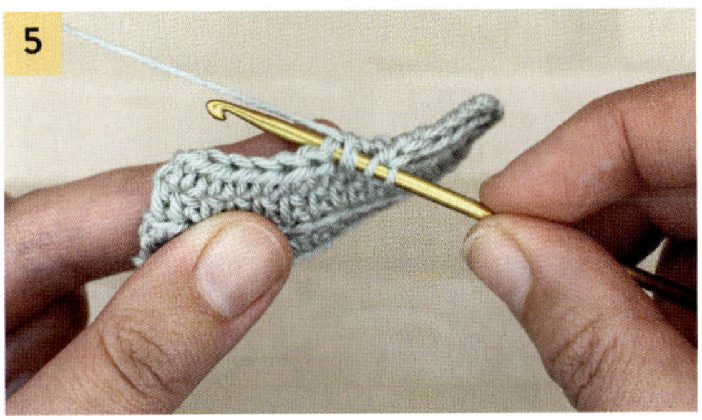

... und stich in die nächste Einstichstelle.

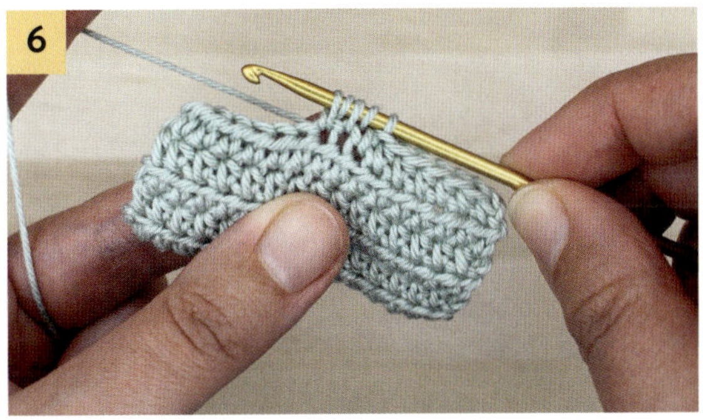

Hole den Faden durch. Auf der Masche befinden sich nun fünf Schlingen.

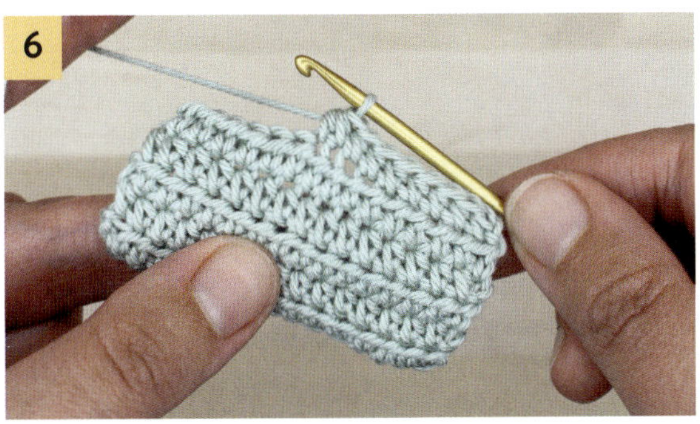

Masche nun alle Schlingen zusammen ab.

STÄBCHEN ABNEHMEN

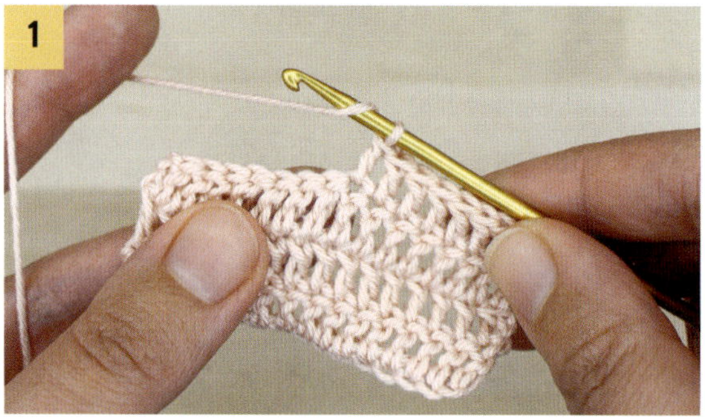

Bei der Abnahme von Stäbchen wird zunächst wie gewohnt ein Umschlag auf die Nadel gelegt.

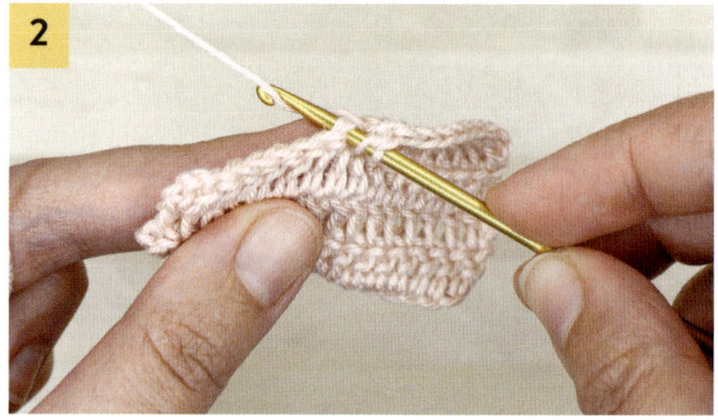

Stich nun mit der Nadel in die erste abzunehmende Masche ein und hole den Faden durch.

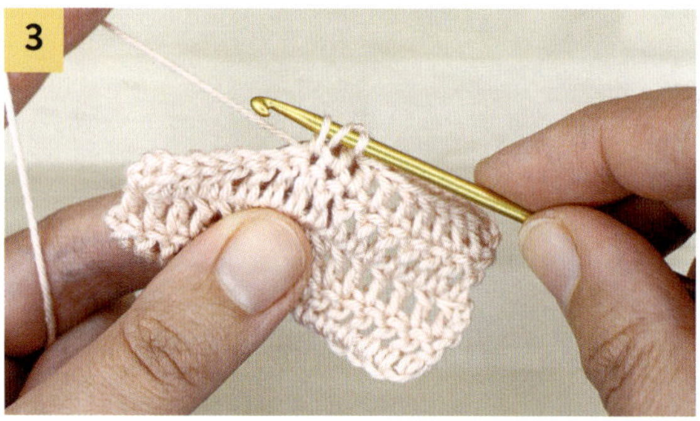

Es befinden sich drei Schlingen auf der Nadel.

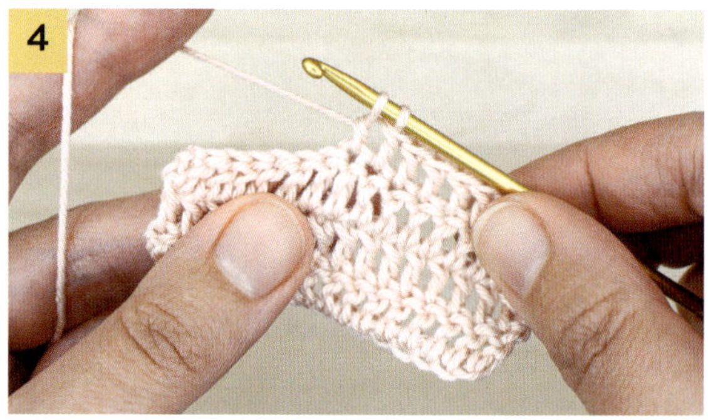

Masche die ersten beiden Schlingen zusammen ab.

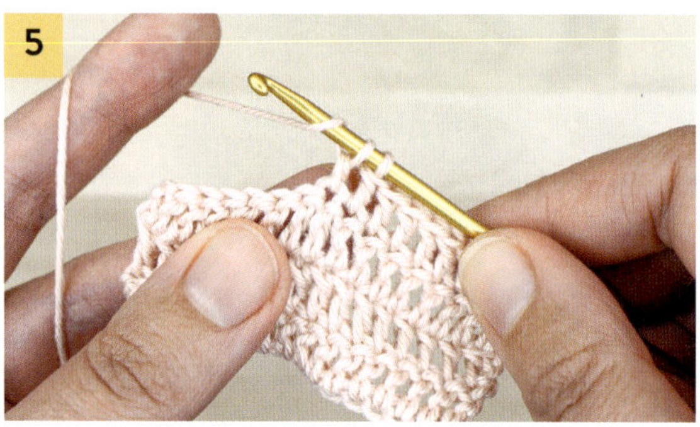

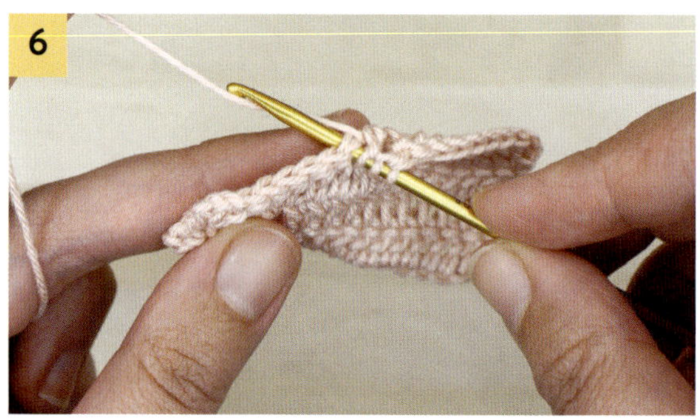

Bilde erneut einen Umschlag und stich in die nächste Einstichstelle.

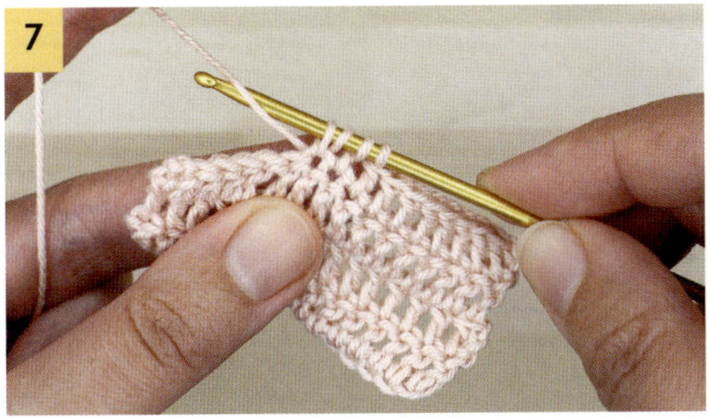

Hole den Faden durch. Nun befinden sich vier Schlingen auf der Nadel.

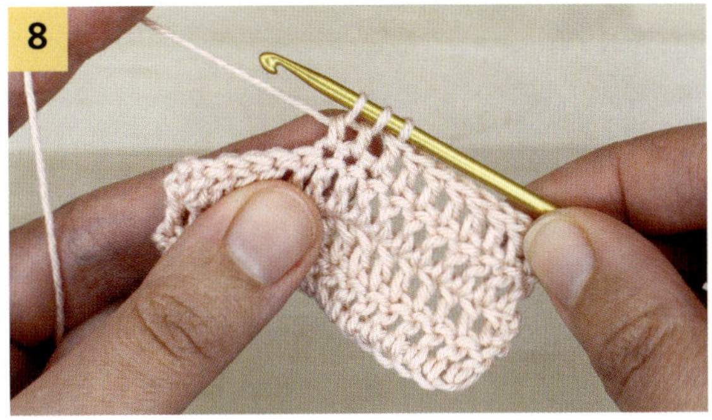

Masche die ersten beiden zusammen ab. Es bleiben drei Schlingen übrig, …

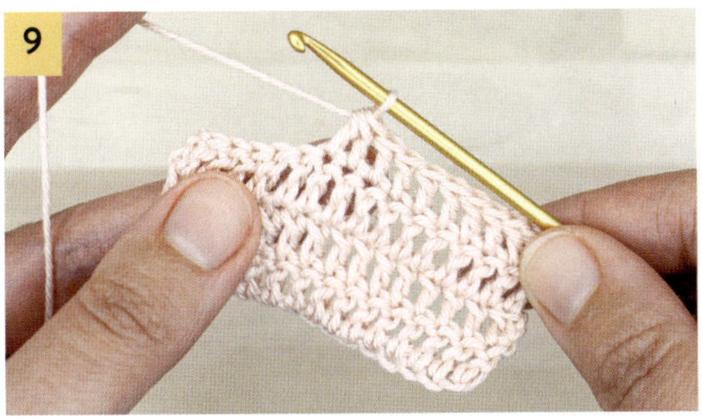

… die nun ebenfalls zusammen abgemascht werden.

FESTE MASCHEN IN RUNDEN UNSICHTBAR ABNEHMEN

Bei der klassischen Abnahme in Runden von festen Maschen entsteht entlang der Zunahme eine sichtbare Kante. Dies kann durch eine unsichtbare Abnahme vermieden werden.

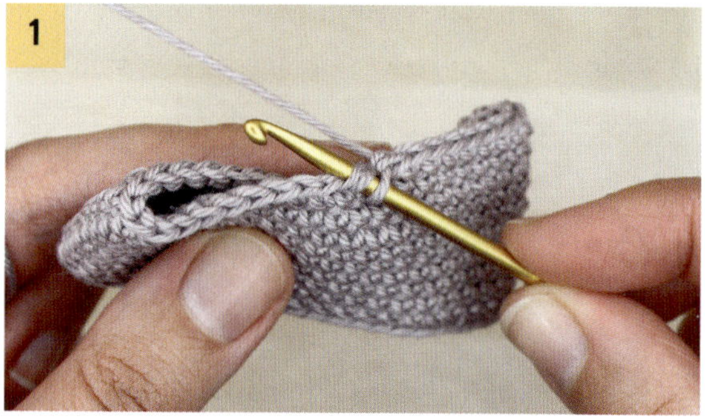

Stich dazu mit der Nadel durch die beiden vorderen Maschenglieder der beiden Maschen, die abgenommen werden sollen.

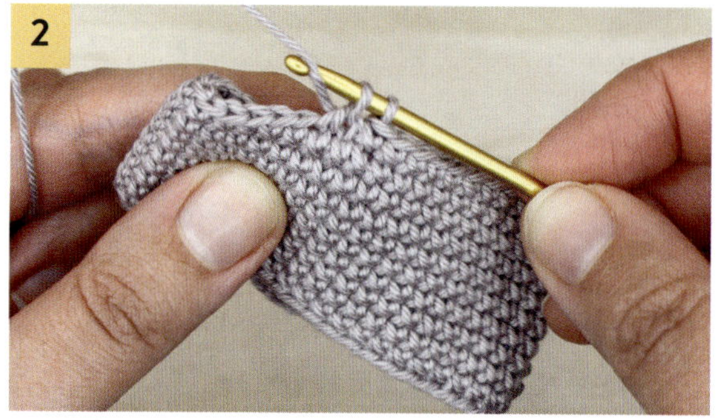

Hole den Faden durch, sodass sich auf der Nadel nun zwei Schlingen befinden.

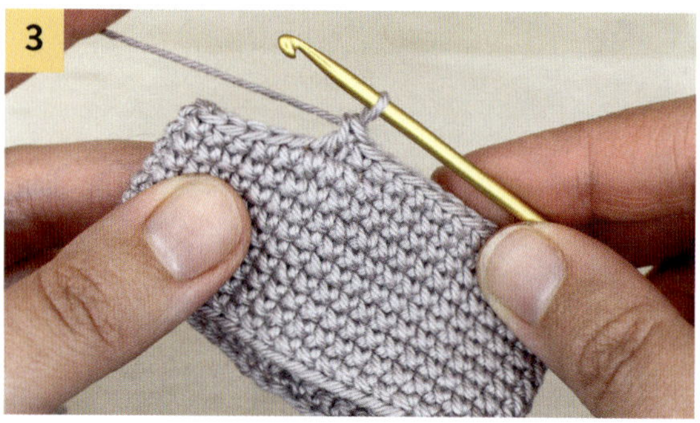

Masche beide Schlingen zu einer festen Masche ab.

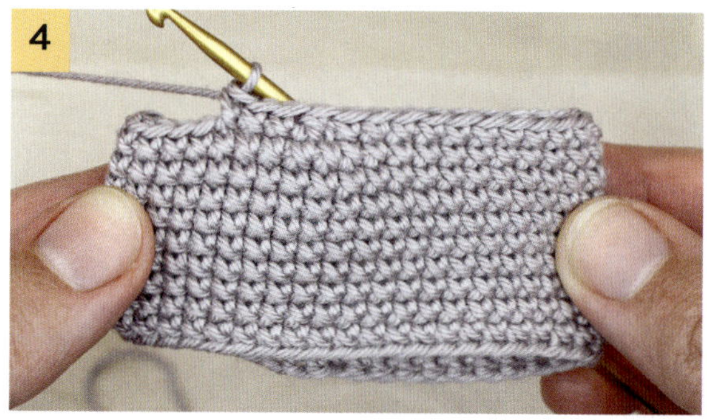

Im Maschenbild wirkt diese Abnahme nun wie eine einfache, feste Masche.

FESTE MASCHEN IN REIHEN UNSICHTBAR ABNEHMEN

Auch in Reihen kann man feste Maschen unsichtbar abnehmen. Die Abnahme ist hierbei allerdings nur auf einer Seite der Häkelarbeit unsichtbar. Daher muss beim Häkeln beachtet werden, ob man sich in der Hin- oder der Rückreihe befindet. Bei der Hinreihe ist die Vorderseite der Arbeit zu dir gewandt. Auf dieser Seite soll die Abnahme unsichtbar sein. Gehäkelt wird hier bei der unsichtbaren Abnahme in Runden.

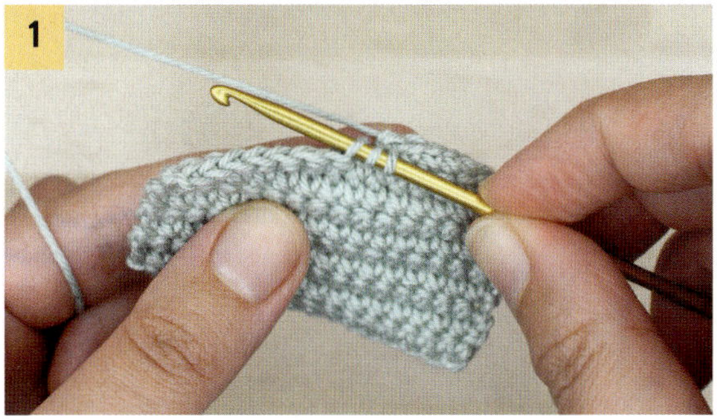

Stich die Nadel durch die beiden vorderen Maschenglieder der abzunehmenden Maschen.

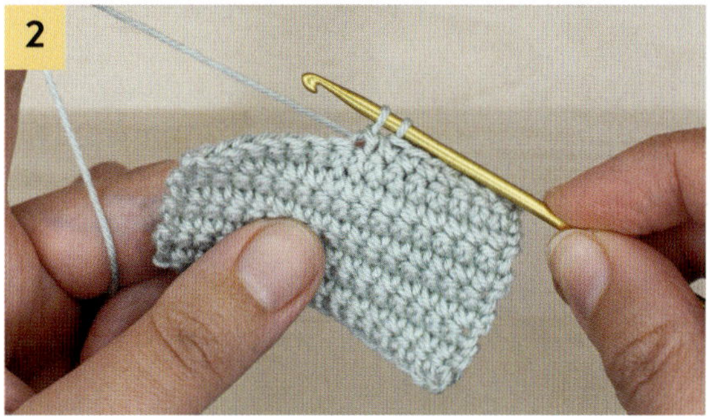

Ziehe den Faden durch. Auf der Nadel befinden sich nun zwei Schlingen.

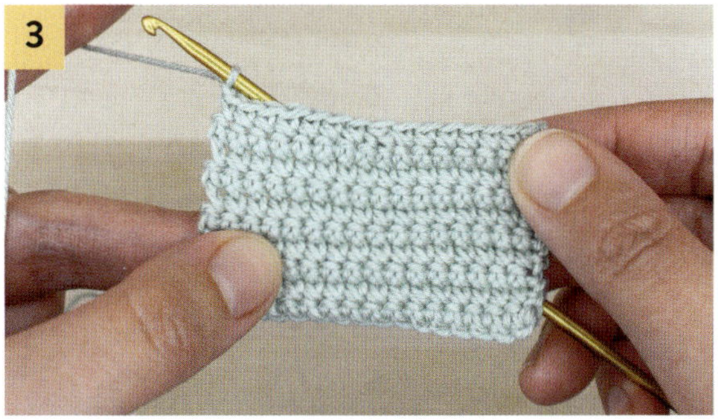

Masche beide zu einer festen Masche ab. Im Maschenbild wirkt diese Abnahme nun wie eine einfache, feste Masche.

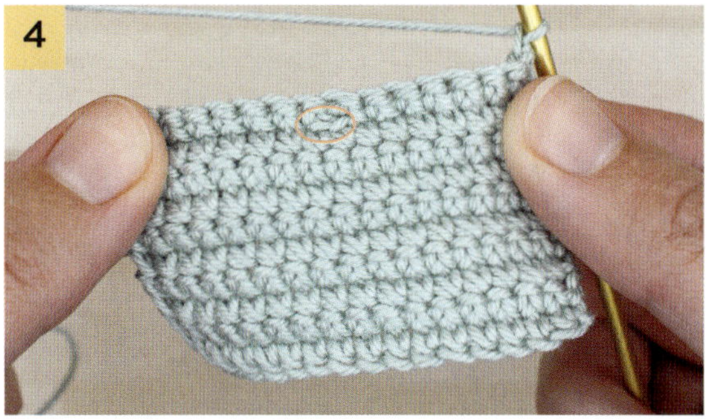

Auf der Rückseite erkennst du die Abnahme an den verbleibenden hinteren Maschengliedern.

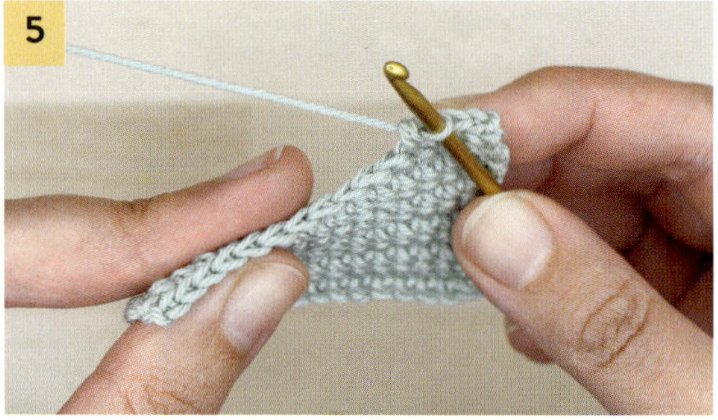

Wende die Arbeit und beginne mit der Rückreihe. Die Vorderseite ist nun von dir abgewandt. Damit die Abnahme auf der Vorderseite unsichtbar bleibt, wird hier nun in die hinteren Maschenglieder der abzunehmenden Maschen gehäkelt.

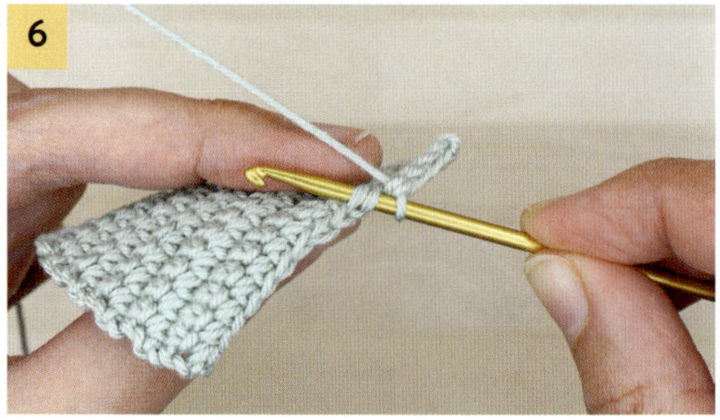

Stich die Nadel hindurch und hole den Faden durch.

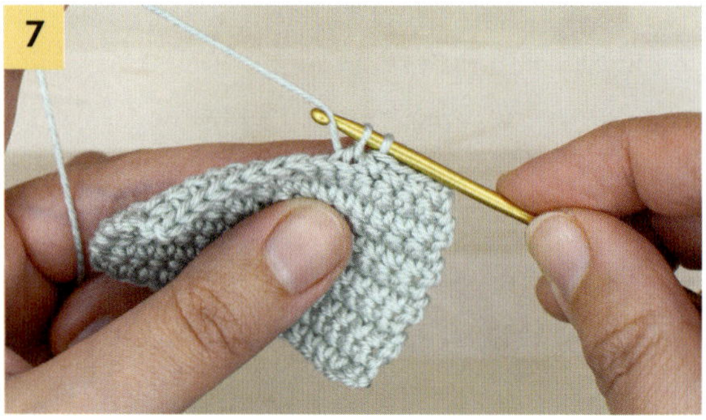

Auf der Nadel befinden sich zwei Schlingen, die wie in der Hinreihe zu einer festen Masche abgemascht werden.

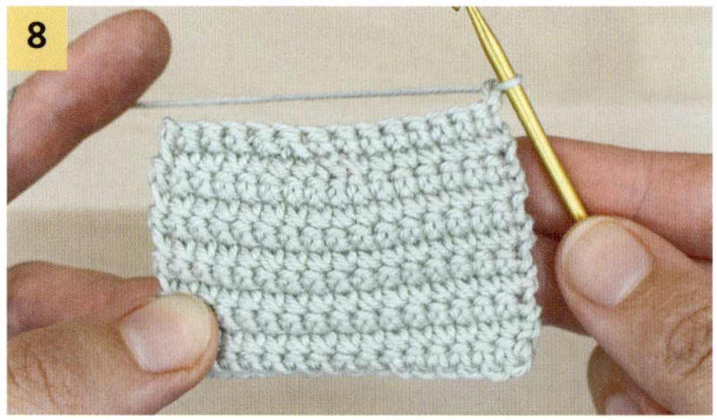

Die Abnahme ist nun auf der Vorderseite nicht sichtbar.

Diese Art der Abnahme ist für alle Teile geeignet, die später nur von einer Seite zu sehen sind, z. B. bestimmte Kleidungsstücke wie Umhänge oder Applikationen, die aufgenäht werden.

STICKEN

GUT ZU WISSEN

Mit Stickereien kannst du bei deinen Amigurumi niedliche Akzente setzen. Details im Gesicht werden ebenfalls gestickt. Auch auf Gehäkeltem kannst du mit einer herkömmlichen Sticknadel sticken. Wichtig ist, dass die Nadel ein ausreichend großes Nadelöhr hat. Ich nutze meist eine Sticknadel mit Spitze, denn damit kommt man problemlos auch durch ein enges Maschenbild. Aber auch eine Nadel ohne Spitze funktioniert. Probiere einfach aus, welche Methode für dich gut passt. Gestickt wird mit Stick- oder Perlgarn oder Baumwollgarn. Wenn du Letzteres verwendest, kannst du den Faden ganz einfach mit der Sticknadel spalten, wenn du ein feineres Garn möchtest.

Wenn du auf Gehäkeltem stickst, achte drauf, dass der Untergrund aus gleichmäßigen und fest gehäkelten Maschen besteht. Beim Setzen der Stiche orientierst du dich an den einzelnen Maschen. Je gleichmäßiger diese sind, desto gleichförmiger und symmetrischer sitzen auch deine Stickstiche. Zu Beginn stichst du mit der Nadel von innen/hinten nach vorne durch. Dort, wo die Nadel herauskommt, spricht man von der **Ausstichstelle,** dort, wo die Nadel wieder eingestochen wird, ist die **Einstichstelle.** Der Faden wird auf der Rückseite gesichert, damit er nicht nach vorne durch die Maschen rutscht. Dazu kannst du einfach am Ende des Fadens einen kleinen Knoten machen, oder du webst das Garn wie beim Vernähen durch die Maschen. Setze die Stiche mit genug Spannung, sodass sie gerade auf der Oberfläche aufliegen. Die Spannung darf aber nicht zu groß sein, sonst verformt das Garn die gehäkelte Vorderseite.

STICKSTICHE

SPANNSTICH

Der Spannstich ist ein einfacher Stich. Fast alle Stick- und Zierstiche basieren auf ihm. Führe den Faden von vorne nach hinten durch. Dann an der gewünschten Stelle einstechen und den Faden durchziehen. Spannstiche können vertikal, horizontal, lang oder kurz sein. Du kannst sie so gruppieren, dass eine Linie oder ein Stern entsteht.

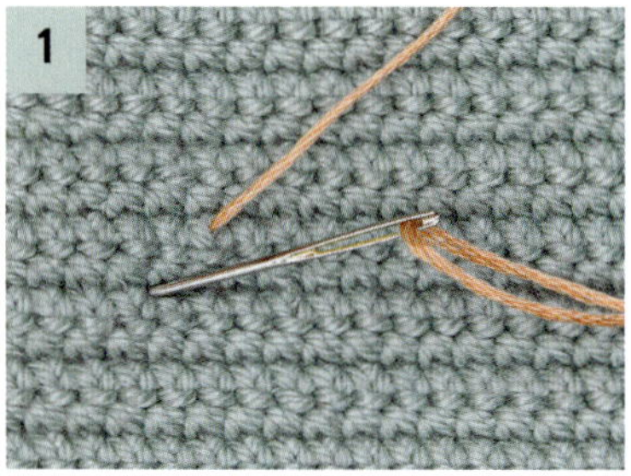

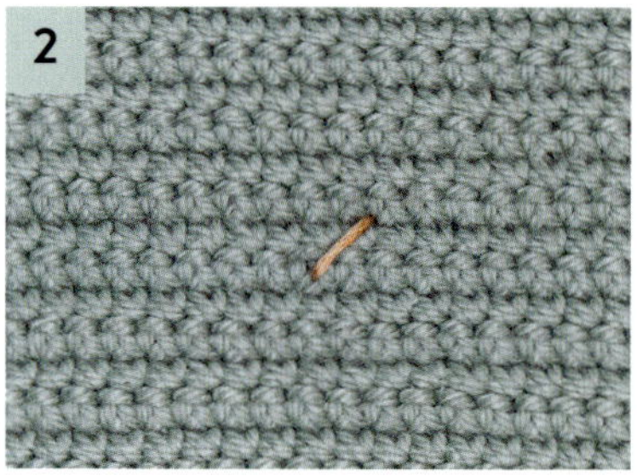

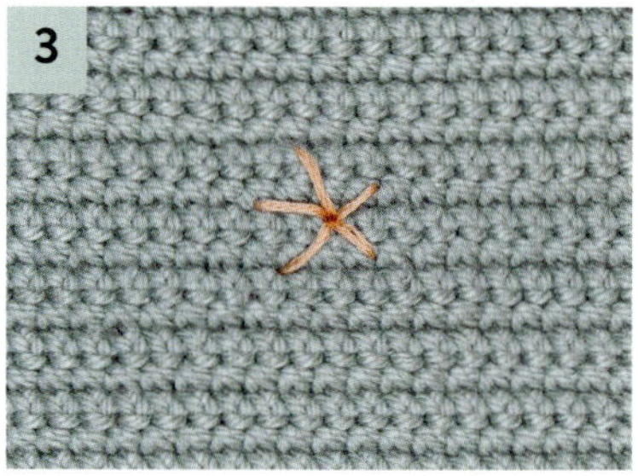

GERADSTICH

Für den Gradstich wird die Nadel abwechselnd über und unter den gehäkelten Maschen auf einer geraden Linie entlanggeführt. Du kannst diesen Stich diagonal oder vertikal setzen. Die Stiche können hinter- oder nebeneinander gesetzt werden. Dieser Stich eignet sich beispielsweise sehr gut, um Akzente auf den Kleidungsstücken deines Amigurumi zu setzen oder um Wimpern aufzusticken.

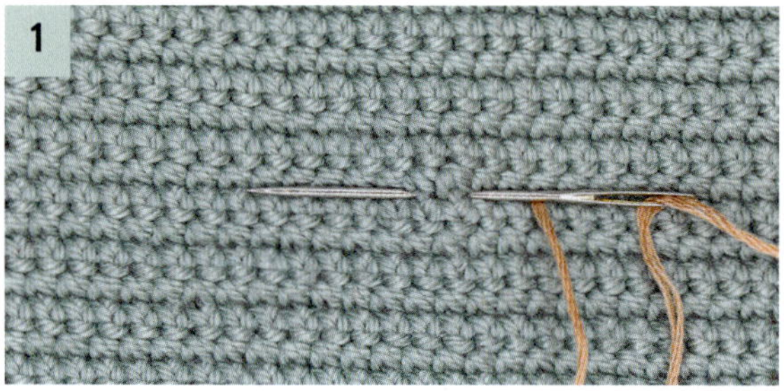

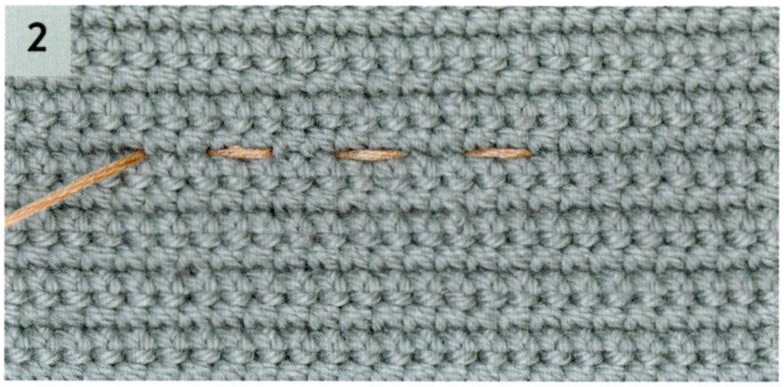

STEPPSTICH

Der Steppstich wird auch Rückstich genannt, denn er wird rückwärts gestickt. Beginne mit einem einfachen Spannstich. Dann stichst du mit der Nadel im gewünschten Abstand rechts von der Einstichstelle wieder aus. Nun den Faden durch dieselbe Einstichstelle wieder nach innen führen. So lange wiederholen, bis die nötige Länge erreicht ist. Eine Linie mit Steppstichen wird besonders gerade und gleichmäßig. Ich sticke damit z. B. breite Münder auf.

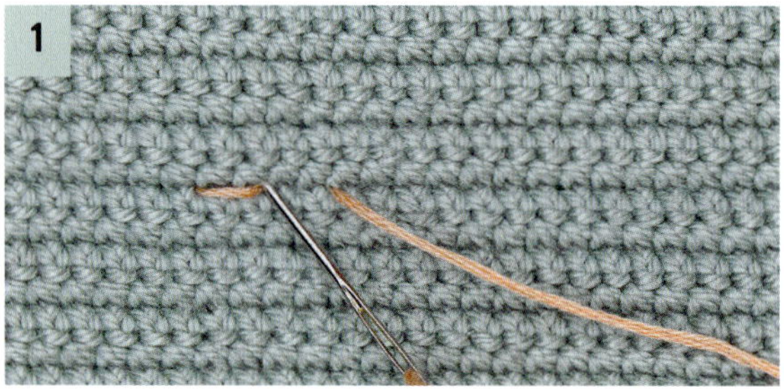

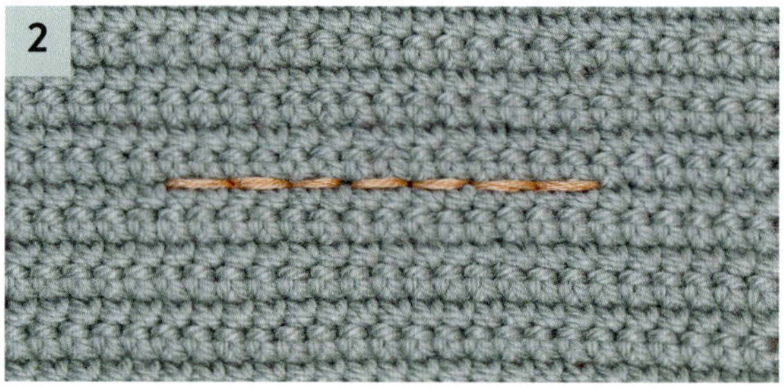

PLATTSTICH

Der Plattstich entsteht, wenn viele Spannstiche eng beieinander gesetzt werden. Dieser Stich eignet sich, um Flächen zu füllen. Mit dem Plattstich kannst du geometrische Formen, wie Kreise, Quadrate oder Bilder, Blätter, Augen oder Ähnliches sticken. Ich nutze ihn beispielsweise gerne, um Nasen aufzusticken. Beginne dazu mit einem einfachen Spannstich und setze nach und nach weitere Spannstiche aneinander, bis die gewünschte Form entstanden ist.

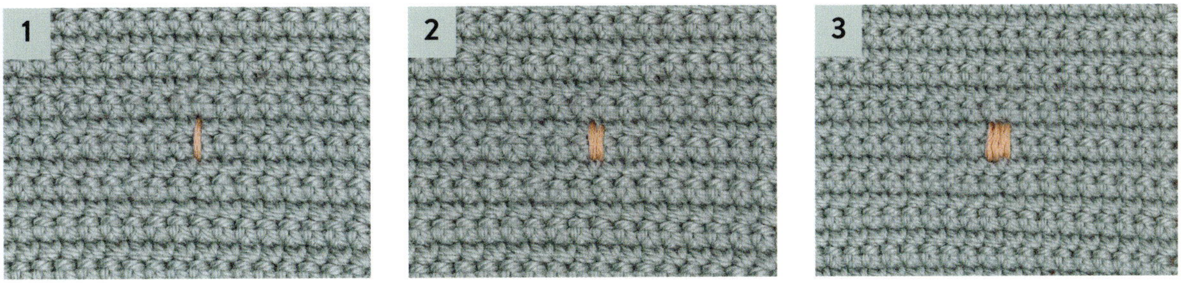

KETTSTICH

Der Kettstich sieht ähnlich aus wie aufgehäkelte Kettmaschen (siehe Seite 40). Stich mit der Nadel von hinten nach vorne durch und stich dann zurück in die Ausstichstelle. Den Faden so lange durchziehen, bis eine kleine Schlaufe entsteht. Die Nadel eine Masche nach rechts durch die Schlaufe hindurch austreten lassen. Dann den Faden zurück durch die Ausstichstelle nach hinten führen. Wieder durchziehen, bis die nächste Schlaufe entstanden ist. So lange wiederholen, bis die gewünschte Länge entstanden ist.

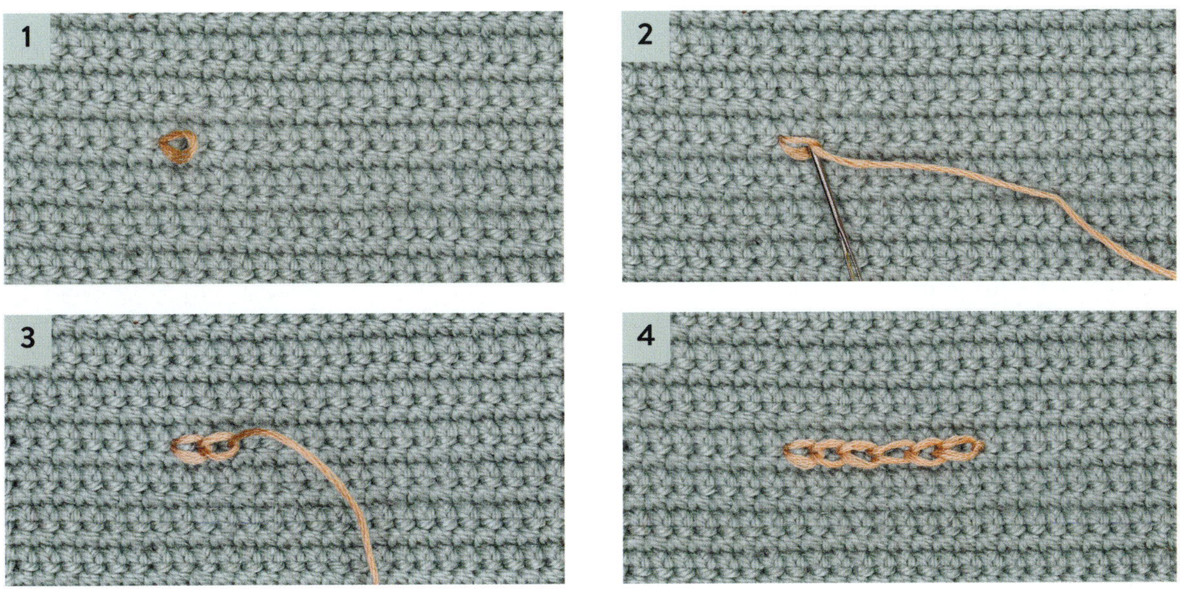

MARGERITENSTICH

Der Margeritenstich ist ein klassischer Stich, um Blumen zu sticken. Beim Häkeln von Amigurumi kommt er vielseitig zum Einsatz. Wie beim Kettstich beginnst du mit einer gestickten Schlaufe. Diese kann lang, kurz, breit oder schmal sein. Nun von unten durch das obere Ende der Schlaufe stechen und diese anschließend mit einem kurzen Spannstich fixieren. Mit dieser Technik sticke ich z. B. Augenbrauen, Münder oder Schlafaugen auf.

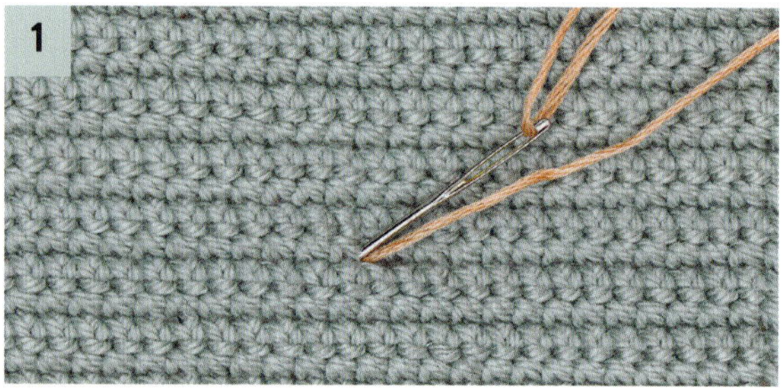

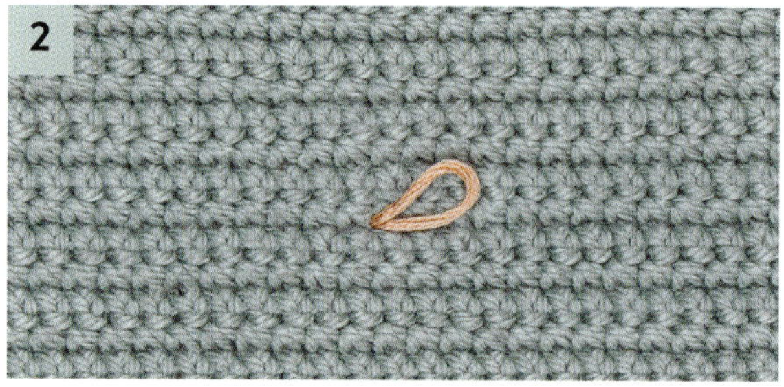

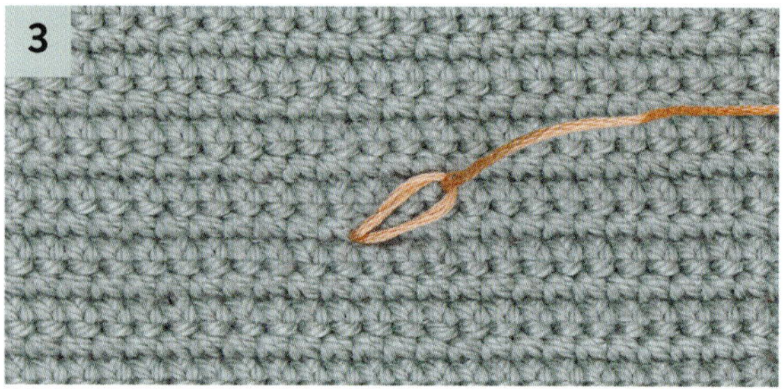

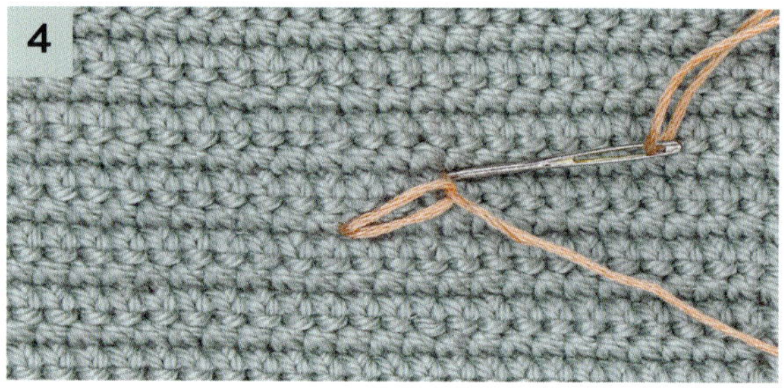

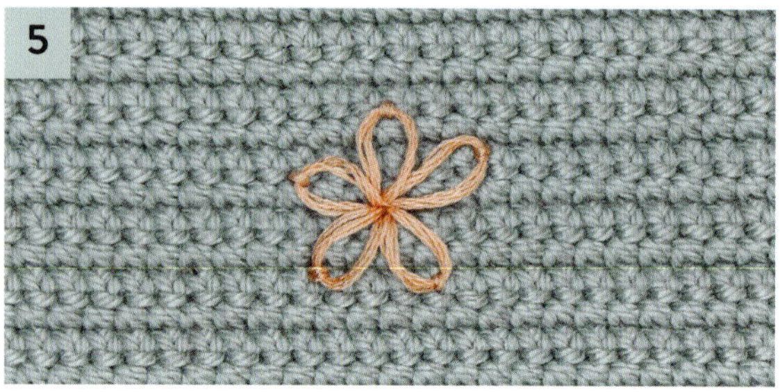

KNÖTCHENSTICH

Beim Knötchenstich entsteht ein kleiner Knoten auf der Oberfläche. Das macht diesen Stich vielseitig einsetzbar. Er kann beispielsweise für Augen, Schönheitsflecken, Muttermale oder Fellflecken genutzt werden. Der Faden wird hierzu ein- oder zweimal über die Nadel geschlungen und anschließend durchgezogen, sodass ein Knoten entsteht. Danach stichst du knapp neben der Ausstichstelle ein und ziehst den Faden durch. Dann den Faden auf der Rückseite sichern.

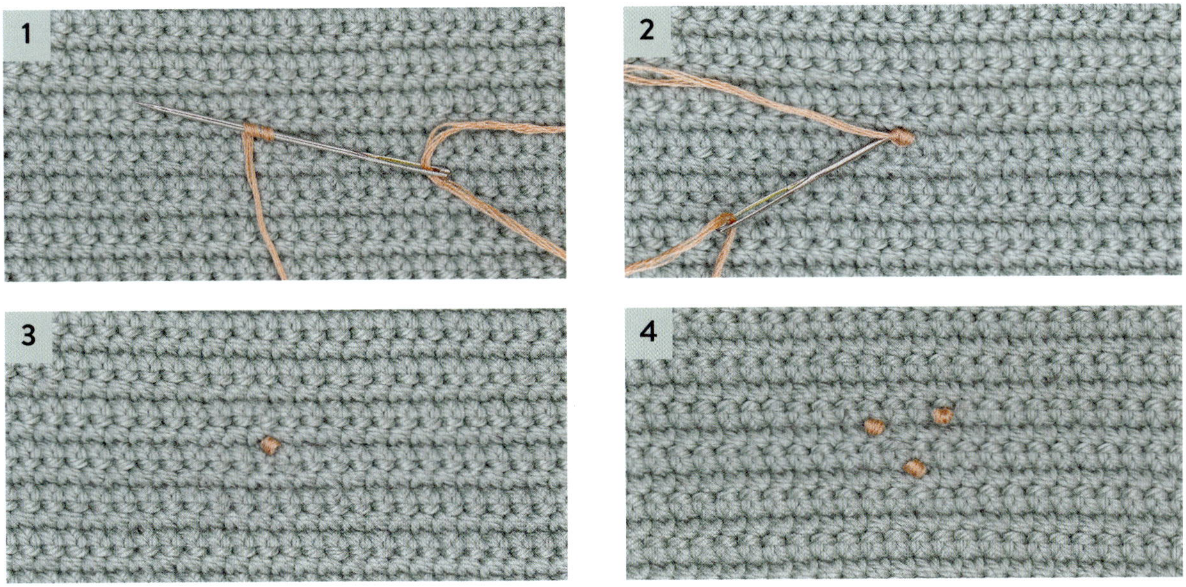

WICKELKNOTEN

Der Wickelknoten ist ebenfalls ein Knotenstich. Dieser Stich kann aber anders als der Knötchenstich in jeder Größe und Richtung gestickt werden. Stich rechts der Ausstichstelle um die Anzahl Maschen herum, die nötig ist, um die gewünschte Stichlänge zu erreichen.Dann den Faden gleichmäßig mehrfach um die Nadel herumwickeln. Je öfter du den Faden herumwickelst, desto länger wird der Wickelknoten. Halte den Wickel vorsichtig fest und ziehe den Faden durch alle Umschläge hindurch. Die Nadel in die zweite Ausstichstelle stecken und den Faden durchziehen. Ein Wickelknoten eignet sich beispielsweise, um Münder oder dichte Augenbrauen aufzusticken. Klassisch wird er auch als Blütenblatt gesetzt.

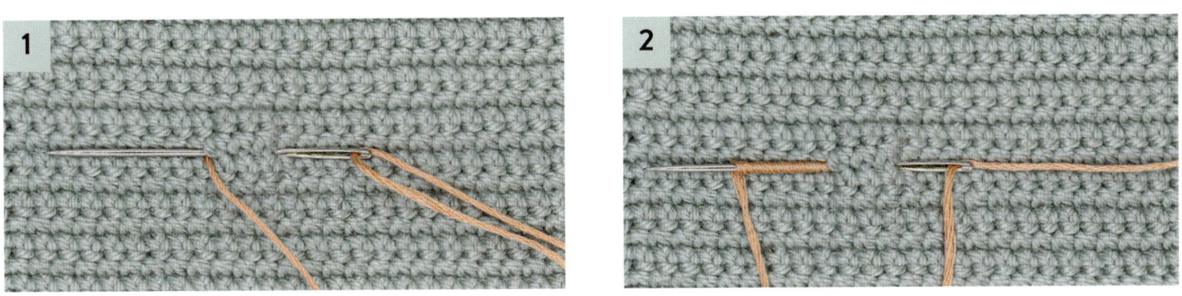

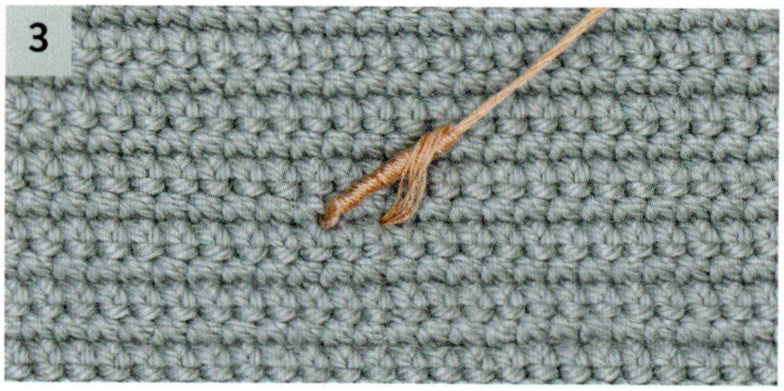

3

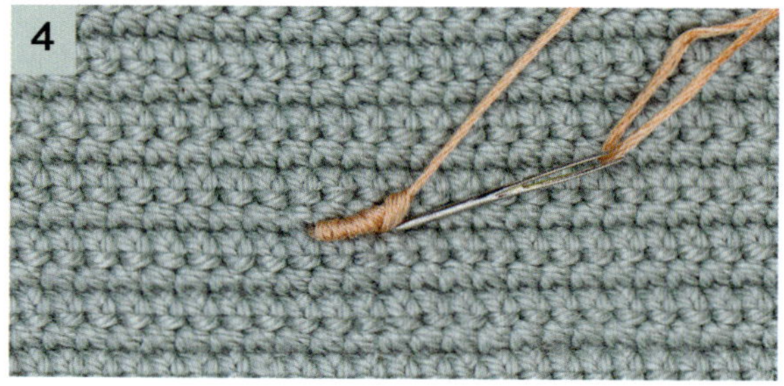

4

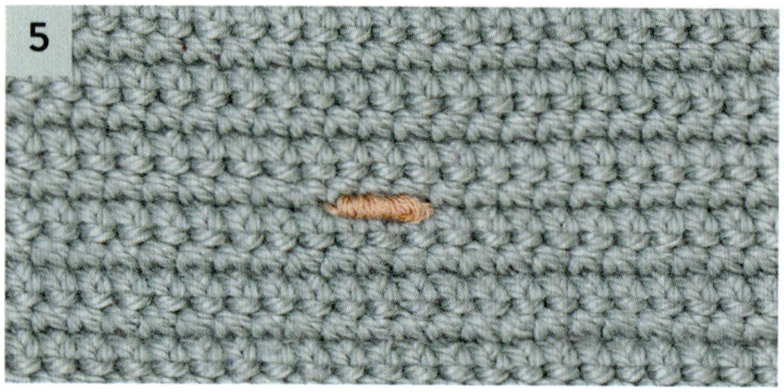

5

KREUZSTICH

Der Kreuzstich ist ein Flächenstich. Er besteht aus zwei sich überkreuzenden Spannstichen, die um eine oder mehrere Maschen gesetzt werden. Beginne dazu immer in der unteren linken Ecke des Kreuzes. Stich in die obere rechte Ecke ein und ziehe den Faden durch. Sticke dann, aus der unteren rechten Ecke kommend, einen Spannstich über den ersten Stich. Ende in der oberen linken Ecke. Setze so viele Kreuzstiche aneinander, bis die gewünschte Fläche gefüllt ist.

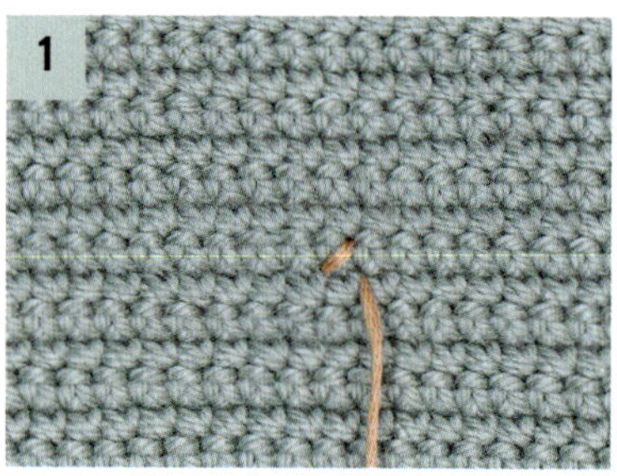

1

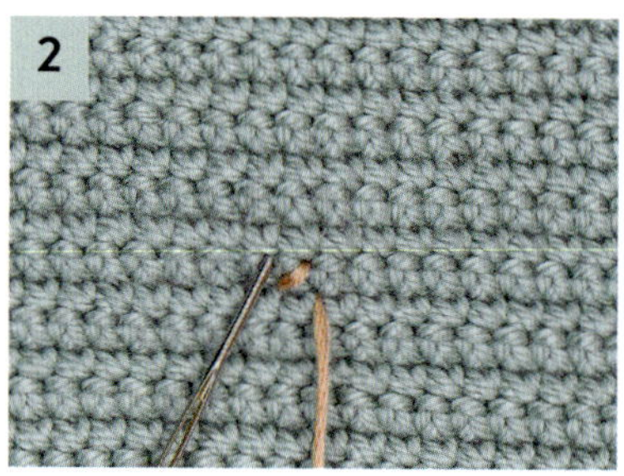

2

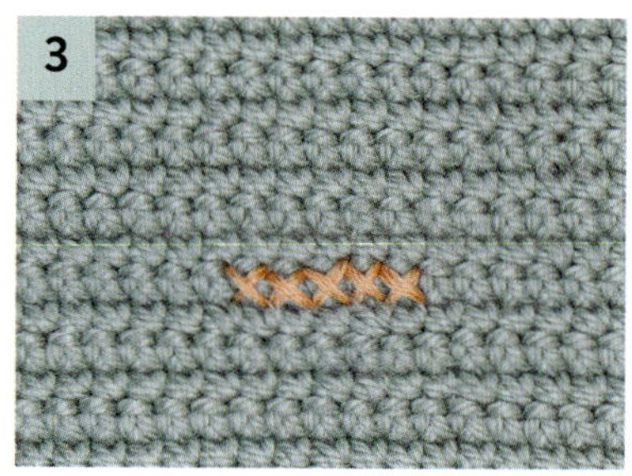

3

STIELSTICH

Der Stielstich wird traditionell genutzt, um Blütenstängel zu sticken. Er ist auch ein schöner Akzent für Umrandungen und kann überall da zum Einsatz kommen, wo eine Linie gestickt werden soll. Die Linie kann gerade oder wellenförmig sein. Stich links der Ausstichstelle um die Anzahl Maschen herum, die nötig ist, um die gewünschte Stichlänge zu erreichen. Dies so lange wiederholen, bis die nötige Länge erreicht ist. Der Faden muss dabei immer unter der Nadel liegen, damit der folgende Stich oberhalb des vorherigen liegt.

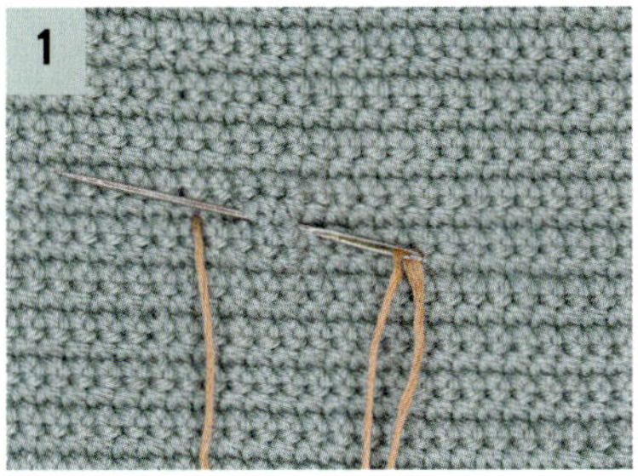

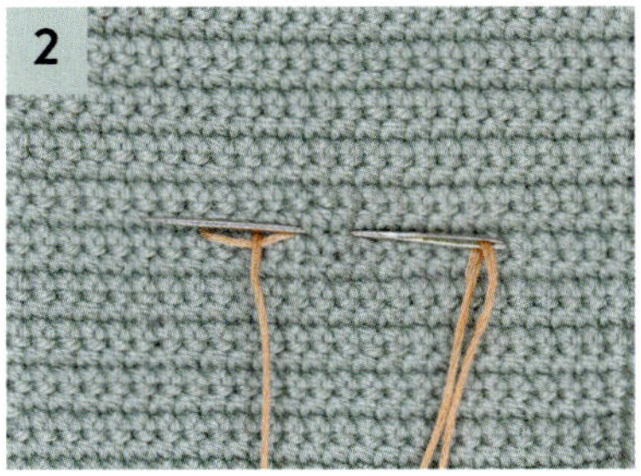

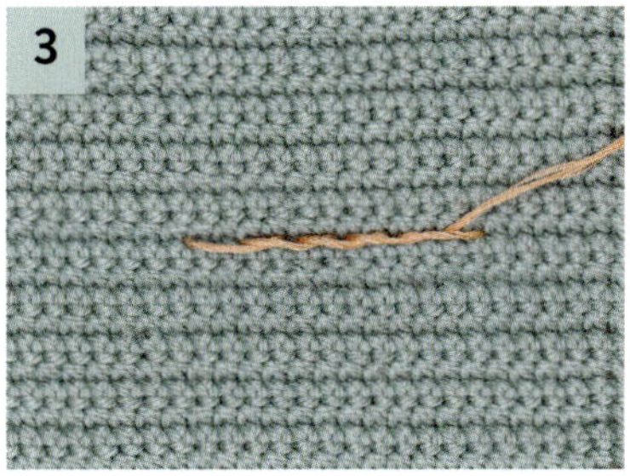

FARBWECHSEL

STREIFENMUSTER

FARBWECHSEL IN RUNDEN

Streifen sind ein beliebtes Muster bei Amigurumi-Designs. Es ist einfach zu häkeln, denn es entsteht ganz einfach beim Farbwechsel zwischen den Runden. Es gibt verschiedene Möglichkeiten, die Farbe in Runden zu wechseln. Sie variieren je nachdem, in welcher Technik die Runde gehäkelt wird. Auch die Art und Verwendung des fertigen Teils spielt eine Rolle, wenn es um die beste Methode zum Wechseln geht. Egal für welche Technik du dich entscheidest: Der Farbwechsel innerhalb der Maschen erfolgt immer auf die gleiche Weise. Häkle in der ersten Farbe bis zur letzten Masche. Masche diese nicht ab. Behalte beide Schlingen auf der Nadel. Hole mit der Nadel nun den Faden der neuen Farbe durch und häkle damit weiter.

FARBWECHSEL IN SPIRALRUNDEN

Der Farbwechsel in Spiralrunden erfolgt, wie oben beschrieben:

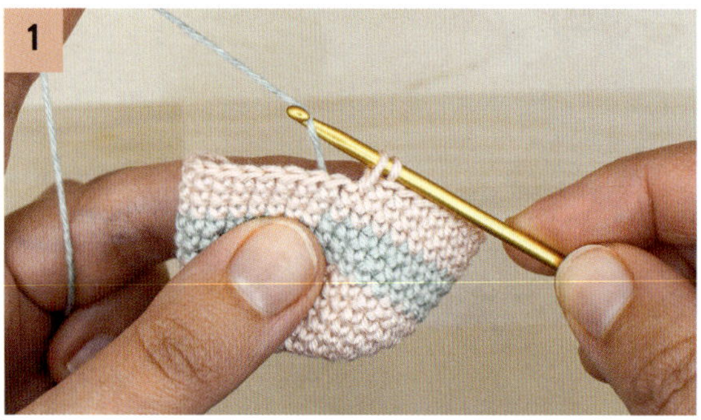

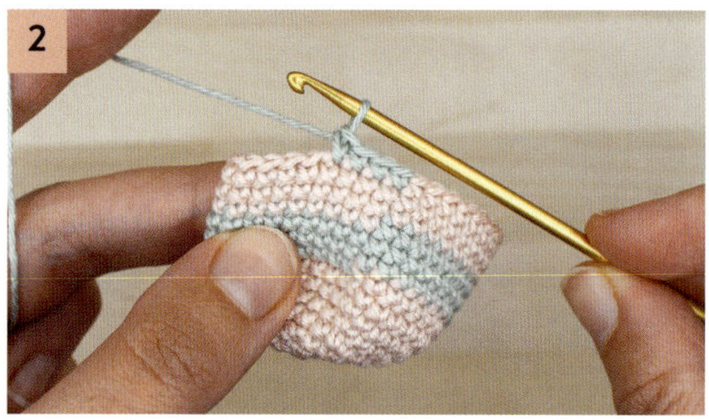

Die neue Farbe wird einfach mit der letzten Masche der Runde angemascht.

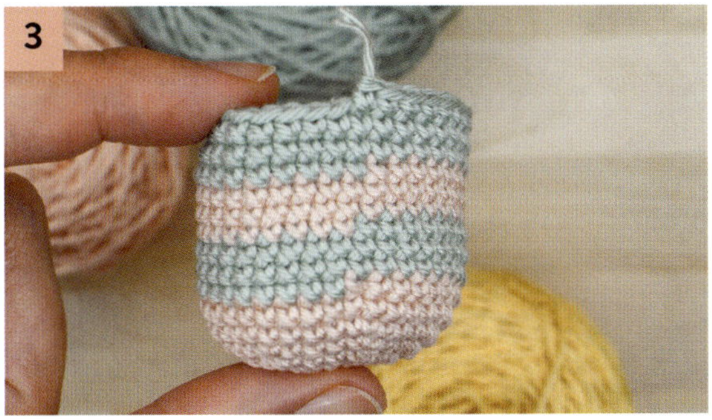

Die alte Farbe bleibt liegen, wird später vernäht oder an dieser Stelle wieder aufgenommen. Da die Spiralrunden ohne Abschluss in einem fort gehäkelt werden, entsteht ein sichtbarer Versatz.

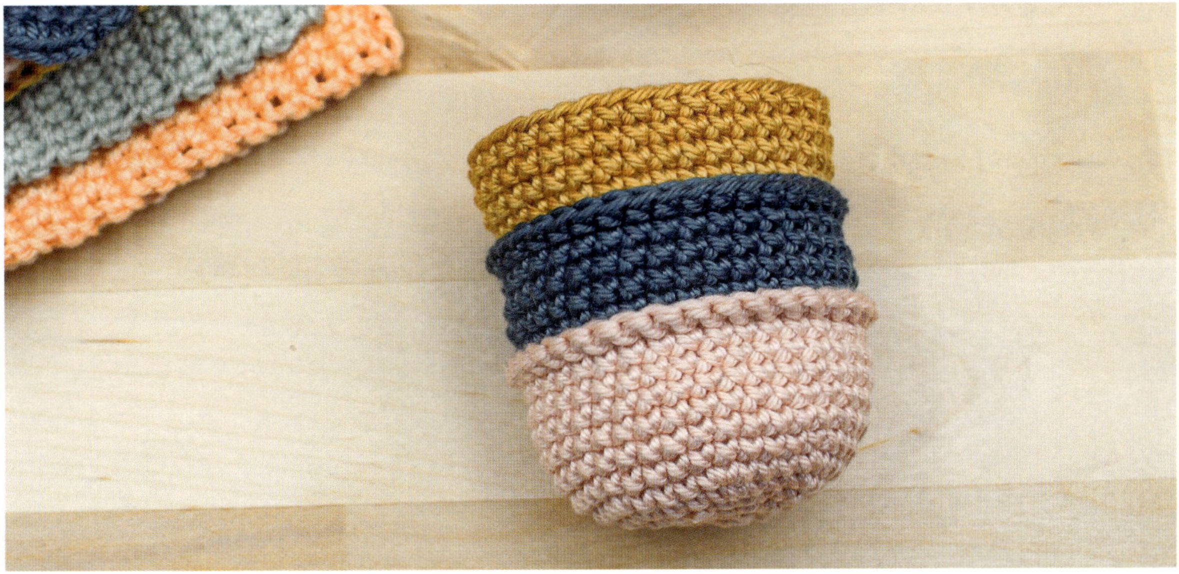

Diese Methode empfiehlt sich daher nur, wenn der Versatz später nicht sichtbar ist, z. B. verdeckt oder an der Rückseite deines Amigurumi.

Kettmaschen an der Farbwechselkante anzusetzen ist eine tolle Methode, um den Versatz zu verstecken. Außerdem ergibt sich daraus ein schöner Effekt, um z. B. Kleidungsstücke vom Körper abzusetzen. Dazu wird meist bei der Runde vor dem Farbwechsel oder beim Wechsel selbst nur in die hinteren Maschenglieder gehäkelt. Die vorderen Maschenglieder werden dann mit Kettmaschen behäkelt. (Kleidung direkt anhäkeln, siehe Seite 237)

FARBWECHSEL IN GESCHLOSSENEN RUNDEN

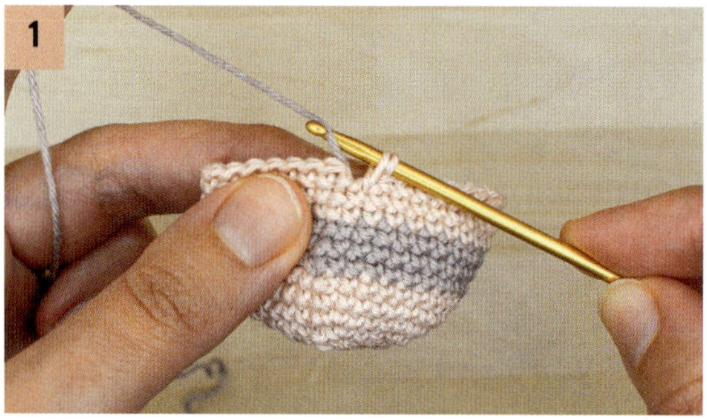

Masche die neue Farbe wie gewohnt an. Die alte Farbe bleibt liegen, wird später vernäht oder an dieser Stelle wieder aufgenommen.

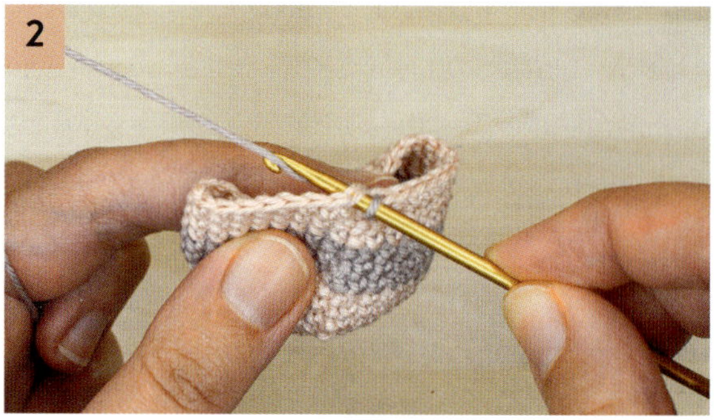

Erst danach wird die Runde wie gewohnt mit einer Kettmasche beendet …

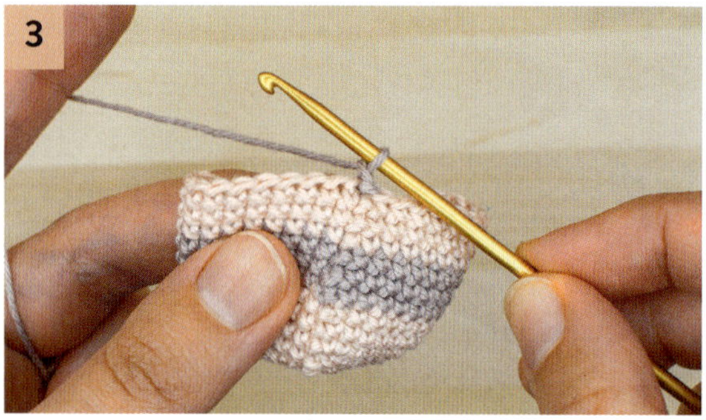

… und die neue Runde mit einer Luftmasche begonnen.

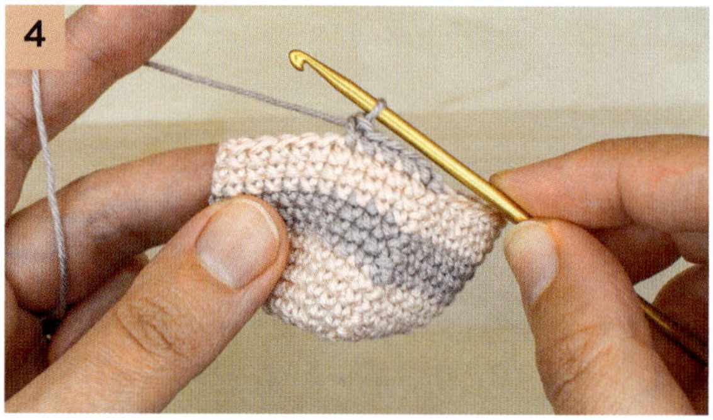

Anschließend wird die Runde mit der neuen Farbe zu Ende gehäkelt.

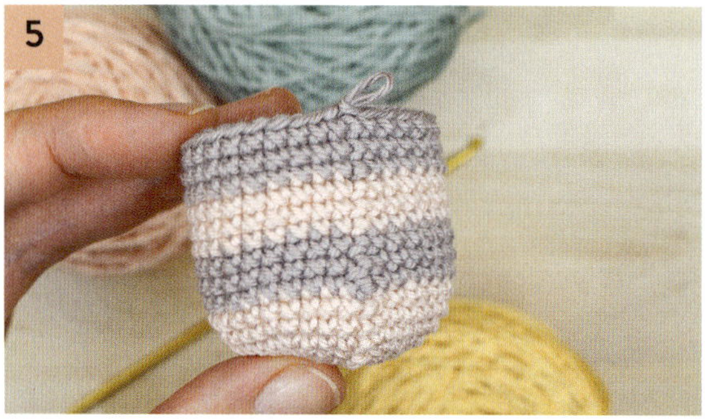

Der Vorteil gegenüber dem Farbwechsel in Spiralrunden ist, dass der Versatz nicht so deutlich erkennbar ist. Allerdings bleibt der Nachteil des sichtbaren Rundenabschlusses. Daher ist auch diese Methode eher für Einzelteile deines Amigurumi geeignet, bei denen der Versatz später verdeckt ist.

FARBWECHSEL IN RUNDEN MIT WENDELUFTMASCHE

Möchtest du ein Streifenmuster mit mehr Struktur häkeln, bieten sich Runden mit Wendeluftmasche an. Durch das entstehende Reihenmuster erhalten die einzelnen Farben mehr Tiefe. Um den gewünschten Effekt zu erhalten, wechsle jeweils nach zwei Runden die Farbe.

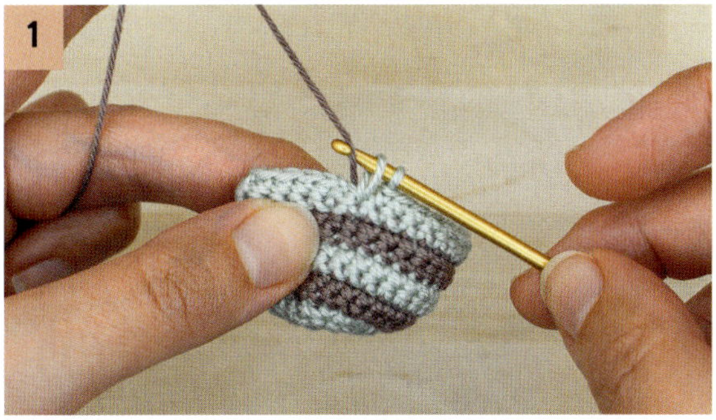

Masche wie üblich die letzte Masche der Vorrunde mit der neuen Farbe ab.

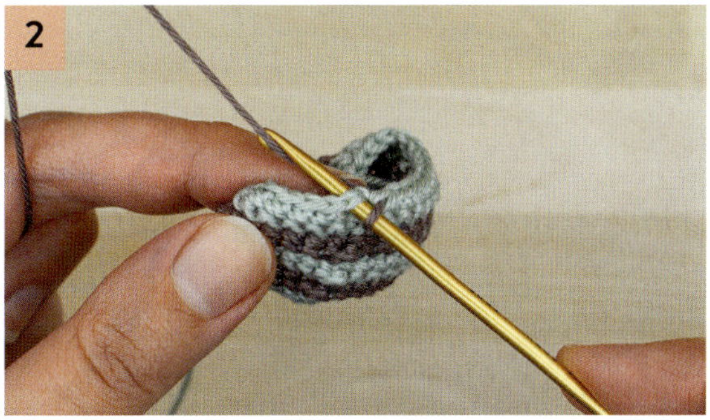

Die alte Farbe bleibt liegen und wird beim nächsten Wechsel wieder aufgenommen. Schließe danach wie gewohnt die Runde mit einer Kettmasche ab.

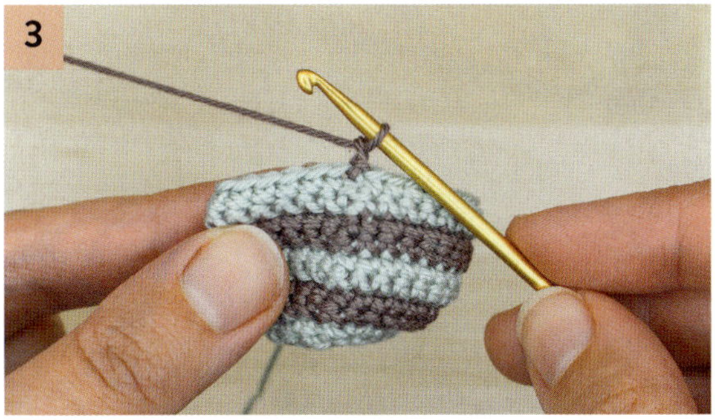

Häkle eine Luftmasche ...

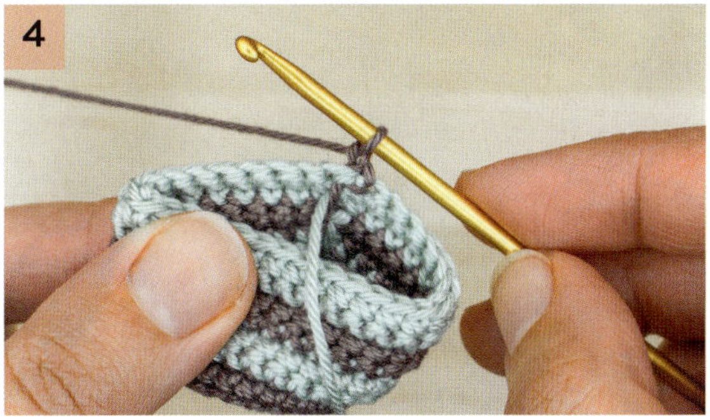

... und wende die Arbeit.

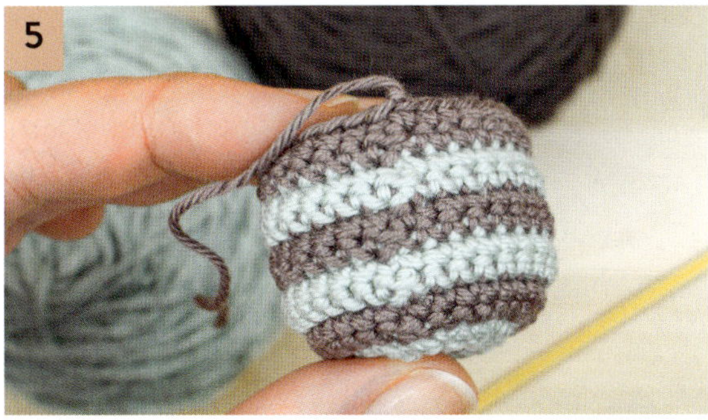

Die neue Runde wird nun mit der neuen Farbe zu Ende gehäkelt. Danach wieder wenden. Der Farbwechsel erzeugt keinen Versatz. Der Rundenabschluss ist zwar sichtbar, aber fällt nicht so stark ins Auge wie bei den klassischen geschlossenen Runden.

UNSICHTBARER FARBWECHSEL IN SPIRALRUNDEN

Der sichtbare Versatz der beim Farbwechsel in Spiralrunden entsteht, kann nicht ganz unsichtbar gemacht werden. Aber die Stufen können so abgemildert werden, dass sie weniger deutlich zu erkennen sind.

1

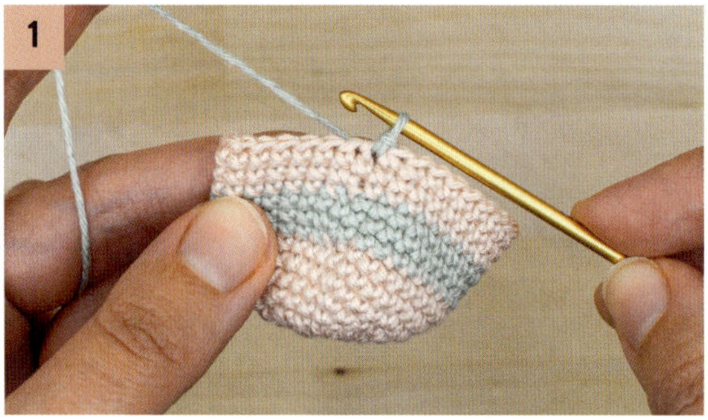

Hierzu nimmst du die neue Farbe wie gewohnt in der letzten Masche auf. Häkle anschließend eine Kettmasche in die nächste Masche.

2

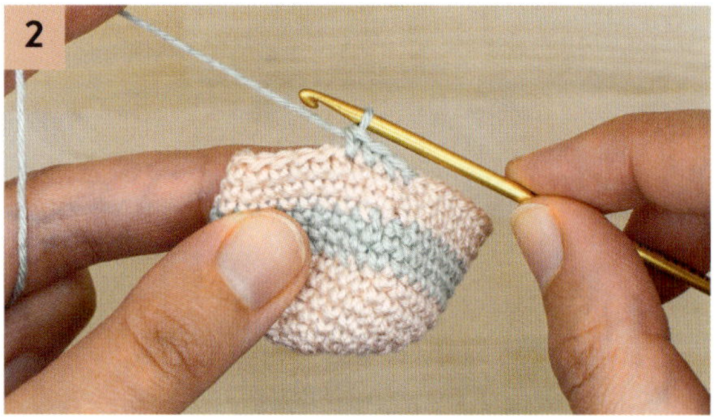

Danach die Runde wie gewohnt mit der neuen Farbe …

3

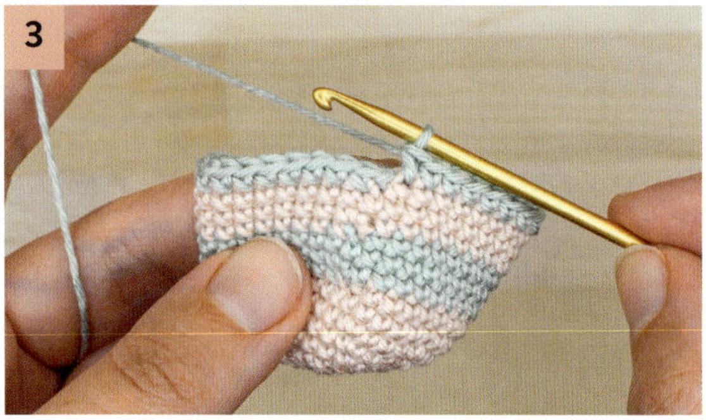

… bis zum Ende häkeln.

4

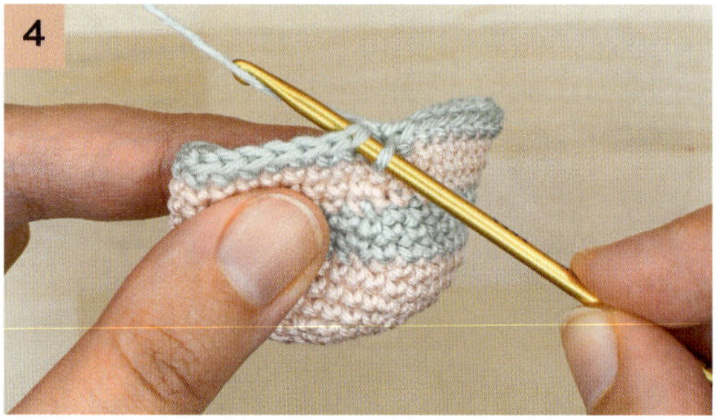

Zu Beginn der neuen Runde überspringe nun die Kettmasche am Anfang der letzten Runde …

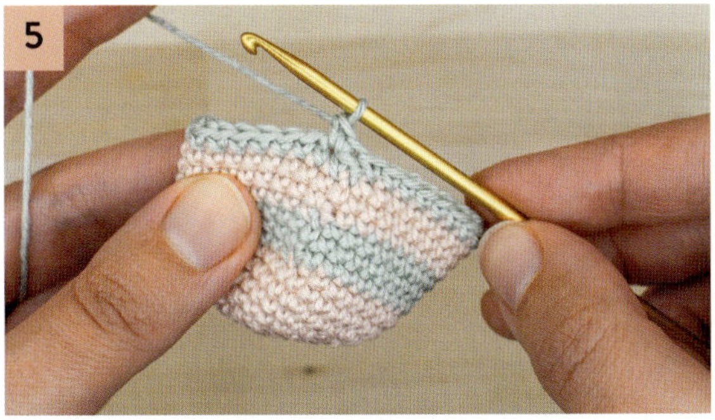

... und häkle stattdessen zwei feste Maschen in die zweite Masche der Runde.

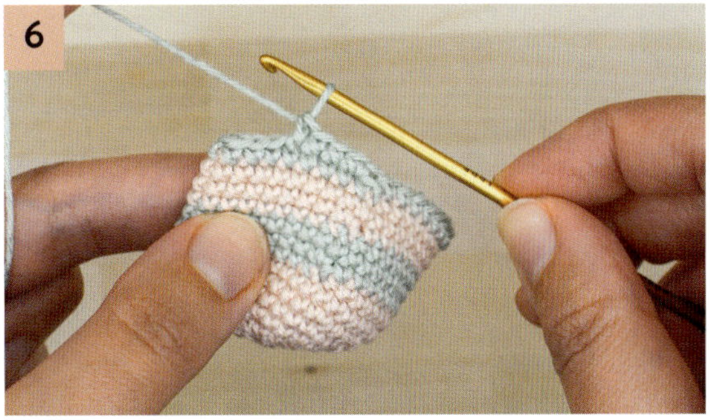

Nun die Runde normal weiterhäkeln.

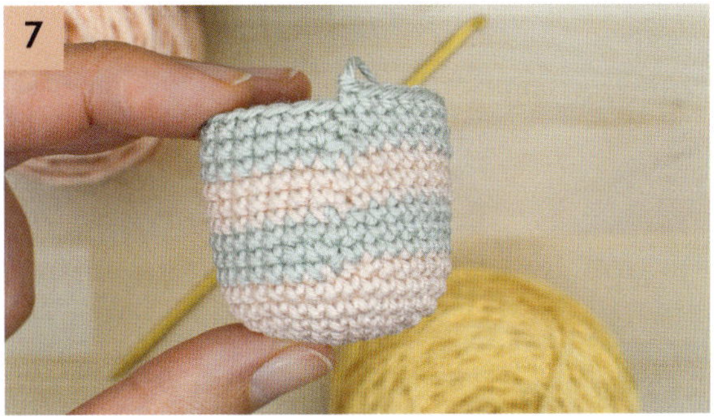

Der Farbübergang ist nun nicht mehr so deutlich zu erkennen. Ich nutze diese Methode bei allen Amigurumiteilen, die im Streifenmuster gehäkelt werden.

FARBWECHSEL MIT KETTMASCHEN

Eine weitere Möglichkeit den Farbwechsel zu gestalten ist, mit vorgelagerten Kettmaschen einen Effekt einzubauen. Dieser sorgt dafür, dass der Versatz nicht so stark ausgeprägt ist und ein kleiner Hingucker ist. Es gibt zwei Möglichkeiten, mit dieser Methode zu arbeiten. Beide beginnen auf die gleiche Weise:

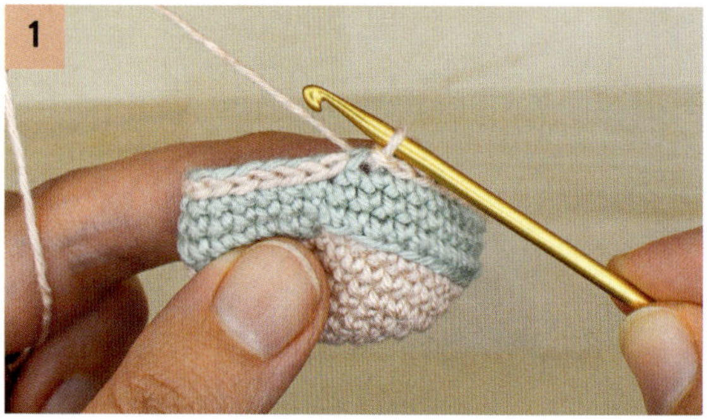

Häkle Kettmaschen in der neuen Farbe in alle Maschen der Vorrunde.

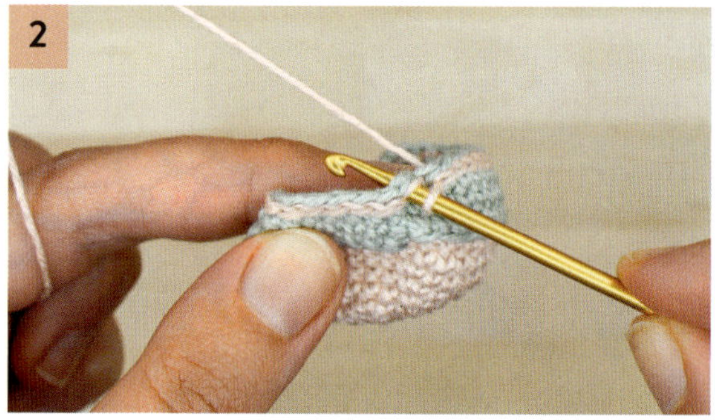

Diese zählt nicht als Runde. Für die erste Variante stich mit der Nadel durch die Kettmasche und die Masche der Vorrunde.

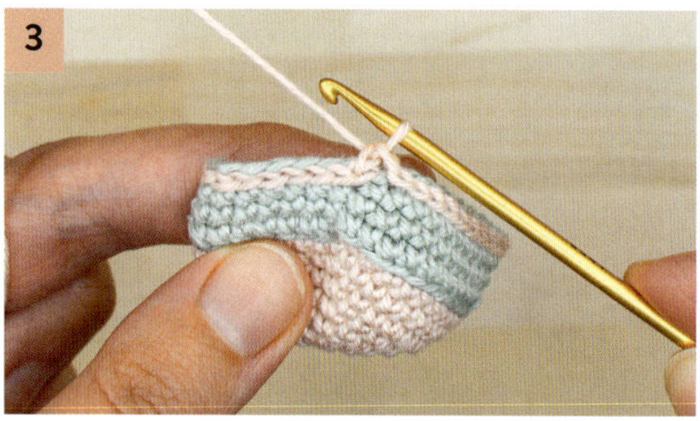

Hole den Faden durch und häkle die erste feste Masche.

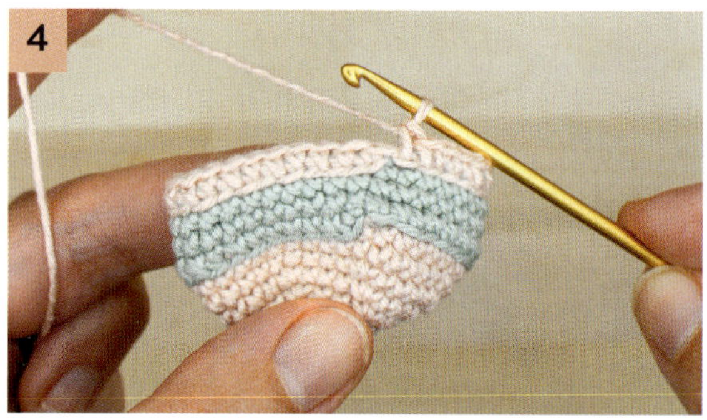

Wiederhole dies, bis die Runde fertig gehäkelt ist. Auf diese Weise wird der Farbwechsel an der unteren Kante durch die unteren Maschenglieder der Kettmasche umrandet.

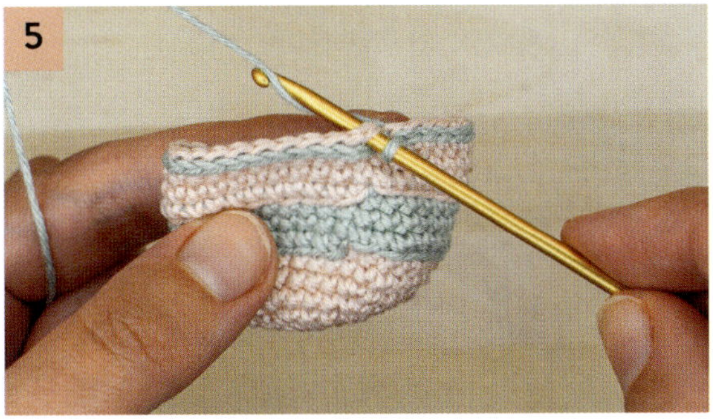

Um diesen Effekt zu verstärken, stich für die zweite Variante mit der Nadel immer über der Kettmasche in die Masche der Vorrunde ein.

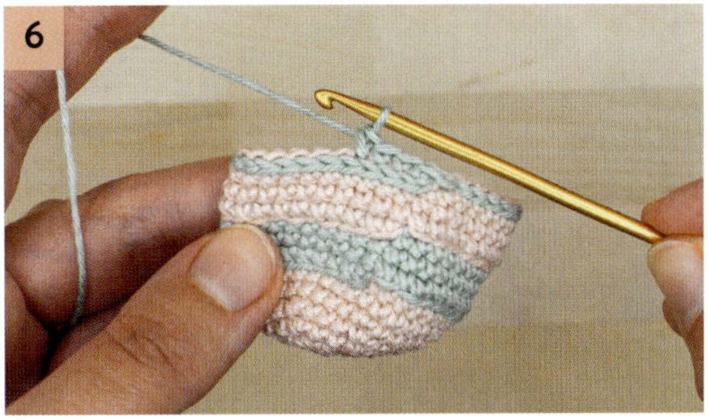

Die Kettmaschen bleiben vollständig und umranden die gesamte Farbwechselkante.

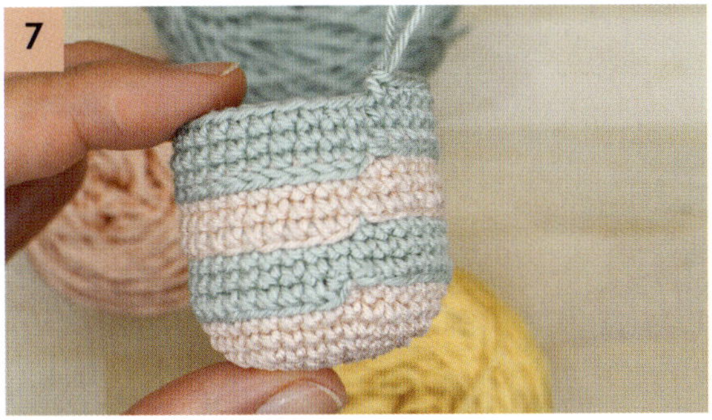

Bei beiden Varianten entsteht zwar ein kleiner Versatz, durch die hübsche Struktur fällt dieser aber kaum ins Gewicht.

Ich nutze diesen Farbwechsel sehr gerne als Abschluss für angehäkelte Kleidungstücke oder Schuhe. Bitte beachte, dass durch die zusätzliche Reihe an Kettmaschen das Häkelstück etwas höher ausfällt als gedacht. Bei den meisten Anleitungen macht dies allerdings keinen großen Unterschied.

FARBWECHSEL IN REIHEN

Beim Häkeln in Reihen lässt sich ebenfalls sehr einfach ein klassisches Querstreifenmuster erzeugen.

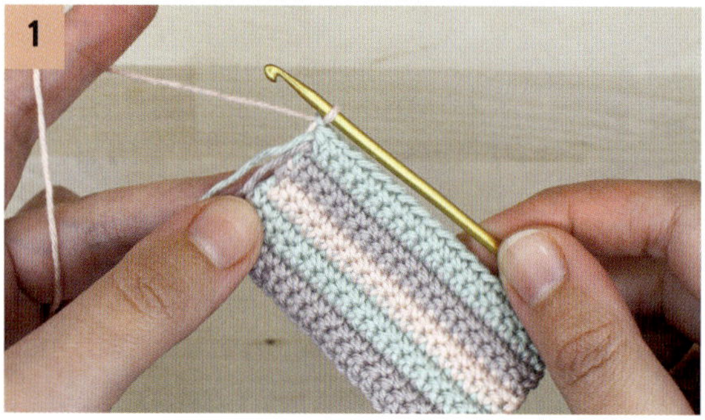

Die neue Farbe wird hierzu einfach mit der Wendeluftmasche der neuen Reihe angemascht.

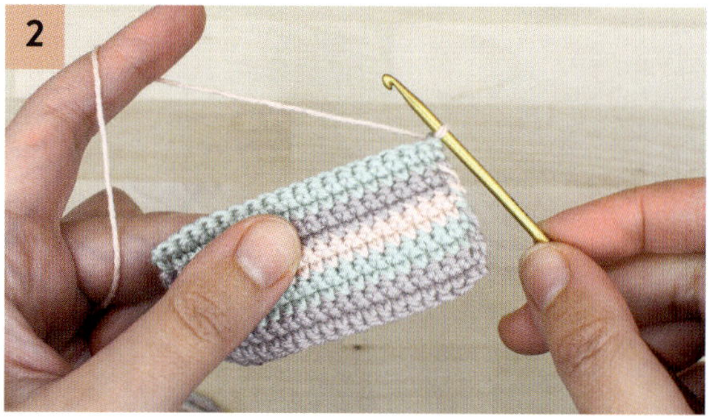

Die Arbeit anschließend wie gewohnt wenden und weiterhäkeln.

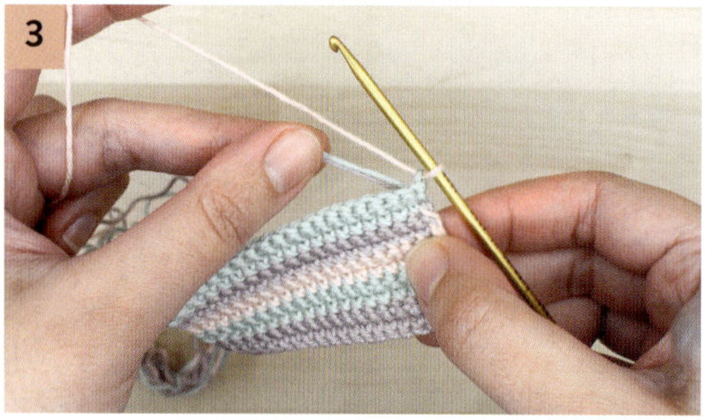

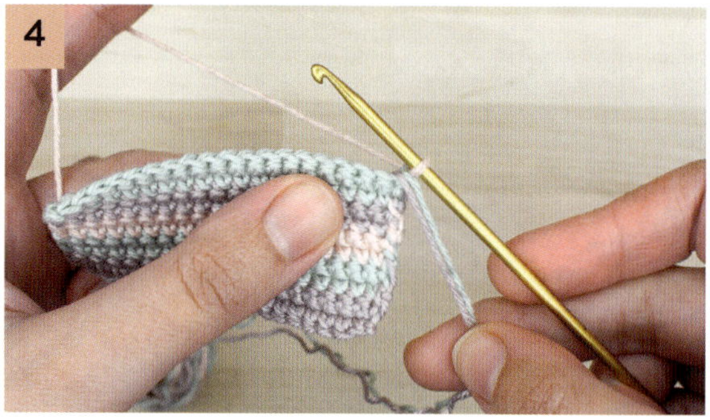

Die alte Farbe bleibt liegen und wird beim nächsten Wechsel wieder aufgenommen. Folgen die Wechsel regelmäßig auf einer Seite, werden die ungenutzten Arbeitsfäden am Rand mitgeführt. Dabei entstehen an der Seite Spannfäden, die, je nachdem wie viele Reihen gehäkelt werden, stören können. Dies kannst du verhindern, indem du die ungenutzten Arbeitsfäden nach dem Wenden von hinten nach vorne um die Nadel legst.

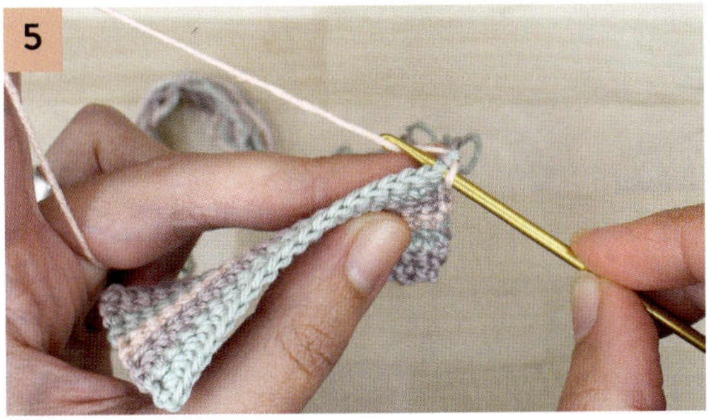

Danach wie gewohnt die Reihen mit der neuen Farbe weiterhäkeln. Die alten Fäden werden auf diese Weise mit eingehäkelt, und es bleiben keine unnötigen Spannfäden.

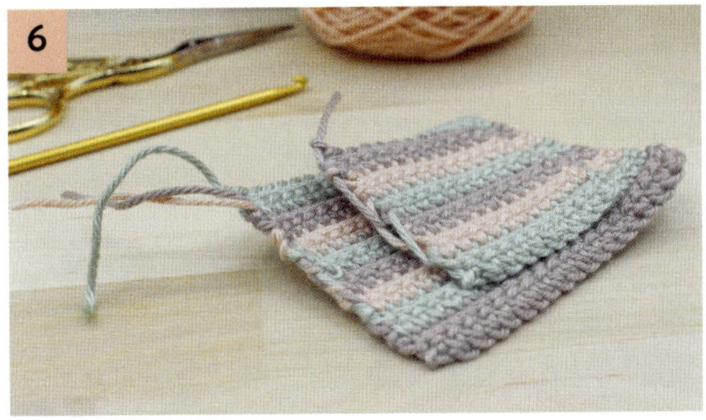

Farbwechsel mit Spannfäden (oben) und ohne Spannfäden (unten)

Erfolgt der Farbwechsel abwechselnd auf beiden Seiten und die alte Farbe muss an der gegenüberliegenden Seite aufgenommen werden, schneide ihn ab, vernähe das Fadenende oder häkle es mit ein.

MUSTER

Neben dem klassischen Querstreifen kann ein Amigurumi natürlich noch mit vielen anderen farbigen Designs gehäkelt werden. Ob Längsstreifen, Waben oder Hahnentritt – alle Muster gelingen am besten mit der Fair-Isle- oder der Tapestry-Technik. Diese beiden Techniken unterscheiden sich durch die Art, wie die verschiedenen Arbeitsfäden beim Häkeln eingesetzt werden. Das Ergebnis ist aber bei beiden Varianten ein schönes, gleichmäßiges Muster. Der Farbwechsel erfolgt bei beiden Methoden wie gewohnt. Auch kannst du beide Varianten mit allen Techniken zum Farbwechsel in Runden und Reihen kombinieren. Ob Fair Isle oder Tapestry am besten zum Einsatz kommt, hängt von deiner persönlichen Vorliebe und vom jeweiligen Häkelprojekt ab. Probiere einfach alle Varianten aus. Du wirst schnell ein Gefühl dafür bekommen, wann welche Methode besser geeignet ist. Ich nutze auch gerne eine kombinierte Methode aus beiden Techniken, die ich dir hier auch zeige.

DIAGRAMME LESEN

Egal ob du Fair Isle oder Tapestry häkelst, die Muster werden meistens in Diagrammen oder *Charts* angegeben. Das ist übersichtlicher, als die Farbwechsel in den Text der Anleitung zu schreiben. Die Diagramme bestehen aus nummerierten Zeilen und Spalten mit einzelnen Kästchen. Jedes Kästchen steht dabei für eine Masche. Die Farbe des Kästchens gibt an, in welcher Farbe gehäkelt wird.

Die Zeilen geben die Reihen/Runden an und die Spalten die Anzahl der Maschen. So kannst du leicht abzählen, wie viele Maschen in welcher Farbe gehäkelt werden müssen, um das Muster zu erzeugen. Beginne mit dem Kästchen 1:1 (= erste feste Masche der Runde/Reihe) und häkle von links nach rechts und von oben nach unten. Häkelst du in Reihen, ergibt die *Anzahl der Spalten + 1* die Zahl der anzuschlagenden Luftmaschen für den Anfang. Gehäkelt wird ab der zweiten Luftmasche von der Nadel aus.

	1	2	3	4	5	6	7	8	9	10	11	12	13	14	15	16	17	18	19
1																			
2																			
3																			
4																			
5																			
6																			
7																			

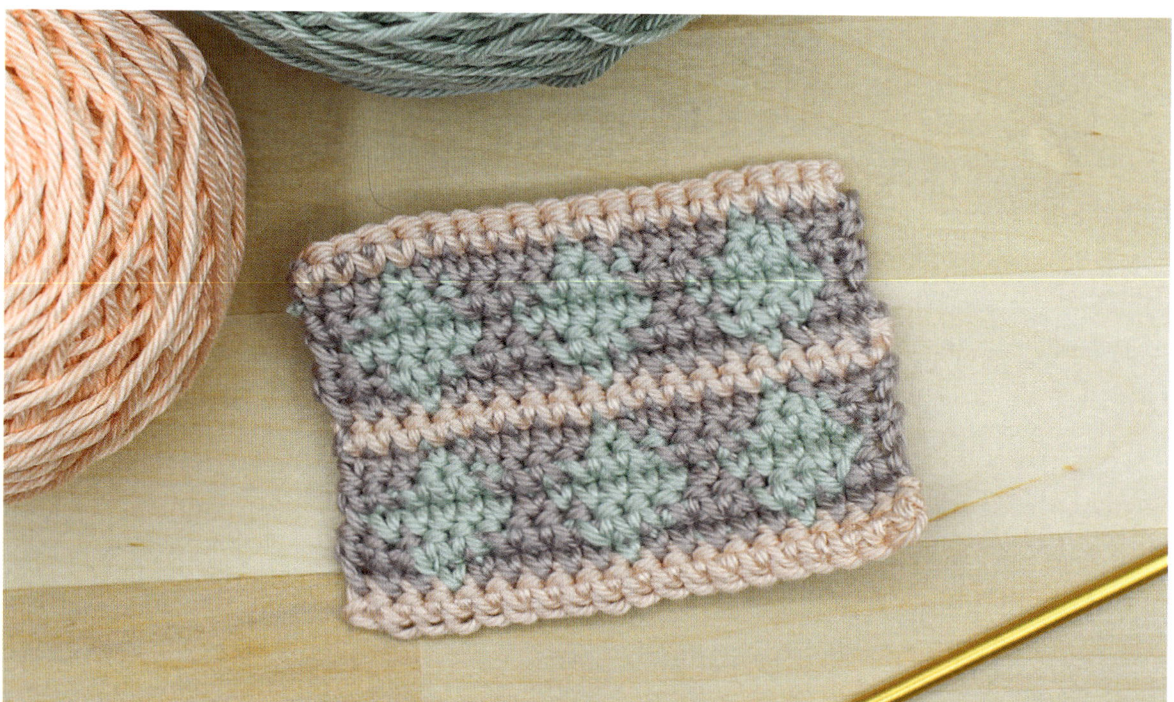

FAIR ISLE

Bei der Fair-Isle-Technik wird die neue Farbe wie gewohnt angemascht. Der Faden der nicht verwendeten Farbe wird beim Farbwechsel nicht abgeschnitten, sondern bleibt liegen. Wird diese Farbe später wieder aufgenommen, wird der Faden an der Rückseite über die gesamte Breite der Maschen gespannt, die mit der vorhergegangenen Farbe gehäkelt wurden.

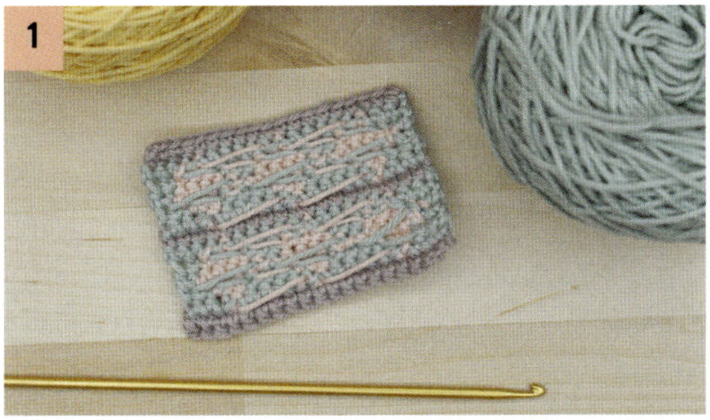

Die Spannfäden solltest du dabei nicht zu straff ziehen, sonst beult sich das Motiv nach innen aus. Achte während des Häkelns immer darauf, dass die Spannfäden nur auf der Rückseite des Motivs liegen.

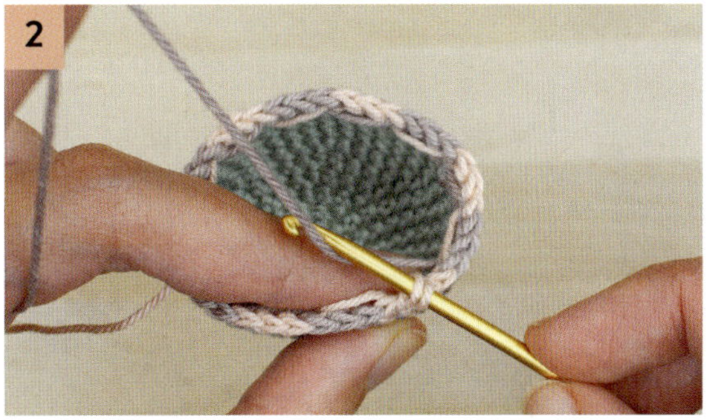

Da die Fäden offen liegen, solltest du die Fair-Isle-Technik immer dann einsetzen, wenn die Rückseite bzw. Innenseite deiner Arbeit verdeckt bleibt.

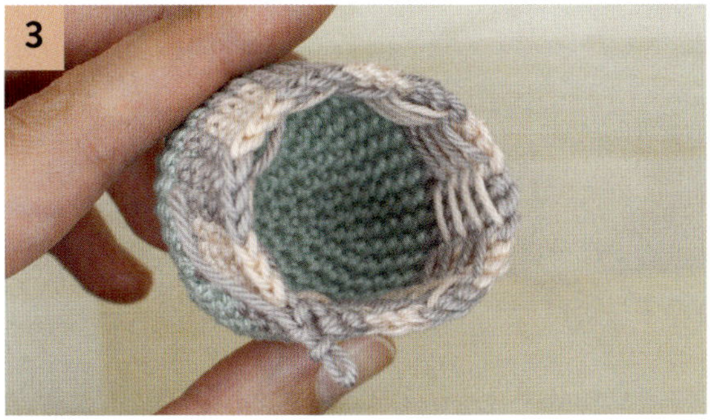

Nachteilig ist, dass die Spannfäden später beim Ausstopfen oder Besticken stören können. Liegen die Farbwechsel weiter auseinander, bleiben außerdem sehr lange Spannfäden, die das Motiv verziehen und beim weiteren Häkeln im Weg sein können. Dann ist es besser, die Fäden abzuschneiden und zu vernähen.

TAPESTRY

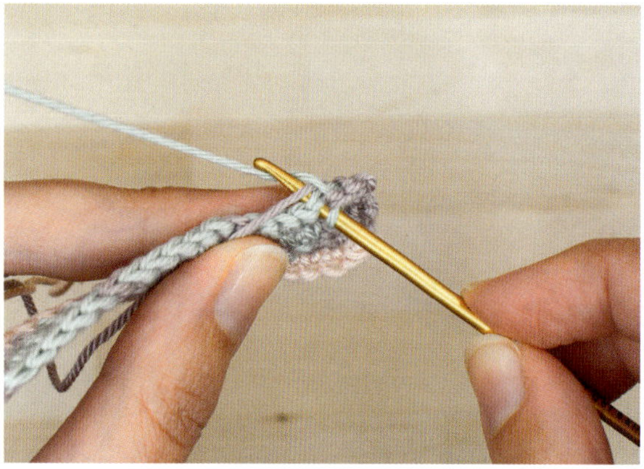

Mit der Tapestry-Technik erhältst du ein sehr kompaktes und festes Muster, das vor allem für Amigurumi sehr gut geeignet ist. Hier wird ebenfalls die letzte Masche der aktuellen Farbe mit der neuen Farbe abgemascht. Der Faden der nicht verwendeten Farbe wird nach dem Farbwechsel nicht abgeschnitten, sondern beim weiteren Häkeln mit eingefasst und erneut aufgenommen, wenn diese Farbe wieder an der Reihe ist. Er liegt zwischen den Maschen der Vorrunde/-reihe und den Maschen der neuen Runde/Reihe. Es kann vor allem bei sehr kontrastreichen Farben vorkommen, dass die verdeckte Farbe durch die Maschen schimmert. Du kannst diesen unerwünschten Effekt etwas abmildern, indem du mit einer hohen Fadenspannung häkelst und die Maschen dicht aneinandersetzt. Außerdem sollte der Faden, der verdeckt wird, immer genau mittig auf den Maschen der Vorrunde/-reihe liegen, um bestmöglich auf beiden Seiten ausreichend eingefasst zu werden.

FAIR ISLE UND TAPESTRY KOMBINIEREN

Ich nutze meist eine Kombination von beiden Techniken. Dies ist für mich die praktischste Methode mit den wenigsten Nachteilen. Sie funktioniert sowohl beim Reihen- als auch beim Rundenhäkeln. Das Ergebnis ist ein kompaktes Muster von beiden Seiten, ohne dass die Spannfäden durch die Maschen zu sehen sind oder bei der weiteren Arbeit stören.

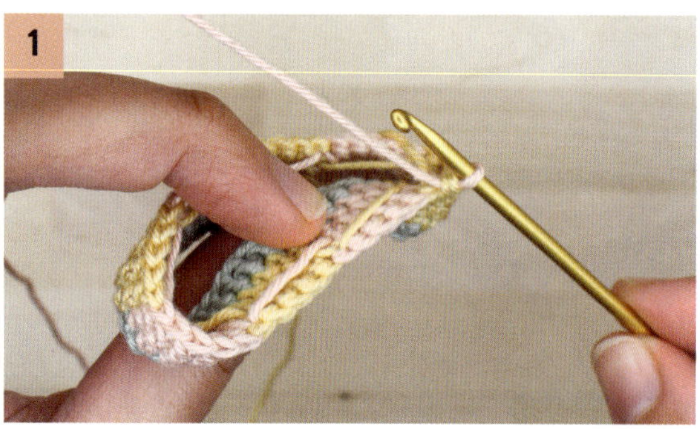

Führe dazu die Fäden in der ersten Reihe/Runde wie bei der Fair-Isle-Technik hinter den Maschen her.

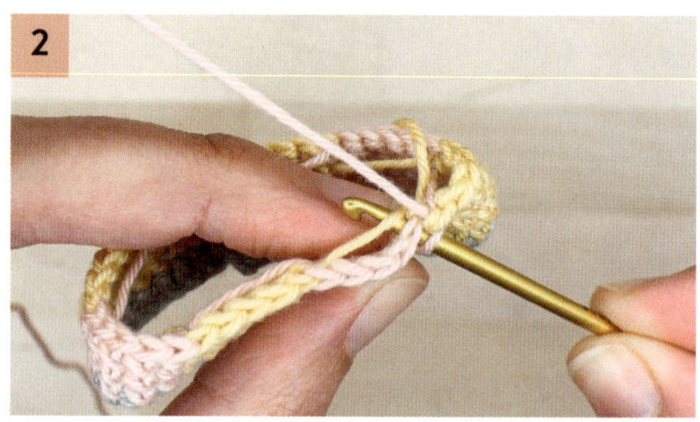

In der folgenden Runde/Reihe fasst du diese Spannfäden wie bei der Tapestry-Methode beim Häkeln mit ein.

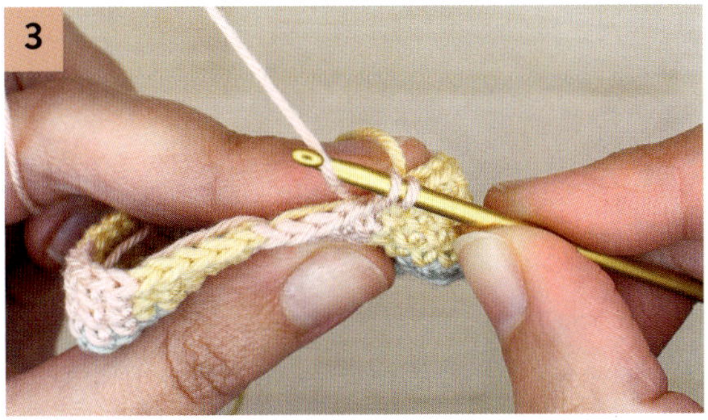

Anders als beim klassischen Tapestry liegt der Spannfaden nicht auf, sondern hinter den Maschen.

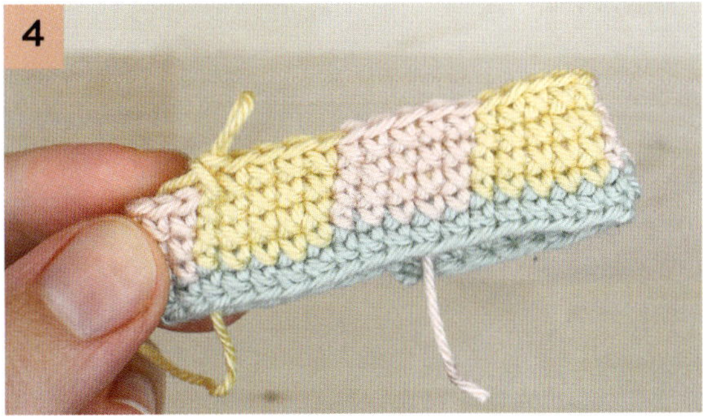

Dadurch sind sie auf der Vorderseite komplett unsichtbar.

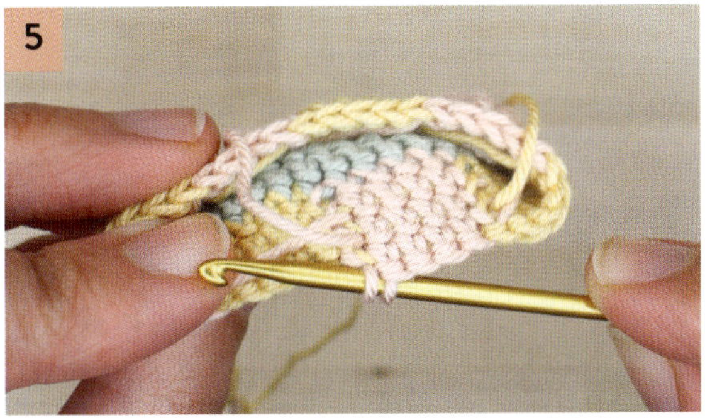

Auf der Innenseite liegen ebenfalls keine Spannfäden, die bei Ausstopfen oder Besticken stören können. Wenn die Farbwechsel weiter auseinanderliegen und die Spannfäden zu lang werden, kannst du sie bei dieser Methode einfach einige Maschen weit mit einfassen, abschneiden und später wieder aufnehmen. So ersparst du dir das lästige Vernähen.

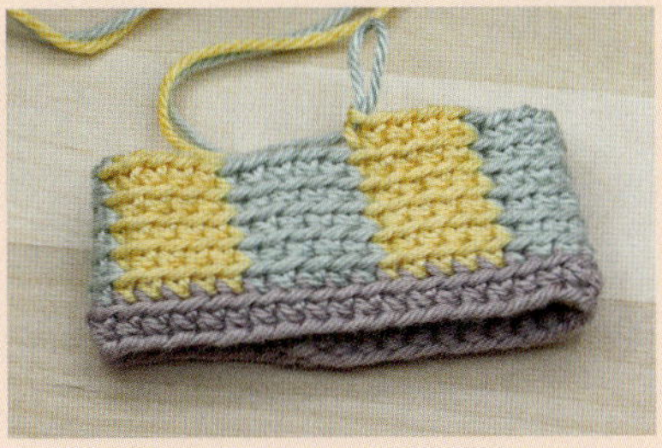

TIPP

Bei beiden Methoden neigen sich die Maschen meistens etwas zu einer Seite. Dies kannst du abmildern, indem du die Maschen nur in das hintere Maschenglied häkelst. Das ergibt ein schönes Maschenbild, und das Muster wird gerade.

AMIGURUMI – TECHNIKEN

FÄDEN VERNÄHEN

Am Ende des Häkelns wartet meist das Vernähen der Restfäden auf dich. Dabei werden alle losen Fäden, die z. B. beim Anmaschen, Farbwechsel oder Annähen entstanden sind, im oder am Amigurumi vernäht, damit sie nicht mehr sichtbar sind. Alle Fäden sollten dabei so fest und sicher wie möglich versteckt werden, damit sie später nicht herauskommen und im schlimmsten Fall sich die gehäkelten Maschen wieder lösen. Fäden vernähen gehört sicher nicht zu den beliebtesten Arbeitsschritten beim Häkeln von Amigurumi. Umso besser, wenn man einige Tricks beherrscht, um diese unliebsame Tätigkeit zu vereinfachen oder im besten Fall sogar unnötig zu machen.

MIT DER STICK-/WOLLNADEL IN MASCHEN VERNÄHEN

Beim klassischen Vernähen werden die losen Restfäden mit einer Stick- oder Wollnadel in die Maschen des Amigurumi eingewoben. Dies geschieht immer an der Rück- bzw. der Innenseite der Figur. Das Vernähen lässt zum einen die losen Fäden verschwinden, die nach dem Häkeln übrig bleiben, zum anderen verhindert es, dass die Fäden herausrutschen und die Maschen lösen.

Bereits beim Häkeln kannst du dafür sorgen, dass das spätere Vernähen möglichst unkompliziert wird. Schneide die Fäden, die du später vernähen musst, immer in ausreichender Länge ab. Lasse immer mindestens 20 cm übrig. So kannst du den Faden später problemlos in die Vernähnadel fädeln und hast genug Länge, um den Faden gut und fest einzuweben. Nutze zum Vernähen immer eine Nadel mit Spitze. Damit kommst du besser durch die eng gehäkelten Maschen deines Amigurumi.

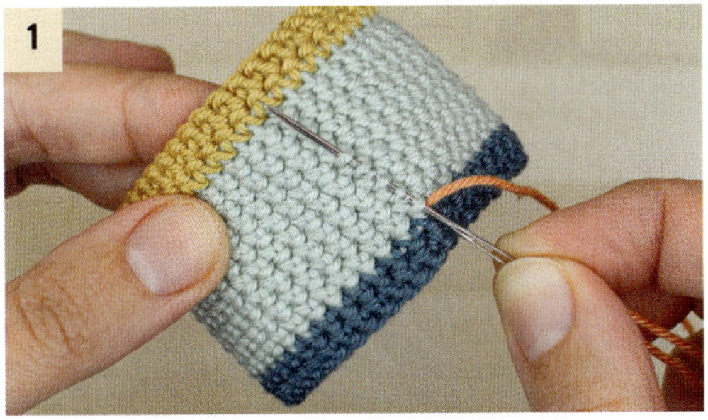

Führe die Nadel über ca. 1–2 cm durch die Maschen deines Amigurumi. Stich mit der Nadel nicht nur in die Maschenglieder, sondern auch durch das verhäkelte Garn hindurch. So stellst du sicher, dass der Faden später nicht herausrutschen kann.

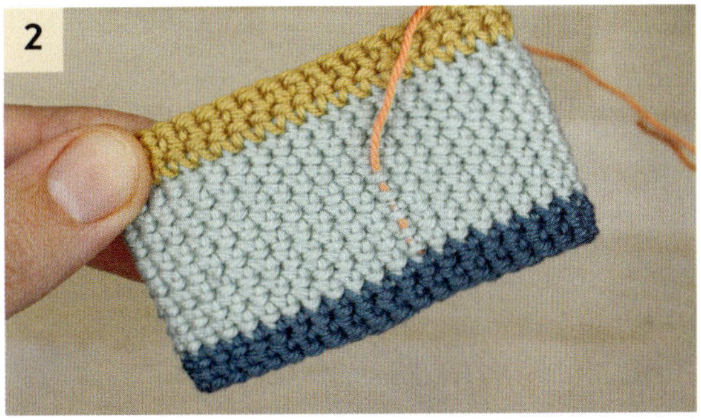

Ziehe den Faden durch.

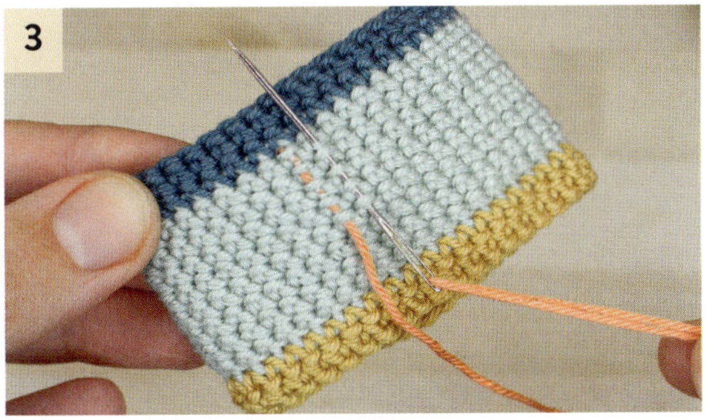

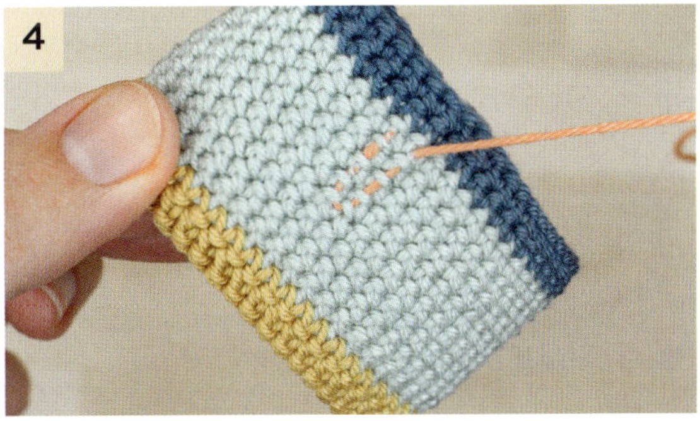

Führe die Nadel zurück durch die Maschenglieder direkt neben der ersten Vernähnaht und ziehe ihn fest an.

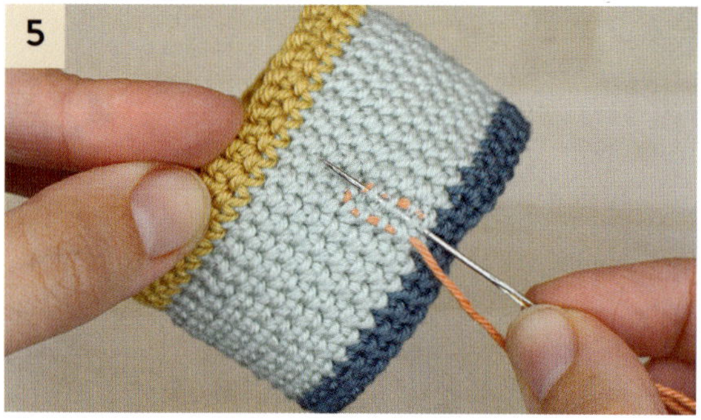

Nun zwischen den ersten beiden Vernähnähten erneut in die Maschenglieder einstechen und den Faden ein weiteres Mal durchziehen.

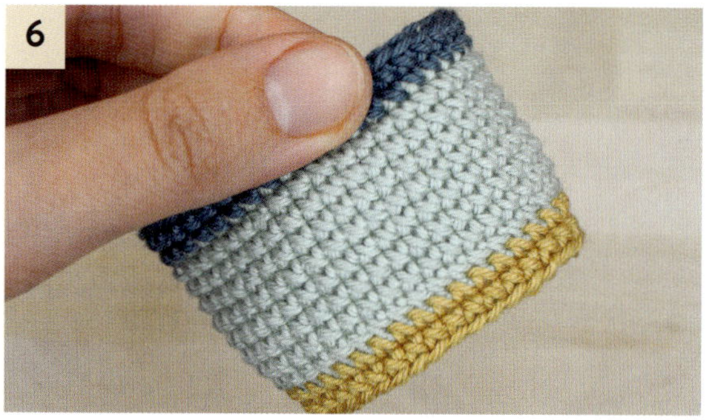

Du kannst diese Art des Vor-und-Zurück-Vernähens beliebig oft wiederholen, bis du sicher bist, dass der Faden ausreichend fest ist. In der Regel reichen 2–3 Stiche aus. Wenn du einen Faden mit einer anderen Farbe als der der Oberfläche vernähst, achte darauf, dass der Restfaden nicht an der Außenseite deines Amigurumi sichtbar ist.

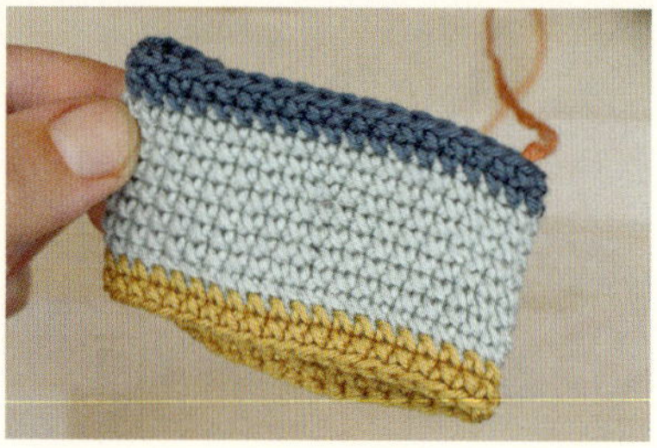

TIPP

Arbeitest du mit kontrastierenden Farben, kontrolliere nach dem Einweben der Nadel und bevor du den Faden durchziehst, ob die Nadel an der Außenseite zu sehen ist. Kannst du die Nadel sehen, ist später auch der Faden, der vernäht wird, sichtbar.

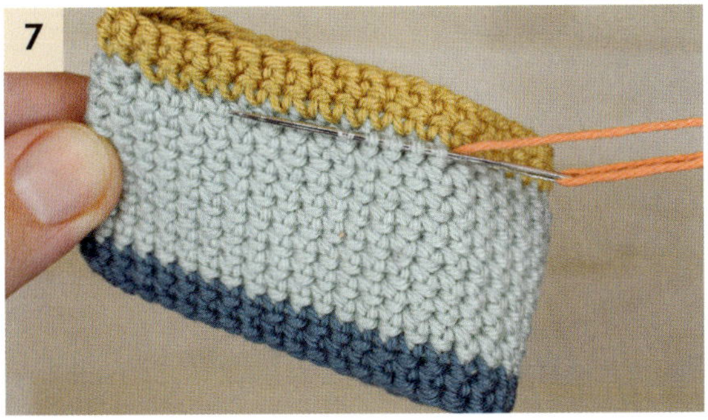

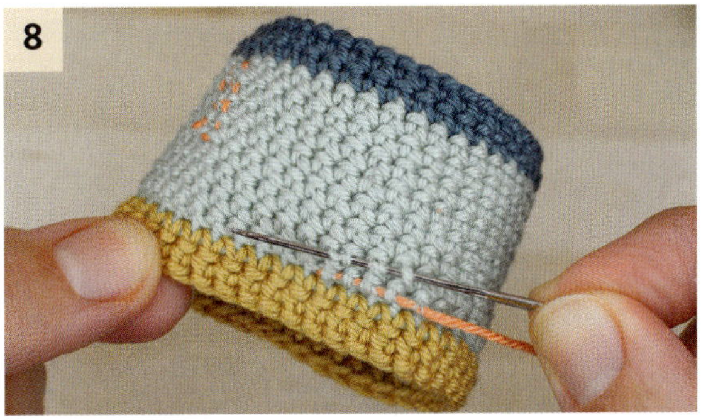

Du kannst die Maschen horizontal oder vertikal vernähen, je nachdem wie es aus der aktuellen Position heraus einfacher ist.

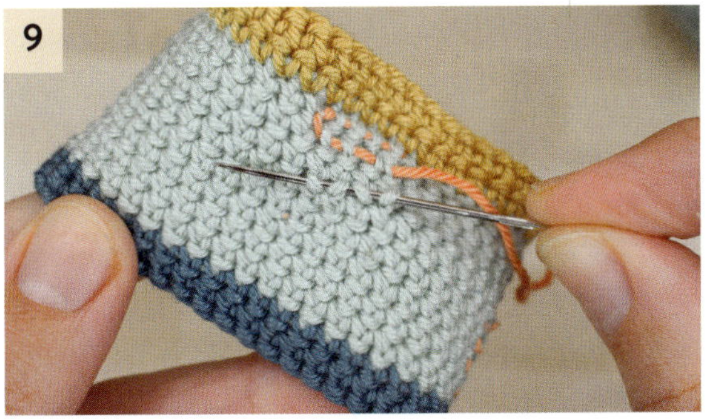

Arbeitest du mit sehr glattem oder rutschigem Garn, webe die Nadel abwechselnd von unten nach oben durch die Maschen. So hält der Faden besser nach dem Durchziehen. Schneide den Restfaden nach dem Vernähen ab.

TIPP

Liegt er später im Inneren deines Amigurumi, lass beim Abschneiden ein paar Millimeter des Fadens stehen und franse das Ende mit der Nadel aus. So stellst du sicher, dass der Faden nicht mehr durch die Maschen zurückrutschen kann.

MIT DER STICK-/WOLLNADEL NACH INNEN VERNÄHEN

Wenn du Einzelteile annähst, vernähe die Restfäden am besten sofort im Anschluss. So musst du später den Faden nicht erneut in die Nadel einfädeln und die losen Fäden stören dich nicht bei der weiteren Arbeit am Amigurumi.

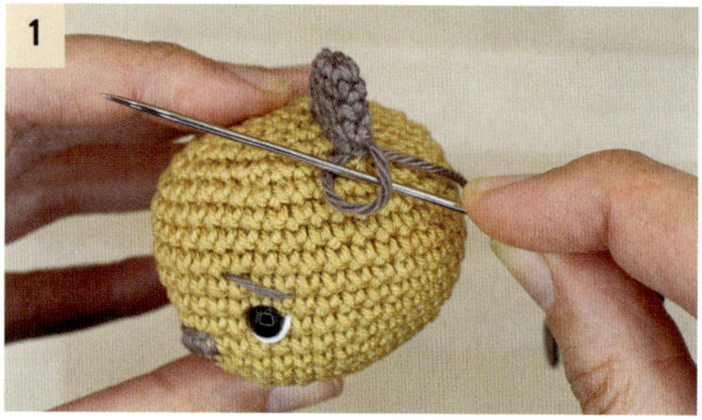

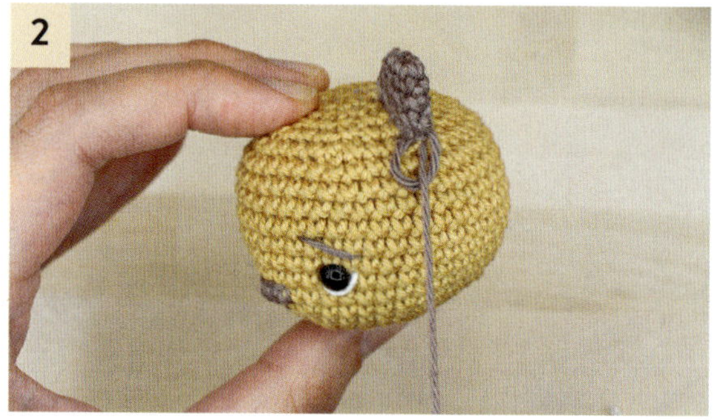

Bilde am Ende deiner Naht eine kleine Schlaufe, durch die du das Fadenende ziehst und einen kleinen Knoten bildest.

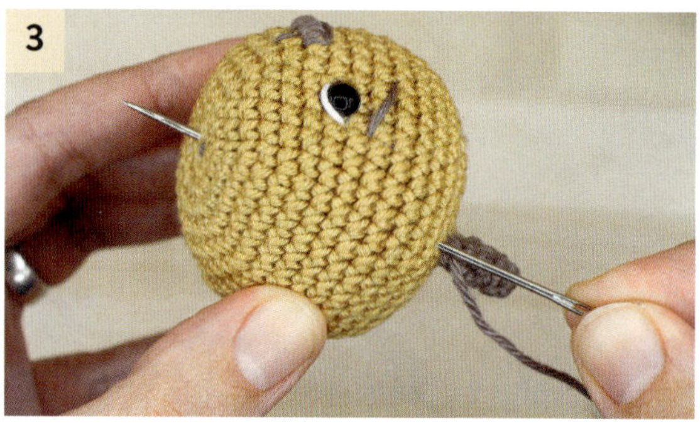

Stich dann mit der Nadel direkt neben dem Knoten in das Amigurumi und ziehe den Faden nach innen durch. Führe die Nadel unten oder oben aus der Figur heraus. Wähle am besten eine Stelle, die später beispielsweise durch Haare oder beim weiteren Zusammennähen verdeckt wird.

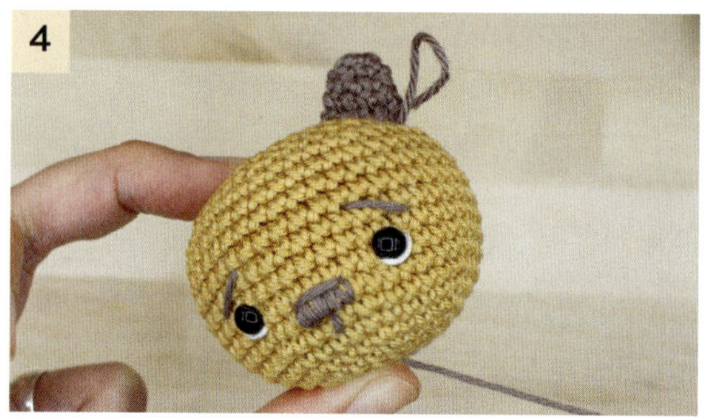

Ziehe den Faden durch und achte dabei darauf, auch den Knoten ins Innere zu ziehen. Wenn du möchtest, kannst du den Faden mit einem zweiten kleinen Knoten an der Ausstichstelle sichern.

FÄDEN EINHÄKELN

Am besten sorgst du schon während des Häkelns dafür, dass möglichst wenig lose Restfäden bleiben, die später mühsam mit der Nadel vernäht werden müssen.

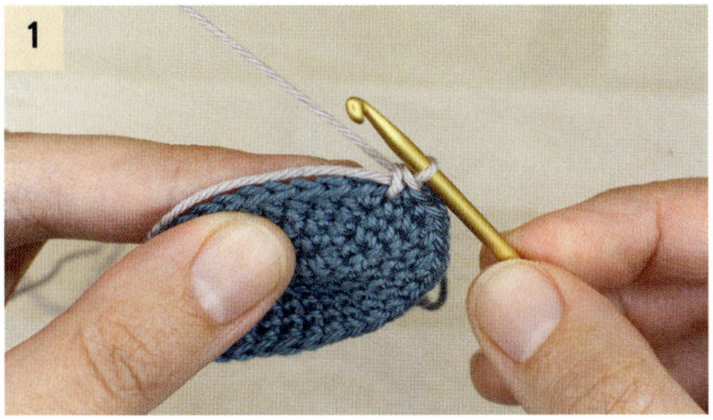

1

Dazu kannst du alle Fadenenden der Fäden, die an- oder abgemascht werden, direkt beim Häkeln zwischen den neuen Maschen einfassen. Mascht du z. B. eine neue Farbe an, lege den Endfaden der neuen Farbe auf die Maschen der Vorrunde und häkle im weiteren Verlauf darüber hinweg.

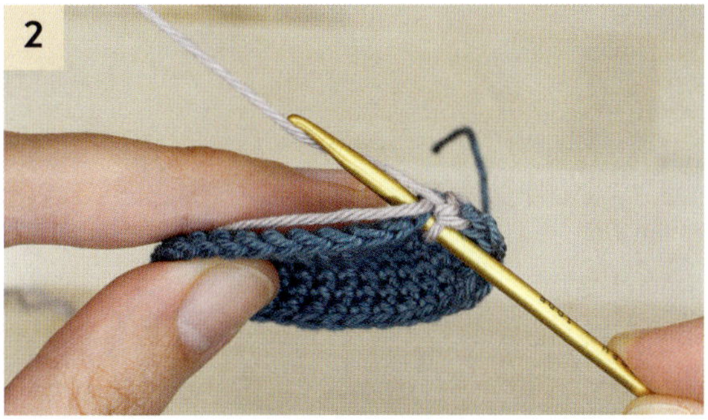

2

Stich dazu wie gewohnt in die nächste Masche ein und hole den Faden durch. Achte darauf, dass das Fadenende dabei genau mittig auf den Maschen liegt.

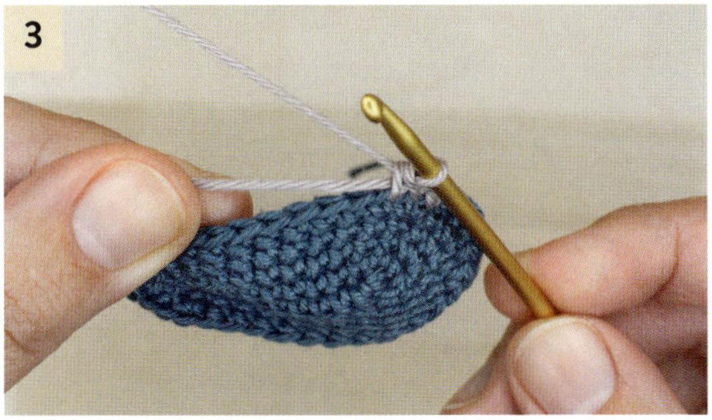

3

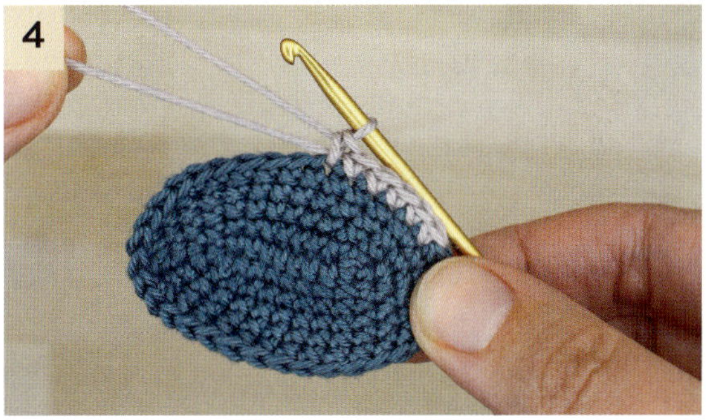

4

Bilde nun wie gewohnt eine feste Masche. Der Faden liegt nun zwischen den Maschengliedern der neuen Masche.

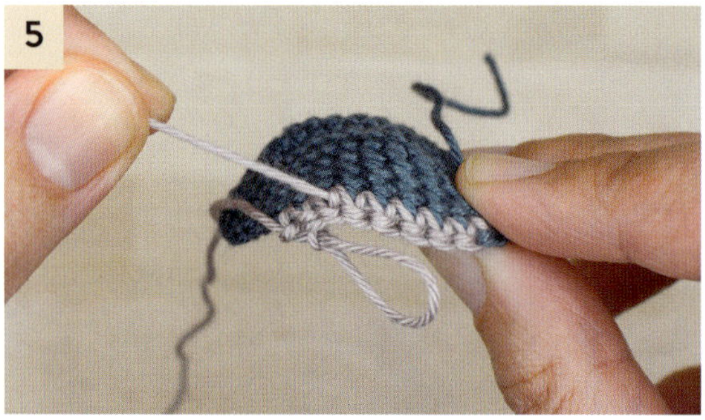

Häkle ein paar Maschen über dem Endfaden und lass ihn dann an der Rückseite liegen und arbeite wie gewohnt weiter. Ziehe nun vorsichtig am Fadenende.

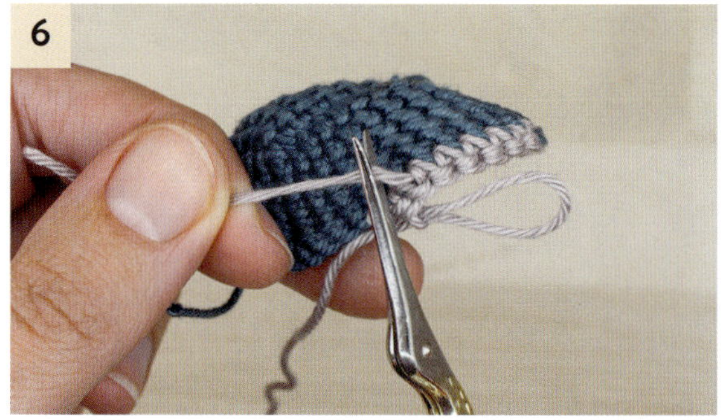

So zieht sich die erste Masche der Runde etwas zusammen und fügt sich besser in die neue Runde ein. Schneide den Faden anschließend ab.

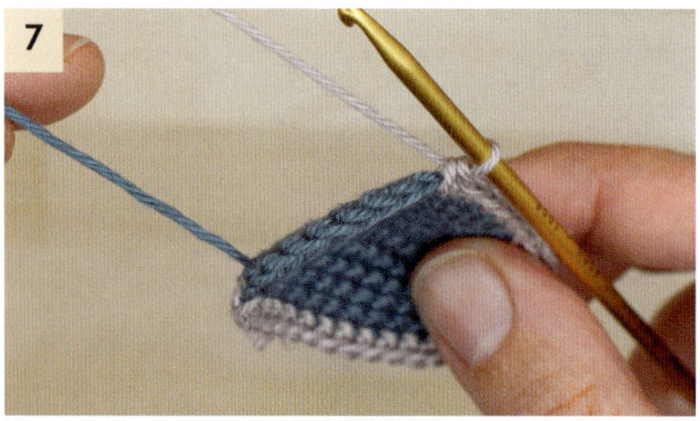

Den Endfaden der alten Farbe kannst du beim Häkeln der letzten Maschen der Runde mit einhäkeln.

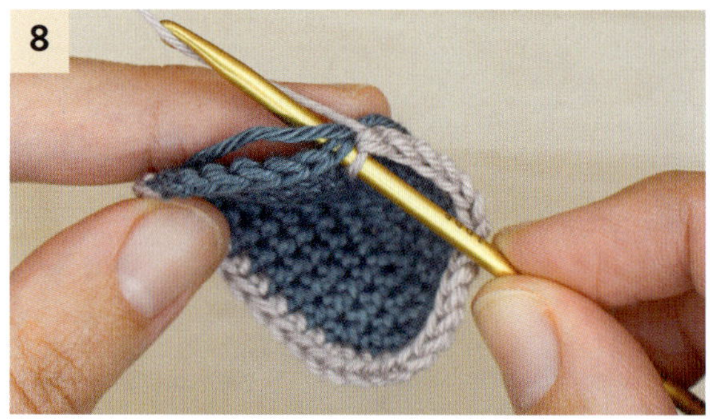

Lege ihn, bevor du am Ende der Runde angekommen bist, mittig auf die letzten Maschen der Vorrunde.

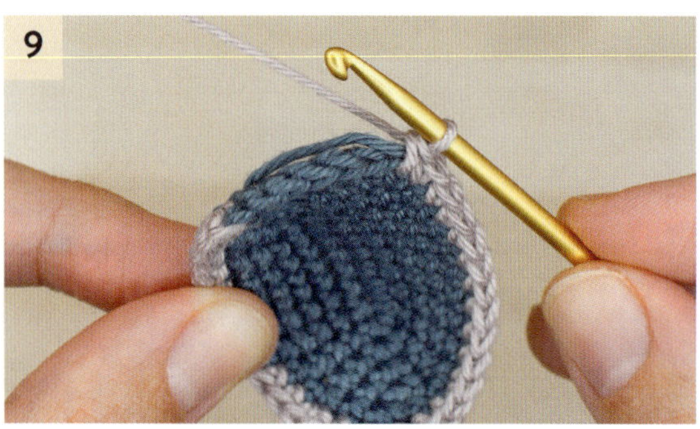

Häkle die letzten festen Maschen der Runde über den Faden.

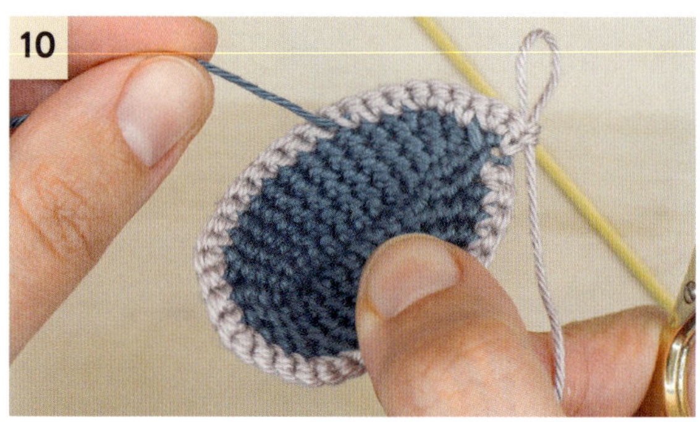

Am Rundenende ziehe leicht am Fadenende, damit sich die Anfangs- und Endmasche beider Runden zusammenziehen. Schneide den Faden ab.

OHNE VERNÄHEN

Magischer Knoten

Fäden müssen oft an den Stellen vernäht werden, an denen die Garnfarbe gewechselt wird, oder wenn das Knäuel zur Neige geht und das nächste angemascht werden muss. Mit einem einfachen Trick kannst du dies umgehen. Der *Magische Knoten* (auch: *Magic Knot*) hilft dir, Arbeitsfäden sicher und fest zu verbinden, sodass sie direkt ineinander übergehen. So müssen die neuen Fäden nicht angemascht werden, und es bleiben keine überflüssigen Fadenenden, die vernäht werden müssen.

1

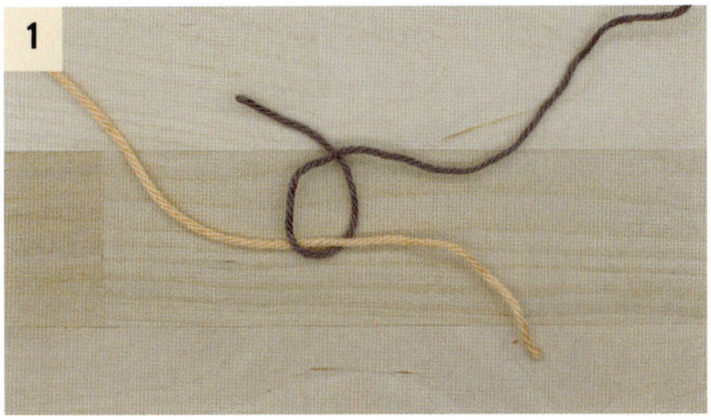

Lege dazu die Enden der zu verbindenden Fäden übereinander. Schlinge das erste Fadenende von vorne nach hinten um den zweiten Faden.

2

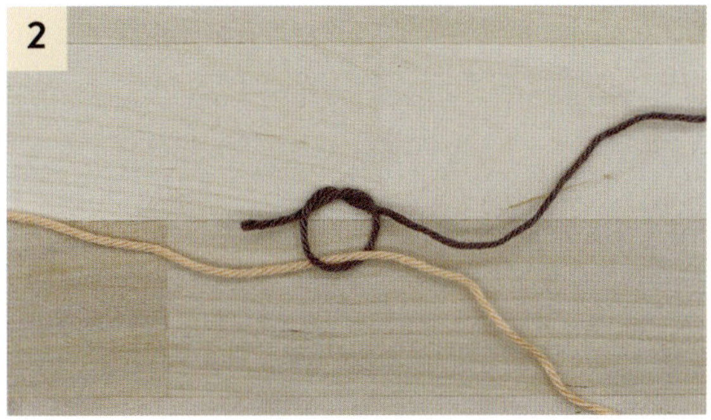

Mache einen Knoten, indem du das erste Fadenende von vorne nach hinten in die Schlinge fädelst.

3

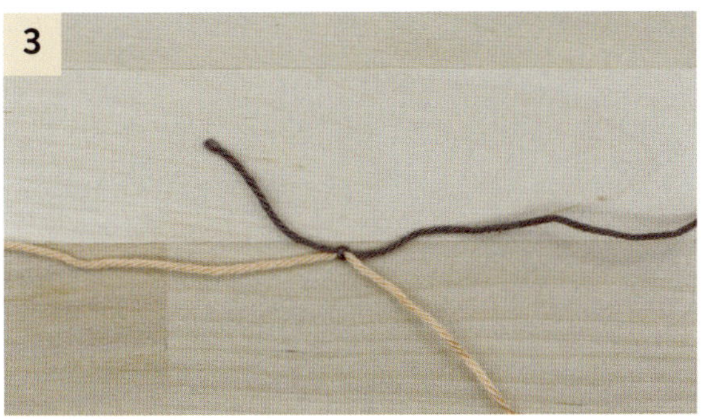

Ziehe den Knoten fest zu.

4

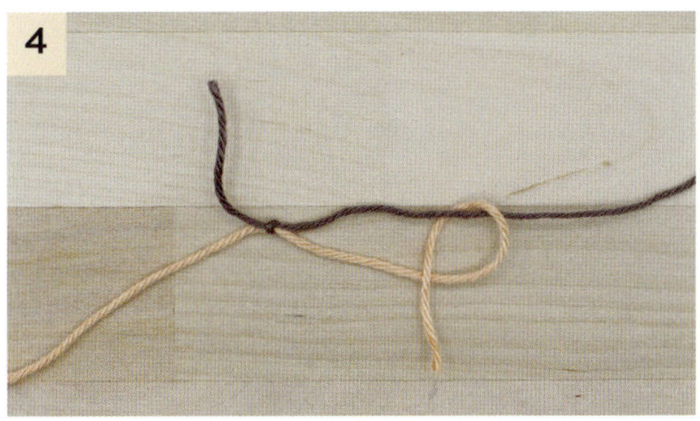

Nun lege das Ende des zweiten Faden rechts des Knotens von vorne nach hinten um den ersten Faden.

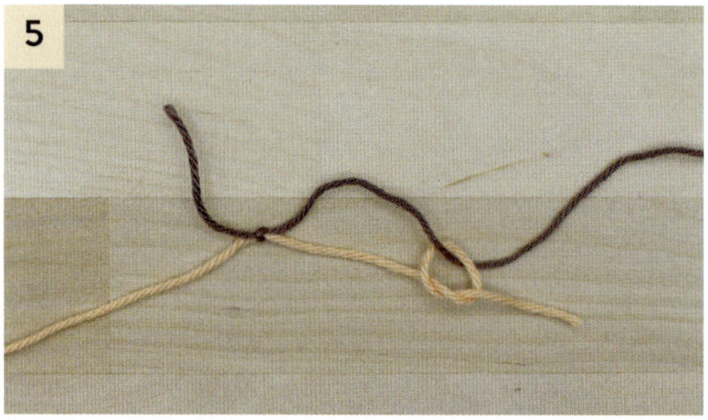

Hier einen Knoten von hinten nach vorne bilden.

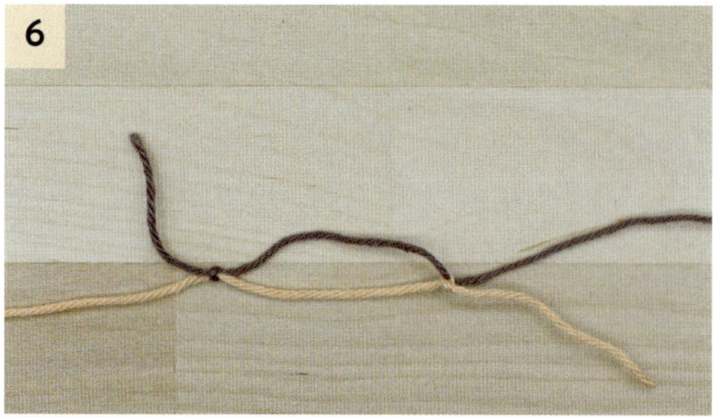

Ebenfalls fest zusammenziehen.

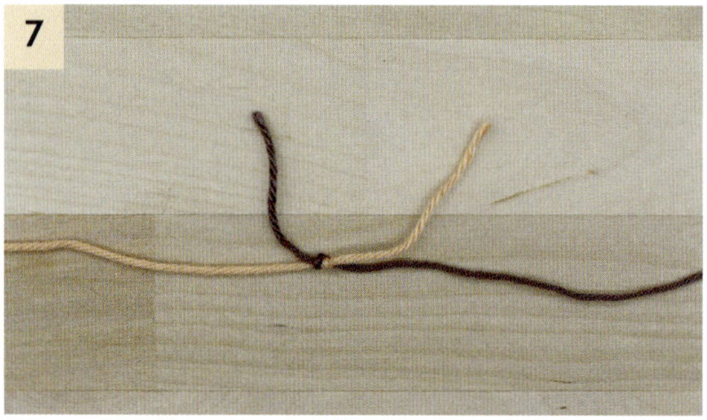

Ziehe nun rechts und links der Knoten an den Fäden, sodass sich beide Knoten aufeinanderzubewegen. Ziehe vorsichtig, bis sich beide treffen.

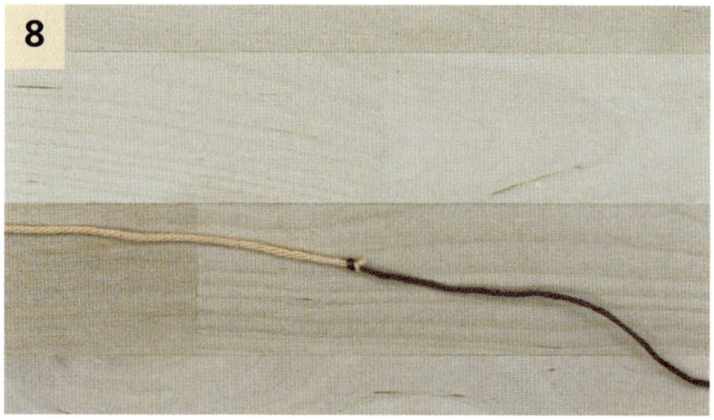

Schneide nun die kurzen Fäden nah bei den Knoten ab.

Fertig ist der Magische Knoten. Achte beim weiteren Häkeln darauf, dass die Knoten auf der Rück- bzw. Innenseite der Häkelarbeit liegen. Wenn du den Magischen Knoten während des Häkelns anwenden möchtest, achte drauf, dass der Arbeitsfaden des alten Knäuels eine ausreichende Länge hat.

Faden lang lassen

Bei vielen Figuren werden für Kanten und Absätze, Kettmaschen oder feste Maschen in vordere Maschenglieder an der Außenseite gehäkelt. So entstehen bei Trixie zum Beispiel der Abschluss der Schuhe und die Kante der Socken. Üblicherweise wird dazu der Faden in einem vorderen Maschenglied neu aufgenommen. Dabei entsteht der übliche Fadenrest vom Anfang, der eingehäkelt oder anschließend mit der Nadel vernäht werden muss. Werden die Maschen bei einem Farbwechsel aufgenommen, kannst du dir das Vernähen sparen, indem du den Faden der alten Farbe außen liegen lässt und nicht abschneidest. Hier zeige ich dir das beispielhaft an Trixies Bein.

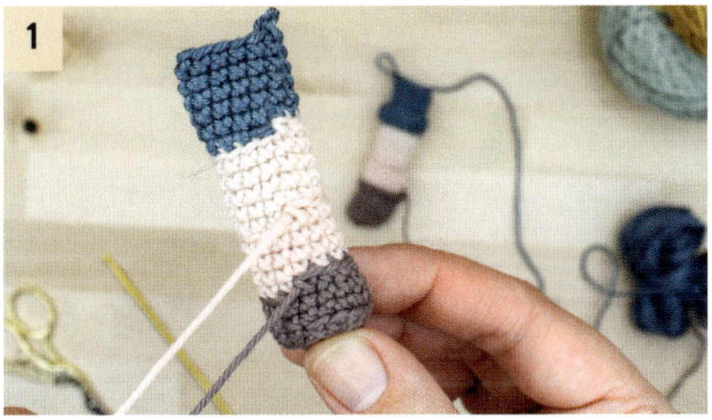

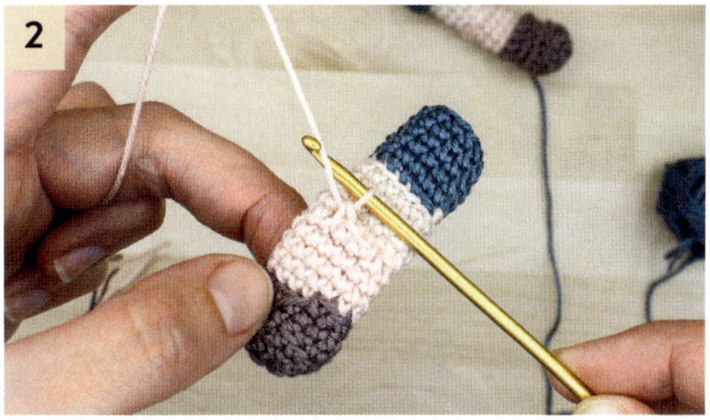

Ist das Bein fertiggestellt, nimmst du den liegengebliebenen Faden einfach in einem vorderen Maschenglied wieder auf und häkelst, wie in der Anleitung beschrieben, weiter. Mehr Tipps zu dieser Technik findest du im Kapitel Kleidung anhäkeln (siehe Seite 237).

AUSSTOPFEN

Beim Ausstopfen gibst du deinem Amigurumi die endgültige Form. Gerade am Anfang ist es gar nicht so leicht, dafür die richtige Technik herauszufinden. Auch ein Gefühl für die richtige Menge Füllmaterial zu bekommen, dauert seine Zeit. Nimmst du zu viel Füllwatte oder stopfst du nicht fest genug, wird die Figur unförmig. Stopfst du zu fest, kann die Füllwatte aus den Maschen austreten oder sogar im schlimmsten Fall Löcher verursachen. Amigurumi gleichmäßig auszustopfen ist auch nicht immer ganz leicht. Die Füllwatte verliert mit der Zeit etwas an Volumen. Die Figuren werden nach einer Weile etwas weicher. Sind sie dann nicht gleichmäßig gestopft, verlieren sie ihre Form. Wie das Häkeln selbst, braucht es auch beim Ausstopfen etwas Übung. Glücklicherweise gibt es einige Techniken und Hilfsmittel, die dir dabei helfen können, schnell ein gutes Ergebnis zu erhalten.

Amigurumi sollten so fest wie möglich ausgestopft werden. So behalten sie lange ihre Form. Du hast die richtige **Menge** an Füllwatte gestopft, wenn dein Amigurumi die richtige Form hat und sich von außen kaum noch eindrücken lässt.

Die Füllwatte besteht aus vielen sehr feinen **Einzelfäden,** die sich beim Stopfen in den Maschen oder am Werkzeug verfangen können. Um dem entgegenzuwirken, forme die Füllwatte vor dem Befüllen mit den Händen vor. Rolle sie z. B. zwischen den Handflächen oder Fingern, dann wird sie kompakter und lässt sich leichter stopfen. Außerdem bekommst du so ein gutes Gefühl, wie viel Volumen die Watte hat. So kannst du besser abschätzen, wie viel du benötigst.

Stopfe alle Teile immer **nach und nach** mit kleineren Mengen an Füllmaterial, statt viel auf einmal einzufüllen. So hast du mehr Kontrolle darüber, wie sich die Watte in der Figur verteilt, und kannst die Figur besser ausformen. Bringe die Watte mithilfe deines Stopfwerkzeugs in jede Ecke und jeden Winkel deines Amigurumi. Kontrolliere während des Ausstopfens immer wieder die **Festigkeit** der Figur und fühle nach, ob Lücken im Inneren entstanden sind.

Wenn du bereits **während des Häkelns** mit dem Stopfen beginnst, stopfe nie bis ganz nach oben, sondern lass ein paar Runden Abstand. So vermeidest du, dass die Einzelfäden der Füllwatte beim weiteren Häkeln mit eingehäkelt werden und an der Außenseite sichtbar werden. Außerdem behält das Amigurumi mehr Flexibilität und lässt sich beim Häkeln besser festhalten.

SCHMALE TEILE AUSSTOPFEN

Schmale und längliche Teile auszustopfen kann ganz schön fummelig sein. Nimm zum Ausstopfen ein langes Holzstäbchen oder eine Stricknadel. Damit kannst du die Füllwatte gut über die gesamte Länge gut verteilen. Schmale Teile, wie Arme und Beine, sind meistens mindestens zweimal vorhanden und sollen nach dem Ausstopfen die gleiche Größe haben. Daher solltest du alle Teile mit der gleichen Menge an Füllmaterial befüllen.

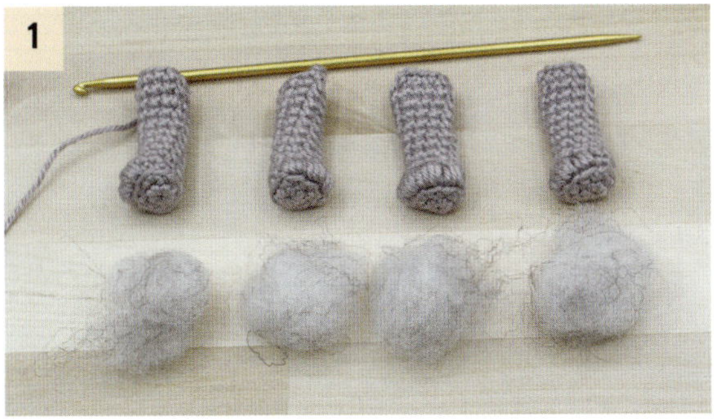

Leg dir bereits zu Anfang für jedes Teil die gleiche Füllmenge bereit.

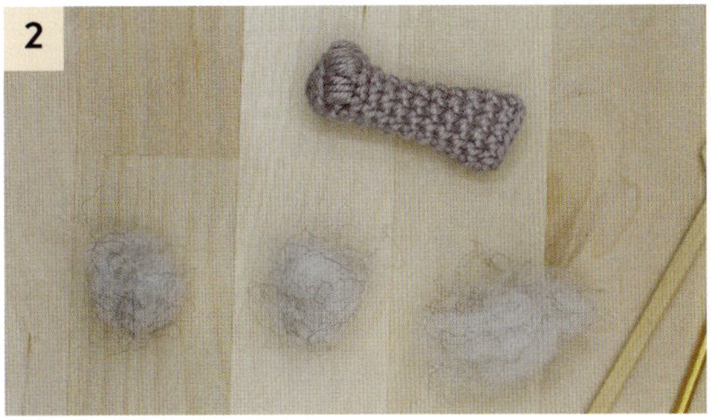

Damit die Watte beim Stopfen gleichmäßig verteilt wird, teile sie vor dem Stopfen in mehrere gleiche Teile.

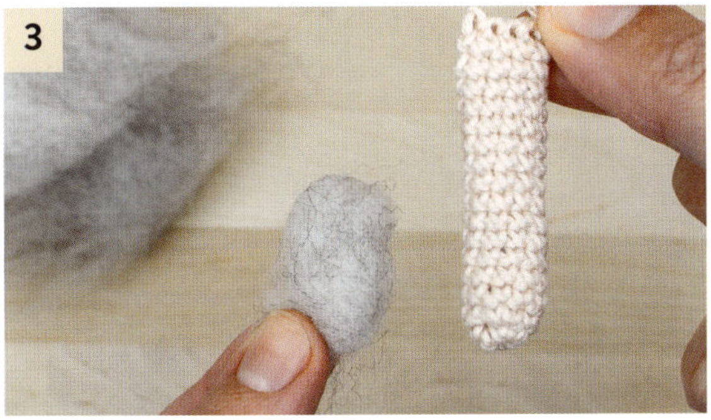

Längliche Einzelteile, wie Arme oder Schwänze, die später angenäht werden sollen, müssen flexibel sein, damit sie später nicht abstehen. Stopfe sie daher nur über ca. ein Drittel der Gesamtlänge. Bei Armen reicht es aus, nur den vorderen Teil – also die Hand – zu befüllen. Teile dir auch hier zunächst die nötige Füllmenge ab und forme sie vor dem Ausstopfen etwas aus.

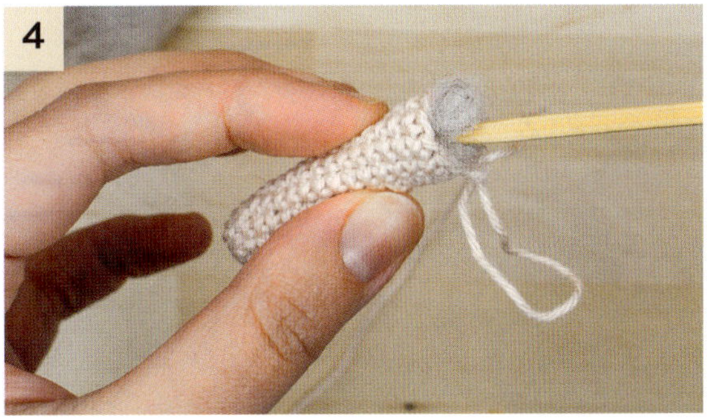

Stopfe mit deinem Hilfswerkzeug die Füllwatte bis nach ganz unten ...

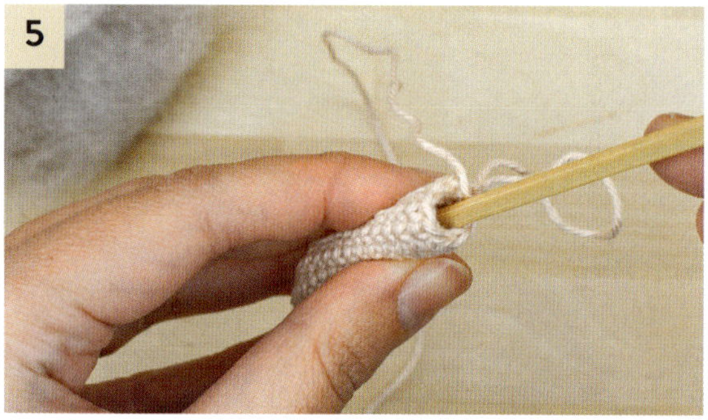

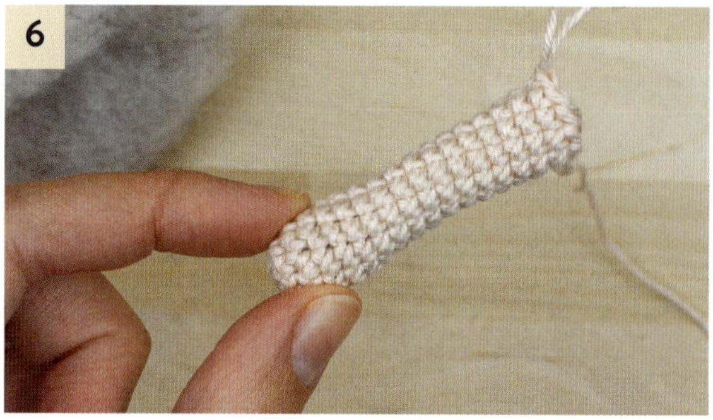

… und drücke sie vorsichtig fest.

RUNDE TEILE AUSSTOPFEN

Wenn du kugelförmige Teile, wie z. B. Köpfe, ausstopfst, ist die größte Schwierigkeit beim Befüllen, die runde Form zu behalten. Beginne mit dem Ausstopfen bereits während des Häkelns. Stopfe runde Teile von innen nach außen aus. Das heißt, drücke die Füllwatte zuerst an die Innenwände und stopfe im Folgenden die restliche Füllwatte in die Mitte.

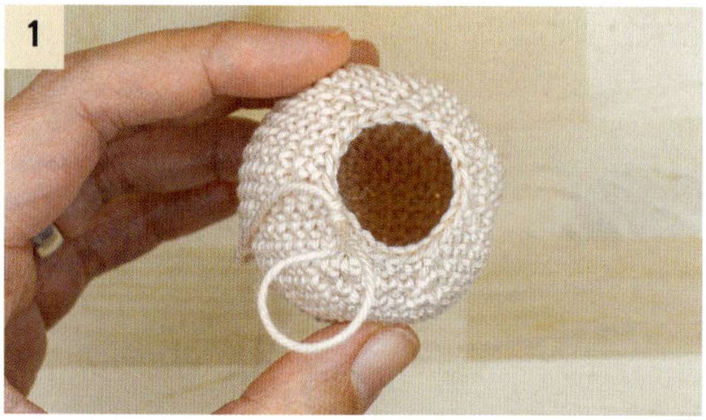

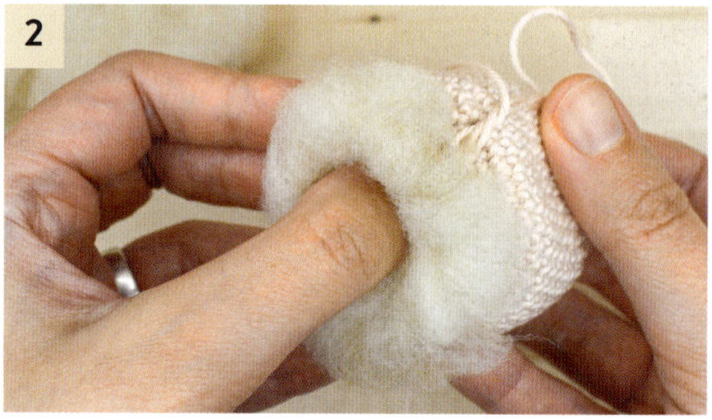

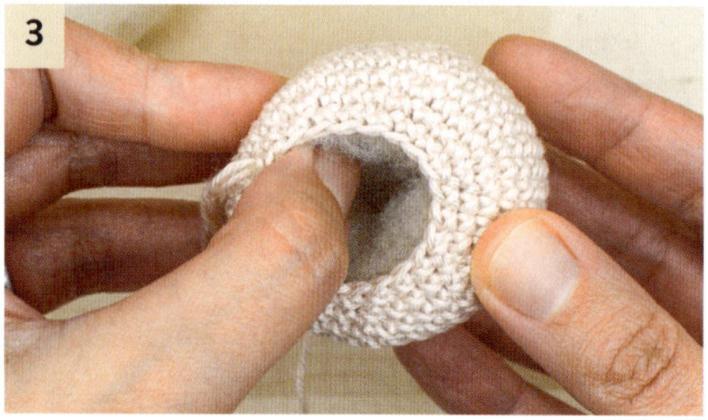

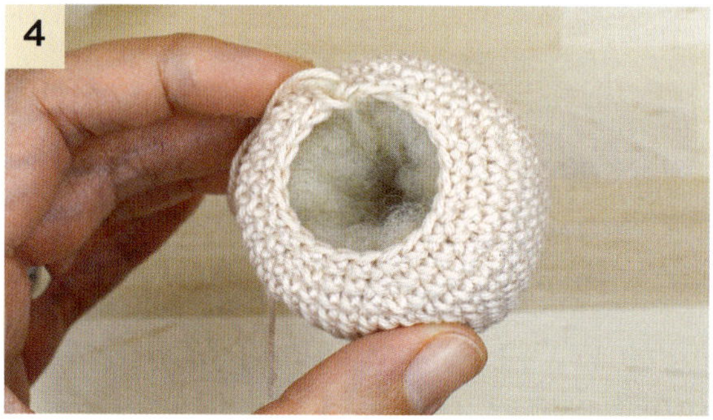

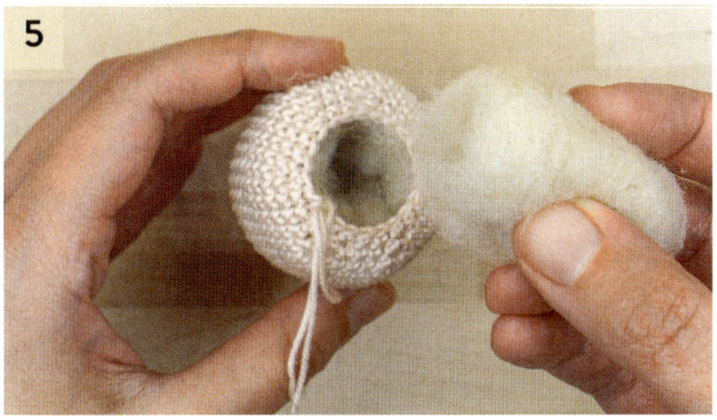

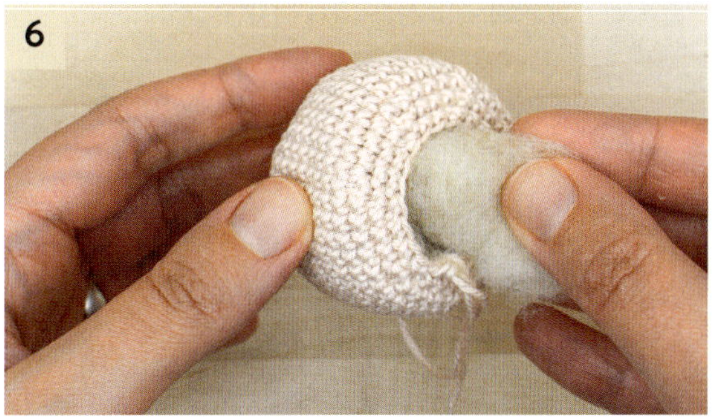

Auf diese Weise behält die Kugel besser die Form. Zudem lässt sie sich so leichter und gleichmäßiger befüllen. Forme nun die Füllwatte zu runden oder länglichen Bällen und stopfe sie mittig hinein, bis alles fest ausgestopft ist.

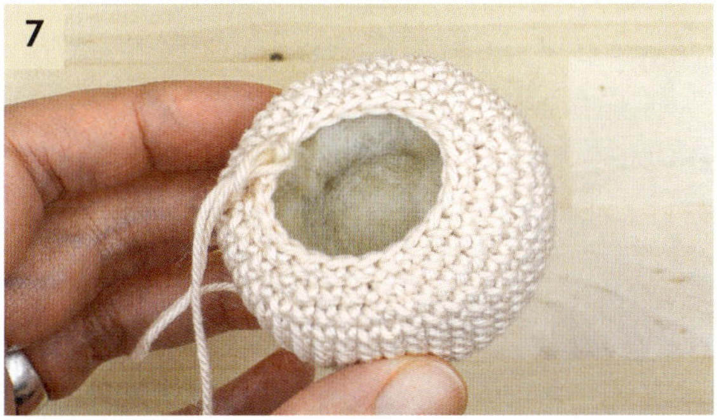

Lass einen kleinen Abstand zur letzten Runde und häkle weiter.

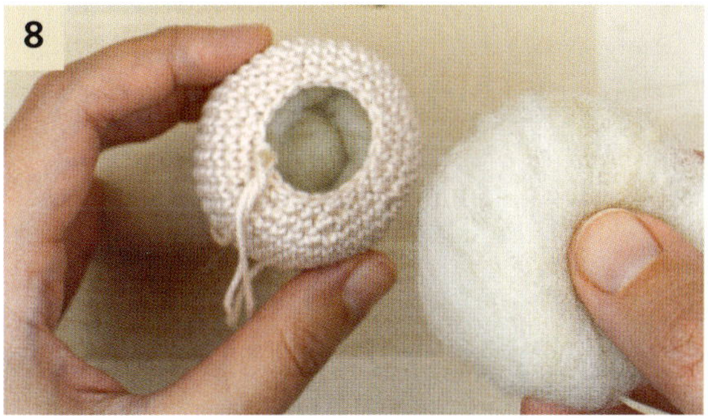

Um die obere Seite der Kugel zu füllen, forme die Watte zu einem flachen Ball ...

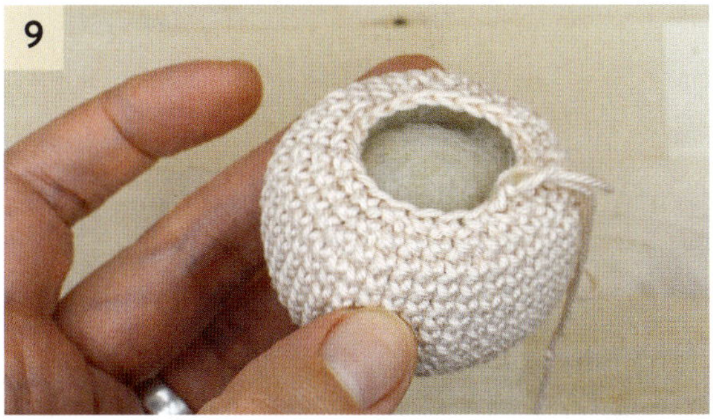

... und schiebe diesen mit den Fingern oder deinem Hilfsmittel oberhalb der bereits gefüllten Watte unter die Maschen.

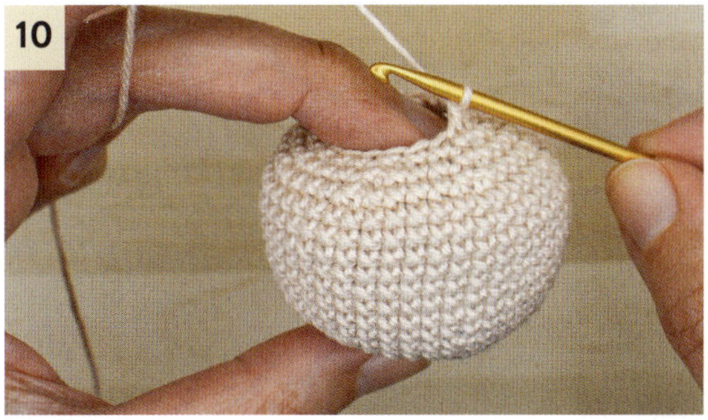

Häkle nun weiter. Wenn du zum Ende kommst, drücke die Füllwatte beim Häkeln mit einem Finger herunter, damit sie sich nicht in den Maschen verfängt.

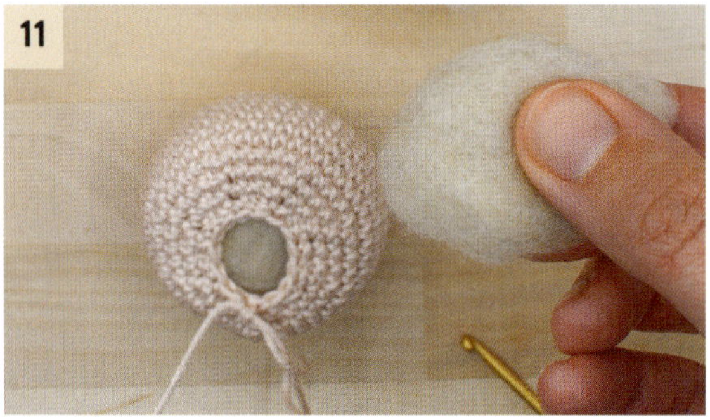

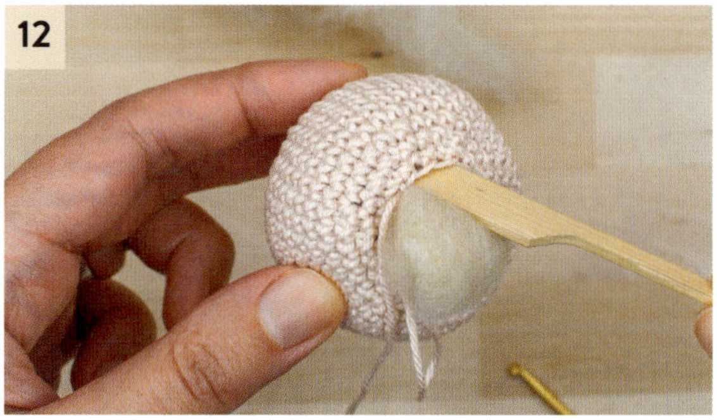

Bevor du die letzte Runde häkelst und die Kugel geschlossen wird, forme erneut einen flachen Ball aus Füllwatte und schiebe ihn mit deinem Stopfwerkzeug …

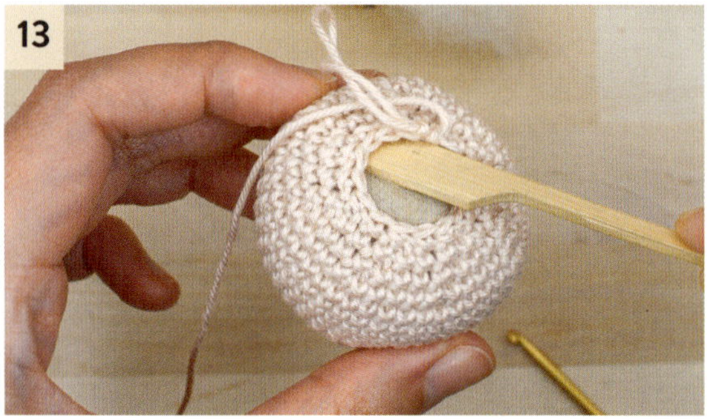

… unter die Maschen.

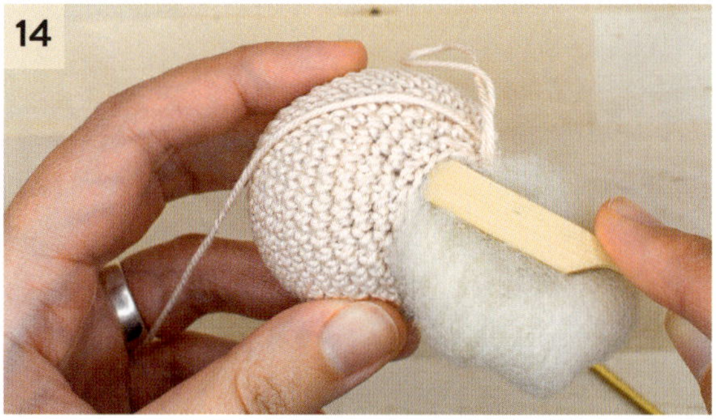

Wiederhole dies so lange, bis alles fest ausgestopft ist.

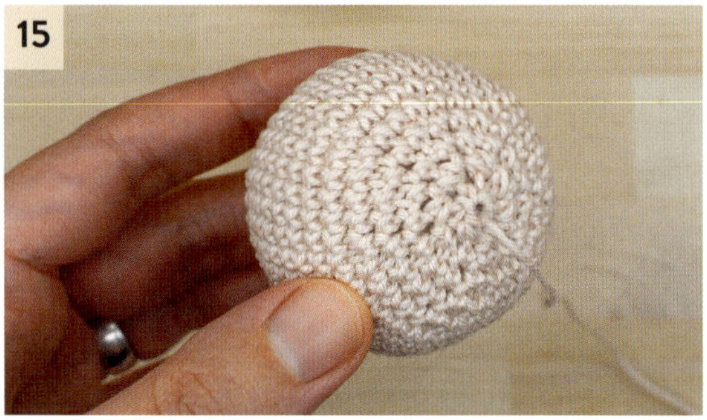

Häkle nun die letzte Runde und verschließe die verbleibende Öffnung.

EINZELTEILE AUSFORMEN

Die Teile deiner Figur, die aus mehreren Einzelelementen bestehen, wie z. B. Körper mit Beinen, sind am schwierigsten zu stopfen. Hier ist es wichtig, alle Teile gleichmäßig auszustopfen, sodass keine leeren Stellen entstehen. Wie das am besten gelingt, zeige ich dir am Beispiel von Trixies Körper.

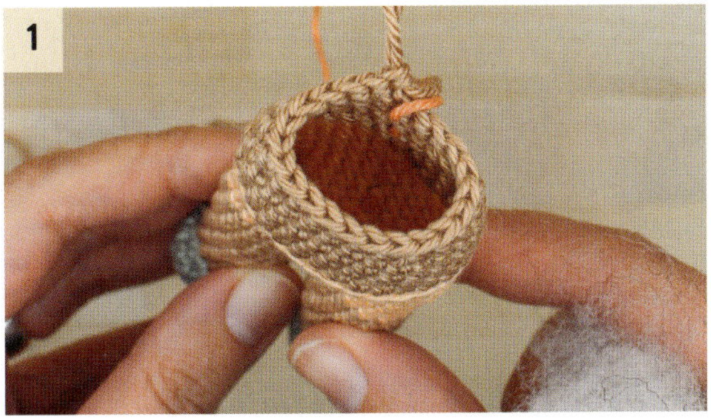

Dieser wird bereits beim Häkeln ausgestopft.

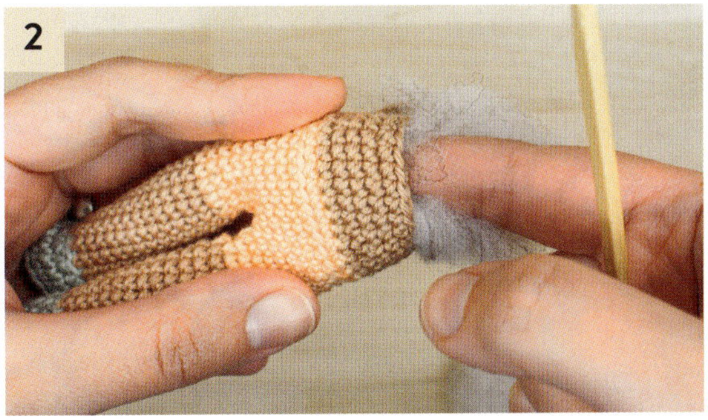

Auch hier wird, wie bei den runden Einzelteilen, von außen nach innen gestopft. Da die Beine vor dem Verbinden bereits ausgestopft worden sind, muss nur noch der obere Ansatz der Beine und der Rumpf befüllt werden. Bringe dafür die Füllwatte zunächst mit Finger ...

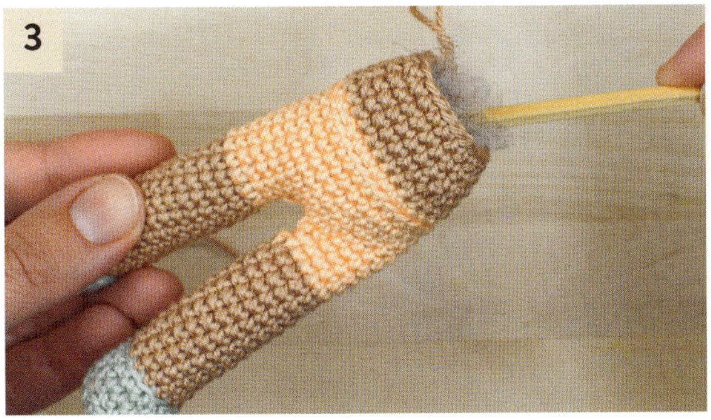

... und Stäbchen in eines der Beine.

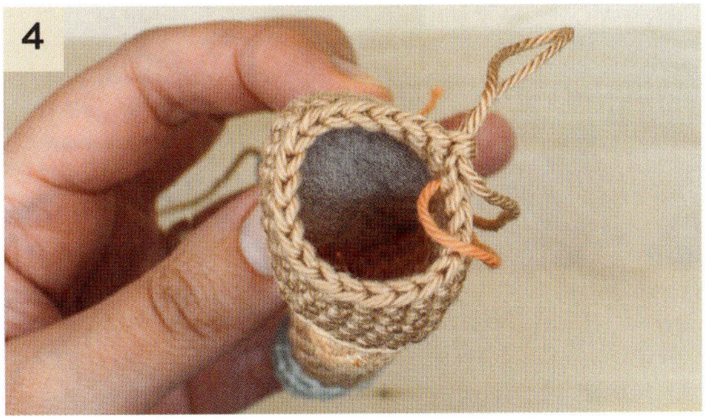

Stopfe mit einem Stäbchen die Watte fest in den unbefüllten Teil des Beins. Bringe den Rest der Füllwatte an den inneren Rand des Körpers.

5

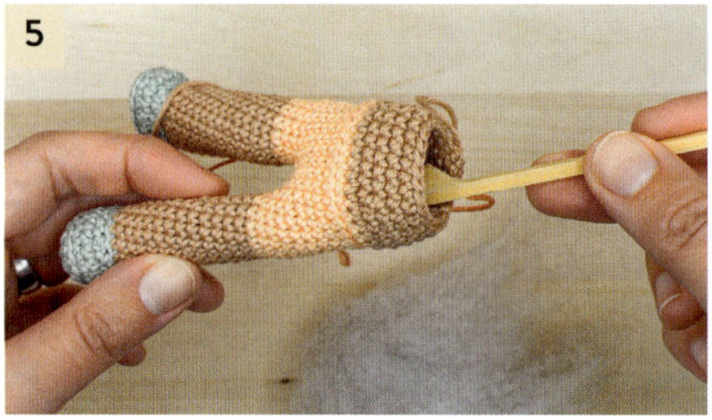

Stopfe nun auf die gleiche Weise den oberen Ansatz des zweiten Beins.

6

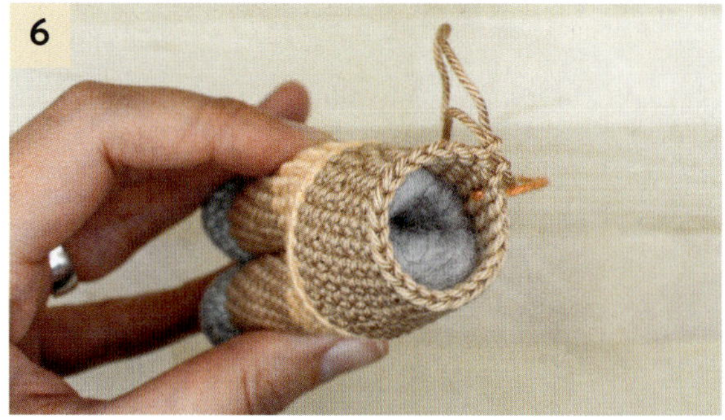

Achte darauf, die Füllwatte so einzubringen, dass sie gleichmäßig an der Innenseite liegt.

7

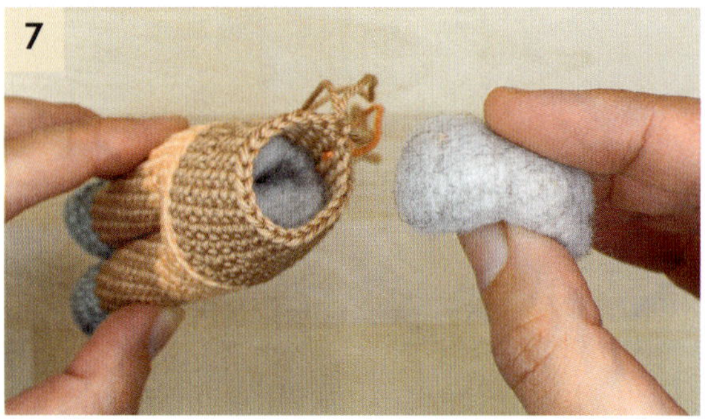

Forme nun die Füllwatte zu runden oder länglichen Kugeln und stopfe sie mittig zwischen die bereits verfüllte Watte, bis der Körper fest ausgestopft ist.

8

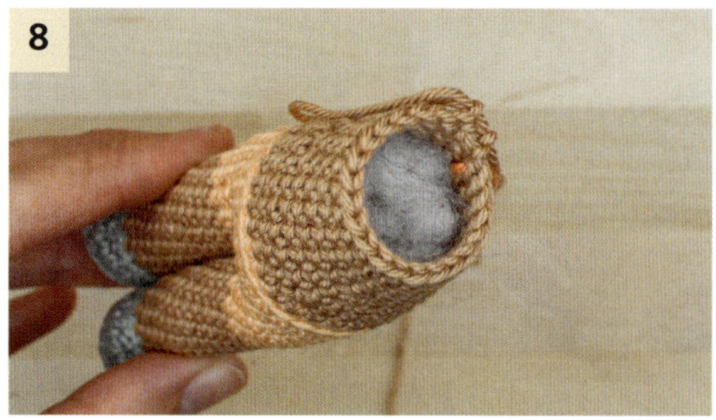

Häkle nun weiter und fülle den Rumpf auf die gleiche Weise weiter auf: Zuerst die Innenwände mit Füllwatte ausformen, dann die Mitte ausstopfen.

EINZELTEILE VERBINDEN

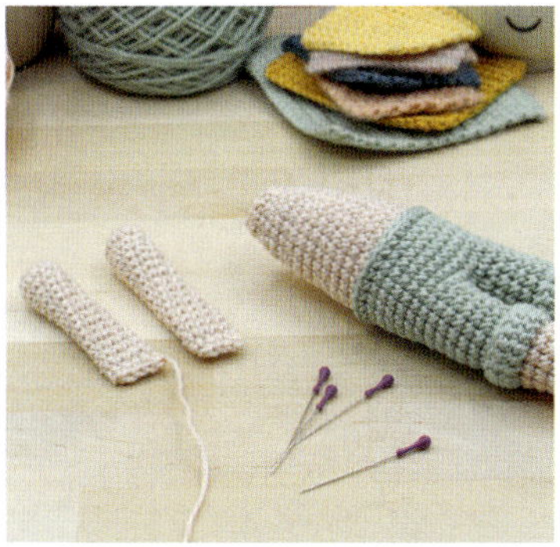

Das Verbinden von Armen, Beinen, Köpfen und anderen Einzelteilen mit dem Körper einer Figur ist oft die größte Herausforderung beim Häkeln von Amigurumi. Vor allem das Annähen kann eine echte Herausforderung sein. Alles muss beim Nähen in der richtigen Position bleiben und am Ende schön fest an der Figur sitzen. Im besten Fall gelingen die Nähte dabei unsichtbar oder wenigstens gleichmäßig. Das kann Nerven kosten! Glücklicherweise gibt es ein paar Tricks und Handgriffe, die dir diesen Schritt erleichtern können.

EINZELTEILE ANNÄHEN

Einzelteile an runden Öffnungen annähen

Die größte Herausforderung beim Annähen an runde Öffnungen ist, die Form der Öffnung zu behalten. Gleichzeitig sollen alle Teile fest miteinander verbunden sein und in der richtigen Position sitzen. Wie das am besten gelingt, zeige ich dir am Beispiel von Trixies Kopf, der an ihren Hals genäht wird. Sichere alle beweglichen Teile der Figur, wie Arme oder Haare, die beim Nähen stören könnten, mit Stecknadeln oder binde sie mit Fäden zusammen.

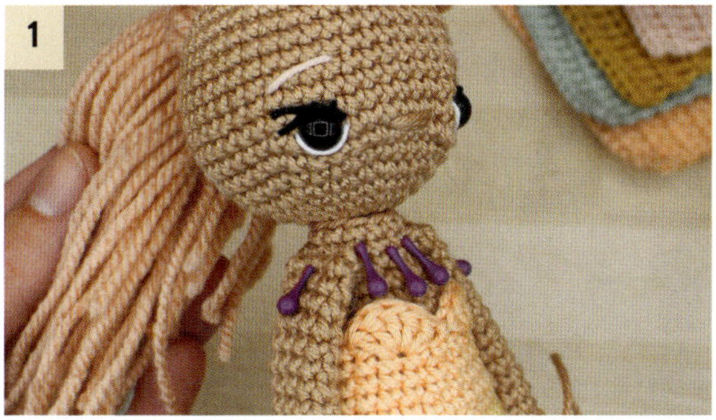

Stopfe den Hals sehr sorgfältig und fest aus, bevor du mit dem Nähen beginnst. So vermeidest du, dass die Halsöffnung beim Annähen eingedrückt wird. Fixiere nun den Kopf mit Stecknadeln. Hier gilt: Mehr ist mehr! Der Kopf sollte von den Nadeln ganz fest am Körper gehalten werden und nicht mehr verrutschen können.

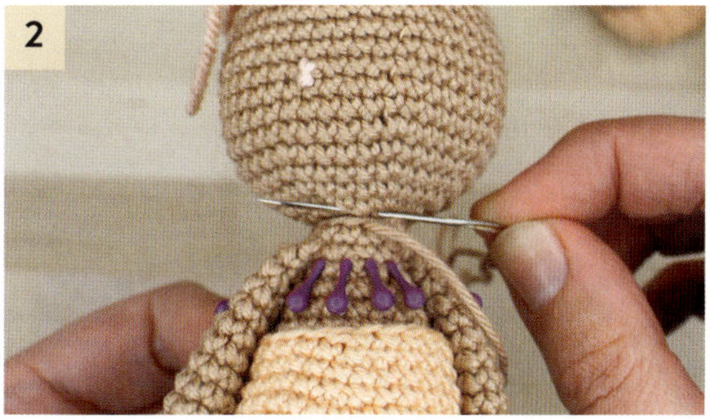

Kontrolliere beim Feststecken von allen Seiten, ob der Kopf in der richtigen Position fixiert ist. Beim Nähen verbindest du nun die Maschen der letzten Runde des Körpers mit den Maschen der Runde des Kopfs, die genau auf der Halsöffnung aufliegen. Stich dazu mit der Nadel um die erste Masche der Runde, die über den langen Endfaden des Körpers liegt.

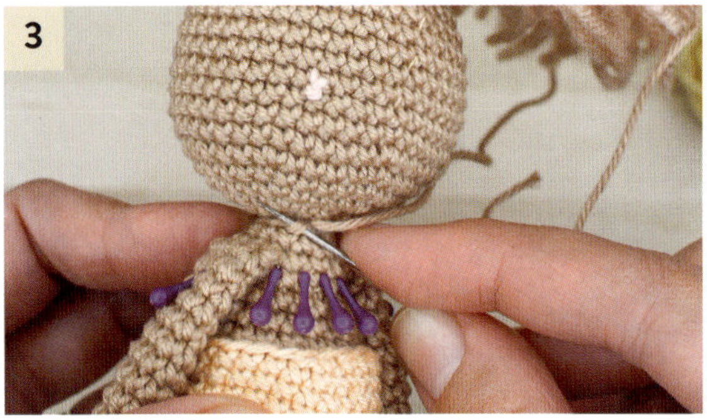

Ziehe den Faden ganz durch, so dass Fadenansatz und Masche fest verbunden werden. Stich nun in die nächste Masche der Halsöffnung ein. Der Faden wird dabei an der Vorderseite von unten nach oben geführt. Du kannst dabei in das vordere oder in beide Maschenglieder einstechen. Hier steche ich nur in das vordere Maschenglied.

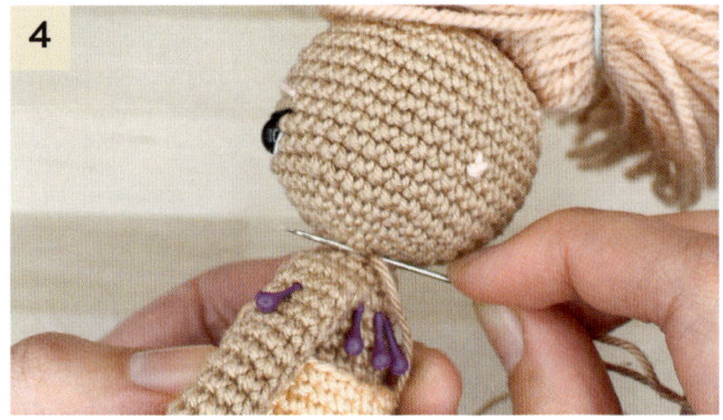

Den Faden erneut ganz durchziehen. Nun in die nächste Masche der Runde des Kopfs einstechen. So lange rundherum wiederholen, bis der Kopf komplett mit dem Hals verbunden ist. Am Ende einen kleinen Knoten machen und diesen nach innen ziehen.

Was tun, wenn der Kopf wackelt?

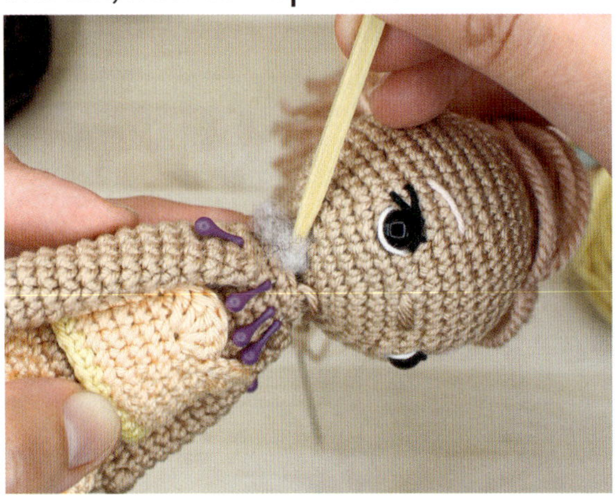

Sehr schmale und/oder lange Hälse haben leider oft den Nachteil, dass die Köpfe nach dem Annähen etwas wacklig sind oder sich sogar zur Seite neigen. Dem kannst du entgegenwirken, indem du den Hals beim Annähen noch weiter ausstopfst. Nähe dazu nur etwa die Hälfte der Maschen zusammen und stopfe dann etwas Füllwatte in die verbleibende Öffnung. Achte darauf, dass die Füllwatte vollständig im Hals verschwunden ist, bevor du weiternähst.

Einzelteil mit flachen Enden annähen

Wie du am besten Teile mit einem flachen Ende annähst, zeige ich dir am Beispiel von Trixies Armen. Diese werden in der letzten Runde mit vier festen Maschen zusammengehäkelt. So entsteht ein flaches Ende. So lassen sich die Arme sehr gut an den Körper annähen und schmiegen sich natürlich an die Figur an. Die flachen Enden erleichtern außerdem das Annähen. Du kannst jedes Teil auf diese Weise beenden. Lass dazu die letzte Runde des Einzelteils aus, drücke es am Ende zusammen und häkle die aufeinanderliegenden Maschen mit festen Maschen zusammen. Lass nach dem Abketten einen langen Faden zum Annähen.

1

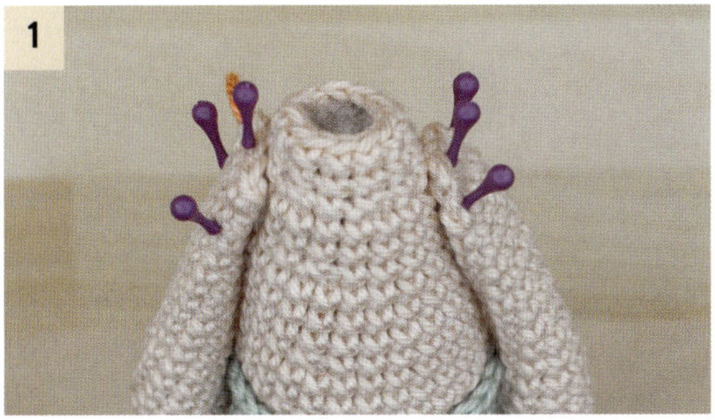

Bevor die Arme annähst, fixiere sie in der gewünschten Position mit Stecknadeln. Kontrolliere von allen Seiten, ob die Arme genau da sitzen, wo sie hingehören. Die festen Maschen der letzten Runde der Arme liegen dabei mit der Vorderseite nach außen.

2

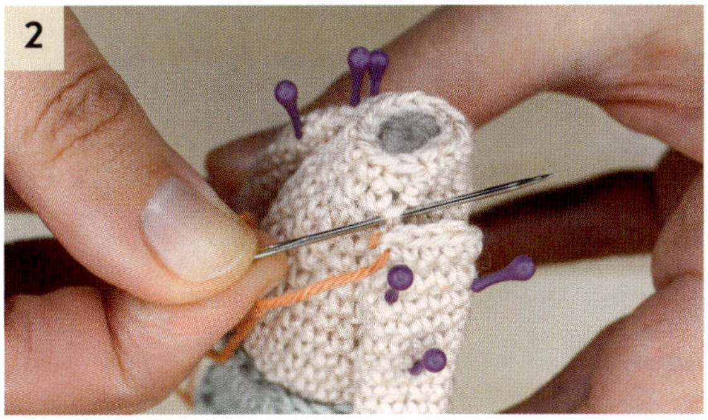

Genäht wird mit der gleichen Wolle und Farbe, die auch beim Häkeln verwendet wird. Hier nutze ich zur besseren Übersicht einen Faden in einer Kontrastfarbe. Stich mit der Nadel unter der Masche des Körpers hindurch, die unter der ersten Masche der letzten Runde des Arms liegt, ...

3

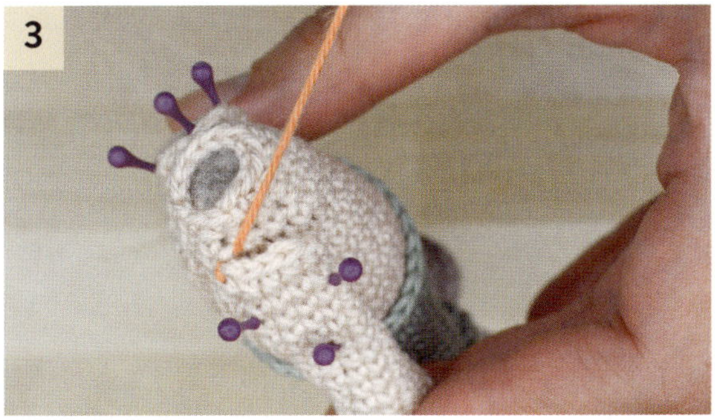

... und ziehe den Faden durch.

4

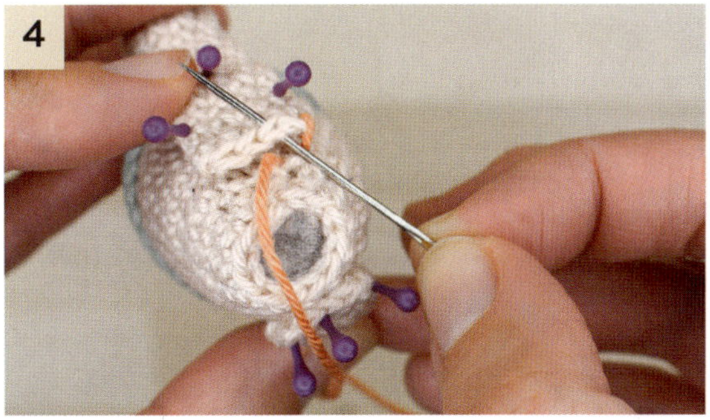

Stich nun mit der Nadel in die nächste Masche der letzten Runde des Arms ein. Stich dabei durch beide oder nur das vordere Maschenglied.

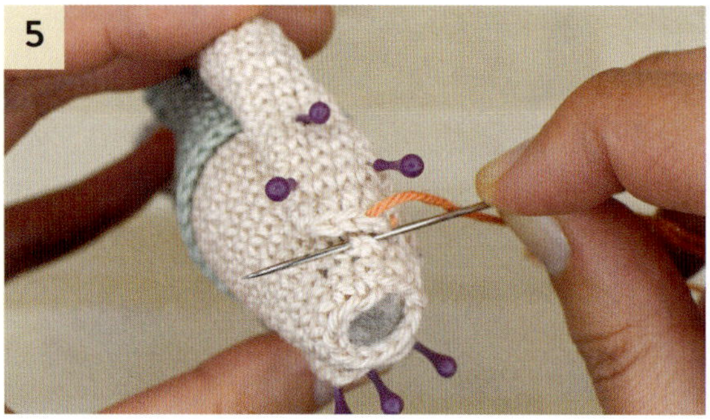

Nun unter der folgenden Masche des Körpers hindurchstechen. Orientiere dich dabei genau an den Maschen der Runde des Körpers. Führe den Faden dabei von oben nach unten über die Maschen des Arms.

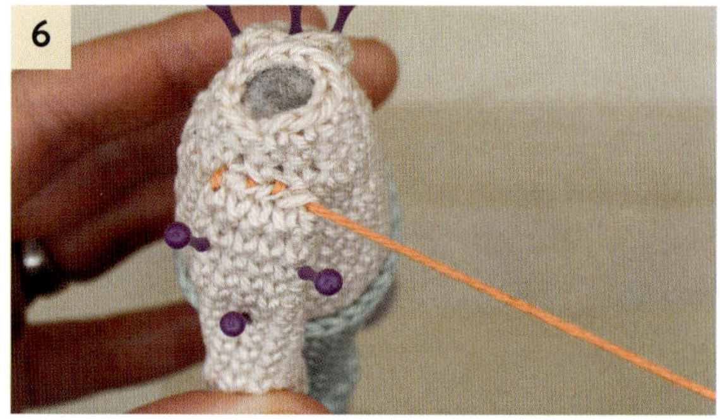

So lange wiederholen, bis alle Maschen der letzten Runde des Arms mit dem Körper verbunden sind.

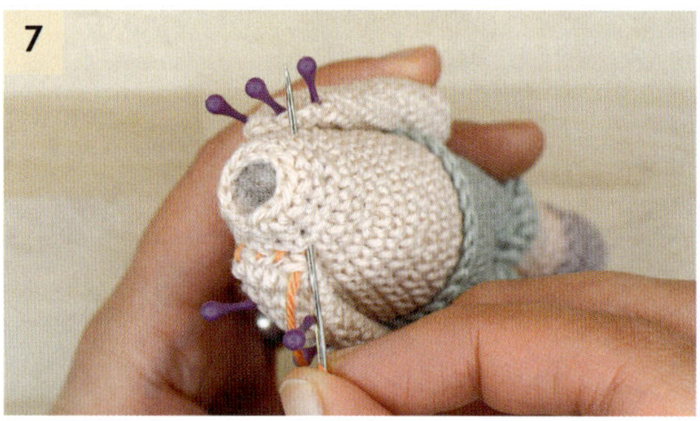

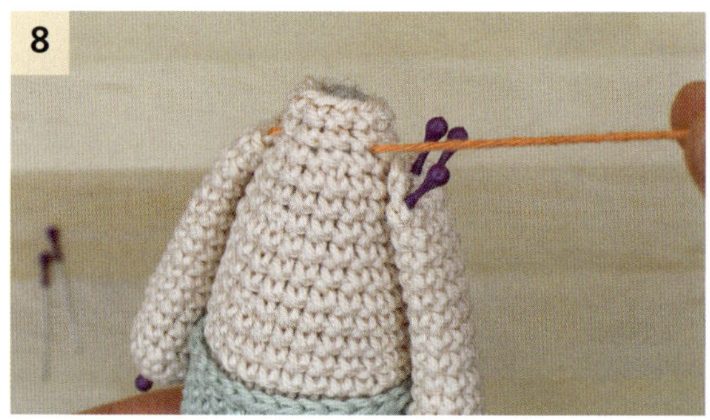

Stich nun mit der Nadel durch den Körper hindurch zum Anfang des zweiten Arms.

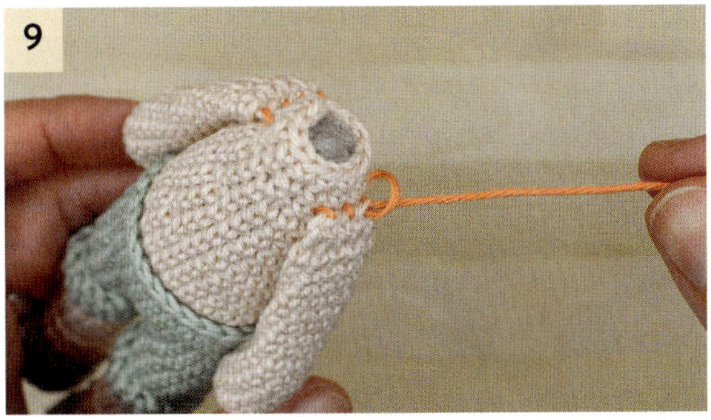

Nähe den zweiten Arm auf die gleiche Weise an. Ziehe den Faden am Ende durch den letzten Stich, um ihn mit einem kleinen Knoten zu sichern.

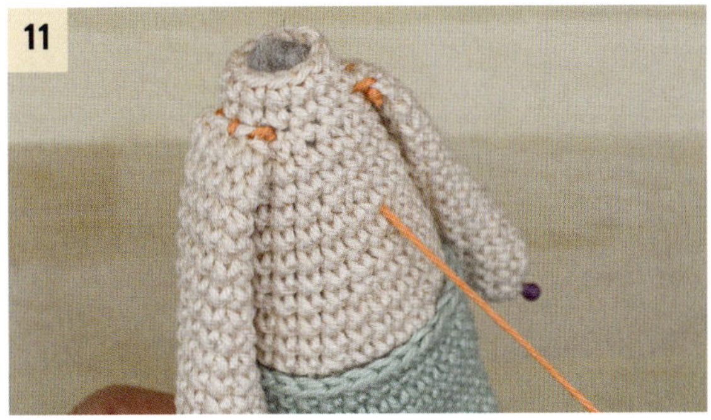

Führe den Faden nun an der Rückseite heraus und ziehe in durch, sodass der kleine Sicherungsknoten im Inneren verschwindet.

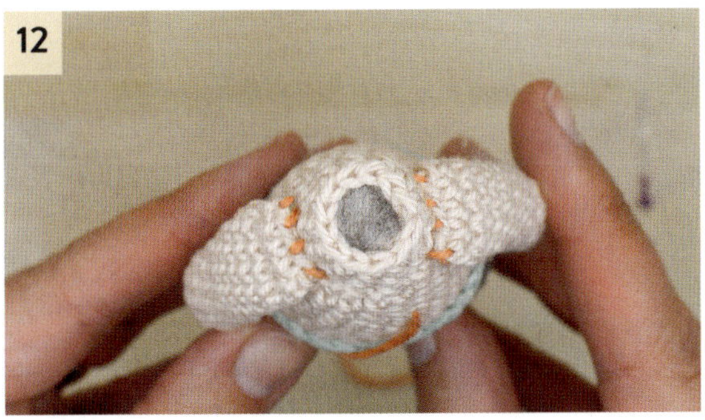

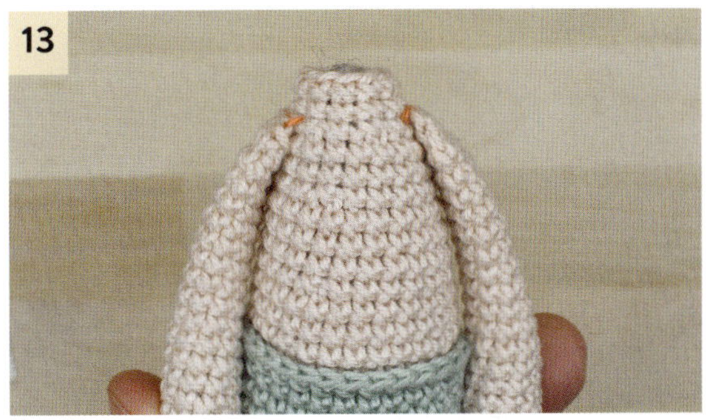

Kleine Teile annähen

Fixiere kleine Teile, wie Ohren, Nasen oder Applikationen, vor dem Annähen immer mit Stecknadeln. Die Teile sollten nach Möglichkeit so festgesteckt sein, dass sich ihre Position beim Nähen nicht mehr verändern kann. So kannst du dich ganz aufs Annähen konzentrieren und musst das Teil nicht zusätzlich festhalten. Orientiere dich bei der Positionierung an den Runden und Maschen der Oberfläche, z. B. des Kopfs oder Körpers. Betrachte dazu die gesamte Figur von allen Seiten. Prüfe während des Fixierens, ob der Sitz des Teils korrekt ist, bevor du mit dem Nähen beginnst.

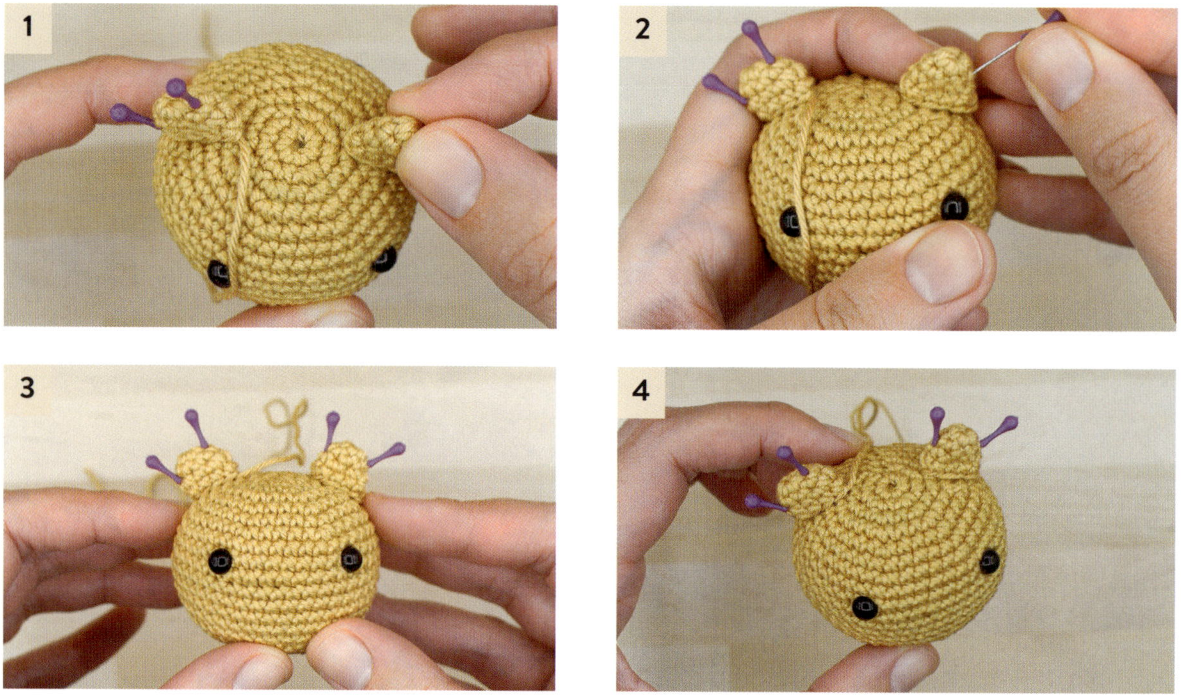

Offene Einzelteile annähen

Einzelteile, die dreidimensional gehäkelt wurden und eine Öffnung an der Unterseite haben, können beim Annähen platt gedruckt oder auch leicht geöffnet bleiben. Letzteres gibt dem Teil mehr Volumen. Die Ohren der Wildkatze werden beim Annähen zusammengedrückt. Lass nach dem Abketten einen langen Faden zum Annähen.

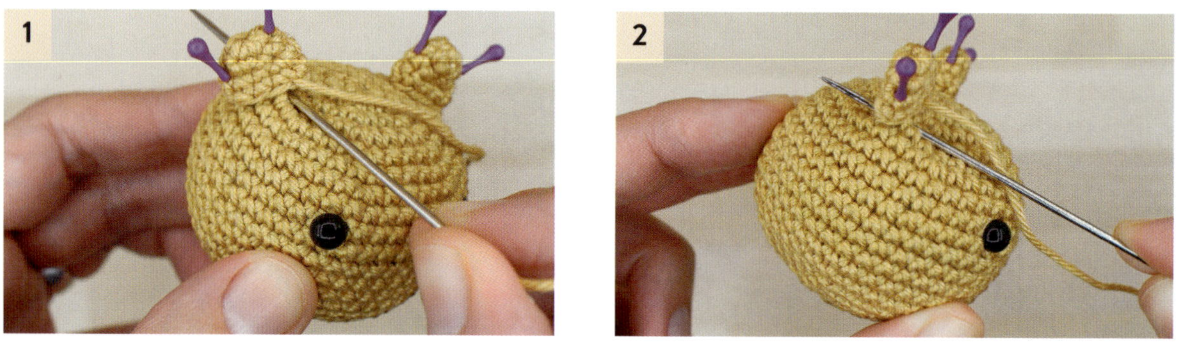

Stich mit der Nadel von vorne nach hinten unter der Öffnung hindurch durch die Maschen des Kopfs.

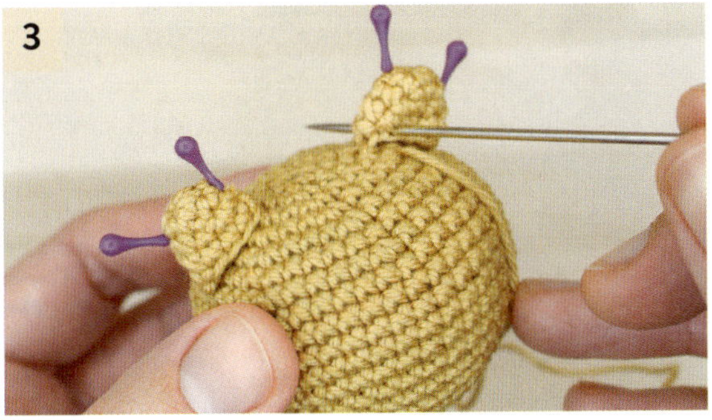

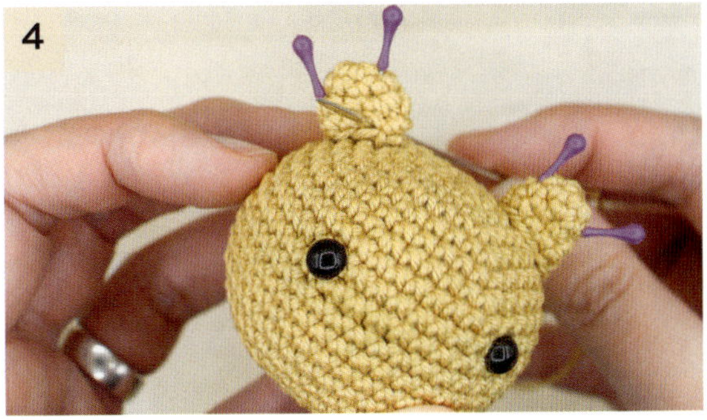

Nun an der Rückseite des Ohrs die Nadel von hinten nach vorne durch die aufeinanderliegenden Maschen der letzten Runde des Ohres stechen.

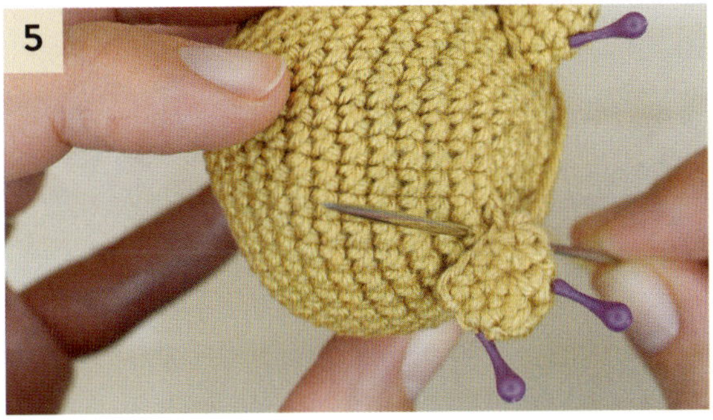

Den Faden durchziehen und von vorne nach hinten erneut durch die Maschen der nächsten Runde des Kopfs hindurchstechen. So lange wiederholen, bis das Ohr angenäht ist.

Flache Kleinteile annähen

Einzelteile, die flach gehäkelt werden, wie beispielsweise die Ohren von Trixie könnt ihr am besten annähen, indem ihr im Wechsel von vorne nach hinten die Maschen des Teils und die Maschen der Oberfläche verbindet.

1

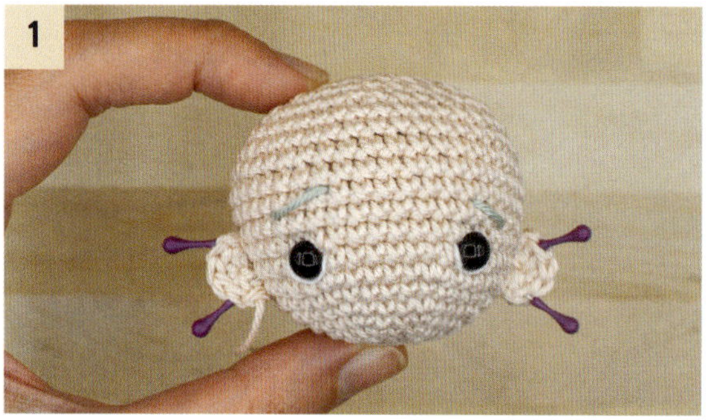

2

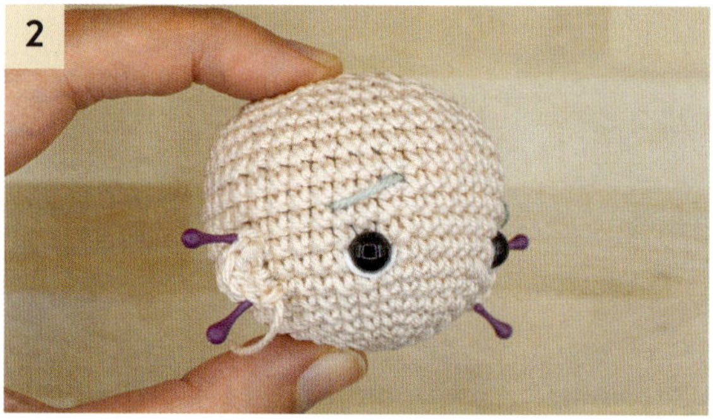

Stecke zu Beginn die Ohren an der gewünschten Position fest.

3

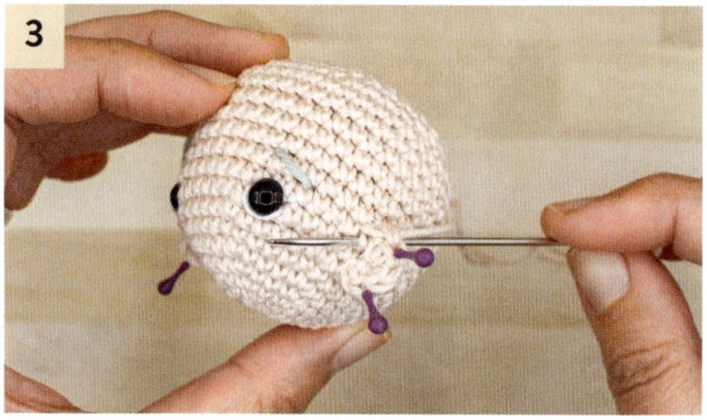

Stich dann mit der Nadel unterhalb des Ohres unter die Maschen des Kopfs durch. Führe die Nadel dabei von hinten nach vorne unter dem Ohr und den Maschen durch.

4

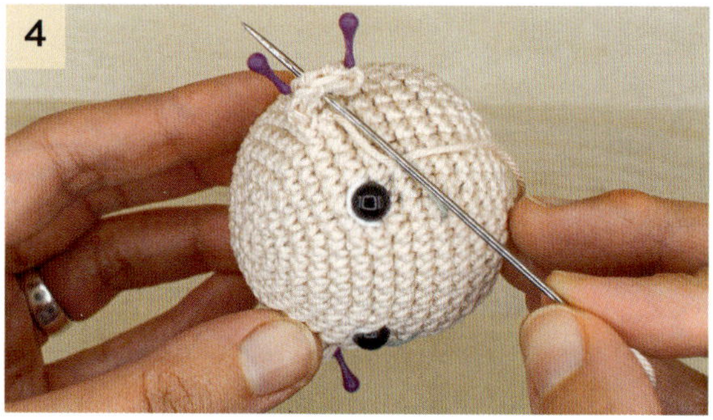

Stich ein Stück weiter oben zurück nach hinten durch das Ohr hindurch.

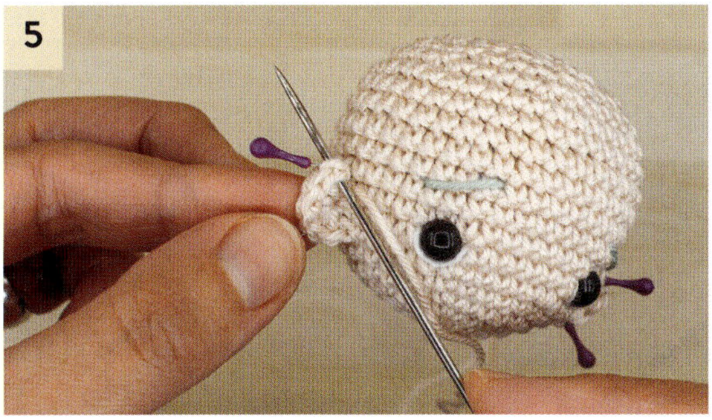
5

Wiederhole dies so lange, bis das Ohr vollständig angenäht ist.

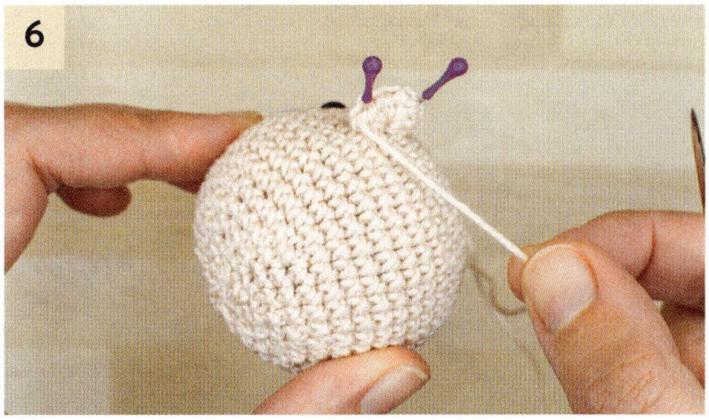
6

Ziehe den Faden am Ende noch einmal fest an, damit sich alle Stiche festziehen können.

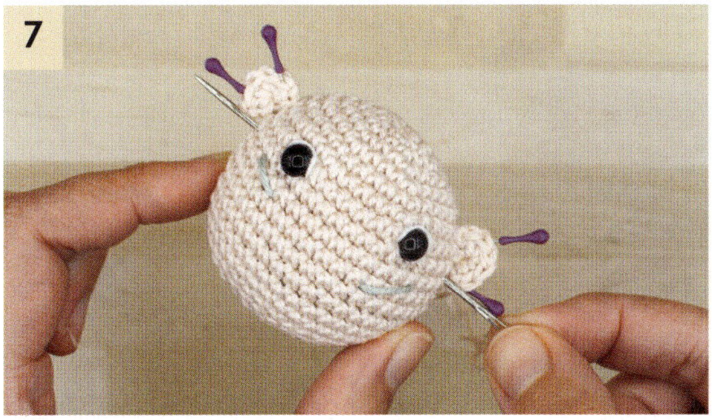
7

Stich die Nadel nun durch den Kopf hindurch zum zweiten Ohr hin.

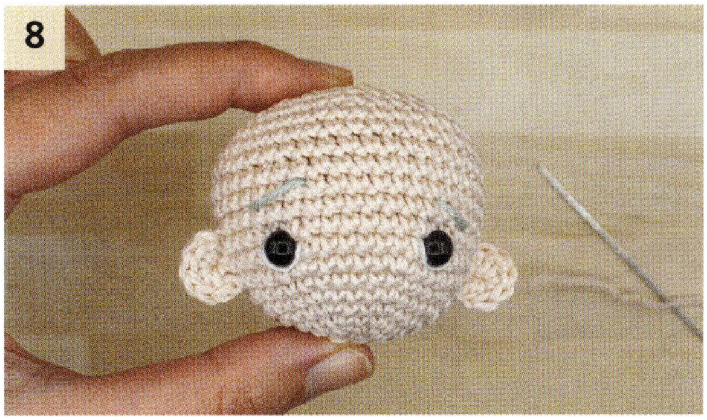
8

Nähe dies auf die gleiche Weise an.

TIPP

Bei zwei gleichen Einzelteilen, wie beispielsweise Armen, oder Ohren, kette ich nur eines mit langem Faden ab und nähe damit Teile fest. Auf diese Weise kann auf wiederholtes Einfädeln und Vernähen verzichtet werden.

Applikationen annähen

Applikationen, wie z. B. gehäkelte Augen, lassen sich am besten mit dem Leiterstich aufnähen. Dieser hat den Vorteil, dass der Nähfaden auf der Oberseite unsichtbar bleibt. Außerdem liegt die Applikation am Ende gerade auf und wird nicht beim Nähen verzogen. Nähe mit Nähgarn, Stickgarn oder dem gleichen Garn, aus dem die Applikation gehäkelt ist. Nutze dabei eine Sticknadel mit Spitze.

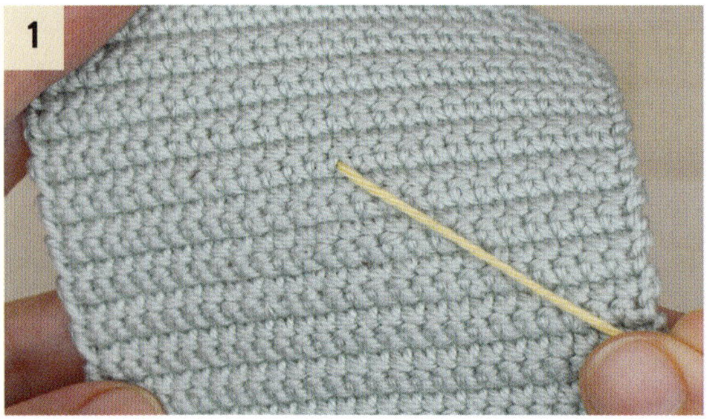

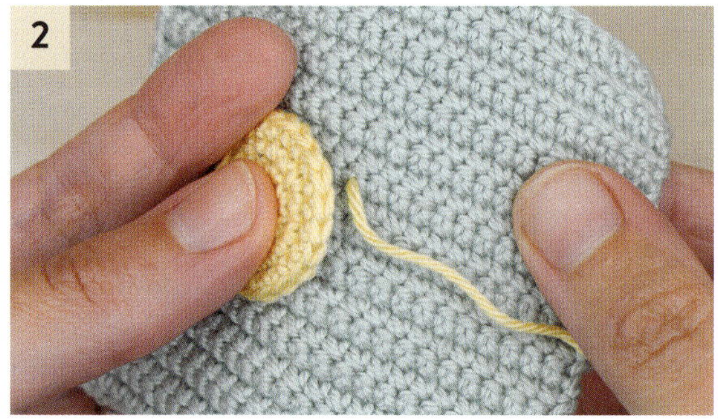

Führe zu Beginn den Faden von hinten nach vorne an der Stelle heraus, an der die Applikation angenäht werden soll. Du kannst die Applikation dazu auch schon mit Stecknadeln in der richtigen Position feststecken.

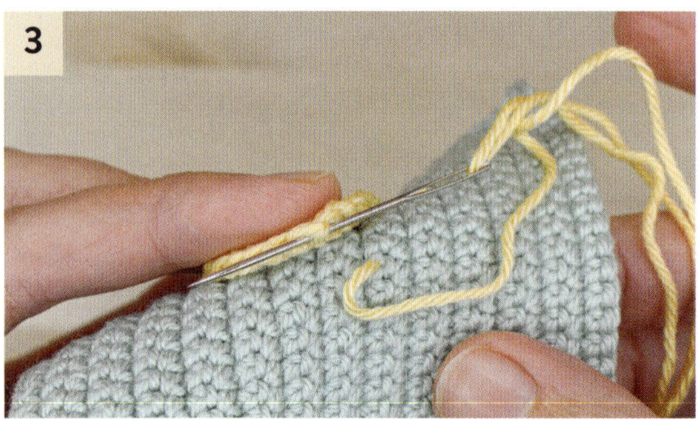

Stich nun mit der Nadel durch die Unterseite der ersten Maschen an der Außenkante der Applikation, sodass der Faden nicht an der Oberseite sichtbar ist.

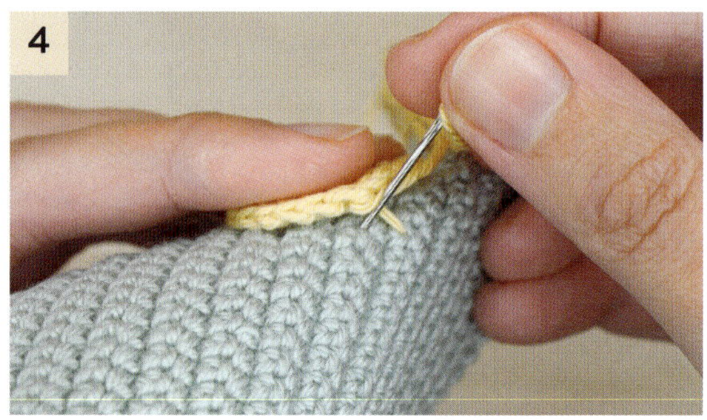

Anschließend mit der Nadel direkt unter der Einstichstelle wieder zurück nach hinten/unten durchstechen.

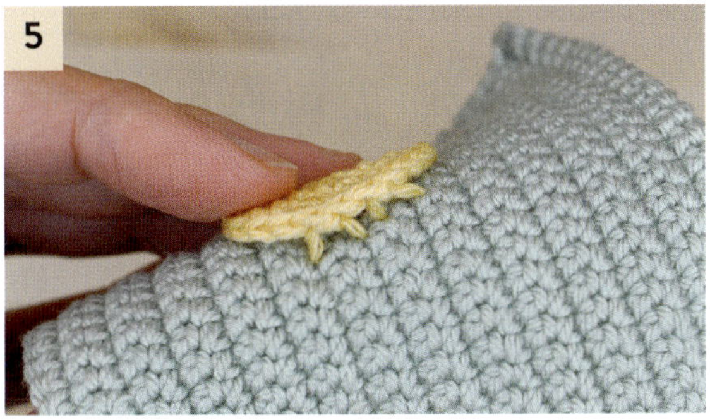

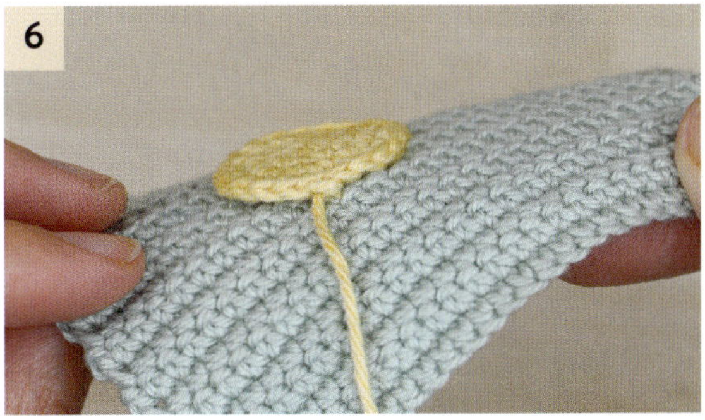

Ziehe den Faden durch und wiederhole alle Schritte rund um die Außenkante der Applikation. Alle paar Maschen den Faden festziehen, bis die Applikation genau auf der Oberfläche aufliegt.

EINZELTEILE ANHÄKELN

Anhäkeln statt Annähen

Einzelteile, wie z. B. Köpfe, lassen sich auch direkt an den Körper anhäkeln. So sparst du dir das Annähen und Vernähen. Das gelingt mit fast jeder Figur, bei der der Kopf auf eine schmalere Halsöffnung genäht wird. Ich zeige dir am Beispiel von Trixie, wie das funktioniert. Du kannst diese Technik auf andere geeignete Amigurumi übertragen. Häkle zunächst den Körper fertig. Kette den Faden nicht ab. Nun musst du als Erstes ermitteln, wie viele Maschen du für den Ansatz des Kopfs zunehmen musst.

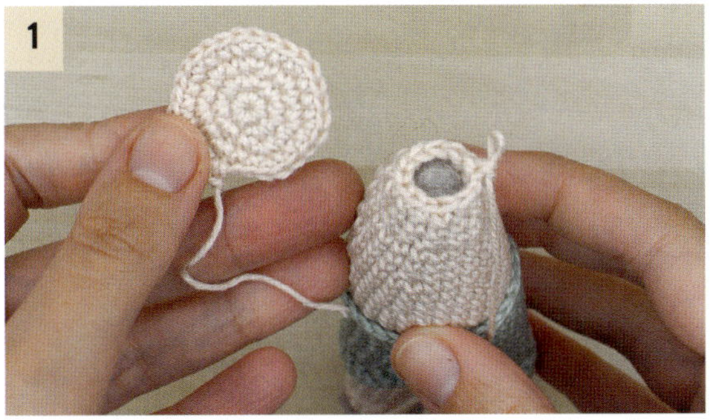

Häkle dazu als Probe die ersten Runden des Kopfs, wie in der Anleitung angegeben. Häkle so viele Runden, bis die Probe mindestens den Durchmesser der Halsöffnung erreicht hast.

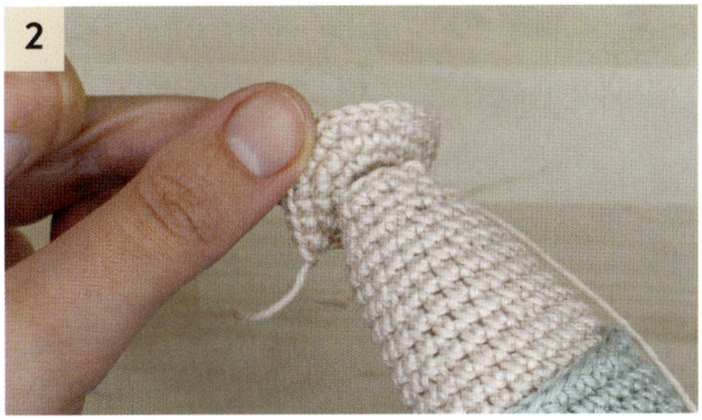

Lege die Probe nun mittig über den Halsansatz, so wie du auch den Kopf annähen würdest. Nun kannst du erkennen, in welche Runde der Kopf an den Hals genäht wird. Bei Trixie ist es die dritte Runde.

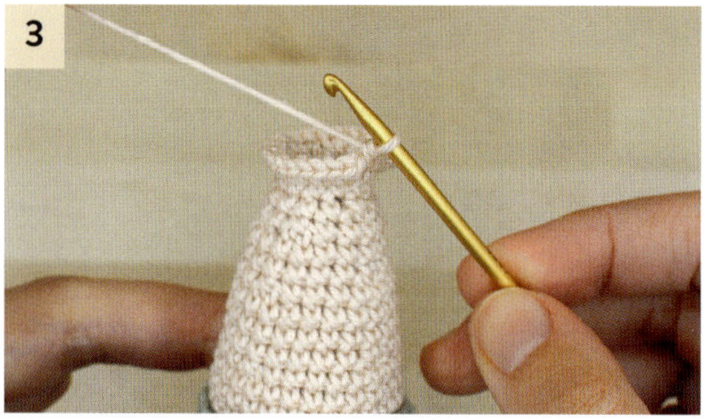

Die Anzahl der Maschen der vierten Runde verrät dir, wie viele Maschen der Ansatz des angehäkelten Kopfs haben muss. Bei Trixie sind das 28 Maschen. Häkle nun den Körper weiter. Um den Kopf zu beginnen, arbeite zunächst eine Zunahme in jede Masche der Vorrunde.

TIPP

Ist die Halsöffnung deines Amigurumi breiter als bei Trixie, reicht auch eine Zunahme in jeder zweiten Masche. Im Zweifel probiere verschiedene Zunahmen aus.

22. Rd: 12 x 1 M zun. [24]

In der nächsten Runde musst du nun auf die ermittelte Anzahl der Maschen kommen = 28 Maschen. Dazu musst du 4 Maschen in der nächsten Runde zunehmen *(28 M – 24 M = 4 M)*. Teile die Anzahl der Maschen der Vorrunde durch die Anzahl der nötigen Zunahmen.
Hier: *24 : 4 = 6*. Du musst in jeder 6. Masche eine Masche zunehmen, um die gewünschte Zahl von 28 Maschen zu erhalten. Häkle wie folgt:

23. Rd: *5 fM, 1 M zun*, von * bis * noch 5 x wdh. [28]

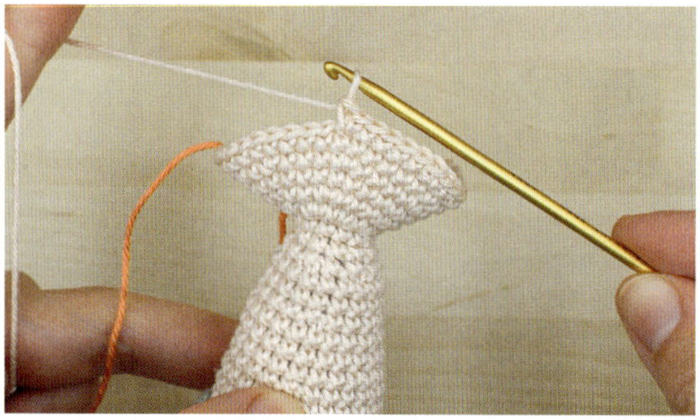

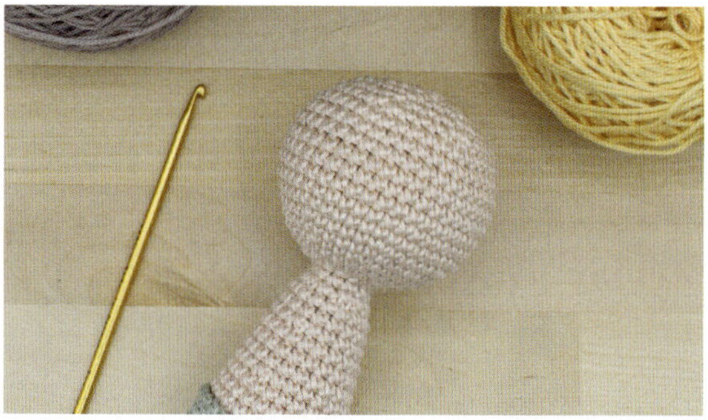

Ab hier kannst du den Kopf, wie in der Anleitung angegeben, ab der 5. Rd weiterhäkeln.

Flache Teile anhäkeln

Um das Nähen zu vermeiden, kannst du Teile mit einem flachen Ende einfach während des Häkelns mit einfassen. Am Beispiel von Trixies Armen zeige ich dir, wie das geht. Häkle den Körper bis zu der Runde, in der laut Anleitung die Arme angenäht werden sollen. Bei Trixie ist das die 19. Runde. Häkle diese zu Ende.

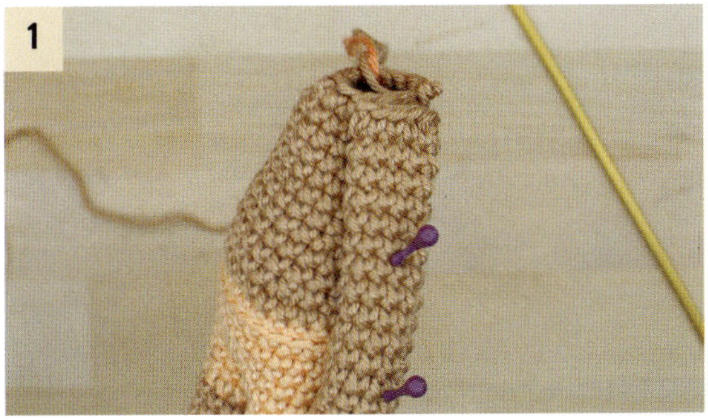

Stecke nun die fertigen Arme am Körper fest. Die letzte Runde der Arme liegt dabei bündig an der letzten Runde des Körpers.

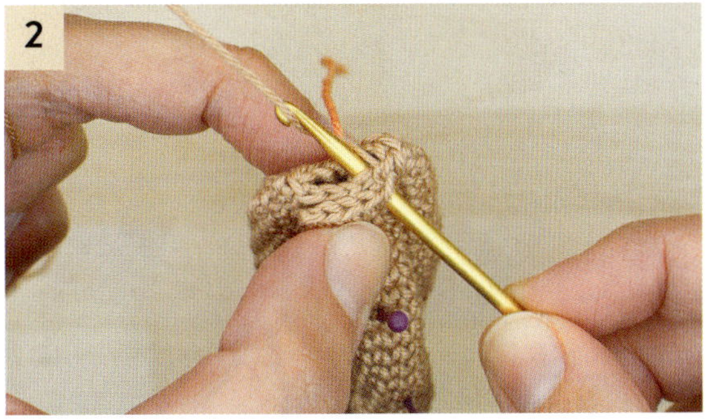

Beginne nun mit dem Häkeln der 20. Runde. Bist du am Arm angekommen, stich mit der Nadel durch die Maschen der letzten Runden des Arms und der daranliegenden Masche der 18. Runde des Körpers.

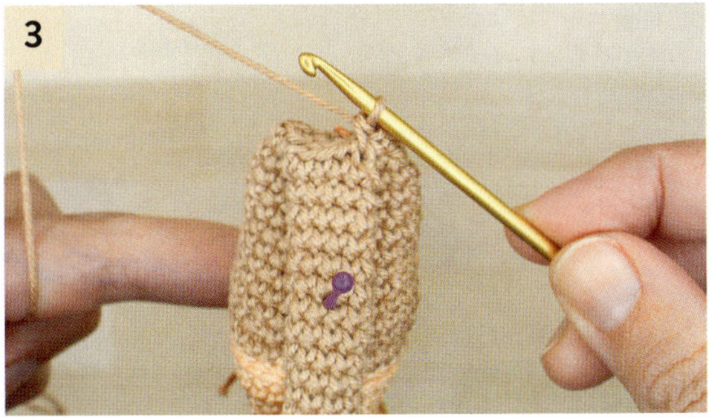

Verbinde beide Maschen mit einer festen Masche.

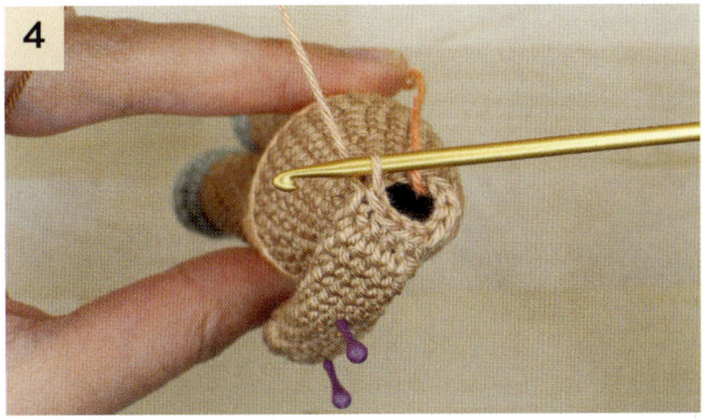

Verbinde so im Folgenden alle Maschen der letzten Runde des Arms mit dem Körper.

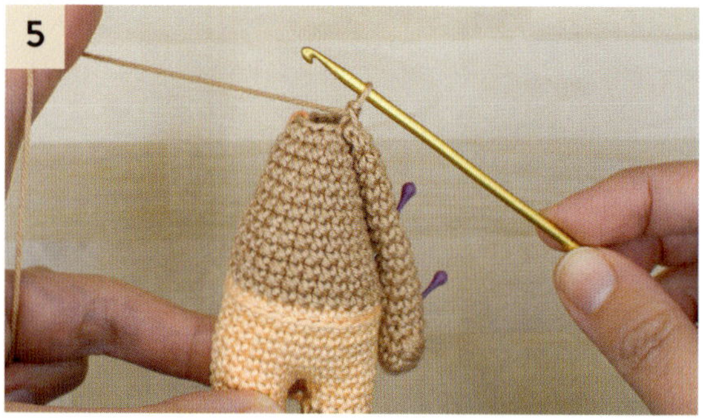

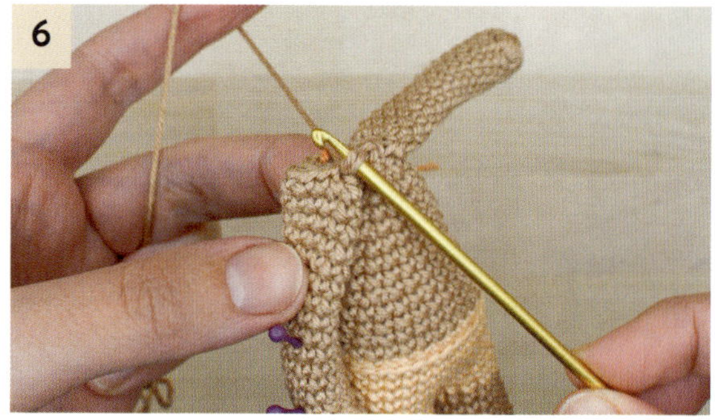

Häkle anschließend die Runde normal weiter, bis du beim nächsten Arm anlangst.

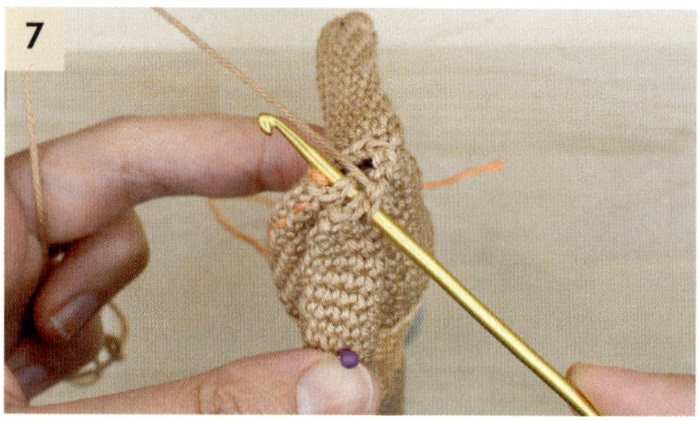

Häkle nun den zweiten Arm auf die gleiche Weise mit ein.

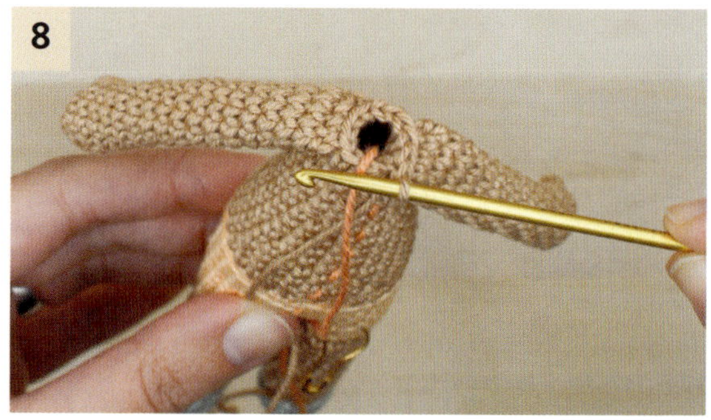

Häkle anschließend, wenn nötig, feste Maschen …

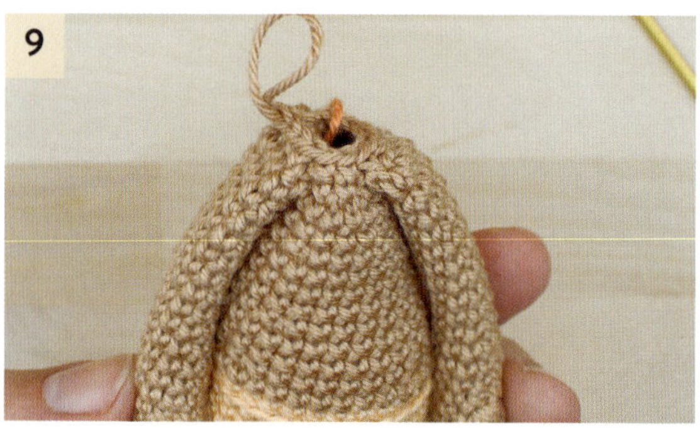

… bis zum Ende der Runde.

Auf diese Weise kannst du Arme, Beine oder Details, wie Schwänze bei Tieren, beim Häkeln einfassen.

Um Trixies Arme auf diese Weise einzuhäkeln, häkle wie folgt:

Häkle in Spiral-Rd.
1.–18. Rd: wie in der Anleitung für Trixies Körper angegeben.
19. Rd: *1 fM, 1M abn*, von * bis * noch 5x wdh. [12]
20. Rd: 2 fM, 4 fM lang den 1. Arm einfassen, 2 fM, 4 fM den 2. Arm einfassen. [12]
21. Rd: 12 fM.

MIT DRAHT HÄKELN

Draht kommt beim Häkeln von Amigurumi vielfältig zum Einsatz. Damit kannst du deine Figur verstärken, beweglich und formbar machen. Am besten eignen sich dazu normaler Blumen- und Basteldraht sowie Pfeifenreiniger. Zur Verarbeitung benötigst du außerdem einen Seitenschneider, um den Draht auf die gewünschte Länge zu kürzen, und eine Schmuckzange.

BEWEGLICHKEIT

Du kannst Arme, Beine und jedes weitere Teil deines Amigurumi mit Draht beweglich machen. Dazu wird der Draht in das jeweilige Teil eingeführt. Ich nutze dazu am liebsten Pfeifenreiniger, weil sie sich gut platzieren lassen.

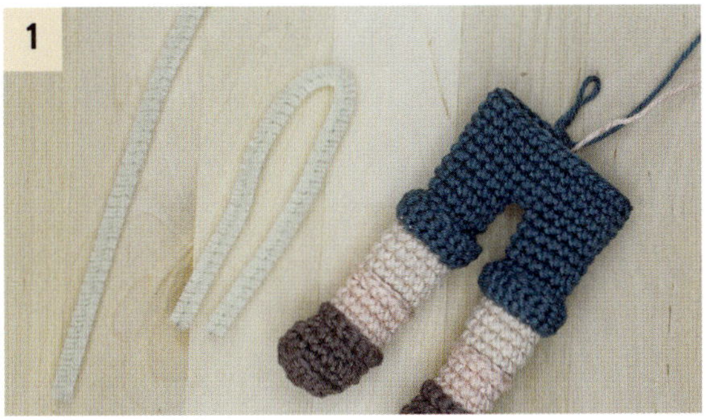

Schneide den Pfeifenreiniger auf die doppelte Länge des Teils, in das er eingelegt werden soll.

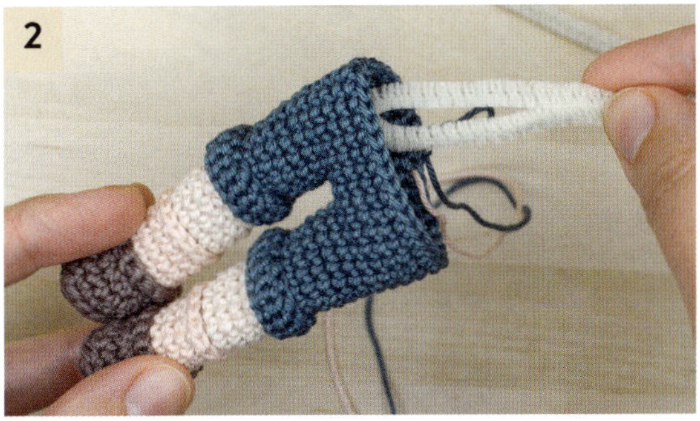

Stopfe nun den Anfang des Einzelteils aus: bei Beinen den Fuß und bei Armen die Hand. Knicke den Draht in der Mitte …

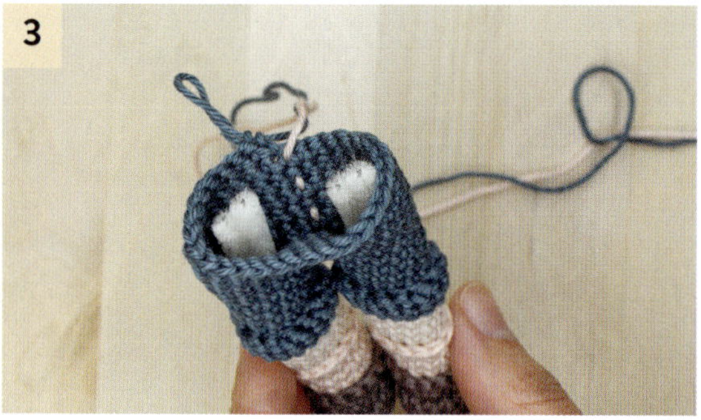

… und schiebe ihn mit dem Knick voran hinein.

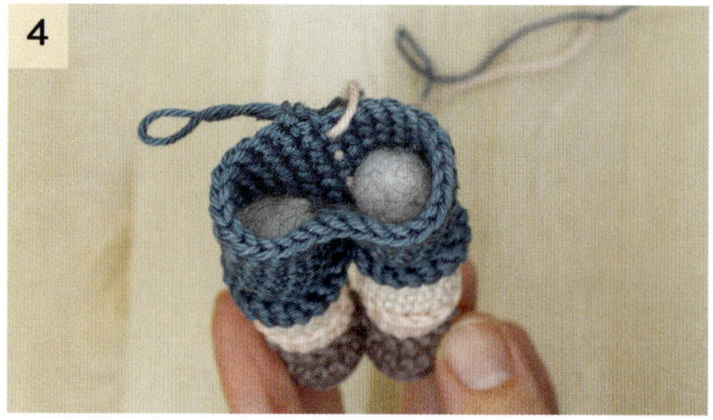

Stopfe nun um den Pfeifenreiniger herum alles mit Füllwatte aus.

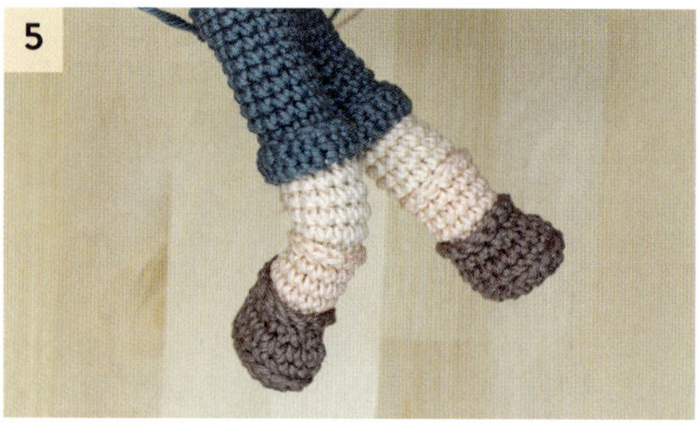

Arbeite dann, wie in der Anleitung angegeben, weiter.

Bei offenen Einzelteile, wie z. B. Armen, die später angenäht werden sollen, biege die Enden des Drahts mit der Zange um. So verhinderst du, dass die Drahtenden später beim Annähen stören. Zudem können die Enden sehr spitz sein und unschön in die Finger pieken.

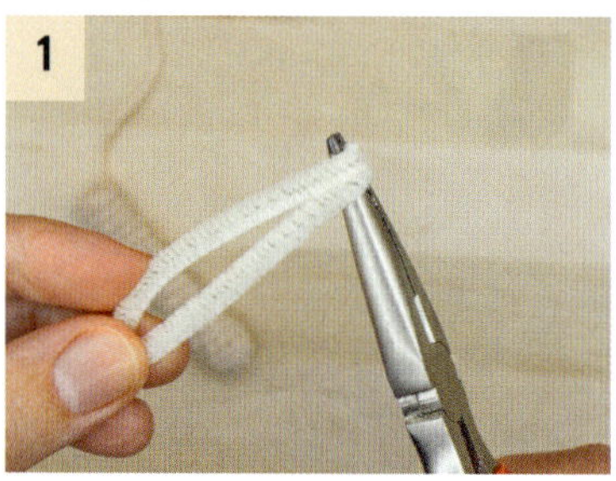

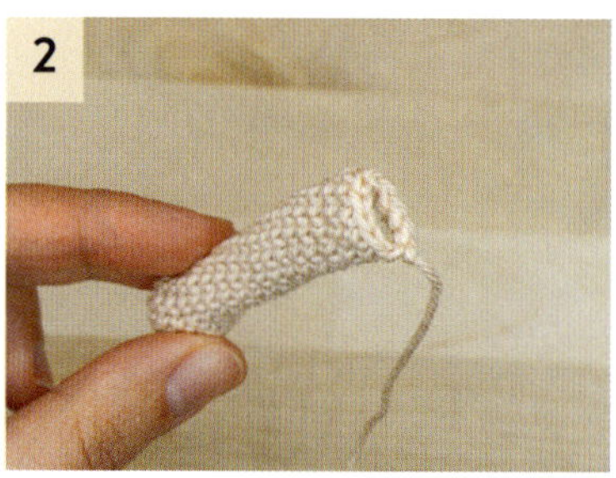

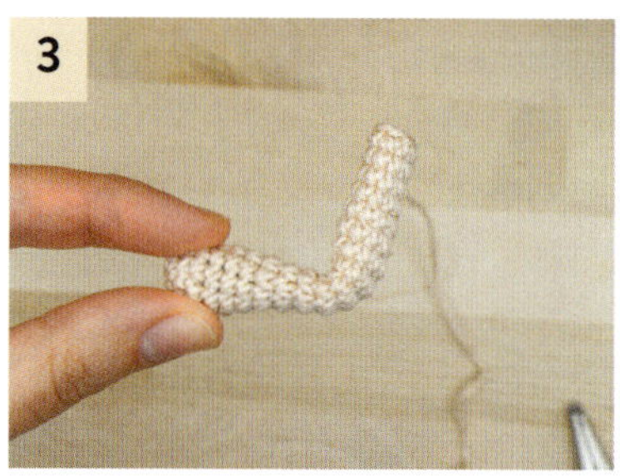

Bei sehr schmalen Einzelteilen wie dem Schwanz der Wildkatze reicht es, den Pfeifenreiniger einfach einzuführen.

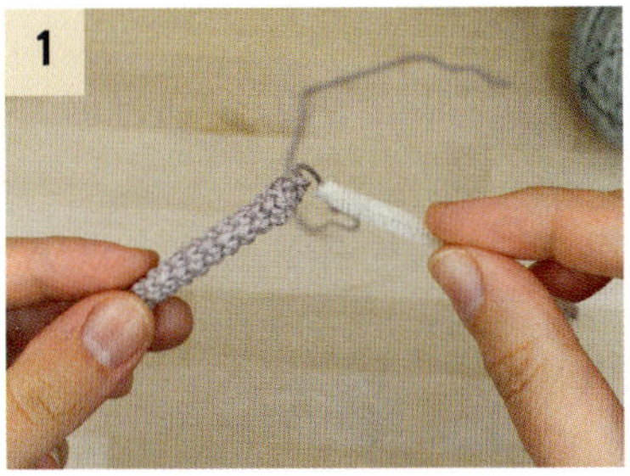

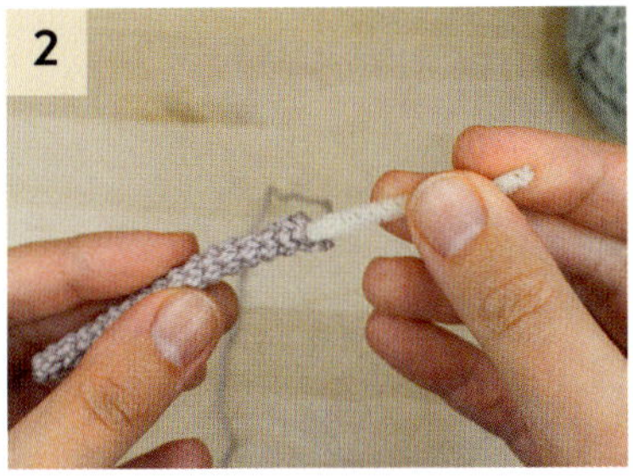

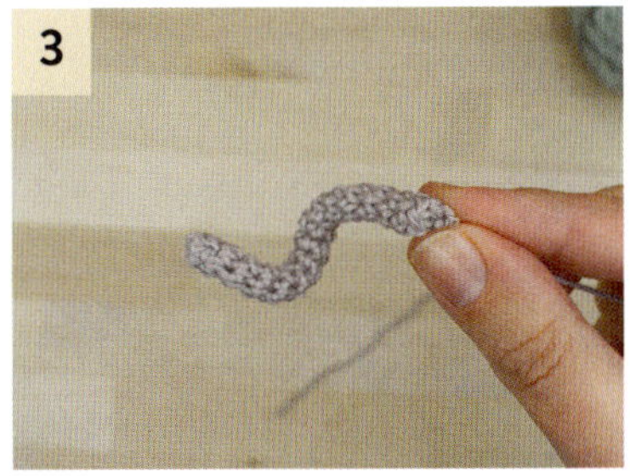

MIT DRAHT FORMEN

Mit Draht kannst du einzelne Teile formbar machen. So lassen sich beispielsweise schöne Effekte an Kleidungsstücken erzielen. Im Beispiel habe ich den Saum von Trixies Faltenrock mit Draht verstärkt, sodass er dauerhaft in verschiedene Formen gebracht werden kann. Hierfür nimmst du am besten Blumen- oder Basteldraht zur Hand.

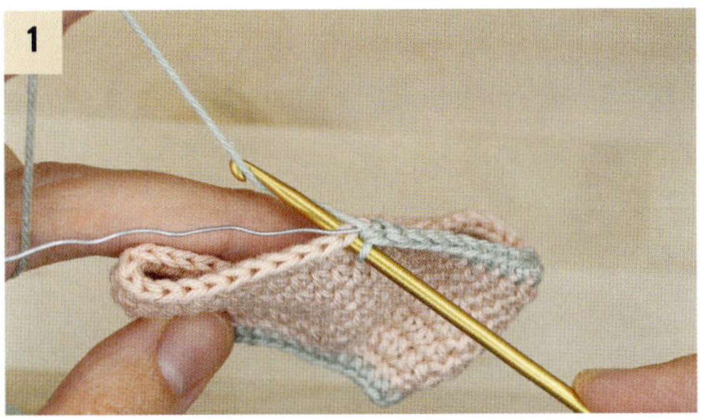

Schneide ein Stück Draht ab, das ca. 1–2 cm länger als der Umfang des Rocksaums ist. Lege ihn auf die Maschen der Vorrunde.

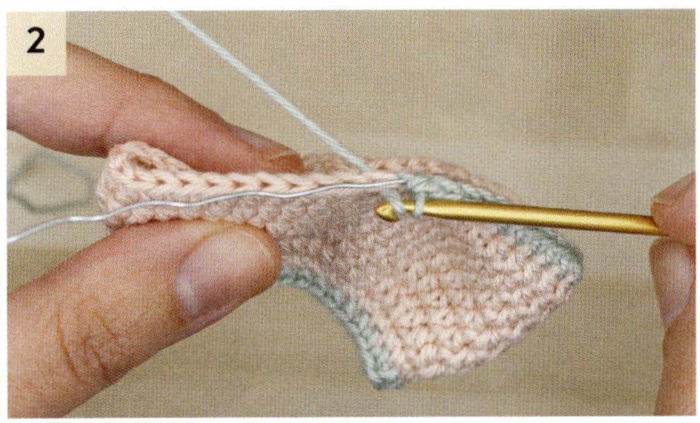

Hole den Faden nun wie gewohnt durch die Maschen …

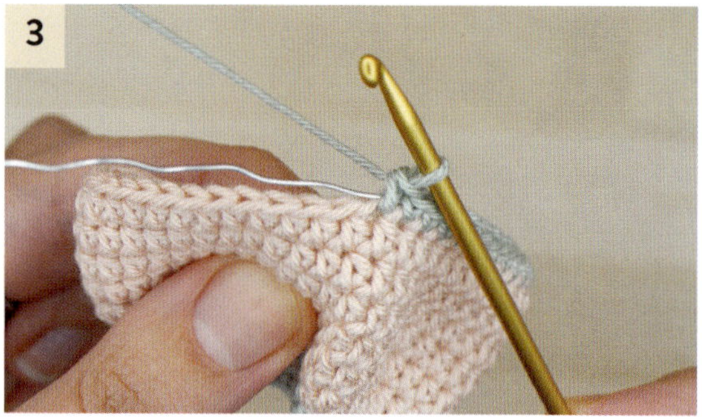

… und bilde eine feste Masche über dem Draht.

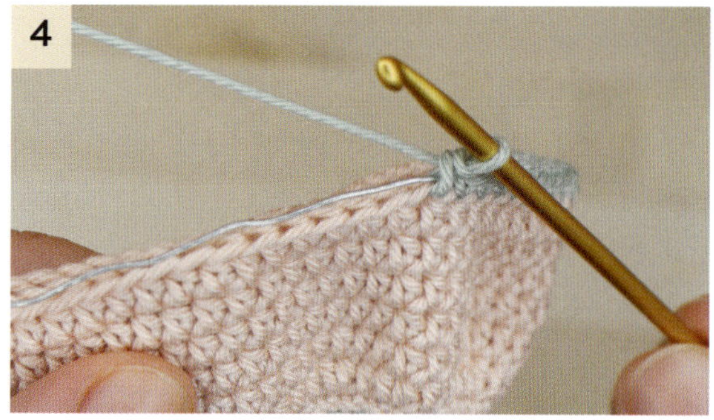

Der Draht wird so eingefasst.

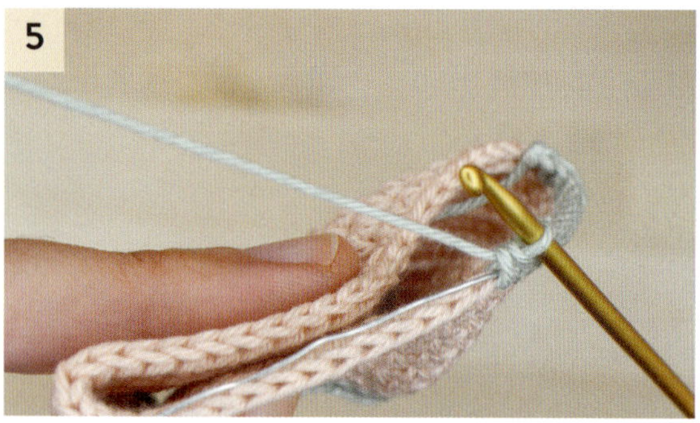

Achte darauf, dass der Draht mittig auf den Maschen liegt, damit er später nicht zu sehen ist.

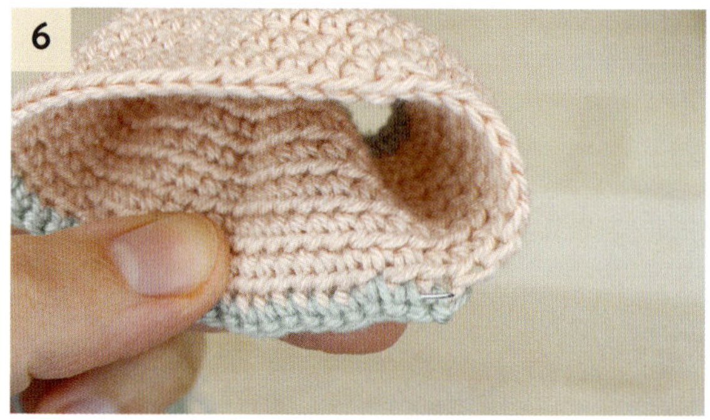

Häkle ein paar Maschen über den Draht. Damit das Ende nicht aus den Maschen rutschen kann, …

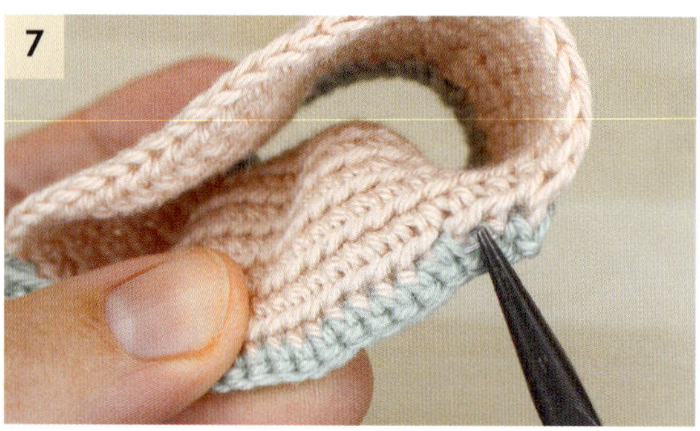

… biege es mithilfe der Zange um.

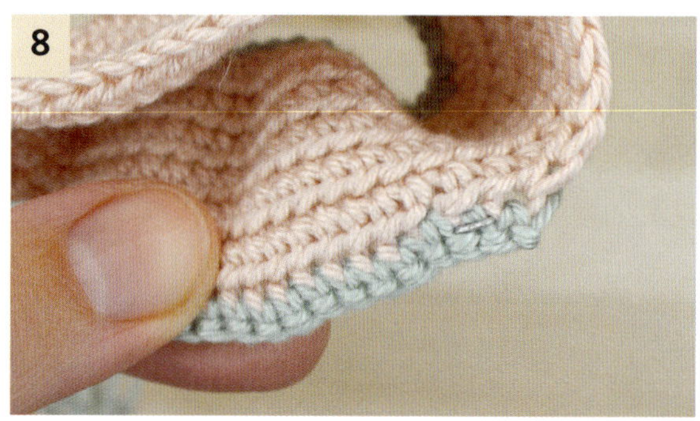

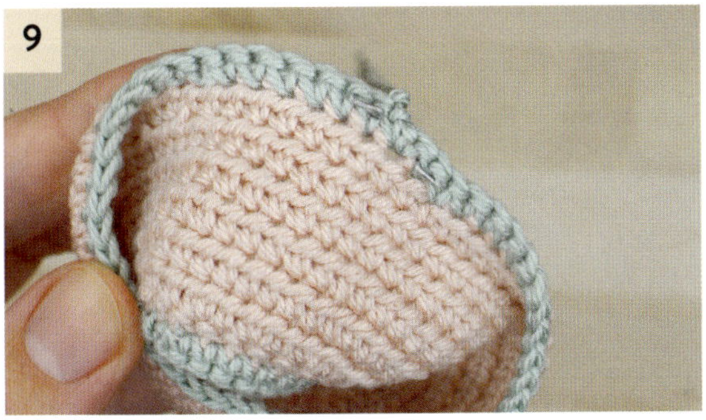

9

Häkle nun den Saum zu Ende. Zum Schluss das zweite Drahtende ebenfalls umbiegen und so sichern. Nun lässt sich der Rocksaum in beliebige Falten legen.

DRAHT BEHÄKELN

Du kannst ganz leicht Draht mit festen Maschen behäkeln. Auf diese Weise kannst du z. B. die erste Reihe oder Runde deiner Häkelarbeit verstärken und formbar machen. Jede Art von Draht und Pfeifenreiniger kann umhäkelt werden. Lege dazu wie gewohnt eine Anfangsschlinge um deine Nadel.

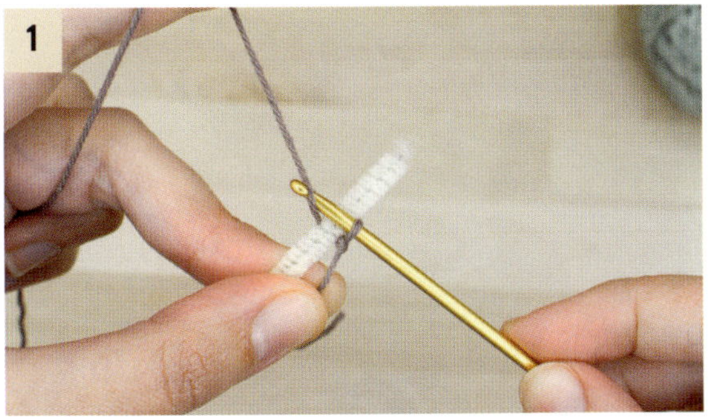

1

Lege den Anfang des Drahts oben zwischen Schlinge und Arbeitsfaden.

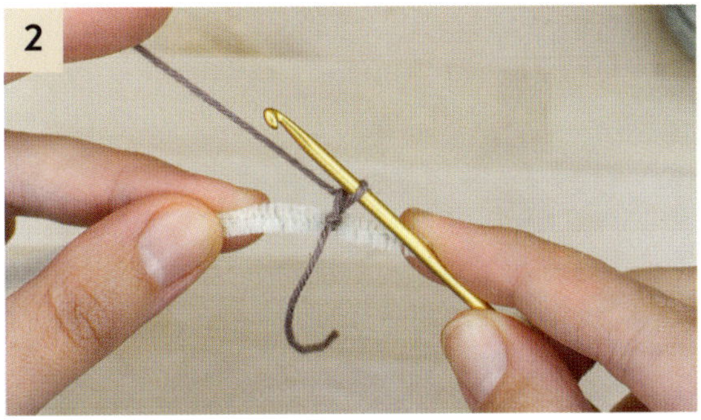

2

Hole den Faden über dem Draht durch und bilde eine Luftmasche um den Draht herum.

3

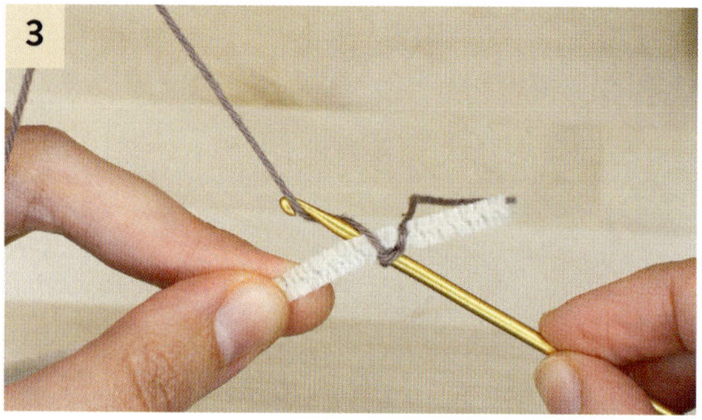

4

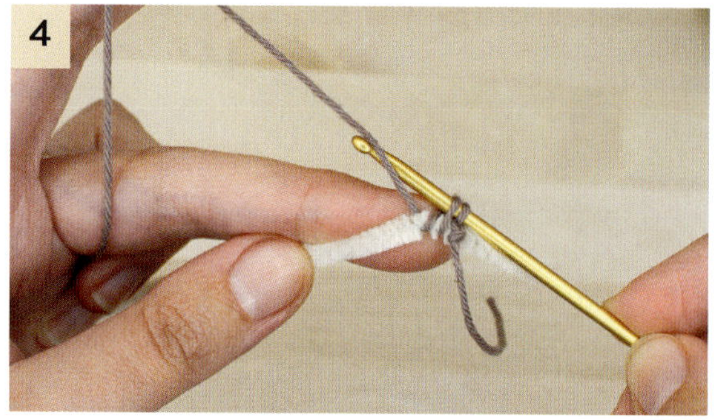

Hole nun den Faden unter dem Draht durch, sodass eine Schlinge und ein Umschlag auf der Nadel liegen.

5

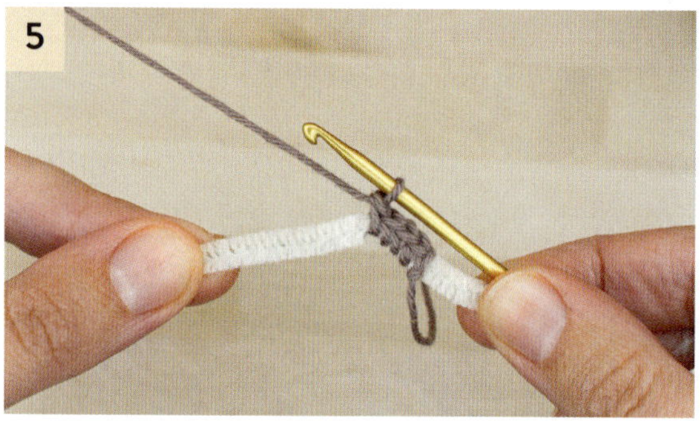

Masche beide zu einer festen Masche ab. Häkle nun so viele feste Maschen, bis die gewünschte Länge erreicht.

6

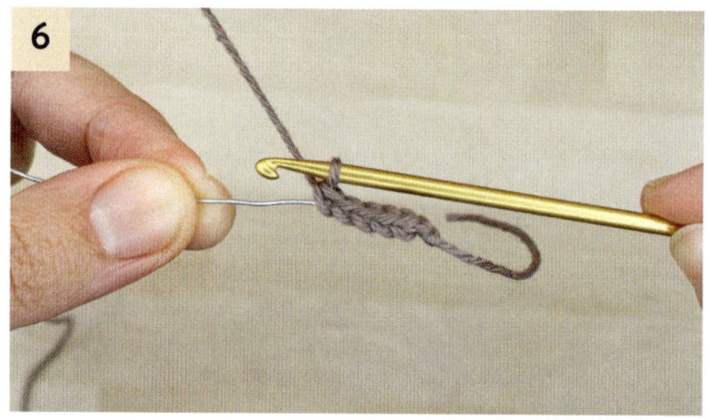

Umhäkelst du Blumen- oder Basteldraht, sichere den Draht am Anfang und am Ende, indem du ihn mit einer Schmuckzange umknickst …

7

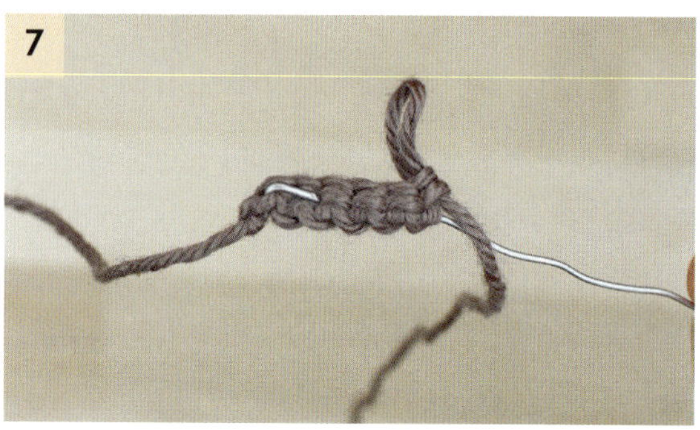

… und festdrückst.

DRAHT EINNÄHEN

Statt Draht einzuhäkeln, kannst du ihn auch einnähen. Am besten gelingt dies mit Bastel- oder Blumendraht. Häkle dazu eine Reihe mit festen Maschen in der gewünschten Länge. Kette die Reihe mit einem langen Faden ab.

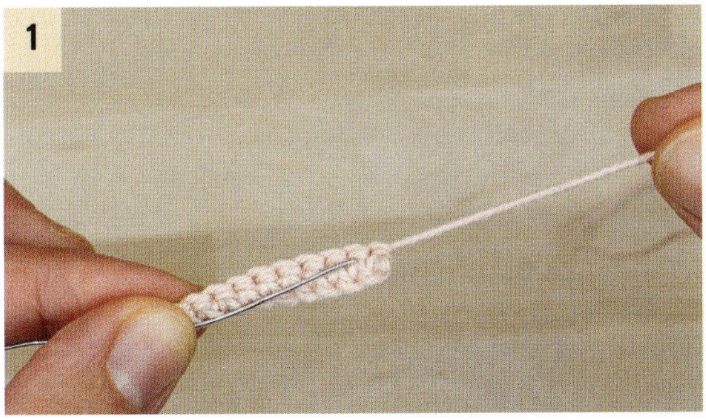

Fädle das Fadenende in eine Woll- oder Sticknadel ein. Lege den Draht mittig auf die Reihe auf.

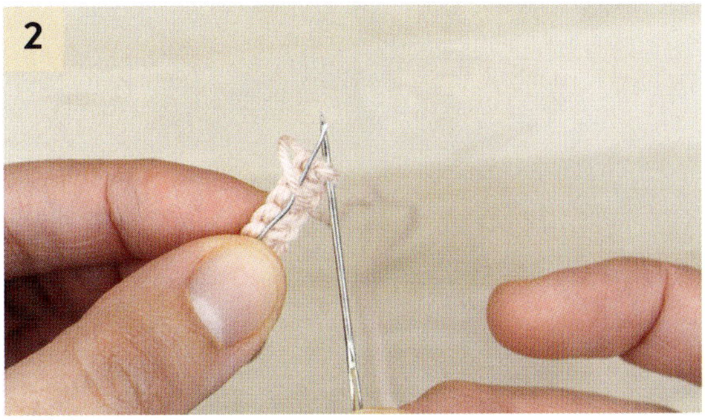

Stich nun mit der Nadel in die letzte Luftmasche der Anfangs-Luftmaschenkette und führe den Faden über den Draht.

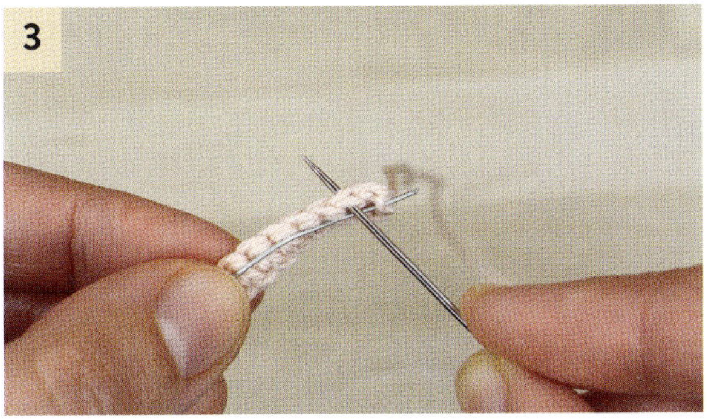

Ziehe ihn durch und stich mit der Nadel zurück in die letzte Masche der Reihe.

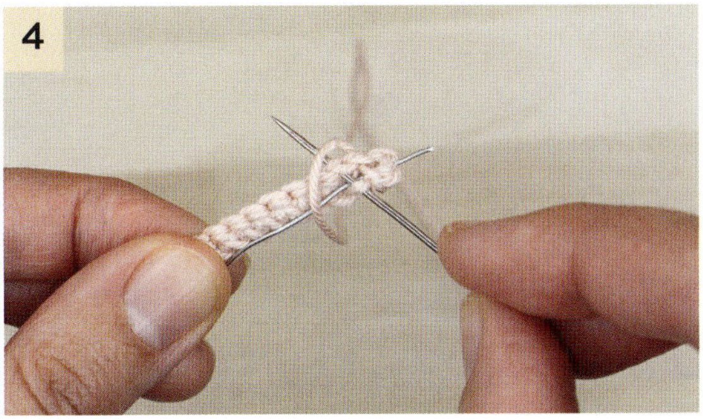

Ziehe den Faden durch. Der Draht liegt dabei unter dem Faden. Masche und Anfangsluftmasche werden nun verbunden.

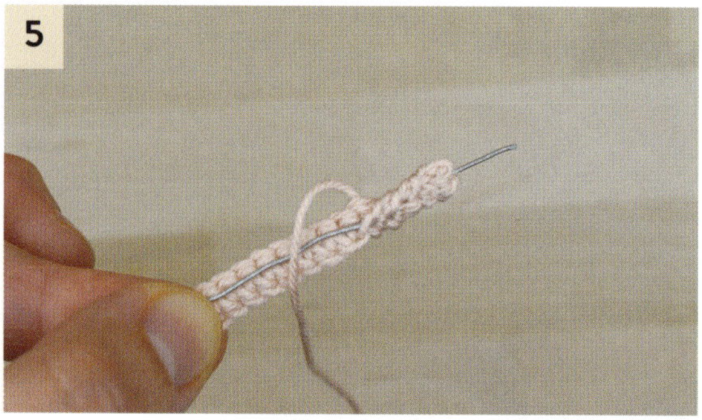

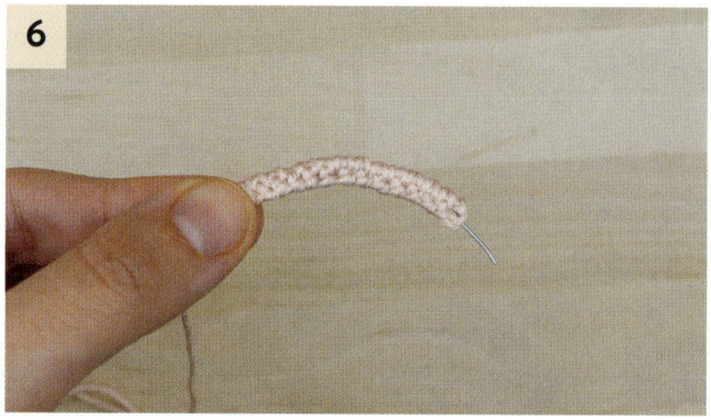

Verbinde auf diese Weise alle festen Maschen der Reihe mit der darunterliegenden Luftmasche.

Führe den Faden dabei immer über dem Draht, sodass dieser dabei eingefasst wird.

WOLLE AUSBÜRSTEN

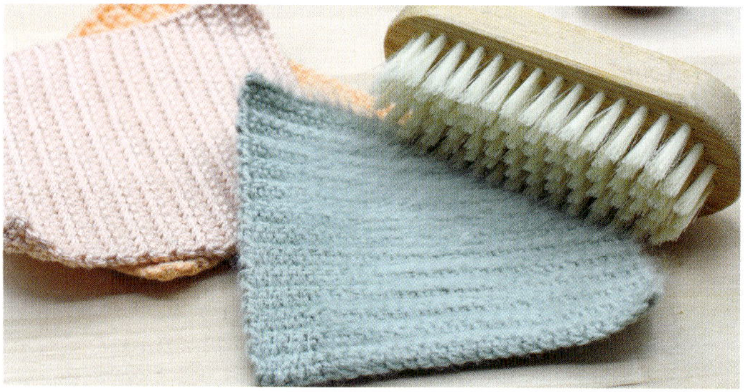

Mit einer Nagelbürste kannst du deinem Amigurumi ein flauschiges Äußeres verpassen. Beim Bürsten werden die einzelnen Fasern aus der Wolle gezogen. Dabei wird die Oberfläche weicher und samtig. Diesen Effekt kannst du besonders gut bei Tieramigurumi einsetzen. Jede Wolle lässt sich auf diese Weise ausbürsten. Je weicher das Garn dabei am Anfang ist, desto fluffiger wird das Ergebnis. Polyacrylgarne lassen sich besonders gut ausbürsten, bei glatter und mercerisierter Baumwolle braucht es etwas mehr Ausdauer. Du solltest in jedem Fall mit Gefühl an die Sache rangehen. Die Bürstenstriche müssen kräftig genug sein, um die Fasern zu lösen, und sanft genug, damit die Maschen nicht ausleiern. Bürste mit langen Strichen in alle Richtungen über die Häkelarbeit. Häkle am besten eine Maschenprobe (mind. 10 x 10 cm) mit dem Garn, das du ausbürsten möchtest, und übe die richtige Technik – bis du zufrieden bist. Bürste dein Amigurumi, wenn möglich, vor dem Ausstopfen. Dann sind alle Stellen leichter zu erreichen, und du verhinderst, dass Füllmaterial herausgezogen wird. Bürste so lange, bis du das gewünschte Ergebnis erzielt hast. Stickereien solltest du erst nach dem Ausbürsten anbringen. Gleiches gilt für das Anbringen von Zubehör, wie Sicherheitsaugen und Applikationen. Kleinteile, die gebürstet werden sollen, wie z. B. Nasen oder Schnauzen, erst ausbürsten und dann annähen.

GESICHTER GESTALTEN

Das Gesicht ist der wichtigste Teil deines Amigurumi. Damit kannst du am besten Gefühle ausdrücken und den Charakter deiner Figur ausarbeiten. Egal ob schlicht oder mit vielen Details – hier wird deiner Figur Leben eingehaucht. Die Möglichkeiten der Gestaltung sind endlos! Im Folgenden bekommst du einen kleinen Überblick über geeignete Techniken und Gestaltungselemente, die dir helfen, das richtige Gesicht für dein Amigurumi zu erschaffen.

GUT ZU WISSEN

Gestickt und angenäht wird meist mit Baumwoll-, Perl- oder Stickgarn. Nutze Sticknadeln oder Matratzennadeln zum Sticken. Mehr Tipps zum Sticken auf Amigurumi findest du im Kapitel *Sticken* (siehe Seite 91). Achte beim Annähen von Einzelteilen wie Nasen darauf, die Farben jeweils passend zur Häkelarbeit zu wählen, damit die Nähte unsichtbar sind.

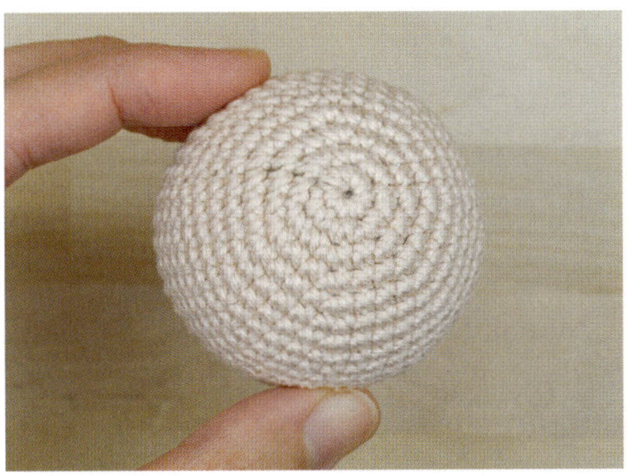

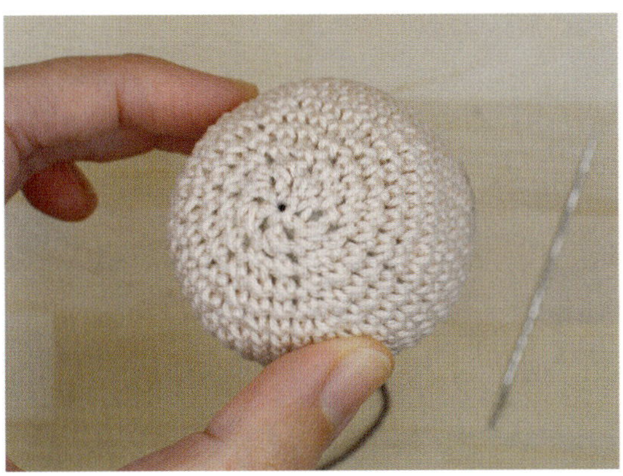

Beim Häkeln des Kopfs entsteht in den Anfangs- und Endrunden beim Häkeln jeweils ein etwas anderes Maschenbild. Während die Anfangsrunden sehr gleichmäßig aufeinanderliegen (Abb. oben), entsteht bei den Abnahmen der Endrunden ein etwas unruhiges Maschenbild (Abb. unten). Ich arbeite meine Amigurumi immer so, dass ich versuche die Endrunden möglichst zu verdecken. Beispielsweise bringe ich das Gesicht der Figuren so auf, dass ich sie später mit der Frisur oder der Haarkappe verdecken kann. Ist das nicht möglich, drehe ich den Kopf so, dass die Endrunden unten liegen und großteils beim Annähen an den Körper verdeckt werden.

Mit wenigen Ausnahmen arbeite ich zuerst das Gesicht der Figur und erst danach die Frisur. Das hat den Vorteil, dass die Haarsträhnen nicht stören, und du kannst die Nähfäden später unter der Frisur verschwinden lassen.

SYMMETRIE UND GESICHTSAUSDRUCK

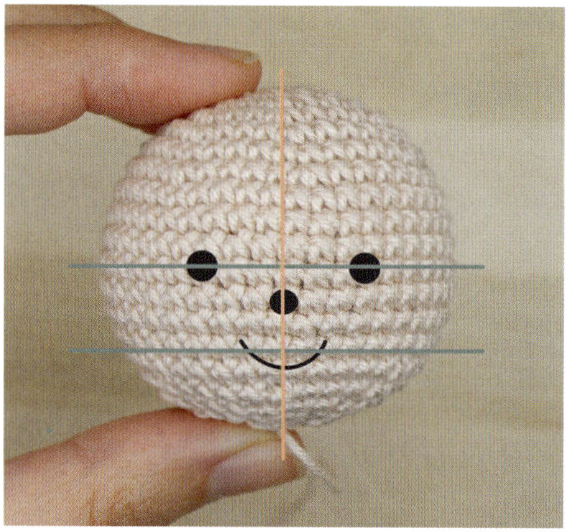

Der Mensch empfindet Dinge als besonders schön, die symmetrisch sind. Auch für ein gelungenes Amigurumigesicht ist Symmetrie wichtig. Hilfreich sind dabei die *Proportionsregeln*. Um die einzelnen Elemente des Gesichts in die richtige Proportion zu bringen, teile den Kopf gedanklich in verschiedene Abschnitte ein. Üblicherweise liegen die Augen in der Mitte des Kopfs und in etwa auf einer Linie mit den Ohren. Die Nase liegt mittig unterhalb der Augen. Der Mund liegt in der Mitte der unteren Hälfte des Kopfs.

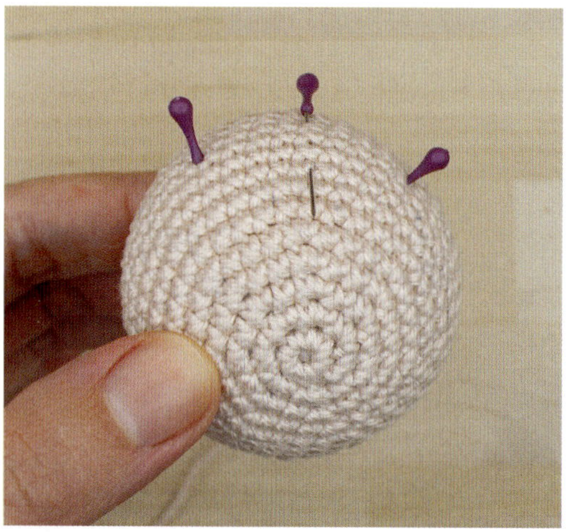

Du musst dich aber nicht immer genau an diese Regeln halten. Im Gegenteil! Durch Variationen kannst du dem Gesicht deines Amigurumi einen besonderen Ausdruck verleihen. Die Proportionsregeln dienen dabei als Orientierung. Die Ohren dürfen auch gerne etwas tiefer sitzen oder die Nase etwas höher. Achte aber in jedem Fall darauf, die einzelnen Elemente in gleichem Abstand anzubringen. Nur so erhältst du ein symmetrisches Ergebnis. Positioniere beispielsweise die Augen auf gleicher Höhe und mit gleichem Abstand zur Nase und den Ohren.

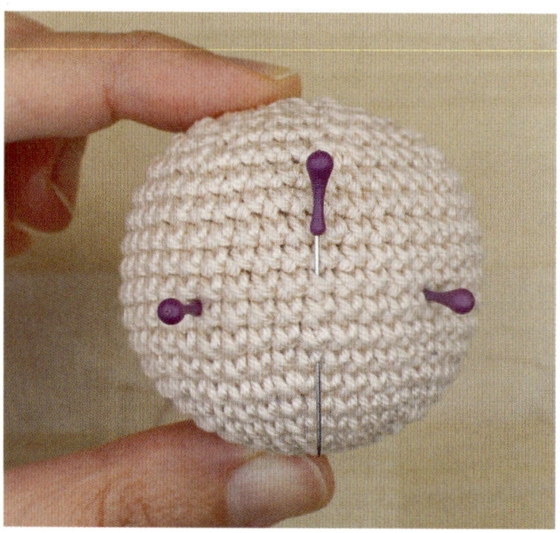

Auch die Ohren sollten immer auf einer Höhe sein. Markiere die einzelnen Positionen der unterschiedlichen Elemente des Gesichts vor dem Anbringen mit Stecknadeln und orientiere dich daran. Um die beste Position für Augen, Ohren und Co. zu finden, zähle die Abstände anhand der Runden und Maschen der Oberfläche. So kannst du alle Teile im gleichen bzw. gewünschten Abstand zueinander anbringen.

AUGEN

Wie du Sicherheitsaugen einsetzt, habe ich dir schon im Kapitel Zubehör (siehe Seite 23) gezeigt. Im Folgenden zeige ich dir verschieden Varianten, wie du diese mit mehr Details verzieren kannst.

SICHERHEITSAUGEN VOR DEM EINSETZEN BESTICKEN

Du kannst bereits vor dem Einsetzen der Sicherheitsaugen Wimpern aufsticken.

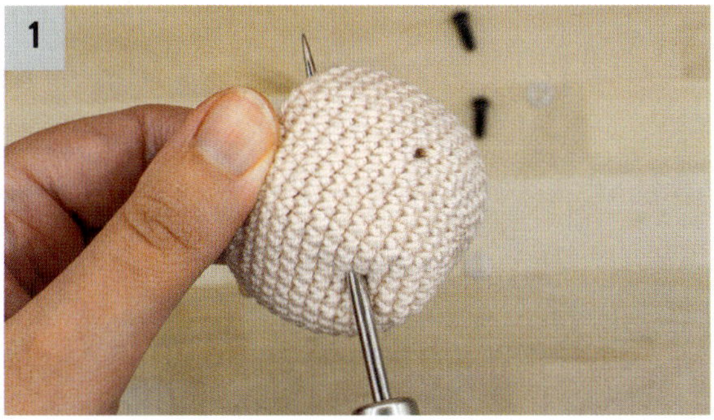

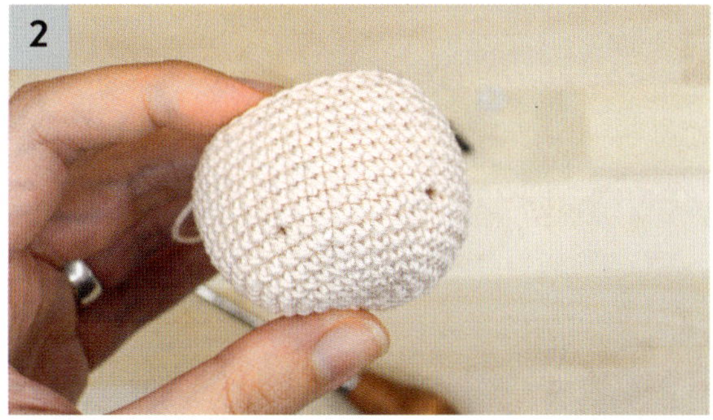

Stich dazu mit einer Ahle oder einem anderen geeigneten Gegenstand an der Stelle durch die Maschen, an der später die Sicherheitsaugen sitzen sollen.

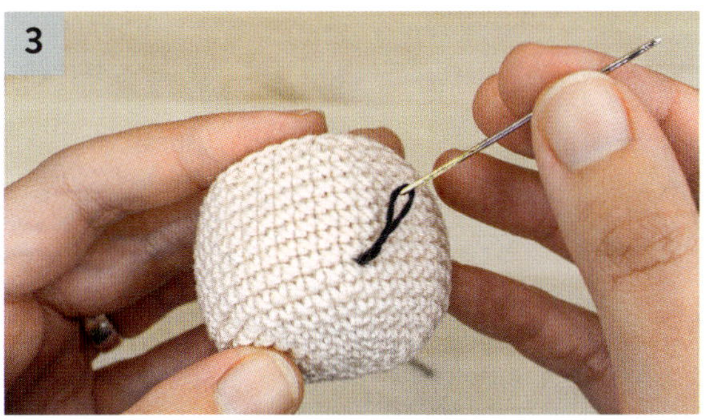

Du kannst die Anzahl der Wimpern und ihre Länge nach deinen Vorlieben variieren. Ich sticke hier drei Wimpern über die Höhe von einer Runde. Nimm Stick- oder Baumwollgarn auf eine Sticknadel und stich von innen nach außen durch das erste Loch hindurch.

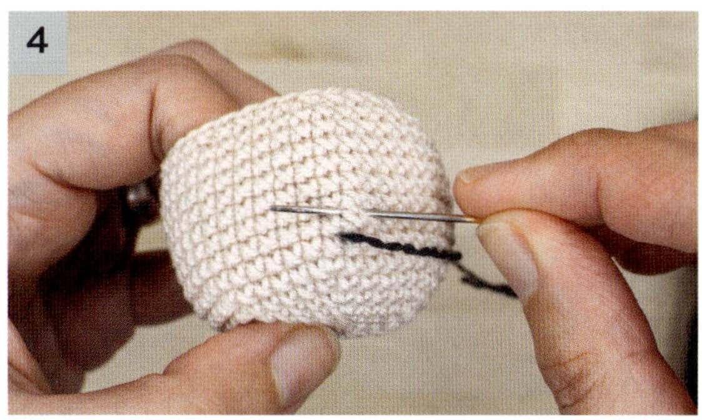

Sichere den Faden im Inneren. Nun mit der Nadel um eine Masche versetzt nach rechts oben für die erste Wimper einstechen und eine Masche auf gleicher Höhe nach links für die zweite Wimper ausstechen.

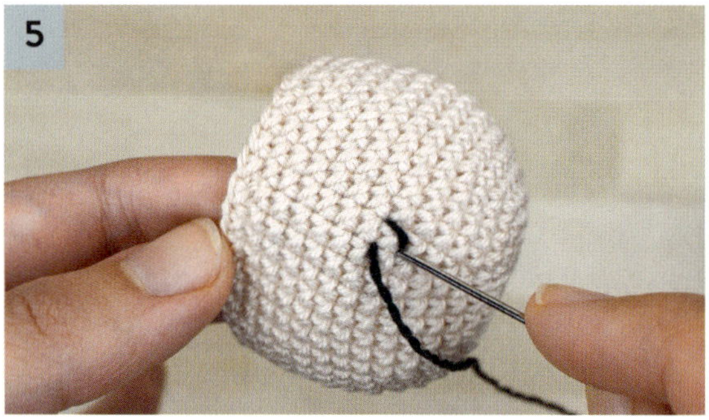

Zurück in die erste Einstichstelle und den Faden durchziehen.

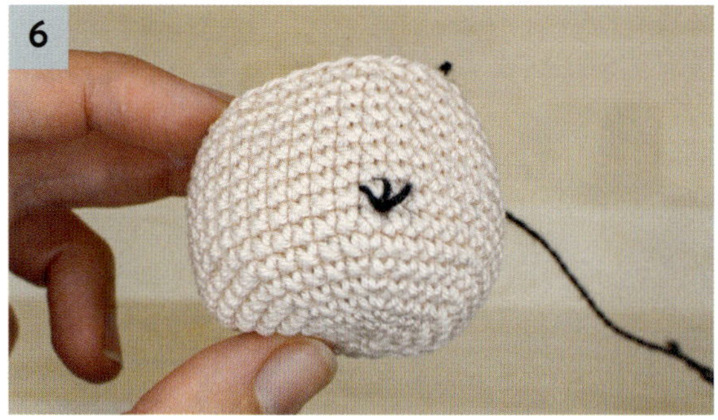

Eine Masche nach rechts neben der zweiten Wimper ausstechen und so die dritte Wimper zurück in die erste Ausstichstelle sticken.

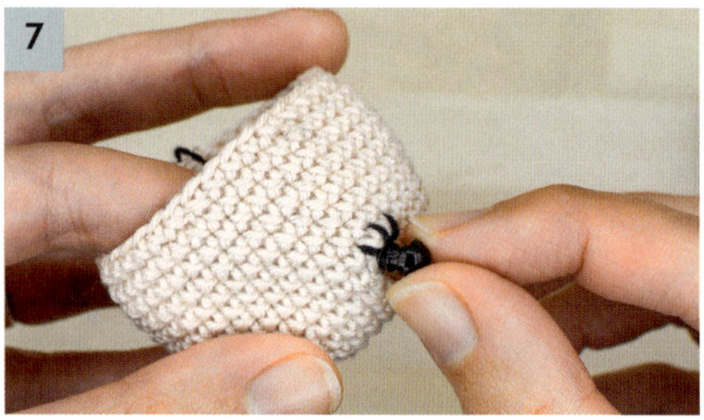

Sichere den Faden im Inneren. Setze nun das Sicherheitsauge in das dafür vorgesehene Loch und befestige es wie gewohnt.

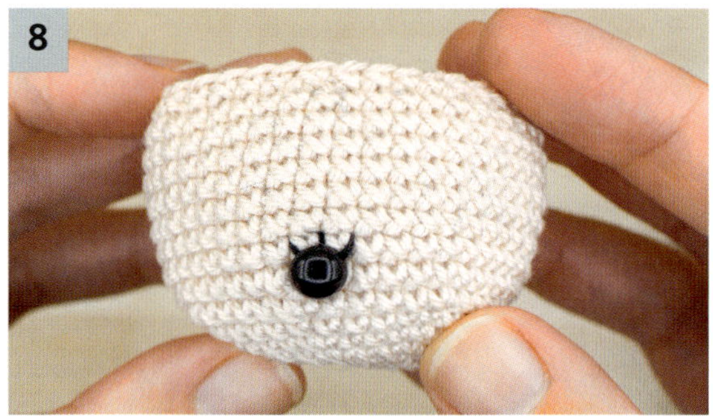

Fertig ist dein Auge mit Wimpern. Alle Schritte für das zweite Auge wiederholen.

SICHERHEITSAUGEN NACH DEM EINSETZEN BESTICKEN

Wenn du die Sicherheitsaugen fest in den Kopf gesetzt hast, kannst du sie auf vielfältige Art besticken. Im Folgenden zeige ich dir eine einfache Variante, um Augenweiß und Wimpernkranz aufzusticken. Im Beispiel sticke ich mit Schachenmayr Catania in Schwarz (110), Weiß (106) und einer Wollnadel ohne Spitze.

1

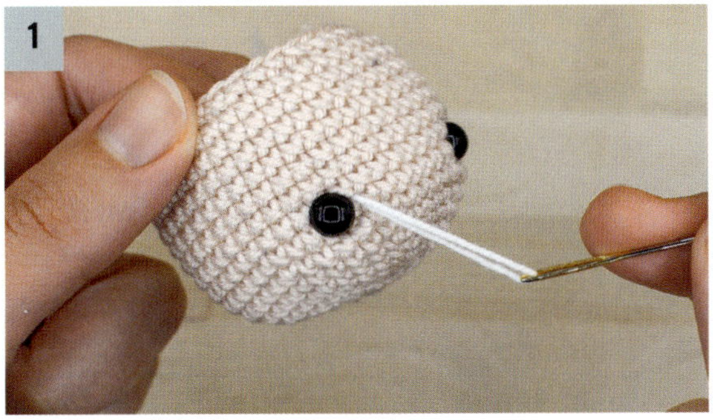

Beginne mit dem **Augenweiß.** Nimm einen weißen Faden auf die Sticknadel und stich eng an der Seite des Sicherheitsauges aus.

2

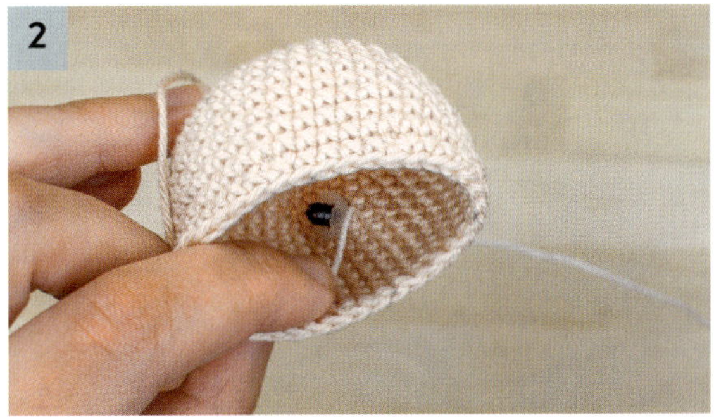

Den Faden im Inneren nicht sichern, sondern beim weiteren Sticken mit dem Zeigefinger festhalten.

3

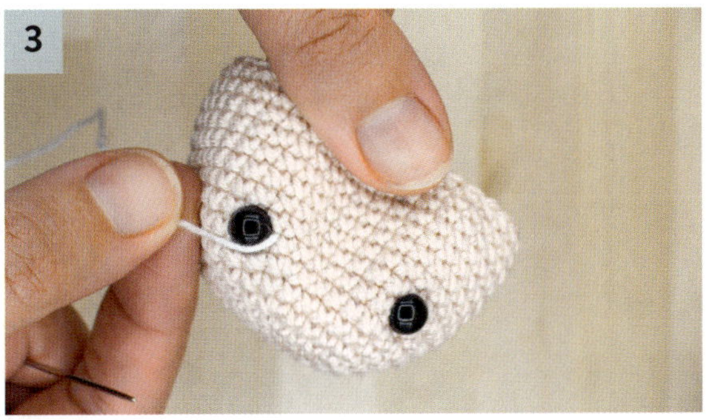

Führe nun den Faden unten am Auge entlang.

4

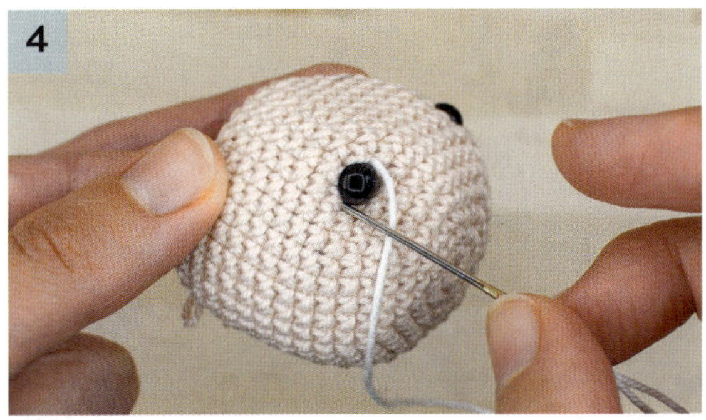

Mit der Nadel auf der anderen Seite des Auges, auf Höhe des ersten Stichs, wieder einstechen.

5

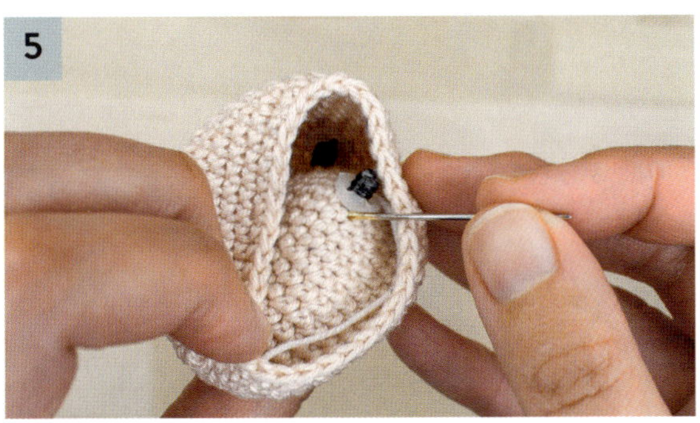

Komm dabei an der Rückseite ganz eng an der Unterlegscheibe des Sicherheitsauges heraus.

6

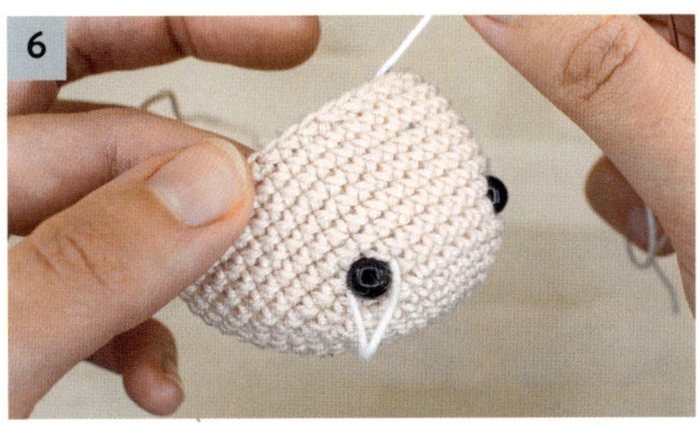

Ziehe den Faden durch.

7

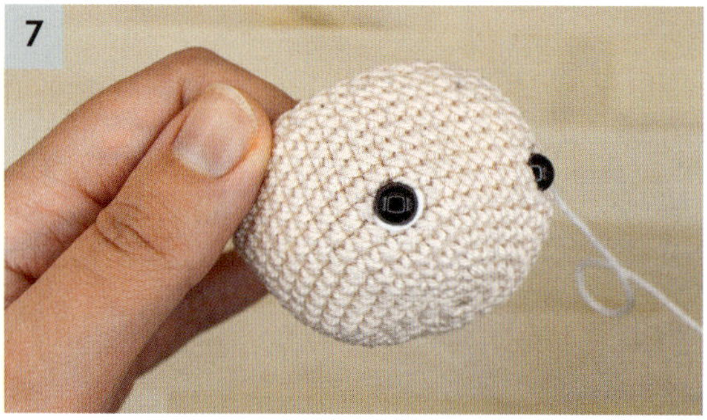

Der Faden muss sehr fest angezogen werden, damit er nicht über das Auge rutscht, aber nicht zu fest, damit er nicht unter das Sicherheitsauge gezogen wird.

8

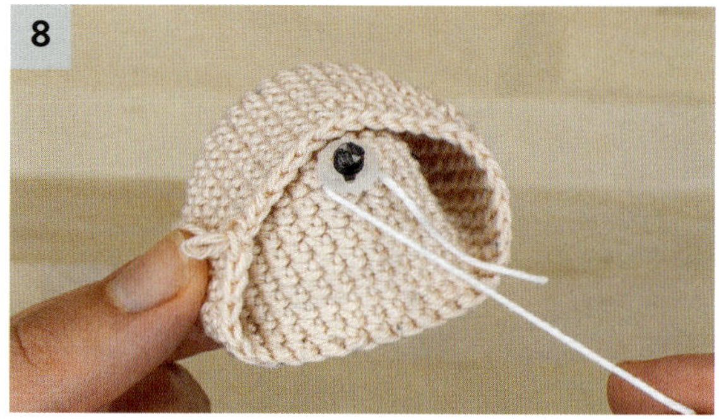

Am besten funktioniert das, wenn die beiden Fadenenden auf beiden Seiten leicht unter der Unterlegscheibe liegen und so etwas eingeklemmt sind.

9

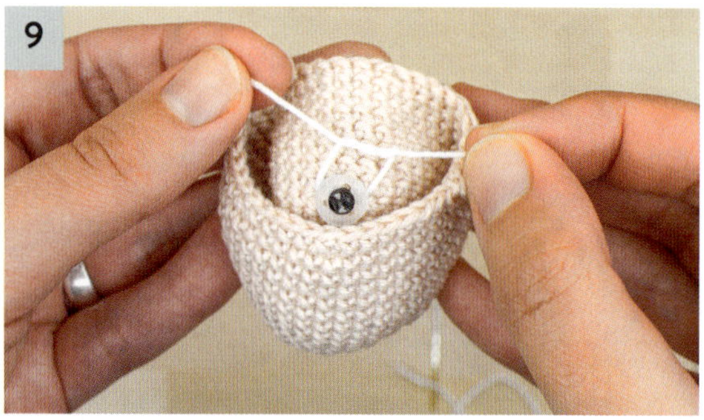

Nun die beiden Fadenenden verknoten.

10

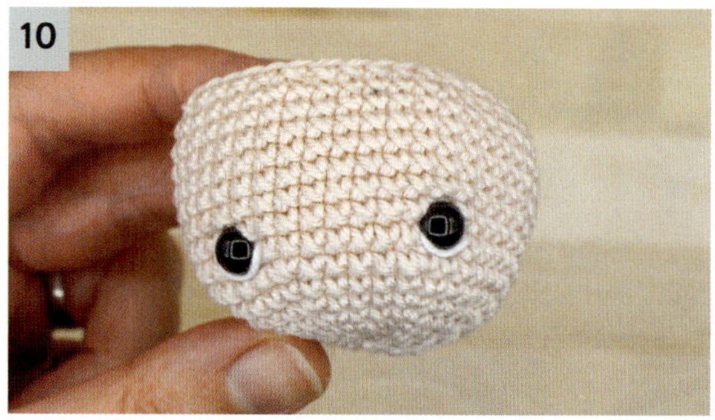

Fertig ist das Augenweiß.

11

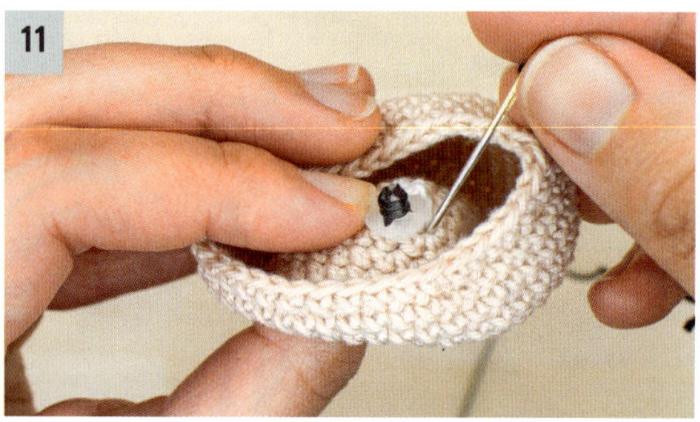

12

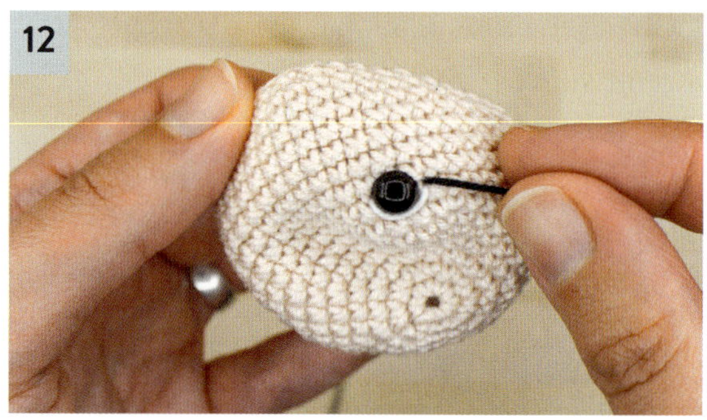

Weiter geht es mit dem **Wimpernkranz.** Nimm dazu einen schwarzen Faden auf die Sticknadel. Stich von innen nach außen, genau in die Stelle ein, wo du den weißen Faden beim ersten Stich angesetzt hast.

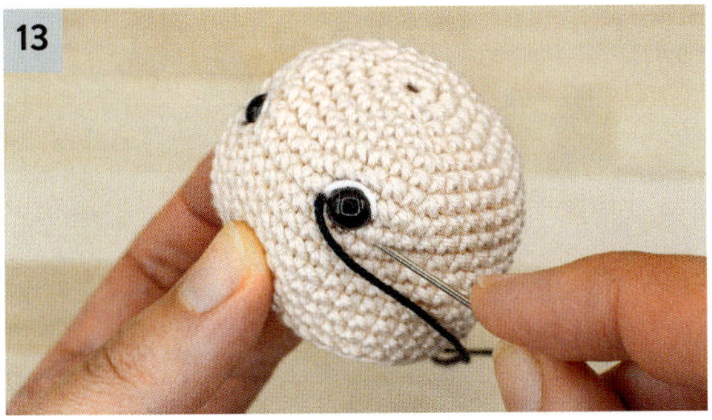

Führe den Faden nun oben über dem Auge entlang. Stich mit der Nadel – je nach gewünschter Wimpernlänge – eine oder zwei Maschen links neben dem Auge ein.

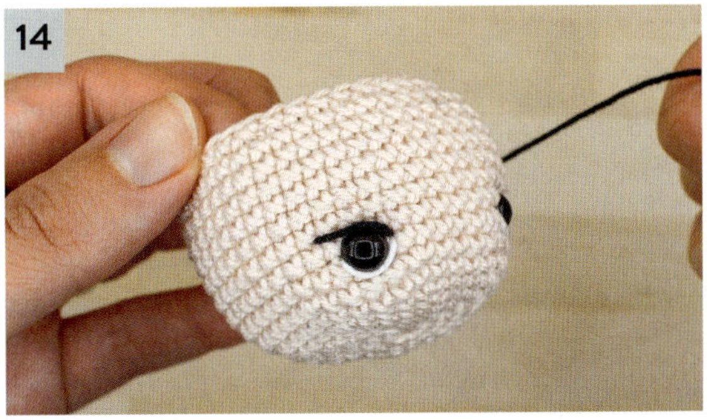

Ziehe den Faden durch. Das ist deine erste Wimper.

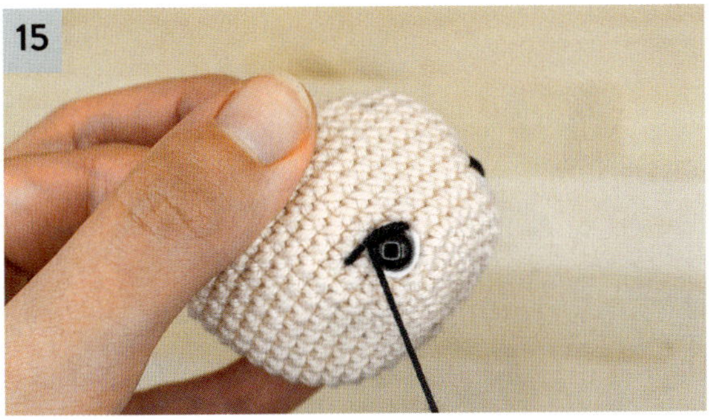

Auch hier muss der Faden so festsitzen, dass er nicht nach unten über das Auge rutschen kann. Komm nun mit der Nadel von innen mittig über dem Auge und unter der ersten Wimper heraus.

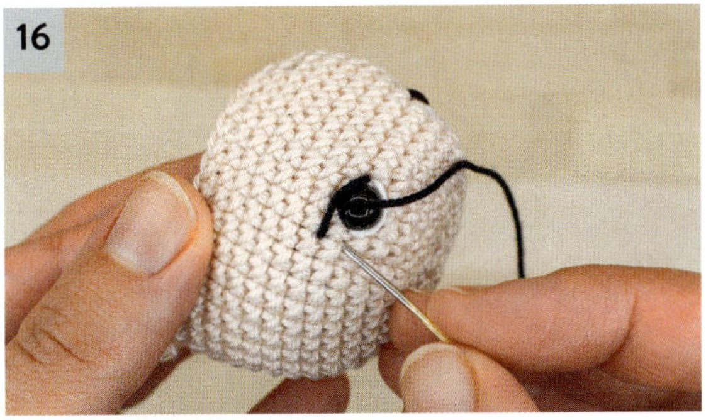

Stich mit der Nadel eine Runde unter der letzten Einstichstelle für die zweite Wimper wieder ein.

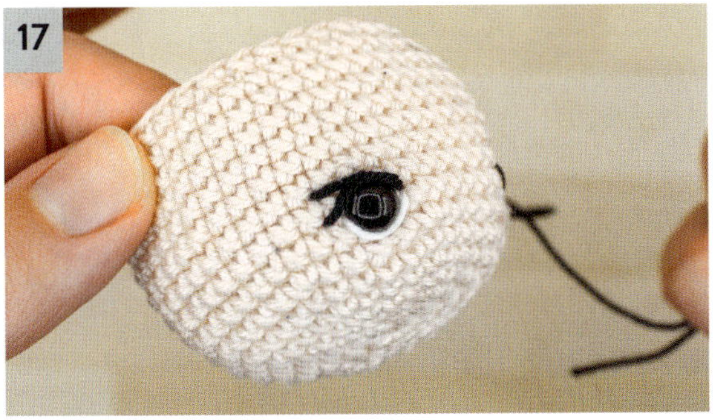

Ziehe den Faden durch.

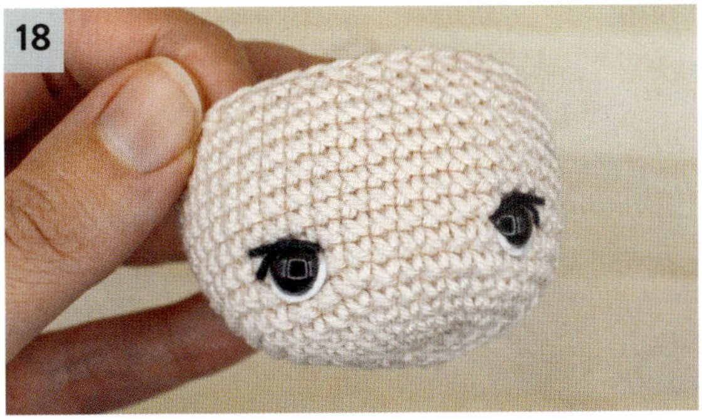

Wiederhole alle Schritte für das zweite Auge.

Möchtest du deinem Amigurumi geschwungene Wimpern sticken, kannst du auf eine Variante des Margeritenstichs (siehe Seite 94) zurückgreifen.

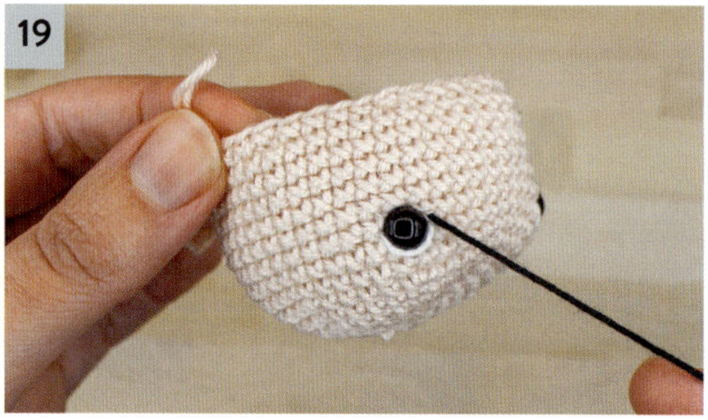

Nimm einen schwarzen Faden auf die Sticknadel. Stich von innen nach außen in die Stelle ein, wo du das Augenweiß angesetzt hast.

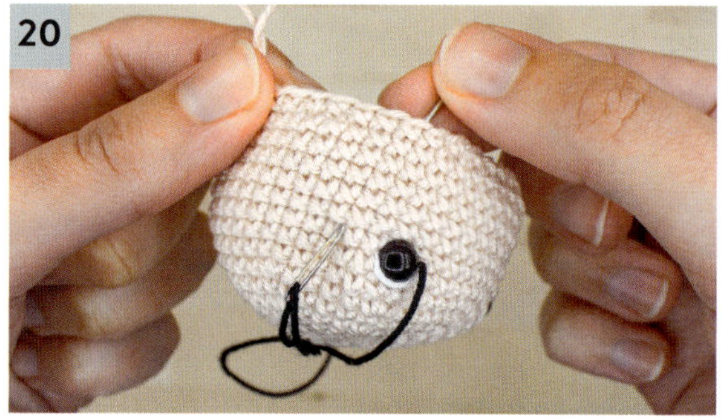

Stich nun mindestens zwei Maschen rechts des Auges wieder ein.

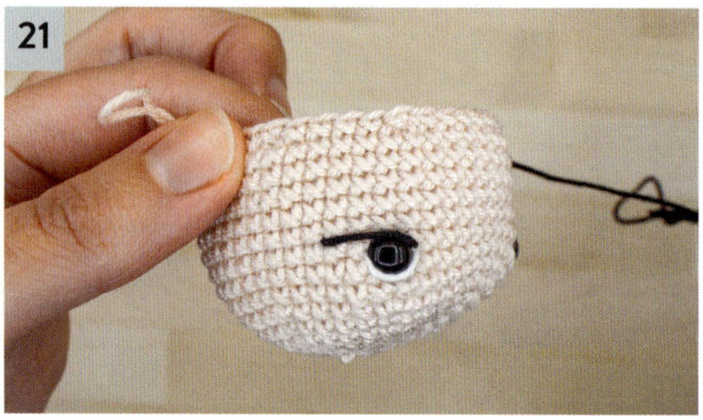

Ziehe den Faden fest.

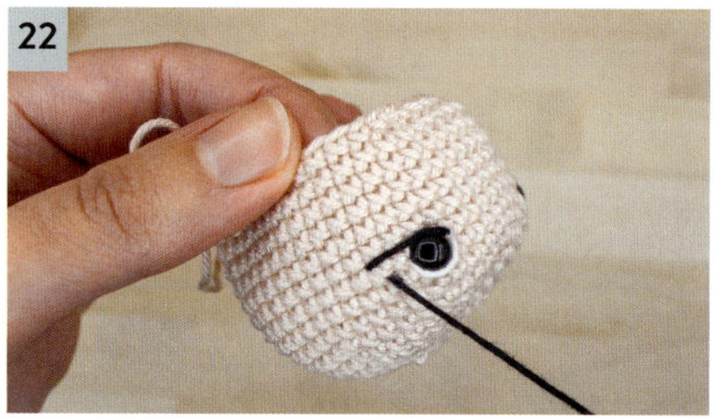

Komm nun mit der Nadel eine Runde unter der letzten Einstichstelle heraus.

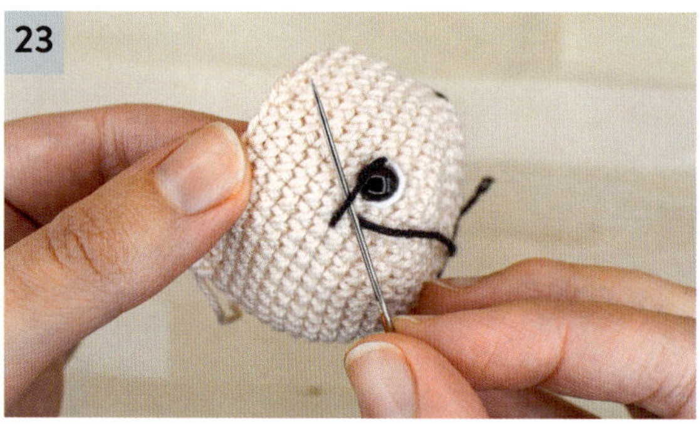

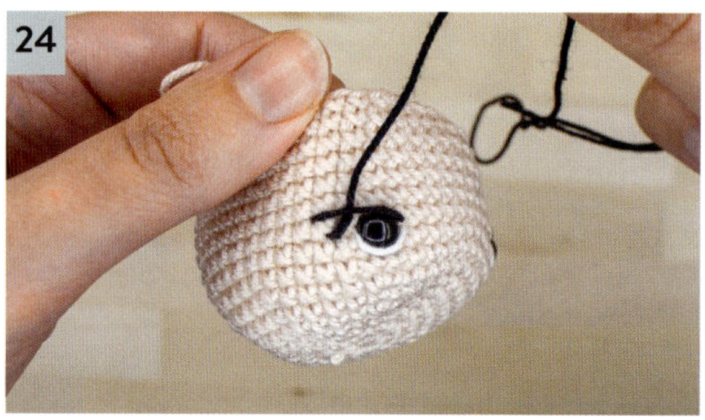

Schiebe die Nadel unter den ersten Spannstich und ziehe den Faden darunter durch.

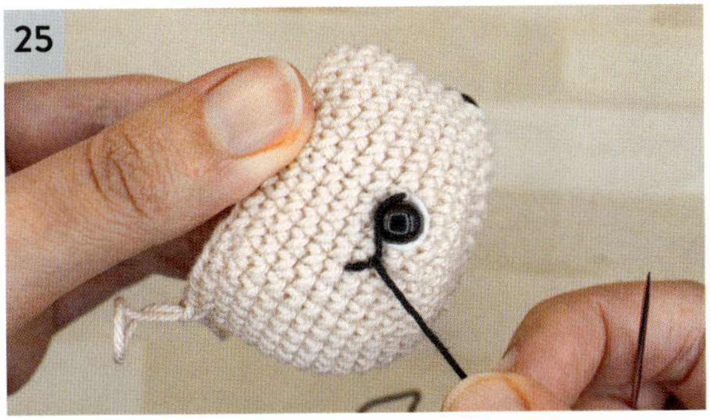

Ziehe den Faden nach unten, sodass der Spannstich sich wölbt. Achte darauf, dass der Faden am Anfang weiterhin auf dem Auge liegt.

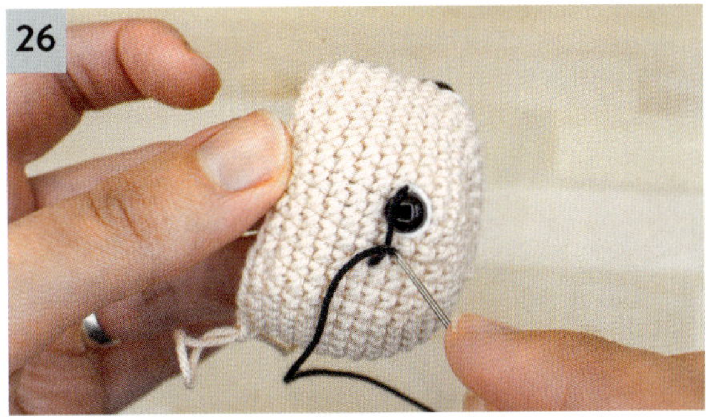

Nun mit der Nadel in die letzte Ausstichstelle zurück einstechen.

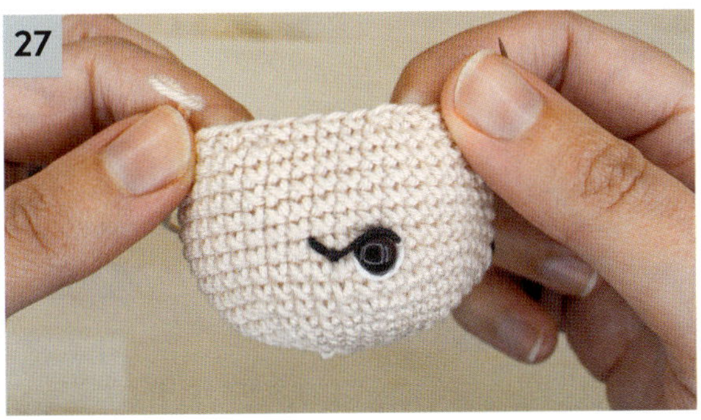

Ziehe den Faden durch und sichere im Inneren. Nun hast du eine schön geschwungene Wimper.

VARIANTEN

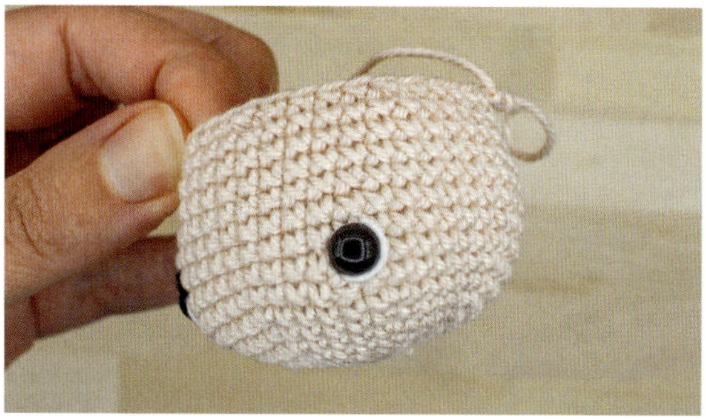

Variante 1: Du kannst das Augenweiß auch seitlich um das Auge legen. Je nachdem, wohin du den Faden stickst, verändert sich der Gesichtsausdruck.

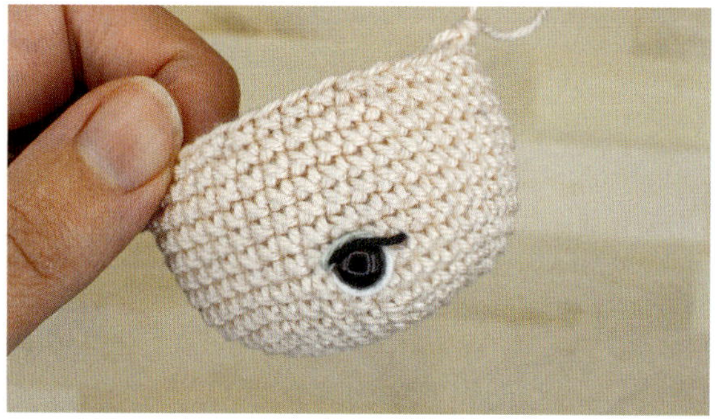

Variante 2: Wenn du über den Wimpernkranz einen farbigen Spannstich stickst, erhält das Auge einen schönen Lidschatten.

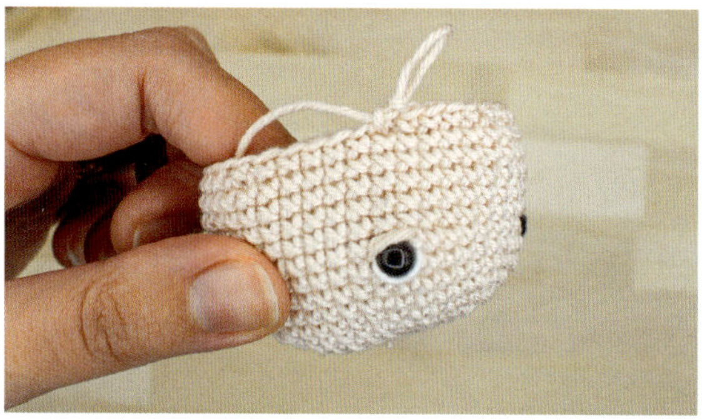

Variante 3: Für ältere Figuren oder solche mit Schlafzimmerblick kannst du als Augenlid ganz einfach 1–2 Spannstiche in der Hautfarbe überlappend auf das Auge sticken.

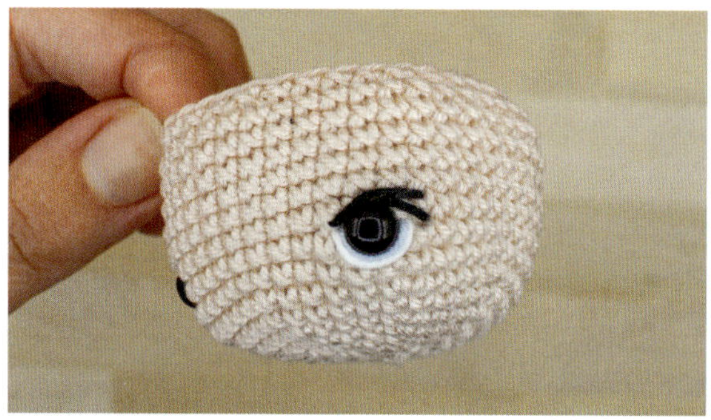

Variante 4: Du kannst du auf die gleiche Weise, wie das Augenweiß, auch eine farbige Iris unter das Auge sticken. Dazu einfach einen Faden in der Farbe deiner Wahl unter das Auge sticken und anschließen mit Weiß umranden.

SICHERHEITSAUGEN MIT FILZ KOMBINIEREN

Mit Bastelfilz kannst du den Sicherheitsaugen eine schöne farbige Iris verpassen. Nimm dazu Filz mit einer Stärke von max. 1 mm. Schneide ein Viereck aus, das größer ist als das verwendete Sicherheitsauge.

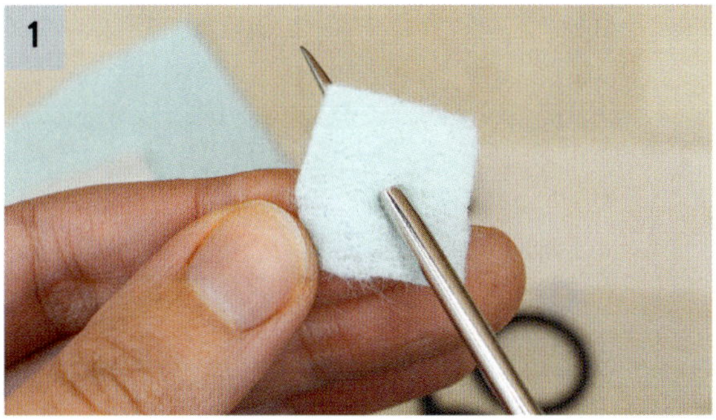

Stich mit einer Ahle oder der Spitze einer Stickschere ein Loch mittig in den Filz.

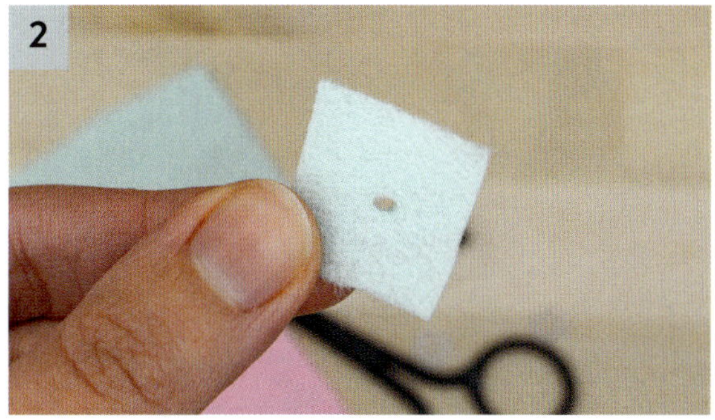

Das Loch sollte so groß sein, dass der Stift des Sicherheitsauges hindurchpasst.

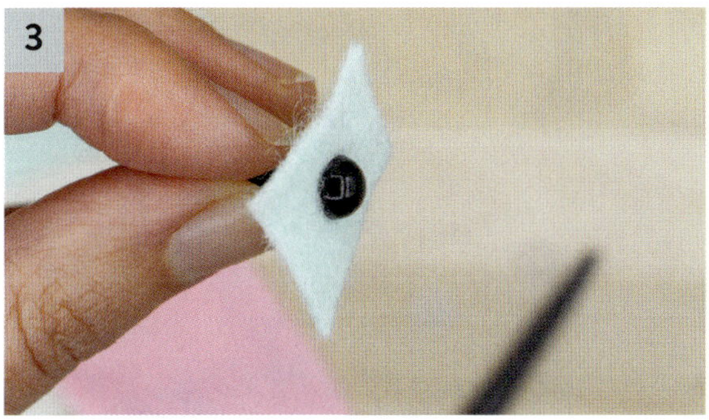

Stecke das Auge durch das Loch.

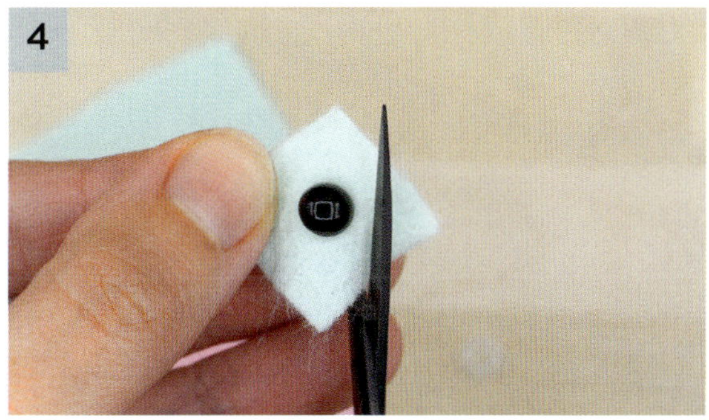

Nun schneide rundherum den Filz ...

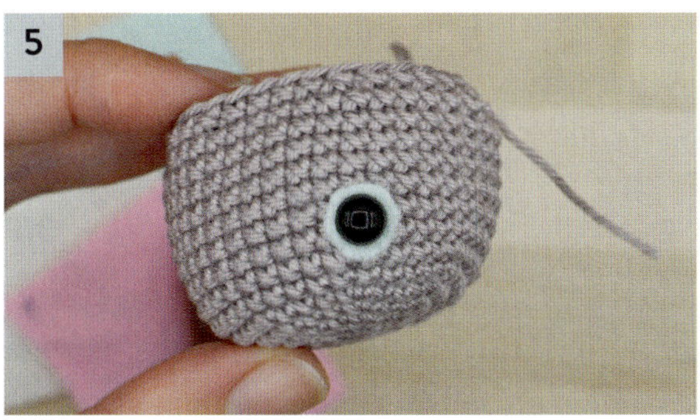

... in die gewünschte Form.

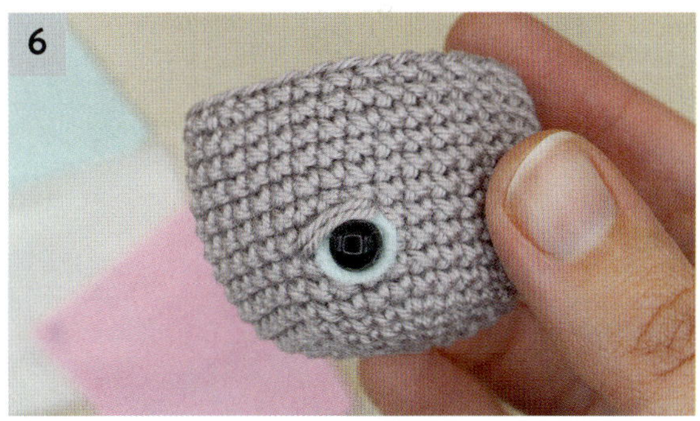

Du kannst ihn z. B. klassisch rund oder oval, wie ein Katzenauge, schneiden. Setze nun das Auge wie gewohnt in den Kopf ein.

Auch ein Auge mit Filz kannst du, wie oben beschrieben, nachträglich besticken und so Wimpern oder Augenlider hinzufügen.

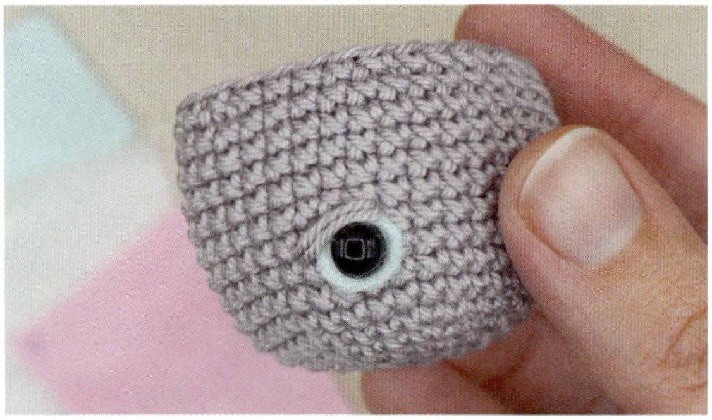

Variante 1: Sicherheitsaugen mit Filz und aufgesticktem Augenlid.

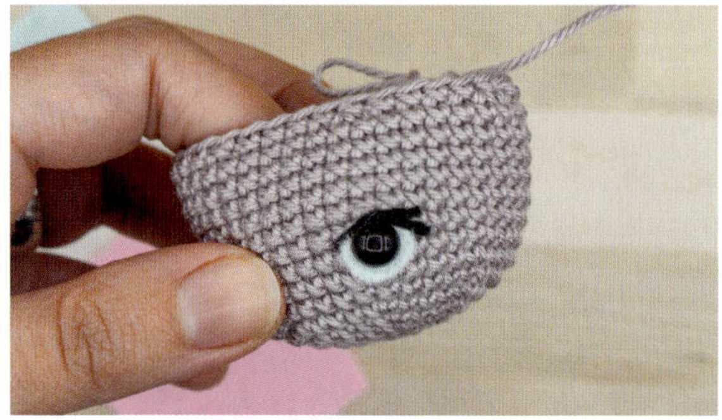

Variante 2: Sicherheitsauge mit Filz und aufgestickten Wimpernkranz.

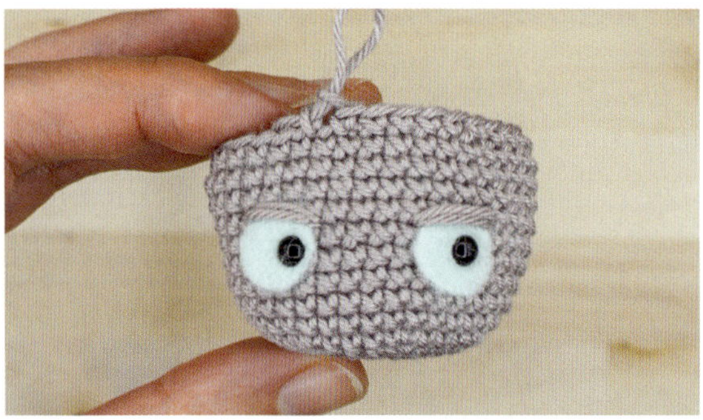

Variante 3: Wenn du den Filz so schneidest, dass die Sicherheitsaugen nicht mittig, sondern weiter am Rand sitzen, kannst du deine Figur in eine andere Richtung blicken lassen.

HALBPERLEN STATT SICHERHEITSAUGEN

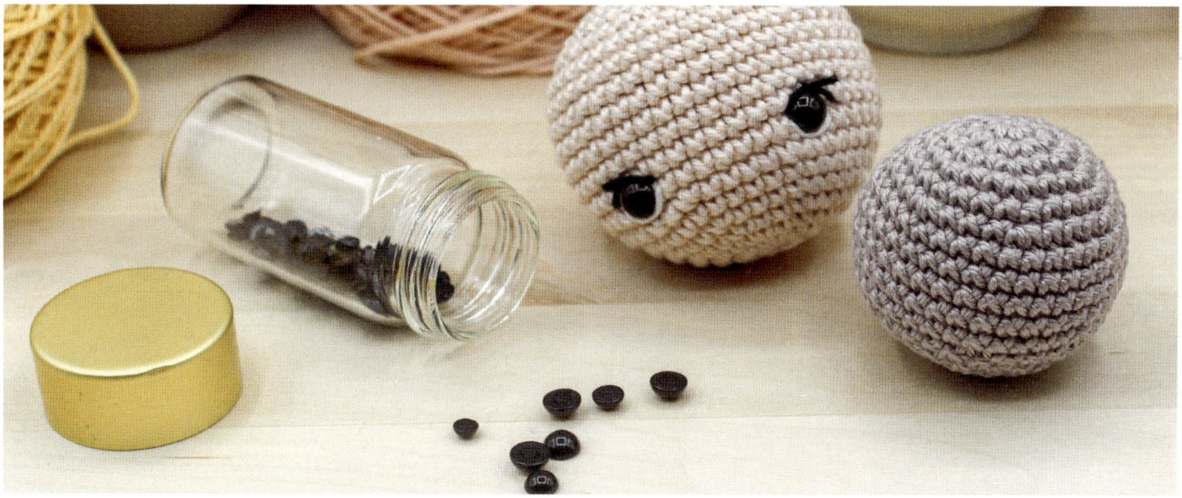

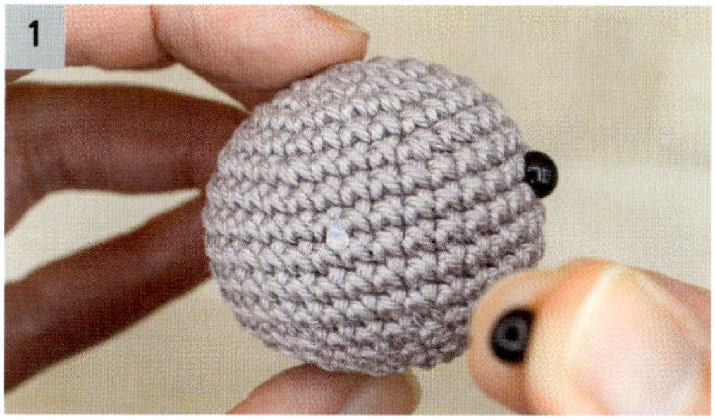

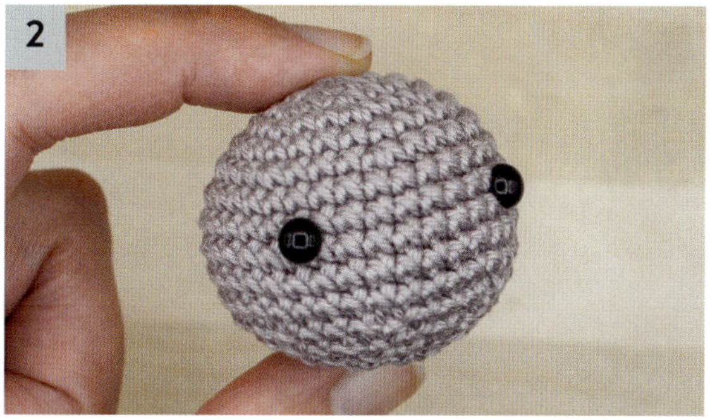

Statt Sicherheitsaugen kannst du auch Halbperlen verwenden. Diese werden mit Textilkleber auf den Kopf des Amigurumi geklebt. So ist der Aufwand bei der Gestaltung deiner Figur deutlich geringer.

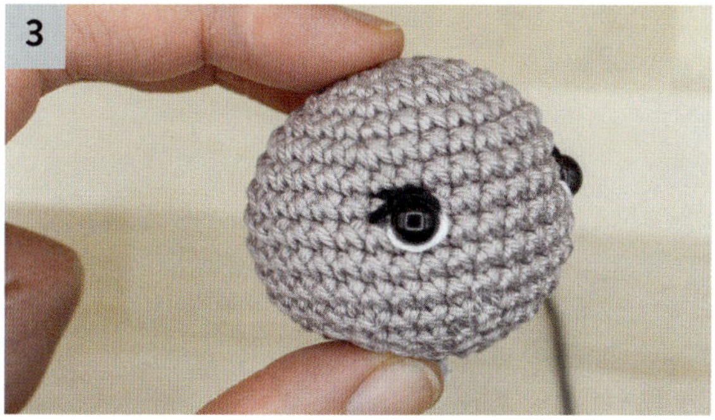

Ist der Kleber getrocknet, kannst du die Perlen genau wie die klassischen Sicherheitsaugen besticken.

Achte drauf, einen Kleber zu verwenden, der nach dem Trocknen durchsichtig wird. Diese Methode solltest du nicht anwenden, wenn dein Amigurumi als Spielzeug gedacht ist.

AUGEN STICKEN

Wenn du keine Sicherheitsaugen zu Hand hast oder dein Amigurumi kindersicher gestalten möchtest, sind gestickte Augen die beste Wahl. Es gibt unzählige Varianten, um Augen zu sticken. Hier zeige ich dir eine einfache und schlichte Variante, die auch sehr gut zu Trixie und der Wildkatze passt. In allen Beispielen sticke ich mit Schachenmayr Catania in Schwarz (110), Weiß (106) und einer Matratzennadel.

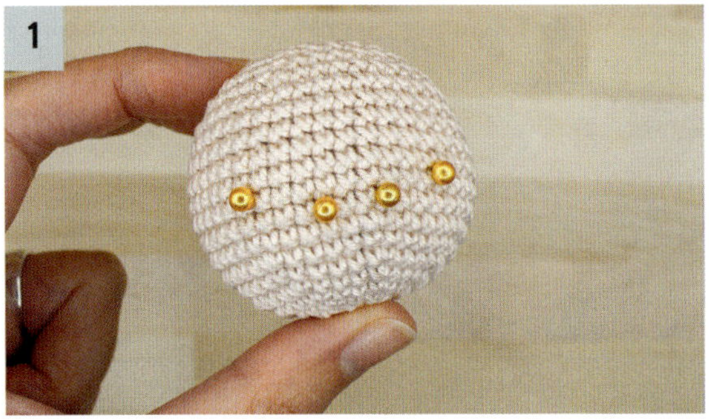

Beginne damit, die Position der Augen und der Nase mit Stecknadeln zu markieren.

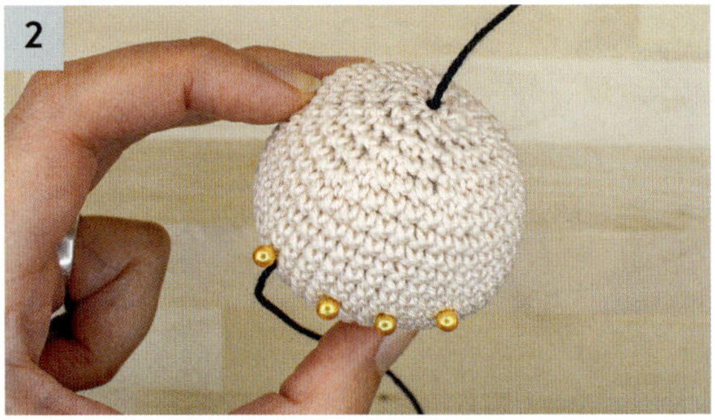

Begonnen wird mit den **Pupillen.** Nimm einen schwarzen Faden auf die Sticknadel.

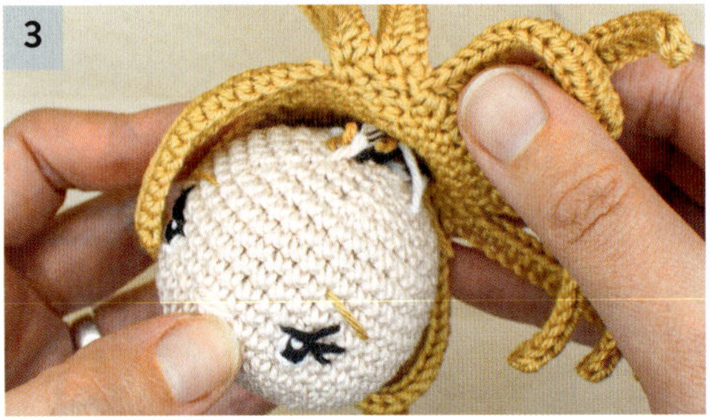

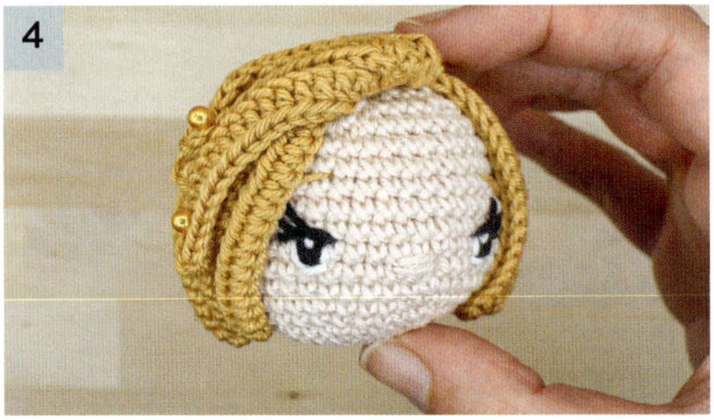

Wenn du später eine Frisur aufsetzt, kannst du alle Fäden einfach am Oberkopf sichern. Die Knoten verschwinden später unter den Haaren.

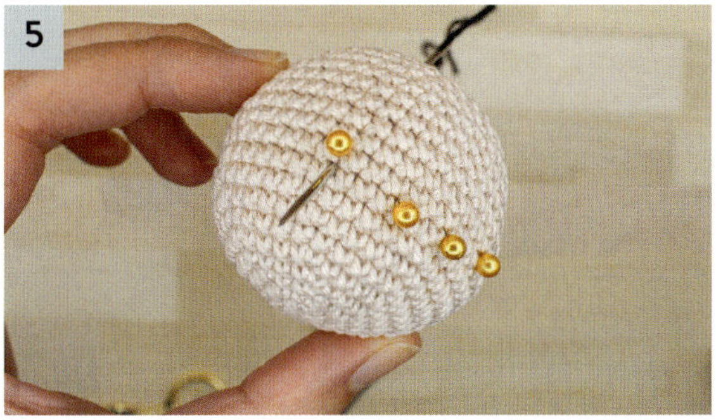

Alternativ mache einen kleinen Knoten ans Fadenende und ziehe diesen in den Kopf hinein. Nun stich vom Oberkopf kommend, durch den Kopf. Komm mit der Nadel aus der ersten Augenposition heraus.

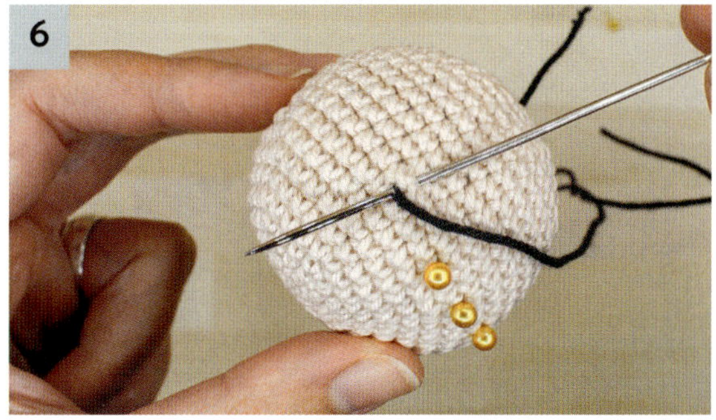

Stich mit der Nadel von oben nach unten um die Masche und sticke deinen ersten Spannstich.

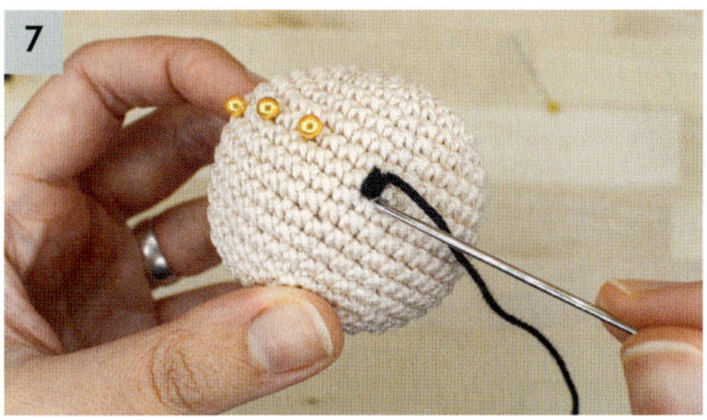

Setze auf diese Weise 3–4 Spannstiche wie bei einem Plattstich eng nebeneinander, bis die gesamte Masche bedeckt ist.

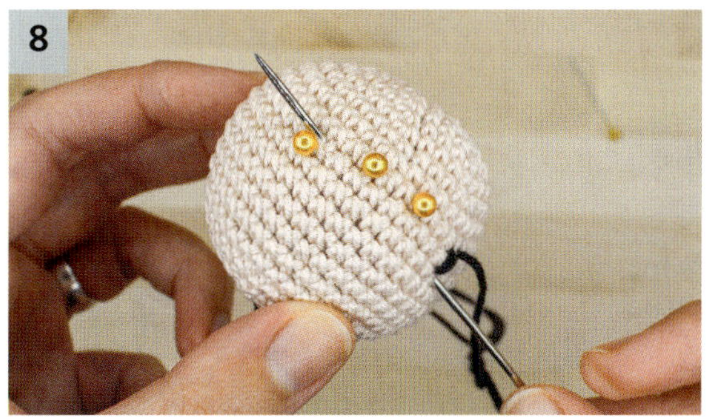

Beim letzten Stich führst du die Nadel nach dem Einstechen zur Position des zweiten Auges.

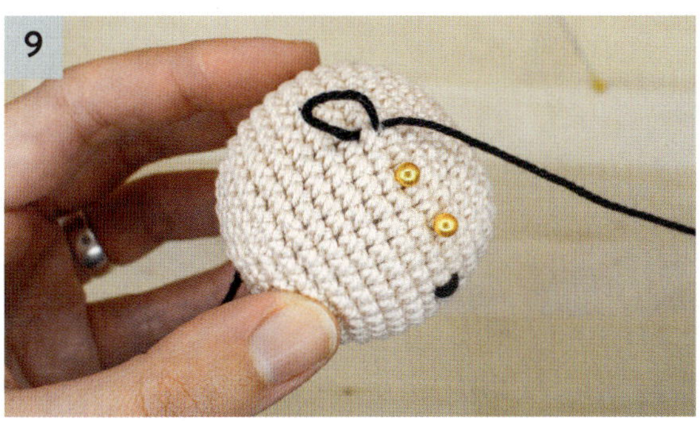

Auch hier die Masche mit einem Plattstich aus 3–4 Spannstichen besticken.

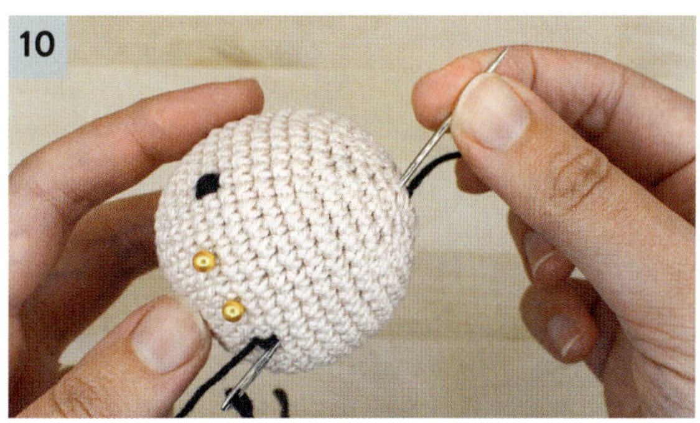

Führe den Faden zum Schluss zum Oberkopf …

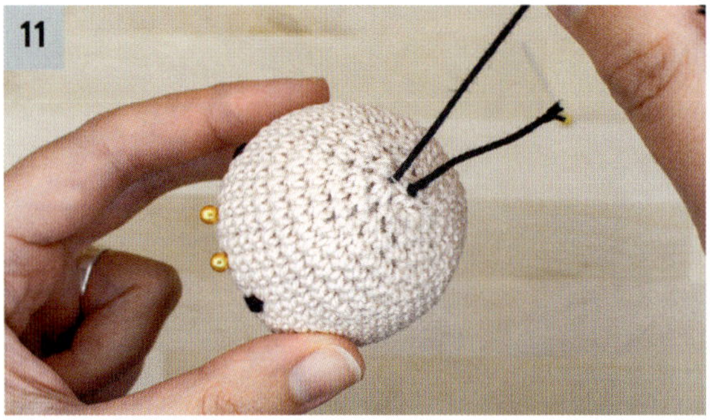

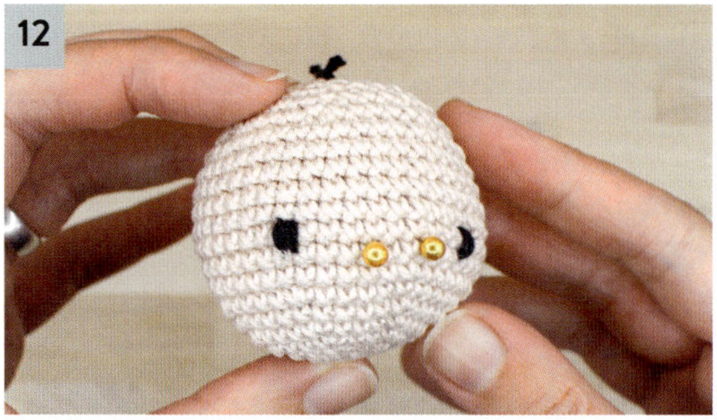

… und sichere ihn mit einem kleinen Knoten. Hat deine Figur keine Frisur zum Verdecken, ziehe das Fadenende mit dem Knoten in den Kopf hinein.

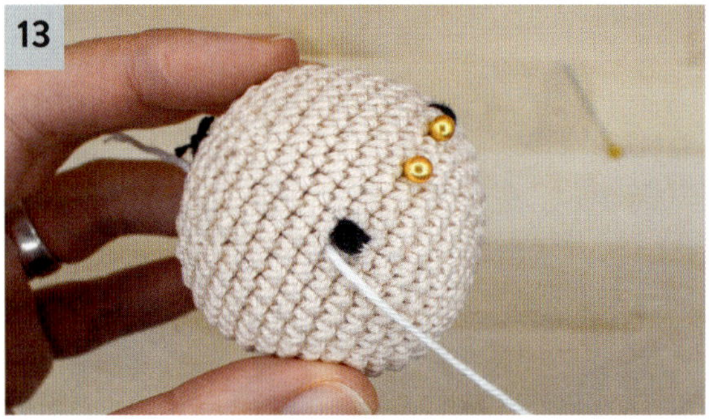

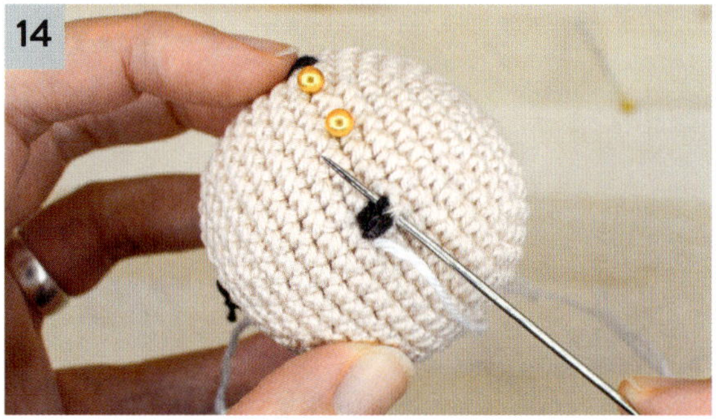

Jetzt sticken wir das **Augenweiß** um die Pupille herum. Nimm nun einen weißen Faden auf die Nadel. Beginne wieder am Oberkopf und stich eng links neben dem schwarzen Plattstich aus.

Stich mit der Nadel am Ende der Masche ein, führe den Faden direkt an der Kante der Pupille entlang und trete mit der Nadel in der gegenüberliegenden Ecke aus.

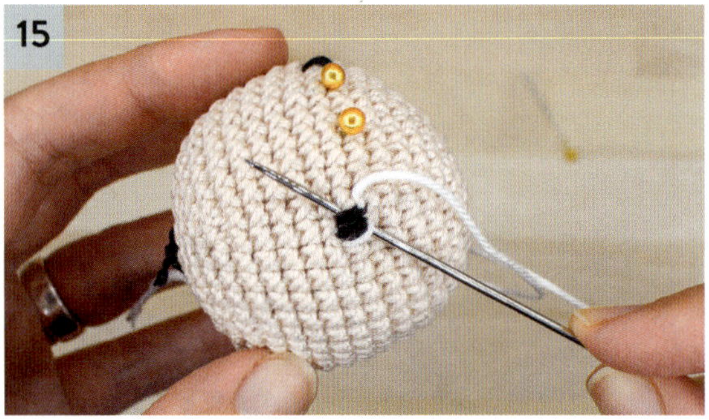

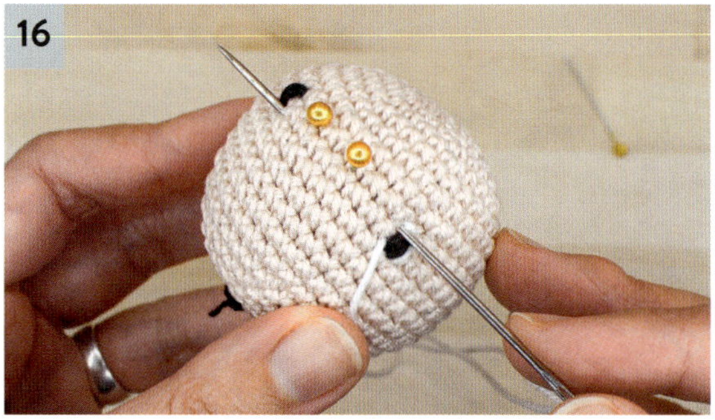

Stich mit der Nadel zurück in die letzte Einstichstelle und komm mit der Nadel an der rechten oberen Ecke der Pupille heraus.

Nun die Nadel wieder zurück in die letzte Einstichstelle stechen und die Nadel zum zweiten Auge führen.

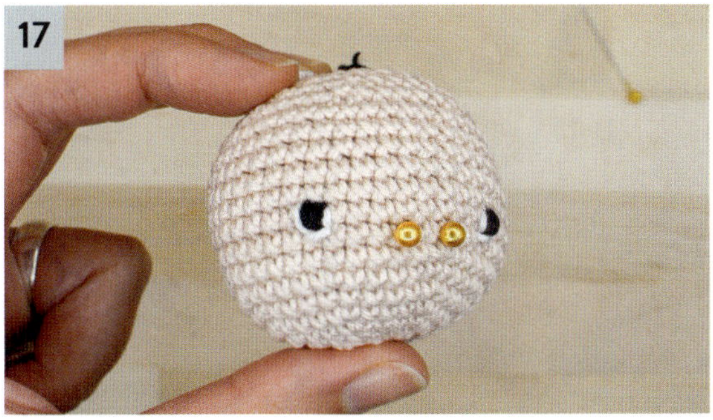

17

Hier die Pupille auf die gleiche Weise umhäkeln .

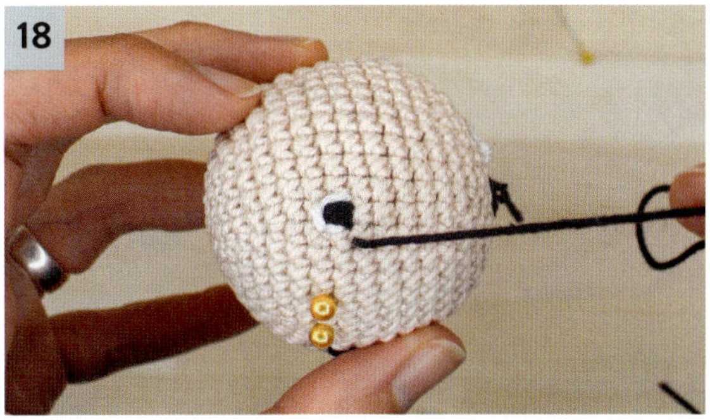

18

Für den **Wimpernkranz** nun den schwarzen Faden wieder einfädeln. Stich vom Oberkopf kommend, eine Masche rechts der Pupille heraus.

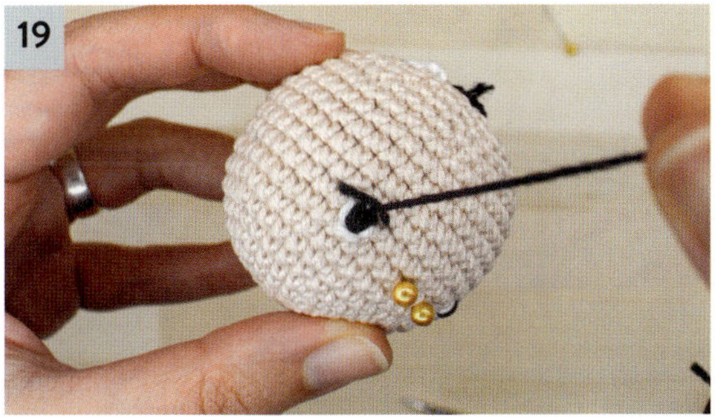

19

Stich die Nadel eine Masche rechts der Pupille wieder ein, führe den Faden innen bis zur Mitte und stich unter dem letzten Stich heraus.

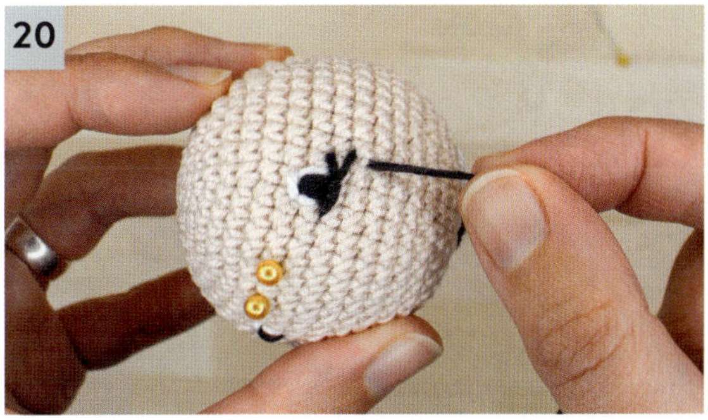

20

Stich mit der Nadel eine Runde unter der letzten Einstichstelle für die nächste Wimper wieder ein. Führe die Nadel zwei Runden oberhalb wieder heraus.

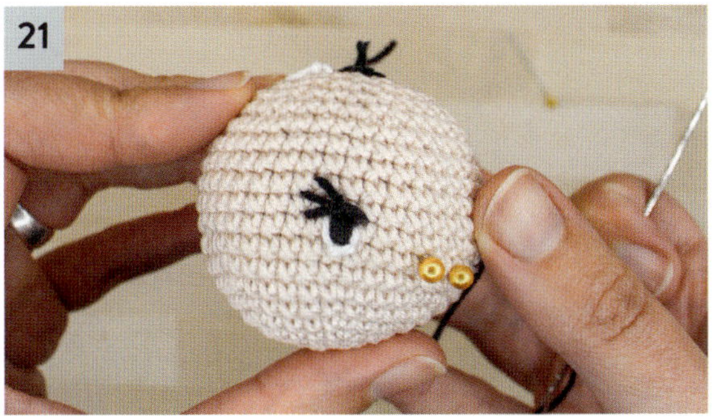

21

Nun den Faden zurück in die Einstichstelle mittig über dem Augen führen.

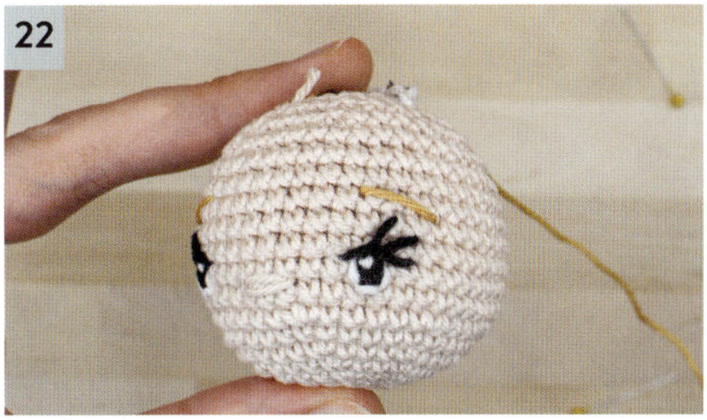

22

Zum Schluss mit Weiß einen kleinen Knötchenstich auf die Pupille setzen.

COMICAUGEN STICKEN

Comicaugen sind vor allem für Tieramigurumi eine niedliche Variante. Ich sticke diese Augen mit Schachenmayr Catania in Schwarz (110), Weiß (106), Reseda (402) und einer Matratzennadel.

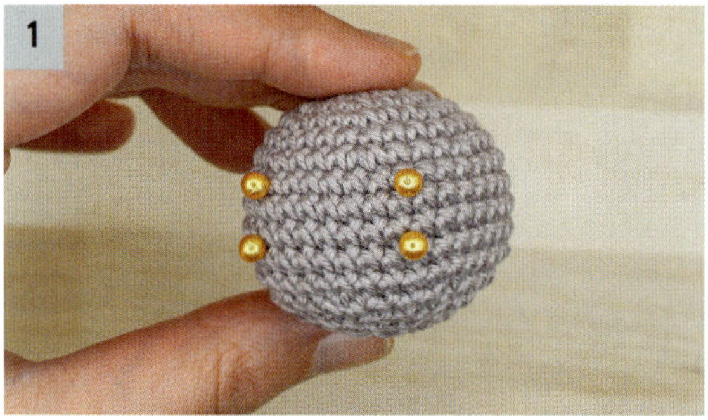

Beginne damit, die Position der Augen mit Stecknadeln zu markieren. Je eine Stecknadel steht für das obere und das untere Ende des jeweiligen Auges.

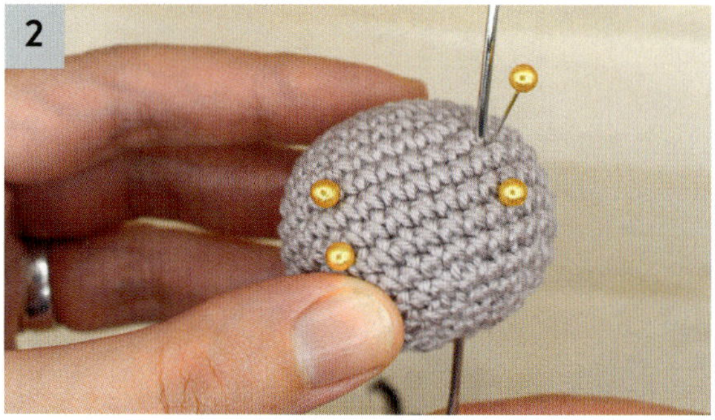

Stich von unten oder oben mit der Nadel durch die erste Markierung.

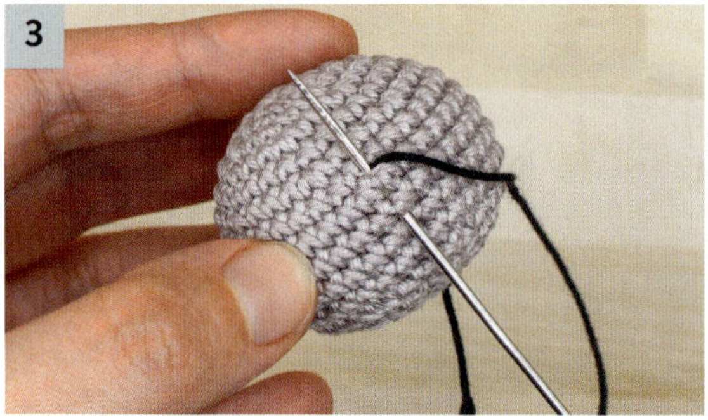

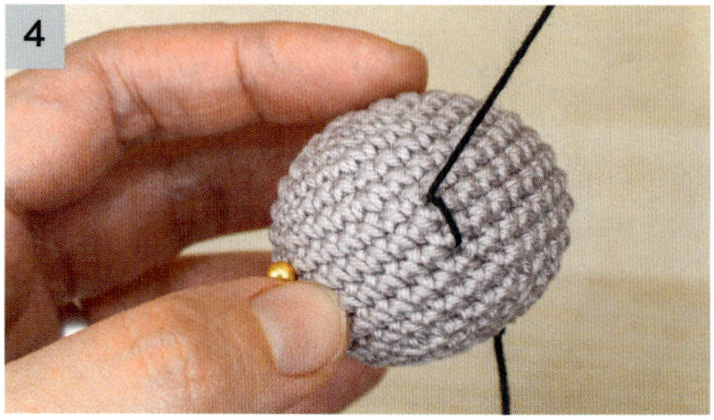

Die Nadel innen direkt aus der zweiten Markierung unterhalb herausführen und durchziehen.

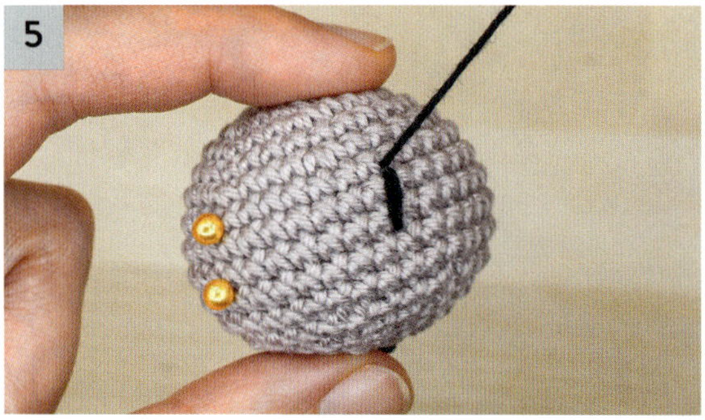

Setze so 3–4 Spannstiche zu einem Plattstich zusammen.

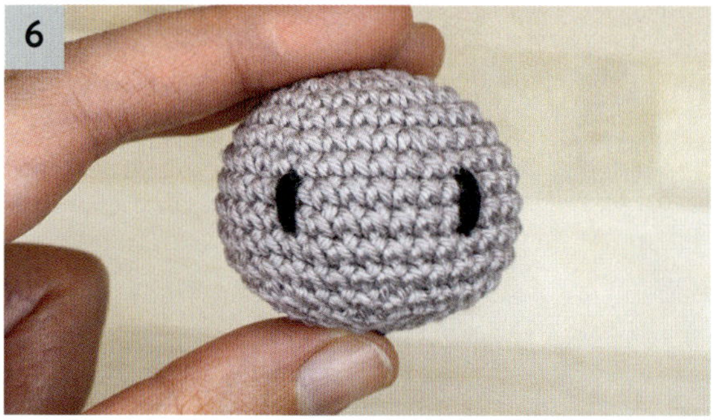

Wiederhole diese Schritte für das zweite Auge.

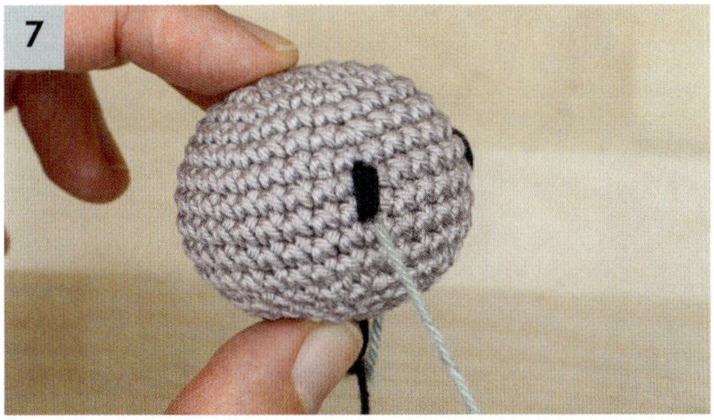

Nimm nun Reseda auf die Nadel. Stich von unten oder oben kommend, mit der Nadel aus der unteren rechten Ecke des linken Auges heraus.

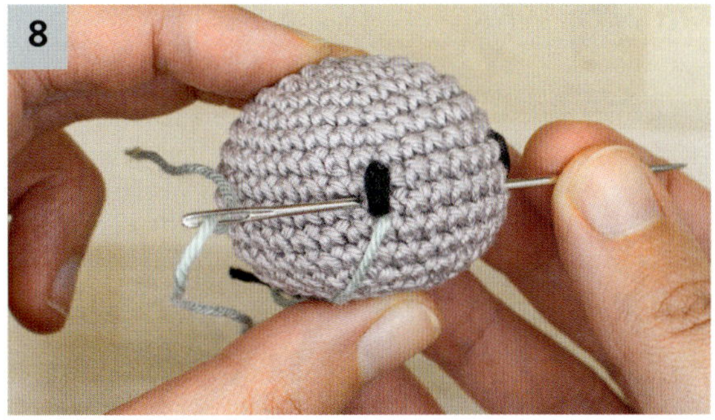

Die Nadel mit einer Runde Abstand nach oben rechts auf halber Höhe des Auges wieder einstechen. Führe die Nadel dann direkt zur linken unteren Ecke des rechten Auges und wiederhole den Stick am rechten Auge..

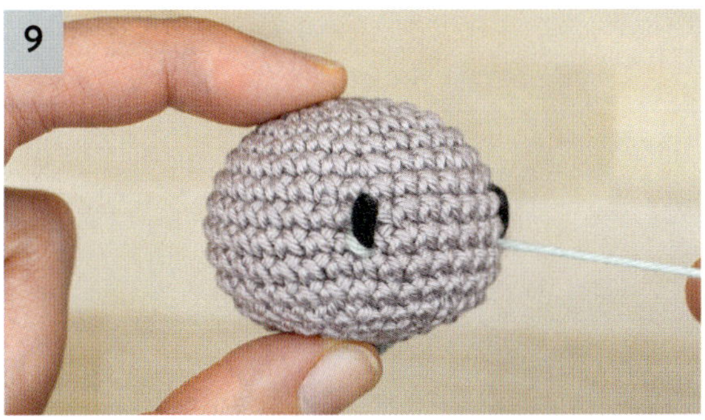

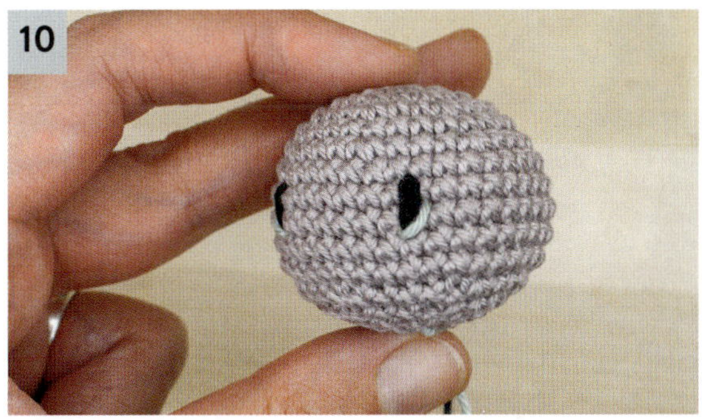

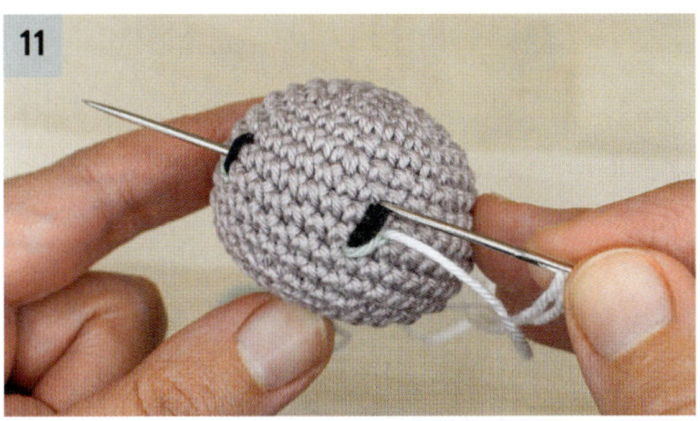

Nun weiter mit Weiß. Stich von oben oder unten kommend, aus der letzten Ausstichstelle heraus. Führe die Nadel in die linke obere Ecke des Auges und von dort direkt weiter in die obere Einstichstelle des Spannstichs in Reseda.

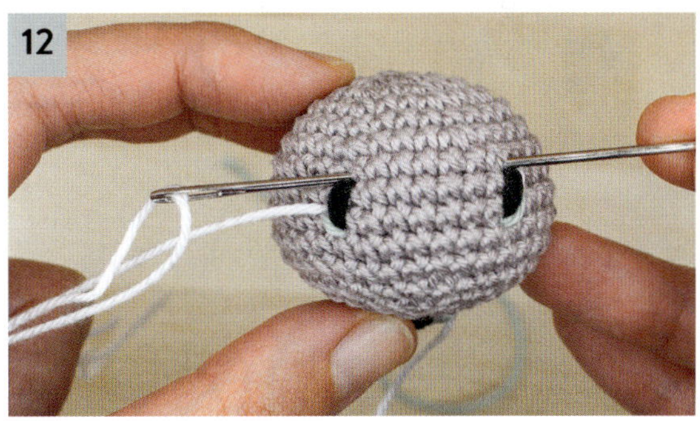

Stich mit der Nadel in die rechte obere Ecke des linken Auges und führe die Nadel oben mittig über dem rechten Auge heraus.

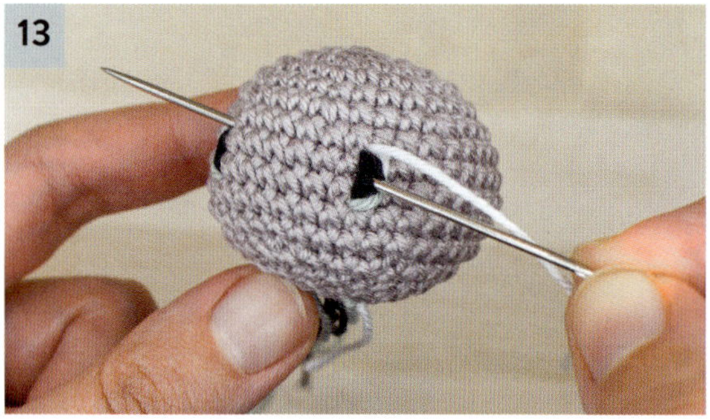

13

Stich etwa eine Runde tiefer mittig in das Auge ein und führe die Nadel mittig oben über dem linken Auge wieder heraus.

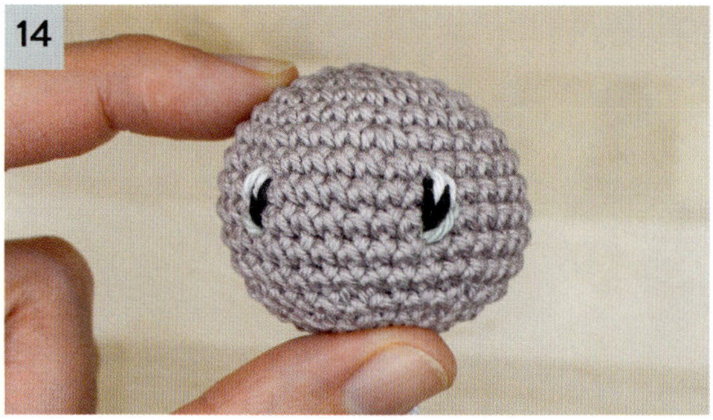

14

So stickst du den ersten Lichtpunkt. Wiederhole dies beim linken Auge.

SCHLAFAUGEN STICKEN

Schlafaugen sind ebenfalls eine beliebte Variante, um Amigurumi zu besticken. Hier sticke ich mit Schachenmayr Catania in Schwarz (110) und einer Matratzennadel. Markiere zunächst die Position der Augen auf dem Kopf.

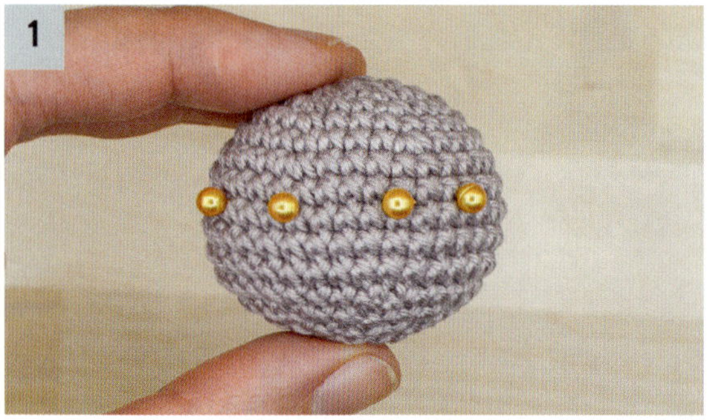

1

Stecke je eine Stecknadel für den Anfang und das Ende jeden Auges auf.

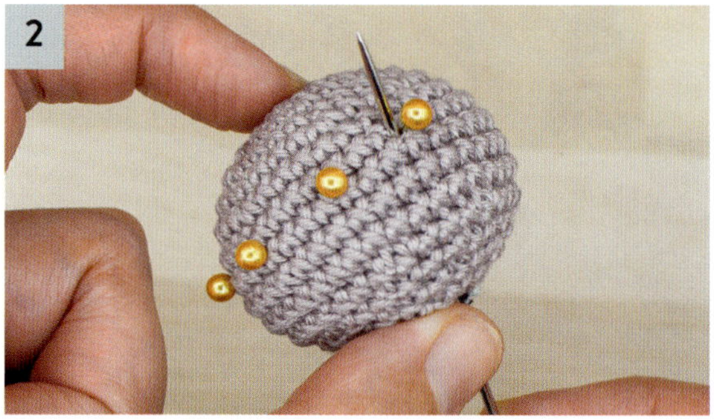

2

Stich von oben oder unten kommend, mit der Nadel aus der äußersten Markierung heraus.

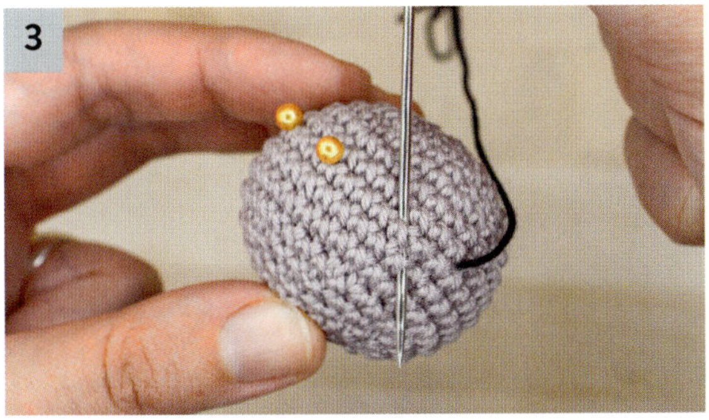

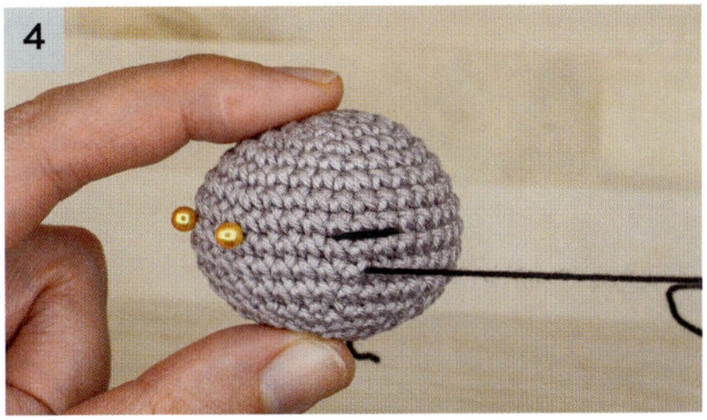

Stich in die zweite markierte Position ein und führe die Nadel direkt eine oder zwei Maschen unterhalb mittig zwischen den Einstichstellen wieder heraus.

Ziehe den Faden locker durch.

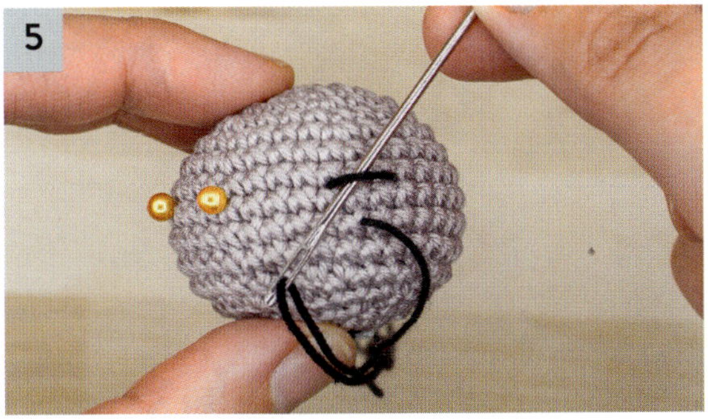

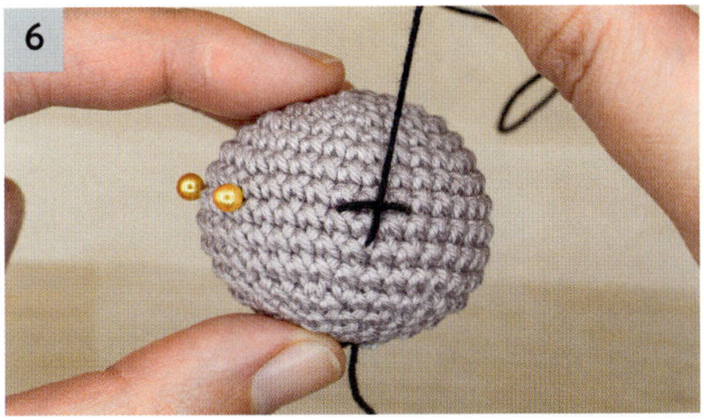

Führe die Nadel nun von unten nach oben unter dem Spannstich durch.

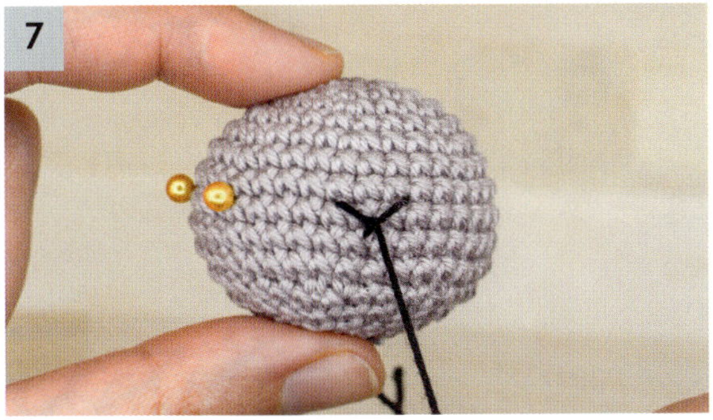

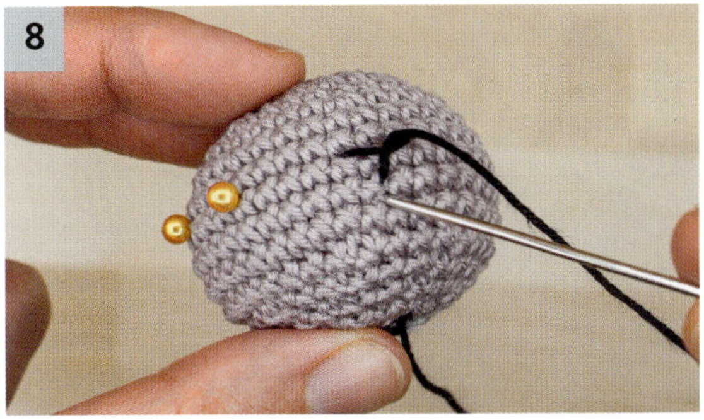

Ziehe den Faden nach unten, sodass sich der Spannstich nach unten wölbt.

Nun zurück in die letzte Ausstichstelle stechen …

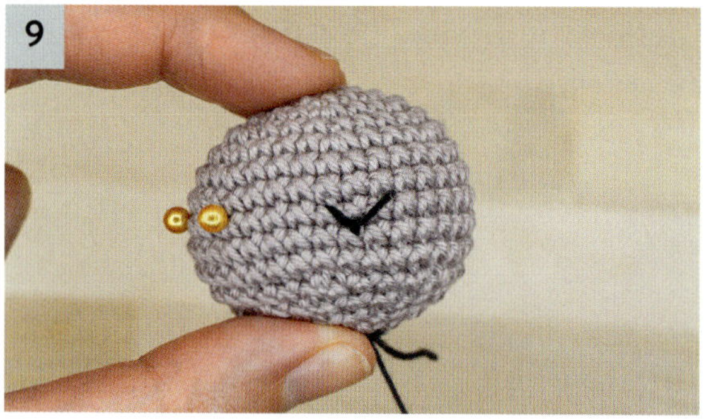

... und den Faden nach oben oder unten durchziehen.

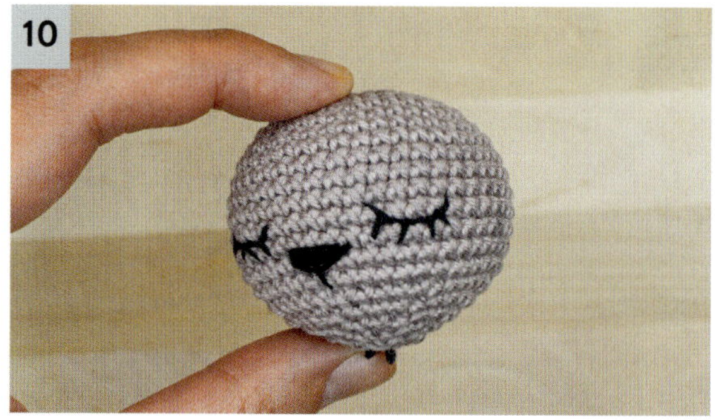

Wenn du möchtest, kannst du noch Wimpern aufsticken. Dafür Spannstiche in regelmäßigen Abständen entlang des Auges aufbringen.

GEHÄKELTE AUGEN

Vor allem bei größeren Amigurumi sind gehäkelte Augen eine schöne Wahl. Ich kombiniere sie gerne mit Figuren aus Chenille und nutze sie beim Häkeln von Tieramigurumi. Es gibt zahllose Möglichkeiten, Häkelaugen anzufertigen. Im Folgenden zeige ich dir zwei Varianten, die du leicht nachhäkeln kannst. Die kleinen Häkelaugen haben einen Durchmesser von ca. 1,5 cm. Die großen sind ca. 2 cm breit. Du kannst die Größe etwas variieren, indem du kleinere Nadelstärken oder feineres Garn verwendest. Hier habe ich mit Schachenmayr Catania in Schwarz (110), Teddy (161) und Weiß (106) und Nadelstärke 2,0 mm gearbeitet.

Kleine Augen (2 x)

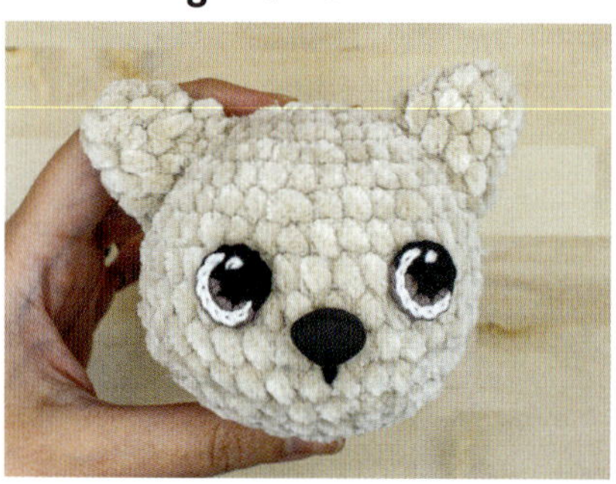

Häkle in Spiral-Rd. Beginne mit Schwarz.
1. Rd: 6 fM in einen Fadenring häkeln.
2. Rd: 3 x 1 M zun, Fb-Wechsel zu Teddy, 3 x 1 M zun. [12] Fb-Wechsel zu Schwarz.
3. Rd: 5 Km, Fb-Wechsel zu Weiß, 7 Km.

Faden lang abschneiden. Ziehe ihn anschließend von vorne durch die nächste Masche und sticke mit 2 kurzen Spannstichen oder einem Knötchenstich einen Lichtpunkt auf. Alle losen Fäden vernähen.

Große Augen (2 x)

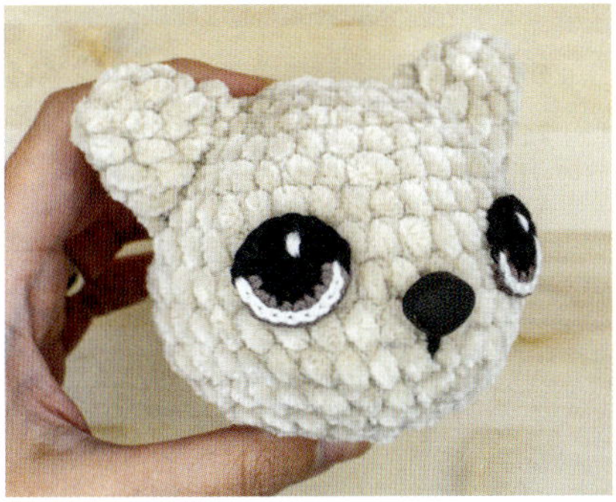

Häkle in Spiral-Rd. Beginne mit Schwarz.

1. Rd: 6 fM in einen Fadenring häkeln.

2. Rd: 6 x 1 M zun. [12]

Fb-Wechsel zu Teddy.

3. Rd: *1 fM, 1 M zun*, von * bis * noch 2 x wdh, Fb-Wechsel zu Schwarz, 6 fM. [15]

4. Rd: 1 fM, Fb-Wechsel zu Weiß, 8 Km.

Die restlichen Maschen bleiben frei.

Faden lang abschneiden. Ziehe ihn anschließend von vorne durch die nächste Masche und sticke mit 2 kurzen Spannstichen oder einem Knötchenstich einen Lichtpunkt auf. Alle losen Fäden vernähen.

AUGENBRAUEN

Augenbrauen sind das wichtigste Element an deiner Figur, wenn es um den Gesichtsausdruck geht. Mit ihnen kannst du deinem Amigurumi ganz viel Charakter verleihen. Es gibt unzählige Möglichkeiten, Augenbrauen zu sticken: Sie können geschwungen sein, gerade, symmetrisch oder schief. Je nach Variante verpassen sie deiner Figur einen überraschten, bösen, niedlichen oder gewitzten Ausdruck. Du kannst sie wie gewohnt mit Baumwollgarn sticken. Für feinere Augenbrauen nimm Perl- oder Stickgarn zur Hand oder spalte das Baumwollgarn (siehe Seite 20). Für dickere Brauen bietet sich z. B. weiches Acrylgarn an. Alternativ kannst du das Baumwollgarn doppelt nehmen.

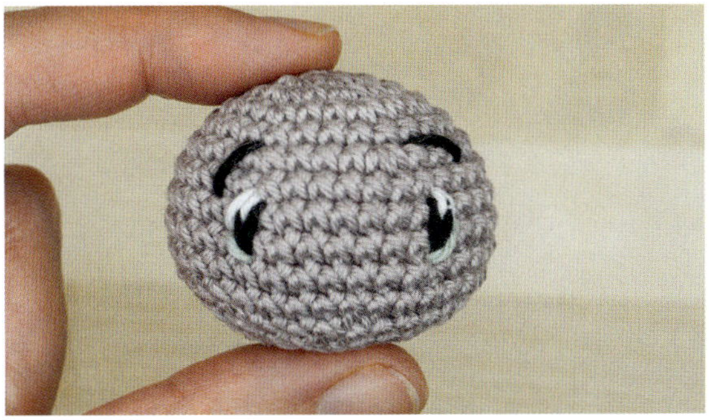

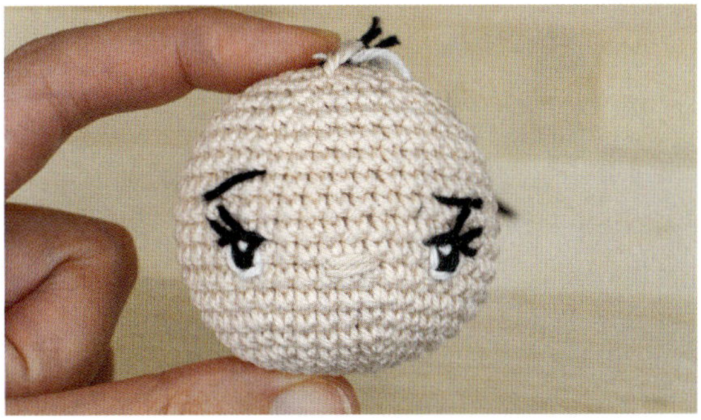

Am einfachsten lassen sich **gerade Augenbrauen** sticken. Dazu setzt du einfach einen Spannstich über jedes Auge. Je nachdem wie hoch und wie schräg du die Brauen aufbringst, ändert sich der Ausdruck der Figur.

Um **geschwungene Augenbrauen** zu sticken, nutze einfach die abgewandelte Technik des Margeritenstichs, die auch schon bei den geschwungenen Wimpern zum Einsatz gekommen ist (siehe Seite 158).

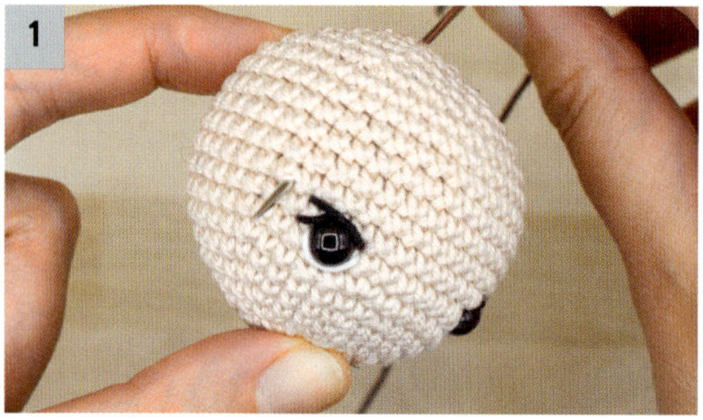

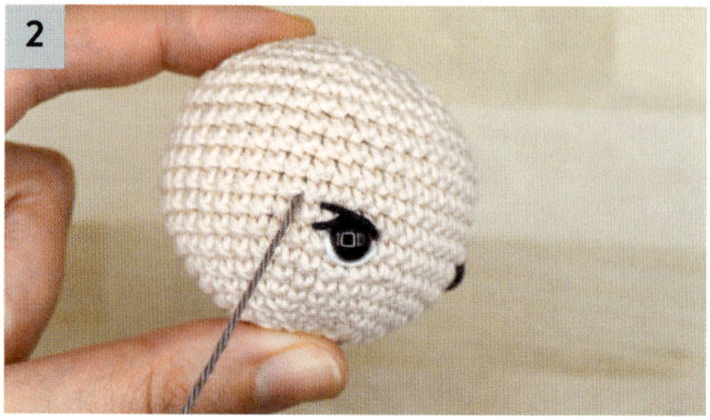

Stich mit der Nadel vom Oberkopf aus neben dem Auge aus. Je nachdem wie breit die Braue werden soll, lass dabei 1–2 Maschen Abstand zum Auge.

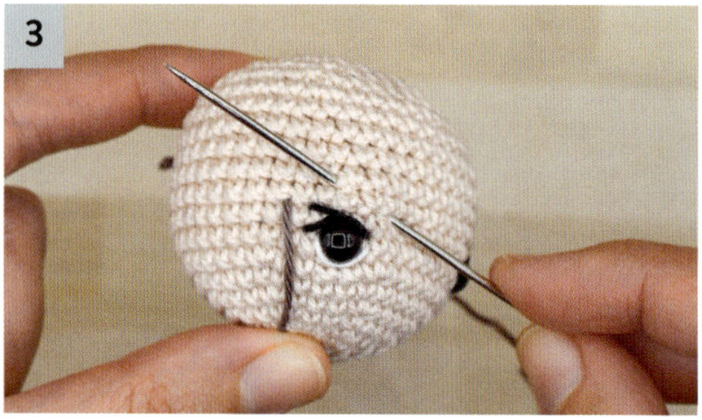

Stich nun auf gleicher Höhe rechts des Auges mit einer Masche Abstand wieder ein und führe die Nadel direkt mittig über dem Auge wieder aus.

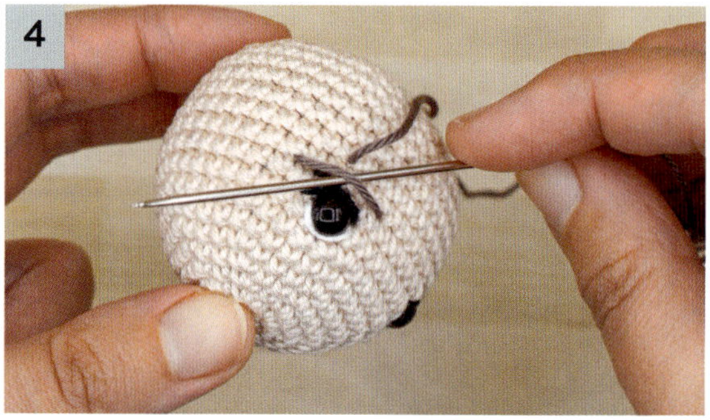

Ziehe den Faden locker durch und stich mit der Nadel von oben kommend, unter dem entstandenen Spannstich durch.

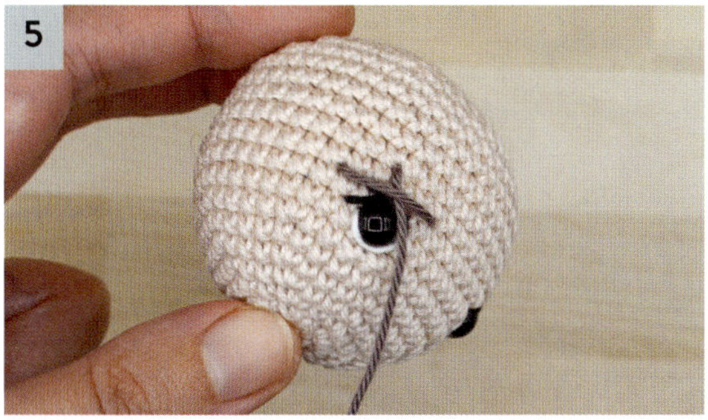

Wieder den Faden durchziehen. Er liegt jetzt unter dem ersten Spannstich.

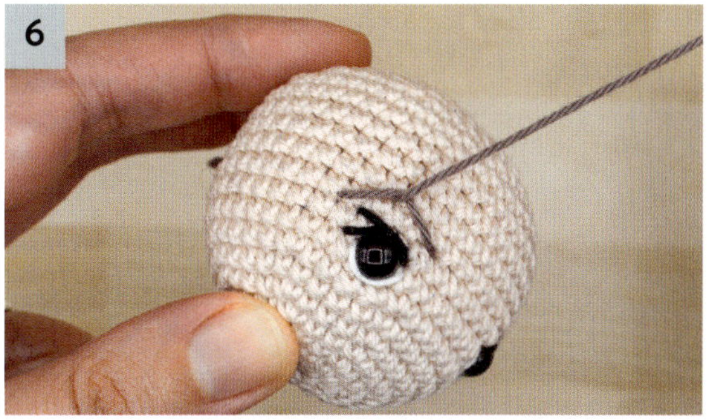

Ziehe den Faden nach oben, sodass sich der Spannstich nach oben wölbt.

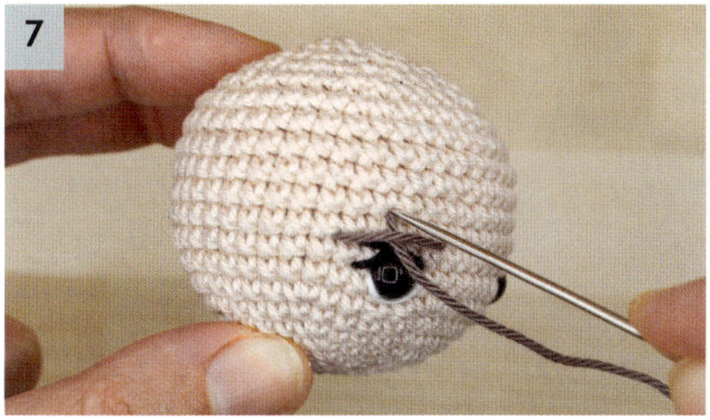

Nun genau in die letzte Ausstichstelle stehen.

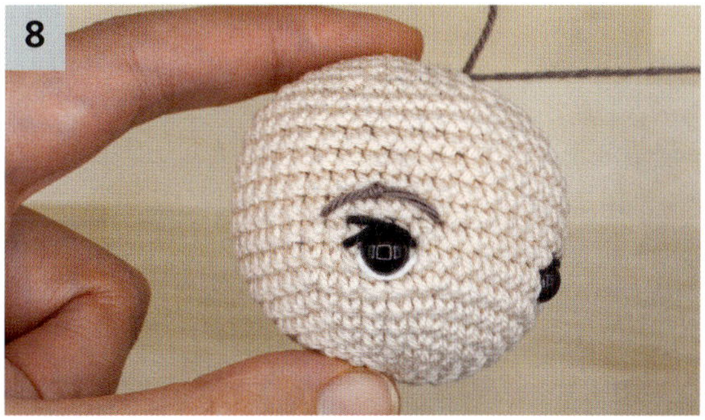

Den Faden zum Oberkopf durchziehen und festziehen.

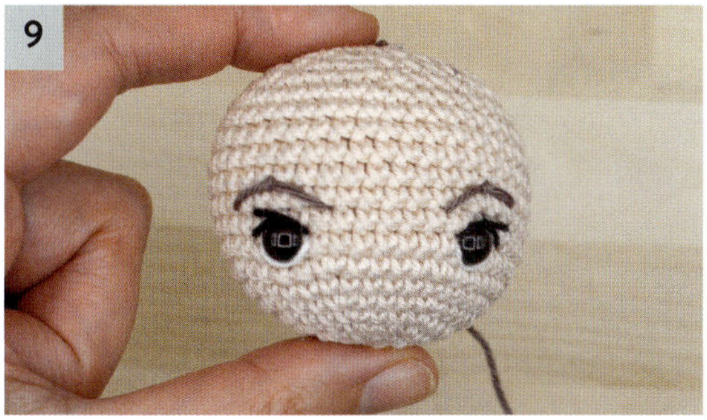

Über dem zweiten Auge wiederholen.

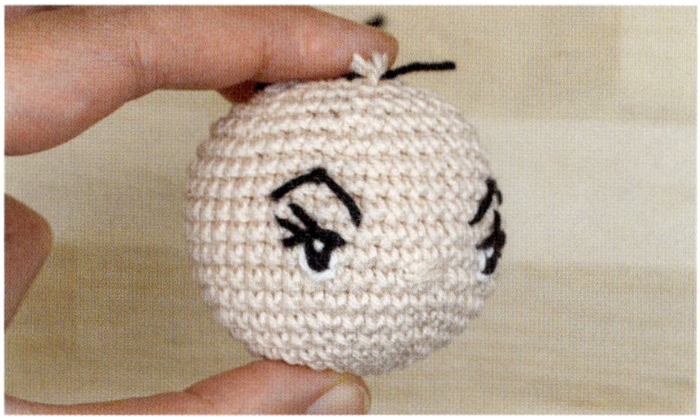

Du kannst den Ausdruck deiner Figur ganz einfach verändern, indem du den Spannfaden mehr oder weniger hochziehst.

Kombiniere gerade und/oder geschwungen Augenbrauen für individuelle Gesichtsausdrücke.

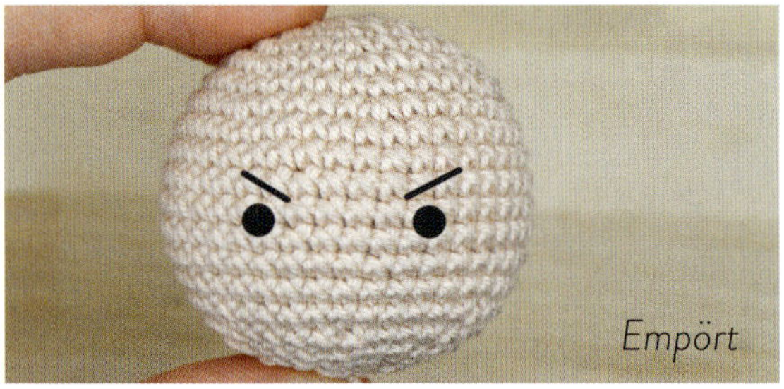

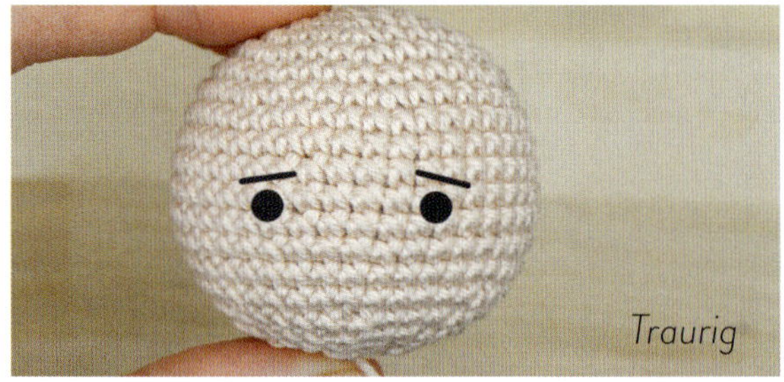

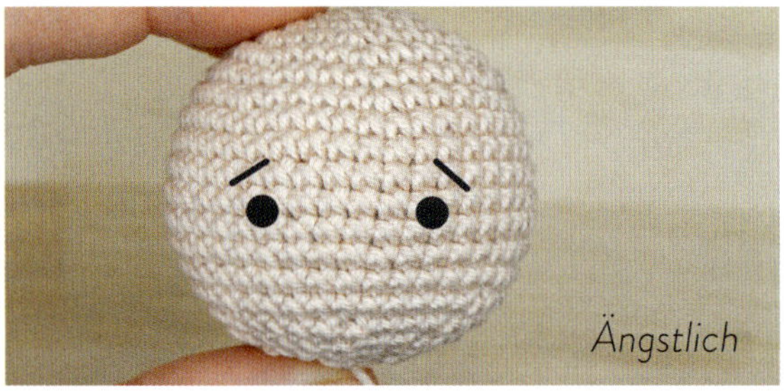

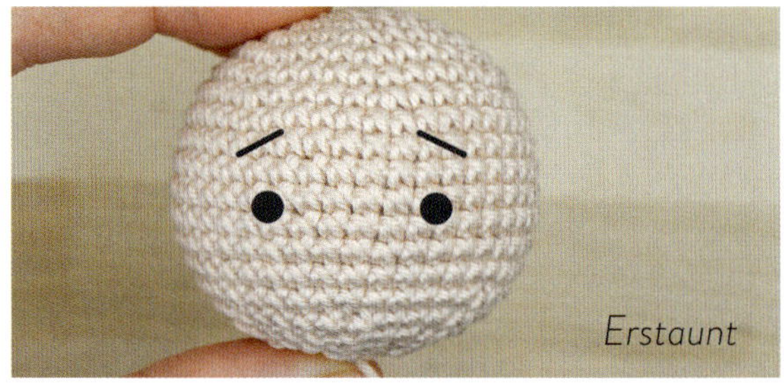

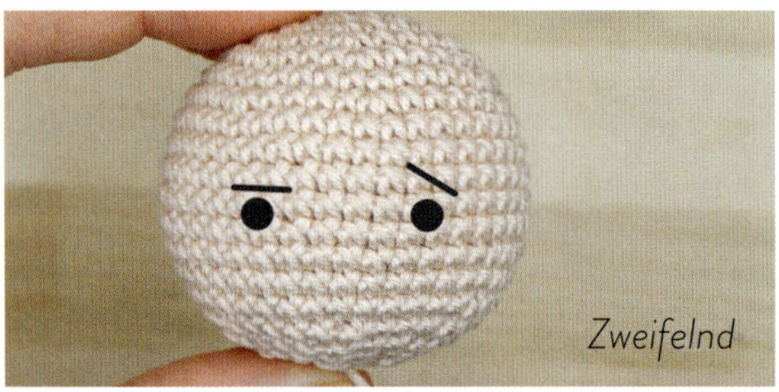

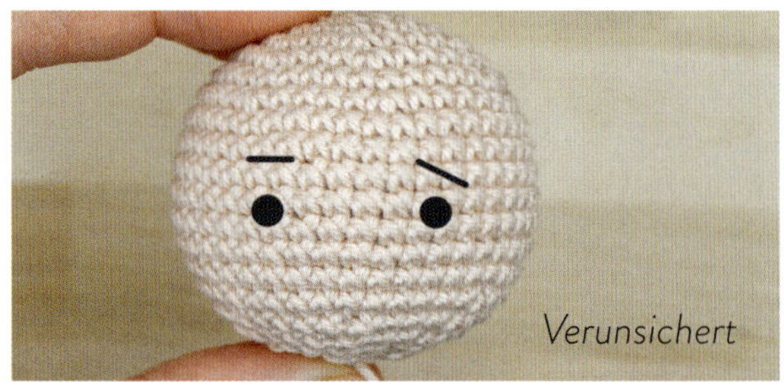

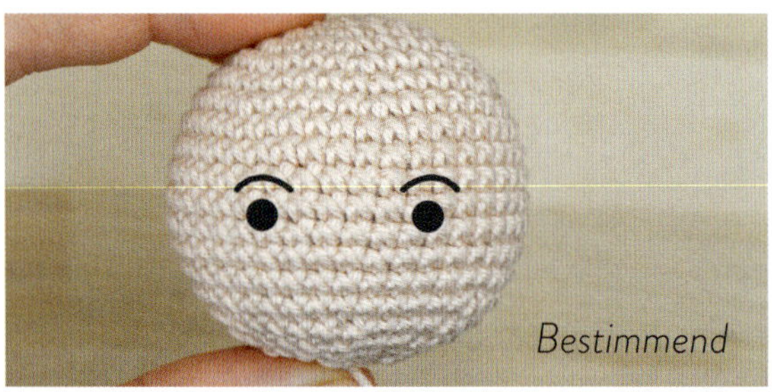

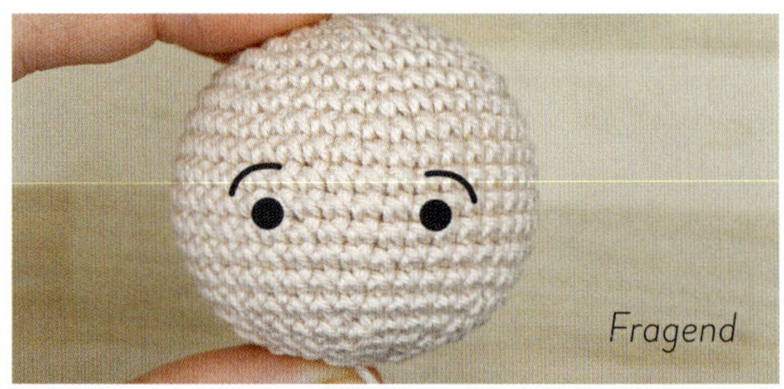

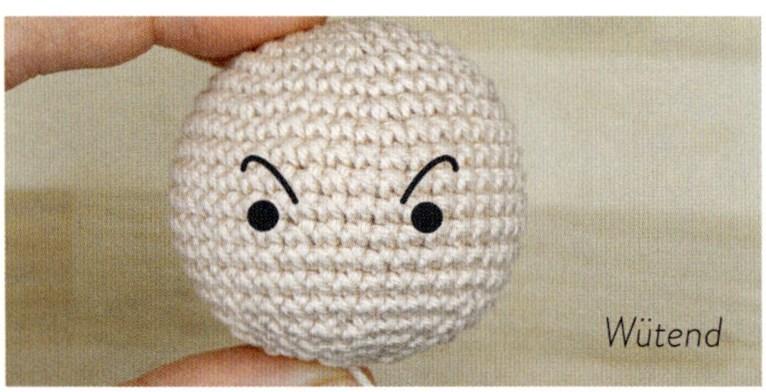

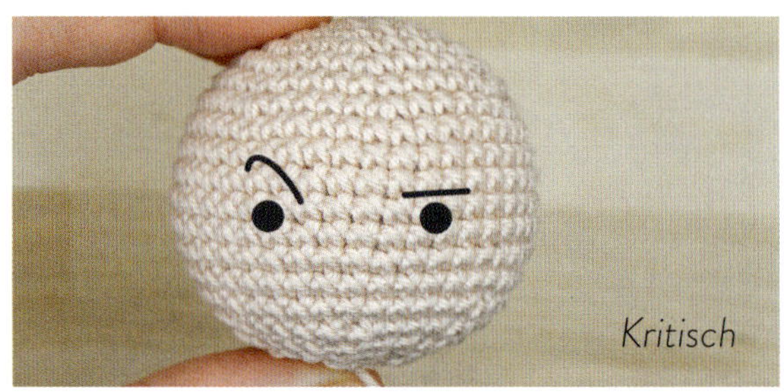

NASEN

NASEN STICKEN

Nasen lassen sich sehr gut auf deine Amigurumigesichter sticken. Nutze dazu die gleiche Wolle wie beim Häkeln.

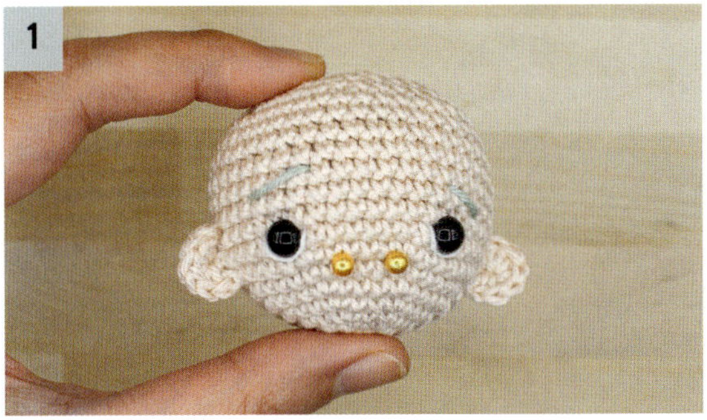

Markiere zu Beginn die Position der Nase, damit das Gesicht symmetrisch wird.

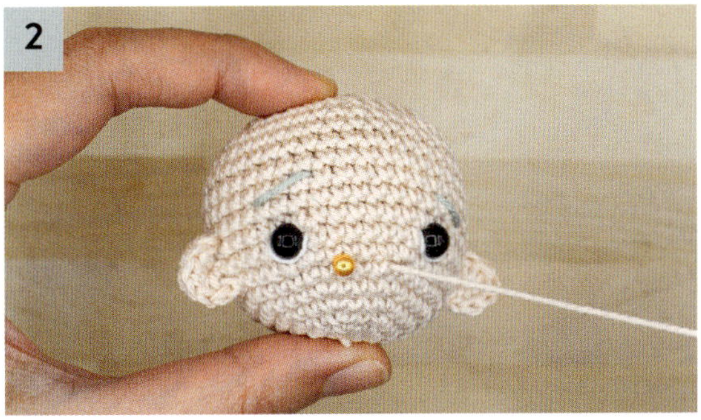

Komm mit der Nadel aus der ersten Position heraus.

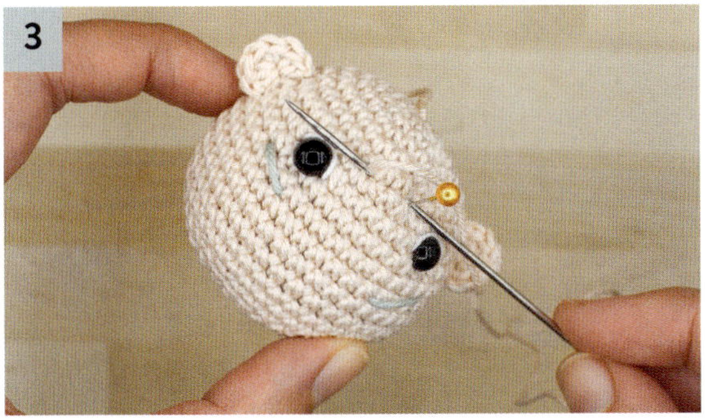

Stich anschließend in die zweite Markierung ein. Führe die Nadel um die Maschen herum aus der ersten Ausstichstelle wieder heraus.

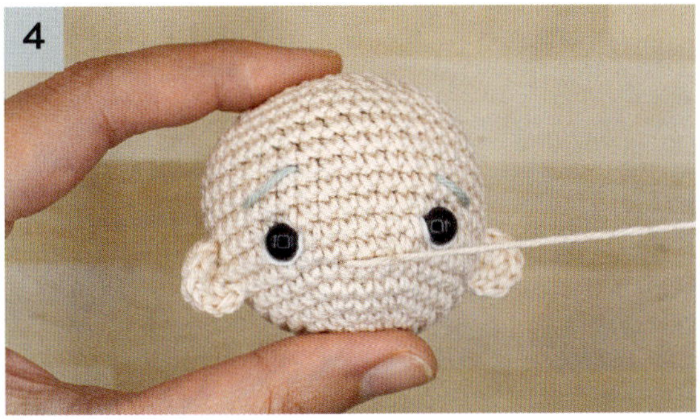

So entsteht der erste Spannstich.

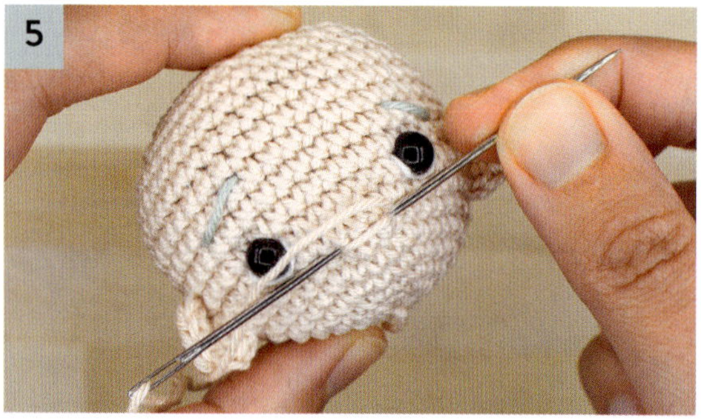

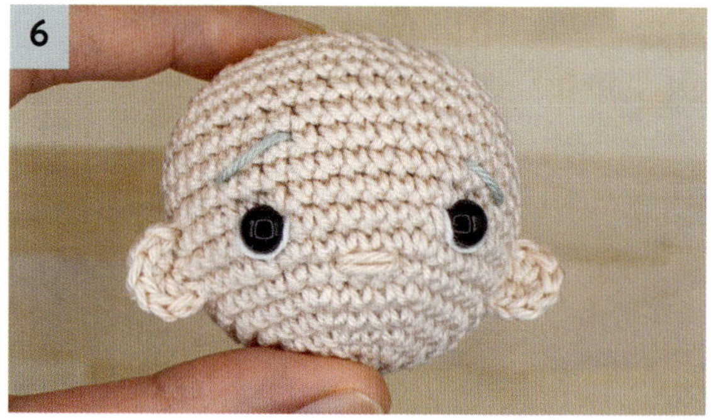

Je nachdem wie groß die Nase werden soll, setze nun auf die gleiche Weise mehrere Spannstiche über und unter den ersten Stich. Je mehr Maschen du beim Sticken umfasst, desto breiter wird die Nase.

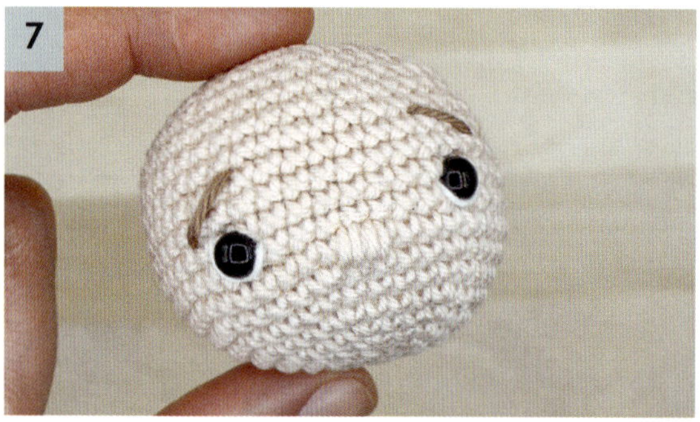

Statt horizontal, kannst du die Nase auch vertikal sticken.

GEHÄKELTE NASEN

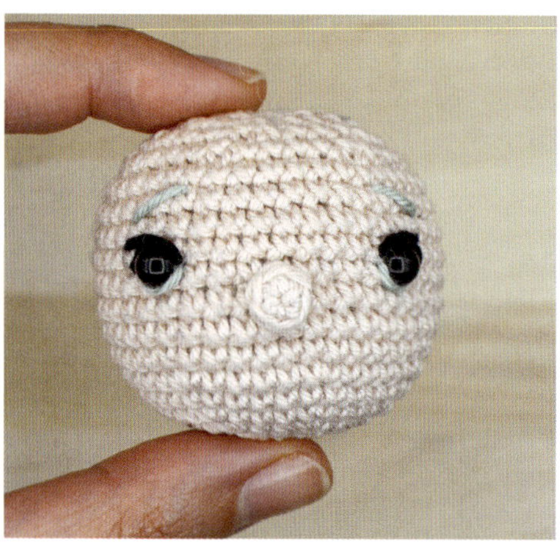

Gehäkelte Nasen bringen etwas mehr Tiefe in das Gesicht des Amigurumi. Hier gibt es wie immer vielfältige Möglichkeiten der Gestaltung. Bei der einfachsten Variante häkelst du einfach 5–7 feste Maschen in einen Fadenring und schließt die Runde unsichtbar ab. Je mehr Maschen, desto größer wird die Nase. Nutze zum Häkeln die gleiche Wolle, die du auch für den Kopf verwendet hast. Du kannst die gleiche Farbe verwenden oder mit einer anderen Nuance einen schönen Effekt erzielen. Es entsteht eine runde Nase, die du annähen kannst.

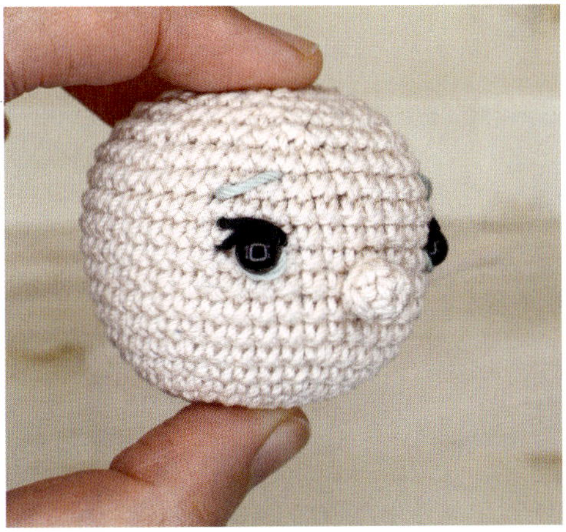

Am besten gelingt dies, wenn der Kopf noch nicht gestopft und geschlossen wurde. Nimm zum Nähen einfach die gleiche Baumwolle wie zum Häkeln. Alternativ kannst du die Nase auch mit Textilkleber aufkleben. Dann ist dein Amigurumi aber nicht mehr als Spielzeug geeignet, da sich die Nase lösen und verschluckt werden kann. Möchtest du eine längere Nase für noch mehr Dreidimensionalität, dann häkle einfach noch weitere 1–2 Runden mit der gleichen Anzahl Maschen wie in der Anfangsrunde. Je mehr Runden zu häkelst, desto länger wird die Nase.

NASEN AUS NOPPENMASCHEN

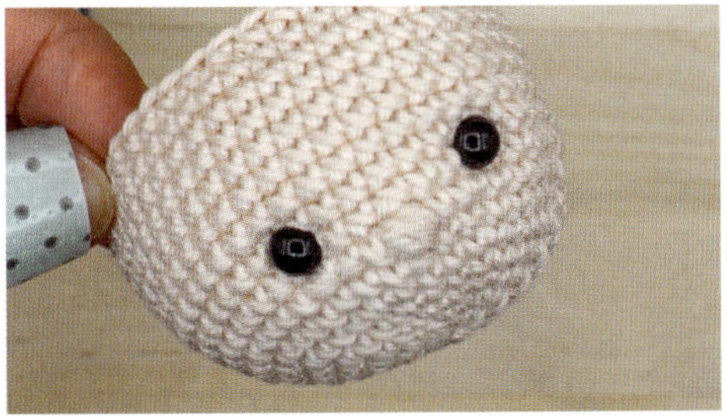

Wenn du keine Lust auf Sticken oder Nähen hast, kannst du die Nase mit einer Noppenmasche direkt beim Häkeln des Kopfs mit einarbeiten. Dazu ersetzt du einfach an der passenden Stelle eine feste Masche einer Runde mit einer Noppenmasche. Je mehr Umschläge du dabei bildest, desto größer wird die Nase dabei.

NOPPENNASE FÜR TRIXIE (IN SOFT APRICOT)

Ersetze in der 7. Runde die 22. M mit einer 4-fach Noppenmasche. Setze die Augen nach der 16. Rd jeweils mit 4 M Abstand zur Nase zwischen die 9. und 10. Rd des Kopfs.

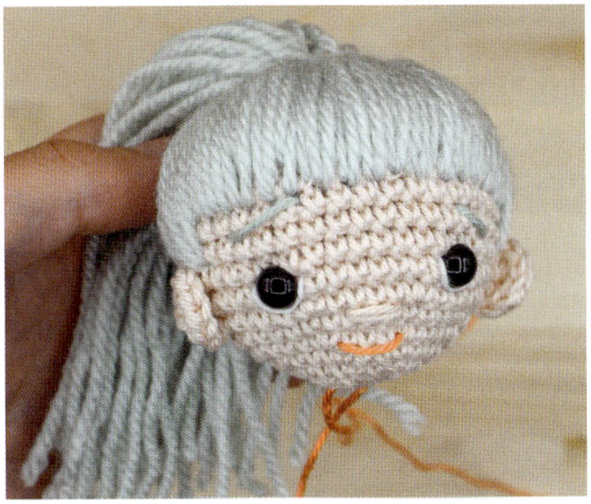

MÜNDER

Nicht bei jedem Amigurumidesign findet sich ein Mund auf der Figur. Oft bestehen die Gesichter nur aus Augen und Nase – oder sogar nur aus Augen. Vor allem bei schlichten Figuren fehlt meist der Mund. Dennoch gibt es viel, was dafür spricht: Mit einem Mund kannst du beispielsweise den Gesichtsausdruck deiner Figur verändern. Vor allem Gefühle lassen sich so schön erzählen. Du kannst Münder mit den gleichen Stickstichen aufbringen, die bei den Augenbrauen verwendet werden. Gestickt wird auch hier mit (gespaltenem) Baumwollgarn, Stick- oder Perlgarn. Für die einfachste Variante sticke einfach einen Spannstich für einen geraden Mund auf.

Du kannst den Gesichtsausdruck verändern, indem du den Mund breiter – also über mehrere Maschen stickst oder ihn etwas schiefer ansetzt. Ein geschwungener Mund wird wie eine umgedrehte geschwungene Augenbraue gestickt.

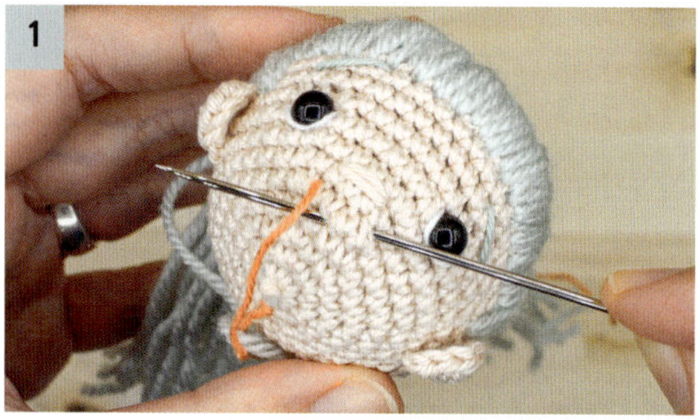

Stich mit der Nadel aus der Stelle heraus, an der der Mund beginnen soll. Nun mit der Nadel im gewünschten Abstand wieder einstechen und die Nadel direkt mittig eine Runde unterhalb wieder ausführen.

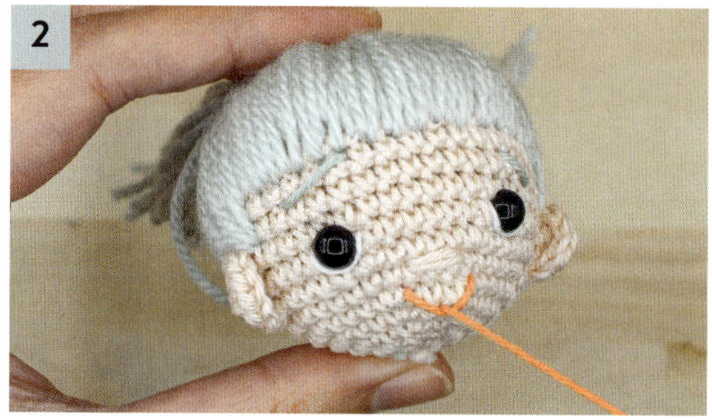

Die Nadel unter dem ersten Spannfaden durchstechen und den Faden durchziehen.

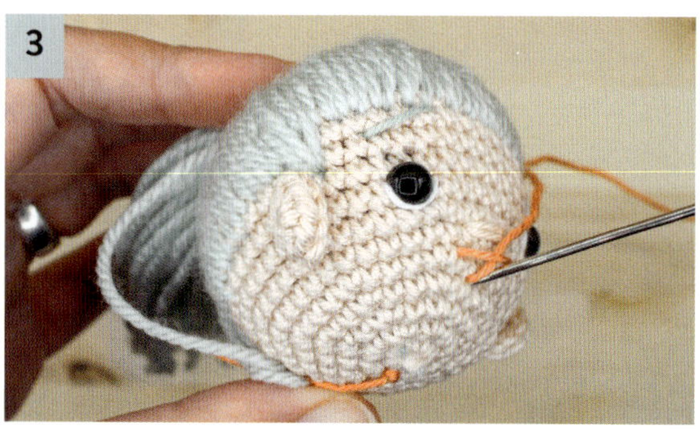

Mit der Nadel zurück in die letzte Ausstichstelle stechen.

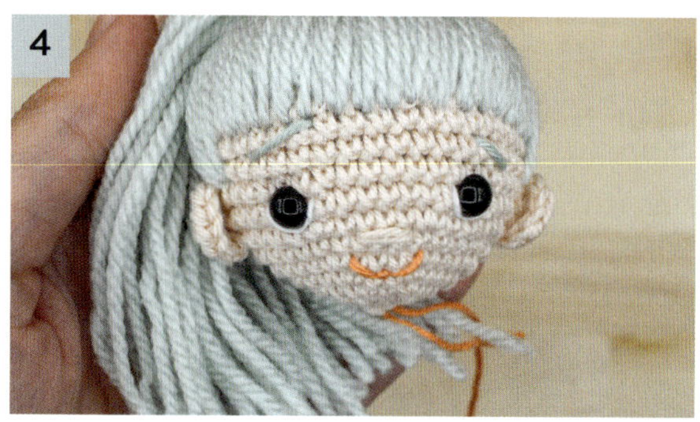

Den Faden nach unten/oben durchziehen und sichern.

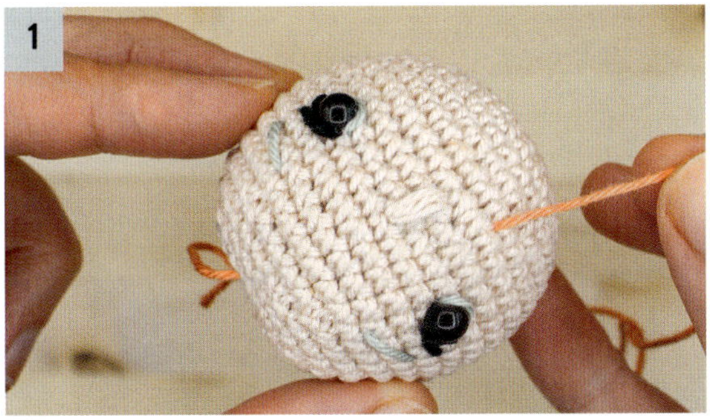

Mit dem **Wickelknoten** kannst du ebenfalls einen schönen vollen Mund aufsticken. Auch hier mit der Nadel aus der Position herauskommen, in der der Mund beginnen soll.

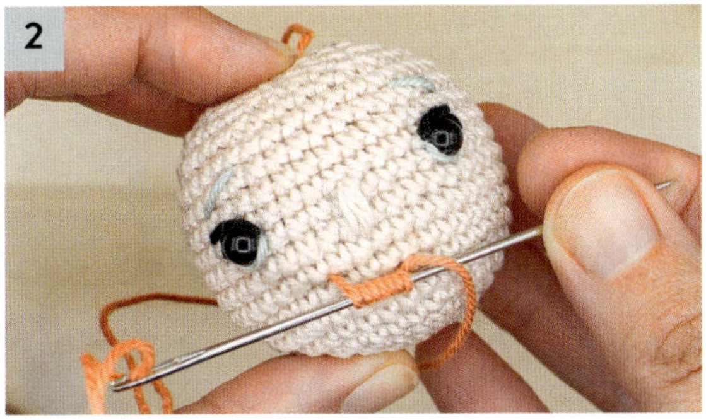

Den Faden mehrfach um die Nadel wickeln. Die Umschläge sollten dabei so breit sein, wie der Mund später werden soll.

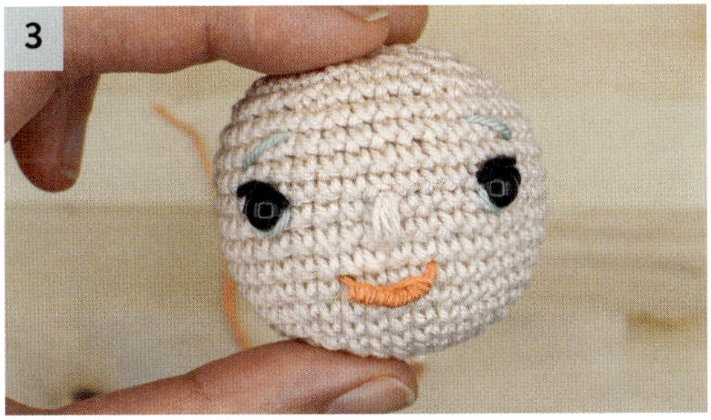

Den Faden durch die Umschläge ziehen und in der gewünschten Stelle zurück in den Kopf stechen, an der der Mund enden soll.

Eine Schritt-für-Schritt-Anleitung für den Wickelknoten findest du im Kapitel *Sticken* (siehe Seite 95).

WANGEN

So richtig niedlich wird ein Amigurumi mit rosa Bäckchen. Mit den passenden Wangen wirken die Figuren gleich viel lebendiger. Es gibt verschiedene Möglichkeiten, diese zu gestalten. Für welche Methode du dich am Ende entscheidest, hängt vom Design des Amigurumi und von deinen persönlichen Vorlieben ab.

GEHÄKELTE WANGEN

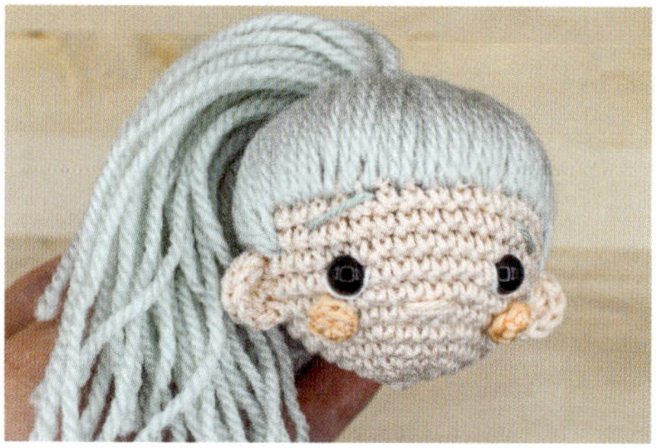

Mein Favorit sind gehäkelte Wangen. Sie bescheren deiner Figur schöne runde Apfelbäckchen. Dazu häkelst du einfach feste Maschen in der gewünschten Anzahl in einen Fadenring. Gehäkelte Wangen lassen sich am besten annähen, bevor der Kopf beendet wird. Meist findest sich in der Anleitung einen Hinweis dazu. Später, wenn dieser fertig ausgestopft und geschlossen wurde, kann das Annähen etwas fummelig sein. Nutze zum Nähen Nähgarn oder Zwirn in der passenden Farbe oder spalte die Wolle, mit der du gehäkelt hast, auf (siehe Seite 20) und nähe mit dem nun feineren Faden. Alternativ kannst du die Wangen auch auf dem fertigen Kopf mit Textilkleber aufkleben. Dies solltest du aber nur dann tun, wenn die Figur nicht als Spielzeug gedacht ist.

WANGEN AUS FILZ

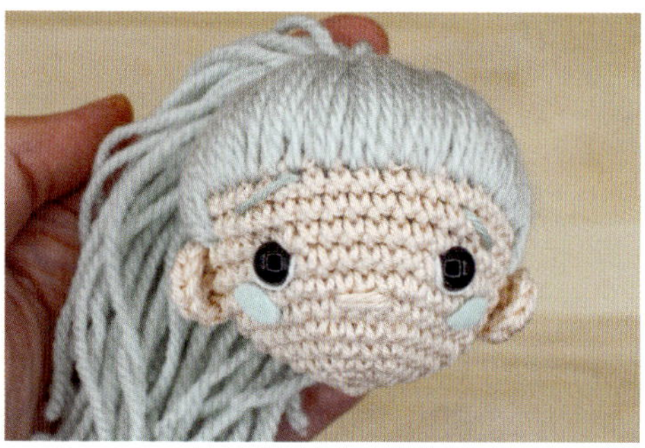

Filzwangen sind ebenfalls eine schöne Variante. Die unterschiedlichen Texturen verschaffen deinem Amigurumi einen kleinen Hingucker. Außerdem kannst du bei dieser Variante sehr schön mit unterschiedlichen Formen spielen. Nimm am besten Filz mit einer Stärke von 1–2 mm. Je dicker der Filz, desto mehr Tiefe bekommen die Wangen. Schneide den Filz in die gewünschte Form – von klassisch rund, über oval bis herzförmig ist alles erlaubt. Damit beide Wangen die exakt gleiche Form haben, lege zwei Filzteile aufeinander und schneide sie gleichzeitig. Die Filzwangen kannst du vor dem Ausstopfen mit Nähgarn in passender Farbe annähen oder nach der Fertigstellung des Kopfs aufkleben.

GESTICKTE WANGEN

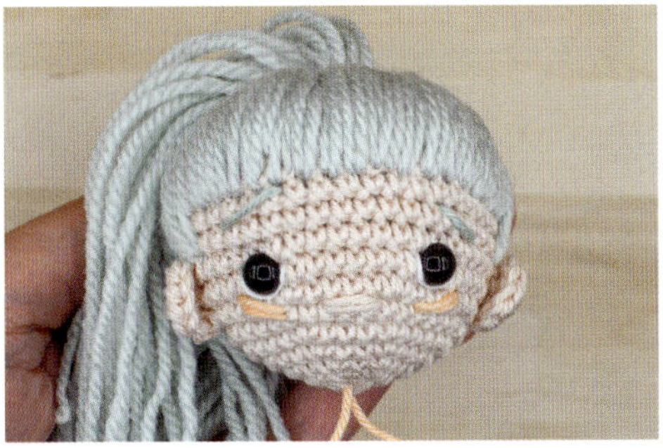

Die schnellste und ebenfalls sehr süße Variante sind einfache gestickte Wangen aus Wolle. Ich bringe dazu meist je zwei enge Spannstiche direkt unter den Augen auf. Aber auch mehr oder weniger Spannstiche sehen sehr süß aus. Du kannst die Wange unter oder auch neben das Auge sticken.

ROUGE

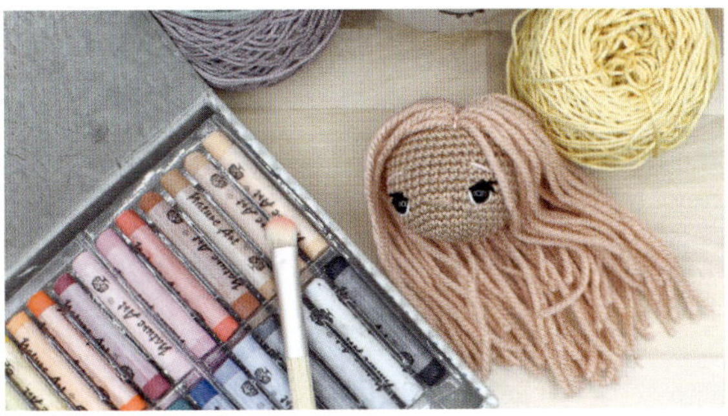

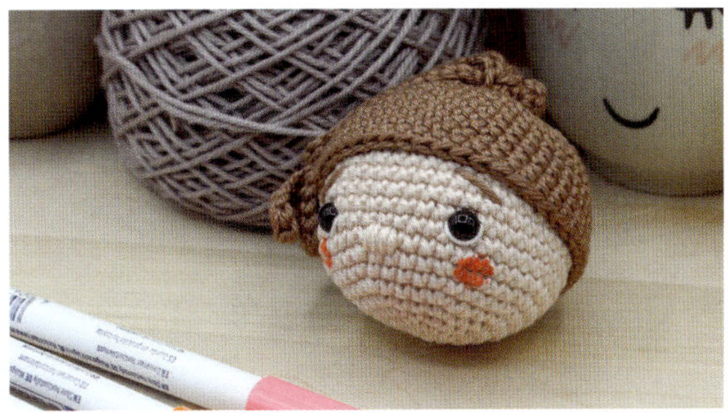

Du kannst auf Amigurumigesichter genauso Rouge auftragen wie auf deine Wangen. Dazu kannst du tatsächlich richtiges **Make-up** verwenden, auf **Pastellkreide** zurückgreifen oder **Textilmalstifte** nutzen. Aufgetragen wird das Rouge mit einem Mal- oder Make-up-Pinsel. Nutzt du Pastellkreide, kannst du die Farbe direkt vom Stift aufnehmen. Für mehr Farbintensität reibe den Stift zuvor auf einem Stück Pappe und nimm den Staub von dort mit dem Pinsel auf. Mit Textilmalstiften kannst du die Wange aufmalen. Hier wird das Ergebnis immer sehr farbintensiv. Male dazu vorsichtig die Form auf dem Gesicht vor und male sie anschließend aus. Die Arbeit mit Pastellkreiden und Rouge hat den Vorteil, dass du die Intensität des Rouges selbst bestimmen kannst. Von leicht roten Wangen bis hin zu knalligen Apfelbäckchen ist alles möglich. Nutzt du Make-up-Rouge und Pastellkreide, trage die Farbe ganz zum Schluss auf, wenn deine Figur fertig ist, sonst kann sie bei der weiteren Arbeit am Amigurumi verschmieren.

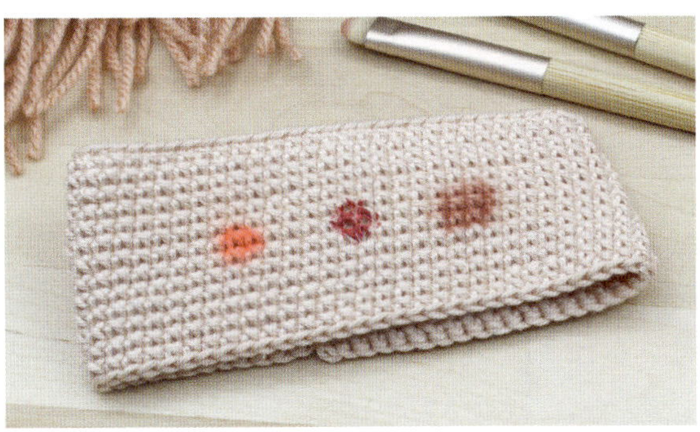

von links nach recht: Wangen mit Make-up-Rouge, mit Textilstift und mit Pastellkreide

WEITERE DETAILS

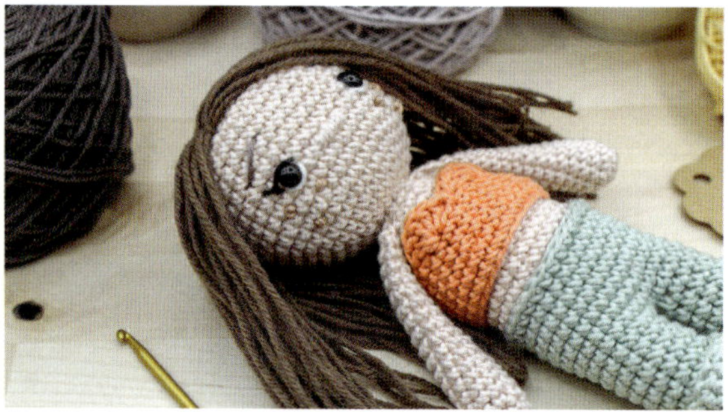

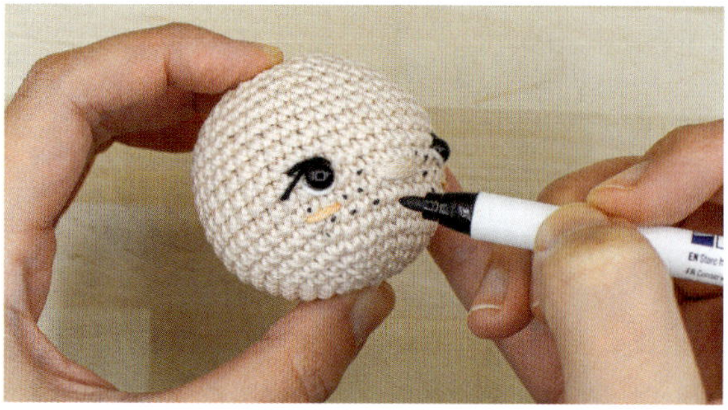

Wenn du Lust auf noch mehr Details hast, kannst die Gesichter deiner Amigurumi zusätzlich verzieren. **Schönheitsflecke** oder **Muttermale** lassen sich beispielweise mit Knötchenstichen aufsticken oder mit Textilmalstiften aufmalen. Oder für ein verwegenes Amigurumi lassen sich **Narben** mit Spannstichen aufsticken oder auch aufmalen.

TIERGESICHTER STICKEN

Tiergesichter werden mit den gleichen Techniken angebracht wie bei menschlichen Figuren. Vor allem bei den **Augen** lassen sich alle Varianten für Mensch und Tier anwenden.

Bei **Nasen und Schnauzen** bieten sich bei Tieren viele Varianten an, mit denen du deinem Amigurumi einen niedlichen Ausdruck verleihen kannst. Du kannst deinem Tier runde und ovale Nasen aufsticken, indem du, wie oben beschrieben Spannstiche horizontal oder vertikal aneinandersetzt. Auch beliebt bei Tierfiguren sind **dreieckige Nasen.**

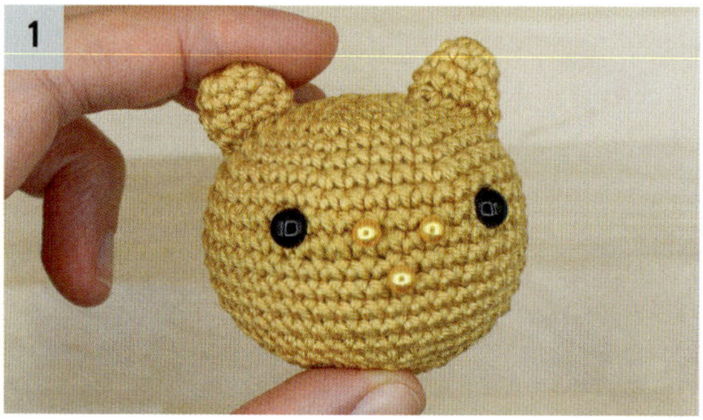

Um diese aufzusticken, markiere zunächst die gewünschte Position der drei Ecken der Nase mit Stecknadeln.

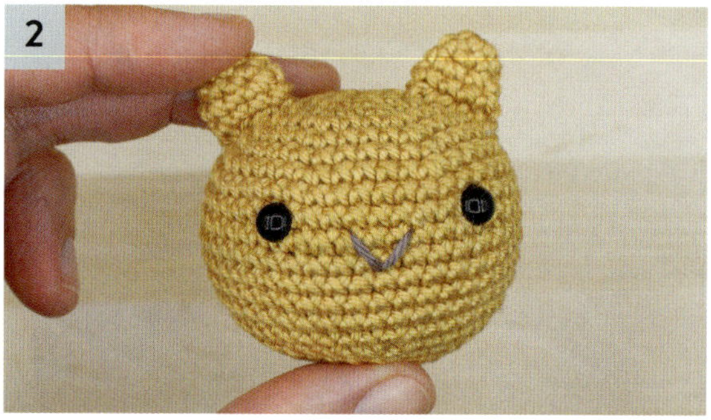

Beginne dann mit zwei Spannstichen von den äußeren oberen Ecken zur unteren mittigen Ecke.

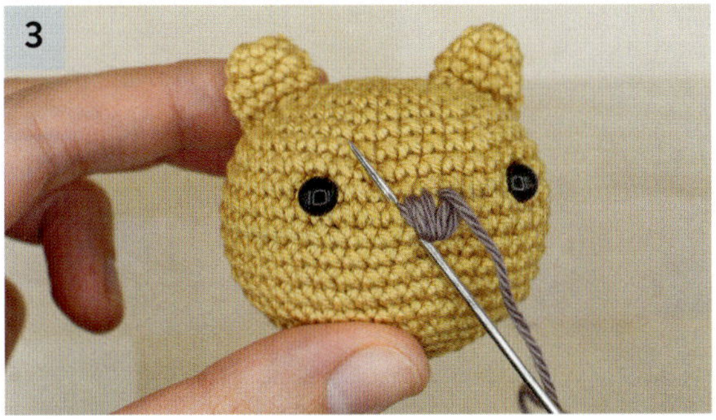

Innerhalb dieser beiden Stiche wird die Nase nun aufgebracht. Fülle dazu den Zwischenraum mit Spannstichen, die auf der Höhe der oberen Ecken beginnen und in der mittigen unteren Ecke enden. Sticke so viele Stiche, bis der gesamte Bereich ausgefüllt ist.

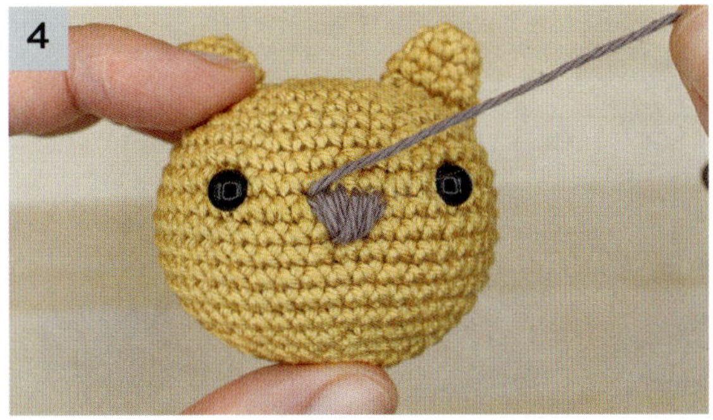

Zum Schluss komm mit der Nadel aus der oberen linken Ecke heraus und führe den Faden oberhalb der Spannstiche entlang.

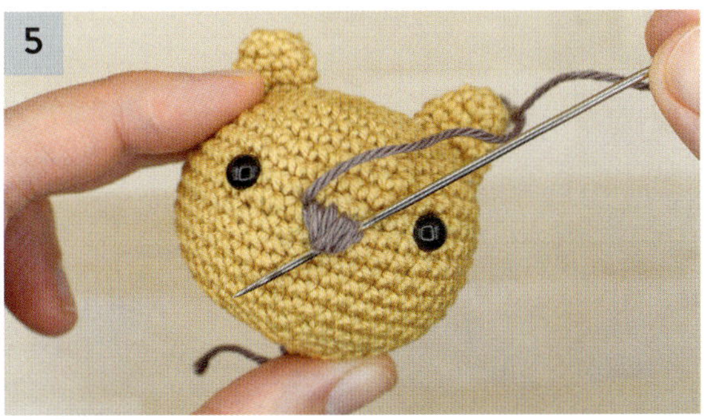

Stich mit der Nadel in die rechte obere Ecke und führe die Nadel aus der unteren mittigen Ecke hinaus. Von hier aus kannst du nun die gewünschte Variante für die Schnauze weitersticken.

Für eine **viereckige Nase** setze mehrere Spannstiche vertikal direkt nebeneinander. Auch hier am Ende den Faden oberhalb der Nadel entlang und abschließend mittig unter der Nase herausführen, um mit der Schnauze zu beginnen.

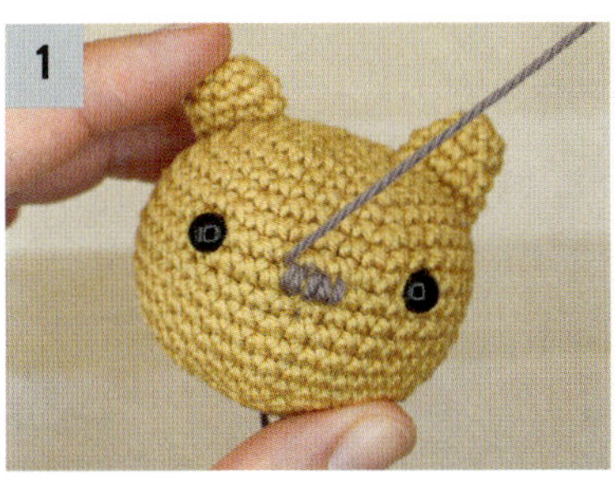

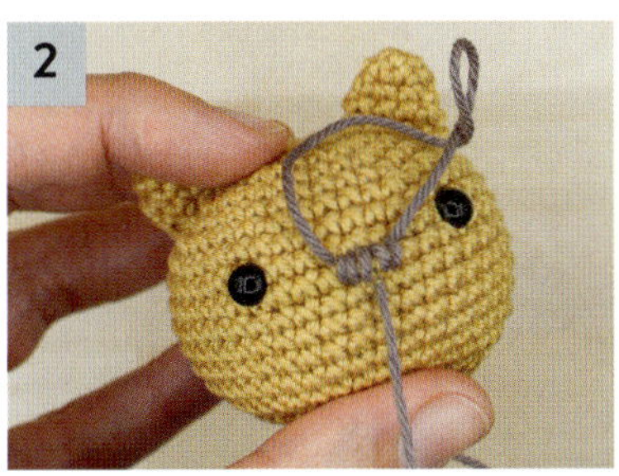

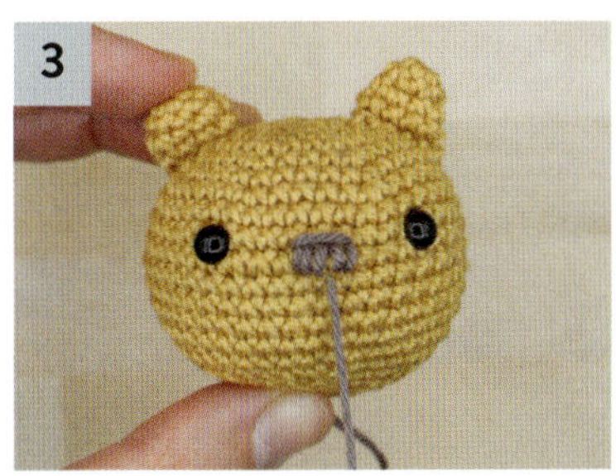

Für die **Schnauze** ergibt ein einzelner Spannstich unter der Nase bereits einen süßen Ausdruck. Alternativ kannst du zwei schräge Spannstiche unter die Nase setzen oder unter den ersten vertikalen Spannstich noch einen horizontalen setzen.

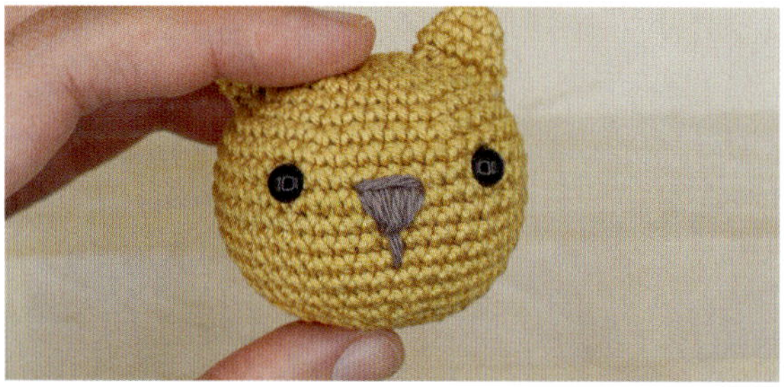

Variante 1

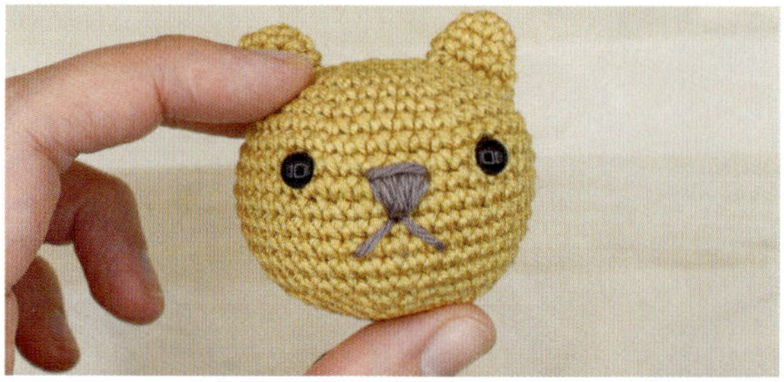

Variante 2

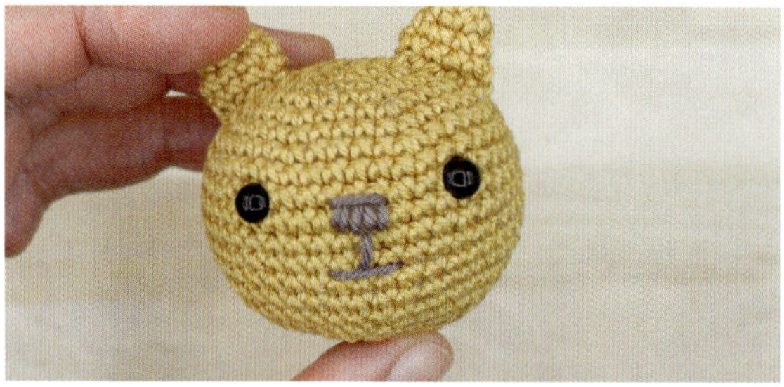

Variante 3

Für einen weniger schlichten Ausdruck, kannst du dein Tier mit einer geschwungenen Schnauze ausstatten.

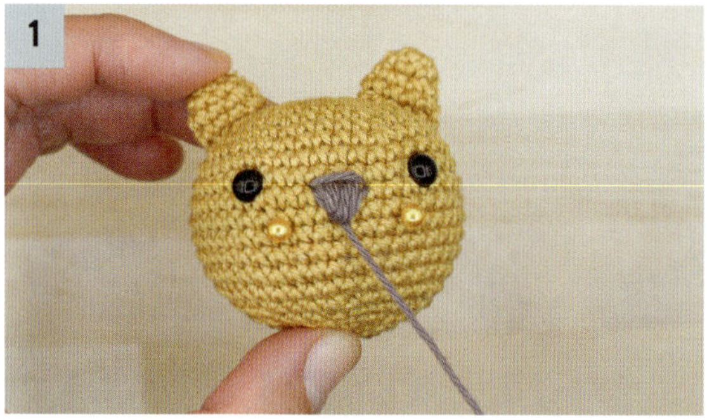

Markiere dazu zunächst die gewünschte Breite und Höhe der Schnauze.

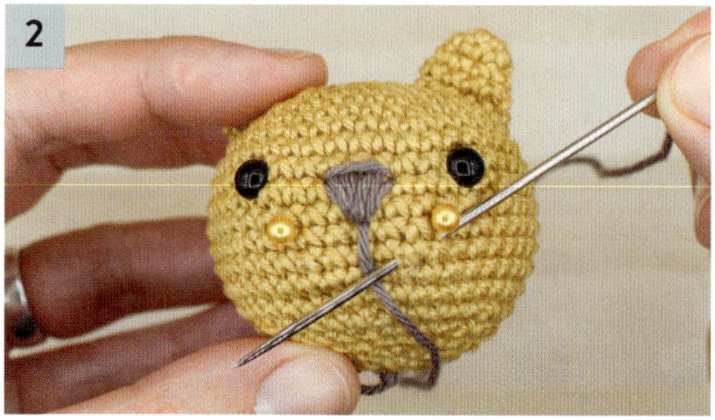

Stich dann, von der Mitte kommend, in die rechte Markierung ein.

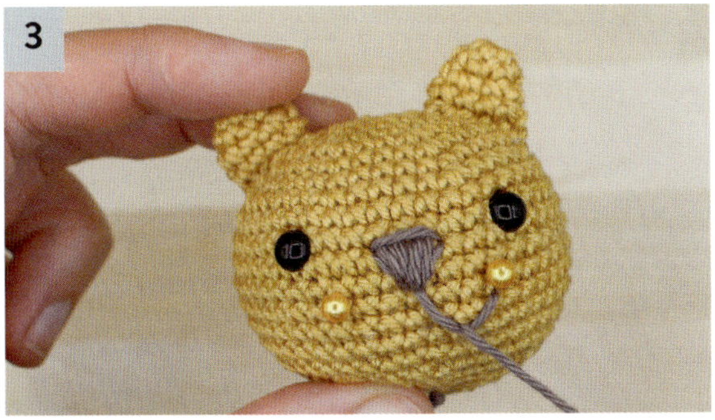

Führe die Nadel direkt oberhalb des letzten Stichs heraus.

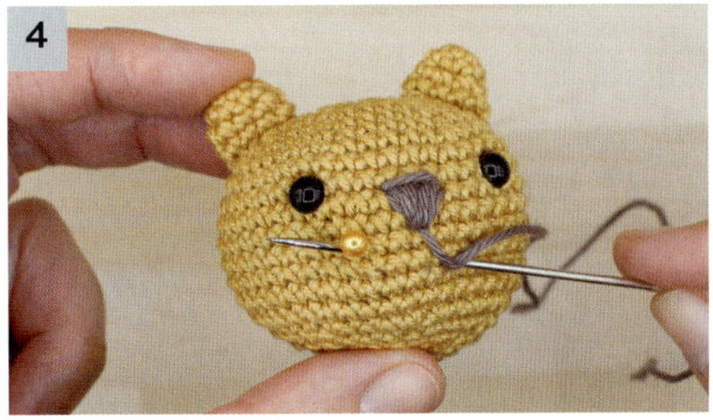

Stich unterhalb des Spannfadens direkt in die gleiche Ausstichstelle ein und führe den Faden zur linken Markierung.

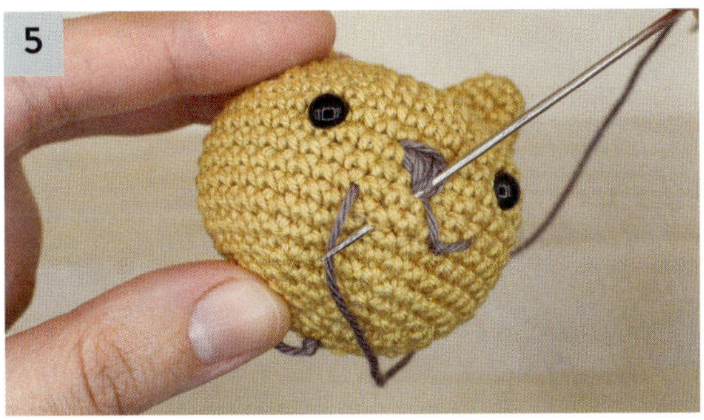

Stich nun wieder in der Mitte unter der Nase ein und führe die Nadel oberhalb des letzten Stichs wieder heraus.

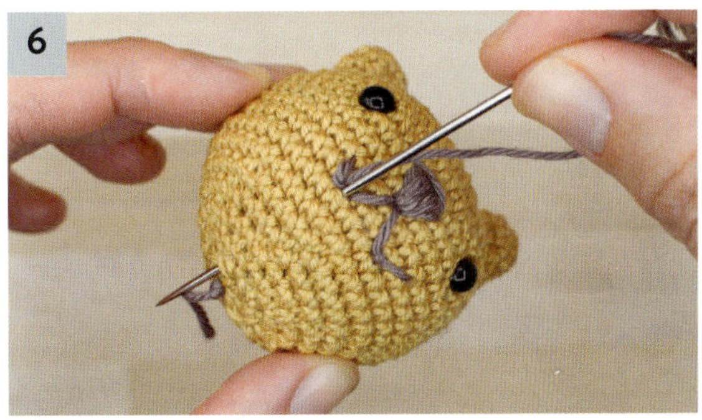

Um auch diesen Stich zu fixieren, wieder in die Ausstichstelle zurück einstechen. Den Faden nach außen führen und vernähen.

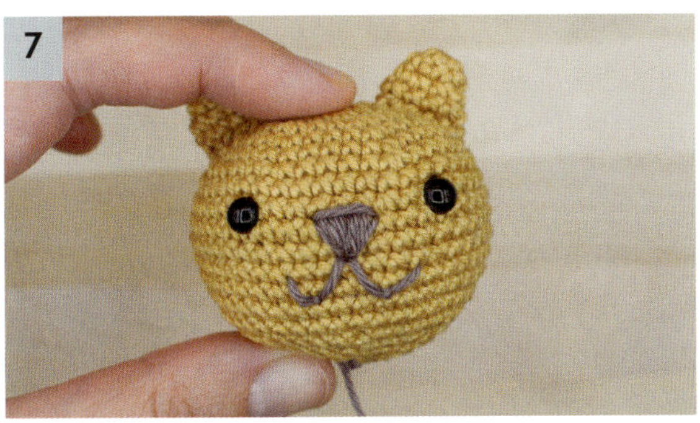

Du kannst die verschiedenen Varianten, mit denen sich die Nasen und Schnauzen der Tiere sticken lassen, prima miteinander kombinieren.

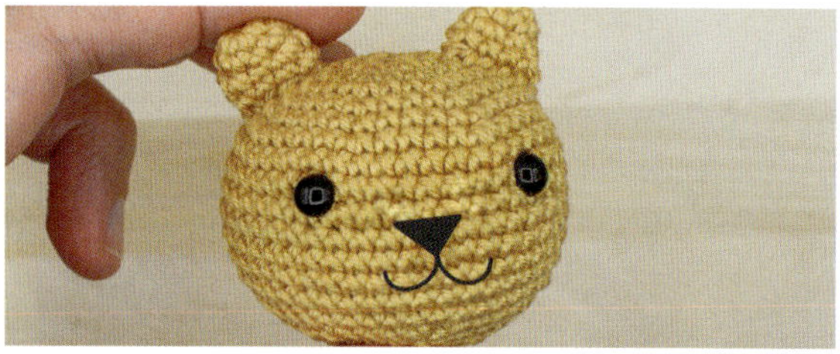
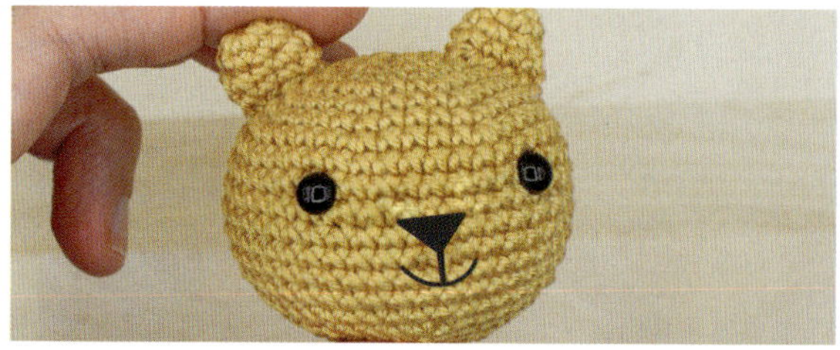
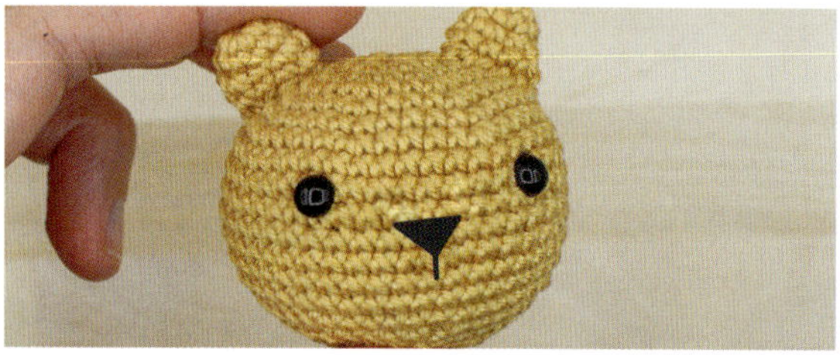
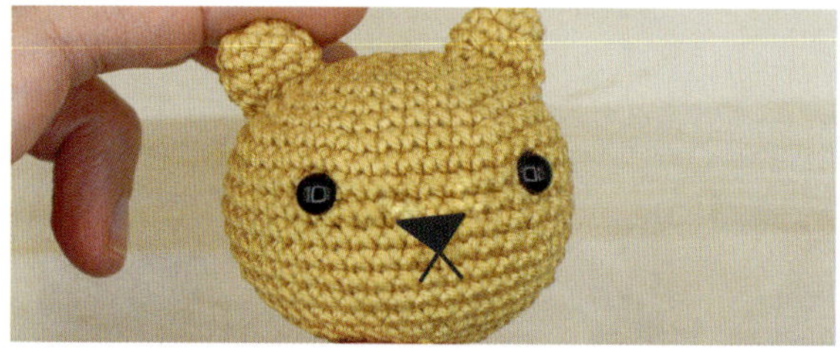
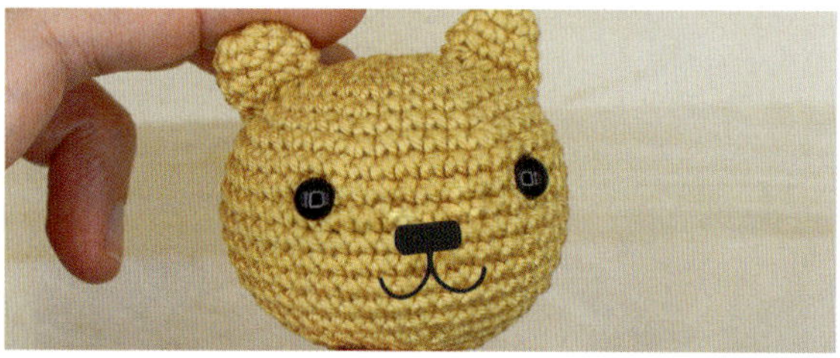
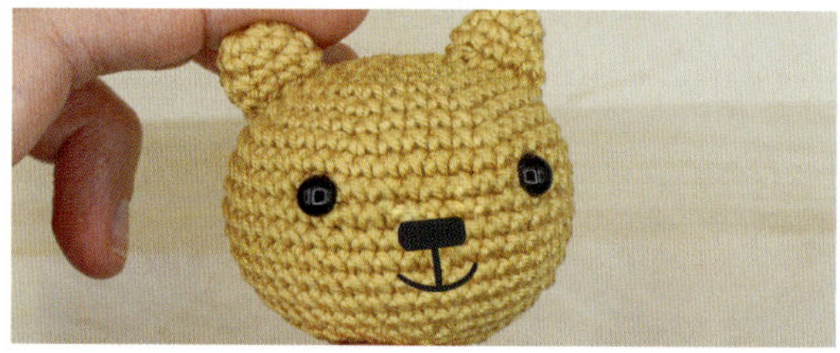
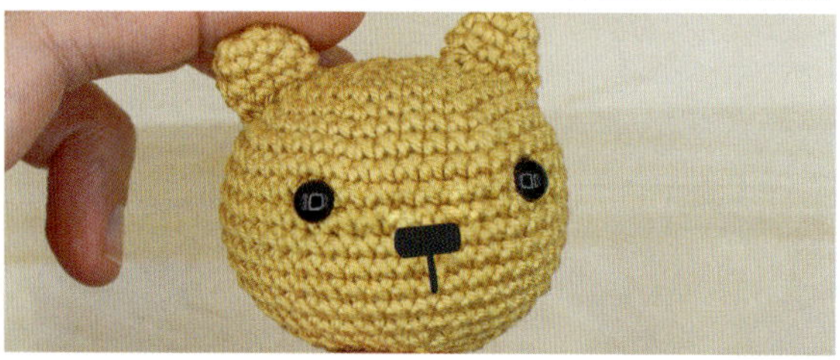
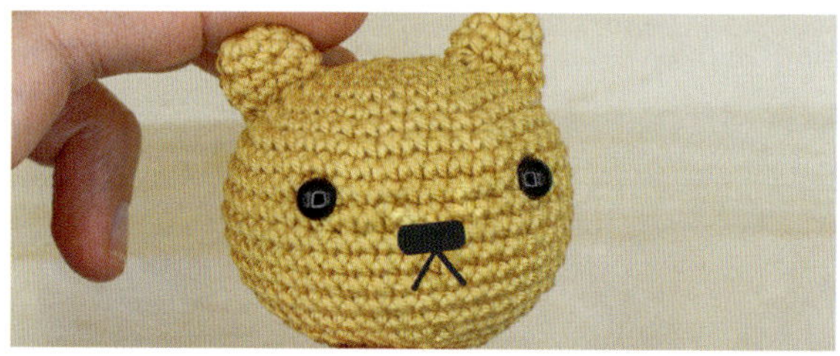
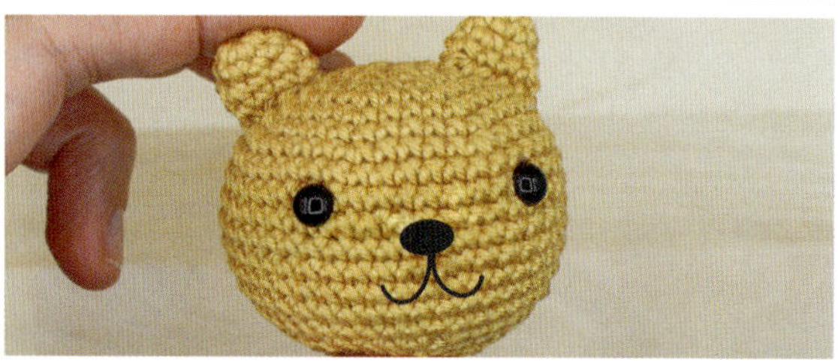
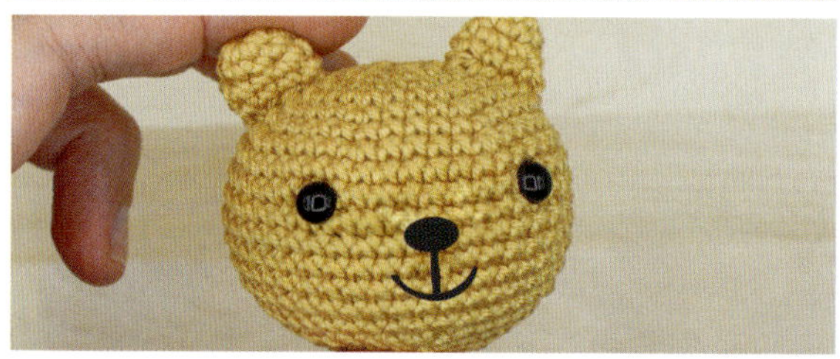
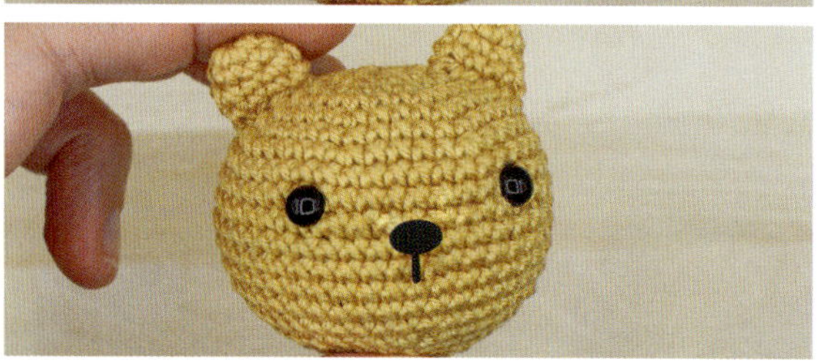
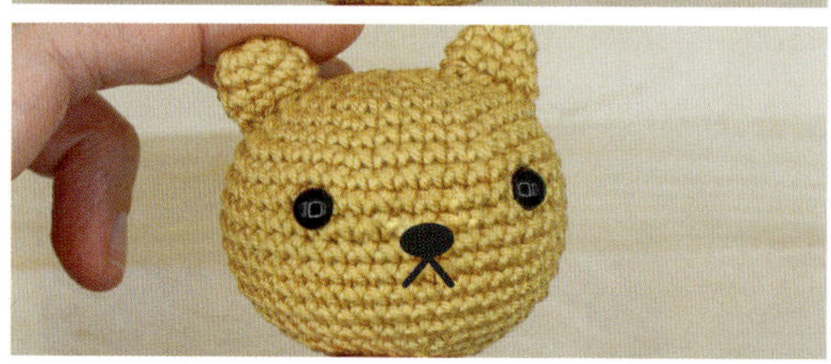

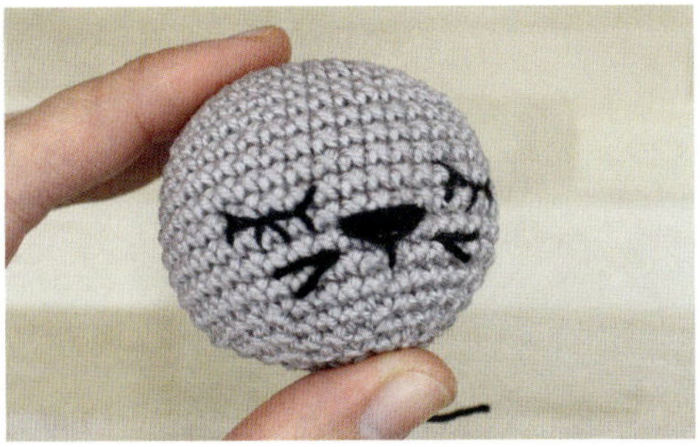

Ein weiteres süßes Detail, mit dem du deine Tiergesichter gestalten kannst, sind Schnurrhaare. Sticke dazu einfach Spannstiche in der gewünschten Anzahl und Länge neben die Schnauze der Figur.

GESICHTER MODELLIEREN

Du kannst dem Gesicht deines Amigurumi mehr Tiefe geben, indem du einzelne Partien mithile eines Fadens modellierst. Dabei wird ein Faden an der festgelegten Position, wie den Augen, ins Innere der Figur gezogen. Diese Technik kannst du bei Figuren mit und ohne Sicherheitsaugen anwenden.

Die erste Variante ist für **Gesichter mit Sicherheitsaugen** geeignet. Schneide einen ca. 40 cm langen Faden ab. Nimm das Garn in derselben Farbe, mit der du auch den Kopf der Figur gehäkelt hast. Sticke mit der langen Nadel, wie eine Matratzen- oder Polsternadel, damit du problemlos durch den gesamten Kopf hindurchstechen kannst. Beginne am rechten Auge.

1

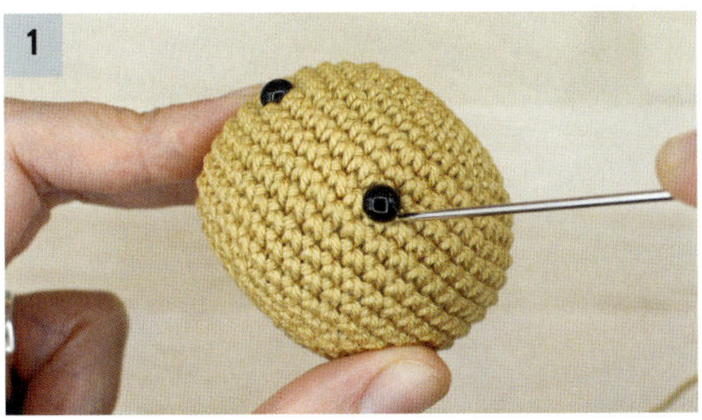

Stich mit der Nadel eng auf halber Höhe des Auges ein und führe die Nadel nach unten aus dem Kopf heraus.

2

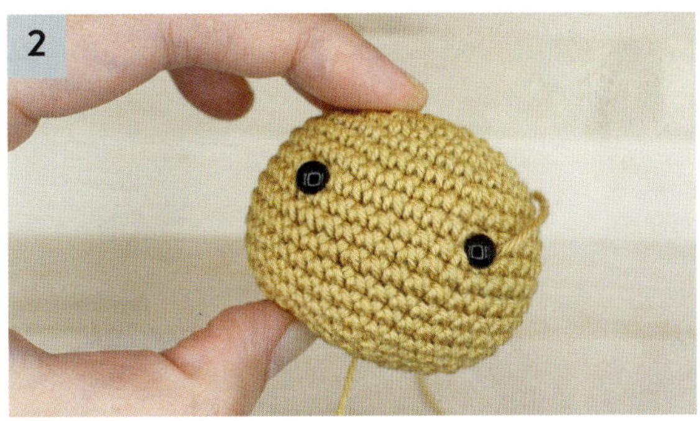

Lass den Faden unten ca. 10–15 cm lang.

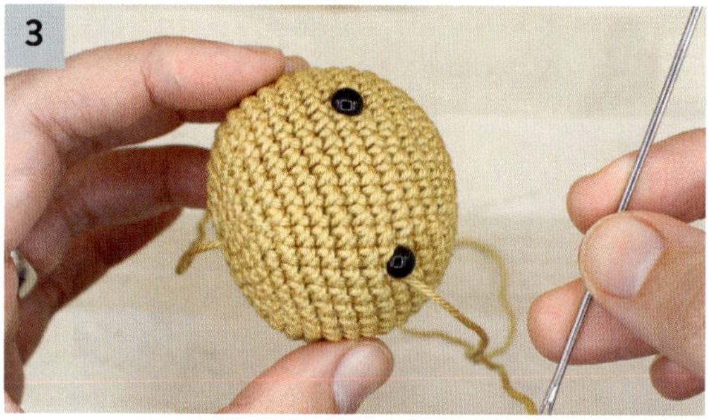

Ziehe nun das Fadenende aus dem Öhr der Nadel und fädle das gegenüberliegende Ende ein.

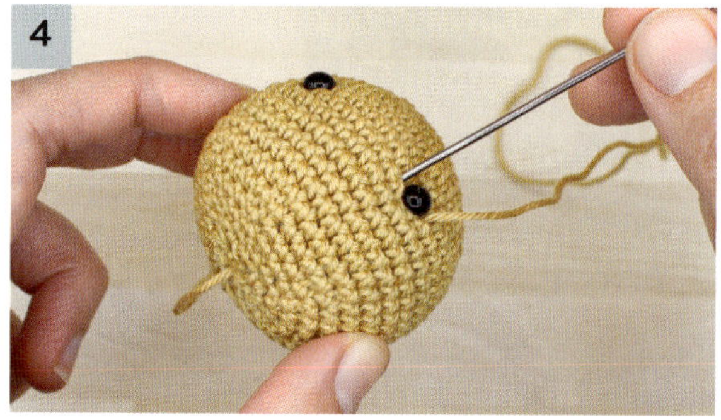

Stich nun mit der Nadel auf der gegenüberliegenden Seite neben dem rechten Auge ein.

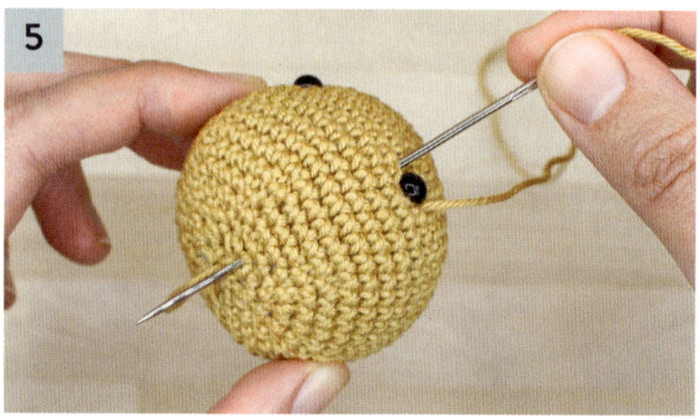

Stich durch den Kopf hindurch.

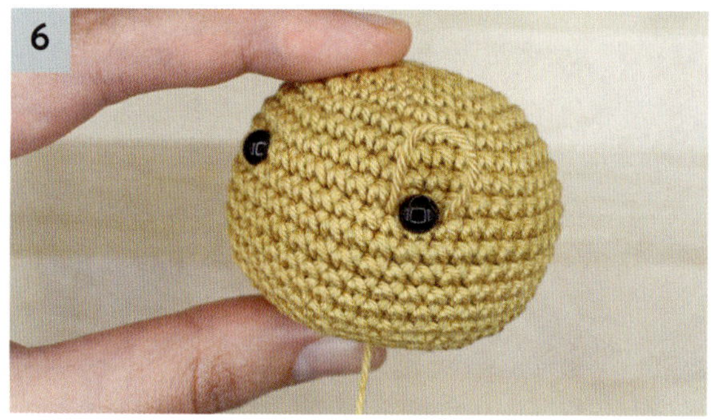

Ziehe den Faden nach unten, sodass über dem Auge eine Schlaufe entsteht.

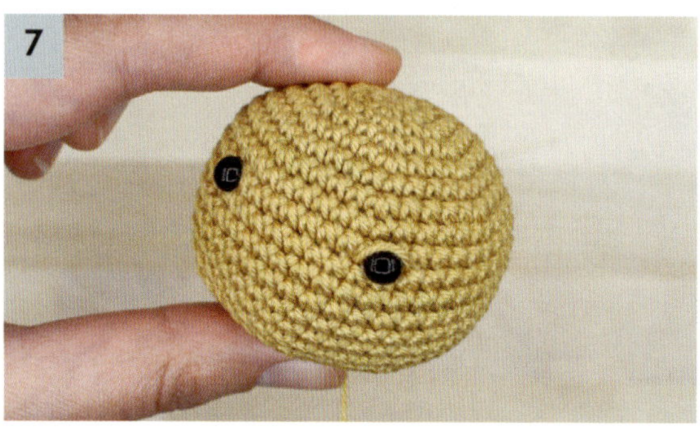

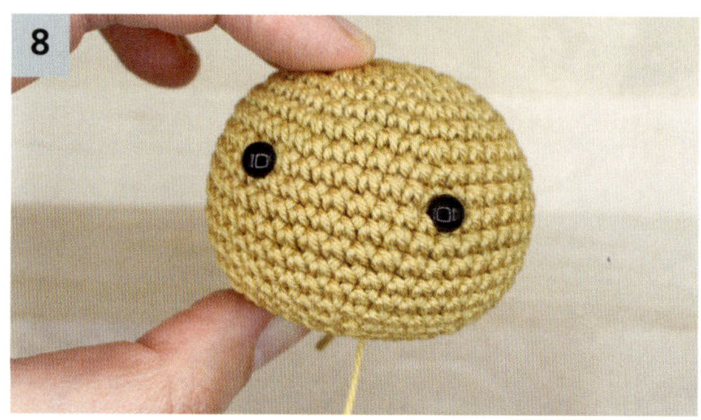

Ziehe so lange am Faden, bis die Schlaufe unter das Auge rutscht. Der Faden sollte nicht mehr zu sehen sein.

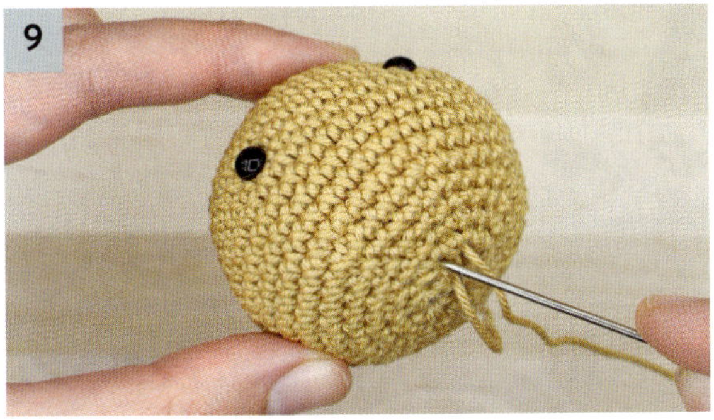

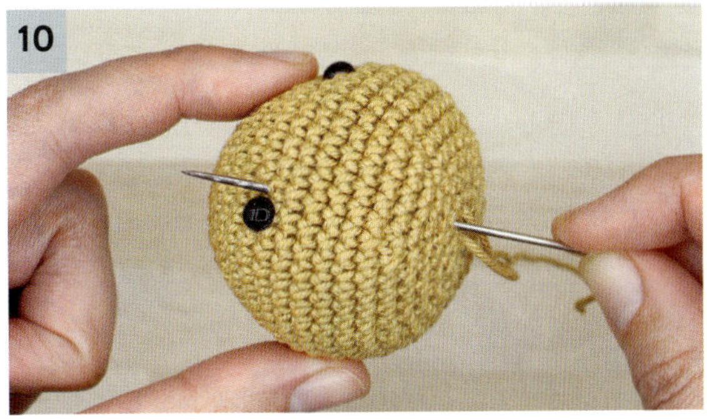

Stich nun von unten zurück in den Kopf und führe die Nadel nah auf halber Höhe des linken Auges wieder heraus.

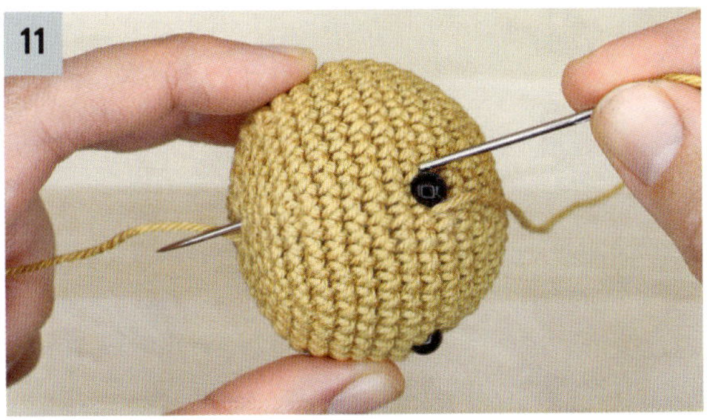

Ziehe den Faden durch und stich auch hier an der gegenüberliegenden Seite des Auges wieder ein.

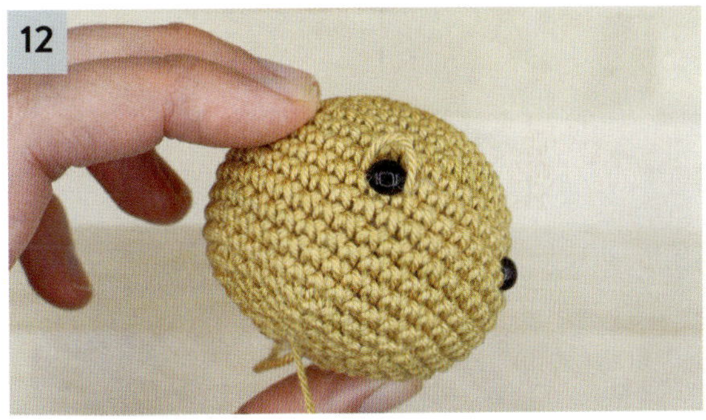

Ziehe den Faden durch, damit sich erneut eine Schlaufe bildet.

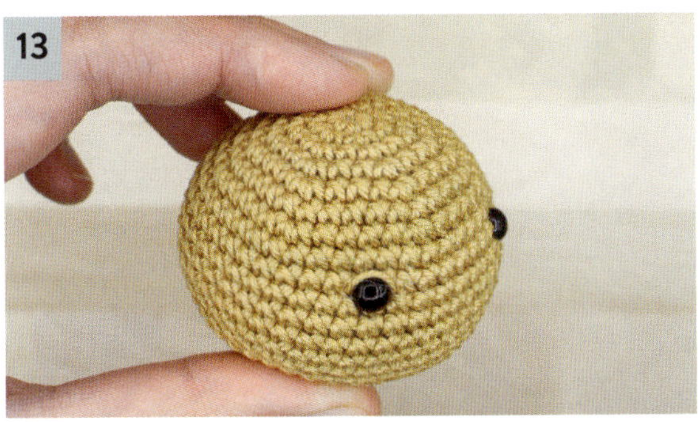

Auch diese Schlaufe unter das Auge ziehen.

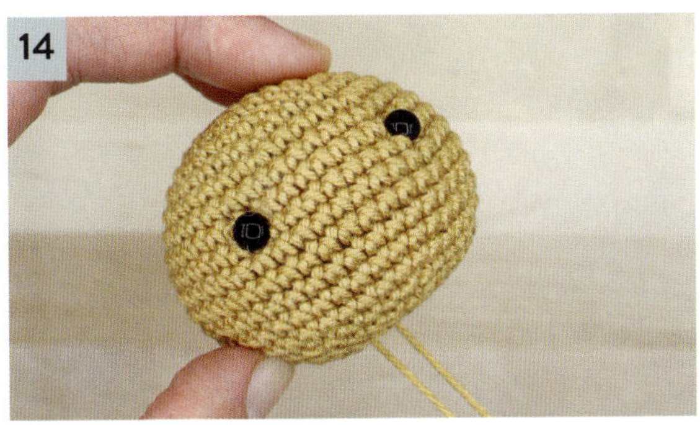

An der Unterseite des Kopfs liegen nun zwei Fäden.

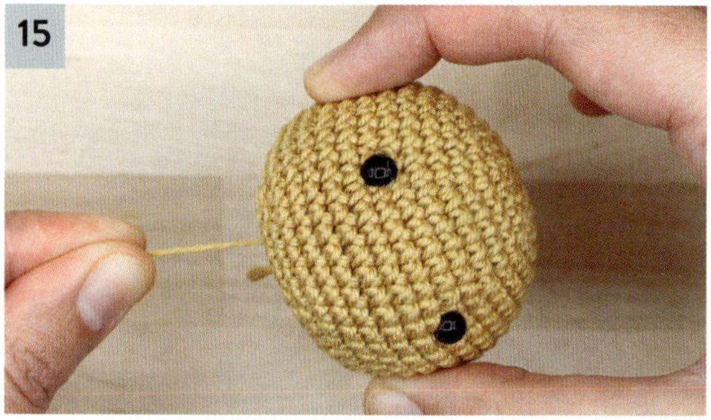

Wenn du an ihnen ziehst, wölben sich die Augen nach innen.

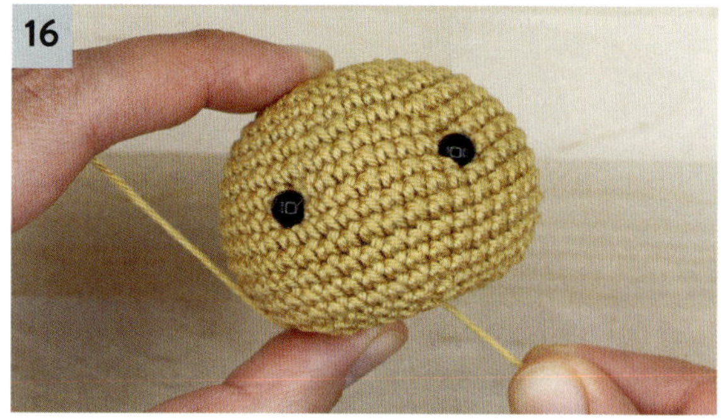

Ziehe nacheinander an beiden Fäden, bis du mit der Wölbung zufrieden bist.

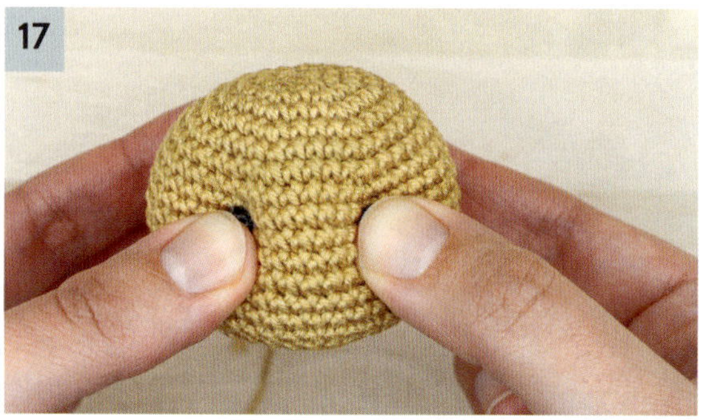

Es kann hilfreich sein, die Augenhöhlen dabei mit den Fingern in die gewünschte Form zu drücken.

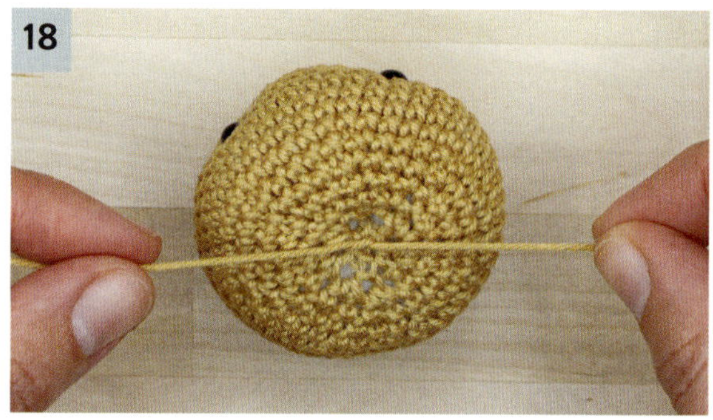

Bist du mit der Gestaltung zufrieden, knote beide Fäden an der Unterseite fest zusammen.

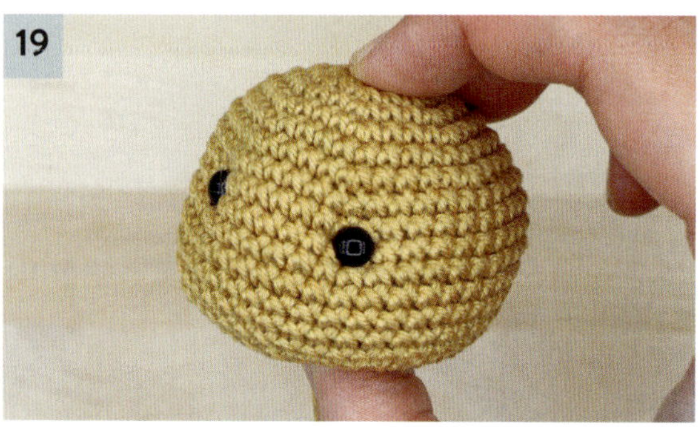

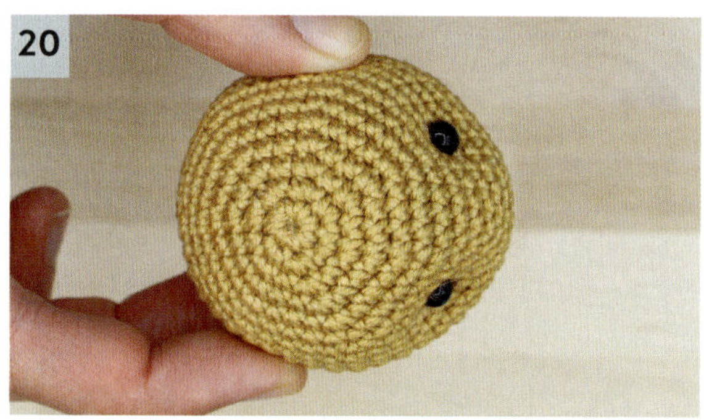

Je fester du ziehst, desto stärker wird die Wölbung nach innen. Die Augen erst nach der Modellierung besticken.

Diese Technik kannst du auch bei **gestickten Augen** anwenden.

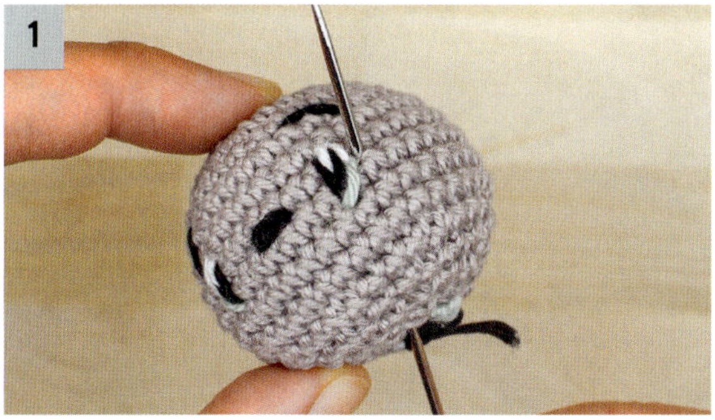

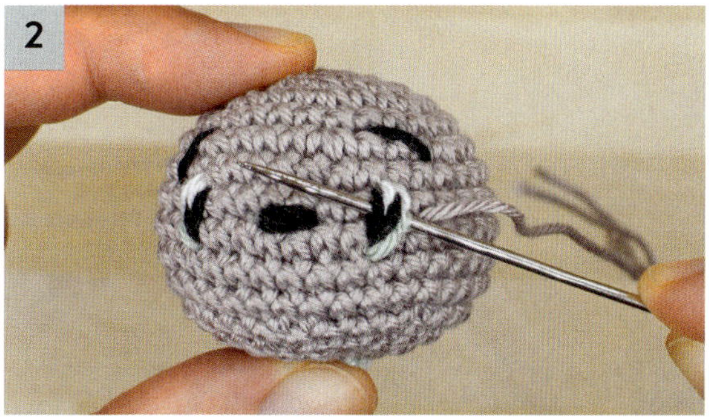

Bei dieser Variante beginnst du, indem du die Nadel, von unten kommend, eng rechts neben dem rechten Augen herausführst.

Ziehe den Faden durch bis unten noch 10–15 cm bleiben. Schiebe die Nadel nun unter dem gestickten Auge hindurch.

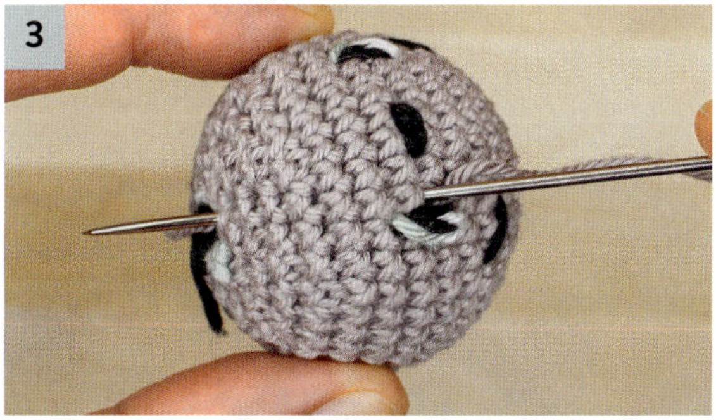

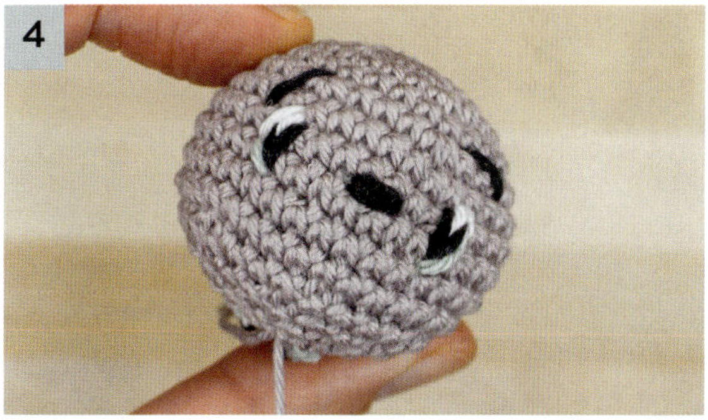

Hast du ein Auge, das nicht flächig gestickt ist, wie z. B. ein Schlafauge, stich mit der Nadel unter der unter dem Auge liegenden Masche hindurch. Stich nun auf der anderen Seite des Auges wieder ein und führe die Nadel zurück nach unten.

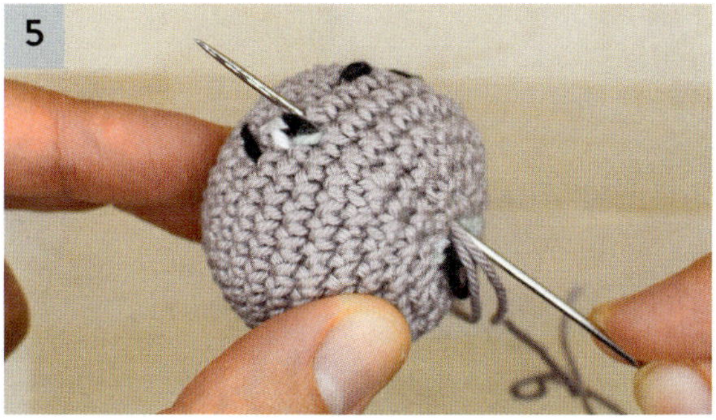

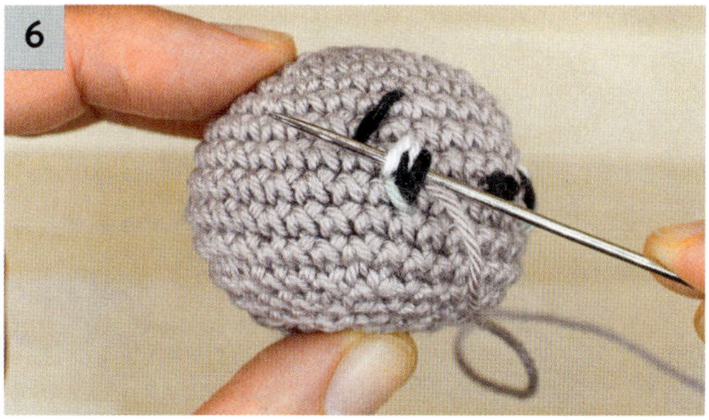

Nun mit der Nadel, von unten kommend, links neben dem zweiten Augen herausstechen.

Wieder unter dem Auge bzw. unter der Masche hindurchstechen.

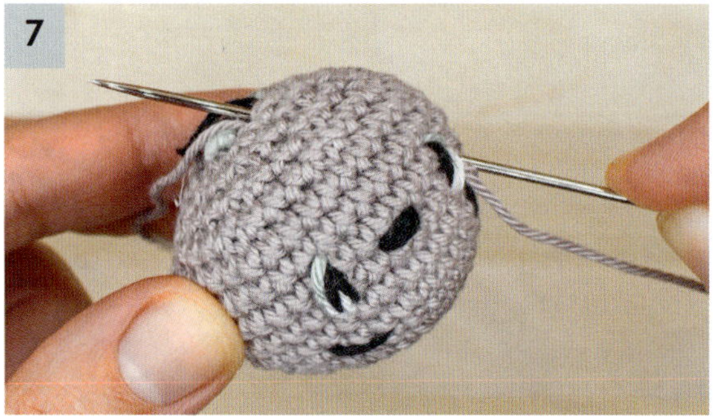

Anschließend auf der gegenüberliegenden Seite nah am Auge einstechen und den Faden nach unten hinausführen.

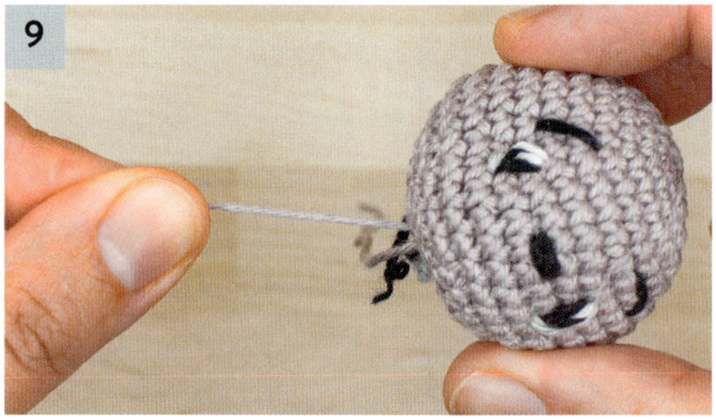

Indem du nun an der Fadenenden an der Unterseite ziehst, kannst du die Augen nach innen wölben.

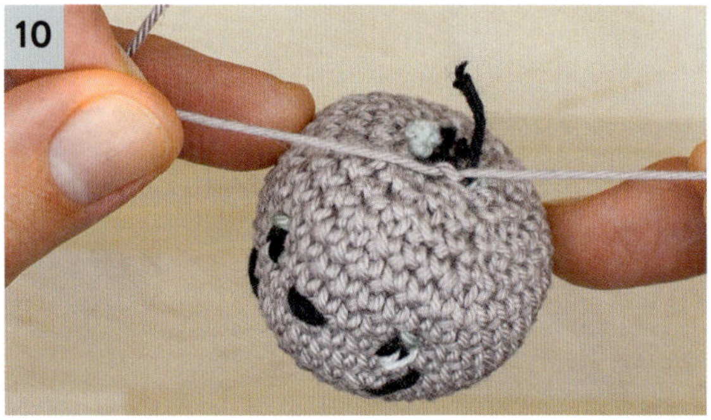

Bist du mit der Modellierung zufrieden, knote die beiden Fadenenden fest zusammen.

Du kannst bei beiden Varianten die Fäden zum Ziehen nach oben, unten oder hinten herausführen. Je nachdem wie du die Fäden führst, ändert sich die Art der Wölbung.

HAARE UND FRISUREN

Es gibt unzählige Möglichkeiten, die Haare deines Amigurumi zu gestalten. Genauso wie das Gesicht unterstreichen die Frisuren den Charakter einer Figur. Meistens werden die Haare mit dem gleichen Garn gestaltet, mit dem die Figur gehäkelt wurde. Für einen besonderen Effekt kannst du aber auch andere Garne und Materialen, wie z. B. Puppenhaar oder Filz, einsetzen. Auf den nächsten Seiten zeige ich dir, wie du verschiedene Frisuren häkeln kannst. Für alle Varianten findest du auch eine Anleitung für Trixies Haare. Alle Abkürzungen findest du auf Seite 241.

GEHÄKELTE HAARE

GEHÄKELTE HAARE AUS HALBEN STÄBCHEN

Haarsträhnen aus halben Stäbchen sind eine häufig genutzte Variante bei der Gestaltung von Amigurumifrisuren. Die Breite und die Textur der halben Stäbchen sorgen dafür, dass sich die Strähnen schön an den Kopf der Figur schmiegen. Durch Variationen in der Länge lassen sich Kurz- und Langhaarfrisuren anfertigen. Gearbeitet wird immer auf die gleiche Weise.

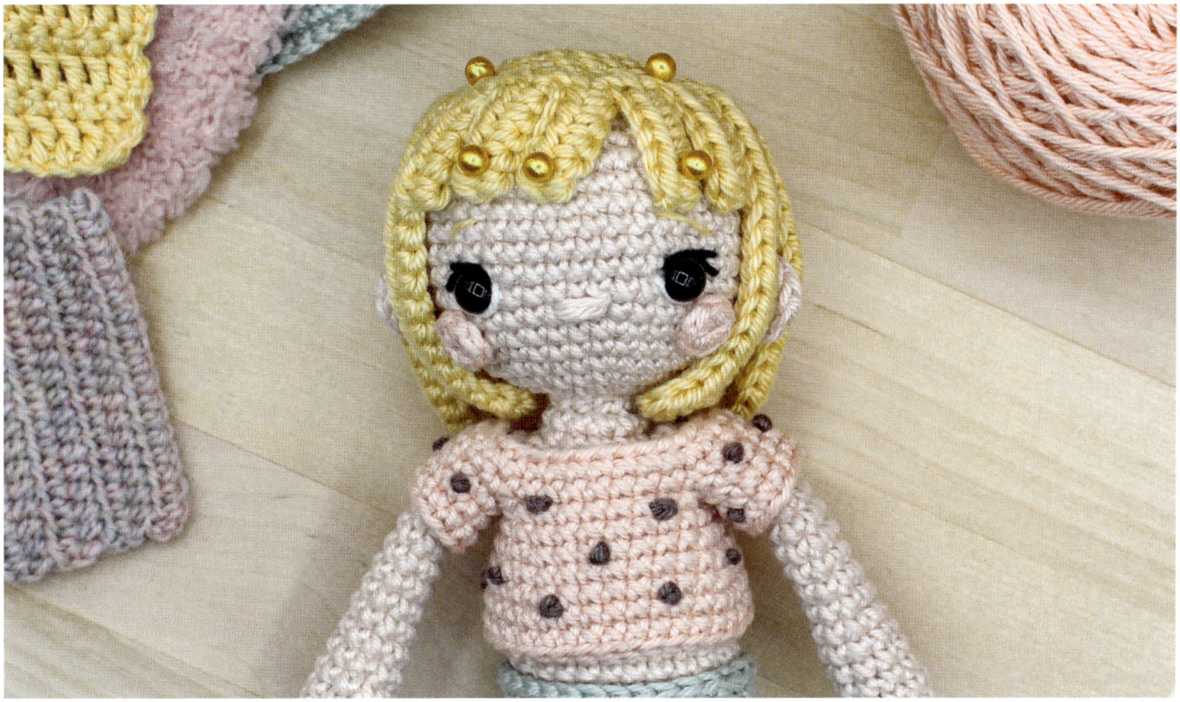

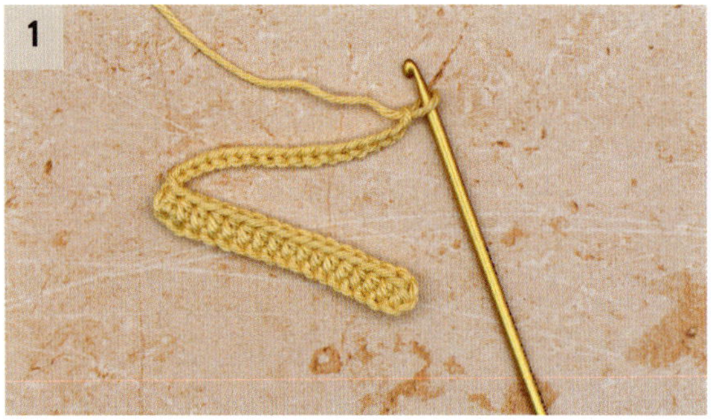

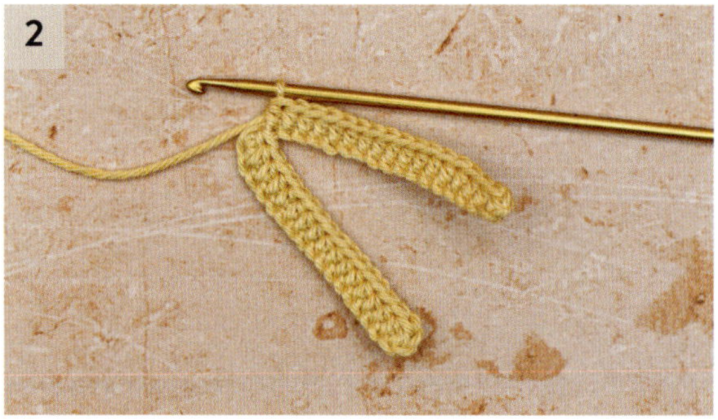

Häkle zuerst die Strähnen in Reihen. Schlage Luftmaschen in der benötigten Anzahl an und häkle halbe Stäbchen ab der 2. Luftmasche von der Nadel aus. Faden nicht abschneiden, sondern erneut Luftmaschen anschlagen und mit halben Stäbchen behäkeln.

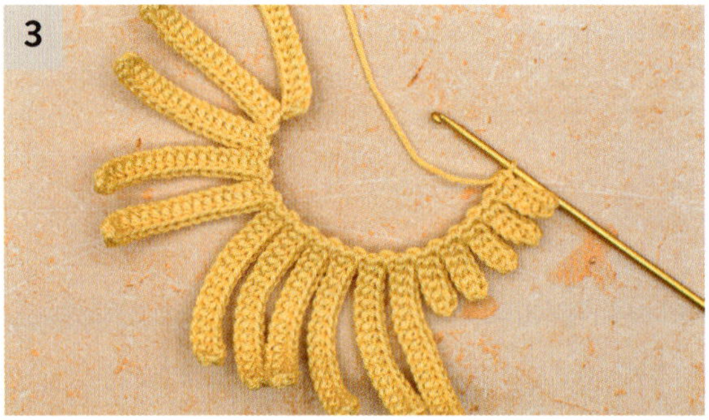

So insgesamt 16 Haarsträhnen häkeln.

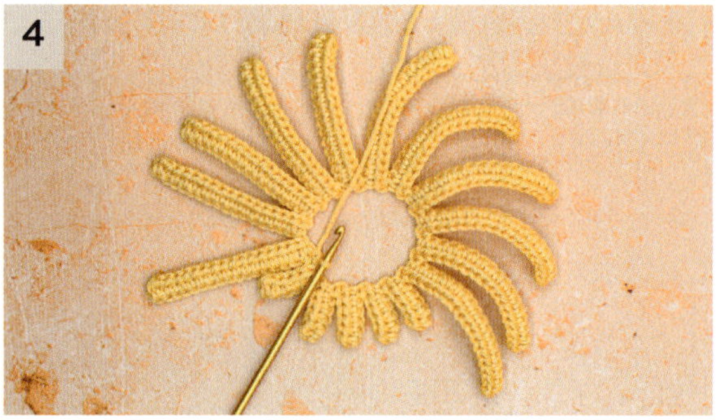

Die Arbeit wenden und eine feste Masche (= zählt als 1. Masche der ersten Runde) in die erste Strähne häkeln und so die Haarsträhnen zum Ring schließen.

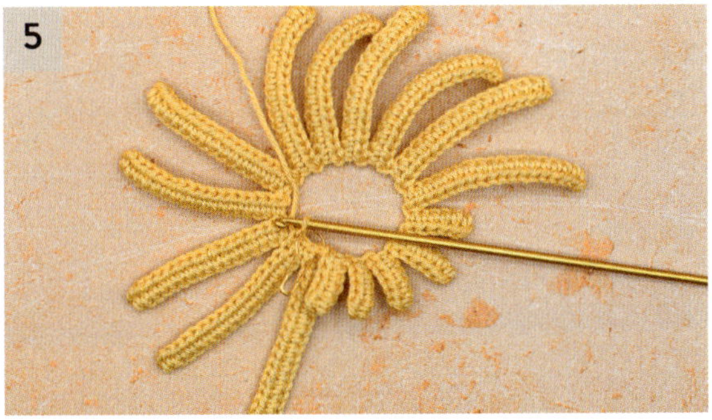

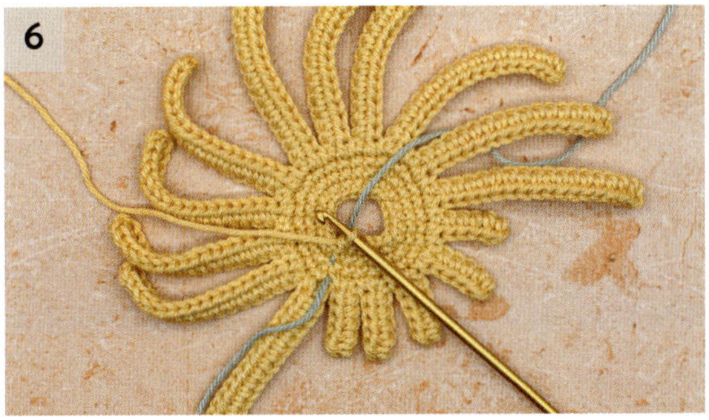

Hier einen Maschenmarkierer setzen. In der ersten Runde zwei feste Maschen je Strähne häkeln (= 32 Maschen). Nicht abmaschen. Ab hier wird die Haarkappe nach Anleitung in Spiralrunden weitergehäkelt.

FRISUR OHNE PONY (IN HONIG)

Du kannst diese Frisur auch ohne Pony (Strähnen mit 6 hStb) anfertigen. Häkle dazu zu Beginn 16 Haarsträhnen mit 17 halben Stäbchen. Befestige die Haare wie gewohnt auf dem Kopf. Drapiere die Strähne vor dem Gesicht zum Schluss nach hinten oder an die Seite und nähe sie fest.

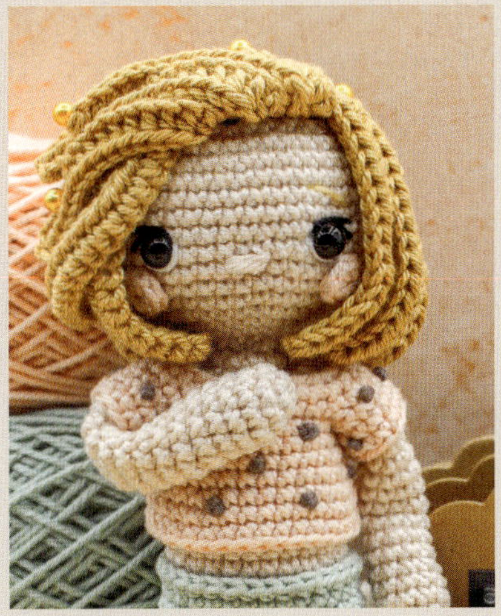

LANGE LOCKEN

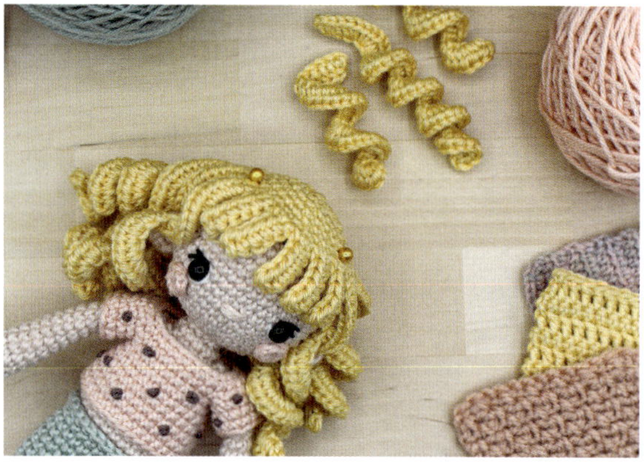

Aus den klassischen glatten Haarsträhnen aus halben Stäbchen kannst du ganz einfach Locken machen.

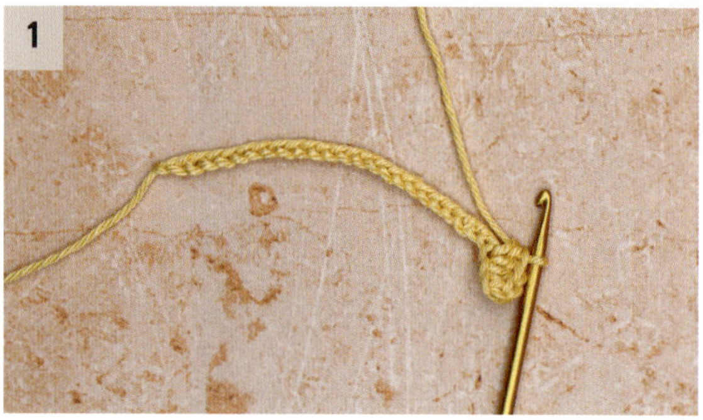

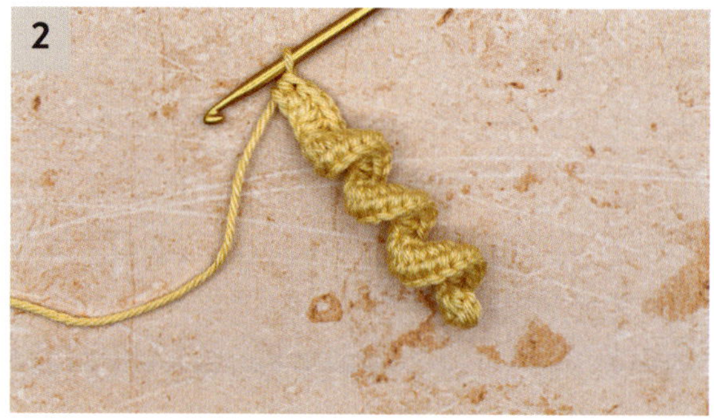

Dazu genauso, wie oben beschrieben, arbeiten, aber diesmal häkelst du in jede Luftmasche 2 halbe Stäbchen. Auf diese Weise beginnen die Maschen sich spiralförmig einzudrehen, und es entstehen Locken. Wenn du drei halbe Stäbchen je Luftmasche häkelst, verstärkt sich dieser Effekt.

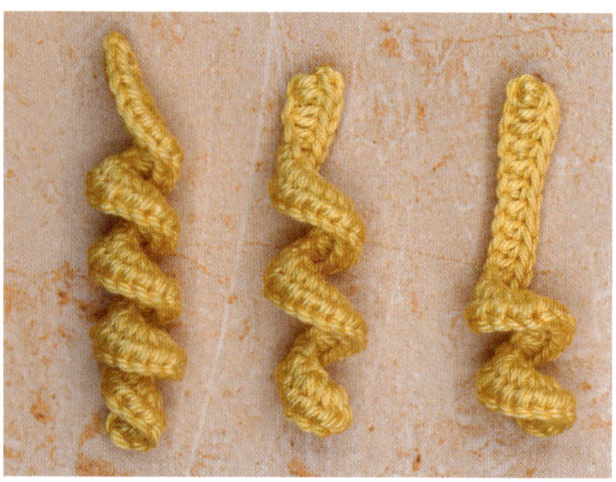

Locken mit 3 hStb je Lm (links), Locken mit 2 hStb je Lm (Mitte), Locken ab der Hälfte der Lm-Kette (rechts)

Du kannst auf einer Strähne auch glatte und lockige Maschen kombinieren. Dazu häkle wie gewohnt ein halbes Stäbchen je Luftmasche und beginne ab der Hälfte der Luftmaschenkette damit, in jeder Luftmasche halbe Stäbchen zuzunehmen.

LOCKEN (IN HONIG)

Beginne mit 25 Lm und häkle 2 hStb je Lm ab der 2. Lm von der Nadel aus. Faden nicht abschneiden, sondern erneut 25 Lm anschl, wie beschrieben behäkeln. So insgesamt 11 Locken häkeln. Nicht abmaschen. Für den Pony glatte Haarsträhnen häkeln. 7 Lm anschl und mit 6 hStb behäkeln. Noch 4 x wdh (= 16 Haarsträhnen). Ab hier häkeln, wie in der Anleitung beschrieben, (Trixies Frisur, siehe Seite 242).

KURZE LOCKEN

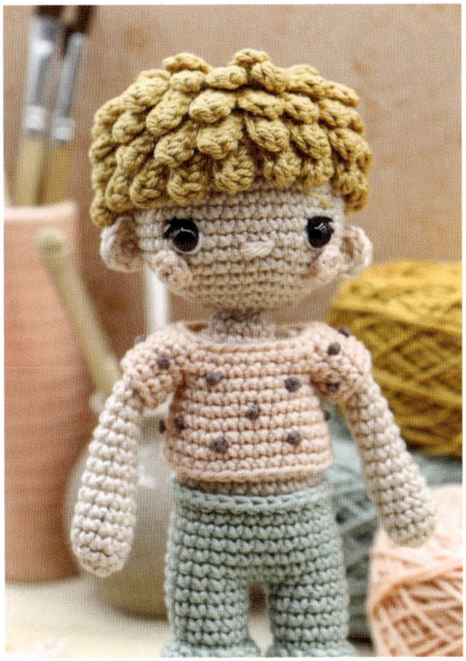

Bei dieser Variante werden Runden mit kurzen Locken aus halben Stäbchen gehäkelt, bis eine Haarkappe entsteht. Damit lassen sich nicht nur Haare für menschliche Figuren, sondern auch Mähnen und Kopffell für Tieramigurumi gestalten. Häkle zunächst die ersten Locken in einer Reihe. Schlage eine geringe Zahl Luftmaschen an (max. 7) und behäkle sie mit halben Stäbchen ab der zweiten Luftmasche von der Nadel aus. Faden nicht abschneiden, sondern erneut Luftmaschen anschlagen und halben Stäbchen behäkeln. So insgesamt 18 Locken häkeln. Die Arbeit wenden und eine feste Masche (= zählt als erste Masche der ersten Runde) in den Anfang der ersten Locke häkeln und so alles zum Ring schließen. Maschenmarkierer in die feste Masche setzen. Ab hier, wie in der Anleitung angegeben, in Spiralrunden weiterhäkeln.

KURZE LOCKEN (IN HONIG)

Schlage für jede Locke 5 Lm an und häkle 4 hStb ab der 2. Lm von der Nd aus. Häkle, wie oben beschrieben. Häkle weiter in Spiralrunden:

1. Rd: 2 fM je Locke häkeln. [36]
2. Rd: 36 fM häkeln.

3. Rd: *5 Lm anschl, 4 hStb ab der 2. Lm von der Nd aus häkeln (= Locke), 1 M überspringen, 1 Km ivM häkeln*, von * bis * noch 17 x wdh. [18 Locken]
4. Rd: 36 fM in die hinteren M-Glieder der 3. Rd häkeln.
5. Rd: 36 fM häkeln.
6. Rd: *5 Lm anschl, 4 hStb ab der 2. Lm von der Nd aus häkeln, 1 M überspringen, 1 fM ivM häkeln*, von * bis * noch 17 x wdh. [18 Locken]
7. Rd: In die hinteren M-Glieder der 6. Rd häkeln, *1 M abn, 4 fM*, von * bis * noch 5 x wdh. [30]
8. Rd: 30 fM häkeln.
9. Rd: *5 Lm anschl, 4 hStb ab der 2. Lm von der Nd aus häkeln (= Locke), 1 M überspringen, 1 Km ivM häkeln*, von * bis * noch 14 x wdh. [15 Locken]
10. Rd: In die hinteren M-Glieder der 9. Rd häkeln, *1 M abn, 3 fM*, von * bis * noch 5 x wdh. [24]
11. Rd: *1 M abn, 2 fM*, von * bis * noch 5 x wdh. [18]
12. Rd: *5 Lm anschl, 4 hStb ab der 2. Lm von der Nd aus häkeln (= Locke), 1 M überspringen, 1 Km ivM häkeln*, von * bis * noch 8 x wdh. [9 Locken]
13. Rd: In die hinteren M-Glieder der 12. Rd häkeln, *1 M abn, 1 fM*, von * bis * noch 5 x wdh. [12]
14. Rd: 6 x 1 M abn. [6]

Faden abschneiden, durch alle vorderen M-Glieder fädeln, festziehen und vernähen.

FRISUREN MIT HAARKAPPE

Viele Amigurumifrisuren basieren auf einer Haarkappe (auch: *Haarhaube* oder *Perückenhaube*). Diese wird passend für den Kopf gehäkelt und wie eine Perücke aufgesetzt. Es gibt verschiedene Möglichkeiten, die Haarkappe zu behäkeln und zu besticken. Auf diese Weise können lange und kurze Haare angefertigt werden.

HAARKAPPE (IN HONIG)

Häkle in Spiral-Rd.

1. Rd: 7 fM in einen Fadenring häkeln.

2. Rd: 7 x 1 M zun. [14]

3. Rd: *1 fM, 1 M zun*, von * bis * noch 6 x wdh. [21]

4. Rd: *2 fM, 1 M zun*, von * bis * noch 6 x wdh. [28]

5. Rd: *3 fM, 1 M zun*, von * bis * noch 6 x wdh. [35]

6. Rd: *4 fM, 1 M zun*, von * bis * noch 6 x wdh. [42]

7. Rd: *13 fM, 1 M zun*, von * bis * noch 2 x wdh. [45]

8.–12. Rd: 45 fM.

Faden abschneiden, durch alle vorderen M-Glieder fädeln, festziehen und vernähen. Wenn du der Haarkappe einen Scheitel hinzufügen möchtest, häkle die 12. Rd wie folgt: 14 fM, 8 hStb, 2 Km, 8 hStb, 13 fM. [45]

FÄDEN ANKNÜPFEN

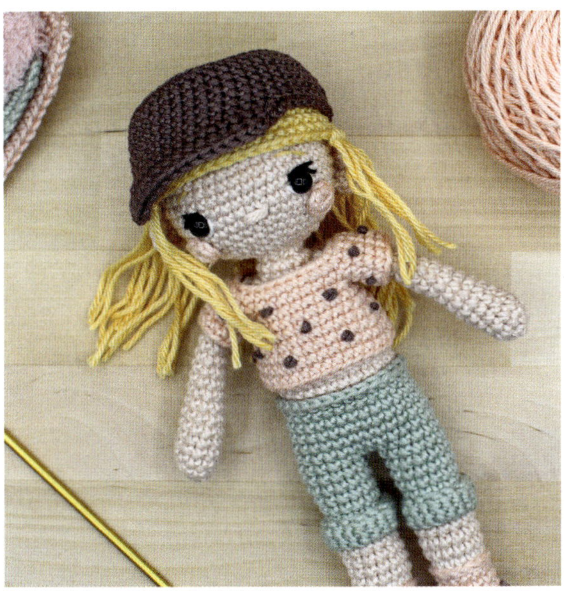

Das Anknüpfen einzelner Fäden erfordert etwas Geduld, belohnt dich aber mit einem tollen Ergebnis. Außerdem bietet es viele Möglichkeiten zur Gestaltung der Frisuren. Das Anknüpfen erfolgt immer auf die gleiche Weise.

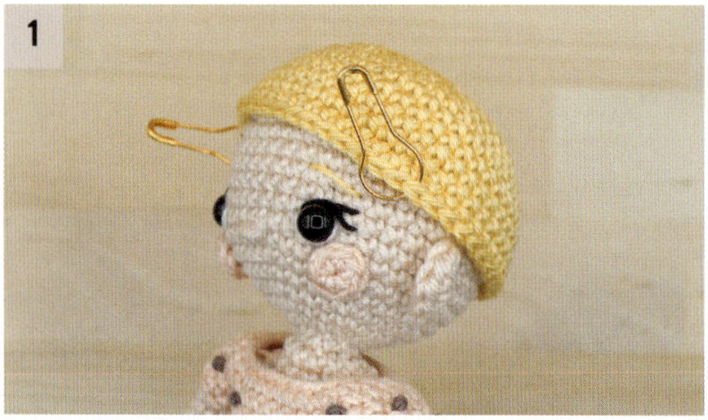

Markiere zunächst die Maschen, die über dem Gesicht liegen, mit einem Maschenmarkierer. Diese bleiben frei und werden nicht beknüpft.

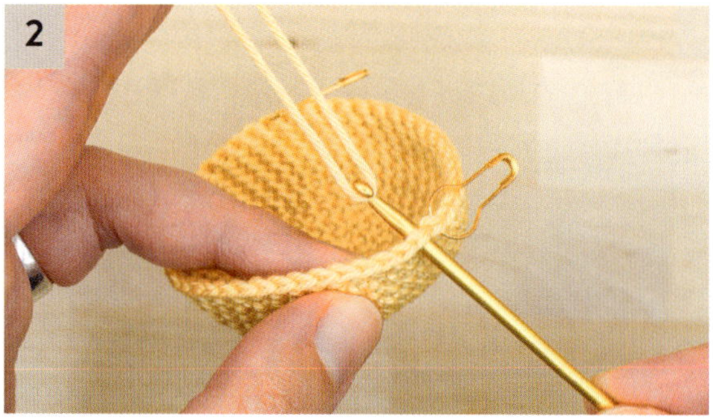

Schneide Fäden in der gewünschten Länge ab. Lege sie in der Mitte zusammen. Stich mit der Nadel in eine Masche der letzten Runde.

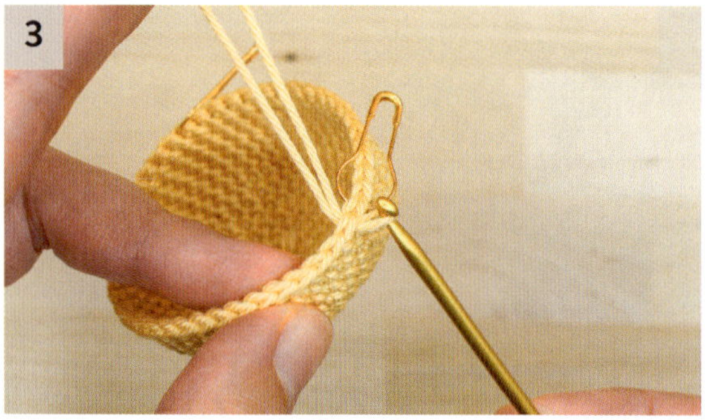

Ziehe den Faden durch, sodass ein Umschlag entsteht.

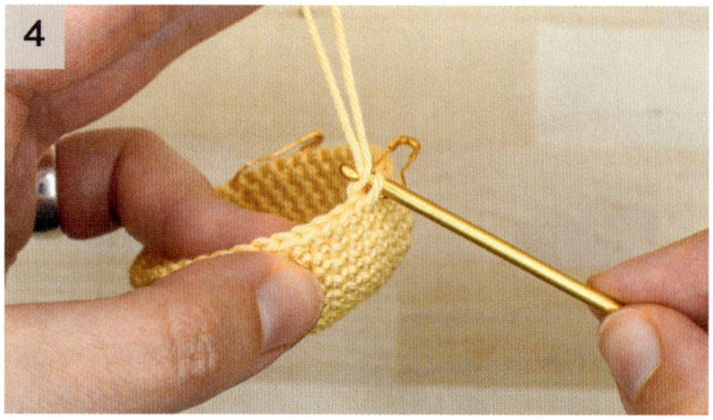

Nun beide Enden durch den Umschlag ziehen.

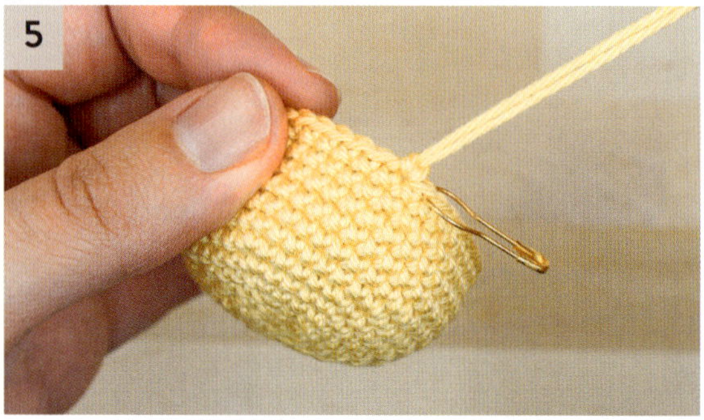

Ziehe den Faden fest.

Die Schritte um die folgenden Maschen der Runde so lange wiederholen, bis die gewünschte Anzahl an Maschen behäkelt ist. Schneide die Strähnen am Schluss auf eine Länge. Für dickere Haarsträhnen kannst du den Faden doppelt nehmen. Je nachdem ob du den Faden von innen oder außen aus einziehst, entsteht ein anderer Knoten am Rand der Haarkappe. Du kannst die Variante anwenden, die dir optisch am besten gefällt.

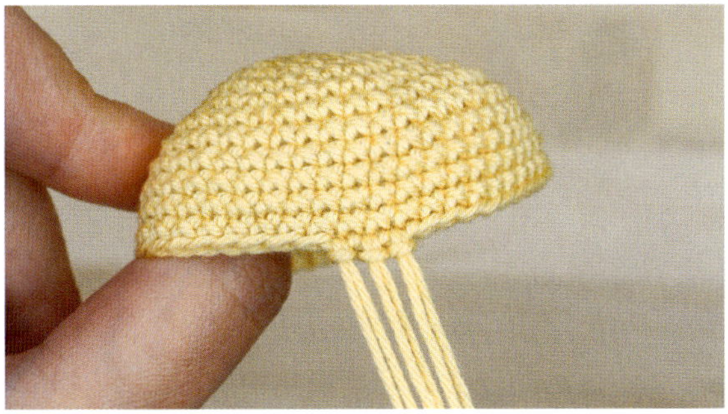

Variante 1: Wenn du den Faden von außen nach innen ziehst, liegt die Schlaufe sichtbar nach vorne.

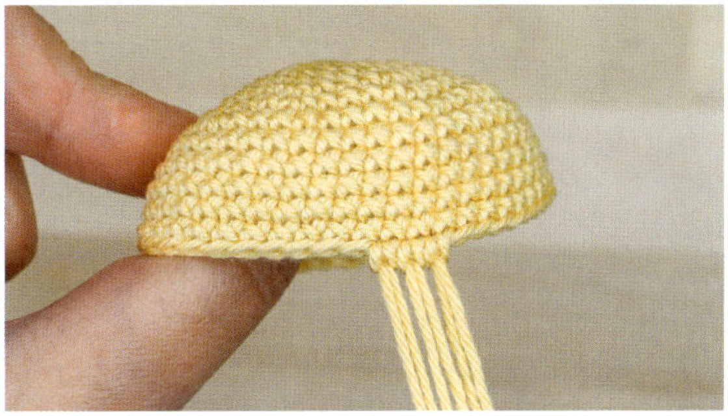

Variante 2: Ziehst du den Faden von innen, entsteht ein V-förmiger Knoten mit der Schlaufe nach innen gewandt.

FÄDEN ANKNÜPFEN (IN HONIG)

Für Trixie schneide 28 Fäden mit einer Länge von 15 cm ab und knüpfe diese in die 28 Maschen der letzten Runde der Haarkappe.

ZÖPFE

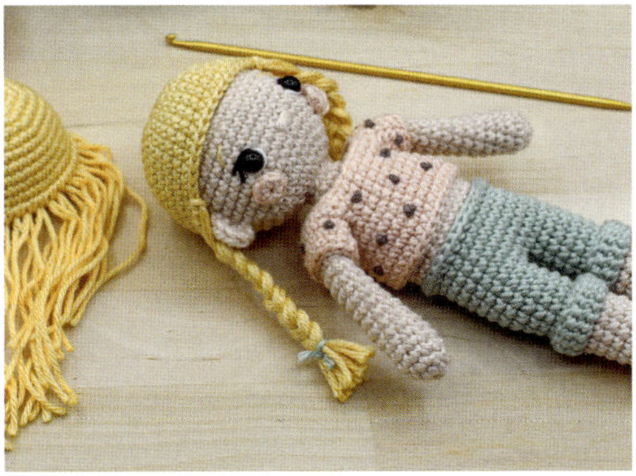

Die angeknüpften Fäden lassen sich prima zu Zöpfen weiterverarbeiten. Die schnellste Variante sind die Flechtzöpfe.

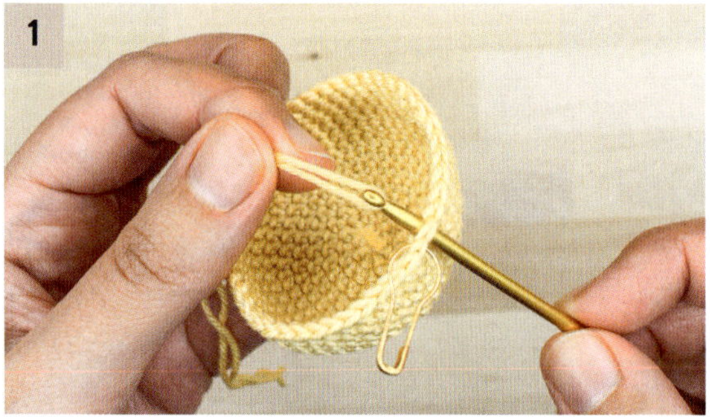

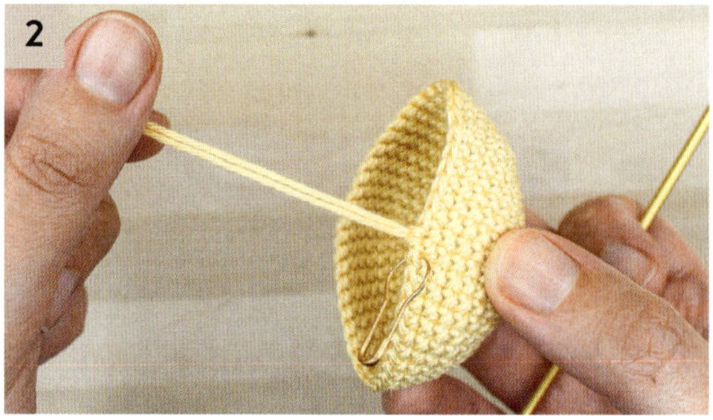

Dazu die Fäden von innen nach außen in die letzte Runde der Haarkappe anknüpfen.

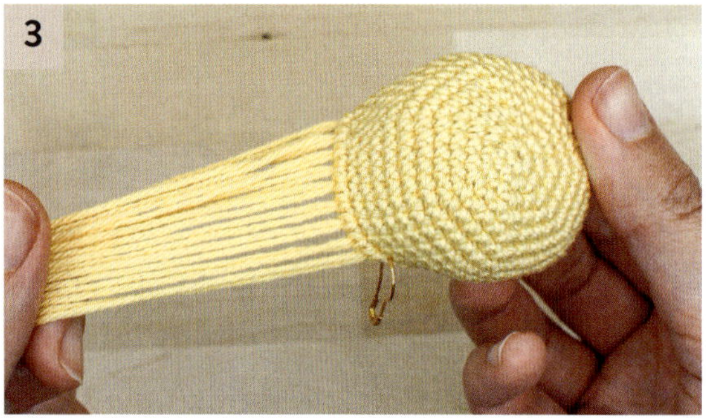

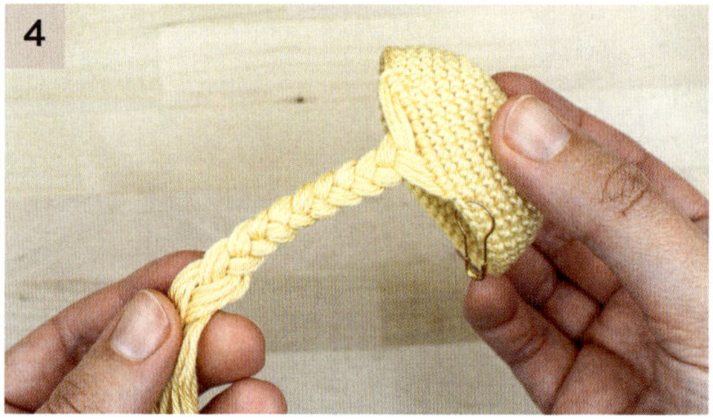

Die Fäden anschließend in drei gleich dicke Stränge aufteilen und flechten.

GEFLOCHTENE ZÖPFE (IN HONIG)

Schneide 18 Fäden mit einer Länge von 20 cm ab. Knüpfe je einen Faden in 9 nebeneinanderliegenden Maschen der 12. Rd der Haarkappe. Beginne dabei in der ersten Masche links des ersten Maschenmarkierers. Auf der gegenüberliegenden Seite rechts des zweiten Maschenmarkierers wiederholen.

Deutlich aufwendiger, aber auch sehr schön, sind zu zwei Zöpfen angeknüpfte Fäden. Dazu werden Fäden entlang des Scheitels angeknüpft. Markiere den Scheitel dazu mit einem Kontrastfaden. Beginne am oberen Ende der Haarkappe und knüpfe Fäden entlang der Markierung bis zum unteren Rand.

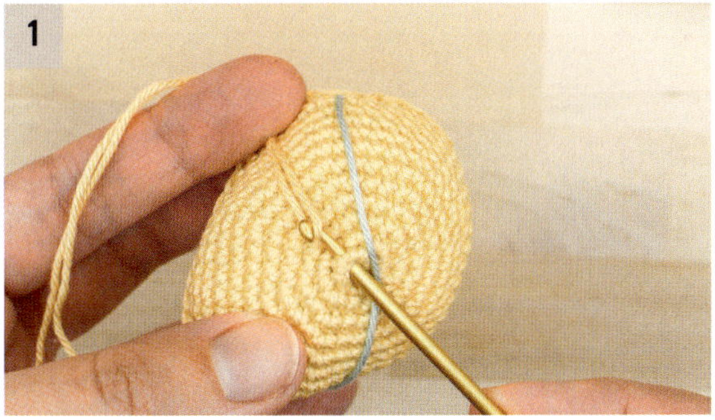

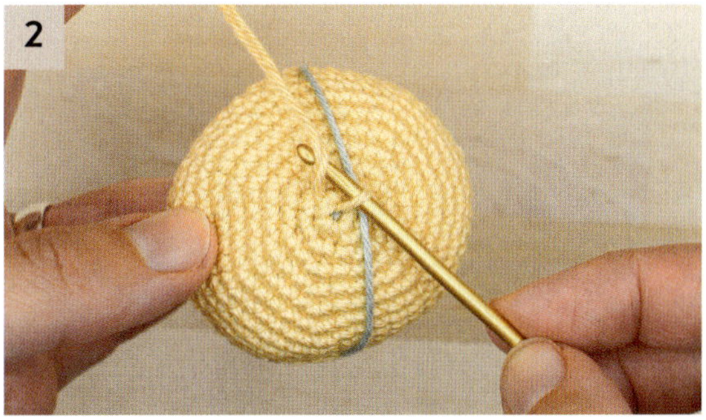

Stich dazu von oben nach unten um eine Masche ein und ziehe eine Schlaufe, wie oben beschrieben, durch.

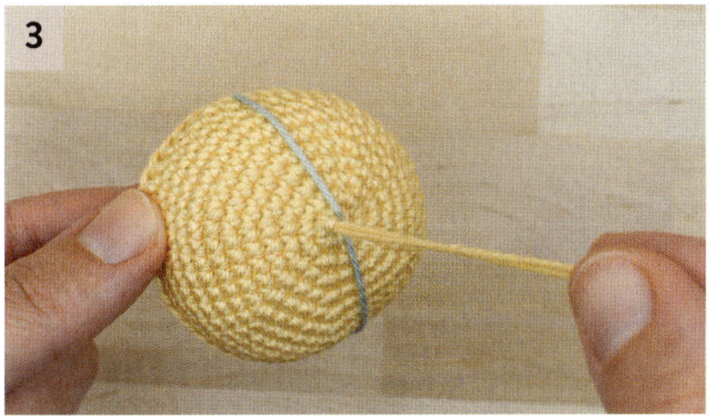

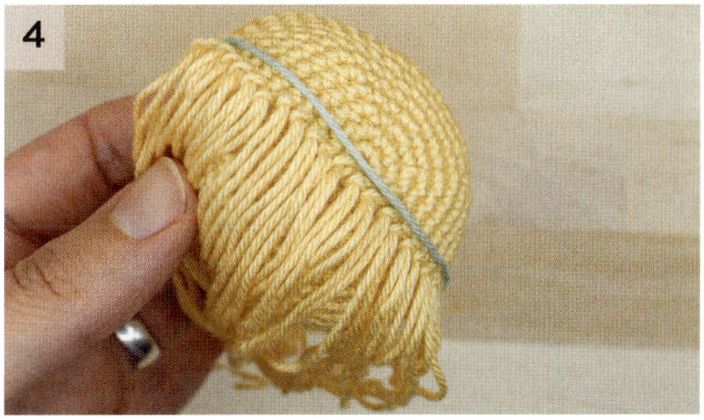

Wiederholde diese Schritte über die Rückseite der Kappe.

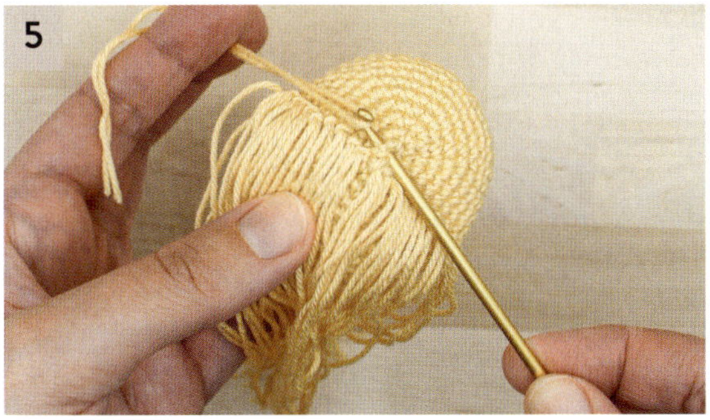

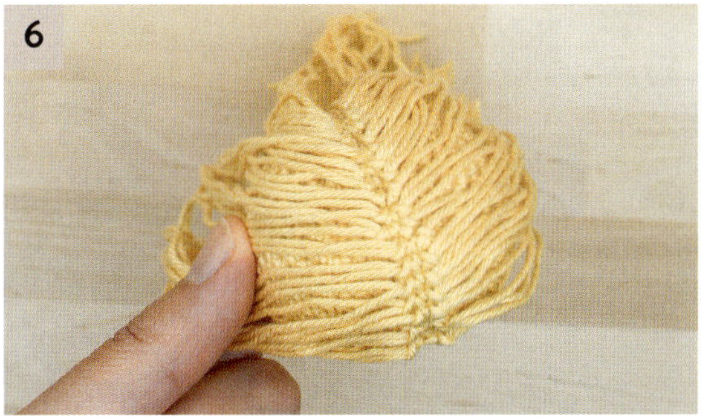

Entferne den Kontrastfaden und beknüpfe die gegenüberliegende Seite des Scheitels auf die gleiche Weise.

7

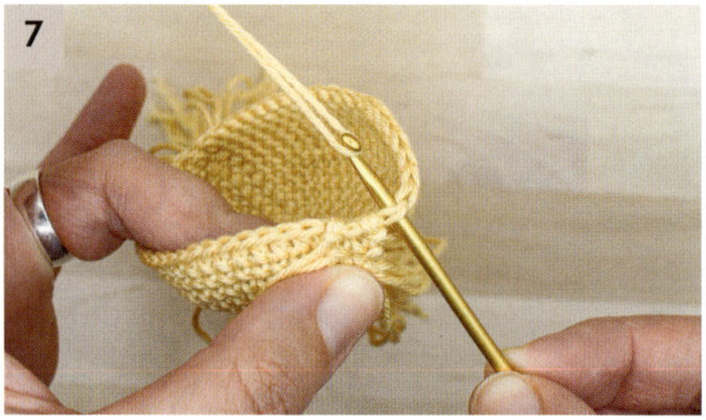

Beginne nun damit, Fäden in die Maschen der 12. Runde der Haarkappe zu knüpfen. Hole den Faden von innen nach außen durch.

8

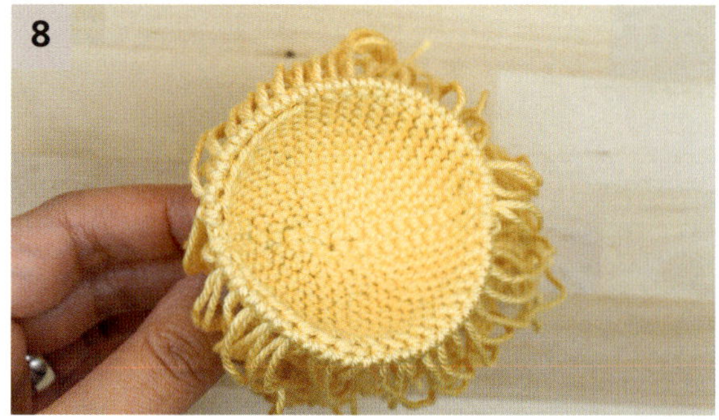

Knüpfe rundherum, bis alle Maschen bestückt sind.

9

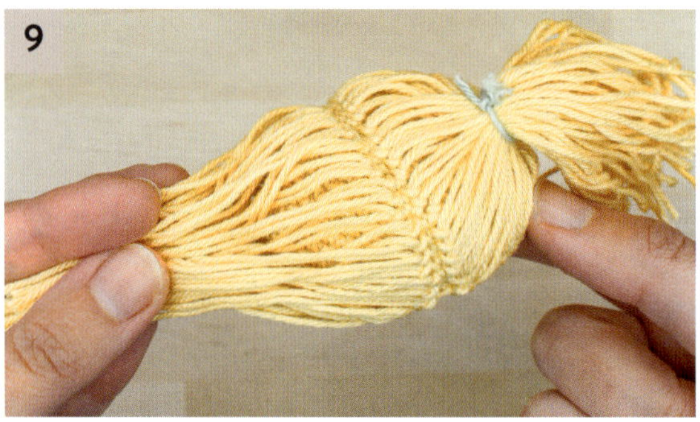

Teile die Fäden am Scheitel auf und fasse sie zu zwei Zöpfen zusammen.

ZWEI ZÖPFE (IN HONIG)

Schneide Fäden mit einer Länge von 25 cm ab und knüpfe sie, wie oben beschrieben, an.

Du kannst die Fäden auch zu einem Zopf am Oberkopf zusammennehmen. Dazu verzichte auf die Knüpfung am Scheitel und arbeite nur in die Maschen der letzten Runde der Haarkappe. Raffe die Fäden anschließend nach oben und binde sie zusammen. Hier habe ich für Trixies Zopf Puppenwolle statt des klassischen Baumwollgarns für die Haare verwendet.

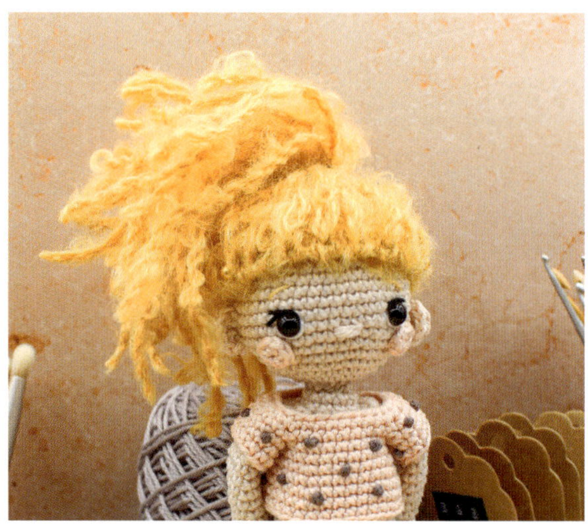

HAARSTRÄHNEN AUS LUFTMASCHEN

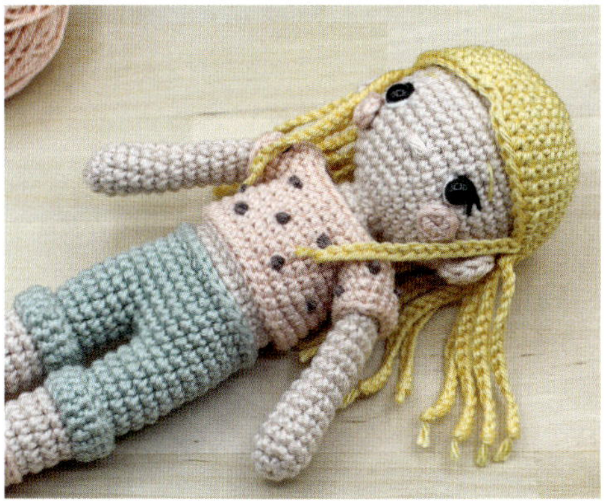

Statt Fäden anzuknüpfen, kannst du auch Luftmaschenketten an die Haarkappe knüpfen. Das ist zwar deutlich aufwendiger, aber die Haare wirken so voller und die einzelnen Haarsträhnen bekommen mehr Textur.

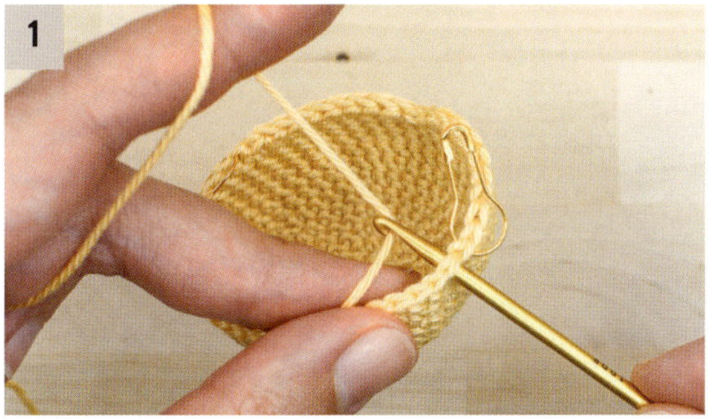

Markiere auch hier zunächst die Maschen, die frei bleiben sollen. Stich dann mit der Nadel von außen nach innen in eine Masche der letzten Runde der Haarkappe.

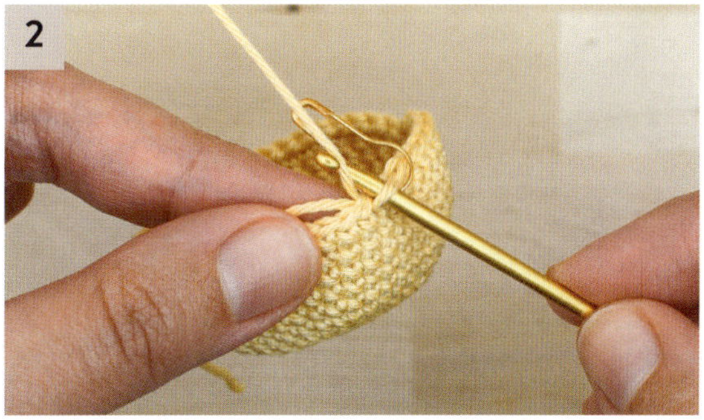

Ziehe den Faden durch …

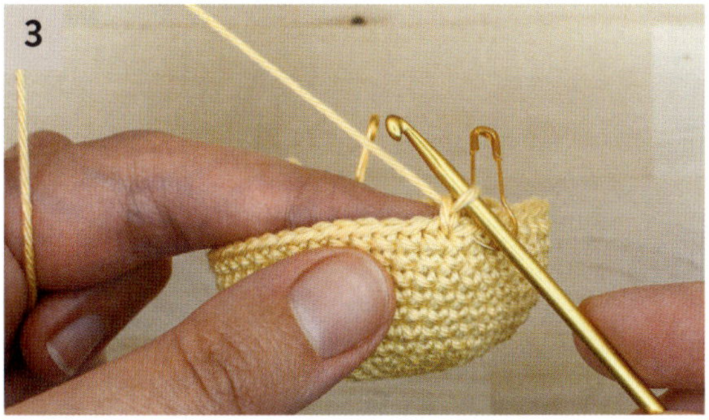

… und schlinge mit einer Kettmasche an.

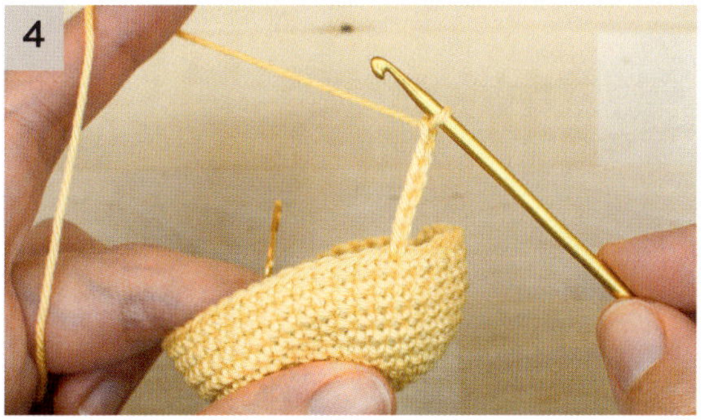

Häkle nun Luftmaschen in der nötigen Anzahl.

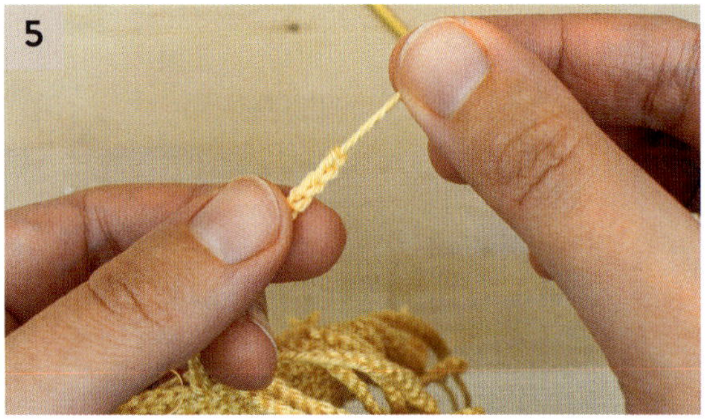

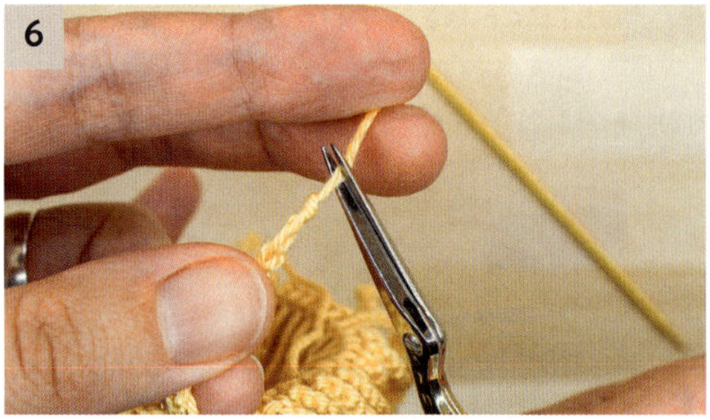

Die letzte Luftmasche festziehen und den Faden kurz abschneiden.

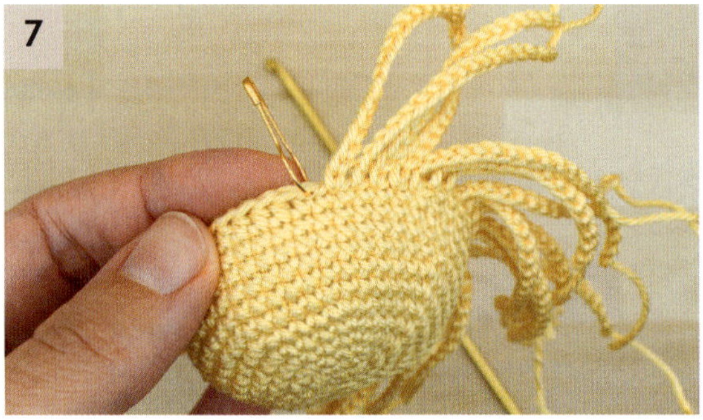

Die losen Fäden innen vernähen. Die Schritte in den nächsten Maschen so lange wiederholen, bis die gewünschte Anzahl an Maschen behäkelt ist.

HAARE (IN HONIG)

Häkle für Trixies Haarsträhnen mit je 16 Lm. Du kannst alle Zöpfe mit angeknüpften Fäden, wie oben beschrieben, auch mit Luftmaschenketten anfertigen.

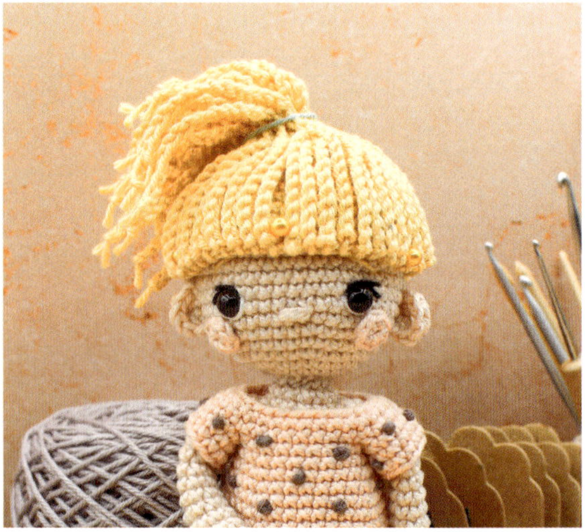

Hier habe ich rund um die Haarkappe Ketten mit je 28 Luftmaschen gehäkelt und nach oben zum Zopf zusammengefasst.

HAARSTRÄHNEN AUS HALBEN STÄBCHEN MIT SCHEITEL

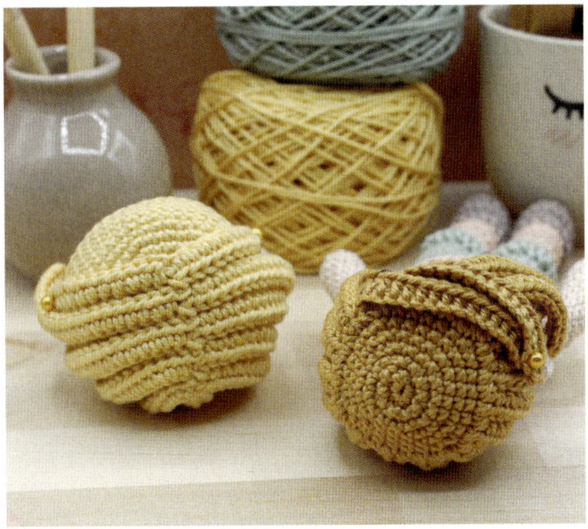

Haarsträhnen aus hStb (rechts) und Haarsträhnen aus hStb mit Scheitel (links)

Wenn dir der flache Oberkopf bei der klassischen Frisur mit Haarsträhnen aus halben Stäbchen nicht gefällt, ist diese Variante eine Alternative. Hierbei werden Strähnen aus halben Stäbchen so zusammengehäkelt, dass ein Scheitel entsteht. Dieser wird anschließend oben auf die Haarkappe genäht. Häkle dazu in Reihen.

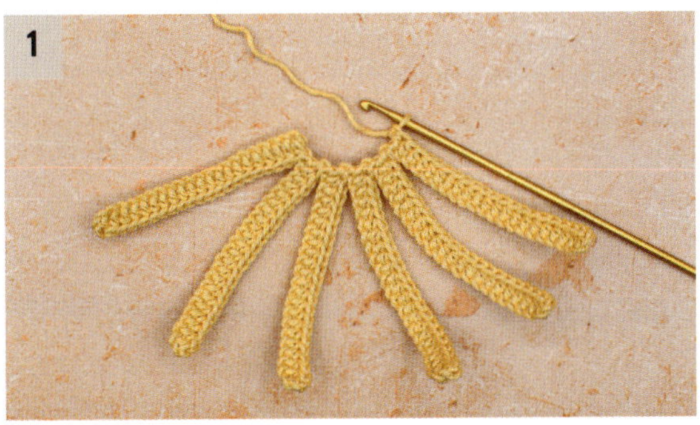

Schlage Luftmaschen in der gewünschten Anzahl an und häkle halbe Stäbchen ab der 2. Luftmasche von der Nadel aus. Das ist die erste Haarsträhne. Den Faden nicht abschneiden, sondern erneut Luftmaschen anschlagen und mit halben Stäbchen für die nächste Haarsträhne behäkeln. So insgesamt 6 verbundene Strähnen häkeln.

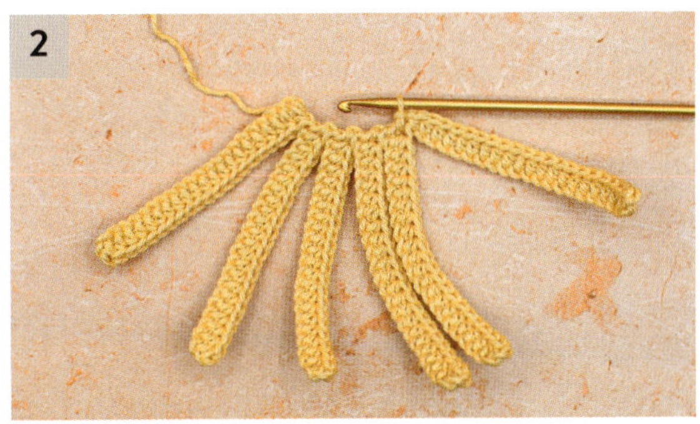

Eine Kettmasche in den Anfang der letzten Haarsträhne häkeln.

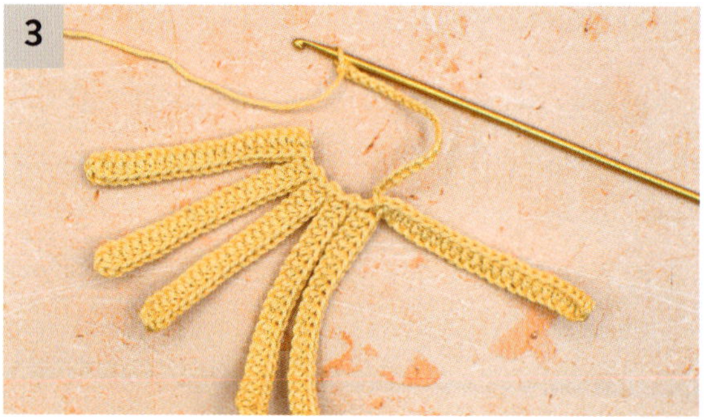

Faden nicht abschneiden, erneut Luftmaschen anschlagen und mit halben Stäbchen behäkeln.

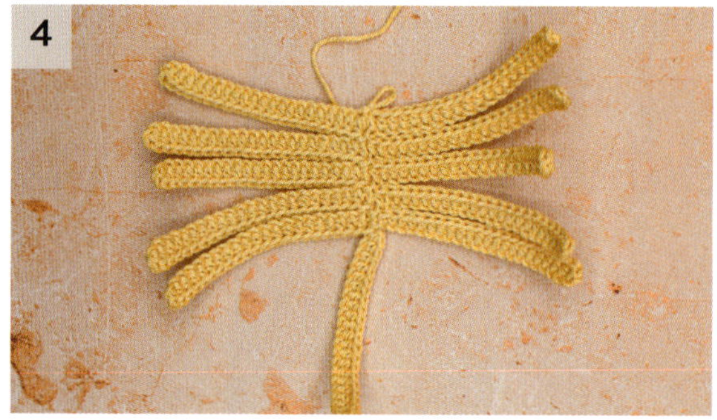

Eine Kettmasche in den Anfang der folgenden Strähne häkeln. So insgesamt 11 Haarsträhnen häkeln.

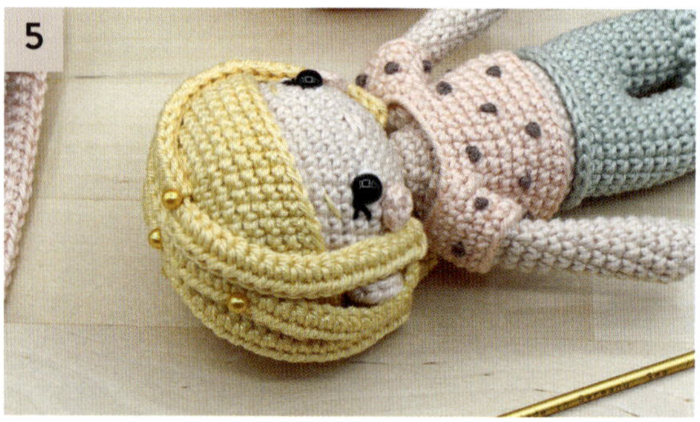

Die Haare mit dem Scheitel mittig auf die Haarkappe platzieren, feststecken und annähen.

HAARE MIT SCHEITEL (IN HONIG)

Häkle bei dieser Frisur für Trixie Haarsträhnen mit je 22 hStb.

HAARSTRÄHNEN AUS HALBEN STÄBCHEN ANHÄKELN

Diese Variante ist sehr einfach umzusetzen. Hierbei werden einfach in der letzten Runde der Haarkappe Haarsträhnen aus halben Stäbchen mitgehäkelt. Es muss nichts extra angehäkelt oder angenäht werden. Außerdem lassen sich so sehr leicht kurze Haare oder Ponys anfertigen.

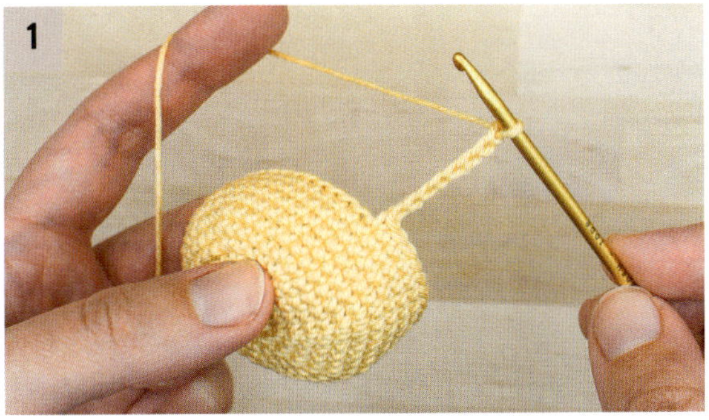

Beginne zunächst wie üblich mit der Haarkappe. In der 12. Runde häkelst du am Anfang wie gewohnt feste Maschen bis zu dem Punkt, wo die Haarsträhnen beginnen sollen. Schlage nun Luftmaschen in der gewünschten Anzahl an.

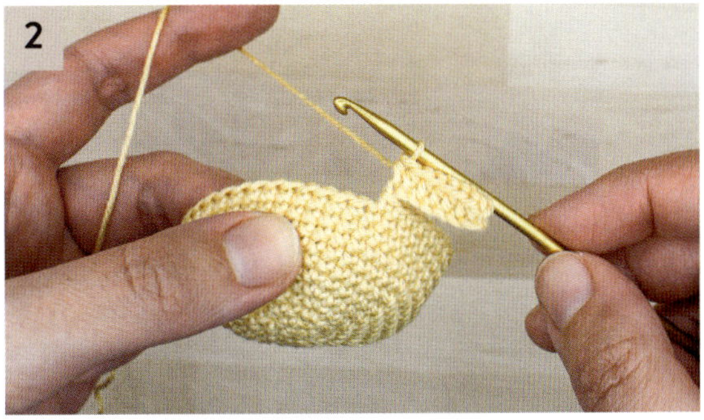

Häkle halbe Stäbchen ab der zweiten Luftmasche von der Nadel aus.

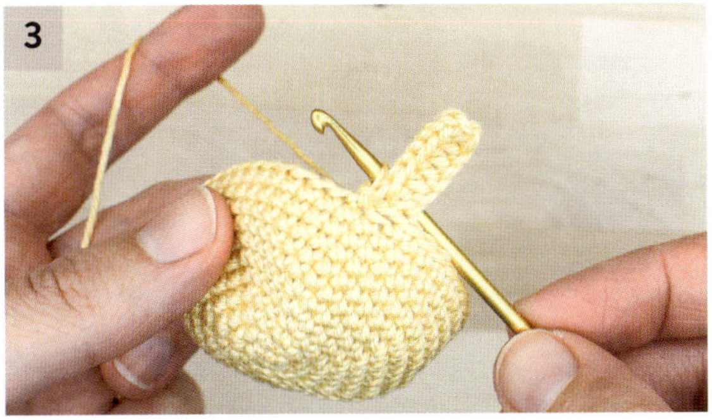

Überspringe die nächste Masche der 12. Rd und häkle eine Kettmasche in die folgenden Maschen. Das ist deine erste Haarsträhne.

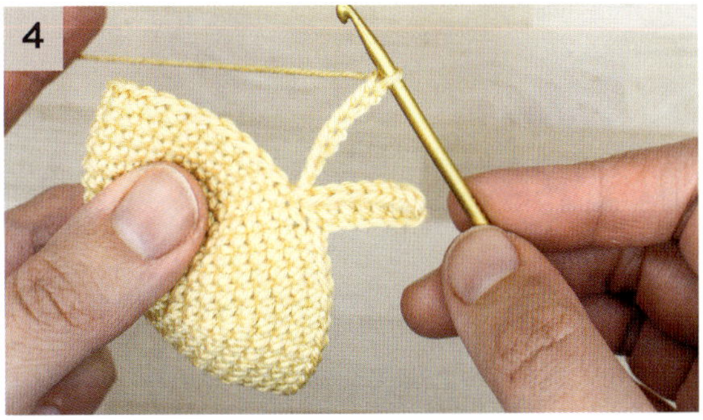

Schlage nun erneut Luftmaschen an und häkle die nächste Strähne auf die gleiche Weise.

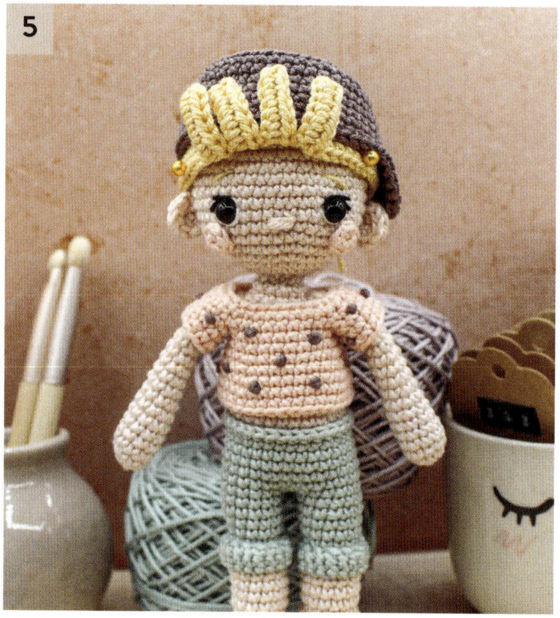

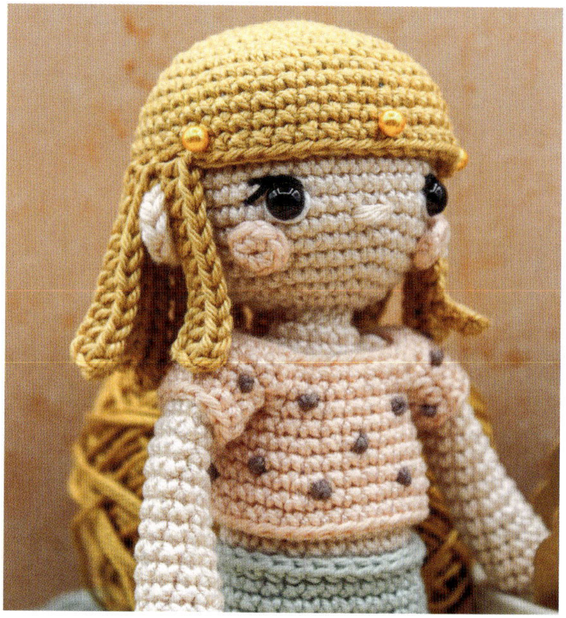

Häkle so viele Haarsträhnen wie gewünscht. Du kannst auf diese Weise Haarsträhnen in jeder Länge häkeln. Kurze Strähnn lassen sich gut nach oben drapieren.

Mit dieser Methode lassen sich auch lange Haare häkeln. Hierzu werden in der 12. Runde der Haarkappe längere Luftmaschenketten mit halben Stäbchen behäkelt.

KURZE HAARE (IN HONIG)

Häkle die Haarkappe wie gewohnt bis zur 11. Rd. Arbeite dann weiter wie folgt:

12. Rd: 18 fM, *8 Lm anschl und 7 hStb ab der 2. Lm von der Nd aus häkeln, 1 M überspringen, 1 Km*, von * bis * noch 3 x wdh (= 4 Haarsträhnen), 19 fM. [45]

Faden abschneiden und vernähen.

LANGE HAARE (IN CURRY)

Häkle die Haarkappe wie gewohnt bis zur 11. Rd. Arbeite dann weiter wie folgt:

12. Rd: *12 Lm anschl und 11 hStb ab der 2. Lm von der Nd aus häkeln, 1 M überspringen, 1 Km*, von * bis * noch 12 x wdh (= 13 Haarsträhnen), 19 fM. [45]

Faden abschneiden und vernähen.

FRISUREN AM KOPF BEFESTIGEN

FRISUREN ANNÄHEN

Die richtige Form erhält die Frisur deines Amigurumi beim Befestigen der Haare auf dem Kopf der Figur. Dabei werden Haarkappe, einzelne Strähnen und Zöpfe mit dem Kopf verbunden. In der Regel werden diese Teile mit der gleichen Wolle angenäht, die auch beim Häkeln verwendet wurde. Zum Nähen kannst du eine Woll- oder Sticknadel zur Hand nehmen.

Beim Annähen der Haarkappe bieten sich zwei Varianten an, die jeweils ein anderes Erscheinungsbild ergeben. Bei der **ersten Variante** nähst du von vorne nach hinten durch beide Maschenglieder der Maschen der letzten Runde der Haarkappe. So bleibt die Struktur der Maschen erhalten und die Kappe wirkt wie aufgesetzt.

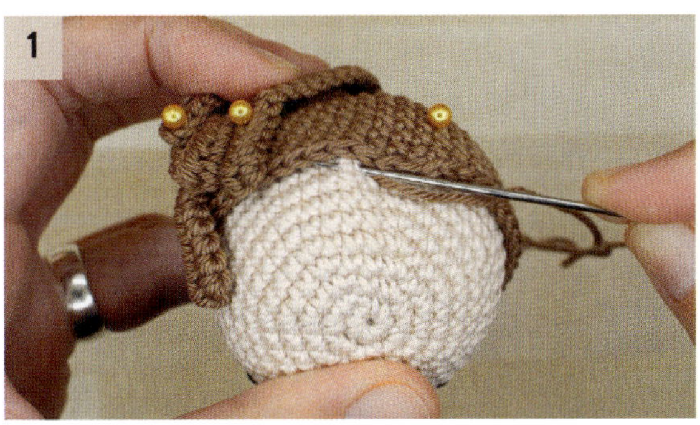

Fixiere die Haarkappe und alle Strähnen und Zöpfe genauso, wie sie später auf dem Kopf sitzen sollen. Stich mit der Nadel von innen nach außen durch die Masche der letzten Runde.

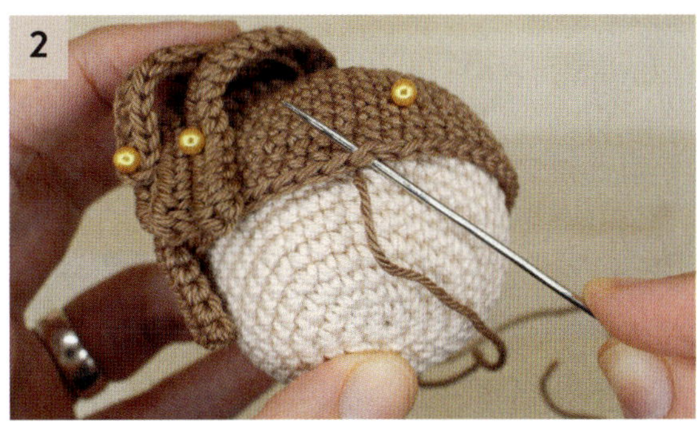

Nun die Nadel von vorne nach hinten durch die nächste Masche führen.

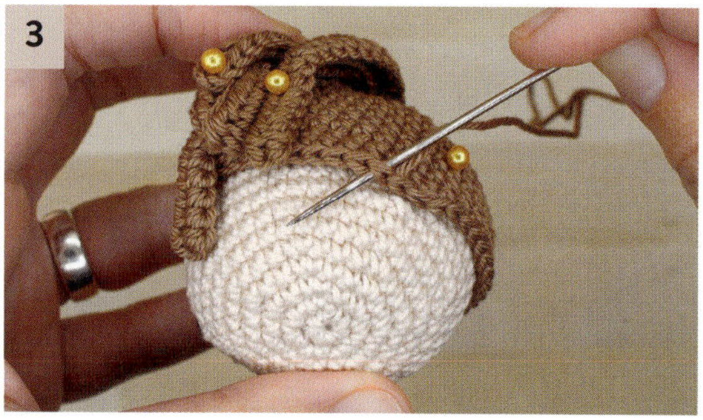

Führe die Nadel anschließend durch die darunterliegende Masche des Kopfs. Stich dabei von links nach rechts unter der Masche hindurch.

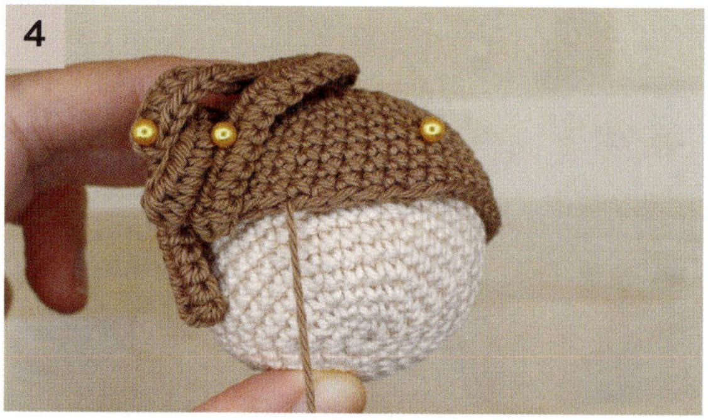

Achte darauf, dass die Maschen des Kopfs, durch die du nähst, von der Haarkappe verdeckt werden, damit die Stiche später unsichtbar sind. Nähe so rund um die Haarkappe herum.

Bei der **zweiten Variante** werden nur die vorderen Maschenglieder der festen Maschen der letzten Runde der Haarkappe mit dem Kopf verbunden. Der Faden wird dabei von oben nach unten über die Maschen geführt. So liegt die Kappe später eng am Kopf an.

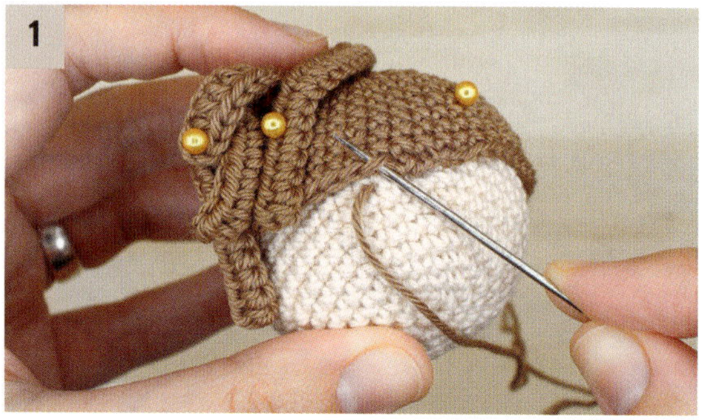

Fixiere auch hier zunächst alle Teile mit Stecknadeln. Stich mit der Nadel von unten nach oben durch das vordere Maschenglied der festen Masche der Kappe.

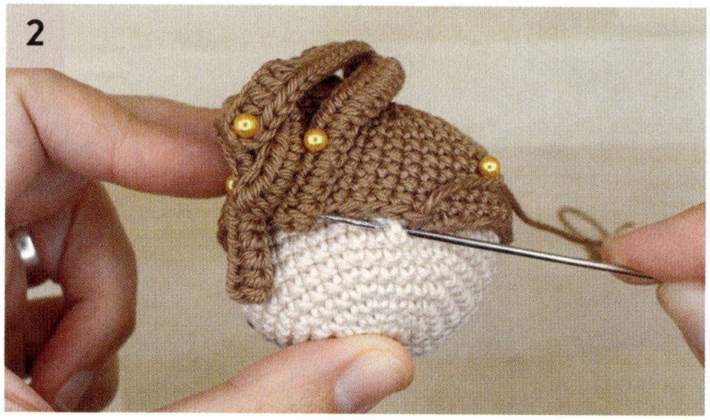

Ziehe den Faden durch und stich nun wie in der ersten Variante unter der darunterliegenden Masche des Kopfs hindurch.

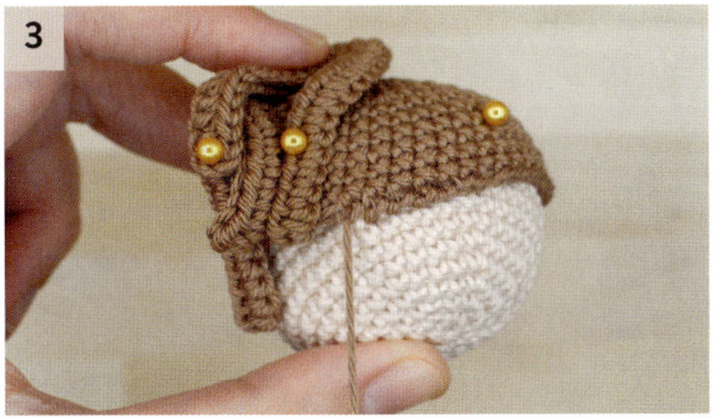

Nun von unten nach oben durch das Maschenglied der nächsten Masche der Haarkappe stechen. So rund um die gesamte Kappe nähen.

Haare, die aus einzelnen Strähnen gehäkelt sind, werden ebenfalls angenäht.

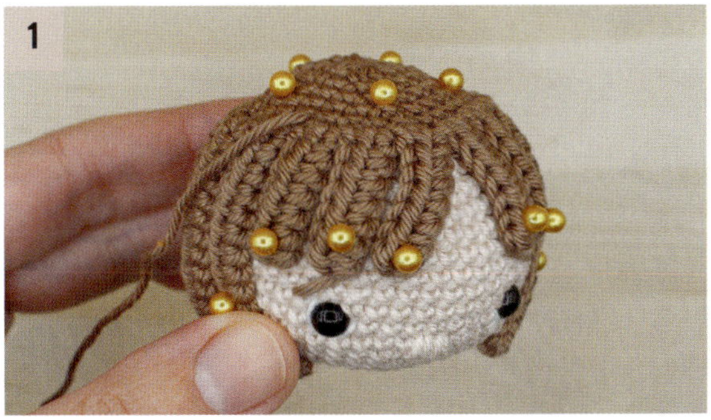

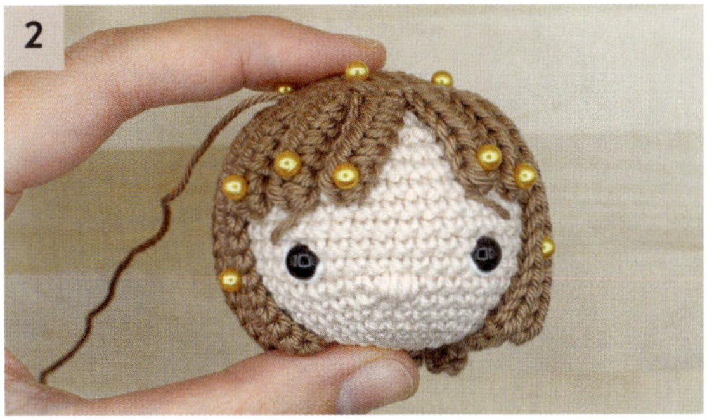

Fixiere hier vor dem Annähen jede einzelne Haarsträhne mit einer Stecknadel und überprüfe den Sitz von allen Seiten.

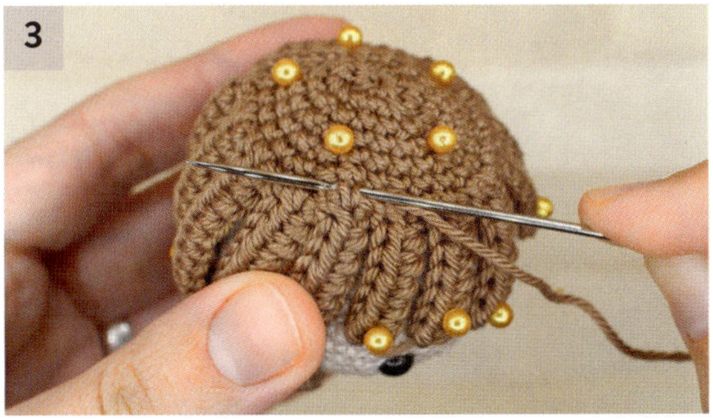

Beim Annähen nähst du nun entlang der Kante, an der die Haarsträhnen beginnen. Stich mit der Nadel durch die Masche der Frisur und die darunterliegenden Masche des Kopfs hindurch. Nähe so rund um den Oberkopf herum.

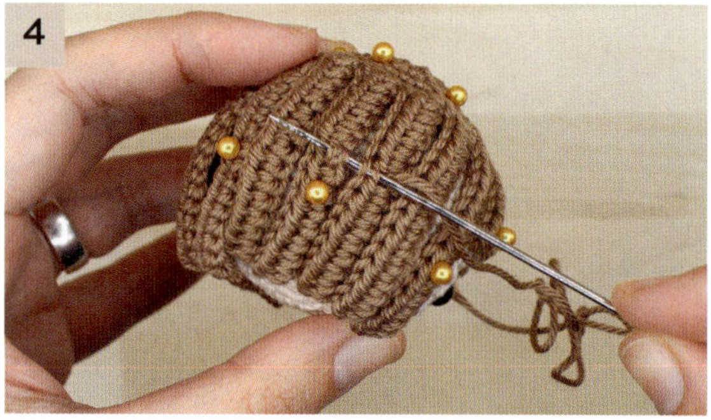

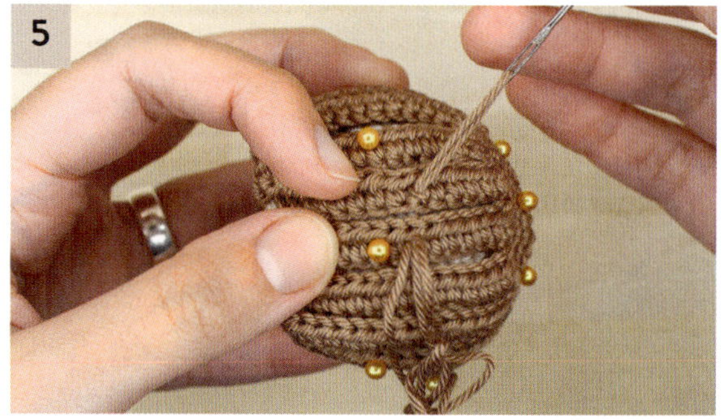

Anschließend werden die Einzelsträhnen miteinander verbunden. Stich dazu mit der Nadel rundherum auf halber Höhe der Haarsträhnen längs durch die Maschen hindurch.

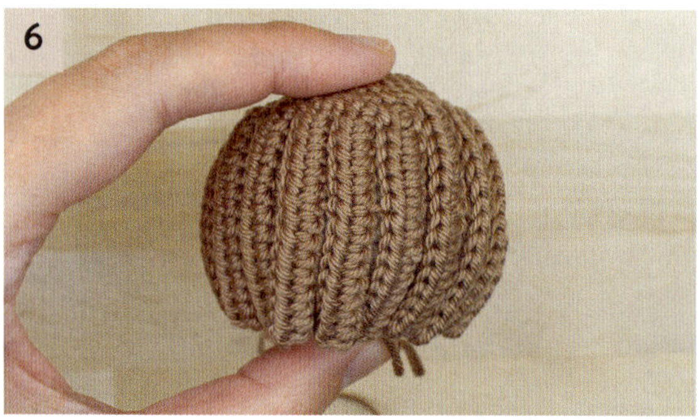

Verbinde so alle langen Haarsträhnen.

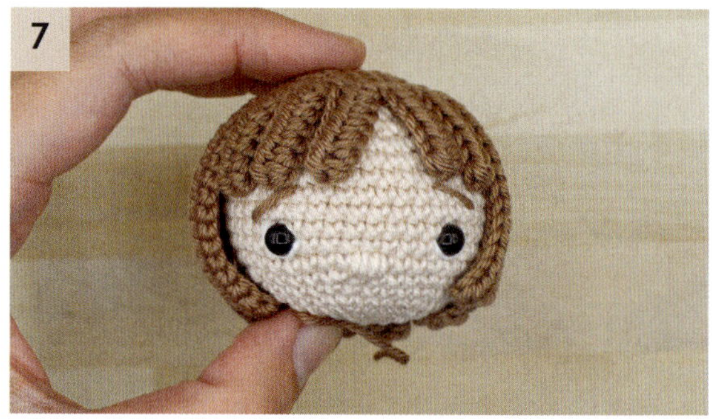

Einzelsträhnen, wie z. B. der Pony, können wie gewünscht drapiert und ebenfalls mit einzelnen Stichen angenäht werden.

FRISUREN ANKLEBEN

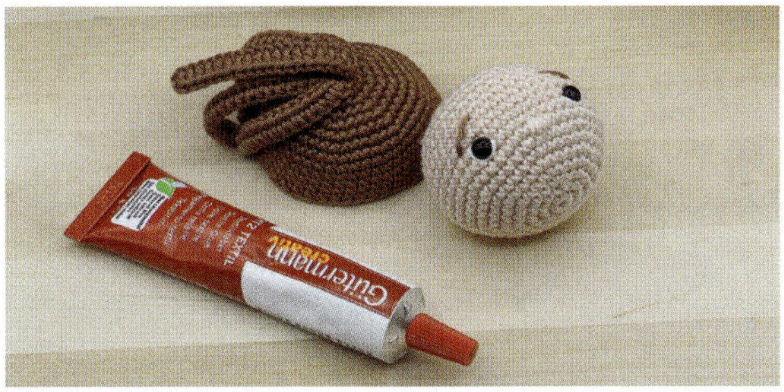

Alternativ kannst du die Frisur ankleben. Das geht schnell und ist weniger aufwendig als das übliche Annähen. Nutze dazu Textil- oder auch Schmucksteinkleber, der unsichtbar aushärtet.

1

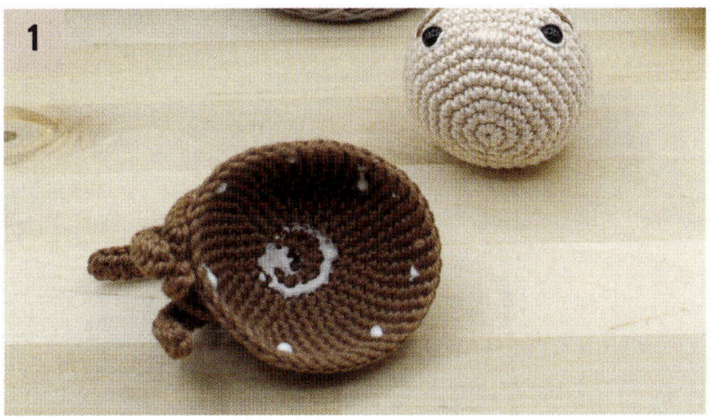

Trage den Kleber innen an der Oberseite und rund um den unteren Rand der Frisur auf. Achte am Rand darauf, etwas Abstand zur Kante zu lassen, damit später kein Kleber herausquellen kann.

2

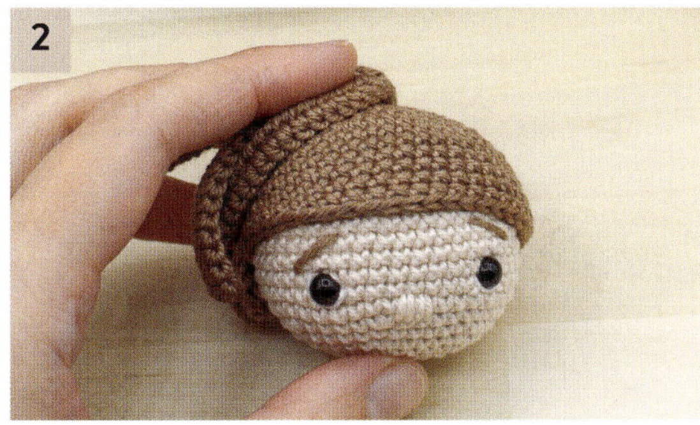

Setze die Frisur nun auf den Kopf und bringe diese vorsichtig in die gewünschte Position.

3

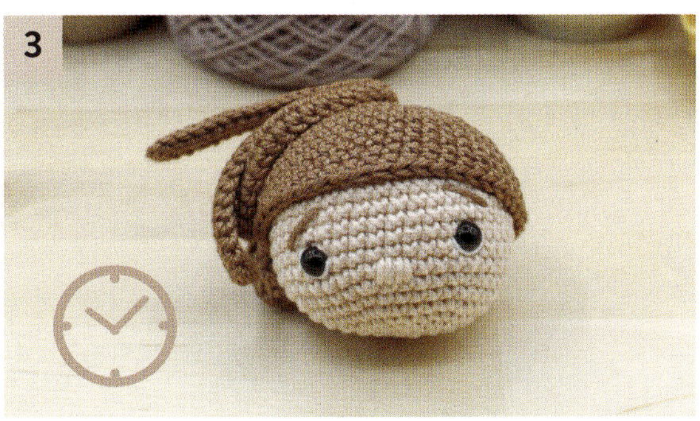

4

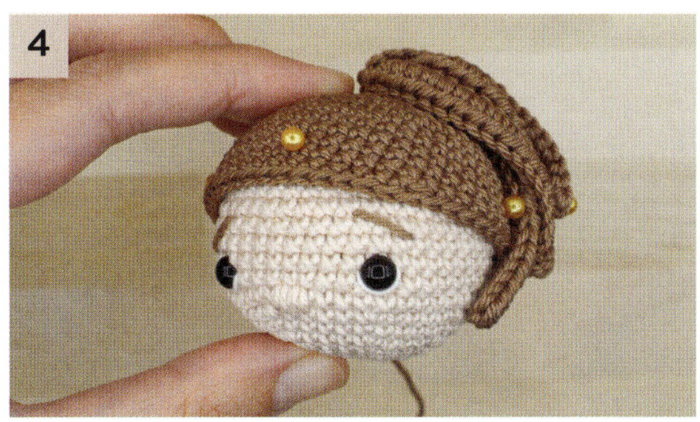

Bevor du die Figur weiterbearbeiten kannst, sollte der Kleber vollständig aushärten. Du kannst die Frisur währenddessen mit Stecknadeln fixieren, um diese in Position zu halten. Achte dabei aber unbedingt darauf, nicht durch den Kleber hindurchzustechen, denn dann kleben am Ende die Stecknadeln im Kopf fest.

FRISUREN ALS PERÜCKE

Bei allen Haaren, die mit einer Haarhaube als Basis gearbeitet wurden, kannst du auch auf das Befestigen verzichten. So kannst du gleich mehrere Frisuren für dein Amigurumi gestalten und diese regelmäßig wechseln. Vor allem für Kinder ist das eine schöne Variante, um mit den Puppen zu spielen und sie selbstständig umzugestalten.

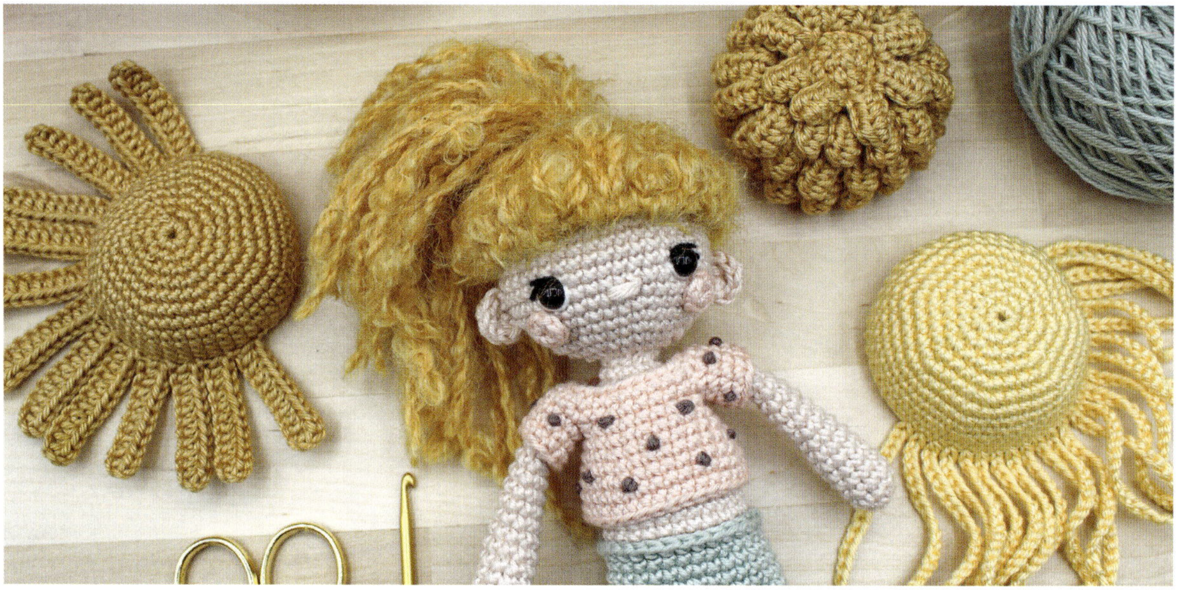

GESTICKTE HAARE

Einzelne Haare auf den Kopf zu sticken ist aufwendig, lohnt sich aber. Die Amigurumi bekommen schöne volle Haare, die je nach verwendeter Wolle sehr natürlich aussehen. Sie sind außerdem eine tolle Basis, um die Frisur weiter zu gestalten.

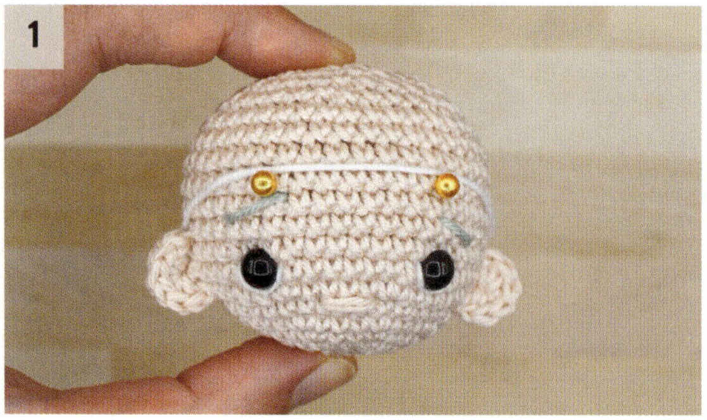

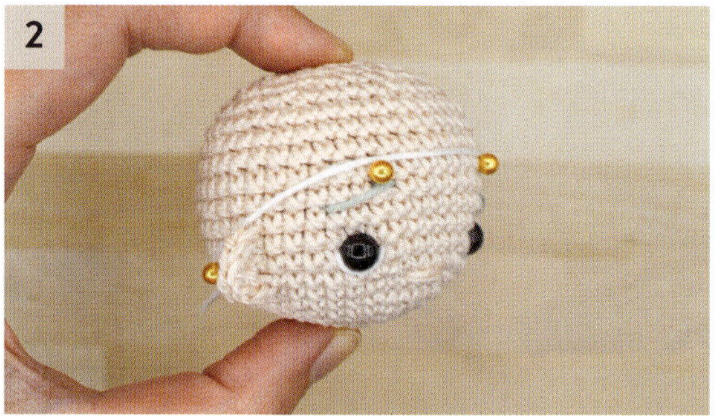

Um Haare aufzusticken, markiere zuerst mit einem Faden den gewünschten Haaransatz rund um den Kopf der Figur. Fixiere den Faden dabei an markanten Stellen mit Stecknadel.

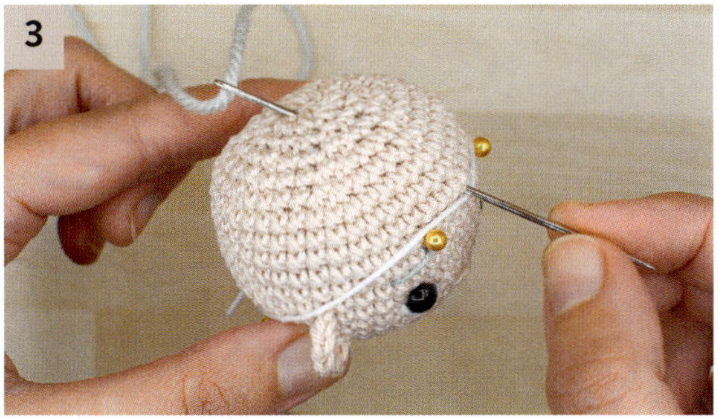

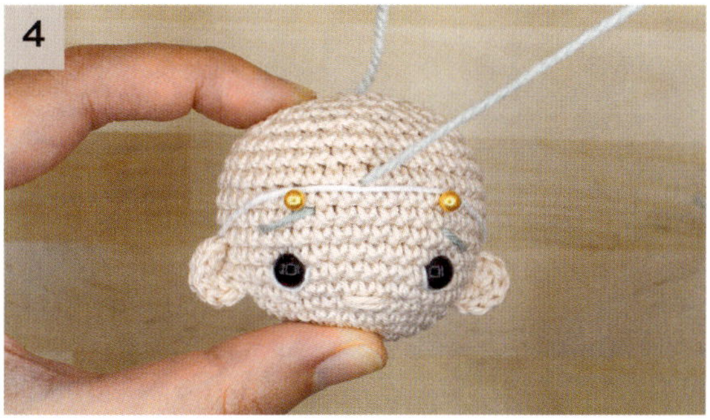

Fädle nun den Faden des Wollknäuels auf eine Nadel. Ich nutze hierbei immer eine Matratzennadel, da diese von der Länge her sehr gut quer durch den gesamten Kopf passt. Du kannst jedes Garn nutzen, das für Frisuren geeignet ist. Hier arbeite ich mit Schachenmayr Bravo in Mint (8359). Stich mit der Nadel im Oberkopf ein und führe sie vorne knapp über der Markierung heraus. Ziehe den Faden durch.

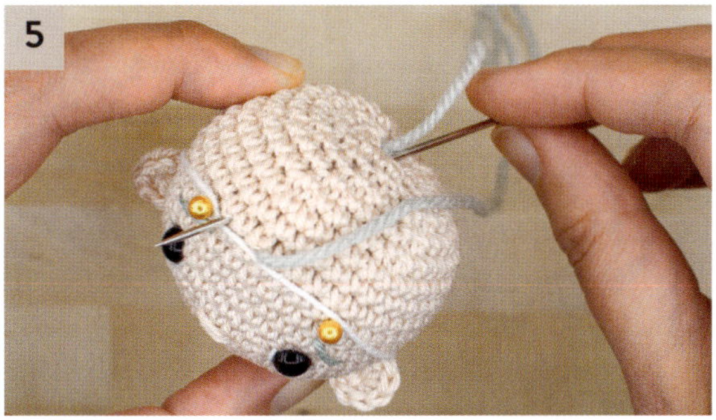

Stich nun mit der Nadel zurück in die erste Einstichstelle am Oberkopf und führe die Nadel ein paar Maschen weiter über der Markierung wieder heraus.

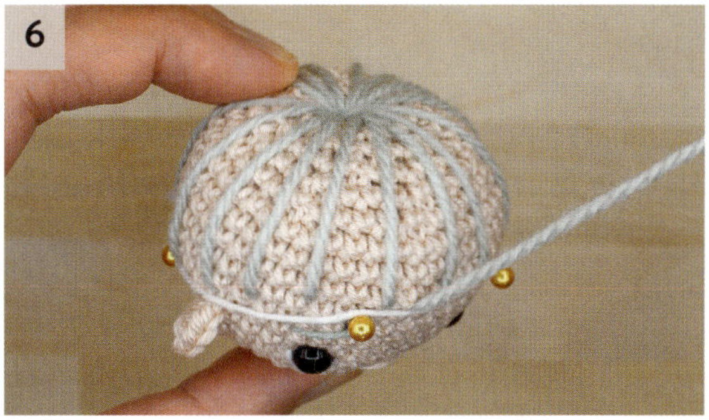

Wiederhole dies rund um den Kopf. Sticke dabei immer vom Oberkopf zur Markierung und zurück.

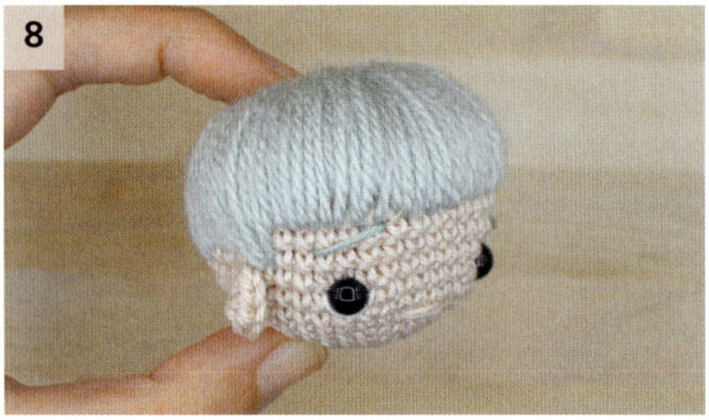

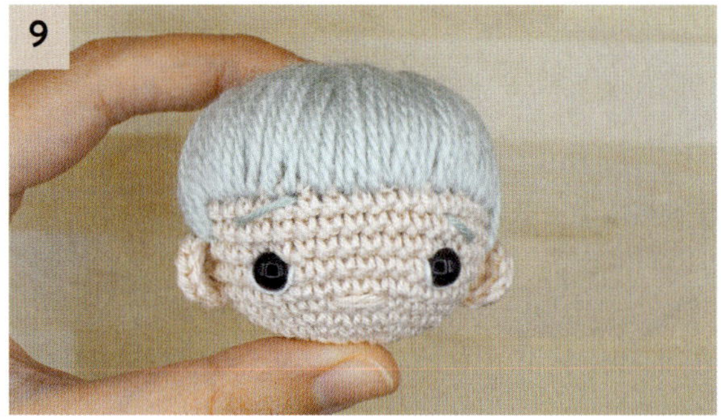

Setze immer mehr Stiche, bis der gesamte Kopf bedeckt ist. Ich setze gerne vor den Ohren ein paar längere Stiche, um der Frisur etwas mehr Struktur zu geben. Arbeite mehrere Lagen übereinander, bis du mit der Haarfülle zufrieden bist.

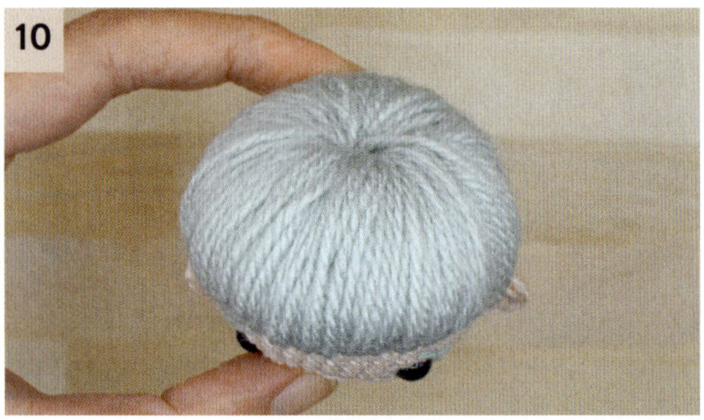

Schneide den Faden ab und vernähe nach innen. Die Basis der Haare ist nun fertig. Für eine Kurzhaarfrisur kannst du sie einfach so lassen.

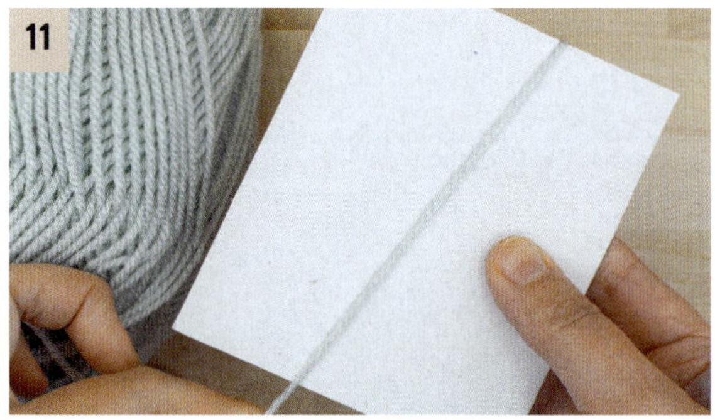

Du kannst mit einer einfachen Methode auch einen Zopf oder einen Dutt anbringen. Nimm dazu ein Stück feste Pappe zur Hand, das mindestens so lang ist wie die gewünschte Länge der Haarsträhnen. Wickle das Garn mehrmals um die Pappe, bis du mit der Fülle zufrieden bist.

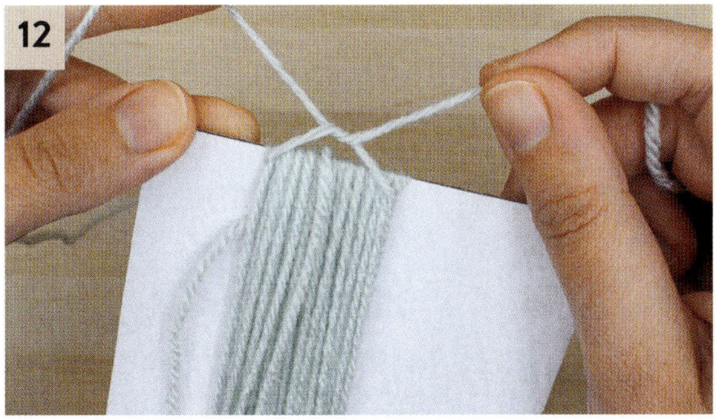

Schneide dann einen ca. 30 cm langen Faden ab und fädle ihn an der Oberseite zwischen Pappe und Garn. Mache einen leichten Knoten.

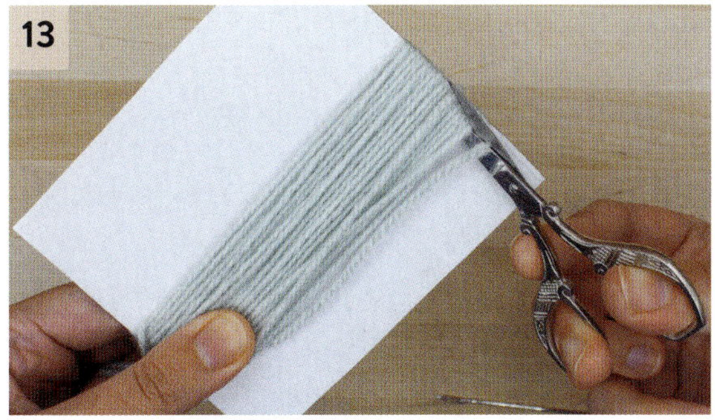

Schneide nun an der Unterseite den Faden auf, sodass viele einzelne Stränge entstehen.

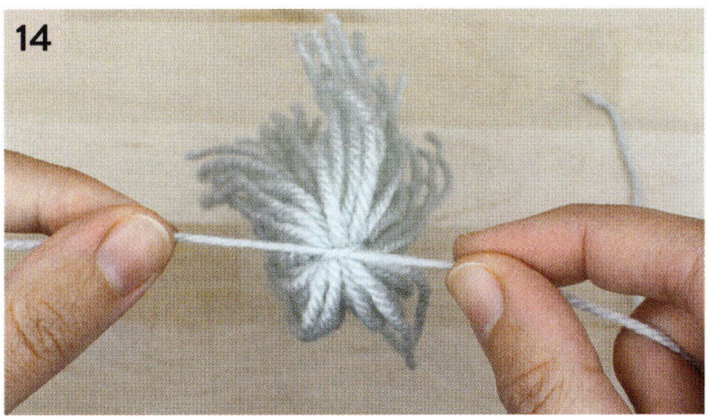

Jetzt kannst du die Pappe entfernen und den Knoten oben fest zusammenziehen. Sichere die Stränge am besten mit einem Doppelknoten.

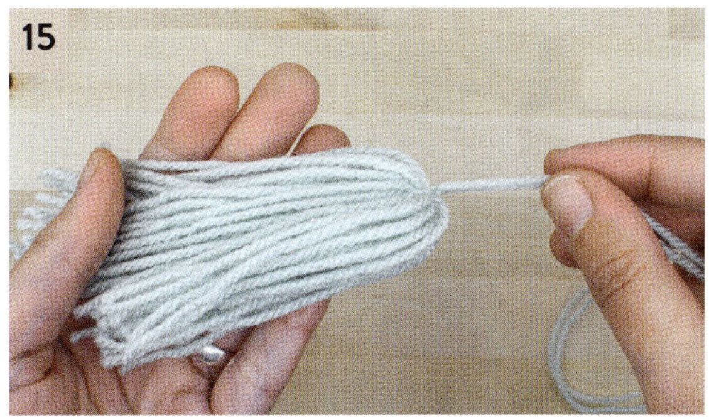

Fertig ist ein Zopf.

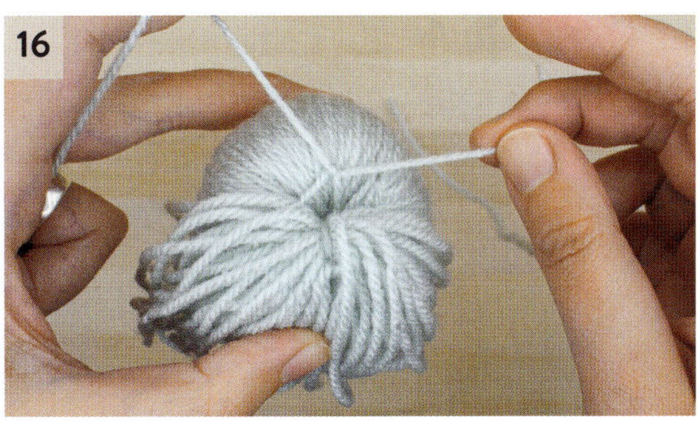

Fädle die Endfäden des Knotens oben in die gestickte Frisur ein und knote sie zusammen. Den losen Faden in den Zopf hinein vernähen.

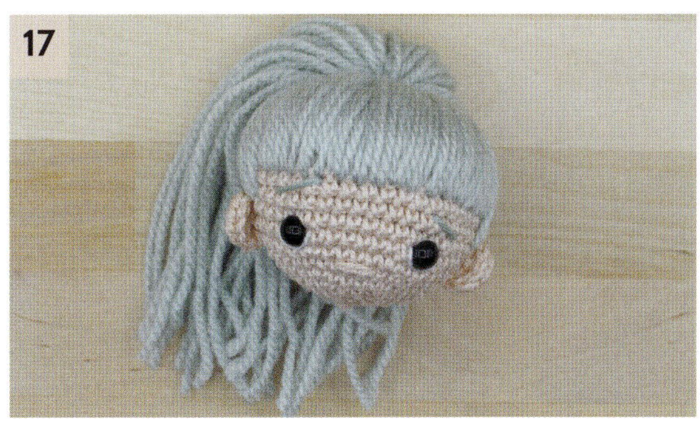

Je nach gewählter Länge kannst du einen Pferdeschwanz machen, die Haare flechten oder zu einem Dutt auf dem Kopf zusammendrehen.

HAARE MIT SCHEITEL ANNÄHEN

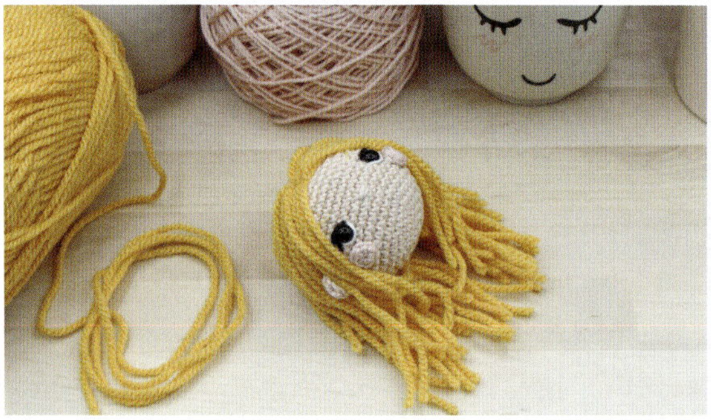

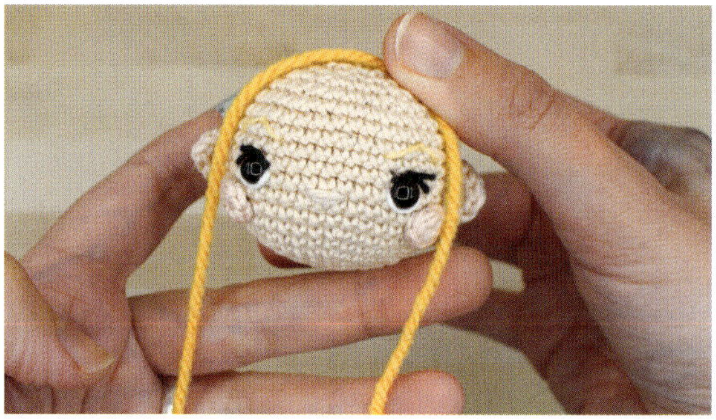

Bei dieser Methode werden einzelne Garnfäden in kleinen Gruppen direkt an den Kopf genäht, sodass ein Scheitel entsteht. Das sieht besonders schön aus, wenn du weiche Garne, wie z. B. Acryl, Mohair oder Puppenwolle, verwendest. Hier arbeite ich mit Schachenmayr Bravo in der Farbe Goldmarie (8028). Um die richtige Länge zu ermitteln, lege das Fadenende des Wollknäuels über den Kopf der Figur.

HAARE MIT SCHEITEL (IN GOLDMARIE)

Schneide 30 Fäden mit einer Länge von 25 cm ab. Nähe den Scheitel bis zur 7. Rd von oben aus.

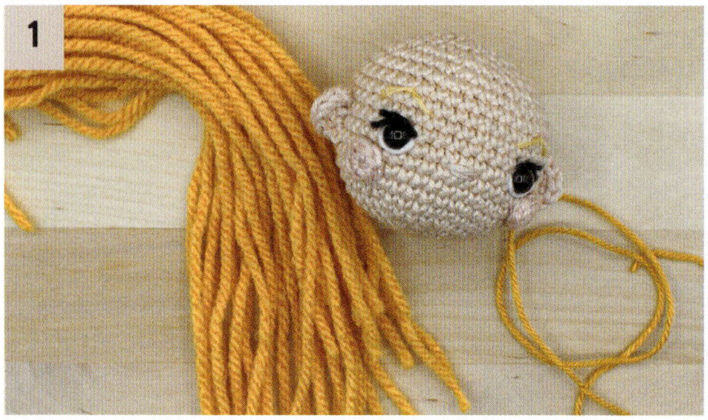

Schneide mehrere Fäden der gewünschten Länge ab.

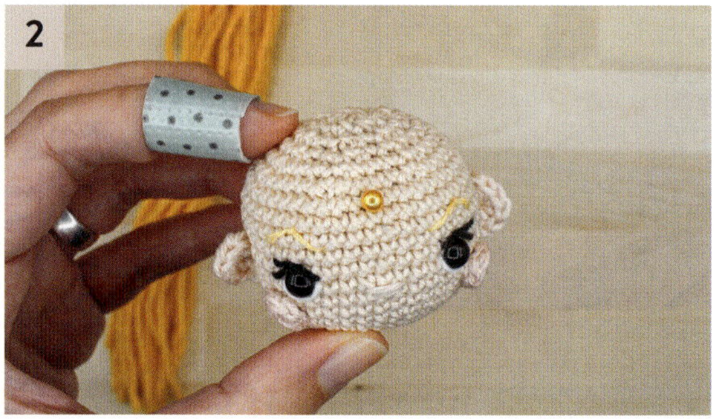

Mit einer Stecknadel wird nun die Höhe des Haaransatzes und der Beginn des Scheitels markiert.

Die Fäden kannst du mit einem Stick-/Perlgarn oder Baumwollgarn in einer passenden Farbe annähen. Hier habe ich Schachenmayr Catania in Gold (249) gewählt. Zum Nähen verwende ich eine Matratzennadel, da diese von der Länge her gut durch den Kopf passt. Eine Stick- oder Wollnadel funktioniert aber genauso gut.

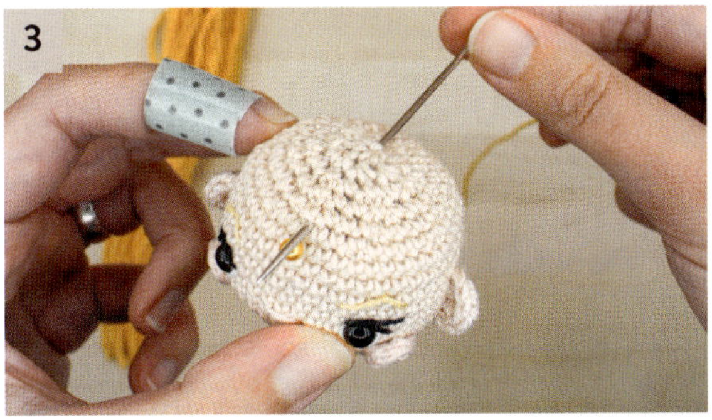

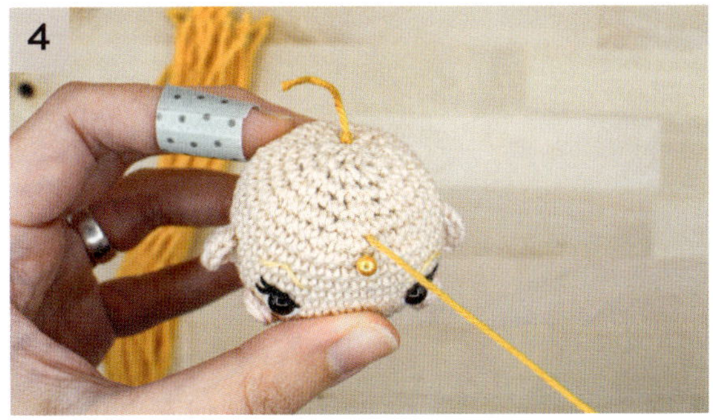

Stich mit der Nadel vom Oberkopf aus in den Kopf und komme mit der Nadel genau an der markierten Stelle heraus.

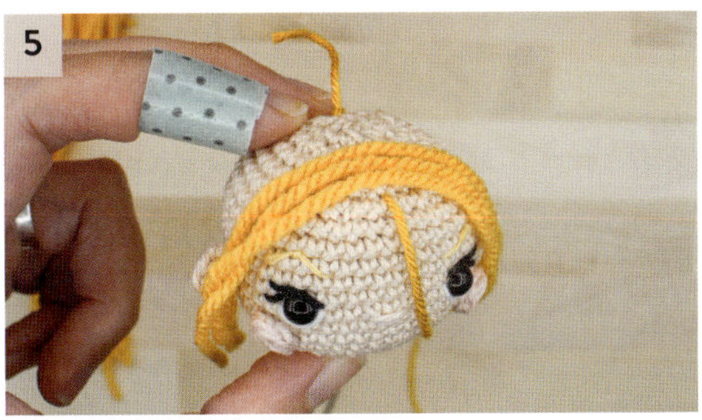

Der Faden wird hinten gesichert. Der Knoten verschwindet später in den angenähten Haarsträhnen. Nimm nun drei der abgeschnittenen Fäden und lege sie mittig über dem Nähfäden auf den Kopf.

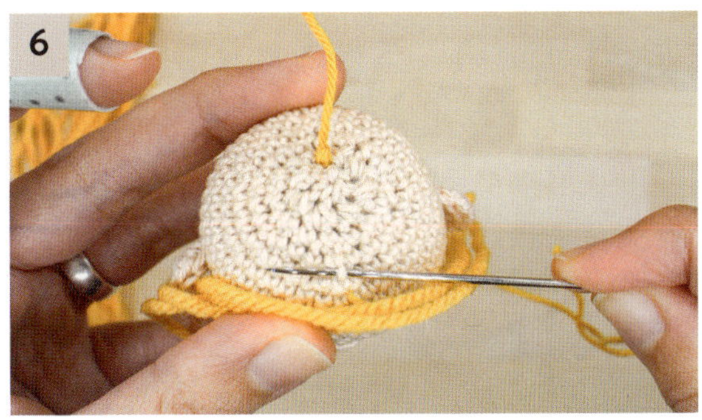

Stich hinter den Fäden mit einer Runde Abstand zur letzten Ausstichstelle mit der Nadel ein und ziehe den Faden durch.

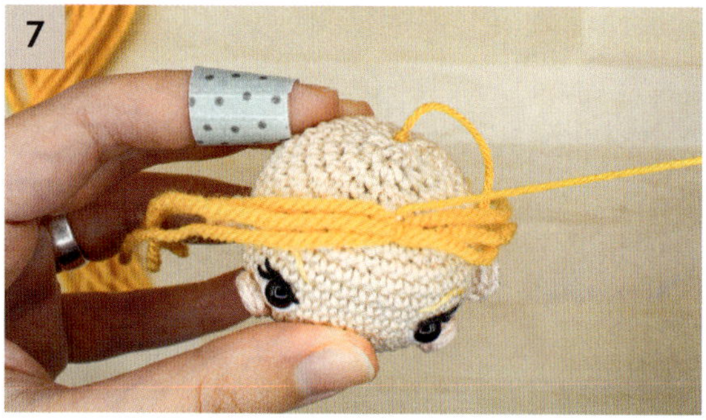

Dabei werden die Strähnen mit eingefasst.

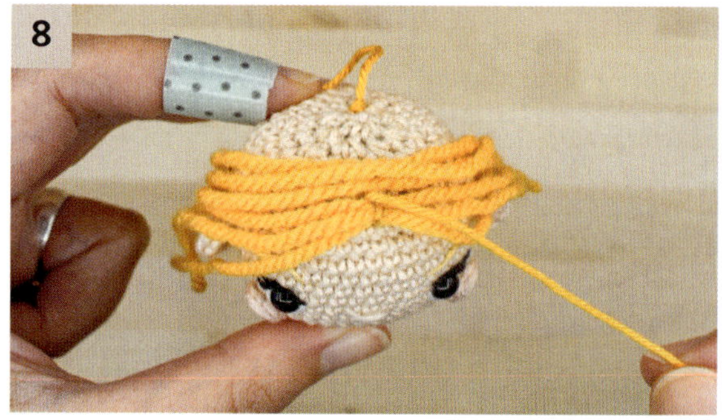

Lege nun die nächsten drei Fäden hinter den Nähfaden …

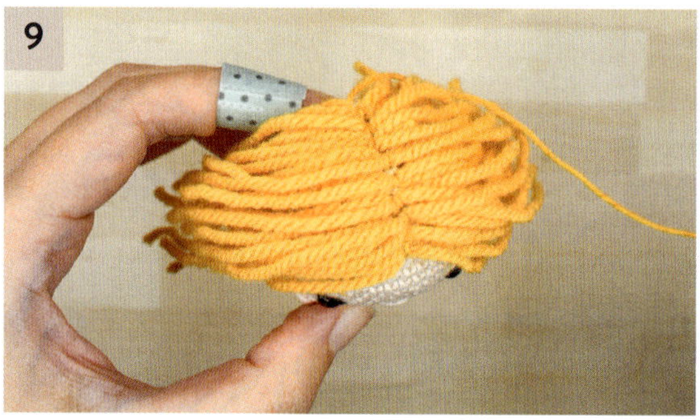

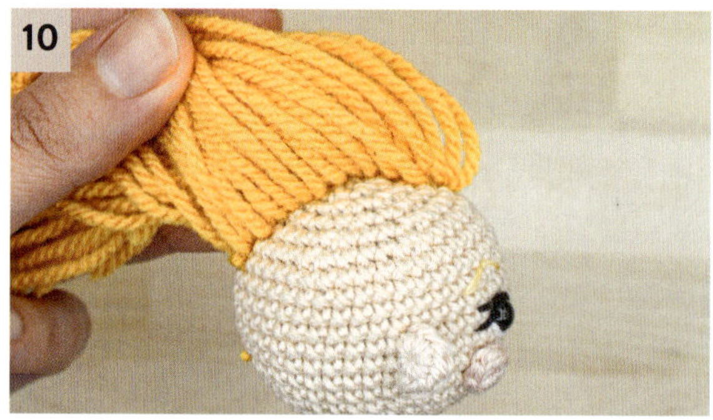

… und stich erneut mit der Nadel mit einer Runde Abstand zur letzten Ausstichstelle ein. Wiederhole dies so lange, bis der Scheitel den gesamten Oberkopf bedeckt.

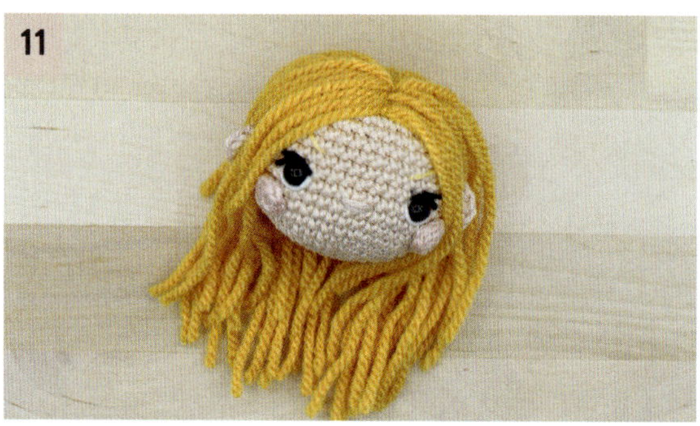

Schneide die Fäden zum Schluss auf die gleiche Länge ab und drapiere sie um den Kopf.

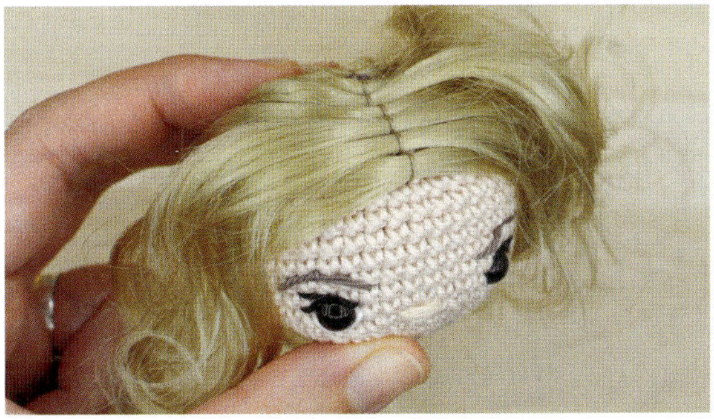

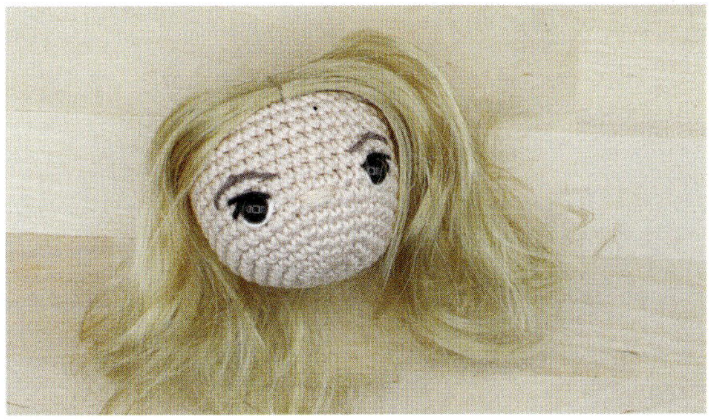

Mit dieser Methode lassen sich auch Puppenhaare ganz einfach auf dem Kopf festnähen. Dazu mit jedem Stich einen Strang Puppenhaar mit einfassen. Nimm zum Nähen ein festes Nähgarn, Zwirn oder Stickgarn in einer passenden Farbe.

HAARE AUS FILZWOLLE

Haare aus Filzwolle haben fast etwas märchenhaftes und geben deinem Amigurumi ein zauberhaftes Äußeres. Um die Filzstränge in den Kopf einzuarbeiten, benötigst du eine Filznadel.

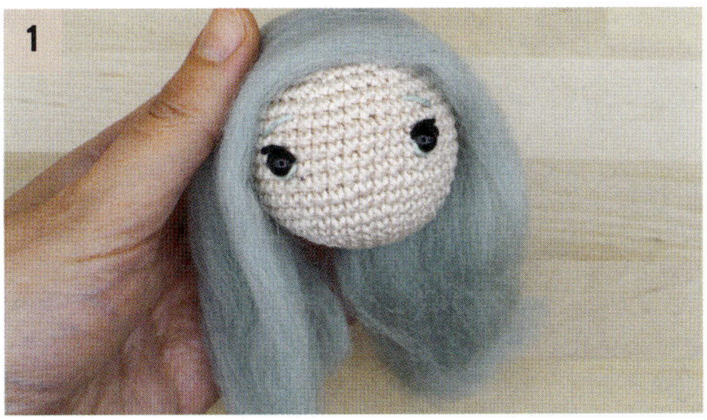

Um die richtige Länge zu ermitteln, lege einen Strang Filzwolle über den Kopf und schneide die gewünschte Länge ab.

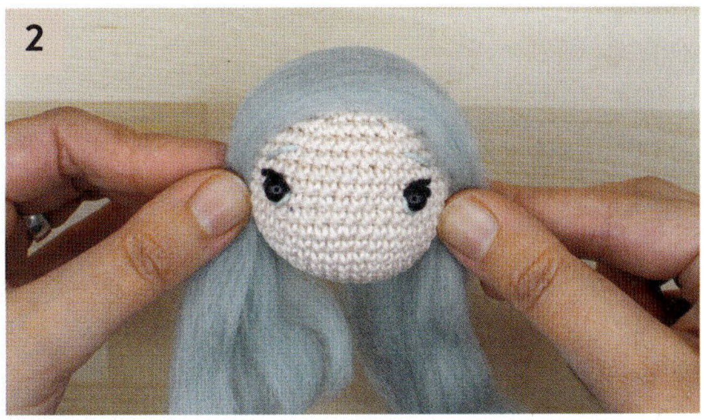

Lege den Strang anschließend so über den Kopf, dass der gesamte Oberkopf bedeckt ist.

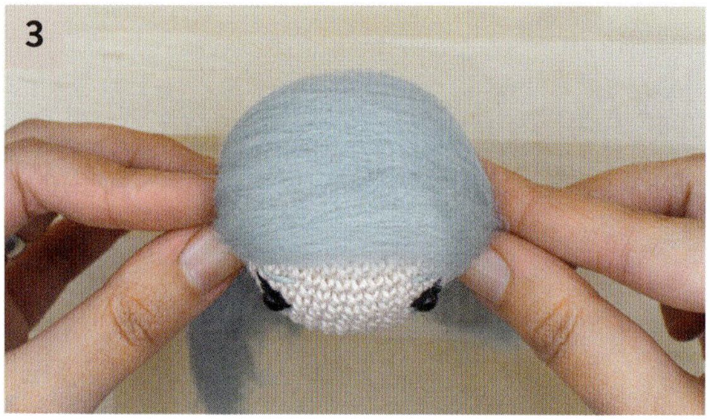

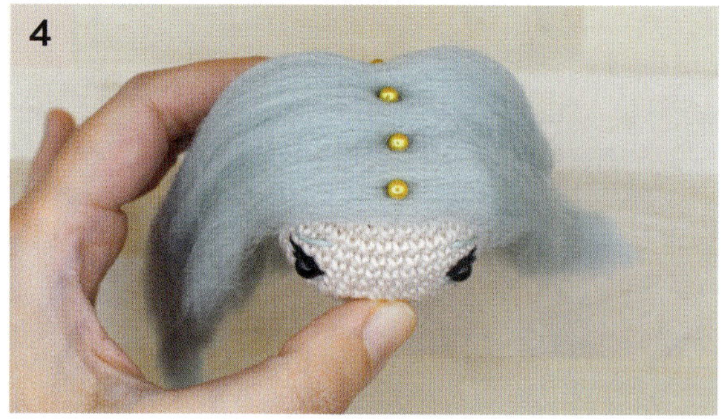

Kontrolliere anschließend, ob du mit dem Haaransatz über dem Gesicht zufrieden bist.

Wenn alles passt, fixiere den gewünschten Sitz des Scheitels mit mehreren Stecknadeln.

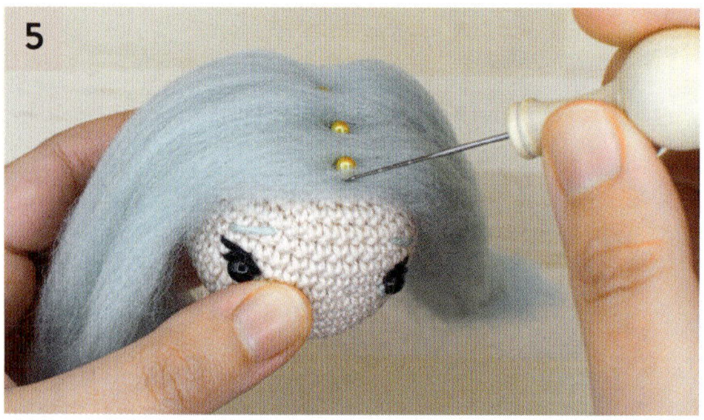

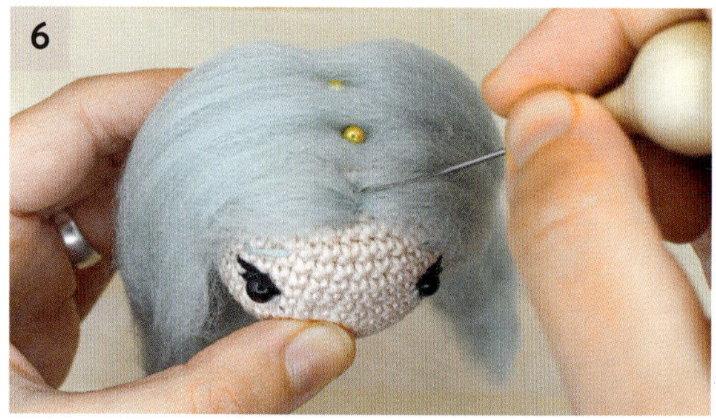

Beginne nun, am vorderen Haaransatz die Filzwolle mit der Nadel in den Kopf zu arbeiten. Dabei drückst du die einzelnen Stränge der Wolle in die Maschen des Kopfs. Stich die Nadel dabei mindestens 0,5 cm weit ein.

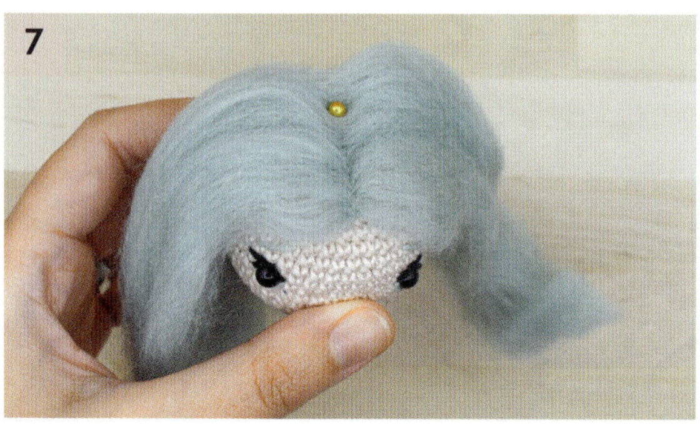

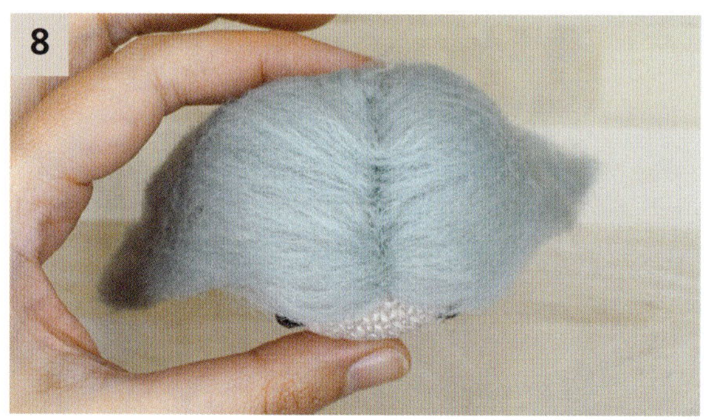

Arbeite den kompletten Strang entlang der gesamten Markierung.

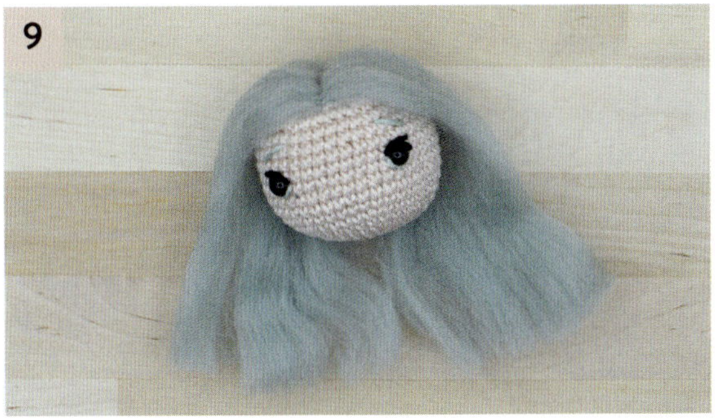

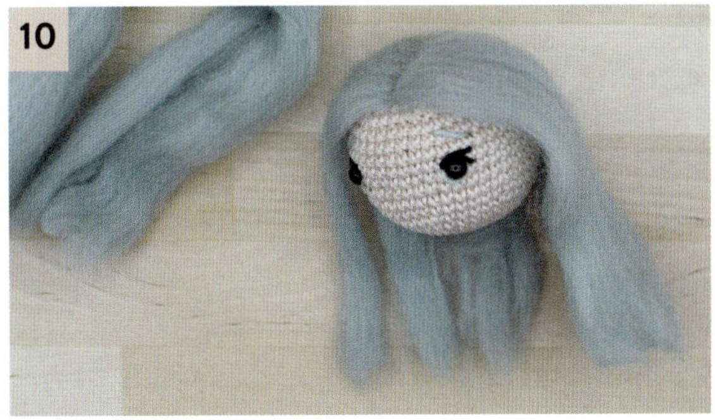

Du kannst die Frisur nun weiterbearbeiten und z. B. Zöpfe flechten oder sie zu einem Dutt zusammennehmen. Diese Frisur ist nicht geeignet, wenn Kinder mit den Puppen spielen werden. Die Filzwolle lässt sich mit wenig Kraft aus dem Kopf ziehen.

KLEIDUNG

Mit der passenden Kleidung und Accessoires gibst du deinem Amigurumi den letzten Schliff. Diese können direkt an die Figur angehäkelt werden oder einzeln gehäkelt und angezogen werden. Dabei gibt es Kleidungsstücke, die an- und auch wieder ausgezogen werden können, und solche, die angezogen und anschließend nicht mehr entfernt werden können. Egal wie du die Anziehsachen deiner Figur gestaltest, du kannst mit vielen schönen Details arbeiten, die deiner Figur eine eigene Geschichte geben. Wenn du nach Anleitungen häkelst, kannst du der Kleidung der Figur dennoch mit Zierstichen und Abschlusskanten einen individuellen Anstrich geben. Alle Abkürzungen findest du auf Seite 241.

KLEIDUNG ZUM ANZIEHEN

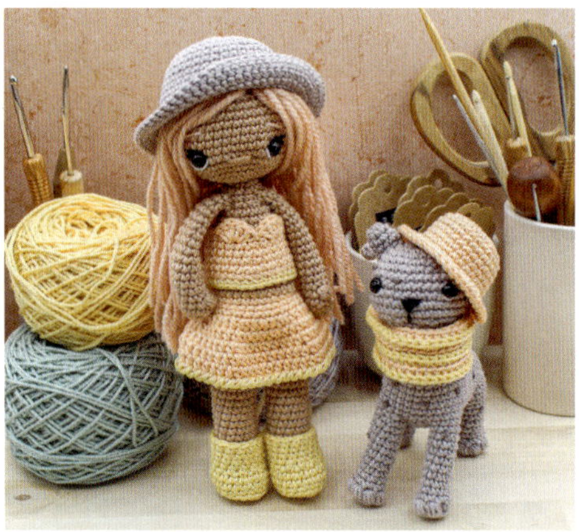

Damit Kleidung, die angezogen wird, deiner Figur später auch wirklich passt, solltest du ein paar Tipps beherzigen. Nutze die **gleiche Wolle,** die beim Häkeln deines Amigurumi zum Einsatz kam. Ausnahmen gelten dort, wo laut Anleitung eine andere Wolle vorgesehen ist. Dann halte dich hier genau an die Anweisungen, was beispielsweise die zu verwendende **Nadelstärke** angeht. Verwendest du ein anderes Garn, mach zunächst eine **Maschenprobe.** Kleidung, die auch bei deinem fertigen Amigurumi an- und ausziehbar bleiben soll, kannst du durch die Verwendung einer größeren Nadelstärke und/oder weniger fest gehäkelten Maschen etwas mehr Flexibilität geben. Im Folgenden zeige ich dir Kleidungsstücke, die du für Trixie und die Wildkatze häkeln kannst. Viele der verwendeten Techniken kannst du auf andere Amigurumi übertragen. Alle Teile werden mit Schachenmayr Catania gehäkelt.

ROCK AUS HALBEN STÄBCHEN (IN APRIKOSE)

Häkle in R. Jede R beginnt mit 2 Wende-Lm. 14 Lm anschl, in die 3. Lm von der Nd aus häkeln.

1. R: 2 fM, 10 hStb. [12]

2. R: alles ihM, 10 hStb, 2 fM. [12]

3. R: alles ihM, 2 fM, 10 hStb. [12]

Die 2. und 3. R stets wdh, bis 25 R erreicht sind. Den Faden lang abschneiden und damit den Rock an der kurzen Kante zusnähen.

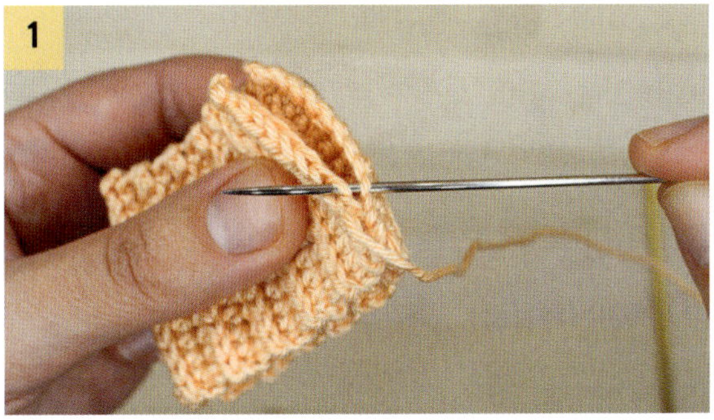

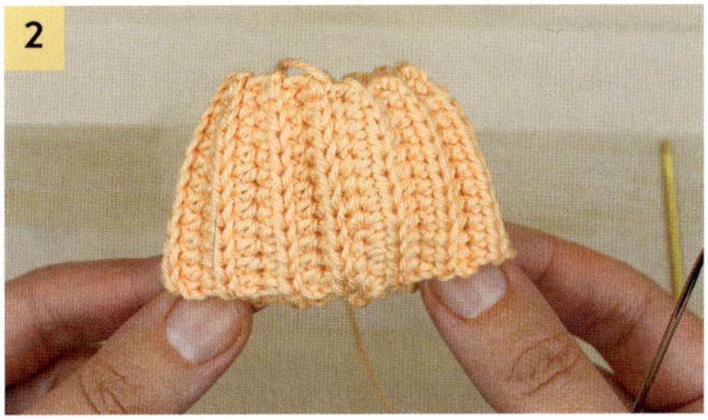

Stich dazu in die hinteren M-Glieder der 25. R und die M der Anfangs-Lm-Kette ein. Rd unsichtbar beenden. Faden abschneiden und vernähen. Den Rock von oben über den Körper ziehen.

OBERTEIL MIT HERZCHEN-AUSSCHNITT (IN APRIKOSE)

Häkle in Spiral-Rd. 30 Lm mit einer Km zum Ring schließen.

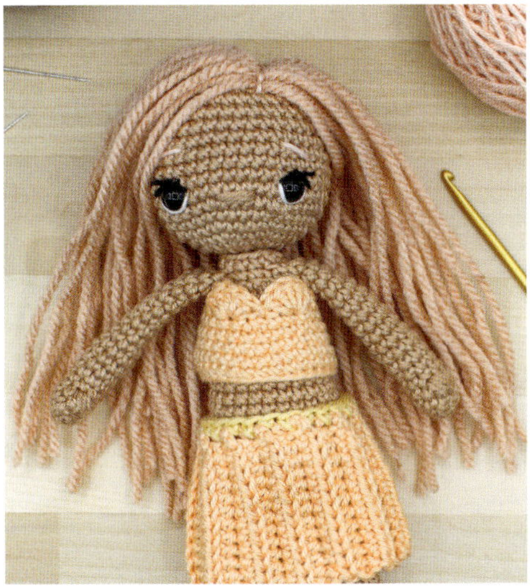

1.–2. Rd: 30 fM.

3. Rd: *5 fM, 1 M abn, 6 fM, 1 M abn*, von * bis * noch 1x wdh. [26]

4. Rd: 26 fM.

5. Rd: *4 fM, 1 M abn, 5 fM, 1 M abn*, von * bis * noch 1x wdh. [22]

6. Rd: 7 fM, 1 M überspringen, 5 Stb in 1 M, 1 M überspringen, 1 Km, 1 M überspringen, 5 Stb in 1 M, 1 M überspringen, 8 fM.

Rd unsichtbar beenden. Faden abschneiden und vernähen.

FALTENROCK (IN ROSÉ GOLD UND RESEDA)

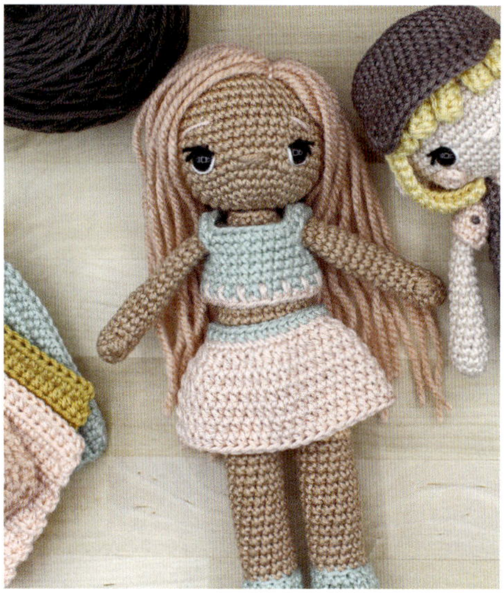

Häkle in Spiral-Rd. Beginne mit Rosé Gold. 32 Lm mit einer Km zum Ring schließen.

1. Rd: 32 fM.

2. Rd: *1 hStb zun, 1 hStb*, von * bis * noch 15 x wdh. [48]

3.–6. Rd: 48 hStb.

Rd unsichtbar beenden. Faden abschneiden und vernähen. Für einen längeren Rock kannst du weitere Rd anfügen, bis die gewünschte Länge erreicht ist. Für das Bündchen mit einer stehenden fM in Reseda in eine M der Anfangs-Lm-Kette anschlingen und 1 Rd fM häkeln. Den Rock etwas in Falten legen und von unten über den Körper ziehen.

STREIFENPULLI (IN RESEDA UND SCAMPI)

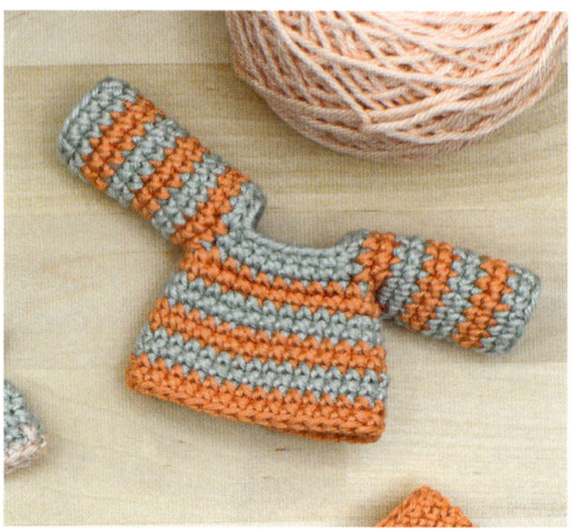

Häkle in Spiral-Rd. Beginne mit Reseda. Wechsle nach jeweils 2 Rd zwischen Reseda und Scampi. 30 Lm mit einer Km zum Ring schließen.

1. Rd: 30 fM.

2. Rd: 6 fM, 4 Lm, 6 M überspringen (= Ärmelloch), 9 fM, 4 Lm, 6 M überspringen (= Ärmelloch), 3 fM. [26]

3.–4. Rd: 26 fM.

5. Rd: *6 fM, 1 M zun, 5 fM, 1 M zun*, von * bis * noch 1 x wdh. [30]

6. Rd: 30 fM.

7. Rd: *7 fM, 1 M zun, 6 fM, 1 M zun*, von * bis * noch 1 x wdh. [34]

8.–12. Rd: 34 fM.

Rd unsichtbar beenden. Faden abschneiden und vernähen. Für einen längeren oder kürzeren Pulli einfach Rd hinzufügen oder weglassen.

ÄRMEL (2 X, IN RESEDA UND SCAMPI)

Häkle in Spiral-Rd. Beginne mit Scampi. Wechsle nach jeweils 2 Runden zwischen Scampi und Reseda. In einer Ärmelöffnung mit einer stehenden fM anschlingen und wie folgt häkeln:

1. Rd: 14 fM gleichmäßig um die Ärmelöffnung häkeln.
2.–12. Rd: 14 fM.

Nun Rd die unsichtbar beenden. Faden abschneiden und vernähen. Den Pulli vor dem Annähen des Kopfs von oben über die Figur ziehen. Die Arme dabei durch die Ärmel fädeln. Wenn der Kopf angenäht ist, kann der Pulli nicht mehr entfernt werden.

HOSE (IN SCAMPI UND RESEDA)

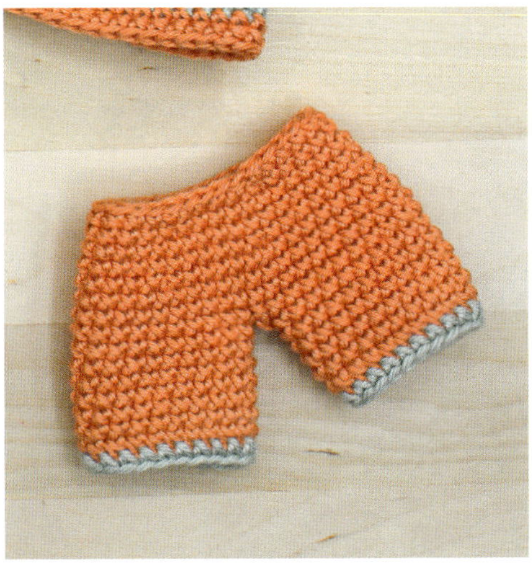

Häkle in Spiral-Rd. Beginne mit Scampi. 20 Lm mit einer Km zum Ring schließen.

1.–6. Rd: 20 fM.

Faden abschneiden und vernähen. Häkle ein zweites Hosenbein. Nicht abketten, sondern beide Hosenbeine verbinden. Häkle dazu 1 Lm, stich in die erste M der letzten Rd des ersten Hosenbeins ein und häkle rundherum fM. 1 fM in die Lm häkeln und 20 fM um das zweite Hosenbein häkeln. Erneut 1 fM in die Lm häkeln. [42] Nicht abketten. Weiter mit dem Schritt.

SCHRITT

Weiterhin in Scampi.

1.–3. Rd: 42 fM.
4. Rd: *5 fM, 1 M abn*, von * bis * noch 5 x wdh. [36]
5.–6. Rd: 36 fM.

7. Rd: *4 fM, 1 M abn*, von * bis * noch 5 x wdh. [30]
8 Rd: 30 fM.
Rd unsichtbar beenden. Faden abschneiden und vernähen. Für eine kürzere oder längere Hose kannst du einfach Runden weglassen oder hinzufügen. Als kleines Detail fM in Reseda um den Saum der Hosenbeine häkeln. Die Hose von unten über den Körper ziehen.

CROP TOP MIT TRÄGERN (IN ROSÉ GOLD UND RESEDA)

Häkle Spiral-Rd. Beginne mit Reseda. 30 Lm mit einer Km zum Ring schließen.
1. Rd: 30 fM.
2. Rd: 6 fM, 4 Lm, 6 M überspringen (= Ärmelloch), 9 fM, 4 Lm, 6 M überspringen (= Ärmelloch), 3 fM. [26]
3.–4. Rd: 26 fM.
5. Rd: *6 fM, 1 M zun, 5 fM, 1 M zun*, von * bis * noch 1 x wdh. [30]
6. Rd: 30 fM.
Fb-Wechsel zu Rosé Gold.
7. Rd: *1 fM, 1 tiefer gestochene fM*, von * bis * noch 14 x wdh. [30]
Rd unsichtbar beenden. Faden abschneiden und vernähen. Das Top vor dem Annähen des Kopfs von oben über den Körper ziehen. Die Arme dabei durch die Ärmellöcher fädeln. Sobald der Kopf angenäht ist, kann das Top nicht mehr entfernt werden.

SONNENHUT (IN SCHLAMM)

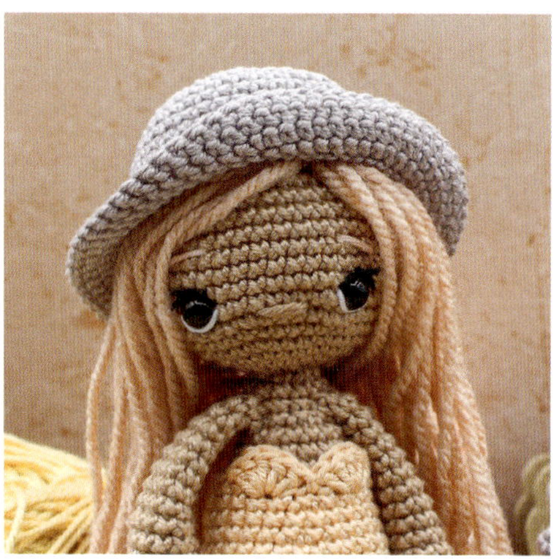

Häkle in Spiral-Rd.

1. Rd: 8 fM in einen Fadenring häkeln.
2. Rd: 8 x 1 M zun. [16]
3. Rd: *1 fM, 1 M zun*, von * bis * noch 7 x wdh. [24]
4. Rd: *2 fM, 1 M zun*, von * bis * noch 7 x wdh. [32]
5. Rd: 32 fM.
6. Rd: *3 fM, 1 M zun*, von * bis * noch 7 x wdh. [40]
7.–13. Rd: 40 fM.
14. Rd: *1 fM, 1 M zun*, von * bis * noch 19 x wdh. [60]
15. Rd: 60 fM.

16. Rd: *9 fM, 1 M zun*, von * bis * noch 5 x wdh. [66]

Rd unsichtbar beenden. Faden abschneiden und vernähen.

KLEINER SONNENHUT (IN APRIKOSE)

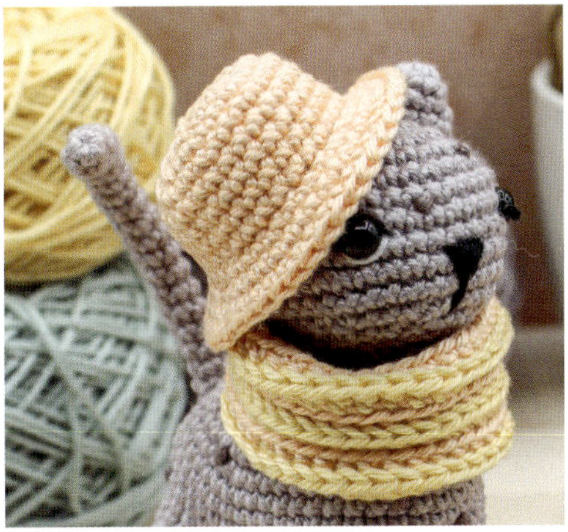

Häkle in Spiral-Rd.

1. Rd: 7 fM in einen Fadenring häkeln.

2. Rd: 7 x 1 M zun. [14]

3. Rd: *1 fM, 1 M zun*, von * bis * noch 6 x wdh. [21]

4. Rd: *2 fM, 1 M zun*, von * bis * noch 6 x wdh. [28]

5.–9. Rd: 28 fM.

10. Rd: *1 fM, 1 M zun*, von * bis * noch 13 x wdh. [42]

11.–12. Rd: 42 fM.

Rd unsichtbar beenden. Faden abschneiden und vernähen.

MÜTZE (IN APRIKOSE)

Häkle in R. 20 Lm anschl, in die 3. M von der Nd aus einstehen und wie folgt häkeln:

1. R: 18 hStb.

2.–26. R: 18 hStb ihM.

Den Faden lang abschneiden und damit das Teil an der kurzen Kante zusnähen. Stich dazu in die hinteren M-Glieder der 26. R und die M der Anfangs-Lm-Kette ein (Rock aus hStb, siehe Seite 228).

Rd unsichtbar beenden. Faden lang abschneiden und durch die M am oberen Rand fädeln.

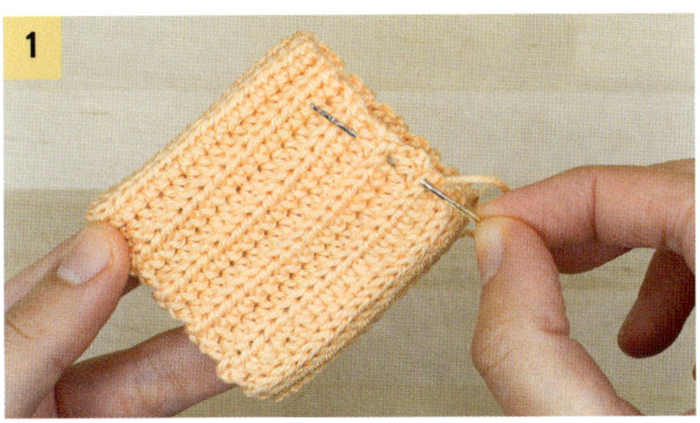

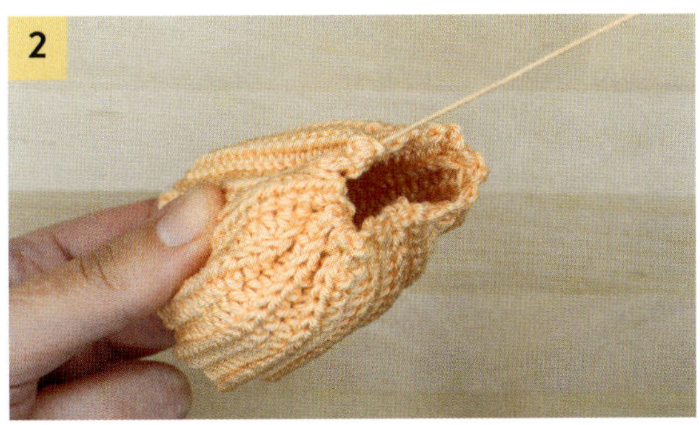

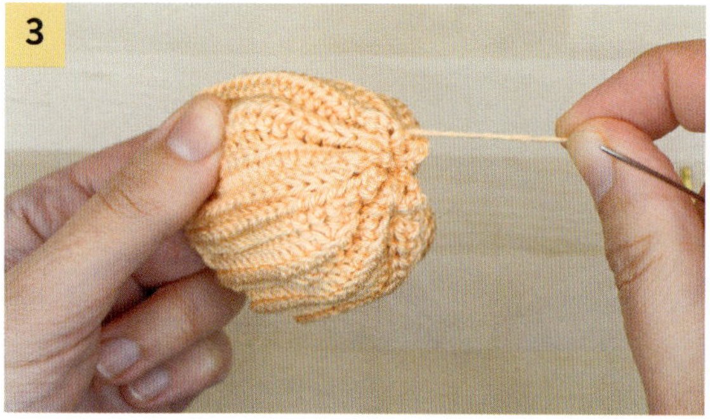

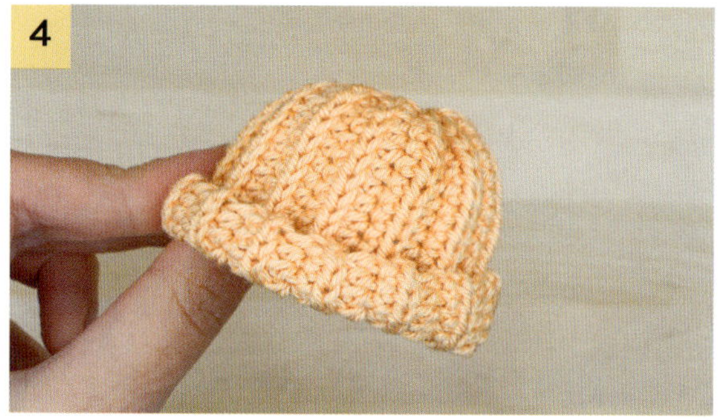

Den Faden zusziehen, abschneiden und vernähen. Die Mütze auf rechts drehen und den Saum umklappen.

STIEFEL (IN HONIG)

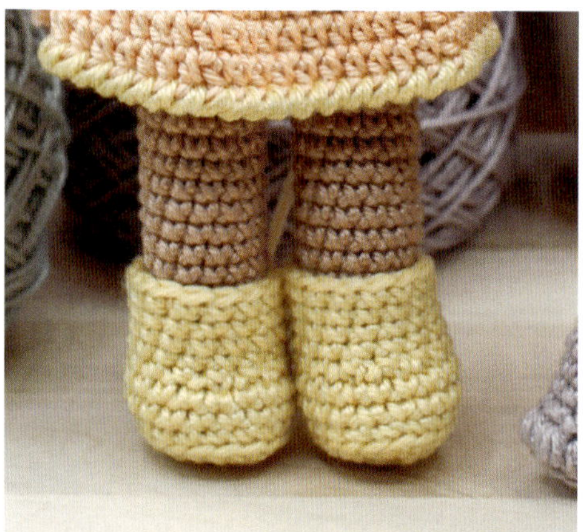

Häkle in Spiral-Rd. 6 Lm in Schlamm anschl, in die 2. Lm von der Nd aus einstechen und wie folgt um die Lm-Kette herum häkeln:

1. Rd: 4 fM, 3 fM in 1 M, 3 fM, 1 M zun. [12]
2. Rd: *5 fM, 3 fM in 1 M*, von * bis * noch 1x wdh. [16]
3. Rd: 6 fM, 1 M zun, 7 fM, 1 M zun, 1 fM. [18]
4. Rd: 18 fM ihM.
5.–6. Rd: 18 fM.
7. Rd: 5 fM, 3 x 1 M abn, 7 fM. [15]
8.–11. Rd: 15 fM.

Rd unsichtbar abschließen. Faden abschneiden und vernähen. Für höhere Stiefel oder Schuhe kannst du einfach Runden weglassen oder hinzufügen.

KLEINE STIEFEL (IN PETROL)

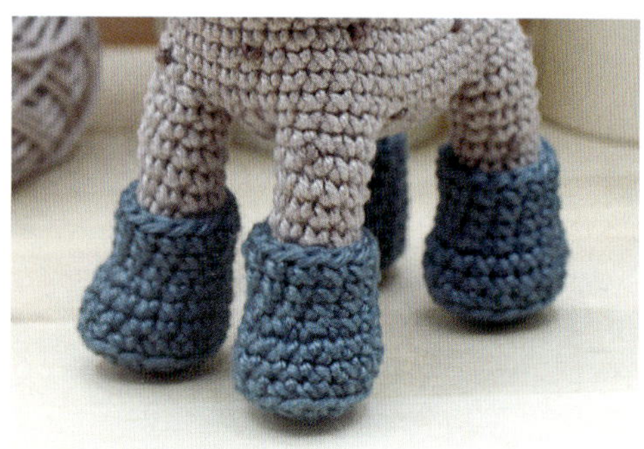

Häkle in Spiral-Rd. 5 Lm in Schlamm anschl, in die 2. Lm von der Nd aus einstechen und wie folgt um die Lm-Kette herum häkeln:

1. Rd: 3 fM, 3 fM in 1 M, 2 fM, 1 M zun. [10]
2. Rd: *4 fM, 3 fM in 1 M*, von * bis * noch 1x wdh. [14]
3. Rd: 5 fM, 1 M zun, 6 fM, 1 M zun, 1 fM. [16]

4. Rd: 16 fM ihM.
5.–6. Rd: 18 fM.
7. Rd: 5 fM, 3 x 1 M abn, 5 fM. [13]
8.–10. Rd: 13 fM.
Rd unsichtbar abschließen. Faden abschneiden und vernähen. Für höhere Stiefel oder Schuhe kannst du einfach Runden weglassen oder hinzufügen.

LOOPSCHAL (IN HONIG UND APRIKOSE)

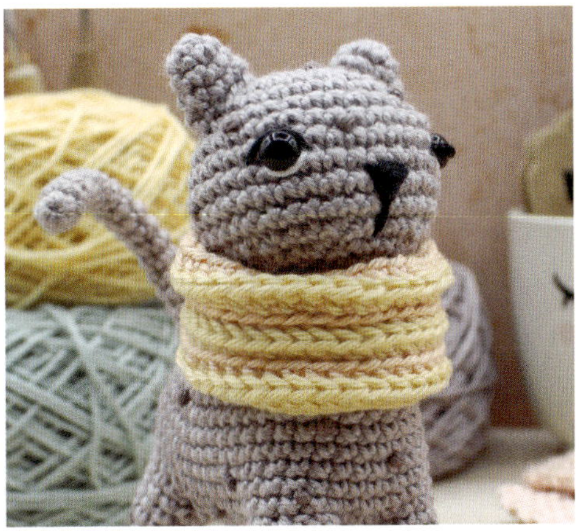

Häkle in Spiral-Rd. 35 Lm in Honig anschl, in die 2. Lm von der Nd aus einstechen und wie folgt häkeln:
1. Rd: 35 hStb.
Fb-Wechsel zu Aprikose.
2. Rd: 35 fM in das 3. M-Glied der hStb der Vor-Rd.
Fb-Wechsel zu Honig.
3. Rd: 35 hStb ihM.
Die 2. und 3. Rd stets wdh, bis 6 Rd erreicht sind. Rd unsichtbar beenden. Faden abschneiden und vernähen. Den Loop von oben über den Kopf der Wildkatze ziehen. Um den Loop für eine größere oder kleinere Figur zu häkeln, kannst du zu Beginn einfach mehr oder weniger Lm anschl.

WESTE/JACKE (IN TEDDY)

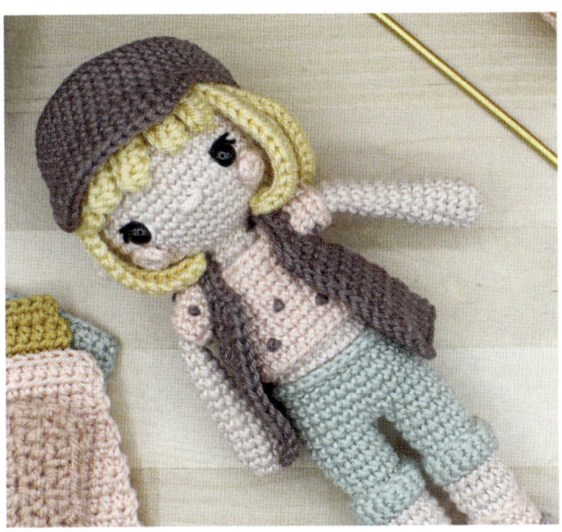

Häkle in R. 31 Lm anschl, in die 2. M von der Nd aus einstechen und wie folgt häkeln:
1.–3. R: 30 fM.
4. R: 8 fM, 1 M abn, 10 fM, 1 M abn, 8 fM. [28]
5. R: 28 fM.
6. R: 7 fM, 1 M abn, 10 fM, 1 M abn, 7 fM. [26]
7. R: 26 fM.
8. R: 7 fM, 1 M abn, 8 fM, 1 M abn, 7 fM. [24]
9. R: 24 fM.
10. R: 6 fM, 1 M abn, 8 fM, 1 M abn, 6 fM. [22]

11. R: 22 fM.

12. R: 3 fM, 7 Lm, 4 M überspringen (= Ärmelloch), 8 fM, 7 Lm, 4 M überspringen (= Ärmelloch), 3 fM. [28]

Faden abschneiden und vernähen. Die Weste mit 1 Rd fM umhäkeln. Dabei je 2 fM in die Ecken häkeln. Aus der Weste kannst du ganz leicht eine Jacke machen. Häkle dazu einfach die Ärmel wie beim Streifenpulli in die Ärmelöffnungen. Möchtest du einen Mantel häkeln, arbeite zu Beginn mehr Reihen.

TIPP

Gehäkelte Einzelteile aus Reihen umhäkeln

Um Einzelteilen, die aus Reihen gehäkelt werden, einen ebenen Rand zu geben, kannst du sie mit festen Maschen umhäkeln. Die größte Schwierigkeit dabei ist, die Maschen in einem gleichmäßigem Abstand zu setzen. Orientiere dich an den Reihen und Maschen der Häkelarbeit, die du einfassen möchtest. So wird es leichter.

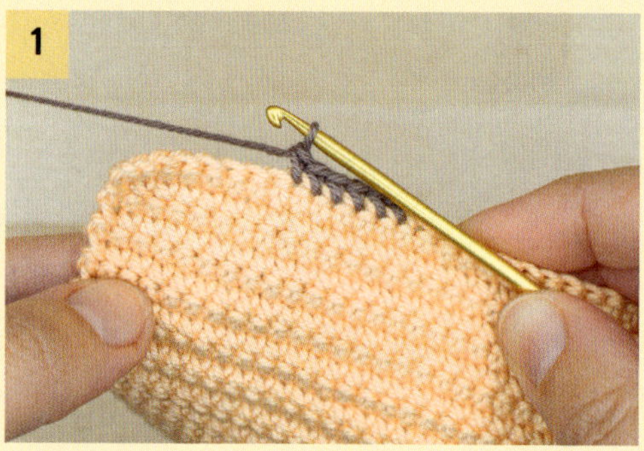

Beginne mit einer stehenden festen Masche in einer festen Maschen der Häkelarbeit, die umhäkelt werden soll. Häkle nun feste Maschen bis zur ersten Ecke.

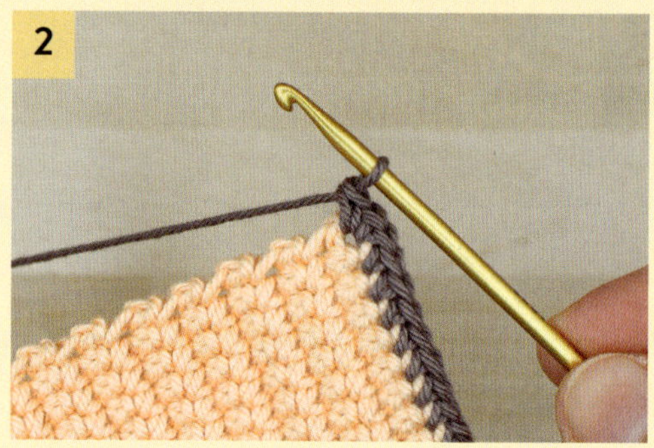

In die Ecken häkelst du zwei oder drei feste Maschen. Je mehr feste Masche du hier zunimmst, desto spitzer wird die Ecke.

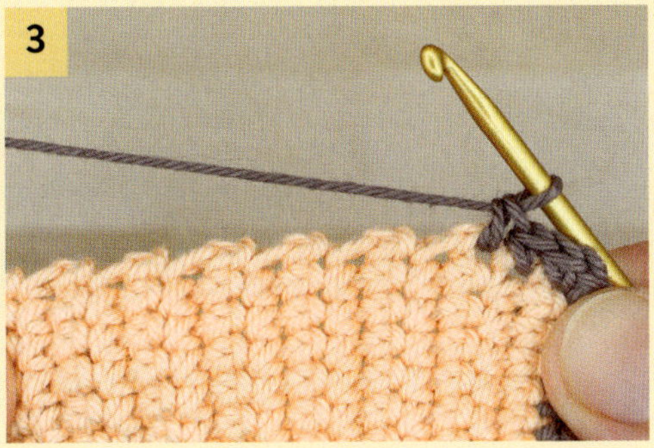

Nun häkle von der Ecke aus an der Seite entlang. Häkle eine feste Masche in die erste/letzte Masche jeder Reihe. Um einen besseren Überblick zu bekommen, wo die Reihen enden/beginnen, kannst du die Häkelarbeit leicht auseinanderziehen.

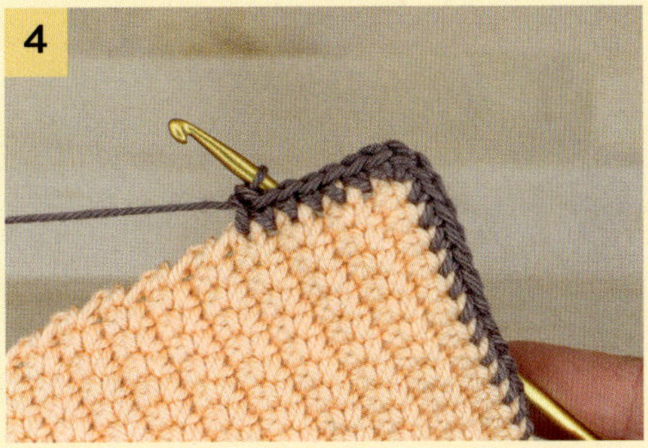

Häkle nun feste Maschen bis zur nächsten Ecke und so weiter.

Beende die Runde unsichtbar, vernähe den Faden und schneide ihn ab.

KLEIDUNG DIREKT ANHÄKELN

Um Kleidungstücke direkt an den Körper der Figur anzuhäkeln bzw. sie direkt mitzuhäkeln, werden die Maschen der Runden, an denen die Details der Kleidung sitzen sollen, nur in das hintere Maschenglied gearbeitet. Im nächsten Arbeitsschritt werden diese vorderen Maschenglieder, wie in der jeweiligen Anleitung angegeben, behäkelt. So kann der Abschluss der Schuhe, der Bund der Hose oder Saum der Ärmel entstehen. Es gibt ein paar Tricks, die dir das Häkeln erleichtern können.

Beginne mit der Behäkelung bereits vor dem Ausstopfen. Die Figur ist dann noch flexibel und weniger sperrig. Außerdem vermeidest du, dass beim Häkeln das Füllmaterial herausgezogen wird. Unterbrich dafür die Häkelarbeit an einer geeigneten Stelle und arbeite die Details für die Kleidung.

Arbeite vor allem die erste Runde in die vorderen Maschenglieder mit einer niedrigeren Fadenspannung als beim Rest der Figur. Die Maschen können sonst dein Amigurumi verziehen, und es entstehen unschöne Beulen oder Kanten.

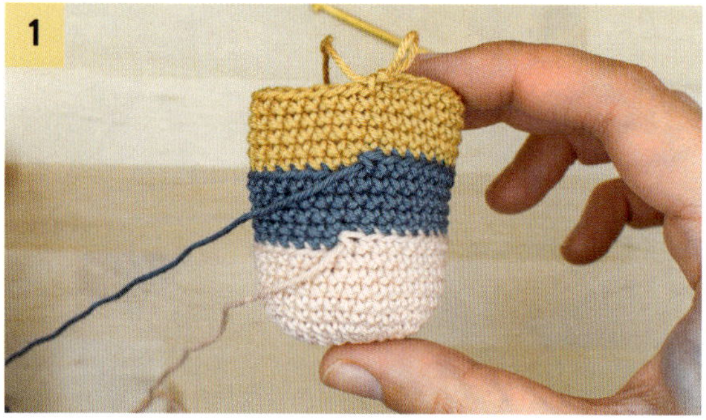

Erfolgt das Anhäkeln an einer Kante mit Farbwechsel, wie z. B. beim Anschluss von Schuhen, lass bereits beim Häkeln des Körpers den abgemaschten Faden der alten Farbe lang nach vorne liegen.

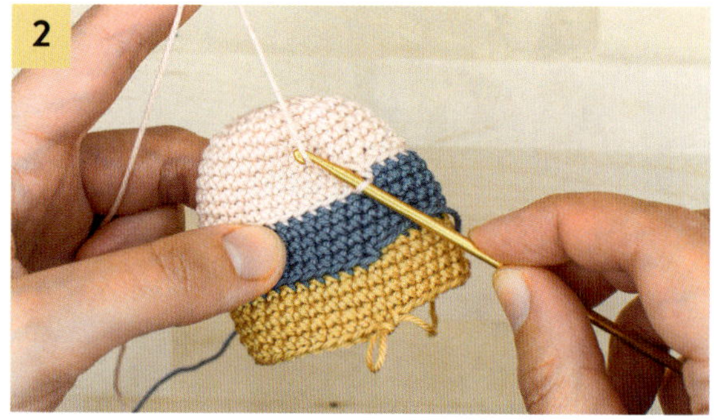

Beginnst du mit der Behäkelung, kannst du ihn dort einfach wieder aufnehmen. Das spart dir das spätere Vernähen. Um in die vorderen Maschenglieder zu häkeln, stich mit der Nadel durch das Maschenglied.

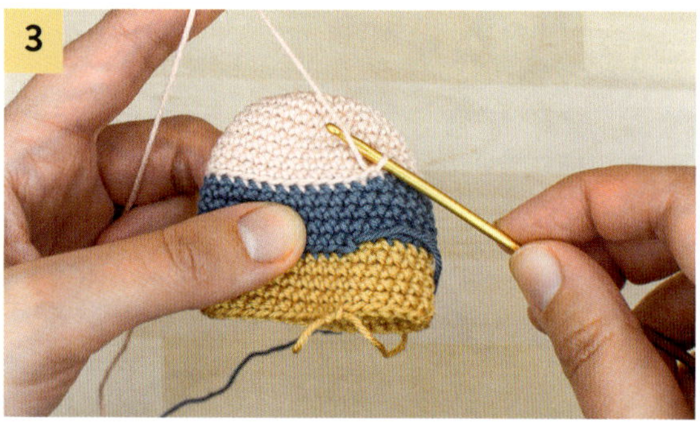

Hole den Faden durch und bilde eine Luftmasche.

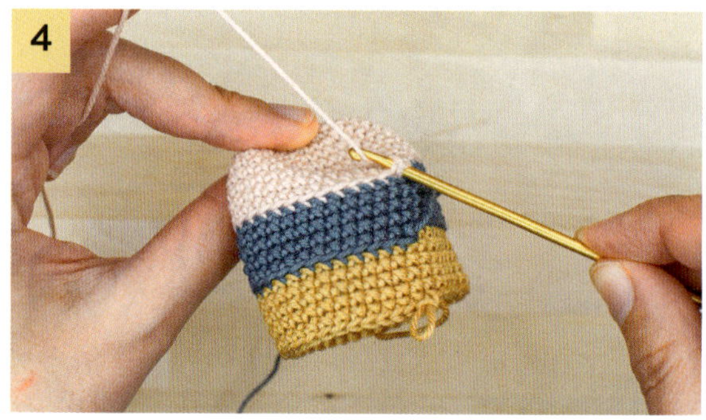

Stich nun zurück in das gleiche Maschenglied …

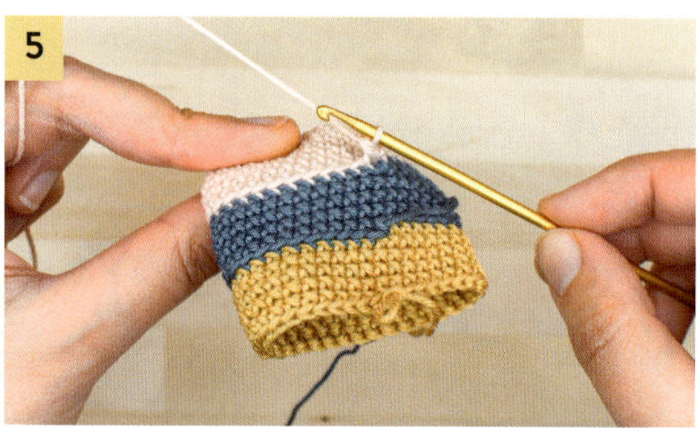

… und hole den Faden durch. Bilde nun die erste feste Masche. Häkle auf diese Weise feste Maschen in alle vorderen Maschenglieder.

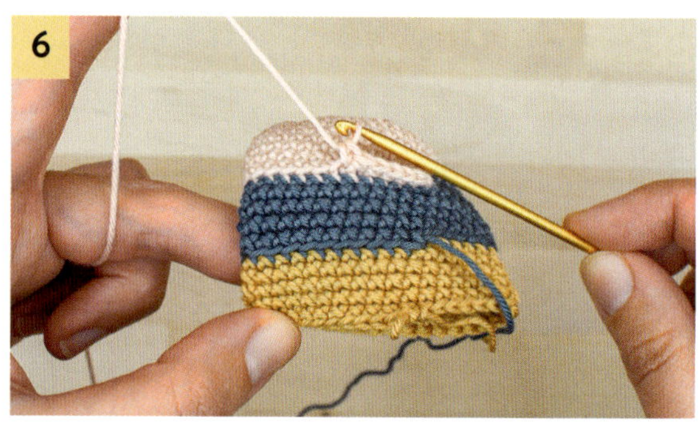

Möchtest du Kettmaschen in die Maschenglieder häkeln, verzichte auf die Luftmasche am Anfang und masche den Umschlag direkt zur Kettmasche ab.

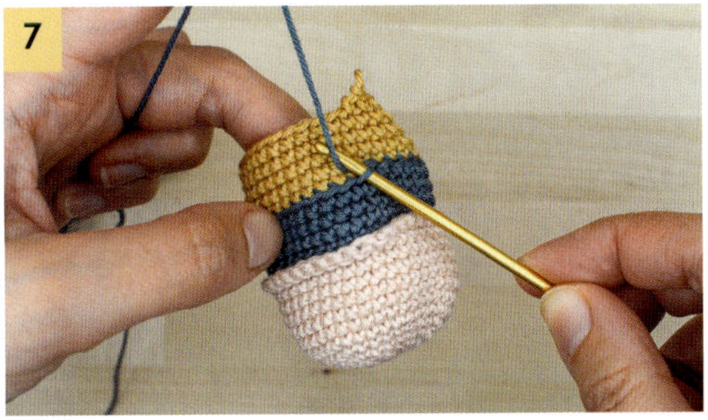

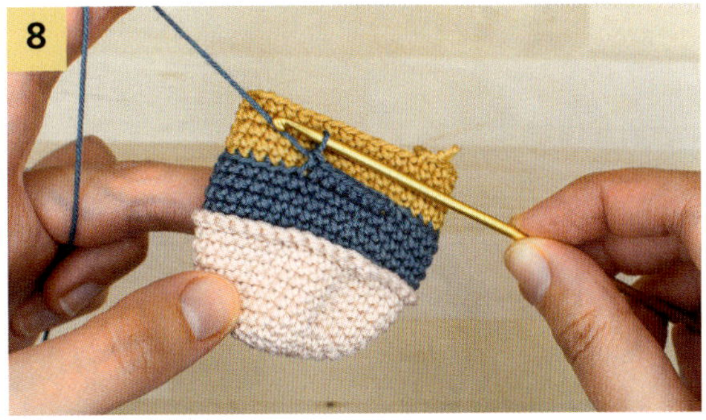

Je nachdem ob du von oben oder unten in die vorderen Maschenglieder einstichst, entsteht ein anderes Maschenbild. Stichst du wie im Beispiel oben von unten ein – d. h. die Unterseite des Amigurumi zeigt beim Häkeln nach oben –, liegt die Rückseite der Maschen vorne. Wenn du die Nadel von unten einstichst – das Amigurumi zeigt dabei mit der Oberseite nach oben –, liegen Maschen mit der Vorderseite nach außen.

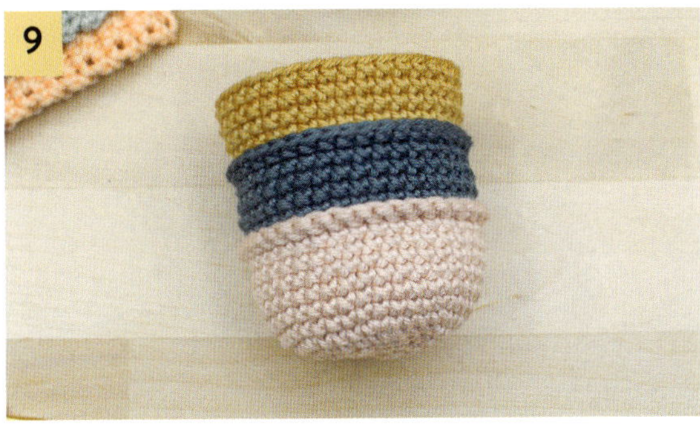

Stichst du von oben ein, liegen die Maschen mit der Rückseite nach vorne (unten), stichst du von unten ein, liegt ihre Vorderseite oben (oben).

Im Folgenden zeige ich dir, wie du einen Rock direkt an Trixies Körper anhäkeln kannst.

Häkle Trixies Beine inklusive Verbindung wie in der Anleitung angegeben (siehe Seite 244). Den Körper wie folgt arbeiten:

KÖRPER (HIER IN APRIKOSE UND SUN-KISSED)

Häkle in Spiral-Rd. Den Körper fortlaufend ausstopfen.
1.–6. Rd: 30 fM.
7. Rd: 30 fM ihM.
Fb-Wechsel zu Sun-kissed.
8. Rd: 30 fM.

9. Rd: *4 fM, 1 M abn*, von * bis * noch 1x wdh, 7 fM, 1 M abn, 4 fM, 1 M abn, 3 fM. [26]
10.–11. Rd: 26 fM.
12. Rd: 2 fM, 1 M abn, 4 fM, 1 M abn, 6 fM, 1 M abn, 4 fM, 1 M abn, 2 fM. [22]
13.–15. Rd: 22 fM.
16. Rd: 2 fM, 1 M abn, 3 fM, 1 M abn, 5 fM, 1 M abn, 3 fM, 1 M abn, 1 fM. [18]
17.–18. Rd: 18 fM.
19. Rd: *1 fM, 1 M abn*, von * bis * noch 5 x wdh. [12]
20.–21.Rd: 12 fM.
Faden lang abschneiden, abketten und durch die nächste M ziehen. Damit später den Kopf annähen.

ROCK (IN APRIKOSE UND HONIG)

Häkle in Spiral-Rd. Mit einer stehenden fM in ein vorderes M-Glied der 7. Rd von oben einstechen und wie folgt häkeln.

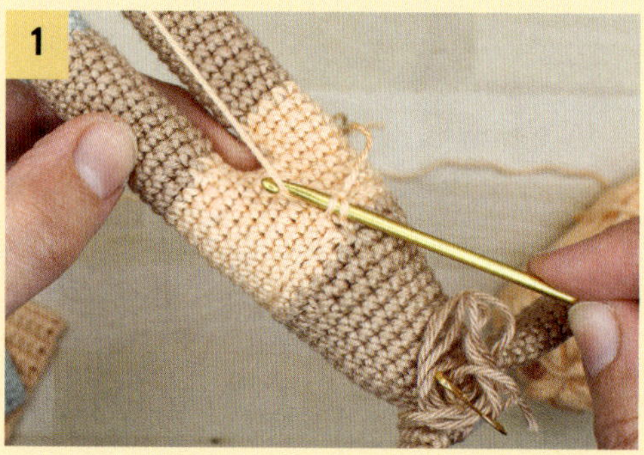

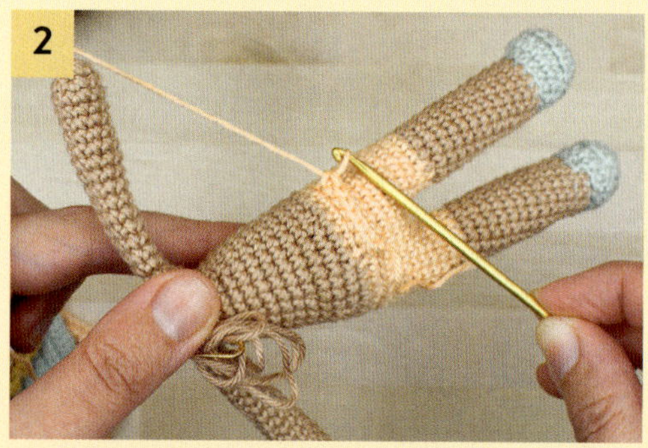

1.–2. Rd: 30 fM.
3. Rd: *1 hStb, 1 hStb zun*, von * bis * noch 14 x wdh. [45]
4.–7. Rd: 45 hStb.
Fb-Wechsel zu Honig.
8. Rd: 45 Krebsmaschen.
Rd unsichtbar beenden. Faden abschneiden und vernähen.

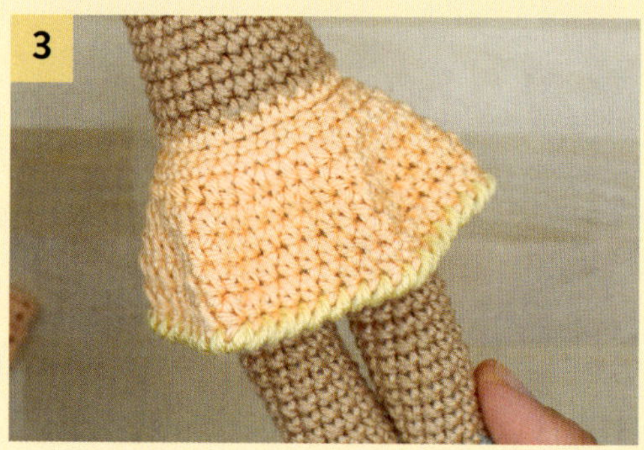

HÄKELANLEITUNGEN

ABKÜRZUNGEN

abn	abnehmen
anschl	anschlagen
DStb	Doppelstäbchen
Fb	Farbe
fM	feste Masche(n)
hStb	halbes Stäbchen
ihM	ins hintere Maschenglied
ivM	ins vordere Maschenglied
Km	Kettmasche(n)
LL	Lauflänge
Lm	Luftmaschen
M	Maschen
MM	Maschenmarkierer
N	Noppe(n)
Nd	Nadel
R	Reihe(n)
Rd	Runde(n)
Stb	Stäbchen
wdh	wiederholen
zun	zunehmen
zus	zusammen

TRIXIE

Material

Schachenmayr Catania (100 % Baumwolle, LL 125 m/50 g) in

- Soft Apricot (Fb 263), ca. 50 g
- Rosé Gold (Fb 433), ca. 20 g
- Reseda (Fb 402), ca. 20 g
- Schlamm (Fb 406), ca. 20 g
- Honig (Fb 206), ca. 20 g
- Teddy (Fb 161), Rest
- Schwarz (Fb 110), Rest
- Weiß (Fb 106), Rest

2 Sicherheitsaugen ∅ 7,0 mm
Füllwatte
Häkelnadel 2,5 mm
Schere
Wollnadel
Stecknadeln

BÄCKCHEN (2 X, IN ROSÉ GOLD)

Häkle in Spiral-Rd.
1. Rd: 6 fM in einen Fadenring häkeln.
Rd unsichtbar abschließen. Faden lang abschneiden. Damit die Bäckchen später annähen.

KOPF (IN SOFT APRICOT)

Häkle in Spiral-Rd.
1. Rd: 7 fM in einen Fadenring häkeln.
2. Rd: 7 x 1 M zun. [14]
3. Rd: *1 fM, 1 M zun*, von * bis * noch 6 x wdh. [21]
4. Rd: *2 fM, 1 M zun*, von * bis * noch 6 x wdh. [28]
5. Rd: *3 fM, 1 M zun*, von * bis * noch 6 x wdh. [35]
6. Rd: 35 fM.
7. Rd: *4 fM, 1 M zun*, von * bis * noch 6 x wdh. [42]
8.–15. Rd: 42 fM.
16. Rd: *4 fM, 1 M abn*, von * bis * noch 6 x wdh. [35]
Die Augen zwischen der 9. und 10. Rd mit 8 M Abstand befestigen. Bäckchen annähen. Beginne, den Kopf auszustopfen.
17. Rd: *3 fM, 1 M abn*, von * bis * noch 6 x wdh. [28]
18. Rd: *2 fM, 1 M abn*, von * bis * noch 6 x wdh. [21]
19. Rd: *1 fM, 1 M abn*, von * bis * noch 6 x wdh. [14]
20. Rd: 7 x 1 M abn. [7]
Faden abschneiden, durch alle vorderen M-Glieder fädeln, festziehen und vernähen.

OHR (2 X, IN SOFT APRICOT)

2 Lm anschl, in die 2. Lm von der Nd aus häkeln.
1. R: 6 hStb.
Faden lang abschneiden und damit die Ohren rechts und links auf Höhe der Augen an den Kopf nähen. Lass dabei jeweils 4 M Abstand zwischen Auge und Ohr.

FRISUR (IN HONIG)

Häkle zuerst die Strähnen in R. Schlage 18 Lm an und häkle 17 hStb ab der 2. Lm von der Nd

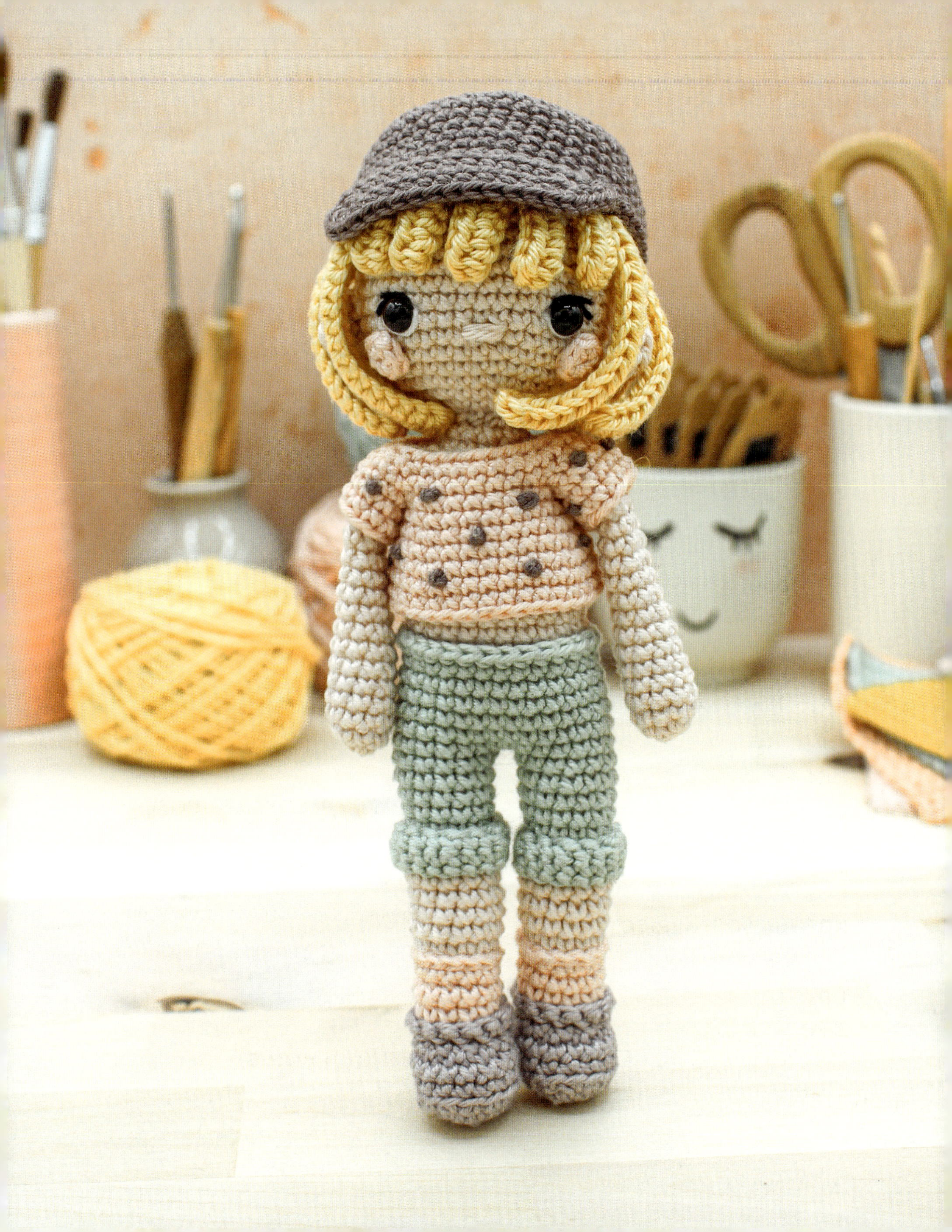

aus. Faden nicht abschneiden, sondern erneut 18 Lm anschl und mit 17 hStb behäkeln. So insgesamt 11 Haarsträhnen häkeln. Nicht abmaschen. 7 Lm anschl und mit 6 hStb behäkeln. Noch 4 x wdh (= 16 Haarsträhnen). Die Arbeit wenden und 1 fM (= zählt als erste M der 1. Rd) in die erste Strähne häkeln und so die Haarsträhnen zum Ring schließen.
MM setzen. Weiter in Spiral-Rd.

1. Rd: 2 fM je Strähne häkeln. [32]
Nicht abmaschen.
2. Rd: *1 M abn, 6 fM*, von * bis * noch 3 x wdh. [28]
3. Rd: *1 M abn, 5 fM*, von * bis * noch 3 x wdh. [24]
4. Rd: *1 M abn, 4 fM*, von * bis * noch 3 x wdh. [20]
5. Rd: *1 M abn, 3 fM*, von * bis * noch 3 x wdh. [16]
6. Rd: *1 M abn, 2 fM*, von * bis * noch 3 x wdh. [12]
Faden abschneiden, durch alle vorderen M-Glieder fädeln, festziehen und vernähen.

KÖRPER

Beine (2 x in Soft-Apricot, Schlamm, Rosé Gold und Reseda)

Häkle in Spiral-Rd. Die Beine fortlaufend ausstopfen.
5 Lm in Schlamm anschl, in die 2. Lm von der Nd aus einstechen und wie folgt um die Lm-Kette herum häkeln:

1. Rd: 3 fM, 3 fM in 1 M, 2 fM, 1 M zun. [10]
2. Rd: *4 fM, 3 fM in 1 M*, von * bis * noch 1 x wdh. [14]
3. Rd: 5 fM, 1 zun, 6 fM, 1 zun, 1 fM. [16]
4. Rd: 16 fM ihM.
5. Rd: 16 fM.
6. Rd: 4 fM, 3 x 1 M abn, 6 fM. [13]
Fb-Wechsel zu Rosé Gold.
7. Rd: 13 fM ihM.
8.–10. Rd: 13 fM.
Fb-Wechsel zu Soft Apricot.
11. Rd: 13 fM ihM.
12.–15. Rd: 13 fM.
Fb-Wechsel zu Reseda.
16. Rd: 13 fM ihM.
17.–21. Rd: 13 fM.
Das erste Bein abketten, den Faden vernähen. Das zweite Bein nicht abketten, es geht gleich mit der Verbindung weiter.

Obere Kante der Schuhe (in Schlamm)

Mit einer stehenden fM in ein vorderes M-Glied der 7. Rd von oben einstechen und rundherum 13 fM ivM häkeln. Faden abschneiden und vernähen.

Sockenkante (in Rosé Gold)

Von unten mit einer Km in ein vorderes M-Glied der 11. Rd anschlingen und 1 Rd Km ivM häkeln.

Hosenaufschlag (in Reseda)

Häkle in Spiral-Rd. Beginne mit einer stehenden fM. In ein vorderes M-Glied der 16. Rd von oben einstechen und wie folgt häkeln:

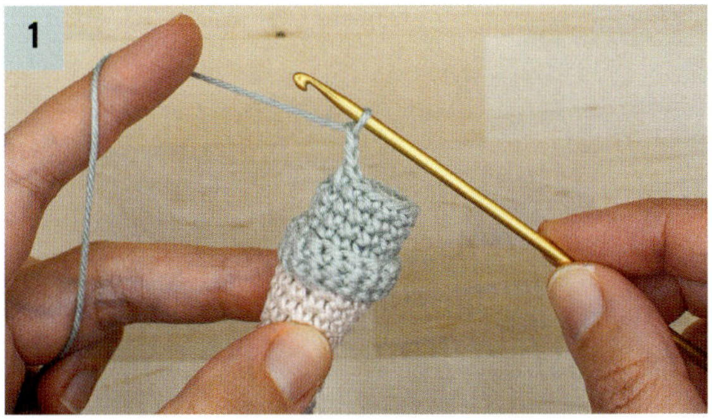

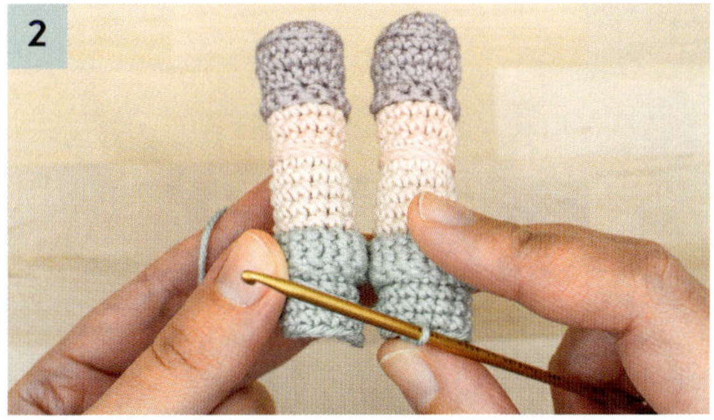

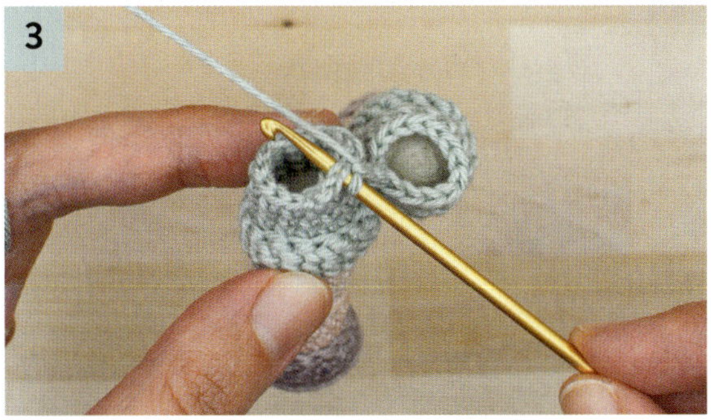

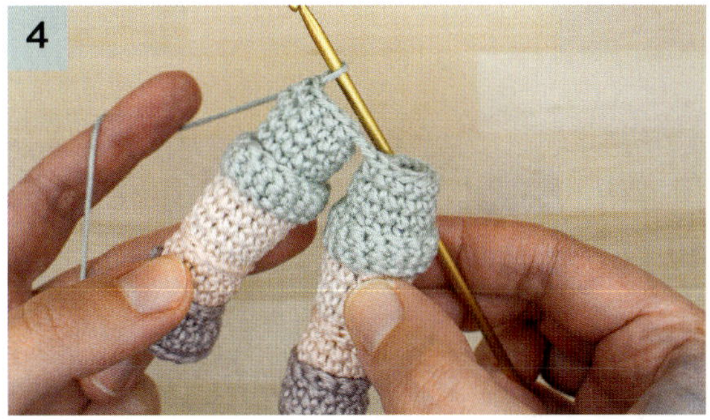

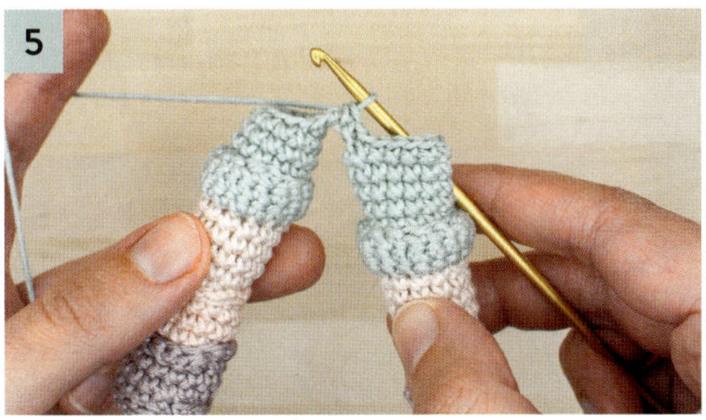

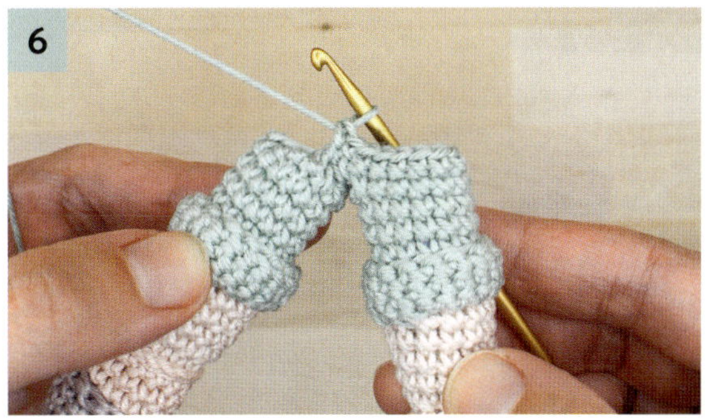

1. Rd: *1 fM, 1 M zun*, von * bis * noch 5 x wdh, 1 fM. [19]
2. Rd: 19 fM.
3. Rd: *1 fM, 1 M abn*, von * bis * noch 5 x wdh, 1 fM. [11]
Faden abschneiden und vernähen. Nach oben stülpen.

Verbindung

Häkle dafür zunächst weitere 5 fM um das zweite Bein. Häkle nun 2 Lm 1, stich in das erste Bein ein und arbeite wie folgt weiter. Die Füße zeigen dabei nach vorne und von dir weg. 2 3
Häkle 13 fM um das erste Bein, 2 fM in die Lm, 13 fM um das zweite Bein, 2 fM in die Lm. [30] 4 5 6
Nicht abketten. Weiter mit dem Oberkörper

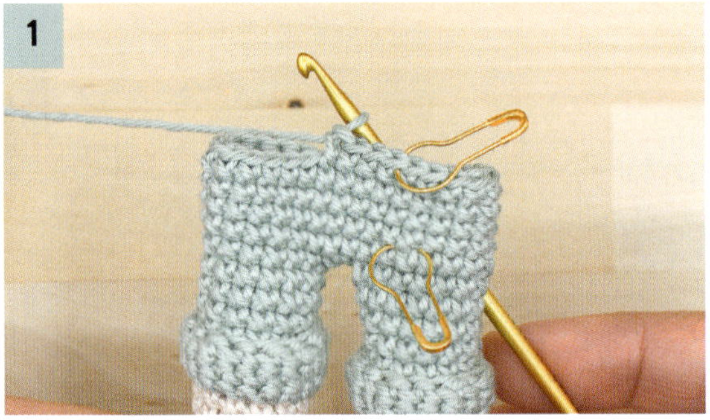

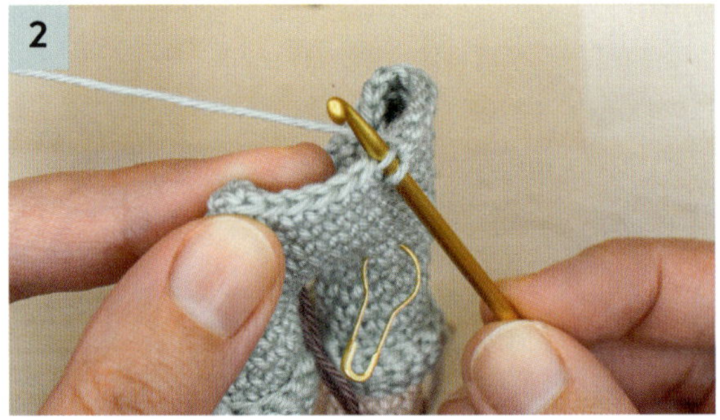

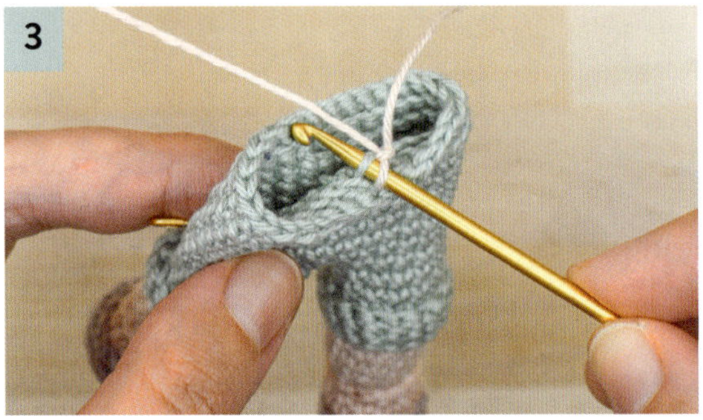

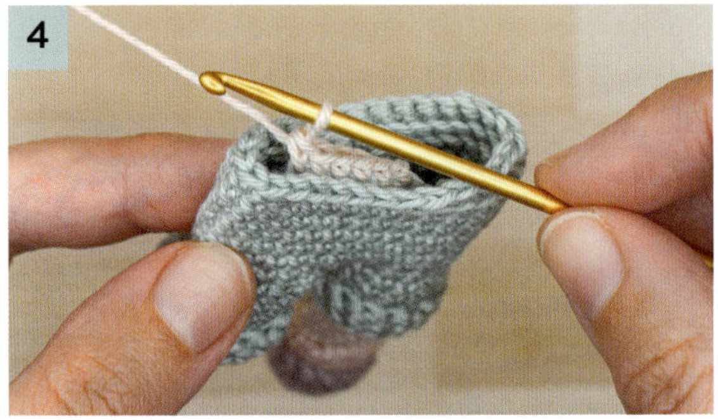

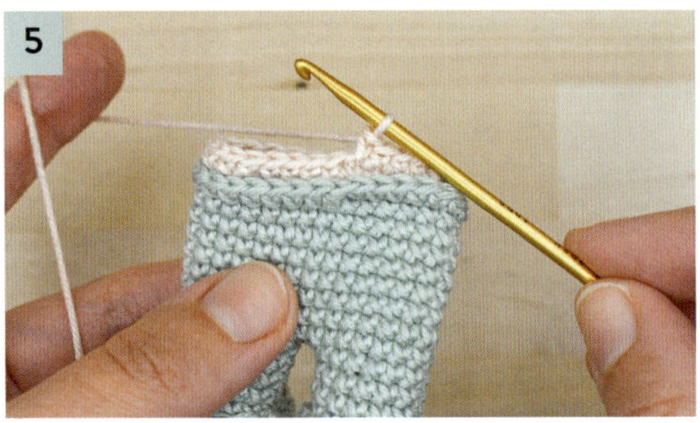

Oberkörper (in Reseda und Soft Apricot)

Weiterhin in Reseda. Häkle in Spiral-Rd. Den Körper fortlaufend ausstopfen. 1

1.–6. Rd: 30 fM.

7. Rd: 30 fM ivM. 2

Faden abschneiden und vernähen. Fb-Wechsel zu Soft Apricot. In das erste hintere M-Glied der 7. Rd anschlingen 3 und den Rumpf weiterhäkeln. 4 5

8. Rd: 30 fM.

9. Rd: *4 fM, 1 M abn*, von * bis * noch 1x wdh, 7 fM, 1 M abn, 4 fM, 1 M abn, 3 fM. [26]

10.–11. Rd: 26 fM.

12. Rd: 2 fM, 1 M abn, 4 fM, 1 M abn, 6 fM, 1 M abn, 4 fM, 1 M abn, 2 fM. [22]

13.–15. Rd: 22 fM.

16. Rd: 2 fM, 1 M abn, 3 fM, 1 M abn, 5 fM, 1 M abn, 3 fM, 1 M abn, 1 fM. [18]

17.–18. Rd: 18 fM.

19. Rd: *1 fM, 1 M abn*, von * bis * noch 5x wdh. [12]

20.–21. Rd: 12 fM.

Faden lang abschneiden, abketten und durch die nächste M ziehen. Damit später den Kopf annähen.

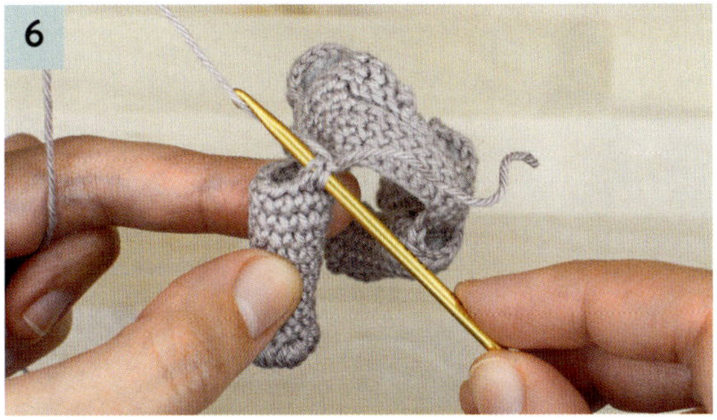

6

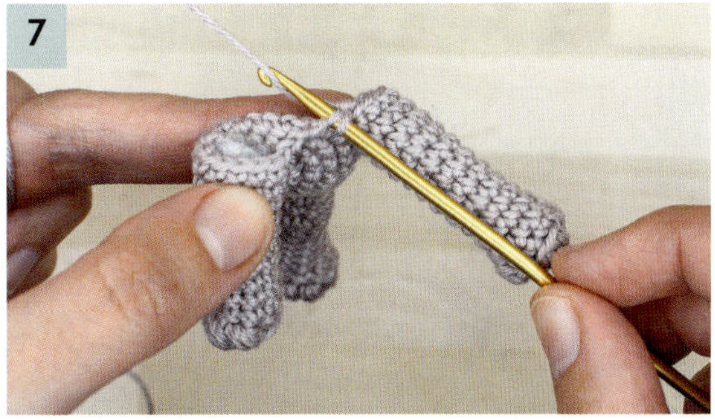

7

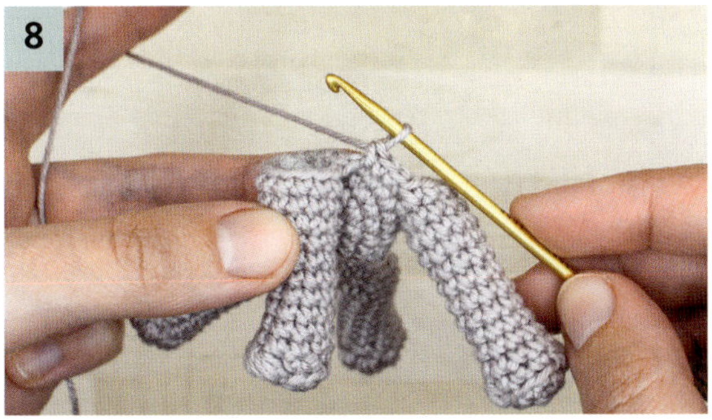

8

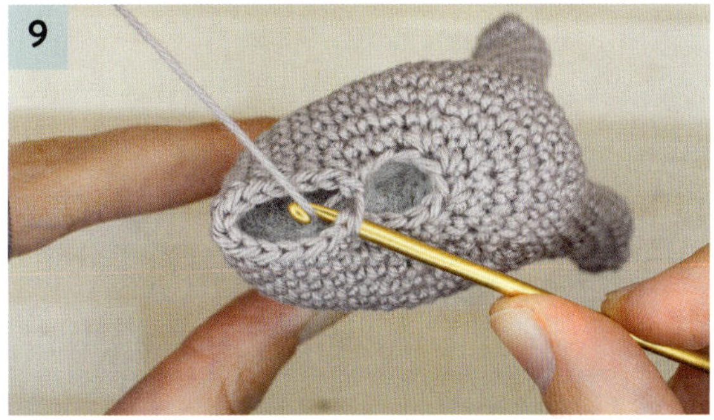

9

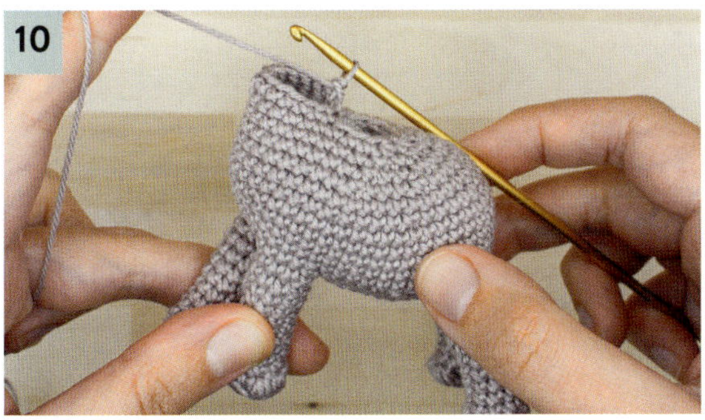

10

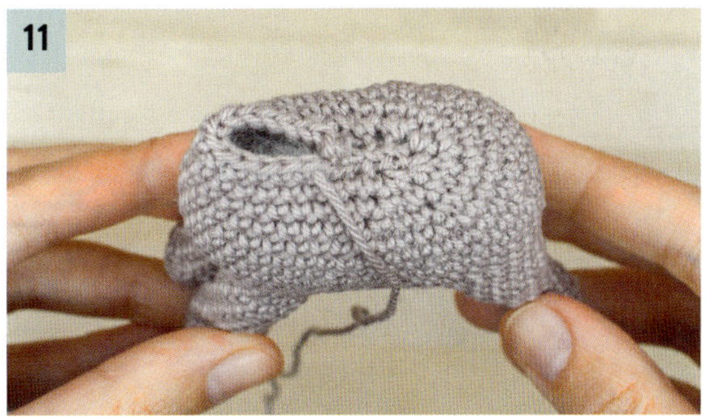

11

3 x wdh, 18 fM, 1 M abn. [31]

11. Rd: *1 fM, 1 M abn*, von * bis * noch 3 x wdh, 17 fM, 1 M abn. [26]

12. Rd: 4 x 1 M abn, 16 fM, 1 M abn. [21]

Beginne, den Rumpf auszustopfen.

13. Rd: 7 M überspringen und auf der gegenüberliegenden Seite in die 8. M der Vor-Rd einstechen **9**. 14 fM häkeln. So entsteht der Hals **10**. Faden lang abschneiden und damit die Spalte am Rücken schließen **11**. Mit Knötchenstichen in Zartbitter besticken.

KOPF (IN SCHLAMM)

Häkle in Spiral-Rd.

1. Rd: 7 fM in einen Fadenring häkeln.

2. Rd: 7 x 1 M zun. [14]

3. Rd: *1 fM, 1 M zun*, von * bis * noch 6 x wdh. [21]

4. Rd: *2 fM, 1 M zun*, von * bis * noch 6 x wdh. [28]
5. Rd: 28 fM.
6. Rd: *3 fM, 1 M zun*, von * bis * noch 6 x wdh. [35]
7.–11. Rd: 35 fM.
Sicherheitsaugen zwischen der 8. und 9. Rd befestigen. Zwischen den Augen bleiben 8 M frei. Augen besticken.
12. Rd: *3 fM, 1 M abn*, von * bis * noch 6 x wdh. [28]
13. Rd: *2 fM, 1 M abn*, von * bis * noch 6 x wdh. [21].
Beginne, den Kopf auszustopfen.
14. Rd: *1 fM, 1 M abn*, von * bis * noch 6 x wdh. [14]
15. Rd: 7 x 1 M abn. [7]
Faden lang abschneiden. Um die Lücke am Hinterkopf zu schließen, den Faden durch alle M der 15. Rd fädeln und festziehen. Nase mit Schwarz aufsticken. Mit Knötchenstichen in Zartbitter besticken.

OHR (2 X, IN SCHLAMM)

Häkle in Spiral-Rd.
1. Rd: 6 fM in einen Fadenring häkeln.
2. Rd: 6 fM.
3. Rd: *1 fM, 1 M zun*, von * bis * noch 2 x wdh. [9]
4. Rd: 9 fM.
Faden lang abschneiden und durch die letzte M ziehen. Damit das Ohr an den Kopf nähen.

SCHWANZ (IN SCHLAMM)

Häkle in Spiral-Rd.
1. Rd: 5 fM in einen Fadenring häkeln.
2.–17. Rd: 5 fM.
Faden lang abschneiden und damit den Schwanz hinten an den Körper nähen.

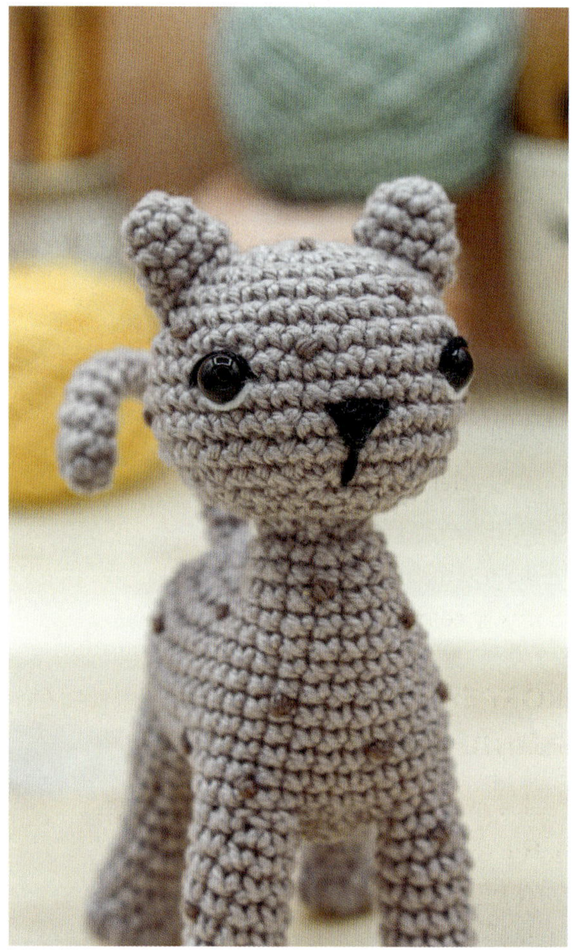

CHAMÄLEON

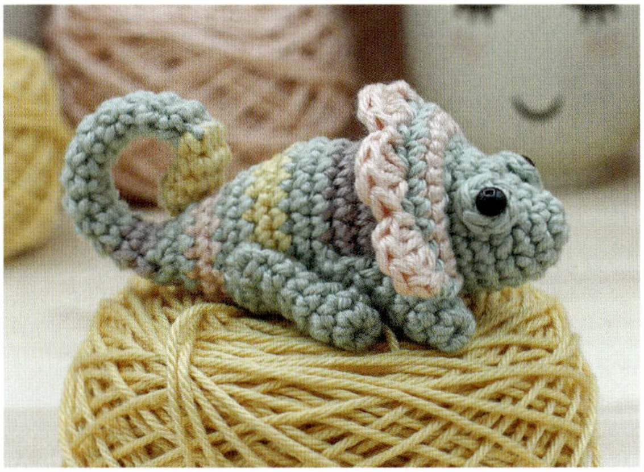

Material

Schachenmayr Catania (100 % Baumwolle, LL 125 m/50 g) in

- Rosé Gold (Fb 433), ca. 10 g
- Reseda (Fb 402), ca. 10 g
- Schlamm (Fb 406), ca. 10 g
- Honig (Fb 206), ca. 10 g

2 Halbperlen Ø 4,0 mm

Füllwatte

Häkelnadel 2,5 mm

Schere

Wollnadel

Stecknadeln

KÖRPER (IN RESEDA, SCHLAMM, HONIG UND ROSÉ GOLD)

Häkle in Spiral-Rd. Beginne mit Reseda.

1. Rd: 6 fM in einen Fadenring häkeln.

2. Rd: 3 x 1 M zun, 3 fM. [9]

3. Rd: 9 fM.

4. Rd: 4 x 1 M zun, 5 fM. [13]

5. Rd: 5 x 1 M zun, 8 fM. [18]

6. Rd: 18 fM.

7. Rd: 18 fM ihM.

8. Rd: 4 fM, 3 x 1 M abn, 8 fM. [15]

9.–10. Rd: 15 fM.

Fb-Wechsel zu Schlamm.

11. Rd: 4 fM, 7 x 1 M zun, 4 fM. [22]

12. Rd: 22 fM.

Fb-Wechsel zu Reseda.

13.–14. Rd: 22 fM

Fb-Wechsel zu Honig.

15. Rd: 22 fM.

16. Rd: 7 fM, 4 x 1 M abn, 7 fM. [18]

Fb-Wechsel zu Reseda.

17.–18. Rd: 18 fM.

Fb-Wechsel zu Rosé Gold.

19. Rd: *2 fM, 1 M abn*, von * bis * noch 3 x wdh, 2 fM. [14]

20. Rd: 14 fM.

Fb-Wechsel zu Reseda.

21. Rd: 14 fM.

Beginne, den Körper auszustopfen.

22. Rd: 7 x 1 M abn. [7]

Fb-Wechsel zu Schlamm.

23.–24. Rd: 7 fM.

Fb-Wechsel zu Reseda.

25.–34. Rd: 7 fM.

Fb-Wechsel zu Honig.

35.–39. Rd: 7 fM.

Faden abschneiden, durch alle vorderen M-Glieder fädeln, festziehen und vernähen.

KRAGEN (IN RESEDA UND ROSÉ GOLD)

In der 7. Rd des Körper in das vordere M-Glied der 17. M mit 1 stehenden fM von oben

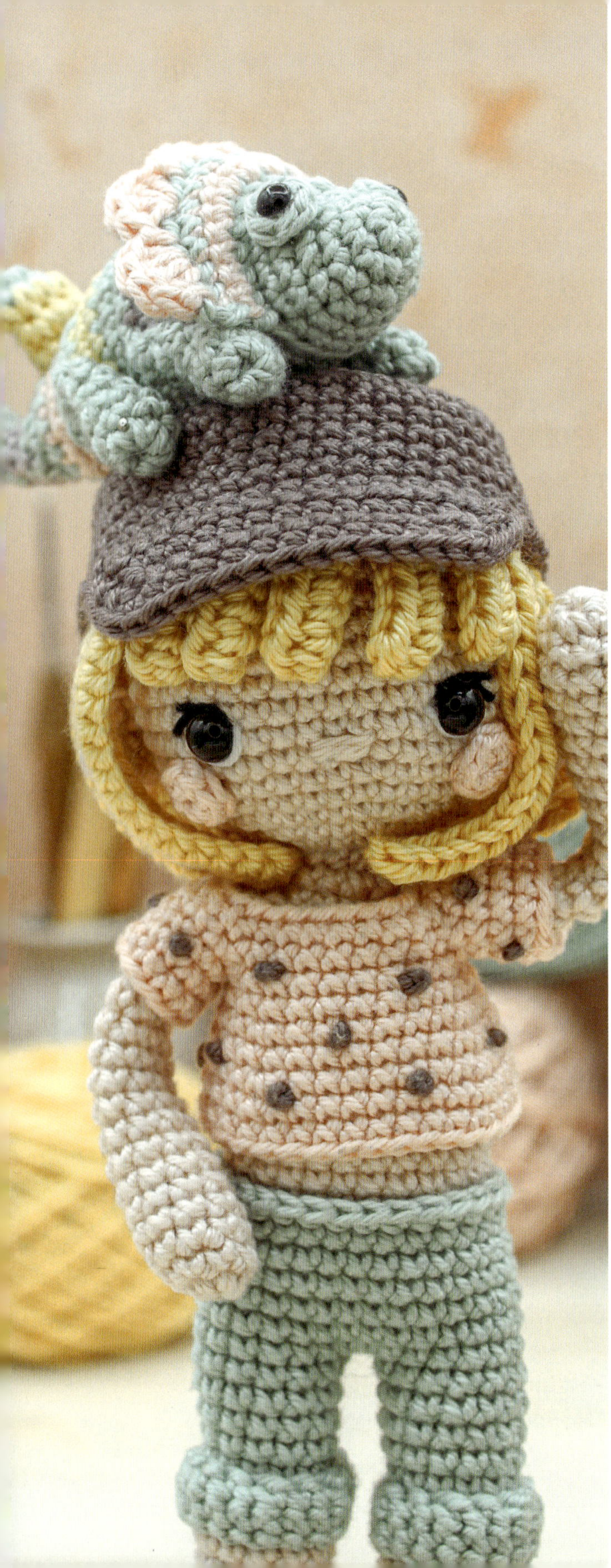

anschlingen. Der Kopf zeigt dabei zu dir.
Häkle in R über den Kopf.

1. R: 14 fM ivM

Fb-Wechsel zu Rosé Gold.

2. R: 4 fM, 6 x 1 M zun, 4 fM. [20]

Fb-Wechsel zu Reseda.

3. R: 20 fM.

Faden abschneiden und vernähen. Für die 4. R mit einer stehenden fM in der 1. M der 3. R mit Rosé Gold anschlingen und wie folgt häkeln:

4. R: *1 M überspringen, 4 hStb in 1 M, 1 M überspringen, 1 Km*, von * bis * noch 3 x wdh, 1 M überspringen, 4 hStb in 1 M, 1 Km. [20]

AUGEN (2 X, IN RESEDA)

Häkeln in Rd.

1. Rd: 5 fM in einen Fadenring häkeln.

Den Fadenring fest zusammenziehen und die Rd unsichtbar abschließen. Zwischen Rd 3 und 6 mit 2 M Abstand an den Körper nähen. Je eine Halbperle aufkleben.

BEINE (4 X, IN RESEDA)

Häkle in Spiral-Rd.

1. Rd: 6 fM in einen Fadenring häkeln.

2.–5. Rd: 6 fM.

6. Rd: 1 M zun, 1 fM, 1 M zun, 1 Lm, die restlichen M bleiben frei, wenden. [5]

Häkle ab hier in R.

7. R: 1 M abn, 1 fM, 1 M abn. [3]

Faden lang abschneiden und damit die Beine rechts und links an den Körper nähen. Die M der 7. R liegen dabei vorne.

PAPAGEI

Anleitung von @ms.eni

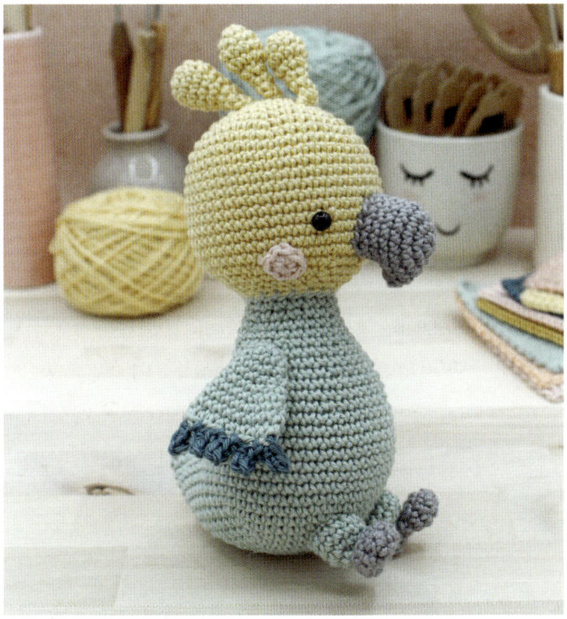

Material

Schachenmayr Catania (100 % Baumwolle, LL 125 m/50 g) in

- Reseda (Fb 402), ca. 50 g
- Honig (Fb 206), ca. 25 g
- Rosé Gold (Fb 433), Rest
- Rauchgrau (Fb 435), Rest
- Petrol (Fb 391), Rest

2 Sicherheitsaugen Ø 6,0 mm
Füllwatte
Häkelnadel 2,5 mm
Schere
Wollnadel
Stecknadeln

KÖRPER (1 X, IN RESEDA)

Häkle in Spiral-Rd.

1. Rd: 6 fM in einen Fadenring.
2. Rd: 6 x 1 M zun. [12]
3. Rd: *1 fM, 1 M zun*, von * bis * noch 5 x wdh. [18]
4. Rd: *2 fM, 1 M zun*, von * bis * noch 5 x wdh. [24]
5. Rd: *3 fM, 1 M zun*, von * bis * noch 5 x wdh. [30]
6. Rd: *4 fM, 1 M zun*, von * bis * noch 5 x wdh. [36]
7. Rd: *5 fM, 1 M zun*, von * bis * noch 5 x wdh. [42]
8. Rd: *6 fM, 1 M zun*, von * bis * noch 5 x wdh. [48]
9. Rd: *7 fM, 1 M zun*, von * bis * noch 5 x wdh. [54]
10.–15. Rd: 54 fM.
16. Rd: 42 fM, anschließend 12 M überspringen und mit der nächsten Rd fortfahren. So verbleibt eine kleine Öffnung, die später der Vogelschwanz wird und nach dem Ausstopfen des Körpers verschlossen wird.
17.–18. Rd: 42 fM.
19. Rd: *5 fM, 1 M abn*, von * bis * noch 5 x wdh. [36]
20.–21. Rd: 36 fM.
22. Rd: *4 fM, 1 M abn*, von * bis * noch 5 x wdh. [30]
23.–24. Rd: 30 fM.
25. Rd: *3 fM, 1 M abn*, von * bis * noch 5 x wdh. [24]
26.–27. Rd: 24 fM.
28. Rd: *2 fM, 1 M abn*, von * bis * noch 5 x wdh. [18]

29. Rd: 18 fM.

Häkle 1 Km in die übernächste M. Faden lang abschneiden und vollständig durch die letzte M ziehen. Stopfe den Körper fest aus. Die kleine Öffnung am Schwanz kannst du nun, mit Garn in Farbe Reseda nähend, verschließen.

KOPF (1 X, IN HONIG)

1. Rd: 6 fM in einen Fadenring.
2. Rd: 6 x 1 M zun. [12]
3. Rd: *1 fM, 1 M zun*, von * bis * noch 5 x wdh. [18]
4. Rd: *2 fM, 1 M zun*, von * bis * noch 5 x wdh. [24]
5. Rd: *3 fM, 1 M zun*, von * bis * noch 5 x wdh. [30]
6. Rd: *4 fM, 1 M zun*, von * bis * noch 5 x wdh. [36]
7. Rd: *5 fM, 1 M zun*, von * bis * noch 5 x wdh. [42]
8. Rd: *6 fM, 1 M zun*, von * bis * noch 5 x wdh. [48]
9.–19. Rd: 48 fM.
20. Rd: *2 fM, 1 M abn*, von * bis * noch 11 x wdh. [36]
Befestige die Sicherheitsaugen zwischen der 16. und 17. Rd. Lass 11 M zwischen den Augen frei.
21. Rd: *4 fM, 1 M abn*, von * bis * noch 5 x wdh. [30]
22. Rd: *3 fM, 1 M abn*, von * bis * noch 5 x wdh. [24]
23. Rd: *2 fM, 1 M abn*, von * bis * noch 5 x wdh. [18]
Häkle 1 Km in die übernächste M. Faden abschneiden und vollständig durch die letzte M ziehen und Faden vernähen. Stopfe den Kopf fest aus.
Nähe den Kopf an den Körper. Beim Annähen kannst du noch etwas nachstopfen, sodass auch der Hals schön fest wird. Du kannst auch entscheiden, in welche Richtung dein Vogel schaut. Hier ist die Mitte der Augen in einer Linie zum Bauch, und der Vogel schaut später geradeaus.

SCHNABEL (1 X, IN RAUCHGRAU)

1. Rd: 6 fM in einen Fadenring.
2. Rd: 6 x 1 M zun. [12]
3. Rd: *1 fM, 1 M zun*, von * bis * noch 5 x wdh. [18]
4.–5. Rd: 18 fM.
6. Rd: Drücke den bisher gehäkelten Kreis flach zusammen, sodass ein Halbkreis entsteht, und häkle entlang der Öffnung durch beide Seiten gleichzeitig mit 2 fM. Du hast den Halbkreis nun an einer Seite ein Stück weit verschlossen. Es verbleibt eine Öffnung von 14 M. Häkle entlang der Öffnung wie gewohnt in Spiral-Rd weiter mit 14 fM.
7. Rd: 14 fM.
Häkle 1 Km in die übernächste M. Faden lang abschneiden und vollständig durch die letzte M ziehen. Stopfe den Schnabel aus und nähe ihn, mit der Spitze nach unten zeigend, an den Kopf. Der Schnabel sitzt zwischen den beiden Augen. Er bedeckt die 15. und 19. Rd des Kopfs.

WANGEN (2 X, IN ROSÉ GOLD)

1. Rd: 7 fM in einen Fadenring und mit einer Km in die erste M zu einer Rd verschließen. Faden lang abschneiden und vollständig durch die letzte M ziehen. Nähe die Wangen schräg unterhalb der Augen an. Sie bedecken die 19. bis 21. Rd.

HAARSTRÄHNEN (1 X GROSS, 2 X KLEIN, IN HONIG)

Große Strähne:
1. Rd: 6 fM in einen Fadenring.
2. Rd: 6 x 1 M zun. [12]
3.–4. Rd: 12 fM.
5. Rd: *2 fM, 1 M abn*, von * bis * noch 2 x wdh. [9]
6. Rd: 9 fM.
7. Rd: *1 fM, 1 M abn*, von * bis * noch 2 x wdh. [6]
8. Rd: 6 fM.
Drücke die Strähne, die nun wie ein Tropfen aussieht, oben flach zusammen und verschließe die Öffnung, indem du durch beide Seiten gleichzeitig häkelst, mit 3 fM. Faden lang abschneiden und vollständig durch die letzte M ziehen.

Kleine Strähne:
1. Rd: 5 fM in einen Fadenring.
2. Rd: 5 x 1 M zun. [10]
3.–4. Rd: 10 fM.
5. Rd: 5 x 1 M abn. [5]
6.–7. Rd: 5 fM.
Drücke die Strähne, die nun wie ein Tropfen

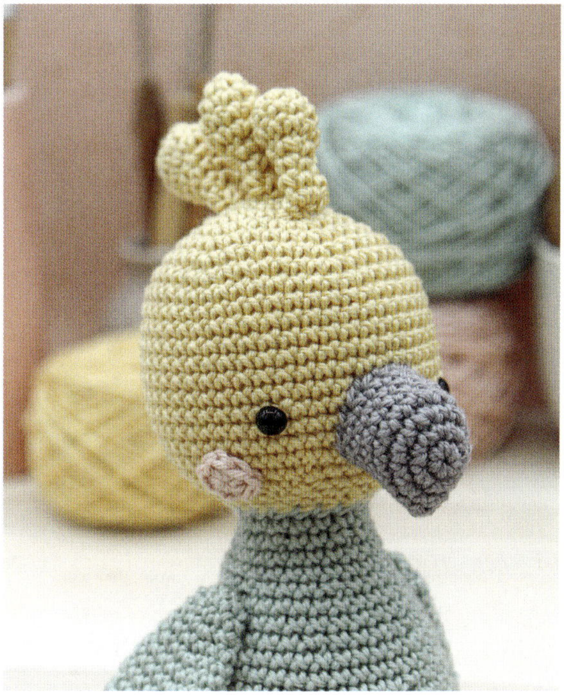

aussieht, oben flach zusammen und verschließe die Öffnung, indem du durch beide Seiten gleichzeitig häkelst, mit 2 fM. Faden lang abschneiden und vollständig durch die letzte M ziehen.
Alle drei Strähnen werden oben auf den Scheitel genäht. Positioniere die drei Strähnen so, dass die große Strähne ganz unten liegt. Nähe zuerst die große Strähne an den Kopf, dann erst die eine kleine Strähne und zum Schluss die andere kleine Strähne, die etwas nach vorne wegstehen kann.

FLÜGEL (2 X, IN RESEDA UND PETROL)

Beginne mit Farbe Reseda.
1. Rd: 6 fM in einen Fadenring.
2. Rd: *1 fM, 1 M zun*, von * bis * noch 2 x wdh. [9]

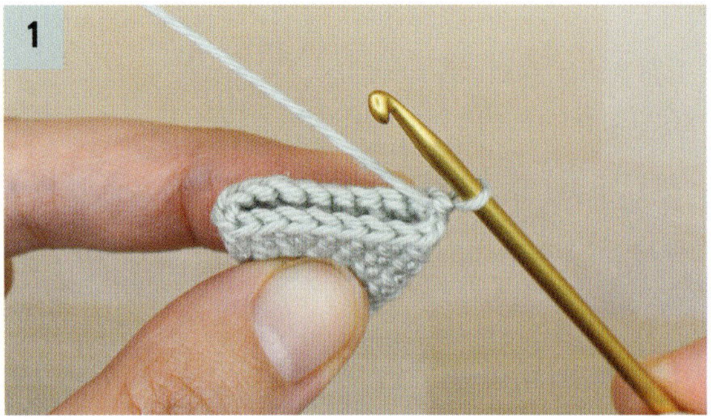

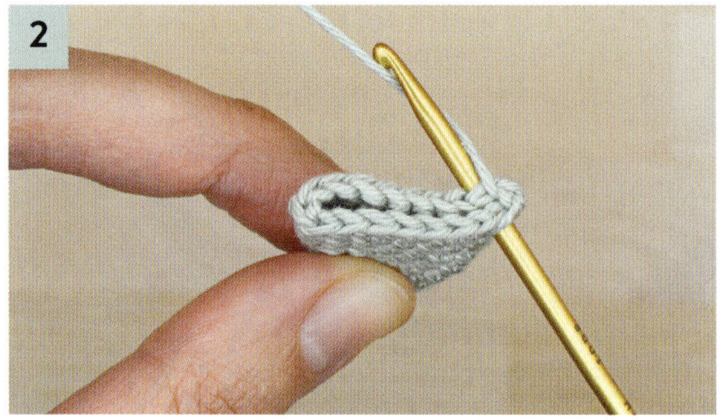

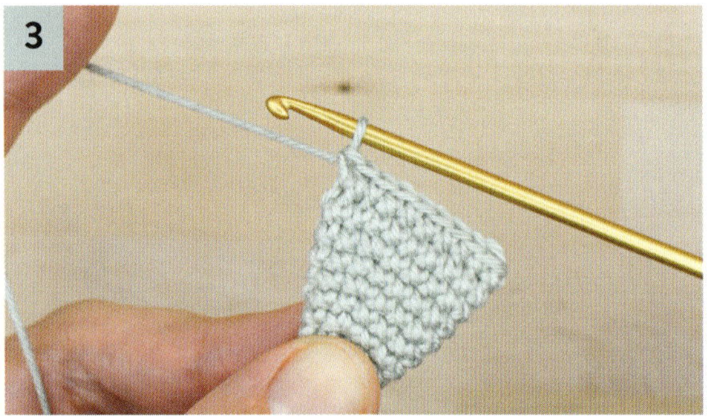

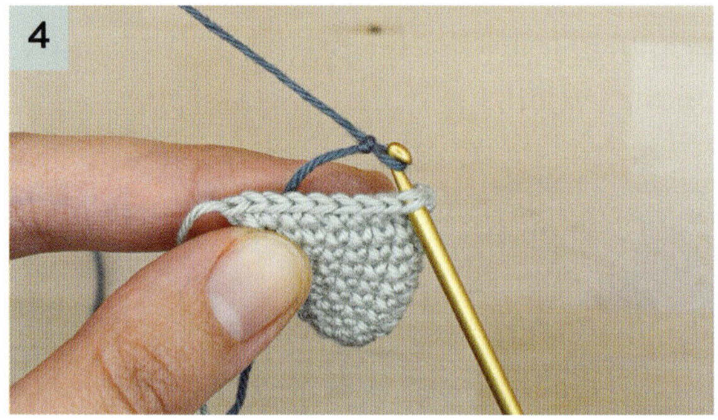

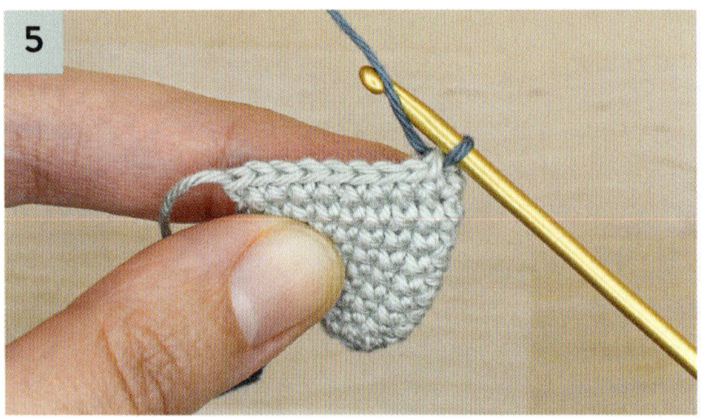

3. Rd: 9 fM.
4. Rd: *2 fM, 1 M zun*, von * bis * noch 2 x wdh. [12]
5. Rd: 12 fM.
6. Rd: *3 fM, 1 M zun*, von * bis * noch 2 x wdh. [15]
7. Rd: 15 fM.
8. Rd: *4 fM, 1 M zun*, von * bis * noch 2 x wdh. [18]
9. Rd: 18 fM.

Drücke den Flügel flach zusammen, so sieht er nun aus wie ein Kegel 1, und verschließe die Öffnung, indem du durch beide Seiten gleichzeitig häkelst, mit 9 fM 2 3. Faden lang abschneiden und vollständig durch die letzte M ziehen.
Für die Federn in Petrol eine Anfangsschlaufe durch die rechte M der untersten R des Flügels ziehen 4 5.
Häkle wie folgt:
3 Lm, in die 2. M von der Nd aus einstechen und 2 fM entlang der Lm-Kette zurückhäkeln, 1 Km in die dritte M der untersten R des Flügels häkeln 6, von * bis * noch 1 x wdh, 1 Km in die fünfte M der untersten R des Flügels häkeln, von * bis * noch 1 x wdh, 1 Km in die sechste M der untersten R des Flügels häkeln, von * bis * noch 1 x wdh, 1 Km in die achte M

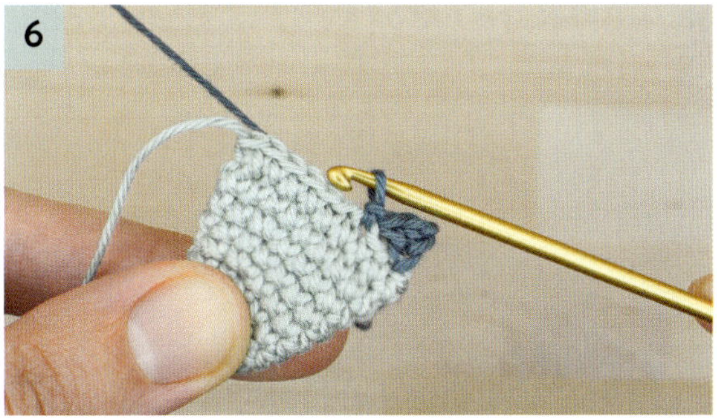

6

der untersten R des Flügels häkeln, von * bis* noch 1x wdh, 1 Km in die letzte M der untersten R des Flügels häkeln. Faden abschneiden und vollständig durch die letzte M ziehen und anschließend vernähen. Du hast nun 5 Federn an deinem Flügel 7.

Nähe die Flügel seitlich an den Körper, etwa 5 Rd unterhalb des Kopfs.

BEINE (2X, IN RESEDA)

1. Rd: 6 fM in einen Fadenring
2. Rd: 6x1 M zun. [12]
3.–4. Rd: 12 fM.

Häkle 1 Km in die übernächste M. Faden lang abschneiden und vollständig durch die letzte M ziehen. Nähe die Beine nach vorne zeigend so an den Körper, dass der Vogel sitzen kann und die Beine mit Füßen nach vorne streckt. Die Beine bedecken somit die 6. bis 9. Rd und haben einen Abstand zueinander von etwa 3 M.

FÜSSE (2X, IN RAUCHGRAU)

1. Rd: 5 fM in einen Fadenring.
2. Rd: 5x1 M zun. [10]

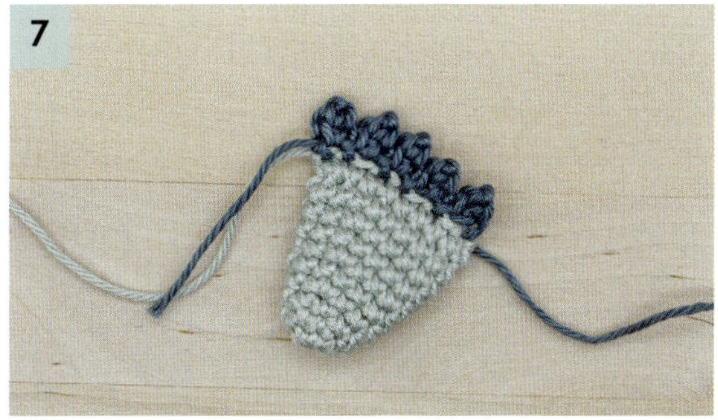

7

3.–4. Rd: 10 fM.
5. Rd: 5x1 M abn. [5]
6.–7. Rd: 5 fM.

Faden lang abschneiden und vollständig durch die letzte M ziehen. Mit Nadel und dem Restfaden immer durch die vorderen M-Glieder der letzten Rd weben und die Öffnung verschließen. Nähe die Füße, mit dem Fadenring nach oben zeigend, vorne an die Beine.

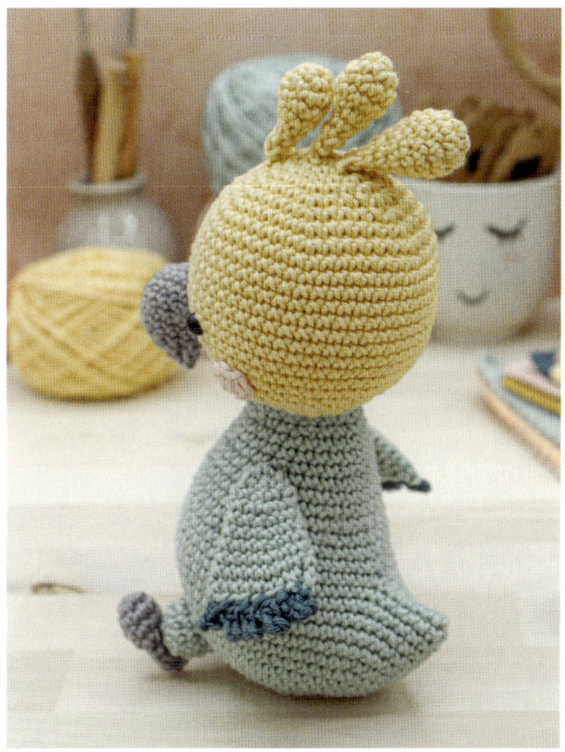

BÄR

Anleitung von @ms.eni

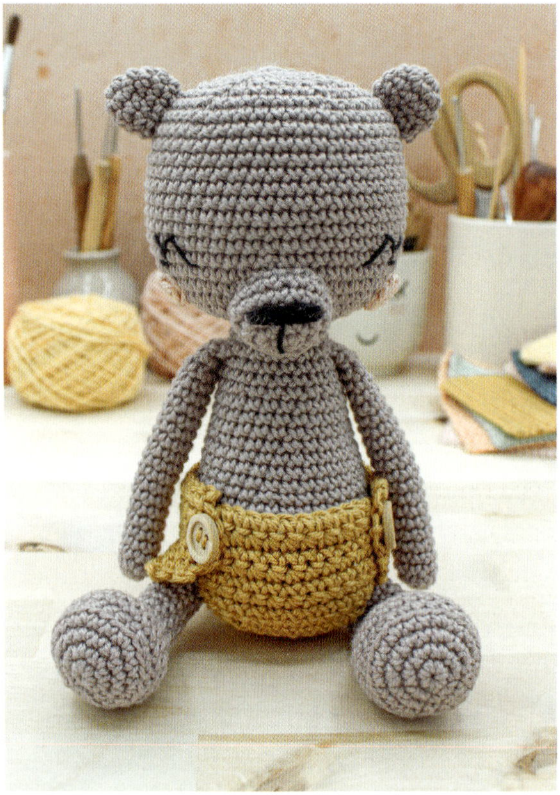

Material

Schachenmayr Catania (100 % Baumwolle, LL 125 m/50 g) in

- Schlamm (Fb 406), ca. 50 g
- Curry (Fb 431), ca. 25 g
- Rosé Gold (Fb 433), Rest
- Schwarz (Fb 110), Rest

2 Knöpfe Ø 12,0 mm

Füllwatte

Häkelnadel 2,5 und 3,5 mm

Schere

Wollnadel

Stecknadeln

KÖRPER UND KOPF (IN SCHLAMM)

Häkle in Spiral-Rd.

1. Rd: 8 fM in einen Fadenring.

2. Rd: 8 x 1 M zun. [16]

3. Rd: *1 fM, 1 M zun*, von * bis * noch 7 x wdh. [24]

4. Rd: *2 fM, 1 M zun*, von * bis * noch 7 x wdh. [32]

5. Rd: *3 fM, 1 M zun*, von * bis * noch 7 x wdh. [40]

6.–10. Rd: 40 fM.

11. Rd: *6 fM, 1 M abn*, von * bis * noch 4 x wdh. [35]

12.–14. Rd: 35 fM.

15. Rd: *5 fM, 1 M abn*, von * bis * noch 4 x wdh. [30]

16.–18. Rd: 30 fM.

19. Rd: *4 fM, 1 M abn*, von * bis * noch 4 x wdh. [25]

20.–22. Rd: 25 fM.

23. Rd: *3 fM, 1 M abn*, von * bis * noch 4 x wdh. [20]

24.–26. Rd: 20 fM.

27. Rd: *2 fM, 1 M abn*, von * bis * noch 4 x wdh. [15]

28. Rd: 15 fM.

29. Rd: 15 Km.

30. Rd: 15 x 1 M zun. [30]

Stopfe den Körper fest aus.

31. Rd: 30 fM.

32. Rd: *2 fM, 1 M zun*, von * bis * noch 9 x wdh. [40]

33. Rd: *4 fM, 1 M zun*, von * bis * noch 7 x wdh. [48]

34. Rd: *7 fM, 1 M zun*, von * bis * noch 5 x wdh. [54]
35.–36. Rd: 54 fM.
37. Rd: *7 fM, 1 M abn*, von * bis * noch 5 x wdh. [48]
38.–47. Rd: 48 fM.
48. Rd: *6 fM, 1 M abn*, von * bis * noch 5 x wdh. [42]
49. Rd: *5 fM, 1 M abn*, von * bis * noch 5 x wdh. [36]
50. Rd: *4 fM, 1 M abn*, von * bis * noch 5 x wdh. [30]
51. Rd: *3 fM, 1 M abn*, von * bis * noch 5 x wdh. [24]
52. Rd: *2 fM, 1 M abn*, von * bis * noch 5 x wdh. [18]
Beginne mit dem Ausstopfen des Kopfs und fahre damit bis zur letzten Rd fort.
53. Rd: *1 fM, 1 M abn*, von * bis * noch 5 x wdh. [12]
54. Rd: 6 x 1 M abn. [6]
Faden abschneiden und vollständig durch die letzte M ziehen. Webe den Faden mithilfe einer Nadel durch die vorderen M-Glieder der letzten Rd, anschließend festziehen und vernähen.

OHREN (2 X, IN SCHLAMM)

1. Rd: 6 fM in einen Fadenring.
2. Rd: 6 x 1 M zun. [12]
3.–4. Rd: 12 fM.
5. Rd: *2 fM, 1 M abn*, von * bis * noch 2 x wdh. [9]
Häkle 1 Km in die übernächste M. Faden lang abschneiden und vollständig durch die letzte M ziehen. Drücke die Ohren flach zusammen und nähe sie oben an den Kopf. Sie haben jeweils einen Abstand von 6 Rd zum Scheitelmittelpunkt.

SCHNAUZE (IN SCHLAMM)

1. Rd: 6 fM in einen Fadenring.
2. Rd: *3 fM in eine M, 1 fM*, von * bis * noch 2 x wdh. [12]
3. Rd: *1 fM, 3 fM in eine M, 2 fM*, von * bis * noch 2 x wdh. [18]
4.–5. Rd: 18 fM.
Häkle 1 Km in die übernächste M. Faden lang abschneiden und vollständig durch die letzte M ziehen. Du hast nun eine Schnauze, die etwas dreieckig geformt ist. Stopfe die Schnauze fest aus und nähe sie, mit einer Spitze nach unten zeigend, vorne an den Kopf. Die Schnauze bedeckt die 3. bis 7. Rd des Kopfs.

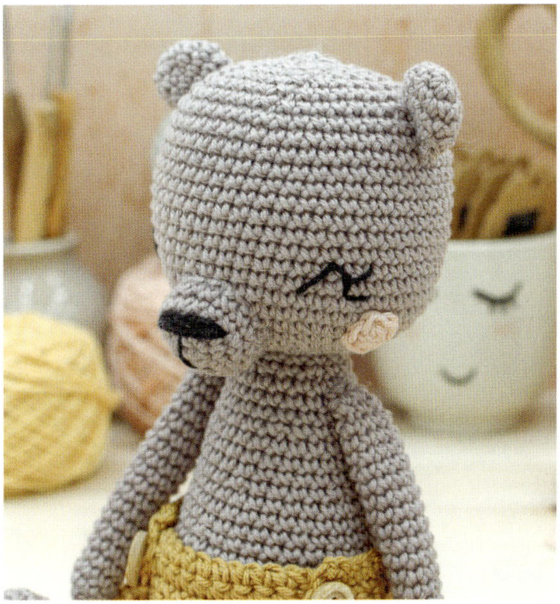

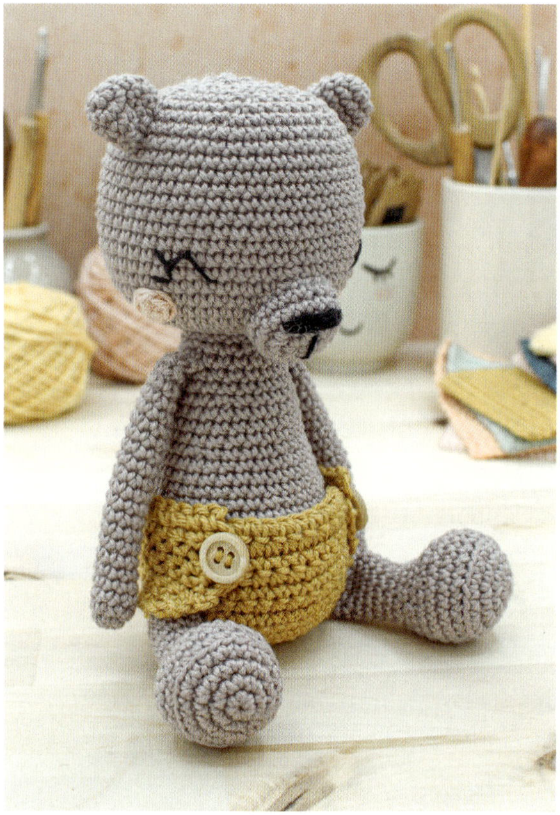

AUGEN UND NASE (IN SCHWARZ)

Sticke die Nase und die Augen mit einem Restgarn in Schwarz auf. Du kannst das Garn spalten. So wird der Faden nicht ganz so dick. Die Augen sitzen auf der 8. und 9. Rd des Kopfs, mit jeweils etwa 3 M Abstand zur Schnauze bzw. etwa 10 M Abstand zueinander.

WANGEN (2X, IN ROSÉ GOLD)

1. Rd: 6 fM in einen Fadenring und mit 1 Km in die erste M zu einer Rd verschließen.
Faden lang abschneiden und vollständig durch die letzte M ziehen. Nähe die Wangen schräg unterhalb der Augen an. Sie bedecken die 4. bis 6. Rd des Kopfs.

BEINE (2X, IN SCHLAMM)

1. Rd: 6 fM in einen Fadenring.
2. Rd: 6x1 M zun. [12]
3. Rd: *1 fM, 1 M zun*, von * bis * noch 5x wdh. [18]
4. Rd: *2 fM, 1 M zun*, von * bis * noch 5x wdh. [24]
5. Rd: 24 fM ihM.
6.–7. Rd: 24 fM.
8. Rd: 7 fM, 1 M abn, 1 fM, 2x1 M abn, 1 fM, 1 M abn, 7 fM. [20]
9. Rd: 4 fM, 1 M abn, 2 fM, 2x1 M abn, 2 fM, 1 M abn, 4 fM. [16]
10. Rd: * 2 fM, 1 M abn*, von * bis * noch 3x wdh. [12]
11.–19. Rd: 12 fM.
Stopfe den Fuß fest aus.
20. Rd: 6x1 M abn. [12]
Häkle 1 Km in die übernächste M. Faden lang abschneiden und vollständig durch die letzte M ziehen. Drücke die Beine oben flach zusammen und nähe sie, mit der Fußspitze nach vorne zeigend, seitlich an die 7. Rd des Körpers.

ARME (2X, IN SCHLAMM)

1. Rd: 6 fM in einen Fadenring.
2. Rd: *1 M zun, 1 fM*, von * bis * noch 2x wdh. [9]
3.–20. Rd: 9 fM.
21. Rd: * 1 fM, 1 M abn*, von * bis * noch 2x wdh. [6]
Drücke den Arm oben flach zusammen und verschließe die Öffnung mit 3 fM. Faden lang

abschneiden und vollständig durch die letzte M ziehen. Nähe die Arme seitlich an den Körper, 2 Rd unterhalb des Kopfs. Im besten Fall sind Bein, Arm und Ohr auf einer Seite in einer Linie angeordnet.

SCHWANZ (IN SCHLAMM)

1. Rd: 6 fM in einen Fadenring.
2. Rd: *1 M zun, 1 fM*, von * bis * noch 2 x wdh. [9]
3. Rd: 9 fM.
Häkle 1 Km in die übernächste M. Faden lang abschneiden und vollständig durch die letzte M ziehen. Nähe den Schwanz hinten an den Körper, auf der 7. und 8. Rd.

HOSE (IN CURRY)

Häkle in R. Jede R endet mit einer Wende-Lm. Verwende eine 3,5-mm-Häkelnadel. Schlage 13 Lm an, stich in die 2. M von der Nd aus ein und häkle wie folgt entlang der Lm-Kette zurück:
1. R: 12 fM.
2.–7. R: 12 fM.
8. R: 1 M überspringen, 9 fM, 1 M abn. [10]
9. R: 1 M überspringen, 7 fM, 1 M abn. [8]
10.–18. R: 8 fM.
19. R: 1 M zun, 6 fM, 1 M zun. [10]
20. R: 1 M zun, 8 fM, 1 M zun. [12]
21. R: 12 fM, schlage 7 Lm an, stich in die 2. M von der Nd aus ein und häkle die nächste R wie folgt:
22. R: 6 fM entlang der Lm-Kette, 12 fM, schlage 7 Lm an, stich in die 2. M von der Nd aus ein und häkle die nächste R wie folgt:
23. R: 6 fM entlang der Lm-Kette, 18 fM. [24]
24.–26. R: 24 fM.
27. R: 1 fM, 1 Lm, 1 M überspringen, 20 fM, 1 Lm, 1 M überspringen, 1 fM. [24]
28.–29. R: 24 fM.
Faden abschneiden, vollständig durch die letzte M ziehen und vernähen. Nähe zwei kleine Knöpfe, die durch dein Knopfloch passen, rechts und links an die 2.–3. R der Hose. Nun kannst du die Hose dem Bären an- und ausziehen.

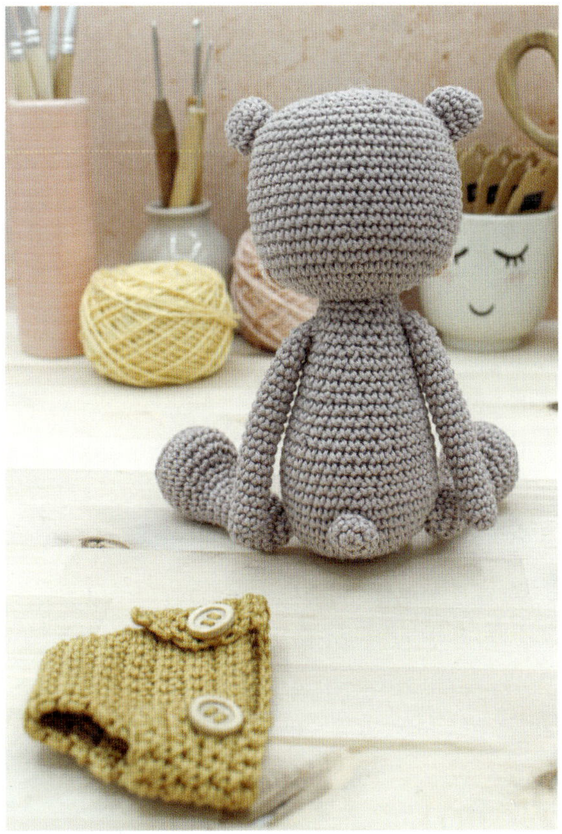

WAL MIT LEUCHTTURM

Anleitung von @ms.eni

Material

Schachenmayr Catania (100 % Baumwolle, LL 125 m/50 g) in

- Petrol (Fb 391), ca. 50 g
- Soft Apricot (Fb 263), ca. 25 g
- Curry (Fb 431), Rest
- Schwarz (Fb 110), Rest
- Rauchgrau (Fb 435), Rest
- Rosé Gold (Fb 433), Rest
- Honig (Fb 206), Rest

Füllwatte

Häkelnadel 2,5 mm

Schere

Wollnadel

Stecknadeln

KÖRPER (IN SOFT APRICOT UND PETROL)

Häkle in Spiral-Rd.

Beginne mit Soft Apricot.

1. Rd: 6 fM in einen Fadenring.

2. Rd: 6 x 1 M zun. [12]

3. Rd: *1 fM, 1 M zun*, von * bis * noch 5 x wdh. [18]

4. Rd: *2 fM, 1 M zun*, von * bis * noch 5 x wdh. [24]

5. Rd: *3 fM, 1 M zun*, von * bis * noch 5 x wdh. [30]

6. Rd: *4 fM, 1 M zun*, von * bis * noch 5 x wdh. [36]

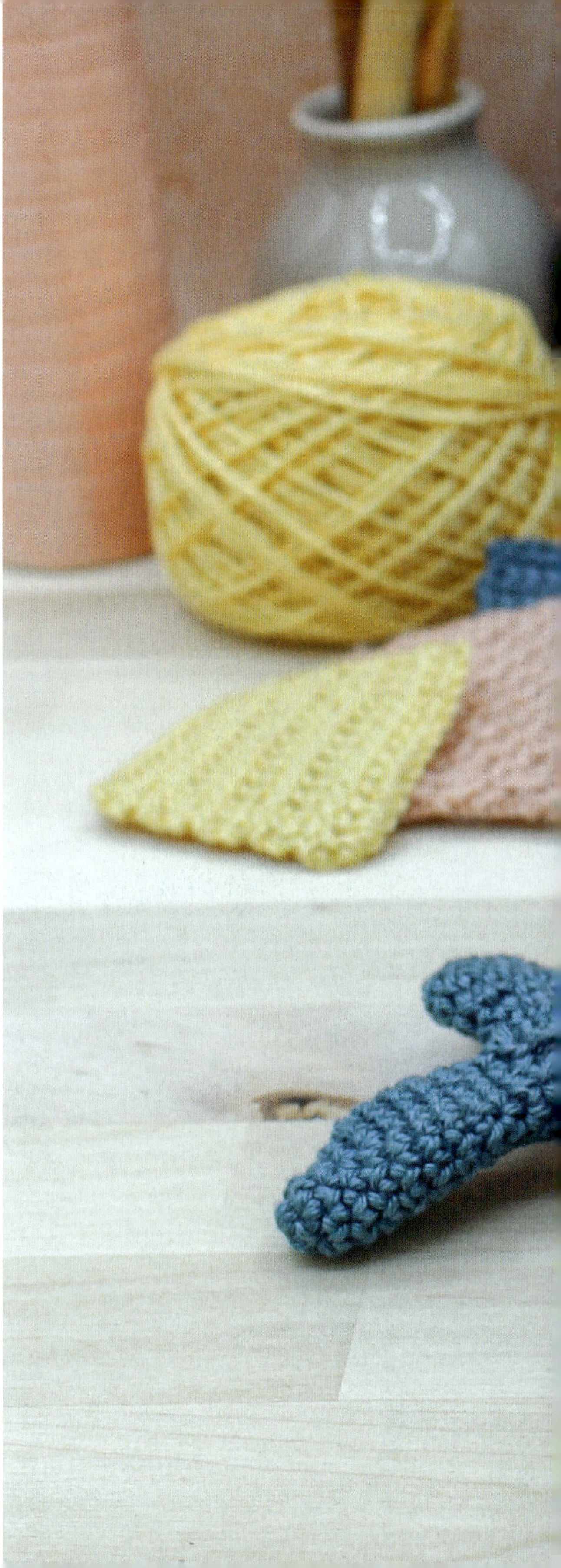

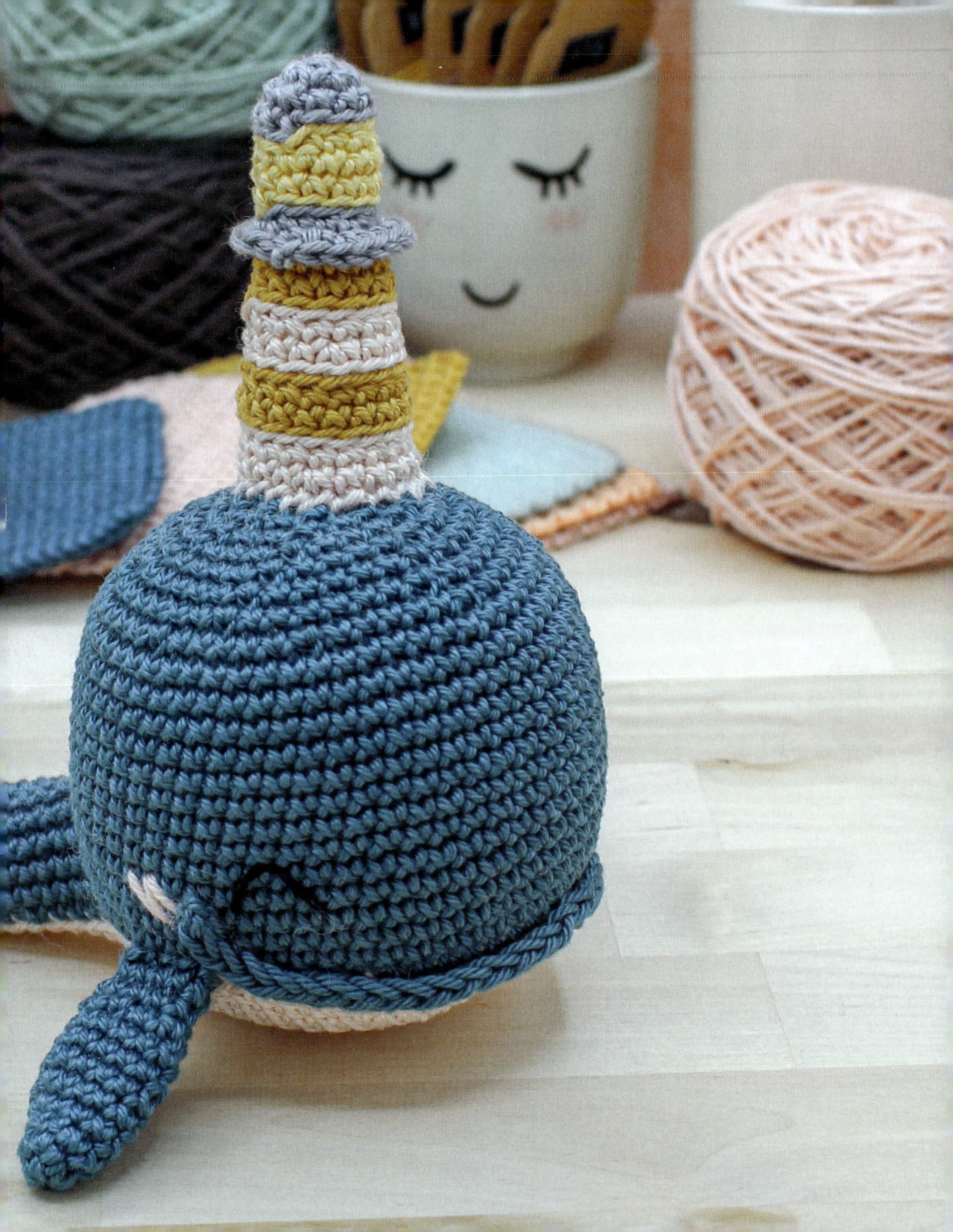

7. Rd: *5 fM, 1 M zun*, von * bis * noch 5 x wdh, [42]

8. Rd: *6 fM, 1 M zun*, von * bis * noch 4 x wdh, 7 fM, 9 Lm anschl **1** und in die 2. M von der Nd aus einstechen und mit 8 fM entlang der Lm-Kette häkeln **2**, 1 fM in die 42. M der Vor-Rd **3**. [51]

9. Rd: *7 fM, 1 M zun*, von * bis * noch 4 x wdh, 6 fM, 1 M abn **4**, 7 fM, 3 fM in eine M, auf der anderen Seite der Lm-Kette mit 6 fM fortfahren, 1 M abn **5**. [69]

10. Rd: *8 fM, 1 M zun*, von * bis * noch 4 x wdh, 14 fM, 3 x 1 M zun, 7 fM, 1 Km in die übernächste M. [77]

Faden abschneiden und vollständig durch die letzte M ziehen. Faden vernähen.

Beginne mit dem Häkeln des restlichen Körpers in Petrol. Nimm dafür den Faden in Petrol als Anfangsschlinge auf und häkle eine stehende fM als erste fM in die Km der 10. Rd. **6**

Die 11. Rd wird nur in die hinteren M-Glieder eingestochen **7**.

11. Rd: 77 fM ihM.

12.–15. Rd: 77 fM.

16. Rd: 56 fM, 21 M überspringen. [56]
8 **9**

Hinweis: Der Körper teilt sich somit in den Rumpf und die längliche Schwanzflosse. Am Rumpf (= runde Öffnung) wird wie gewohnt in Spiral-Rd weitergehäkelt. **10**

17.–24. Rd: 56 fM.

25. Rd: *5 fM, 1 M abn*, von * bis * noch 7 x wdh. [48]

26. Rd: *6 fM, 1 M abn*, von * bis * noch 5 x wdh. [42]

27. Rd: *5 fM, 1 M abn*, von * bis * noch 5 x wdh. [36]

28. Rd: *4 fM, 1 M abn*, von * bis * noch 5 x wdh. [30]

29. Rd: *3 fM, 1 M abn*, von * bis * noch 5 x wdh. [24]

30. Rd: *2 fM, 1 M abn*, von * bis * noch 5 x wdh. [18]

Beginne mit dem Ausstopfen des Körpers und fahre damit bis zur letzten Rd fort.

31. Rd: *1 fM, 1 M abn*, von * bis * noch 5 x wdh. [12]

32. Rd: 6 x 1 M abn. [6]

Faden abschneiden und vollständig durch die letzte M ziehen. Webe den Faden mithilfe einer Nadel durch die vorderen M-Glieder der letzten Rd, anschließend festziehen und vernähen.

Stopfe auch den Schwanz fest aus und nähe ihn mit einem Faden in Petrol zu.

SEITLICHE FLOSSEN (2 X, IN PETROL)

1. Rd: 6 fM in einen Fadenring.

2. Rd: *1 M zun, 1 fM*, von * bis * noch 2 x wdh. [9]

3. Rd: 9 fM.

4. Rd: 3 fM, 3 x 1 M zun, 3 fM. [12]

5. Rd: 3 fM, *1 fM, 1 M zun*, von * bis * noch 2 x wdh, 3 fM. [15]

6.–8. Rd: 15 fM.

9. Rd: *1 fM, 1 M abn*, von * bis * noch 4 x wdh. [12]

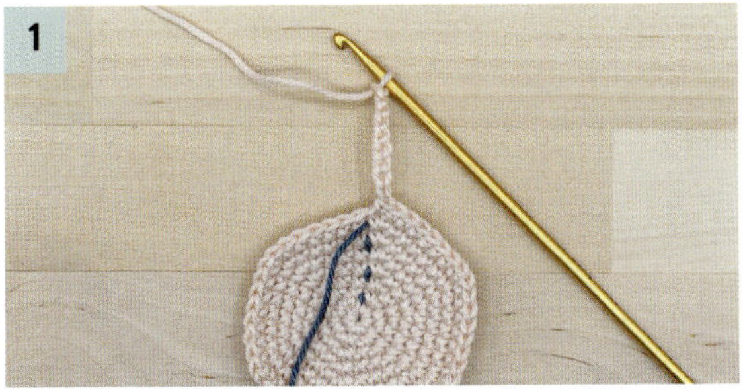
1

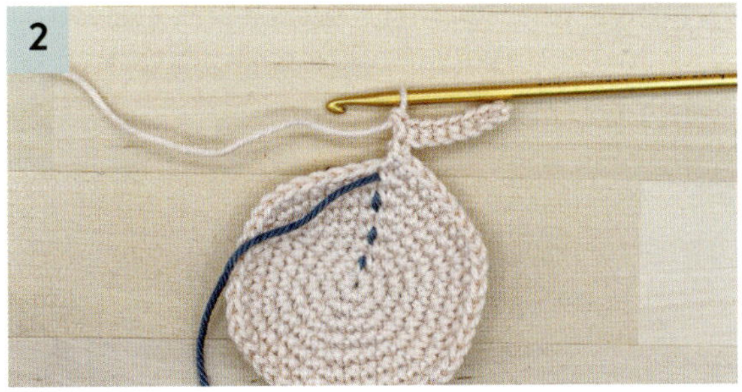
2

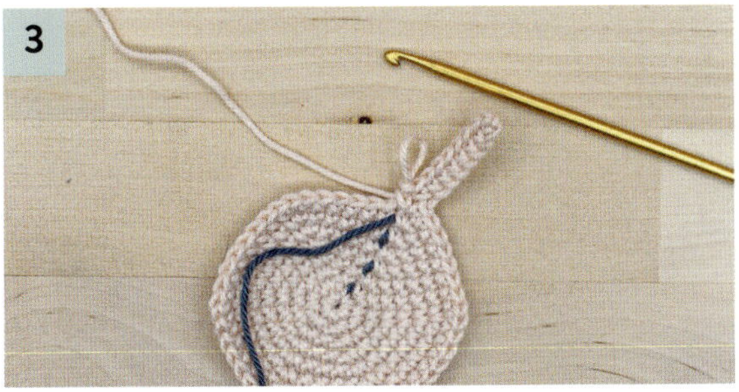
3

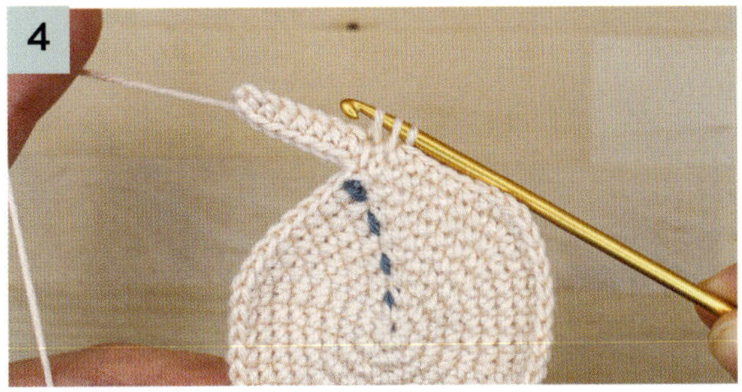
4

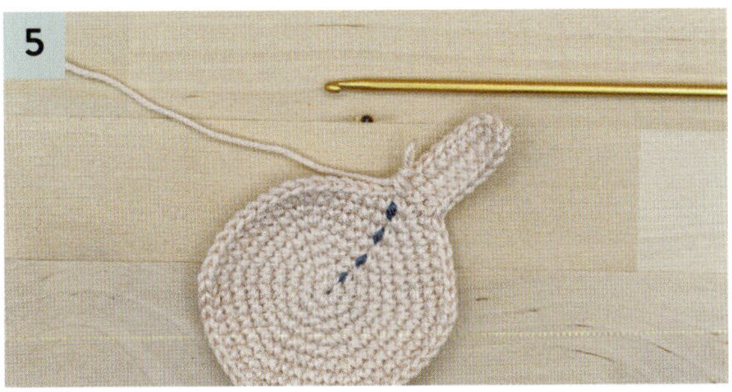
5

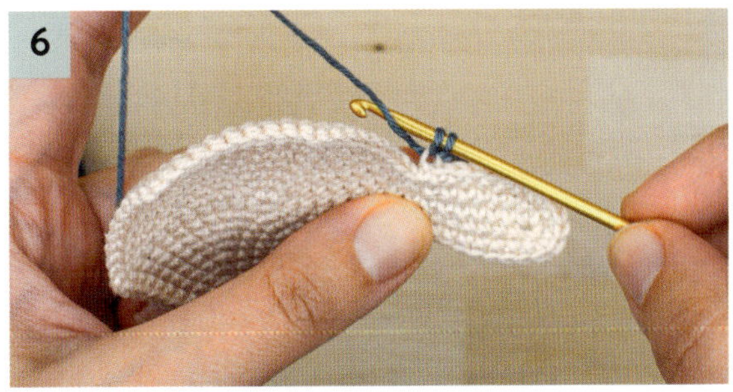
6

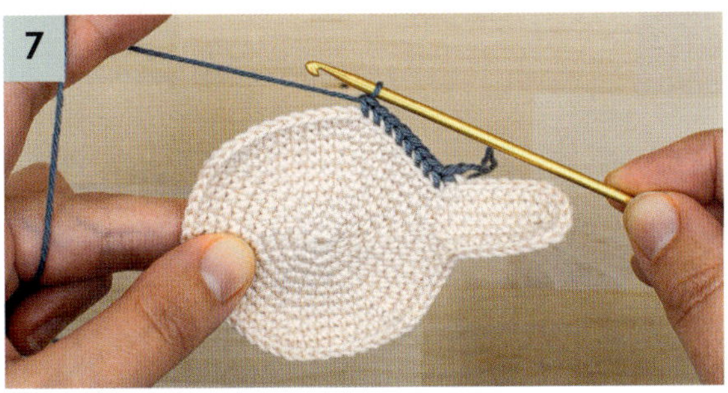
7

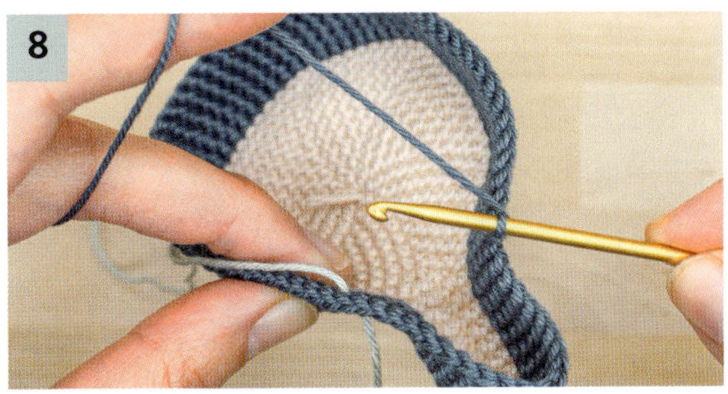
8

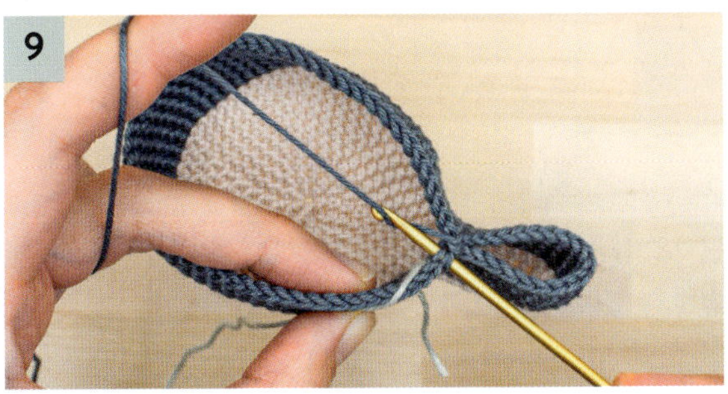
9

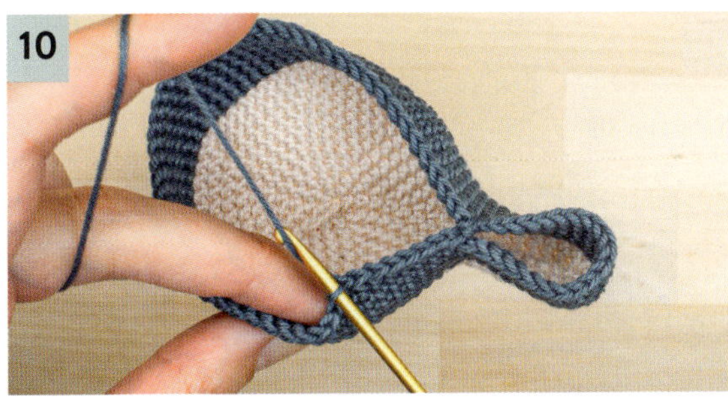
10

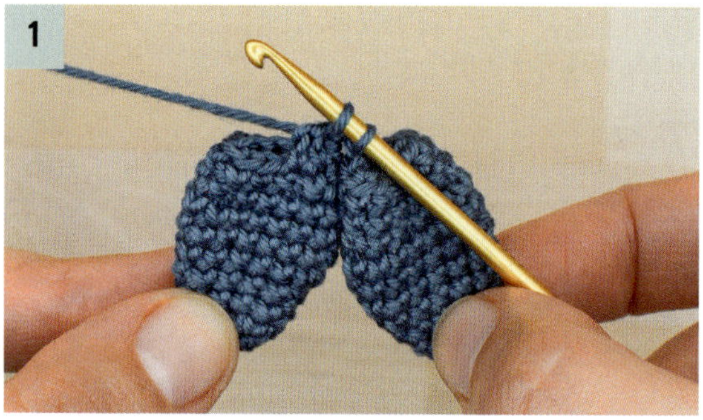

10. Rd: 10 fM.

10. Rd: 10 fM.
Häkle noch 2 fM, anschließend die Flosse flach zusammendrücken und die Öffnung mit 5 fM verschließen. Faden lang abschneiden, vollständig durch die letzte M ziehen und die Flossen zwischen der 11. und 12. Rd des Körpers seitlich annähen. Die Flossen sitzen gegenüber, wenn man den Wal von unten betrachtet.

SCHWANZFLOSSE (IN PETROL)

Die Schwanzflosse besteht aus zwei Einzelflossen, die später zusammengehäkelt werden.

FLOSSE (2 X)

1. Rd: 6 fM in einen Fadenring.
2. Rd: *1 M zun, 1 fM*, von * bis * noch 2 x wdh. [9]
3. Rd: 9 fM.
4. Rd: 3 fM, 3 x 1 M zun, 3 fM. [12]
5. Rd: 3 fM, *1 fM, 1 M zun*, von * bis * noch 2 x wdh, 3 fM. [15]
6.–8. Rd: 15 fM.
9. Rd: *1 fM, 1 M abn*, von * bis * noch 4 x wdh. [10]

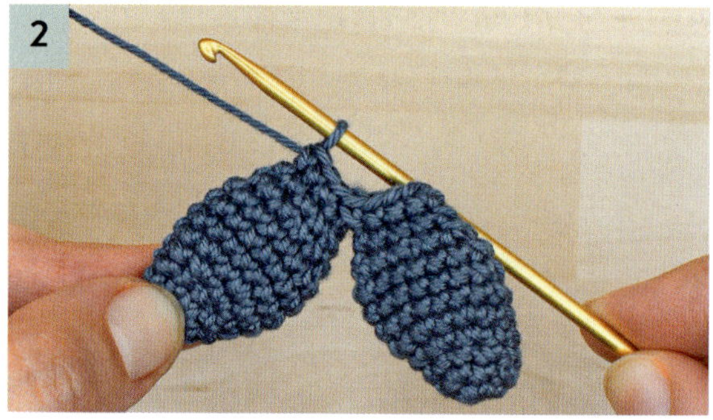

10. Rd: 10 fM.
Bei der ersten Flosse: Häkle 1 Km in die übernächste M. Den Faden abschneiden, vollständig durch die letzte M ziehen und vernähen. Bei der zweiten Flosse nach der 10. Rd wie folgt weiterhäkeln:
11. Rd: 7 fM, nun die erste Flosse hinzunehmen und dort in die vorletzte fM der 10. Rd einstechen (beide Flossenwölbungen zeigen zueinander) 1 und 10 fM häkeln, 3 fM wieder entlang der zweiten Flosse häkeln (= 20 M) 2.
Häkle 1 Km in die übernächste M. Faden lang abschneiden und vollständig durch die letzte M ziehen. Nähe die Schwanzflosse an den Walschwanz an.

MUND (IN PETROL)

Für den Mund häkle einen I-Cord (Kordel) aus 2 M in 12–13 cm Länge. Leg die Kordel so, dass sie über zwei Drittel entlang der 11. Rd des Bauchs ragt und rechts und links entlang des Körpers leicht schräg anliegt, sodass ein Lächeln entsteht. Nähe die Kordel fest.

AUGEN UND WANGEN (IN SCHWARZ UND ROSÉ GOLD)

Die Augen stickst du mit einem Rest schwarzem Garn auf. Sie sitzen über den Mundwinkeln und bedecken die 15. bis 16. Rd des Körpers. Die Wangen deutest du mit einer Stickerei aus Rosé Gold an. Sie sitzen direkt hinter den Mundwinkeln auf der 14. Rd.

LEUCHTTURM (IN RAUCHGRAU, HONIG, CURRY, SOFT APRICOT)

Beginne mit Rauchgrau.
1. Rd: 6 fM in einen Fadenring.
2. Rd: 6 x 1 M zun. [12]
3. Rd: 12 fM.
Fb-Wechsel zu Honig.
4. Rd: 12 Km ihM.
5.–7. Rd: 12 fM.
Fb-Wechsel zu Rauchgrau.
8. Rd: 12 Km ihM.
9. Rd: *3 fM, 1 M zun*, von * bis * noch 2 x wdh. [15]
Fb-Wechsel zu Curry.
10. Rd: 15 Km ihM.
11.–12. Rd: 15 fM.
Fb-Wechsel zu Soft Apricot.
13. Rd: 15 Km ihM.
14. Rd: 15 fM.
15. Rd: *4 fM, 1 M zun*, von * bis * noch 2 x wdh. [18]
Fb-Wechsel zu Curry.
16. Rd: 18 Km ihM.
17.–18. Rd: 18 fM.
Fb-Wechsel zu Rosé Gold.
19. Rd: 18 Km ihM.
20. Rd: *5 fM, 1 M zun*, von * bis * noch 2 x wdh. [21]
Häkle 1 Km, Faden lang abschneiden und vollständig durch die letzte M ziehen.
Für den Steg oben an der Leuchtturmlampe nimm in Rauchgrau eine Anfangsschlinge auf und beginne mit einer stehenden fM in einer M der 9. Rd. Häkle nur in die vorderen M-Glieder der 9. Rd. Halte dabei den Leuchtturm auf dem Kopf.
Häkle wie folgt um den Leuchtturm: *2 fM, 1 M zun*, von * bis * noch 4 x wdh. [20] Häkle 1 Km in die erste M oder verschließe die Rd unsichtbar. Stopfe den Leuchtturm fest aus und nähe ihn oben auf den Kopf. Nähe ihn nicht genau mittig an.

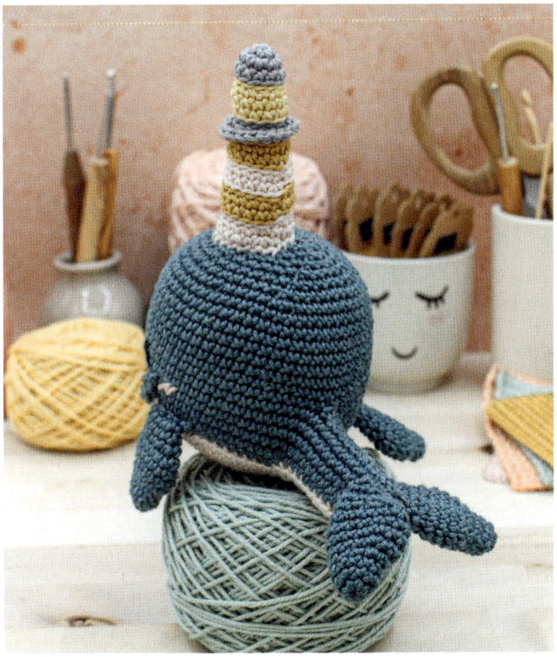

KINDERSICHERHEIT

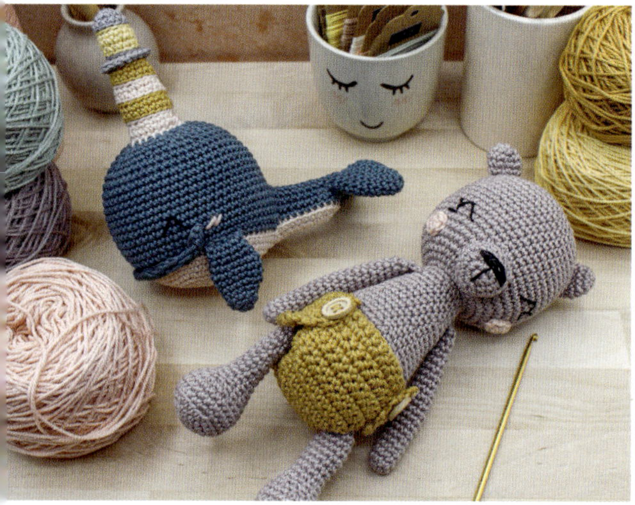

Viele Amigurumi werden für Kinder gehäkelt. Es liegt ja auch nahe mit diesen süßen Designs zu spielen, zu kuscheln und zu toben. Wenn du deine Figuren im Familien- und Freundeskreis an Kinder verschenken möchtest, solltest du auf eine sichere Verarbeitung achten. Kinderspielzeug muss eine Menge aushalten, wird auch mal in den Mund genommen und sollte in jedem Falls waschbar sein.

Benutze zum Häkeln am besten ein hochwertiges Baumwollgarn. Hilfreich, um das richtige Garn zu finden, sind **Qualitätssiegel**, wie das OEKO-TEX® Standard 100-Label. Dieses Zertifikat erhalten Garne, die auf Schadstoffe, Hautfreundlichkeit und pH-Wert getestet wurden. Garne, die in der Produktklasse I zertifiziert wurden, sind für Babys und Kleinkinder geeignet. Außerdem sollte das verwendete Garn nach der EU-Norm für Spielzeugsicherheit nach DIN EN 71 hergestellt worden sein. Solche Garne sind offiziell für die Spielzeugherstellung für Kinder bis zum vollendeten dritten Lebensjahr geeignet.

Neben dem richtigen Garn solltest du auch beim restlichen Material auf Kindersicherheit achten. **Sicherheitsaugen** sind erst für Kinder ab 3 Jahren geeignet. Bei Amigurumi, die für Babys und Kleinkinder gedacht sind, solltest du dich für gestickte Augen entscheiden. So kannst du sicher sein, dass die Augen sich nicht lösen und verschluckt werden. Aus dem gleichen Grund haben **Kleinteile**, gehäkelt oder aus anderem Material (z. B. Knöpfe, Perlen etc.) generell nichts an Amigurumi für Kleinkinder verloren. Auch auf das Häkeln mit Draht solltest du verzichten. Auf lange Elemente, wie Kordeln oder Ketten solltest du ebenfalls weglassen, da sie zu Strangulation führen können. Verarbeitest du dein Amigurumi in einer **Schnullerkette**, sollte diese nicht länger sein als 22 cm. Bei der Gestaltung von **Frisuren und Fell** keine Luftmaschenketten, Filz, Puppenhaare oder lose Fäden anknüpfen. Diese können herausgezogen und verschluckt werden. Insgesamt solltest du bei einem Amigurumi, dass du an kleine Kinder weitergeben möchtest sehr sorgfältig arbeiten. Vernähe alle losen Faden sicher und fest. Nähe Einzelteile mehrfach fest, damit sie auch beim wilden Spielen gut halten.

Möchtet du deine **Amigurumi verkaufen**, gibt es noch einiges mehr zu beachten. Innerhalb der EU dürfen nur Spielzeuge verkauft werden, die ein **CE-Zeichen** haben. Diese Kennzeichnung erhalten Produkte, die nachweislich nach den Vorgaben der sogenannten **Spielzeugrichtlinie** hergestellt worden sind. Als Spielzeug gelten dabei alle Produkte, *„die dazu gestaltet oder offensichtlich bestimmt sind, von Kindern im Alter bis zu 14 Jahren verwendet zu werden"*. Dazu sind Amigurumi auf jeden Fall zu zählen. Auch der Hinweis, dass es sich bei deinen Figuren um Dekorationsartikel handelt, ist nicht ausreichend, um auf die CE-Kennzeichnung zu verzichten. Alleine die mögliche Interpretation als Spielzeug ist für ein Produkt ausreichend um in diese Kategorie zu fallen. Die zu erfüllenden Vorgaben betreffen u.a. die Entflammbarkeit, Schadstoffe und Reißfestigkeit und beziehen sich auch auf die Verpackung und Kennzeichnung des Spielzeugs. Die Vorgaben müssen offiziell getestet und protokolliert werden. Dies kann durch ein entsprechendes Testlabor oder auch unter festgelegten Umständen selbst durchgeführt werden. Bei erfolgreichem Test, erhält man ein Zertifikat und darf das Spielzeug mit CE-Zeichnen verkaufen.

Diese Vorgaben gelten auch, wenn du nur wenige Produkte verkaufen möchtest. Dabei ist es egal, ob du diese online oder in Geschäften bzw. auf Märkten verkaufst. Verzichtest du auf diese Kennzeichnung kann dies zu Bußgeldern oder sogar zu einem Betriebsverbot führen. Außerdem kannst du im schlimmsten Fall haftbar gemacht werden, für Schäden, die deinen Kund*innen entstanden sind. Bevor du deine Amigurumi verkaufst, informiere dich ausführlich zur Produktsicherheit von Spielzeug. Hilfestellung geben dabei Vereine wie *Wir machen Spielzeug e.V.*

TIPP

Beachte, dass du Modelle, die du nach gekauften Anleitungen gehäkelt hast, in der Regel nur mit Erlaubnis der Urheber*in – der Designer*in oder des Verlags – verkaufen darfst. Häufig ist eine kommerzielle Nutzung der Modelle in Häkelanleitungen oder -bücher generell nicht gestattet. Das gilt oft auch für kostenlose Anleitungen aus Blogs oder sozialen Netzwerken. Erkundige dich vor dem Verkaufsstart, welche Regel für die verwendete Vorlage gelten.

ABKÜRZUNGSVERZEICHNIS (DEUTSCH / ENGLISCH)

DEUTSCH		GB		USA	
Luftmasche	Lm	chain (stitch)	ch	chain (stitch)	ch
feste Masche	fM	double crochet	dc	single crochet	sc
Kettmasche	Km	slip stich/ single crochet	sl st	slip stitch	sl st
halbes Stäbchen	hStb	half treble crochet	htr	half double cro- chet	hdc
Stäbchen	Stb	treble crochet	tr	double crochet	dc
Doppelstäbchen	DStb	double treble crochet	dtr	treble	tr / tc
Dreifach- stäbchen	3-er Stb 3fach-Stb	triple treble	trt / ttr	double treble	dtr
Krebsmasche	-	reserve double crochet	rev dc	reserve single crochet	rev sc
Noppe	N	cluster	-	cluster	-
Wende- luftmasche	Wende-Lm	turning chain	tch	turning chain	tch
hinteres Reliefstäbchen	hRStb	back post treble crochet	bptc	back post double crochet	bpdc
vorderes Reliefstäbchen	vRStb	front post treble crochet	fptc	front post double crochet	fpdc
X Stäbchen zusammen ab- maschen/häkeln	X Stb zus ab	treble crochet X tog	trXtog	double crochet X tog	dcXtog
X feste Maschen zusammen ab- maschen/häkeln	X fM zus ab	double crochet X tog	dcXtog	single crochet X tog	scXtog

ÜBERSETZUNGSTABELLE (DEUTSCH/ ENGLISCH) DER WICHTIGEN BEGRIFFE UND FORMULIERUNGEN

DEUTSCH		ENGLISCH	
hinten		back	
(nur) ins hintere Maschenglied	nur hMg/hinters M-Glied	back loop (only)	bl(o)
zwischen		between	bet
Rand		border	
Knopf		button	
Knopfloch		buttonhole	
Luftmaschenkette	Lm-Kette	chain space	ch sp
Häkelschrift / Diagramm		chart / diagram	
Kontrastfarbe		contrasting color	CC
häkeln		crochet	
Häkelnadel	Nd	crochet hook	
abnehmen	abn	decrease	dec
aufsticken		emboider	
Häkelarbeit beenden		fasten off/yarn off	yo
erste		first	
vorne		front	
(nur) in vorderes Maschenglied	vMG/vorderes M-Glied	front loop (only)	fl(o)
Maschenprobe		gauge	

DEUTSCH		ENGLISCH	
in die (X.) Masche von der Nadel aus		in (second, third, fourth etc.) ch from hook	
in die nächste Masche		in next stitch	
in die gleiche Masche		in same stitch	
zunehmen	zun	increase	inc
verbinden		join	
langen Faden zum Annähen lassen		leaving long tail for sewing	
Schlinge		loop	lp
Fadenring/ magischer Ring	FR / MR	magic ring	MR
Maschenmarkierer setzen		marker	
Nadel	Nd	needle	Ndl
nächste/folgende		next	
Anleitung/Muster		pattern	pat
Picot	-	picot	p / pc
Maschenmarkierer setzen		place/put marker	
durch alle Schlingen auf der Nadel ziehen		pull through alle loops on hook	
restliche (Maschen)		remaining (stitches)	rem
wiederholen	wdh	repeat	rep
von * bis * wiederholen	von * bis * wdh	repeat from * to *	rep from * to *
(Spiral) Runde	(Spiral-)Rd	(continuous) rounds	rnd
Reihe	R	row	r
Sicherheitsaugen		safety eyes	
nähen		sew	
zusammennähen	zusnähen	sew together	
Form/formen		shape	
Knäuel		skein	sk

DEUTSCH		ENGLISCH	
überspringen / auslassen		skip / miss	sk
Kettmasche in die erste Masche der Runde	Km in die 1. M der Rd	slip stch in first stitch	sl st in first st
Masche	M	stitch	st
ausstopfen		stuff	
Fadenende		tail	
Fadenspannung		tension	
Faden holen		thread	
zusammen	zus	together	
wenden		turn	
vernähen		weave in	
X mal		x times	
Garn / Wolle		yarn	
Faden holen		yarn over	yo

DANKSAGUNG

Mit diesem Buch ist ein echter Traum für mich in Erfüllung gegangen – und das in doppelter Hinsicht. Denn seit ich das Amigurumi-Häkeln für mich entdeckt habe, habe ich mir ein solches Buch gewünscht. Dass ich nun selbst die Autorin eines Grundlagenwerks für das tollste Hobby der Welt bin, ist großartig. Den Weg von der Idee bis zum fertigen Buch, das du nun in den Händen hältst, sind viele tolle Menschen mitgegangen. Dafür möchte ich Danke sagen! Ganz vorne steht dabei meine Lektorin Isabella Krüger, welche die Idee zu diesem Buch und einen ganz langen Atem hatte. Außerdem danke ich dem Team vom mvg Verlag, dass es das Projekt möglich gemacht hat. Meine Testerinnen Silke Guhlman, Stephanie Pump und Christina Hänel waren wie immer mit viel Spaß und guten Ideen zur Stelle, um die Modelle auf Herz und Nieren zu prüfen. Danke euch! Ich danke auch meiner Co-Autorin Simone Conrad für ihre Arbeit am Konzept, ganz viel guten Input und ihre süßen Anleitungen, die diesem Buch den letzten Schliff gegeben haben.
Zu guter Letzt danke ich meinen Sponsoren: MEZ für sehr viel Wolle und tolle Zusammenarbeit, und Addi by Selters hat für die perfekten Nadeln gesorgt! Danke schön!

addi® MADE IN GERMANY

Schachenmayr SINCE 1822

ÜBER DIE AUTORINNEN

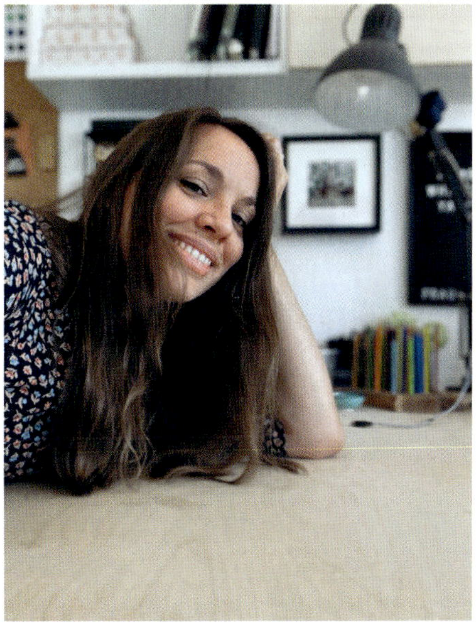

Inga Borges ist Designerin und Gründerin des Labels Frau Line. Das Häkeln hat sie gelernt, bevor sie in die Schule kam, und hat seitdem die Nadeln nicht mehr losgelassen. Sie bloggt auf frau-line.de regelmäßig über Häkeln, Handarbeit und Nachhaltigkeit und arbeitet als Autorin für Häkelbücher, unter anderem für die erfolgreiche Reihe Helden der Kindheit. Sie lebt mit ihrem Mann und dem kleinen Kater Moe in Münster.

@BYFRAULINE

Simone Conrad ist Häkel- und DIY-Bloggerin. Neben ihrem sehr technischen Beruf und Leben mit drei Kindern braucht sie einen kreativen Ausgleich. Dadurch kann sie am besten entspannen und auch anderen eine Freude machen, wenn sie ihre Anleitungen mit ihnen teilt. Sie hat bisher unzählige Amigurumi gehäkelt, die sie gerne selbst behält, aber ab und zu mit ihren Kindern teilen muss.

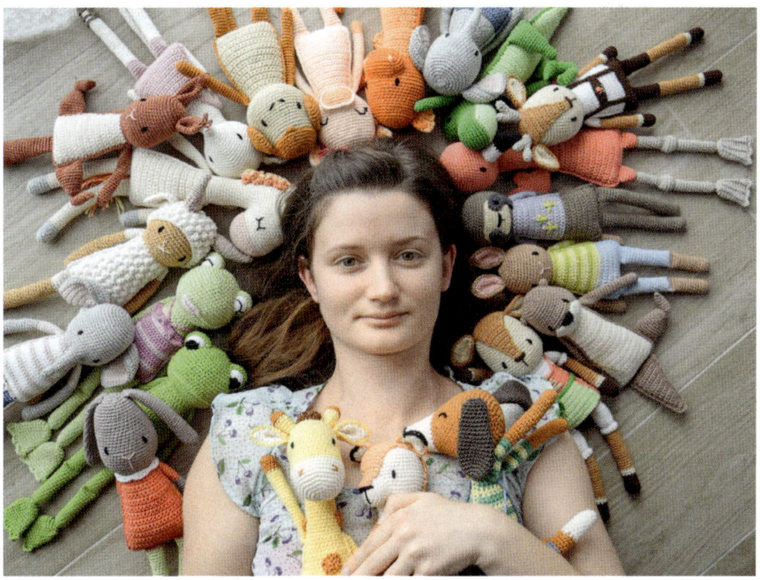

MEINE NOTIZEN

REGISTER

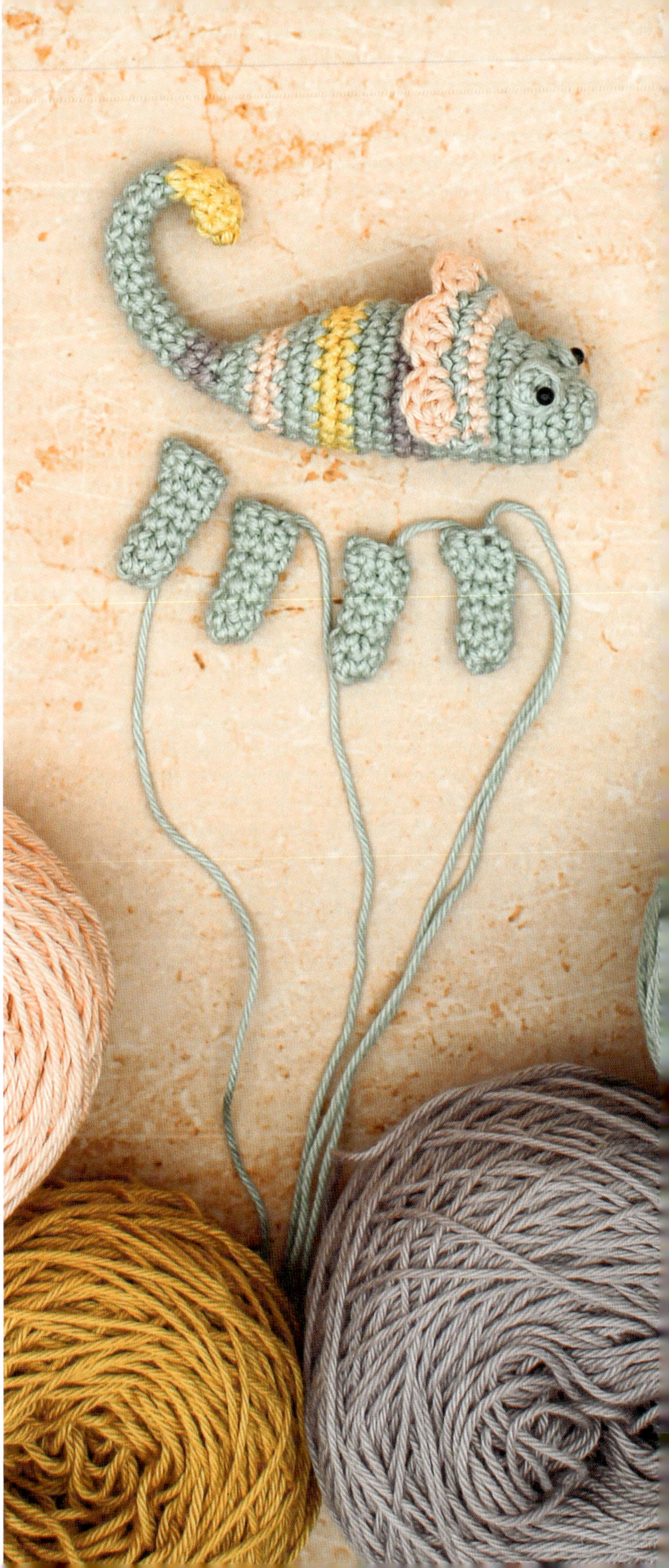

Bibliografische Information der Deutschen Nationalbibliothek
Die Deutsche Nationalbibliothek verzeichnet diese Publikation in der Deutschen Nationalbibliografie. Detaillierte bibliografische Daten sind im Internet über https://dnb.de abrufbar.

Für Fragen und Anregungen
info@mvg-verlag.de

Originalausgabe
1. Auflage 2023

Türkenstraße 89
80799 München
Tel.: 089 651285-0
Fax: 089 652096

Umschlaggestaltung und Layout: Pamela Machleit
Umschlagabbildung und Fotos: Inga Borges
Satz: Bernadett Linseisen (schere.style.papier), München
Illustrationen: Freepik: starline (S. 217)
Druck: Firmengruppe APPL, aprinta Druck, Wemding
Printed in Germany

Wir produzieren nachhaltig
www.m-vg.de

ISBN Print 978-3-7474-0539-0

Weitere Informationen zum Verlag finden Sie unter

www.mvg-verlag.de

Beachten Sie auch unsere weiteren Verlage unter www.m-vg.de